Das

GUINNESS

Buch der Rekorde

1998

GUINNESS VERLAG

GUINNESS WELT

Inhalt

BULLS
23

USAF
DELTA

MAGNETIC
NORTH POLE

Vorwort

Weit über 1500 neue Rekorde, Superlative und Einmaligkeiten: Es hat sich viel getan in den vergangenen zwölf Monaten seit der letzten Ausgabe des Guinness Buchs der Rekorde.
Natürlich gehören dazu die Erfolge der Spice Girls oder auch der schrillen Mädels von Tic Tac Toe, der schnellste Tennisaufschlag von Mark Philippoussis oder die 288 km/h, die Jürgen Köhler auf Inline-Skates durchstand.
90 Millionen Blumen zu Ehren Prinzessin Dianas waren bis dahin ebenso unvorstellbar, wie es die neuesten Fotos von Milliarden von Kilometern entfernten Himmelsobjekten sind.
Daß aber Hanna Braukmüller mit 80 Jahren ihren ersten Tandem-Fallschirmsprung wagte und in England 100 000 Plastikentlein um die Wette schwammen, daß ein Rundfunkmoderator sich im Schnellküssen versuchte und sieben Menschen mit zwei Tieren Platz in einer Seifenblase fanden, daß 175 Vogelscheuchen an einem Ort gleichzeitig ihren Dienst taten und 1111 Windbeutel zwar ohne Sahne, dafür aber so unvergeßlich bleiben wollten wie die beiden Vampyrologen auf großer Sargreise – das alles sind Einmaligkeiten, die für die Farbe in der bunten Guinness-Welt sorgen.
Ohne all die schönen, ausgefallenen Einfälle wäre diese Welt um einiges ärmer. Mit dem Guinness Buch der Rekorde wollen wir sie Jahr um Jahr ein kleines bißchen reicher machen.

Ihre Guinness-Redaktion

Geschwind von A–H

Fällt vom Himmel

mit bis zu 200 km/h in vertikaler und 80 km/h in horizontaler Richtung: Skysurfer Yves Rossy gratuliert zur Hochzeit. Rasant.

Apfelpflücken: 12 879 kg in 8 Std., George Adrian, Indianapolis, Indiana (USA), am 23. September 1980.

Austernöffnen: Philippe Martin aus Montmorency, Val d'Oise (F), öffnete am 24. November 1990 in 1 Std. 1224 Austern – oder 20,4 pro Min.
▮ Mike Racz aus Invergargill (Neuseeland) öffnete 100 Austern in 2:20,07 Min. am 16. Juli 1990.

Autodach: Auf einem *Porsche 911,* ohne Sicherung und Haltegriffe liegend, raste Stuntman Marko König aus Karlsruhe (D) 194 km/h in Hockenheim am 5. November 1992.

Ballonmodellieren: Uwe Lenhardt (* 1960) aus Speyer, Rheinland-Pfalz (D), formte am 7. September 1996 im Süba-Baumarkt von Hockenheim in 6 Std. 1227 Ballonmäuse. Alle Ballons dazu hatte er zuvor selbst mit dem Mund aufgeblasen. Abzüglich Pausen (4 x 15 Min.) kam er auf 14,67 Sek. pro Figur. Am Tag danach klagte er über Muskelkater in den Backen.

Bettenmachen: Das schnellste Paar sind die Krankenschwestern Sharon Stringer und Michelle Benkel vom Royal Masonic Hospital in London (GB). Sie schafften es am 26. November 1993 in Canary Wharf, London, in exakt 14 Sek. ein Bett mit einem Bettuch, zwei Laken, einem Unterlaken und einem nicht bezogenen Kissen, einer Tagesdecke und „Krankenhausecken" zu beziehen.
▮ Nicht viel langsamer waren Romy Schneider und Birte Ahrends: Sie bauten am 11. Juni 1995 im Kreiskrankenhaus in Bad Segeberg, Schleswig-Holstein (D), ein Bett in 16,2 Sek.

Bettenrennen: Die Rekordzeit beim alljährlichen Bettenrennen von Knaresborough (GB) liegt bei 12:09 Min. für den 3,27 km langen Kurs. Das schaffte das Vibroplant-Team am 9. Juni 1990.
▮ Beim Chew-Valley-Lake-Rennen liegt die Rekordzeit bei 50 Min. über 16,1 km: geschafft von den Westbury Harriers, einem 3-Mann-Bettenteam.

Briefeöffnen: 1000 Briefumschläge öffnete Ralf Laue aus Sachsen (D) am 12. Juli 1996 in 29:03 Min.

Brotbacken: 8:13,60 Min. benötigten am 19. September 1995 Mitarbeiter der Wheat Montana Farms & Bakery in Three Forks, Montana (USA), um 13 Brote in 13 Mikrowellenöfen zu backen.
▮ Unter Verwendung eines einzigen traditionellen Ofens: 19:14 Min. am 22. August 1993, Johne Haynes und Peter Rix in Alpheton, Suffolk (GB).

Drag-Racing-Rekorde (aus dem Stand über 440 Yards [404 m]): 4,718 Sek. schaffte Shelly Anderson (USA) mit einem Dragster mit Kolbenmotor am 27. Oktober 1994 in Sonoma, Kalifornien (USA).
▮ Die höchste Endgeschwindigkeit: Kenny Bernstein (USA) am 30. Oktober 1994 mit 314,46 km/h.
▮ Schnellste Zeit für Serienautos: Warren Johnson (USA) mit 6,988 Sek. am 21. Mai 1994 in Englishtown, New Jersey (USA).
▮ Höchste Endgeschwindigkeit für Serienwagen: Darrell Alderman (USA) mit 318,32 km/h am 27. Juli 1994 in Sonoma, Kalifornien (USA).
▮ Motorradrekorde: David Schultz (USA) am 18. und 19. September 1993, mit 7,532 Sek. die schnellste Zeit und mit 292,66 km/h die höchste Endgeschwindigkeit.

Drei-Bein-Marathon: Dale Lyons und David Pettifer (GB) liefen den London-Marathon am 2. April 1995 in 3:58:33 Std. Sie waren an Hüfte und Knöchel zusammengebunden.

Ehefrauentragen: Die Weltmeisterschaften werden alljährlich in Sonkajärvi (Finnland) über einen 235-m-Hinderniskurs ausgetragen. Sieger 1996 wurde, wie schon 1992 bis 1994, Jouni Jussila, der seine Frau Tiina in 1:06,20 Min. ins Ziel brachte.

Einfädeln: Bester beim Einfädeln eines Baumwollfadens in eine Nähnadel Nr. 13 mit einem Ör von 12,7 x 1,6 mm Größe ist Om Prakash Singh aus Allahabad (Indien), dem es am 25. Juli 1993 in 2 Std. 20 675mal gelang, den Faden durch das Ör zu bringen.

Eisstapeleien: 539 Eiskugeln à 16 ml schichtete Gianni Mucignat (* 1961) aus Wallenhorst, Niedersachsen (D), am 21. März 1989 im Eiscafé Adria auf eine normale Waffeltüte. In 14 Min. stand der 60 cm hohe und ca. 17 kg schwere Eisturm.

Fensterputzen: Schnellster ist Lee Kelly aus Weston-super-Mare in Avon (GB), der am 1. Juli 1995 in Coney Beach Leisure (GB) mit einem 30 cm langen Scheibenwischer und 9 l Wasser drei 107,9 x 119,4 cm große Bürofenster in 8,4 Sek. putzte.

Firngleiten: Schnellster auf dem Ski mit 63 cm Länge und 10 cm Breite ist Jurgen Strnad (* 1961) aus Unterach (A); am 29. April 1995 erreichte er auf dem Hintertuxer Gletscher 135,11 km/h.

Gitarrespielen: Am schnellsten spielt Peter Prestel aus Ismaning, Bayern (D). Am 2. September 1990 erzeugte er ohne Hilfsmittel auf einer sechssaitigen Gitarre 8600 Töne in 1 Min.

Gurkenschneiden: In 13,4 Sek. zerschnitt Norman Johnson aus Blackpool, Lancashire (GB), am 3. April 1983 eine 30,5 cm lange und 3,8 cm dicke Gurke in 264 Scheiben.

Himmel-Surfen oder auch **Skysurfen** ist eine verrückte Variante des Fallschirmspringens. In etwa 5000 m Höhe stürzt sich der Skysurfer mit einem Skyboard an den Füßen aus dem Flugzeug – bei ca. minus 20 °C. Mit bis zu 200 km/h in vertikaler und bis zu 80 km/h in horizontaler Richtung reitet er über die Wolken. Bis zur Schirmöffnung sind etwa 50 Sek. Zeit. 1000 m über dem Boden wird die Fallschirmleine gezogen.
▮ Die erste WM für Männer fand 1993, für Frauen 1994, in Eloy, Arizona (USA), statt.
▮ Weltweit waren 1997 bereits etwa 500 Skysurfer aktiv.
▮ Die Nummer 1 unter den Skysurfern ist der Fallschirmspringer, Swissair- und Militärpilot Yves Rossy (* 1959) aus Crans (CH). Angefangen hatte er 1993 anläßlich der Hochzeit eines Freundes, als er auf einem Herz in die Tiefe sprang. Bis August 1997 hat er es auf 500 skysurfende Sprünge gebracht. Höhepunkte waren: Platz 2 bei den Weltmeisterschaften 1993, am 28. April 1994 Sprung mit dem *Mirage*-Flugmodell (1,80 m lang, 8 kg schwer, 1 m Spannweite) an den Füßen, 1995 Skysurfen zur Eröffnung des Lauberhorn-Skirennens und über dem Eiger, 1996 Skysurfen mit Absprung vom Heißluftballon und schließlich 1997 das Unternehmen „Skywalker", das gleichzeitige Festhalten an den Flügelenden zweier Doppeldecker (siehe Seite 29).

Ritt durch die Lüfte

auf einem *Mirage*-Flugmodell. Yves Rossy schießt über die verschneite Berglandschaft.

Riskiert alles

für dieses Skysurf-Abenteuer von einem Heißluftballon aus: Fallschirmspringer und Pilot Rossy springt mit einem Surfbrett in die Tiefe.

Geschwind von I-Z

Mauern: Schnellster Maurer ist Gary Lovegrove aus Tydd Wisbech, Cambridgeshire (GB), der am 18. Juli 1995 auf der East-of-England-Show in Peterborough (GB) in 1 Std. genau 872 Ziegelsteine von je 2 kg Gewicht nach den Regeln der Brick Development Association und der Guild of Bricklayers vermauerte.

Mülltonnenmarathon: Gerd Vollberg aus Bonn absolvierte 41 km zwischen Bonn und Köln im Laufschritt, indem er zwei runde, jeweils mit 35 kg beladene 120-l-Mülltonnen drehte. Er brauchte dafür 8:45 Std., ohne Training.

288 km/h

raste Jürgen Köhler am 4. August 1997 auf Inline-Skates hinter einem roten *Porsche 993 Bit-Turbo.* Damit brach er seinen Rekord von 268 km/h (oben). Hoher Verschleiß von Skates.

Inline-Skates im Schlepp: Jürgen Köhler (* 1967) aus Hennef, Nordrhein-Westfalen (D), erreichte im Schlepp eines *Porsche 993 Bit-Turbo* am 4. August 1997 in Eschenbach (D) eine Geschwindigkeit von 288 km/h – beschleunigt auf 1900 m.

Kartoffelschälen: 482,8 kg in 45 Min. am 19. September 1992 durch ein fünfköpfiges Team in Shelly, Idaho (USA).

Klavierspielen: 1 000 006 Anschläge in 11:49:41 Std. von Joe Miller aus Cham (CH) anläßlich der Messe Musica 1987 in Hamburg.

Kohleförderung: Fünf russische Grubenarbeiter unter der Leitung von Alexei Stachanow förderten am 19. September 1935 auf der Tzentralnaja-Irmino-Grube im Donetsk-Becken in einer 6-Std.-Schicht insgesamt 45,4 t.

Kohleschaufeln: Eine 508 kg Kohle fassende Karre füllte Brian McArdle am 5. März 1994 in Fingal, Tasmanien (Australien), in 26:83 Minuten. Zusammen mit Rodney Spark füllte er eine gleichgroße Karre in 15:01 Min.

Leiterklettern: 10 Feuerwehrmänner aus Pietermaritzburg (Südafrika) bewältigten am 14./15. Juni 1996 auf einer Standardfeuerwehrleiter in 24 Std. eine Gesamthöhe von 90,49 km.

Pfannkuchenwenden: 416mal in 2 Min. hat Ralf Laue aus Leipzig (D) am 28. Juni 1997 in Linz (A) einen Pfannkuchen gewendet.

PC-Schreiben: Schnellster Schreiber ist Gregory Arakelian aus Herndon, Virginia (USA), mit 158 Wörtern/min (darunter zwei Fehler). Er schaffte diesen Rekord am 24. September 1991 im Semifinale des Key Tronic World Invitational Type-Off.

PC-Schreiben (Zahlen): Schnellster ist Michail Tschestow, der im Baruch College, New York City (USA), am 2. April 1996 die Zahlen 1 bis 801 in 5 Min. fehlerfrei eintippte.

Maschinenschreiben: Die Höchstgeschwindigkeiten im Maschinenschreiben werden so berechnet, daß für jeden Tippfehler zehn Wörter als

Strafe von der Gesamtwortzahl abgezogen werden. Rekord auf einer mechanischen Schreibmaschine über 5 Min.: 176 Wörter/min, Carol Forristall Waldschlager Bechen am 2. April 1959 in Dixon (USA).
▮ Mechanische Schreibmaschine über 1 Std.: 147 Wörter/min, Albert Tangora aus den USA am 22. Oktober 1923 auf einer Underwood Standard.
▮ Der offizielle Stundenrekord auf einer elektrischen Schreibmaschine beträgt 9316 Wörter (40 Fehler). Das entspricht einer Nettogeschwindigkeit von 149 Wörtern/min. Diese Leistung vollbrachte Margaret Hamma (jetzt Dilmore) in Brooklyn (USA) am 20. Juni 1941.

Rasieren: Die schnellsten Barbiere zu sein, können Denny Rowe und Tom Rodden für sich in Anspruch nehmen. Denny Rowe rasierte am 19. Juni 1988 in Herne Bay, Kent (GB), mit einem Sicherheitsrasiermesser in 1 Std. 1994 Männer, also alle 1,8 Sek. einen. Dabei floß nur viermal Blut. Noch tapferer waren die 262 Freiwilligen, die sich am 4. Mai 1993 unter Tom Roddens Messer begaben: Er benutzte ein normales Rasiermesser, brauchte dafür aber auch länger, nämlich 13,8 Sek. pro Rasur. Blut mußte er dabei nur einmal stillen.

Rollerfahren: Der 24-Std.-Rekord für Kinderrollerfahren mit einer 25köpfigen Mannschaft steht bei 540,93 km, aufgestellt am 22./23. März 1980 von einer Gruppe der Wimmera Young Farmers in Victoria (Australien).
▮ Andreas Ziebe (* 1965) mit einem luftbereiften Kinderroller 303 km in 24 Std. am 13./14. Juni 1986 auf einem 50-km-Rundkurs im Kreis Wildeshausen (bei Bremen).

Rollschuhe: im Schlepp eines *Porsche 935*, 224,1 km/h, Jürgen Köhler (* 1967) aus Hennef, Nordrhein-Westfalen (D), in Hockenheim am 10. Oktober 1993.

Rückwärtsschreiben: Bei einer Gewerbeschau in Groß-Gerau, Hessen (D), verbesserte der Stenosekretär Jens Seiler (* 1966) aus Groß-Gerau am 4. Oktober 1987 seinen eigenen Rekord auf 626 Anschläge/min. Einen Text mit 701 Anschlägen schrieb er in der Rekordzeit von 1:07 Min. rückwärts ab.

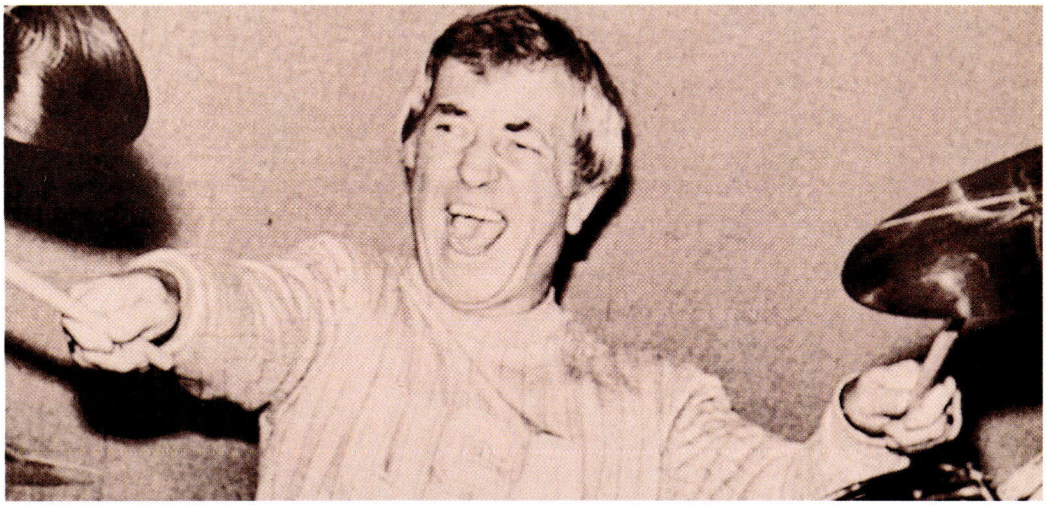

Schafscheren: 805 Lämmer schor Alan MacDonald am 20. Dezember 1990 auf der Waitnaguru-Farm in Neuseeland in 9 Std. maschinell.
▮ Per Hand schor Peter Cassely aus Christchurch (Neuseeland) am 13. Februar 1976 in der gleichen Zeit 353 Lämmer.
▮ Ein einziges Schaf schor Harro Steen am 26. Mai 1991 in Eckhorst, Schleswig-Holstein (D), in 1:23 Min.

Schneeschuhgehen: Die Schnellsten sind nach den offiziellen Rekorden der IASSRF (**I**nternationale **A**mateur-**S**chnee**S**chuh-**R**enn-**F**öderation) Nick Akers aus Edmonton (Kanada), der am 3. Februar 1991 die Meile (1,609 km) in 5:56,7 Min. zurücklegte, und Jeremy Badeau aus Canaseraga (USA), der am 31. Mai 1991 für 100 m 14,07 Sek. benötigte.

Schneidern: Die größte Geschwindigkeit, mit der ein dreiteiliger Anzug vom Schaf bis zum Kleidungsstück angefertigt wurde, beträgt genau 1:34:33 Std. Am 24. Juni 1982 starteten 65 Mitglieder des Melbourne College of Textiles in Pascoe Vale, Victoria (Australien), den Versuch. Das Einfangen und Schafscheren dauerte 2:21 Min., der Rest der Zeit wurde für das Streichen und Krempeln der Wolle, für das Weben, Zuschneiden und Nähen benötigt.
▮ Da hatte es die Österreicherin Lotte Meisl aus Graz (Steiermark) bei ihrem Rekordversuch im Kleidernähen einfacher. Am 8. November 1987 kam die „flotte Lotte" auf 1:52 Min. Ihr Kimonokleid war bei der Sammler- und Kuriositätenmesse auf dem Grazer Messegelände in dieser Rekordzeit fertig und wurde sofort vorgeführt.

Schubkarrenrennen: Der Streckenrekord über eine Meile (1,609 km) liegt bei 4:48,51 Min. von Piet Pitzer und Jaco Erasmus von der Transvalia High School in Vanderbijlpark (Südafrika) am 3. Oktober 1987.
▮ Im Rahmen der 800-Jahr-Feier in Wadersloh (Kreis Soest) stellte Reinhold Winkel (* 1953) zusammen mit Franz-Bernhard Meyer (* 1956) einen Rekord im Schubkarrenschieben über 15 km auf. Am 14. Mai 1988 schob sich das Lippstädter Team in 1:02:08 Std. gegenseitig über die Strecke und wechselte sich nach jeweils 500 m ab.

Schuhputzen: 14 975 Schuhe putzte ein Team aus vier Teenagern am 15. Juni 1996 am Leicester Square in London (GB).

Ski-Schlepp: 246,23 km/h, Stuntman Hubert Weishaupt (* 1952) aus Leutkirch, Baden-Württemberg (D), hinter einem *Irmscher DTM Opel Omega Evolution 500,* am 27. Oktober 1991.

Snow Speed Biking: auf vollverkleideten Hightech-Mountainbikes auf Eispisten an extremen Steilhängen zu Tal fahren. Die Weltrekorde, 1997 gefahren, liegen bei den Männern bei 210 km/h, bei den Frauen bei 197 km/h.

Spielt

400 Schlaginstrumente in 16,2 Sek. Rory Blackwell ist schnellster Drummer.

Spargelschälen: 15 kg in 5:27 Min. schälte Dirk Bölke aus Molbergen, Münsterland (D), am 10. Mai 1996 im Hotel-Restaurant Thole-Vorwerk.
▮ Den 1000-kg-Rekord hält Helmut Zipner aus Kiel, Schleswig-Holstein (D), mit 16:15 Std., erzielt am 21. Juni 1993.

Trommeln und Schlagzeug: 400 verschiedene Schlaginstrumente innerhalb von 16,2 Sek. zu spielen – dieses Kunststück brachte der Brite Rory Blackwell am 29. Mai 1995 in Finlake Leisure Park, nahe Chudleigh in Devon (GB), fertig.

Zeichnen: Showzeichner und Porträtkarikaturist Gero Hilliger (* 1943), Berlin, zeichnete am 1. Juni 1997 das Porträt eines ihm zuvor Unbekannten in 6,2 Sek. Es war sein dritter Weltrekord in dieser Disziplin.
▮ Der Maler David Miro zeichnete am 8. November 1996 im Einkaufszentrum Plauen Park, Sachsen (D), in 90 Min. 310 wiedererkennbare Kinderprofile.

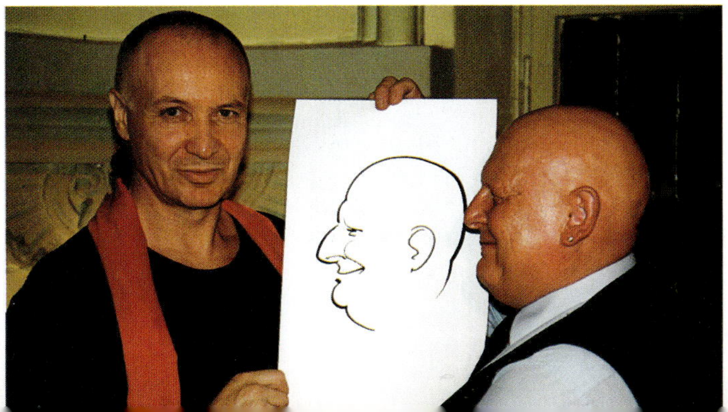

Porträtiert

auf die Sekunde genau: Gero Hilliger zeichnete diese Karikatur in 6,2 Sek. – Volltreffer.

Kapriolen in der Luft

Im Tandem

sprang Hanna Braukmüller aus 2500 m Höhe. Mit 80 die älteste Fallschirmspringerin.

Zauber-Ballonfahrt: Ludwig Dumpf (* 1917) hat am 10. April 1996 nicht nur das Siebengebirge auf einer Ballonfahrt von oben gesehen, er hat dabei auch noch gezaubert, weil er Hobbyzauberer ist und alles dabei hatte.

Heißluftballonfahrt über dem Nordpol: Mit einem Einmannballon startete Ivan Trifonov am 20. April 1996 zur ersten Überquerung des Nordpols in einem Ballon. Er begann seinen Flug unmittelbar neben dem Pol, flog 3 Min. und mußte dann wieder landen, weil der Druck in der Gasflasche unter 2,5 bar fiel.

Paragliding, Gleitschirm-Fliegen: Die größte geflogene Distanz erreichte mit 283,9 km am 31. Dezember 1992 der Südafrikaner François Louw.
▮ Den Rekord bei den Frauen hält Kat Thursten (GB), die am 19. November 1994 in Chile 182,3 km erzielte.
▮ Die größten Höhen erreichten Robby Whittal (GB) mit 4526 m am 6. Januar 1993 in Südafrika und Verena Mühr (D) am 13. Dezember 1991 in Namibia.

Die meisten Gleitschirm-Piloten, die bei einem Massenstart innerhalb von acht Minuten gleichzeitig in der Luft waren, wurden am 19. August 1995 über Emmetten (CH) gezählt: 191. Alle kamen auch wieder runter.

Das erste Kunstflugmanöver war der Dauerrückenflug von Célestin-Adolphe Pégoud in einer *Blériot* am 21. September 1913 bei Buc (F).

Der erste Looping wurde von Leutnant Peter Nikolajewitsch Nesterow vom kaiserlich-russischen Luftdienst am 27. August 1913 in einem Eindecker *Nieuport Type IV* bei Kiew (Ukraine) geflogen.

Der Rückenflugdauerrekord liegt bei 4:09:05 Std., aufgestellt von John „Hal" McClain mit einer *Swick Taylorcraft* am 23. August 1980 in Houston, Texas (USA).

Die meisten Loopings: Am 21. Juni 1980 vollführte R. Steven Powell mit einer *Bellanca Decathalon* über Almont, Michigan (USA), 2315 5/8 Innenloopings. Joann Osterud flog am 13. Juli 1989 über North Bend, Oregon (USA), 208 Außenloopings.

Der längste Fallschirmsprung: William H. Rankin von der US-Marine, 40 Min. (aufgrund der thermischen Verhältnisse), North Carolina (USA), 26. Juli 1956.

Der längste Flug mit ungeöffnetem Fallschirm: Joseph W. Kittinger, 25,82 km (Absprung aus einem Ballon in der Höhe von 31,33 km), Tularose, New Mexico (USA), 16. August 1960. Er erreichte in 27,4 km Höhe aufgrund der dünnen Luft eine Höchstge-

Canopy Formation,

größter Verbund von Fallschirmspringern: 53 bildeten eine Raute über Kassel.

schwindigkeit von 1006 km/h – das heißt fast Schallgeschwindigkeit.
▮ Frauen: Elvira Fomitschewa (Rußland), 14,8 km, Odessa (Ukraine), 26. Oktober 1977.

Die höchste Landung unternahmen zehn sowjetische Fallschirmspringer im Mai 1969 auf dem 7133 m hohen Pik Lenin im Transalai (an der Grenze zwischen Tadschikistan und Kirgisien).

Der Notausstieg in größter Höhe: J. de Salis und P. Lowe von der Royal Air Force, 17,1 km, Monyash, Derbyshire (GB), 9. April 1958.

Die meisten Fallschirmsprünge: 21 000, Don Kellner (USA), an verschiedenen Orten in den USA, bis zum 2. Oktober 1994.
▮ Frauen: 8000, Valentina Zakoretskaja (Rußland), über der damaligen Sowjetunion, 1964-80.

Den größten Verbund von Fallschirmen, eine sogenannte *Canopy Formation,* gelang Stefan Heuser mit 53 Fallschirmspringern am 6. September 1996 in Kassel (D). Sie formierten sich zu einer rautenförmigen Figur.

Die größte Formation im freien Fall bildeten 297 Fallschirmspringer aus 26 Ländern am 27. September 1996 (inoffizieller Rekord) in 6500 m Höhe über Anapa (Rußland).
▮ 200 Springer aus 10 Ländern, die aus einer Höhe von 5030 m absprangen und 6,47 Sek. in Formation flogen, Myrtle Beach, Kalifornien (USA), 23. Oktober 1992 (Rekord ist von der FAI anerkannt).
▮ Frauen: 100 Springerinnen aus 20 Ländern, die aus 5200 m absprangen und 5,97 Sek. in einer Formation flogen, Aérodrome du Cannet des Maures (F), 14. August 1992.

In die Lüfte

entschwand der Ballon von Julia und Adrian Muff aus Eberbach. Zurück kam Airmail aus Australien.

Fallschirmformation über dem Nordpol: In einer 30er-Formation sprang ein deutsches Fallschirmspringerteam, organisiert von Walter Dorsch aus Lippstadt und Willi Gutsche aus Westenholz, am 19. April 1994 über dem Nordpol ab. Eine vergleichbare Formation wurde über dem Nordpol noch nicht gesprungen. An dieser vermutlich größten Nordpolexpedition waren insgesamt 88 Personen beteiligt. Es wurde in einer 9er-, 16er- und dieser erfolgreichen 30er-Formation gesprungen.

Die größte Anzahl von Fallschirmsprüngen nacheinander schaffte mit 352 in 24 Std. Cheryl Stearns am 8./9. November 1995 in Raeford, North Carolina (USA).

Älteste Fallschirmspringer: Edwin C. Townsend, 89jährig, 5. Februar 1986, Vermillion Bay, Louisiana (USA).
▮ Sylvia Brett, 80jährig, am 23. August 1986 in Cranfield, Bedfordshire (GB).
▮ Tandem: Edward Royds-Jones, 95jährig, am 2. Juli 1994 in Dunkeswell, Devonshire (GB).
▮ Hildegarde Ferrera, 99jährig, am 17. Februar 1996 in Mokuleia, Hawaii (USA).

Vogelperspektive:

Hanggleiter Eves Tall Chief gleitet über das Yosemite Valley in Kalifornien (USA).

Die älteste deutsche Tandemspringerin: Mit 80 Jahren wagte Hanna Braukmüller aus Berlin (D) am 24. Mai 1996 einen Tandemsprung aus 2500 m Höhe, wobei sie 200 m im freien Fall zurücklegte.

Die älteste Parasailing-Fliegerin: Elisabeth Ehrecke aus Schönebeck (D) startete am 24. Oktober 1996 in Monastir, Tunesien, mit 83 Jahren zu ihrem ersten Parasailing-Flug.

Der älteste Bungyspringer ist Rudolf Müller (* 1923) aus Bayreuth (D). Am 17. November 1996 sprang er an einem Seil aus 64 m Höhe von einer Brücke in Neuseeland.

Fliegendes Fahrrad: Mit dem Fluggerät Marke Eigenbau gelang am 19. September 1990 Ralf Helbig (* 1967) auf dem Flugplatz Erbach in Ulm, Baden-Württemberg (D), ein freier Flug von 20,85 m, nachdem über eine 20 cm hohe Rampe nach 60 m Anlauf zum Wettbewerb „Der Schneider von Ulm" gestartet wurde.

Die meisten Luftballons wurden am 27. August 1994 in Longleat House, Wiltshire (GB), gen Himmel geschickt: 1 592 744 Stück. Veranstalter war Disney Home Video.

Die längste Strecke eines Spielzeugballons betrug 16 090 km. Der damals elfjährige Justin Fiore hatte am 19. April 1982 in Dobbs Ferry, New York (USA), den Ballon auf die Reise geschickt, in Wagga Wagga in Australien kam er wieder herunter.
▮ Julia und Adrian Muff aus Eberbach (D) schickten am 4. Juni 1994 einen Luftballon mit einer Karte los. Am 7. Juli 1994 erhielten sie aus Sydney (Australien) ihre Karte mit einem Überbleibsel des Ballons zurück.
▮ Bernd Siemes (* 1977) aus Mönchengladbach (D) ließ am 30. August 1987 einen Luftballon mit Karte aufsteigen. Gefunden wurde der Ballon am 15. September 1987 in Neu-Delhi (Indien). Das Wetteramt bestätigte, daß der Flug durchaus möglich war.

Die meisten Einzelflüge in 24 Std.: Pater Michael Bartlett aus London (GB) absolvierte in 13:33 Std. mit Heli Transport (Nizza) 42 planmäßige Passagierflüge zwischen Nizza, Sofia, Antipolis, Monaco und Cannes am 13. Juni 1990.

Per Bungy

64 m tief. Mit 73 Jahren sprang Rudolf Müller. Der Älteste.

Einen Rekordflug rund um den Globus in 78 Std. (mit Linienmaschinen), wobei er auf jedem der fünf Kontinente zwischenlandete, vollbrachte Karl Traunmüller aus Wien (A) vom 10. bis 13. Oktober 1980. Er legte dabei 44 584 km zurück.

Einziger Flugpassagier auf einem Nonstop-Flug vom John-F.-Kennedy-Airport New York (USA) zum Rhein-Main-Flughafen Frankfurt (D) war Helmut Hintz aus Rheinmünster (D). Auf einem Überführungsflug einer *DC 10* der Pakistan International Airlines (Flugnummer PK 716) konnte er am 20./21. Februar 1985 unter 271 Sitzen wählen und sich von der Crew verwöhnen lassen – alle anderen Flüge nach Deutschland waren an diesem Tag ausgebucht.

Eine Weltumrundung mit Linienflügen, bei der er zwei exakte Antipodenpunkte überflog, gelang David Sole aus Edinburgh (GB) in der Zeit vom 2. bis 5. Mai 1995 in 64:02 Std. Er flog von London nach Madrid (E), von dort wieder zurück nach Heathrow, um dann über Singapur, Auckland nach Napier in Neuseeland zu jetten. Hier bestieg er einen Hubschrauber und flog nach Ti Tree Point am Highway 52, wo er exakt den Punkt erreichte, der Madrid gegenüberliegt. Er kehrte über Los Angeles nach Heathrow zurück. Gesamte zurückgelegte Strecke: 41 709 km.

SPITZE

Härtetests

120 000 km

unter Extrembedingungen: *Audi 8 Quattro* in Eis und Schnee und auf der Autobahn.

Weltumrundung: Die Österreicher Gerhard Plattner (* 1939) und Kopilot Stefan Fuisz (* 1953) schafften in 28 Tagen und 16 Std. auf der Strecke Berlin–Berlin mit 40 077 km die schnellste Erdumrundung und befuhren dabei vom 6. September bis 5. Oktober 1990 alle Kontinente mit ihrem *Audi Coupé S 2* (Allradantrieb).

Die einzige Weltumrundung mit einem Amphibienfahrzeug gelang Ben Carlin (Australien) in dem Amphibien-Jeep *Half-Safe*. Als er am 8. Mai 1958 nach Montreal (Kanada) zurückkehrte, hatte er 62 765 km über Land und 15 450 km über Meer und Flüsse zurückgelegt.

Schnellste Transamericana: Mit einem serienmäßigen *Audi A 4 quattro* fuhr Gerhard Plattner aus Innsbruck (A) mit seinem Beifahrer Norbert Pöchmann im Juni 1995 in 20 Tagen, 11:55 Std. vom nördlichsten (Prudhoe Bay, USA) zum südlichsten (Ushuaia, Argentinien) befahrbaren Punkt Amerikas. Auf der gesamten 23 303-km-Strecke wurde nie die erlaubte Höchstgeschwindigkeit überschritten. Wegen fehlender Straßenverbindung wurde der Audi von Panama City nach Bogota geflogen.

Transamericana in Alleinfahrt: Gerhard Mayr (* 1965) aus Konstanz, Baden-Württemberg (D), benötigte 50 Tage für seine Fahrt über 22 651 km in einem Mazda Pickup im Januar und Februar 1997.

Von Kap zu Kap: Die erste Durchquerung der größten Landmasse der Welt (Afro-Eurasia) gelang Richard Pape, der am 28. Juli 1955 mit einem *Austin A 90* am Nordkap aufbrach und nach 28 160 km und 86 Tagen am 22. Oktober in Kapstadt (Südafrika) eintraf.

▮ Am schnellsten auf dieser Strecke: Ken Langley und Garry Sowerby aus Kanada, vom 4. April bis 2. Mai 1984 nordwärts fahrend nur 20 160 km in 28 Tagen, 13:10 Std.

Die schnellste USA-Durchquerung von Alaska (Temperaturen bis minus 49 Grad) nach Florida über 10 724 km gelang Gerhard Plattner aus Innsbruck (A) und Carsten Paulun aus Hamburg (D) im Januar 1997 in 4 Tagen, 11:38 Std. (im Schnitt 99,63 km/h, inkl. aller Stops).

15-Staaten-Fahrt durch Europa: Mit einem serienmäßigen *Peugeot 605 SV 24* fuhren die Schweizer Journalisten Giorgio Keller (* 1957) und Andreas Turner (* 1956) aus Zürich 2679 km in 22:22 Std. 15 europäische Länder an. Gestartet wurde am 15. September im schwedischen Hafen Helsingborg, den Abschluß bildete die Ankunft am 16. September 1990 in Bratislava (ehemals CSFR). Ihre Durchschnittsgeschwindigkeit betrug 119 km/h.

50 Tage

Alleinfahrt auf der Transamericana. Gerhard Mayr (rechts) legte 22 651 km im Pickup zurück.

Fahrt durch 12 EU-Länder: John Waldron und Ken McDonnell aus Dublin (Irland) statteten in einem *Toyota Corolla 180 XL* 12 EU-Ländern einen Besuch ab und legten dabei zwischen dem 30. April und dem 5. Mai 1991 in einer Fahrzeit von 86:37 Std. 7647 km zurück.

Besuch in 12 Hauptstädten der EU: Drei Mitglieder des Welwyn Round Table Number 821, Stephen Long, Andrew Nation und John Orlandi (alle GB), bereisten mit einem *Ford Granada Scorpio Estate* 12 Hauptstädte der Europäischen Union und legten dabei in dem Zeitraum vom 2. bis 7. Dezember 1992 in 117:52 Std. 8802 km zurück.

Härtester Test eines Serien-Pkw: Gerhard Plattner aus Innsbruck (A) legte mit einem *Audi A8 quattro* zwischen Mai 1996 und Mai 1997 unter Extrembedingungen 120 000 km zurück. Zur Prüfung gehörten die schnellste USA-Durchquerung von Alaska (Temperaturen bis minus 49 Grad) nach Florida (10 724 km mit 99,63 km/h in Durchschnitt), ein 24-Std.-Wüstentest in Marokko (Temperaturen bis 50 Grad) sowie 24-Std.-Vollgasfahren auf dem Kurs von Nardo (Italien), wo der Wagen auf 5560,8 km kam; der Schnitt von 231,7 km/h lag dabei um 15 Prozent höher als der des Siegerautos des 24-Std.-Rennens von Le Mans 1996.

Die längste Taxifahrt führte über 34 908 km und kostete 40 210 Pfund (umgerechnet etwa 88 460 DM). Jeremy Levine, Mark Aylett und Carlos Aresse reisten dafür in der Zeit vom 3. Juni bis 17. Oktober 1994 von London (GB) nach Kapstadt (Südafrika) und wieder zurück.

Rückwärtsfahren: Charles Creighton (1890-1970) und James Margis aus Maplewood, Missouri (USA), fuhren vom 26. Juli bis zum 13. August 1930 mit ihrem *Ford S-Roadster*, Baujahr 1929, die 5375 km von New

114 Stunden

lang fuhren 13 Personen auf diesem Styer-Traktor von 1947. Sie schafften 1747 km.

10 724 km

in 4 Tagen, 11:38 Stunden. Von Alaska bis Florida. Am Steuer: Carsten Paulun und Gerhard Plattner. Spitze.

York (USA, Ostküste) bis Los Angeles (USA, Westküste) im Rückwärtsgang, ohne den Motor auch nur einmal abzuschalten. Am 5. September trafen sie, ebenfalls im Rückwärtsgang, wieder in New York ein und hatten somit 11 555 km in 42 Tagen zurückgelegt.

▮ Mit einem *DAF 44,* Baujahr 1968, fuhr der Österreicher Matthias Theissl (* 1941) aus Klagenfurt am 1. August 1985 auf dem Österreichring 170 Runden à 5911 m rückwärts. Dabei legte er insgesamt 1004,87 km mit einer Durchschnittsgeschwindigkeit von 48,285 km/h in 20:48:39 Std. zurück.

▮ Brian „Cub“ Keene und James „Wilbur“ Wright fuhren ihren *Chevrolet Blazer* in 37 Tagen (1. August bis 6. September 1984) 14 533 km durch 15 US-Staaten und Kanada. Trotz des Hinweises „Rückwärtsgang klemmt“ stellten sich die Behörden des US-Bundesstaats Oklahoma quer und bestanden darauf, daß sie den Bundesstaat rückwärts-rückwärts – also vorwärts – verließen.

▮ Die höchste Durchschnittsgeschwindigkeit im Rückwärtsfahren erreichte am 11. August 1996 John Smith mit einem 1983er *Chevrolet Caprice Classic.* Auf dem I-94 Speedway in Fergus Falls, Minnesota (USA), fuhr er 806,2 km (501 Meilen) in 13:48 Std., was einem Durchschnitt von 58,42 km/h entspricht.

Die längste Strecke auf zwei Rädern fuhr Bengt Norberg (* 23. Oktober 1951) aus Äppelbo (S), der am 24. Mai 1989 auf der Pferderennbahn von Rattvik (S) einen *Mitsubishi Colt GTi-16V* in 7:15:50 Std. 310,391 km weit balancierte. Bei dieser Gelegenheit schaffte er auch den zweirädrigen Stundenrekord von 44,805 km.

Traktorfahrten auf zwei Rädern: Der Mühlviertler Stuntman Johann Redl jonglierte am 8. November 1994 auf zwei Rädern auf dem Österreichring in Zeltweg (Steiermark) einen Traktor 7,508 km und verbesserte sich gleich um 4,5 km.

▮ Auf den Hinterrädern eines Traktors fuhr Heiner Röhrs aus Fintel, Niedersachsen (D), am 20. August 1995 glatte 5000 m.

Die längste Fahrt auf zwei Rädern eines Lkw, einem 7,5-Tonner *DAF 2800,* gelang Sven-Erik Söderman am 19. Mai 1991 auf dem Flughafen von Mora (S) über eine Strecke von 10,83 km.

Die schnellste Fahrt auf zwei Rädern eines Pkw gelang Göran Eliason (S) mit 179,29 km/h im fliegenden Start über eine 100-m-Distanz am 20. April 1996 mit einem *Volvo 850 Turbo* auf dem schwedischen Luftwaffenflugplatz F7.

Einen Doppeldeckerbus auf zwei Rädern fuhr Bobby Ore (* 1949) am 21. Mai 1988 auf dem Flugplatz North Weald, Essex (GB), 246 m weit.

Trabbi-Nostalgie: Beim 1. Internationalen Trabbi-Treffen in Anklam, Mecklenburg-Vorpommern (D), bildeten 202 Fahrzeuge am 6. Mai 1995 das Logo des Trabanten, das Sachsenring-Zeichen, auf der grünen Wiese.

Die längste Traktortour führte über 23 335 km. Die Young Farmers Group aus Devon (GB) startete am 18. Oktober 1990 und erreichte auf dem Landweg Zimbabwe in Afrika am 4. März 1991.

Die längste Nonstop-Traktorfahrt gelang 13 Personen des 1. Feistritztaler Oldtimer Traktorclubs, Anger, Steiermark (A), auf ihrer Fahrt nach Dauersberg, Westerwald (D), vom 11. bis 16. August 1996: 1747 km in 114 Std. auf einem Styer-Traktor *T 180,* Baujahr 1947.

Die längste Oldtimer-Traktorschlange der Welt: 525 m, mit nur 10 cm Abstand zwischen den einzelnen Traktoren, maß die Schlange, die sich am 15. September 1996 unter der Anleitung von Herbert Putz durch St. Lorenzen in der Steiermark (A) schlängelte.

Die längste Fahrt auf einem Rasenmäher führte über eine Strecke von 5000 km: Martina Fichte aus Herbolzheim, Baden-Württemberg (D), mit einem *Kubota GT 950* vom 4. September bis 15. Oktober 1993 von Berlin über Spanien nach Tanger (Algerien). Mit dem 18-PS-Motor erreichte sie einen Schnitt von 11,7 km/h; begleitet wurde sie auf 2500 km von ihrem Hund *Teddy.*

Ein 12-Std.-Rekord im Rasenmäherschieben wurde mit genau 169,13 km vom Team Doctor's Flyers am 28./29. Juli 1990 in Wisborough Green (GB) aufgestellt.

179,29 km/h

schaffte der Schwede Göran Eliason mit diesem *Volvo 850 Turbo* auf zwei Rädern. Bislang ungebrochen.

In die Pedale treten

Herr und Hund

reisten 73 102 km gemeinsam. Randolph Westphal per Rad, *Shir Khan* auf vier Läufen.

Allein mit Fahrrad und Hund hat Randolph Westphal aus Büdingen, Hessen (D), von 1987 bis 1996, teilweise unter extremsten Winterbedingungen, 73 102 km durch Europa, Nord- und Südamerika zurückgelegt. Im Jahr 1992 durchquerte er Alaska von Anchorage zur Yukon-Grenze bei – 30 bis – 60 °C. Das eigentliche Ziel, 100 000 km per Rad mit Hund, konnte nach dem Unfalltod des treuen Schlittenhundes *Shir Khan* nicht mehr erreicht werden.

Europa von Süd nach Nord durchquerten per Rad in drei Tagen im August 1995 Roland Elmiger aus Rain (CH) und Christof Scherer aus Hochdorf (CH). Ihre Tour begann in Genua (Italien) und endete in Norden, Niedersachsen (D). Sie legten dabei 1480 km zurück und überwanden 5000 Höhenmeter.

Höhenmeter mit dem Rad: Rainer Klaus aus Lenningen, Baden-Württemberg (D), erstrampelte am 6. Juli 1996 in 12:37 Std. 9170 Höhenmeter auf seinen Fahrten auf der Hochwangsteige. Und er setzte noch eins drauf: Nach 24 Std. hatte er 15 458 Höhenmeter auf seinem Konto.

Höhenmeter-Sammeln: Vom 8. April bis 15. Oktober 1996 bewältigte Armin Tappeiner (* 1968) aus Schlanders, Südtirol (Italien), während 148 Fahrten 180 083 Höhenmeter bei 5797 km insgesamt.

Gebirgsradtour: 16 Dolomitenpässe, 9000 Höhenmeter und 340 km in 19 Std. konnte Karl Schuster (* 1968) aus Rasen (Südtirol) am 25. Juni 1993 für sich verbuchen. Mit seinem Rennrad schaffte er im Schnitt ungefähr 20 km/h.

Die Radtour in höchster Höhe unternahm Mark Dangeleit (* 1965) aus Kirchseeon, Bayern (D). Am 29. August 1994 startete er im 3480 m hoch gelegenen Leh (Indien) und fuhr über die Khardung-La-Straße, die höchstgelegene Straße der Welt, in Richtung Khardung Peak über den höchsten Punkt von 5610 m.

Untertage-Radfahren: Bis in eine Tiefe von 840 m uNN kamen die Mountainbiker Harald Becker, Jörg Krug, Siegfried Pitzer, Mathias Schmidt und Ulrich Weigel am 22. Februar 1997 im ältesten befahrbaren Kalibergwerk der Welt in Sondershausen, Thüringen (D); Streckenlänge: 29 km.

▪ 58:13 Min. benötigten Helmut Kister und Heiko Fuchs am 11. Januar 1997 für die 20 km lange Strecke durch die Grube Merkers, Bad Salzungen (D), wobei sie bis zu einer Tiefe von 517 m uNN vordrangen.

Langstreckenradeln: Georg Stumpf (* 1954) aus Rheinfelden, Baden-Württemberg (D), fuhr vom 1. bis 31. Mai 1996 auf der Bundesstraße von Rheinfelden nach Kehl und zurück 11 417 km, pro Tag etwa 368 km.

Quer durch Amerika: Für die 5000 km lange Strecke von Costa Mesa (Kalifornien) nach New York im August 1989 brauchte Paul Selon 8 Tage und 8:45 Std.

▪ Bei den Frauen benötigte Susan Notorangelo 9 Tage, 9:09 Std. im August 1989.

Quer durch Australien: Die 4215 km lange Strecke von Perth (Start am 27. April 1995) nach Sydney legte Hubert Schwarz aus Roth (D) in 8 Tagen und 12:49 Std. zurück. Er bewältigte jeden Tag mindestens 460 km und unterbot die alte Bestleistung des Japaners Tomio Uranya um mehr als einen Tag.

Die höchste Jahresleistung erzielte Edward Godwin (1912-75, GB) mit 120 805 km 1939; durchschnittliche Tagesleistung: 330,96 km.

Die Höchstgeschwindigkeit auf einem Fahrrad erreichte mit 268,831 km/h der Niederländer Fred Rompelberg hinter einem mit Windschild versehenen Auto am 3. Oktober 1995 auf einem ausgetrockneten Salzsee in Bonneville, Utah (USA).

Langstrecke

ist seine Stärke: Georg Stumpf schafft 11 417 km in einem Monat.

Höhenmeter

am Stück sammelt Armin Tappeiner: bei 148 Fahrten 180 083 auf 5797 km.

Höchstgeschwindigkeit ohne Schrittmacher: Auf 200 m mit fliegendem Start schaffte Fred Markham (USA) am 11. Mai 1986 auf seinem Rad 105,386 km/h.

Den 24-Std.-Rekord hinter einem Schrittmacher stellte der Amerikaner Michael Secrest mit 1958,196 km am 26./27. April 1990 auf dem Phoenix International Raceway in Arizona (USA) auf.

▮ Ohne Schrittmacher fuhr der Tscheche Josef Zimovcák am 20./21. Juni 1996 in Brno die Strecke von 522,504 km.

Der 1-Std.-Rekord (stehender Start) wird von Pat Kinch gehalten, der am 8. September 1990 in Millbrook (GB) auf der Kingcycle Bean eine Durchschnittsgeschwindigkeit von 75,57 km/h erreichte.

Touren-Radfahren: Die größte Anzahl von Kilometern schaffte Walter Stolle (* 1926) mit 643 700 in 17 Jahren zwischen dem 24. Januar 1959 und dem 12. Dezember 1976. Er kam dabei durch 159 Länder.

Stundenrekord auf dem Einrad: In einer Stunde legte Stefan Gauler aus Zuben (CH) am 20. August 1995 in Wil, Zürich (CH), auf einem Hocheinrad 16 048 m zurück.

Einradschlange: 83 Kinder radelten am 14. September 1996 für die Rumänien-Arbeitsgruppe Hemmingen hintereinander auf Einrädern durch eine Tür auf den Opernplatz in Hannover, Niedersachsen (D).

Rückwärts auf dem Einrad bewältigte Ashrita Furman (USA) 85,56 km, am 16. September 1994 im New Yorker Stadtteil Queens.

Sprintrekord auf dem Einrad mit 12,11 Sek. über 100 m bei stehendem Start, Peter Rosendahl (Schweden) am 25. März 1994 in Las Vegas (USA).

Einradlangstreckenfahrt: Der Inder Deepak Lele aus Maharashtra kam mit seinem Einrad vom 6. Juni bis 25. September 1984 von New York nach Los Angeles und bewältigte 6378 km.

Einradhöhenfahrt: Der Schweizer Guido H. Frey (* 1971) aus Bubendorf bewältigte am 2. September 1989 in 13:45 Std. 4096 m Höhendifferenz auf einer Distanz von 105 km. Mit einer Durchschnittsgeschwindigkeit von 11 km/h überquerte er von Andermatt den Gotthardpaß via Tremola und erreichte über Airolo, Biasca, den Lukmanierpaß.

Tandem-Einrad-Tour: Mit einem Tandem-Einrad balancierten die in München studierenden Brüder Klaus und Roland Bartl aus dem oberpfälzischen Eschenbach an Pfingsten 1993 für zwei Tage auf dem Donauradweg von Passau bis Aschach. 70 km radelten sie mit ihrer Eigenkonstruktion aus einem Mopedreifen und einem selbstgeschweißten Rahmen.

Tretrollerfahren: In der Zeit vom 29. Juli bis 9. August 1988 legten Hagen Neumann und Jörgen Krahl aus Ottendorf-Okrilla, Sachsen (D), auf ihrem Weg nach Budapest (H) 660 km auf Rollern zurück.

Die meisten Menschen auf einem Tretroller: 210 Mitglieder der Schieß-Sport-Gruppe Biene aus Lingen-Biene, Niedersachsen (D), fuhren am 2. Juni 1996 auf einem 33,5 m langen Tretroller eine Strecke von 2,1 km.

Der längste Tretroller mit zwei Rädern ist 18,28 m lang, gebaut im Frühjahr 1997 von Dieter Senft aus Kolpin, Brandenburg (D).

▮ Mitglieder von Jugendorganisationen der Region Landquart (CH) konstruierten im Mai 1995 einen beweglichen Tretroller mit mehreren Rädern von 71,54 m Länge. 150 Personen fuhren damit.

Sidewalken: Auf Renntretrollern legten am 1. Juni 1996 Dirk Jäschke, Ralph Mai und Joachim Franz in Gifhorn, Niedersachsen (D), 656 km mit einer Durchschnittsgeschwindigkeit von 27,333 km/h zurück, überwacht und registriert von der International Federation of Fitness and Funsport.

Profi beim Trick-Skateboardfahren in den USA. Megageiler Sprung.

Das größte Tretauto wurde am 14. April 1996 in Leipzig (D) vorgestellt: 13,30 m lang, 1,44 m breit und 1,84 m hoch. Entworfen und gebaut von Dieter Senft aus Kolpin, Brandenburg (D).

Rollschuhlaufen: Ein Langstrecken-Abenteuer auf Rollschuhen überstand der Höchberger Peter Bögelein (* 1961) vom 1. Juni bis 16. September 1986. 108 Tage war der Fernmeldetechniker auf seinen Rollerskates unterwegs, rollte bei seinen jeweils 80-km-Tagesetappen durch acht europäische Länder, überquerte zweimal die Alpen – höchster Punkt war mit 2509 m das Timmelsjoch – und schaffte mit 8596 Roll-Kilometern einen neuen Rekord.

Rollstuhlfahren: Der Kanadier Rick Hansen (* 1957), der von den Hüften abwärts gelähmt ist, legte auf einer Rollstuhlreise 40 074,06 km zurück. Seine Tour dauerte vom 21. März 1985 bis zum 22. Mai 1987 und führte ihn durch vier Kontinente und 34 Länder.

Skate-Bike-Fahren: Mit seinem Fahrrad ohne Lenkstange startete Harry Telfser (* 1972) aus Schlanders (I) am 7. September 1991. Freihändig fuhr er die 48 Kehren der 19 km langen Paßstraße von Gomagoi (1260 m üNN) zum Stilfser Joch (2756 m üNN) hinauf. Nach 2:20 Std. waren 1496 m Höhenunterschied bewältigt.

840 m **unter Tage: Das Biker-Team rechts im Kalibergwerk Sondershausen. Das Duo unten kam in Bad Salzungen nur 517 m tief.**

Mit Pferdestärken

Per Motorrad

Die längste Motorradreise unternahm Emilio Sciotto aus Buenos Aires (Argentinien): In der Zeit vom 17. Januar 1985 bis 2. April 1995 legte er 735 000 km zurück und bereiste dabei 214 Länder.

Die erste Motorradfahrerin, die solo um die Welt reiste, war Monika Vega (* 9. Mai 1962) aus Rio de Janeiro (Brasilien). Ihre Tour auf einer 125-cm³-*Honda* begann am 7. März 1990 in Mailand (I). Nach 83 500 km und dem Besuch von 53 Ländern kehrte sie am 24. Mai 1991 nach Italien zurück.

Der älteste Motorradfahrer: Len Vale-Onslow (* 1900) aus Birmingham (GB) fährt 1997 noch immer ein von ihm entworfenes Motorrad, eine *Super Onslow Special.*

Der älteste Steilwandfahrer ist Jerry De Roye (* 4. September 1927 als Gerald Jones). Noch 1997 tritt er mit einer 1927er *Indian 101 Scout* auf.

Hinterradfahrt: Nonstop 331 km fuhr Yasuyuki Kudoh am 5. Mai 1991 in Tsukuba (Japan) auf dem Hinterrad einer *Honda TLM 220 R* (216 cm³).

Die höchste Geschwindigkeit auf dem Hinterrad eines Krads erreichte mit 254,07 km/h Jacky Vranken (B) am 8. November 1992 auf dem Militärflughafen St. Truiden (B) auf einer *Suzuki GS XR 1100.*

Mit seinem Einradmotorrad *King* ging Anton Wallner aus Gangkofen (D) am 12. September 1993 auf Rekordfahrt. 74,226 km/h erreichte er mit dem von ihm erbauten Motorrad Nr. 2 (Außendurchmesser 185 cm, 125 kg schwer, bestückt mit einem Zweitakt-Moto-Cross-Motor mit 246 cm³) auf der Piste des Flughafengeländes Straubing Wallmühle.

Die meisten Menschen auf einem Motorrad drängelten und türmten sich am 15. Dezember 1995 in Brasilia (Brasilien): 47 Männer auf einer *Harley Davidson.*

Motorradlooping: 137 km/h erreichte der Artist James T. Fox aus Herzberg (D) mit dem Motorrad auf der Loopingwippe am 30. Oktober 1996 während seiner Motorcycle Looping Show.

Die größte Motorradpyramide: 115 Männer auf elf Motorrädern schaffte das Army Service Corps der indischen Armee am 15. August 1995 während einer großen Parade im indischen Bangalore.
▮ 83 Personen der Motorradsportgruppe der Berliner Polizei fanden am 29. Oktober 1994 in der Duisburger Rhein-Ruhr-Halle Platz auf neun Motorrädern.

3200 km
auf dem Pferderücken: Peter-Bernd Schimkat und Stute *Rocio*.

465 m

hohe Dünen im algerischen Sandmeer Erg Isaouane-N-Tifernine wurden erstmals mit zwei Enduros und drei Quads befahren. Heiße Story.

▮ 30 Kinder im Alter von 6 bis 14 Jahren auf 10 Minimotorrädern bildeten die jüngste Polizeimotorradstaffel der Welt (ehrenhalber) am 8. September 1996 in Kellinghusen, Schleswig-Holstein (D), als Beitrag zur Verkehrsfrüherziehung, durchgeführt von der Stadtverwaltung.

Einen Hallenrekord im Pyramidenfahren stellten 35 Polizisten von der Krad-Staffel der Frankfurter Polizei am 16. März 1995 bei der 18. Polizeisport- und Musikschau auf fünf, nicht miteinander verbundenen Motorrädern auf.

Rückwärts-Motorrad-Kunstfahren nach Zeit demonstrierte Hans-Martin Pipirs (* 1941) aus Falkenberg, Sachsen (D). Am 7. Oktober 1993 kreiste er rücklings solo mit einer 800-cm³-*Suzuki*-Maschine 17:14 Min. lang auf dem Magdeburger Domplatz.

Die meisten Personen auf einem Motorradgespann waren 27 am 9. September 1995 in Hatzfeld-Reddighausen (D). Das Gespann der Marke *Ural* fuhr mit dieser Last immerhin 30 m.

Mit Seitenwagen, aber auf nur zwei Rädern, fuhr Graham John Martin am 21. August 1988 in Pretoria (Südafrika) auf einer 1100-cm³-*Yamaha-XS-1100* in 3:05 Std. eine Strecke von 320,1 km.

Paßfahrt: In einer Zeit von 95:50 Std. überquerten die vier Schweizer Robert Abegg, Reto Bischofberger, Nicolai Borbach und Mike Honegger 75 Schweizer und 22 italienische Alpenstraßenpässe mit ihren Motorrädern. Sie starteten am 17. Juli 1994 um 00.01 Uhr in Birmensdorf und endeten am 20. Juli 1994 um 23.50 Uhr in Aarau. Insgesamt wurde eine Strecke von 3403 km bei einer Höhenleistung von 106,845 km zurückgelegt, die Durchschnittsgeschwindigkeit lag bei 42 km/h.

Die Erstbefahrung der höchsten Sanddünen der Welt gelang fünf Mitgliedern der Desert Tours Expeditions aus Schwerzenbach (CH) am 5. November 1996. Mit drei Quads und zwei Enduro-Motorrädern schafften sie die 465 m hohen Sanddünen (828 m üNN) im algerischen Sandmeer Erg Isaouane-N-Tifernine in der Sahara (26°41'84 N, 6°42'76 O).

Mit dem Motorrad quer durch Eurasien fuhr Dave Barr vom 8. Dezember 1996 bis 24. März 1997. Die 15 090 km führten ihn von der bretonische Küste durch Frankreich, Deutschland, Polen, Weißrußland und Rußland nach Wladiwostok.

Zu Roß

Die längste Reise auf Pferden unternahmen Peter-Bernd Schimkat auf der Stute *Rocio* und Gert Krawinkel auf der Stute *Estrellita* vom 23. April bis 29. September 1996 über 3200 km von El Rocio, Spanien, nach Hittbergen, Niedersachsen (D).

Eine Weltreise im Wohnwagen mit 1 PS hat die Familie Grant aus Schottland (GB) am 25. Oktober 1990 begonnen. Bisher sind insgesamt 27 824 km in Europa, der Ukraine, Rußland, Kasachstan, China und Japan zurückgelegt.

137 km/h auf der Loopingwippe: James T. Fox.

30 Kids auf 10 Minimotorrädern: jüngste Polizeistaffel.

15 090 km durch Eurasien: Dave Barr.

SPITZE Wasserratten

Schnellste

Ostseeüberquerung von Trelleborg nach Rostock: Staffel des PSV Rostock.

Mit dem längsten Surfbrett der Welt, genau 16,1 m lang, 82 cm breit mit 8 Segeln, fuhren insgesamt 8 Surfer und ein „Schwertmann" der Nieblumer Windsurfing-Schule am 3. August 1996 in 1:40 Std. von der Insel Föhr nach Amrum, Schleswig-Holstein (D), und zurück.

Der älteste Windsurfing-Anfänger war Erwin Mulzer (* 1918), als er nach einer Woche Surfkurs am 30. Juli 1997, seinem 79. Geburtstag, die Prüfung für den Windsurfing-Grundschein erfolgreich ablegte.

Überquerung des Atlantik per Surfbrett: In Ost-West-Richtung gelang dies erstmals den beiden Franzosen Stéphane Peyron und Alain Pichavant im Januar 1986 von Dakar zur Antillen-Insel Guadeloupe in 24 Tagen und 12 Std. Sie benutzten ein 9,5 m langes und 1,18 m breites Tandembrett.

Erste Alleinüberquerung des Atlantik per Surfbrett: Stéphane Peyron gelang sie in 48 Tagen vom 10. Juni bis 27. Juli 1987 von New York (USA) nach La Rochelle (F) auf einem 7,5 x 1,3 m großen Surfbrett.

Die längste Strecke auf einem Surfbrett auf einem Wildwasserfluß legte im September 1995 der Brite David Lawson mit 4,2 km auf dem Severn Bore zurück. Stehend und liegend schaffte Colin Kerr (GB) am 23. Mai 1982 sogar 4,73 km.

Der älteste Segler, der allein den Atlantik überquerte, war Michael Richey (GB). Mit 79 Jahren schaffte er die Querung in 55 Tagen.

Der jüngste Einhandsegler, der allein den Atlantik überquerte, war 1976 mit 17 Jahren und 176 Tagen David Sandeman.

Der jüngste Segler, der allein die Welt umsegelte, war der Australier David Griffiths Dicks, der 18 Jahre und 41 Tage alt war, als er am 16. November 1996 nach 264 Tagen wieder Fremantle (Australien) erreichte.

Die größte Distanz auf Wasserskiern mit 2126,14 km legte Steve Fontaine (USA) vom 24. bis 26. Oktober 1988 in Jupiter Hill, Florida (USA), zurück.

Den ersten Sprung auf Wasserskiern machte Ralph Samuelson 1925 von einer eingefetteten Rampe am Lake Pepin (USA).

Schwimmend von Kuba nach Florida kam als erster Mensch Susie Maroney (* 1975) aus Sydney. Am 12. Mai 1997 erreichte sie Key West (USA) nach 24:30 Std. Sie schaffte es in einem speziellen Haikäfig mit dem Golfstrom im Rücken.

Ältester

Anfänger im Windsurfen: Erwin Mulzer mit 79 Jahren.

Kap-Hoorn-Umschwimmen: In ungefähr 10 Min. bewältigte Dietrich Freiherr von Blomberg (* 1955) die etwa 500 m lange Strecke mit starker Strömung und riesigen Wellenbergen bei einer Wassertemperatur von 10 bis 12 °C am 26. Dezember 1986.

Wildwasserschwimmen: Ausgerüstet mit einem 7 mm starken Tauchanzug und Schwimmweste, bezwang Manfred Kraus (* 1956) aus Rottenburg, Baden-Württemberg (D), in 72 Std. reiner Schwimmzeit, verteilt auf 14 Tage im Sommer 1988, die 424 km des Colorado im Grand Cañon. 167 Stromschnellen waren im Weg.

Die meisten Flüsse durchschwommen hat Roel Hendriks aus Holland zwischen 1983 und 1996. Er durchquerte auf allen Kontinenten bereits 100 Flüsse, wobei er sich auf Flüsse mit mehr als 2500 km Länge spezialisiert.

Die Ostsee von Trelleborg nach Rostock querte eine Staffel von 5 Schwimmern und Schwimmerinnen des PSV Rostock (D) vom 19. bis 21. Juli 1997 in 38:40 Std. Danach waren 152,8 km zurückgelegt.

Die schnellste Bodenseedurchquerung gelang Manfred Köder (* 1965) aus Friedrichshafen. Am 18. August 1989 kraulte er nonstop von Bregenz zum Konstanzer Einhorn. Die rund 50 km bewältigte er in 13:46 Std.

▪ Für die Gegenrichtung, Konstanz–Bregenz, brauchte Robert Marzini aus Kressbronn, Bayern (D), 20:02 Std. Er schwamm gegen die Strömung.

Am häufigsten den Bodensee durchschwommen, und zwar siebenmal an seiner breitesten Stelle zwischen Romanshorn (CH) und Friedrichshafen (D), hat Rudolf Jetter (D).

Die schnellste Loch-Ness-Durchquerung: Die 36,5 km schwamm Rachel Rose Godburn in 9:25:37 Std. am 20. August 1995.

▪ David Trevor Morgan schaffte eine

Doppelquerung am 1. August 1983 in 23:04 Std.
▮ 1988 schwamm Morgan in sechs Tagen drei Ultradistanzen: Am 16. Juli brauchte er 11:09 Std. für Loch Ness, am 18. Juli 11:48 Std. für die 36,4-km-Strecke des Loch Lomond und am 20./21. Juli 11:35 Std. für den Ärmelkanal.

Wasserspringen: Der höchste regelmäßig stattfindende Turmsprung wird von professionellen Klippenspringern vom La-Quebrada-Felsen in Acapulco (Mexiko) aus einer Höhe von 26,7 m gewagt. Der Felsen erfordert einen Weitsprung von 8,2 m. Das Wasser ist 3,65 m tief. Die erste Frau war Barbara Winters (* 1953) am 7. Dezember 1976.
▮ Der Weltrekord vom Sprungbrett liegt bei einer Höhe von 53,9 m, am 30. August 1987 von Olivier Favre (CH) in Villers-le-Lac (F) aufgestellt.
▮ Der Rekord für Frauen: 36,8 m, 6. April 1985, Lucy Wardle (USA) im Ocean Park von Hongkong.

Die größte Tauchtiefe im Meer wurde in der sogenannten Challengertiefe des Marianengrabens, 400 km südwestlich von Guam im Stillen Ozean, aufgestellt. Der in der Schweiz gebaute Bathyskaph *Trieste* der US-Marine, bemannt mit dem Schweizer Jacques Piccard und Donald Walsh (USA), erreichte am 23. Januar 1960

eine Tiefe von 10 916 m. Der Wasserdruck betrug 1183 kp/cm^2. Nach unten dauerte es 4:48 Std., nach oben 3:17 Std.

Die größte Tauchtiefe eines Menschen mit angehaltenem Atem liegt bei 130,7 m. Der Kubaner Francisco „Pipín" Ferreras blieb 2:11 Min. unter Wasser, am 10. März 1996 vor der Küste von Cabo San Lucas (Mexiko).

Der Tauchrekord mit Gasmischungen als Tauchsimulation in einer Trockenkammer hält mit 701 m Théo Mavrostomos. Er erreichte diese Tiefe am 20. November 1992 in Marseille (F) im Rahmen der 43 Tage dauernden *Hydra-10*-Operation. Er atmete Hydreliox, eine Mischung aus Wasserstoff, Sauerstoff und Helium.

Die längste Zeit in einer Überdruckkammer verbrachte Arnaud de Nechaud de Feral. Er hielt sich vom 9. Oktober bis 21. Dezember 1989 im Rahmen der *Hydra-9*-Operation in Marseille 73 Tage in einer Überdruckkammer auf, in der eine Tauchtiefe von 300 m simuliert wurde. Er atmete Hydrox, eine Mischung aus Wasserstoff und Sauerstoff.

Die Unterwasser-Rettungsaktion in größter Tiefe betraf das U-Boot *Pisces III,* in dem Roger R. Chapman und Roger Mallinson 76 Std. lang eingeschlossen waren, nachdem es 240 km südöstlich von Cork (Irland) am 29. August 1973 gesunken war. Das U-Boot wurde aus 480 m Tiefe vom Kabelschiff *John Cabot* am 1. September gehoben. An der Rettung waren außerdem *Pisces V, Pisces II* und das US-Rettungsschiff *Curv* beteiligt.

Die größte Tiefe, aus der sich ein Mensch ohne Hilfe befreien konnte, war 68,6 m. In dieser Tiefe gelang es Richard A. Slater am 28. September 1970 vor Catalina Island, Kalifornien (USA), aus dem gerammten Tauchboot *Nekton Beta* zu entkommen.
▮ Aus einer Tiefe von 183 m simulierten Norman Cooke und Hamish Jones am 22. Juli 1987 während eines Marinemanövers die Selbstrettung aus großer Tiefe. Cooke und Jones, die ihr Abenteuer vor Bergen (N) vom U-Boot *HMS Otus* aus gestartet hatten, trugen Taucheranzüge, in die Schwimmwesten eingearbeitet waren. Während des Aufstiegs wurden die beiden mit Luft versorgt, die von den Schwimmwesten in eine Art „Kapuze" strömte.

Gemeinsam

aufgetaucht nach 72 Std. unter Wasser: 9 Taucher im Wechsel, jeder maximal 24 Stunden in der Tiefe.

Die größte Tiefe eines Bergungstauchens gelang zwölf Tauchern vom 17. September bis zum 7. Oktober 1981 in der Barentssee, einem Teil des Nordpolarmeers, vor Nordnorwegen. Dort lag in einer Tiefe von 245 m das Wrack des Kreuzers *Edinburgh,* der am 2. Mai 1942 mit 460 Goldbarren an Bord gesunken war. Die Goldbarren wurden in 31 Tagen alle geborgen.

Mannschaftsdauertauchen: 72 Std., 9 Taucher im Wechsel (mind. 4 Taucher gemeinsam unter Wasser, max. 24 Std. je Taucher), Freiwillige Feuerwehr Markt Stallhofen (A), 29. August bis September 1996.

1000-m-Streckentauchen: 8 Taucher, jeder taucht 25 m, ohne an die Wasseroberfläche zu kommen, Wechsel unter Wasser; DLRG Rendsburg (D) in 12:12,34 Min. am 13. April 1997.

Längstes

Surfbrett der Welt: 16,1 m lang, 82 cm breit. 8 Surfer unterwegs von der Insel Föhr nach Amrum.

Maritime Abenteuer

Wasserwandern

über den Atlantik. Rémy Bricka schaffte auf 4,2 m langen Wasserskiern 5636 km.

Die längste Zeit allein auf einem Rettungsfloß, nämlich 133 Tage, überlebte der in Hongkong geborene Poon Lim, der als Zweiter Steward auf dem britischen Handelsschiff *Ben Lomond* arbeitete, als dieses am 23. November 1942 um 11.45 Uhr im Atlantik bei 00°30' nördlicher Breite und 38°45' westlicher Länge, 910 km westlich der brasilianischen Insel São Paulo, torpediert wurde. Ein brasilianisches Fischerboot rettete ihn am 5. April 1943 in den Gewässern von Salinópolis (Brasilien). Er war noch so weit bei Kräften, daß er ohne fremde Hilfe an Land gehen konnte.

Donau-Floßfahrt: Zur längsten Floßfahrt auf der schiffbaren Donau von Ulm bis Sulina am Schwarzen Meer benötigten Peter Bernhart (* 1940) und Sohn Jakob (* 1977) aus Hög, Bayern (D), mit wechselnder weiterer Zwei-Personen-Besatzung fünf Etappen 1984, 1986-89. Dann waren mit dem selbstgebauten Floß *Wellgunde* 2586 km zurückgelegt. 81 km kamen durch die Stromauffahrt durch die Deltakanäle nach Izmail hinzu. Insgesamt waren sie 116 Tage auf ihrem 5,6 m langen und 2,5 m breiten Eigenbau unterwegs.

Schlauchbootfahren: Lebracht Knipping (* 1915) aus Altena (D) hat von 1958 bis November 1990 in der Adria, der Ägäis und dem Schwarzen Meer sowie auf den amerikanischen Binnenseen zwischen den USA und der kanadischen Provinz Ontario insgesamt 59 395 Seemeilen in 3759:30 Std. mit seinem Wiking-Schlauchboot zurückgelegt.

Tretbootfahren: Die längste Fahrt unternahm Kenichi Horie aus Kobe (Japan), der am 30. Oktober 1992 auf Hawaii (USA) aufbrach und am 17. Februar 1993 nach 7500 km in Naha (Japan) eintraf.

▌Die 118 km von Bregenz nach Überlingen legte Johann Kilzer aus Klagenfurt (A) am 3./4. Juni 1995 in 24:25 Std. zurück.

Zillebootfahrt: Josef Leonhartsberger und Erich Mekina, beide aus Steyr (A), sind mit einer Zille, einem einfachen 7 m langen Holzboot ohne Steuerruder, von Österreich bis an die Mündung des Rheins in die Nordsee gefahren. Sie legten dabei vom 31. Januar 1993 an in 26 Monaten und 53 Etappen 1419 Stromkilometer zurück.

Die längste Surfreihe mit 111 Surfsegeln auf 111 m Länge wurde unter Anleitung von elf Surflehrern des Verbandes Deutscher Windsurfing- und Wassersportschulen am 30. Juli 1995 im Rahmen der ZDF-Sendung *Fernsehgarten* aufgestellt.

Eskimorollen: Ray Hudspith (* 1960) schaffte am 20. März 1987 in Elswick Pool, Newcastle-upon-Tyne (GB), 1000 Eskimorollen in 34:43 Min.
▌Der einarmige Manfred Niedermüller (* 1965) aus Braunau (A) hält zwei Rekorde: 33 Eskimorollen mit Paddel und sogar 35 Rollen ohne Paddel in jeweils 60 Sek., geschafft im Juni 1986.

Schlepprekord: Einem Ruder-Achter des See-Clubs Luzern gelang es am 27. September 1987 auf dem Vierwaldstättersee, den Passagierraddampfer *Schiller,* ein 320 BRT schweres Oldtimer-Dampfschiff, das mit blockierter Maschine schwamm, in drei Min. 30 m weit zu ziehen. Das ungewöhnliche Spektakel war Höhepunkt der ZDF-Sendung *Wetten daß ...?*

Wasserski: Am 29. Juni 1991 bildeten sechs Wasserski-Läufer(innen) und zwei Flaggenläufer vom Wasserski Show Team aus Nordwalde (D) eine Drei-Etagen-Pyramide in Xanten am Niederrhein. 70 Sek. lang stand die von einem Hubschrauber gezogene Pyramide.
▌24 Std. zog der Schüler Michael Claus (* 1978) am 8./9. Juli 1994 seine Runden an der Seepark-Wasserski-Seilbahn in Kirchheim, Hessen (D). Danach hatte er 967 km auf dem nassen Element zurückgelegt.
▌Der Achter des Ersten Wiener Ruderclubs LIA zog am 30. April 1995 eine Wasserskifahrerin 1000 m weit.

Wasserwandern: Mehr als 575 km ist Fritz Weber vom 1. September bis 15. Oktober 1983 auf dem Main gewandert. Er benutzte bei seiner

Flußwanderung zwischen Bayreuth und Mainz übergroße Schwimmschuhe.

▮ Eine Wasserwanderung über den Atlantischen Ozean hat 1988 Rémy Bricka aus Paris unternommen. Am 2. April war er in Teneriffa auf seinen 4,2 m langen Wasserskiern losgezogen, nach 5636 km kam er am 31. Mai in Trinidad an.

▮ In 2,5 m langen Wasserschuhen überquerte am 28. Juni 1995 eine 23köpfige Mädchenklasse aus St. Gallen (CH) den bei Pfäffikon 3 km breiten Zürichsee.

Den Rekord für eine Ärmelkanal-Überquerung im Kanu hält mit 3:33:47 Std. Andrew Samuel (* 1937, GB); von Dover (GB) nach Wissant (F) am 5. September 1976.

Die längste Strecke in einem Kanu legten mit 19 603 km Vater und Sohn Dana und Donald Starkell aus Kanada zurück. Die Tour führte von Winnipeg über den Ozean und verschiedene Flüsse bis nach Belém (Brasilien) und dauerte vom 1. Juni 1980 bis 1. Mai 1982. Wenn nötig, wurde das Boot von den beiden Paddlern auch einmal getragen.

Die längste Fahrt im Kanu ohne Tragen und ohne Hilfe irgendwelcher Art betrug 9820 km und wurde von Richard H. Grant und Ernst „Moose" Lassy (USA) unternommen, die vom 22. September 1930 bis 15. August 1931 die östlichen Vereinigten Staaten über Chicago, New Orleans, Miami, New York und die Großen Seen befuhren.

Die längste Fahrt im Kanu auf offener See machten Beatrice und John Dowd, Ken Beard und Steve Benson (Richard Gillett löste ihn in der Mitte der Reise ab) vom 11. August 1977 bis 29. April 1978 in zwei Klepper-Aerius-20-Kajaks. Von Venezuela nach Miami, Florida (USA), über die Westindischen Inseln legten sie 3491 km zurück.

Das längste Rennen der Welt im Kanu führte über 5283 km von Alberta, Rocky Mountains (Kanada), zur Expo nach Montreal. Zehn Kanus repräsentierten die kanadischen Provinzen. Sieger der Wettfahrt vom 24. Mai bis 4. September 1967 wurde das Boot von Manitoba.

Rheintour im Kanu: Die schnellste Zeit für die 1030 km lange Strecke von Chur (CH) nach Willemstad (NL) erreichte Roel Kimpe (NL) in sieben Tagen, 13:56 Std. vom 22. bis 29. Mai 1993.

Kreuzen

des Ärmelkanals: 761mal erfolgreich. Von 485 Schwimmern. Insgesamt 6381 Versuche.

Ein Floß aus Kanus: 648 Kajaks und Kanus, die mit den Händen zusammengehalten wurden, bildeten am 17. August 1996 auf dem Rock River in Byron, Illinois (USA), ein gigantisches Floß, das sich 30 Sek. lang frei im Wasser bewegte.

Kilometerrekord im Kajak: Heinz Rodinger aus Gramastetten (A) legte zwischen 1956 und 1996 insgesamt 178 508 km im Kajak zurück.

▮ Bei den Frauen schaffte Gertrud Liebig (D) zwischen März 1962 und Juni 1994 insgesamt 107 855 km.

Schwimmen

rund um Deutschlands größte Insel: Lars Görny und Jörg Löwenau schaffen 180 km in der Ostsee um Rügen. Bei optimalem Wetter.

▮ Bester Deutscher ist mit insgesamt 136 482 km Horst Dieter Weller aus Düsseldorf zwischen Februar 1957 und Juni 1995.

Der jüngste Transatlantik-Ruderer der Welt war Sean Crowley, der mit 25 Jahren und 306 Tagen 1988 den Atlantik überquerte.

Schwimmer um Rügen: Lars Görny und Jörg Löwenau umrundeten vom 20. bis 23. August 1997 Rügen in 82:06 Std. und legten dabei 180 km zurück. Die reine Schwimmzeit – geschwommen wurde im Wechsel von Sonnenaufgang bis -untergang – betrug 45:06 Std.

Die längste Fahrt einer Flaschenpost beträgt über 82 Jahre. Sie war am 21. April 1914 zur Erforschung der Strömungsverhältnisse ins Meer geworfen worden. Am 21. August 1996 wurde sie in Langdale aufgefischt, 9,8 km von der Stelle entfernt, an der sie ausgeworfen worden war.

Der größte Flaschenpostabsender ist der Bulgare Georges Kirilov Ikonomov, der zwischen Juni 1982 und Juni 1983 insgesamt 11 111 Flaschen ins Mittelmeer geworfen hat.

Die unmöglichste Flaschenpost: Drei Jahre, nachdem die damals 9jährige Christine Klinkhammer aus Hennef (D) eine Flaschenpost in die Sieg geworfen hatte, erhielt sie im Mai 1993 Post aus Falmouth, Maine (USA). Die 7jährige Beth Rubinstein hatte die Flasche aus dem Atlantik gefischt. Dank außergewöhnlicher meteorologischer Bedingungen im Ärmelkanal muß die Flasche in den Atlantik gelangt sein.

Floßfahren

auf dem Rock River in Illinois (USA): 648 Kajaks und Kanus verbinden sich zum größten Floß. Durch Händchenhalten.

SPITZE

Höhen und Tiefen

Überwindung

von 6003,8 Höhenmetern: Volker Schrepfer bestieg den Kilimandscharo (5895 m); danach tauchte er 108,8 m tief.

Wandern und Bergsteigen

Die längste Wüstenwanderung, 508 km durch das Tal des Todes (Death Valley), Kalifornien (USA), schaffte der Schweizer Peter „Risi" Eggimann in acht Tagen und 13 Std. Der Abenteurer lief vom 16. bis 24. Mai 1981 zu Fuß durch den größten „Backofen" der Welt.

Nonstop-Wandern: Die meisten Kilometer nonstop brachte der Österreicher Fritz Peterka (* 1950) erfolgreich hinter sich. In 137 Tagen, vom 26. März bis 9. August 1994, durchwanderte er allein die 10 Höhenwanderwege Österreichs – eine Strecke von 7500 km. Mit etwa 8 kg Gepäck schaffte er bis zu 81 km/Tag.

Skifahrt

ohne Schnee: der längste Sommerski (31,21 m). Gebaut von Kindern, Waldpark Grünheide.

Der stetigste Wanderer: Einen einsamen Rekord stellte Kurt-Peter Kuhna aus Haigerloch, Baden-Württemberg (D), auf. Zwischen 1987 und 1996 wanderte er den nunmehr von 120 auf 160 km erweiterten Weitwanderweg Schömberg/Nordschwarzwald 110mal und legte die Strecke von 13 360 km zurück– von insgesamt seit 1976 erwanderten 29 000 km.

Am häufigsten auf dem Mt. Everest war Ang Rita Sherpa (* 1947), nämlich neunmal (1983, 84, 85, 1987, 88, 1990, 1992, 93, 1995) – und stets ohne Sauerstoffgerät.

Der älteste Bergsteiger auf dem Mt. Everest war Richard Daniel Bass (* 21. Dezember 1929). Er genoß das Gipfelglück am 30. April 1985 mit 55 Jahren, 130 Tagen.

Die erste Frau auf dem Mt. Everest war Junko Tabei (* 1939, Japan) am 16. Mai 1975.

Der erste auf allen 14 Achttausendern war der Italiener Reinhold Messner (* 1944). Der Extremkletterer verzichtete dabei auf ein Sauerstoffgerät. Messner ist der erste Bergsteiger der Welt, der die drei höchsten Berge schaffte: den Mt. Everest, den K2 und den Kangchenjunga.

Größter alpiner Alleingang: Der Italiener Walter Bonatti (* 22. Juni 1930) bestieg die Südwestsäule des Dru, Montenvers, jetzt Bonatti-Säule genannt, mit fünf Biwaks in einer Zeit von 126:07 Std. vom 17. bis 22. August 1955.

Der jüngste Rekordhalter unter den Bergsteigern ist der Dresdner Dirk Zimmermann, der 1989 als 13jähriger mit dem Lampertshorn den 1088. und letzten Gipfel der Sächsischen Schweiz bestieg. Den ersten Gipfel eroberte er als Zweijähriger an einer Felswand bei Rathen in der Sächsischen Schweiz – in der Tragetasche seines Vaters.

Der unermüdlichste Himmelstürmer ist Bernhard Müller (* 1931) aus Scharnachtal (CH). Vom 1. Januar 1990 bis 31. Dezember 1995 bewältigte er bei 28 Expeditionen im Himalaja 309 830 Höhenmeter.

Der ausdauerndste Schartnerkogel-Besteiger: Der Steiermärker Pensionist August Glettler (* 1935) aus Deutschfeistritz bei Graz (A) brachte es vom 1. Januar 1988 bis zum 31. Dezember 1996 auf 7396 Besteigungen des Schartnerkogels (931 m). Vom Start an seinem Heimatort auf 400 m Höhe bewältigt er dabei jeweils eine Höhendifferenz von 531 m auf einer

Rollkommando:

Ein 10-Mann-Team vom Tecza Sports Club, Lódz (Polen), rollte ein 63,5 kg schweres Faß in 24 Std. 200,11 km weit.

Bezwingung
des Turms der Houses of Parliament in London: 6292mal erklomm Brian Davis 334 Stufen.

Streckenlänge von 8,5 km. Seine Gesamtleistung liegt jetzt bei 62 866 Streckenkilometern und 3 927 276 Höhenmetern.

Der eifrigste Schoberstein-Besteiger ist Walter Schaumlechner aus Enns in Niederösterreich (A). Er bestieg zwischen 1993 und 1996 den 1278 m hohen Schoberstein im Ennstal 1100mal und überwand dabei rund 682 000 Höhenmeter.

Der tüchtigste Brocken-Wanderer ist Benno Schmidt aus Wernigerode, Sachsen-Anhalt (D). Er bestieg zwischen dem 3. Dezember 1989 und dem 18. März 1997 insgesamt 1500mal den mit 1142 m höchsten Berg im Harz.

Fünf-Länder-Lauf: In weniger als 24 Std. lief der Wiener Hartwig Fuchs (* 1968) durch fünf Länder. Seine Tour begann am 1. April 1995 an der Grenze zwischen Italien und der Schweiz, nahe Innerferra, und endete genau 160 km und 21:55 Std. später in Lindau, Bayern. Der Lauf führte Fuchs durch Italien, die Schweiz, Liechtenstein, Österreich und Deutschland.

Treppensteigen: Am 31. Mai 1995 erstiegen 100 Läuferinnen und Läufer die 167 Stufen des Turms des Stadtschlosses von Fulda, Hessen (D). Sie kamen in 1 Std. auf 349 879 Treppenstufen.

24-Std.-Treppensteigen: Willy Maurer aus Ammerswil (CH) lief am 1./2. Dezember 1995 exakt 280mal den Esterliturm in Lenzburg (CH) hinauf: insgesamt 25 200 Höhenmeter.

Ski und Rodel

Den längsten Rodelzug mit 142 m Länge bildeten 198 Rodlerinnen und Rodler vom Sportverein in Feld am See (A) auf 121 miteinander durch Leinen verbundenen Rodel am 30. Dezember 1995.

Ski: Den längsten Sommerski bauten Kinder und Jugendliche vom Waldpark Grünheide (D) am 21. September 1996. Auf dem 31,21 m langen Ski fanden 60 Personen Platz und legten eine Strecke von 344,88 m zurück.
- Mit einem 11 m langen Paar Langlaufski fuhren 17 Mitglieder des Frack-Clubs Stans 4 km weit auf der Gerschnialp ob Engelberg, Nidwalden (CH), am 27. Februar 1994.
- Hermann Gillmann aus München (D) hat trotz einer Amputation des linken Beines 50 000 km auf Skiern zurückgelegt.

Die längste Langlaufschule gab es am 13. Februar 1994 beim Schneefest in Leutasch, Tirol (A), zu bestaunen. 5,5 km standen Ski an Ski 2885 Teilnehmer hintereinander und vollführten mit 28 Langlauflehrern gemeinsame Übungen.

Höhenmeter auf Ski: Karl-Heinz Innerhofer aus Bruneck, Südtirol (Italien), erzielte am 17. März 1995 in 24 Std. 14 010 Höhenmeter im Aufstieg auf nicht abgesperrter Piste. Danach fuhr er wieder mit dem Lift.

Talabfahrten per Helikopter-Ski: Eberhard, Dieter und Wolf-Eckart Gemmingen, Max Königsegg, Johannes Waldburg-Wolfegg, Richard Madeley und Franz Clemens Waldburg-Zeil fuhren vom 2. bis 9. März 1996 in Kanada 23 840 Höhenmeter an einem Tag zu Tal, 110 470 Höhenmeter in dieser Woche.

Aufstieg
auf nicht abgesperrter Piste: Karl-Heinz Innerhofer erzielte 14 010 Höhenmeter in 24 Std.

Reisen

Die größte Höhendifferenz in Afrika überwand Volker Schrepfer aus Marktschorgast (D) im Februar 1997. Erst bestieg er den mit 5895 m höchsten Berg Afrikas, den Kilimandscharo; dann tauchte er 108,8 m tief. Das ergibt eine Höhendifferenz von 6003,8 m.

Die längste Reise hat Josef Kaiser aus Wilhelmsburg (A) hinter sich. Vom 14. Februar 1985 bis 13. Juni 1995 besuchte er während der 3773tägigen Reise 191 Länder, überschritt 343mal Grenzen, setzte auf 258 Inseln über, stieg 135mal ins und aus dem Flugzeug, legte 174 000 km mit Bus und Bahn zurück und 308 000 km per Anhalter. Alles in allem: 681 000 km.

Der am weitesten gereiste Anhalter ist Stephan Schlei (* 1955) aus Ratingen, Nordrhein-Westfalen (D), der seit 1972 insgesamt 807 500 km getrampt ist.

Anhaltersammeln: Dieter Wesch (* 1951) „sammelt" Anhalter. Seit Januar 1976 nimmt der Chemielaborant aus Mannheim (D) bei seinen Fahrten Anhalter mit. Der Fahrpreis: ein Eintrag in das Auto-Gästebuch. Bis zum 19. Oktober 1996 brachte er es auf 9361 Anhalter aus über 27 Nationen.

Fahrgästesammeln: Christoph Schwers (* 1964) aus Köln, Nordrhein-Westfalen (D), nutzt öffentliche Verkehrsmittel und seine Abonnementkarte optimal: Er lädt seit dem 1. April 1991 andere Fahrgäste zur Gratisfahrt mit Bus und Bahn ein. Bis zum 31. März 1997 hat er 3011mal Leute kostenlos mitfahren lassen.

Enduro-Fahrer

Doug Danger kennt keine Gefahr: Sprung mit einer *Honda CR 500* über 76,5 m.

110 m Hürden mit drei Bällen jonglierend: Michael Hout aus Kettering, Ohio (USA), in 18,9 Sek. am 24. Juni 1993.

Ballbalance: Hans Tschamler (* 1933) aus Bad Vilbel, Hessen (D), balanciert auf einem Ball von 2 m Durchmesser und biegt dabei die Hantel.

Basketbälle: 18 sich drehende Basketbälle jonglierte Bruce Crevier (USA) am 18. Juli 1994 in New York (USA).

Bierkisten: Am 4. September 1985 balancierte John Gloser aus Wien (A) 22 leere Bierkisten mit einer Gesamthöhe von 5,4 m (39,1 kg schwer) 5 Sek. lang auf dem Kinn.

Diabolo: 24,47 m in der Standard-Disziplin, 29,55 m im Freestyle, Jens Pohl, Karlsruhe, Baden-Württemberg (D), 30. Juli 1995.

Drahtseilakte: Ausdauerndster Seiltänzer ist Jorge Ojeda-Guzman aus Orlando in Florida (USA), der 205 Tage (1. Januar bis 25. Juli 1993) in 10,7 m Höhe auf einem 11 m langen Seil mit Tanz und Balance verbrachte.
▮ Der älteste Seiltänzer war William Ivy Baldwin (1866-1953), der auf einem 97,5 m langen Seil an seinem 82. Geburtstag am 31. Juli 1948 den South Boulder Canyon, Colorado (USA), überquerte.
▮ Ashley Brophy aus Neilborough (Australien) legte am 1. November 1985 in 3:30 Std. auf einem 45 m langen und in 10 m Höhe gespannten Drahtseil 11,57 km zurück.
▮ Steve McPeak (* 1945) aus Las Vegas (USA) bestieg das Kabel der Zugspitzbahn mit einem Höhenunterschied von 705 m in drei Etappen am 24., 25. und 28. Juni 1981 in insgesamt 5:04 Std.
▮ Den größten Höhenunterschied auf einem Drahtseil, 1008 m, bewältigte der Franzose Michel Menin über den Angelwasserfällen in Venezuela. Er vollbrachte sein Kunststück gleich zweimal: am 1. und am 2. März 1988.

Tennislehrer

Ali Soysal ist Ballkünstler auch ohne Schläger. 30 Tennisbälle balanciert er in einer Hand.

Footbag: Den Amerikanern Andy Linder und Ted Martin gelang es am 9. April 1994 in Mount Prospect, Illinois (USA), mit 100 001 „Tritten“ den sogenannten „Footbag“, ein kleiner, weicher Lederball von 5 cm Durchmesser, der nicht vom Boden abspringt, in der Luft zu halten (Berührungen oberhalb der Hüfte waren nicht erlaubt).
▮ In fünf Minuten kickte Andy Linder den Footbag 1017mal am 29. März 1996 in Malta, Illinois (USA).

Flaschen: Freddi Jesberger aus Hettenleidelheim, Rheinland-Pfalz (D), balancierte am 28. August 1995 eine 0,7-Liter-Flasche auf seiner Oberlippe und trank dabei in zwei Minuten die darin enthaltene Flüssigkeit aus.

Fußbälle: Im Sprint mit dem Fußball benötigte der Schweizer Manfred Wagner auf einer Distanz von 100 m in Flensburg 15,9 Sek.
▮ Den Ausdauerweltrekord hält der Brasilianer Ricardinho Neves, dem es am 15./16. Juli 1994 im Convention Center von Los Angeles, Kalifornien (USA), gelang, den Ball mit Füßen, Beinen und Kopf 19:05:31 Std. zu bewegen, ohne daß der Ball den Boden berührte.
▮ Den Frauen-Ausdauerweltrekord schaffte mit 7:05:25 Std. die Brasilianerin Claudia Martini am 12. Juli 1996 in Caxias do Sul (Brasilien).
▮ Den Feuerwehrleiter-Rekord hält der Schweizer Paul Sahli (* 1948) aus Lostorf, wobei er rückwärts mit einem Fußball jonglierend Sprosse um Sprosse nimmt; neueste Rekordmarke: 100 Stufen (über 30 m) in 4:20 Min., am 23. Juni 1996 in Villmergen, Aargau (CH).
▮ Jan Skorkovsky (Tschechien) legte die 42,195 km lange Marathon-Strecke in 7:18:55 Std. mit Ball am 8. Juli 1990 in Prag zurück.
▮ Jacek Roszkowski (* 1975, Polen),

Fußballerin

Claudia Martini hat das Leder unter Kontrolle. Über 7 Stunden lang. Das ist Weltrekord.

Kopfballspezialist, kam am 23. Juli 1993 in Danzig (PL) innerhalb von 30 Sek. auf 173 Berührungen.

▮ Im Ausdauerrekord mit dem Kopfball schraubte der Südkoreaner Nam Jin Huh am 9. Juli 1994 im Convention Center von Los Angeles in Kalifornien (USA), die Leistung auf 7:14:08 Std.

▮ Sebastian Siemers (* 1980), Birger Henning (* 1980), Folke Brodersen (* 1981) und Walid El Sabe (* 1981) kamen am 21. Januar 1995 innerhalb von 4 Min. im Ostseebad Damp (D) auf 428 Ballberührungen mit Kopf und Fuß.

▮ Künstler im Balldrehen ist der Franzose François Chotard, der mit einer Hand neun Bälle gleichzeitig in Drehung versetzt.

▮ Der 11jährige Gian-Pietro Orelli erzielte am 10. Mai 1995 in Gelnhausen im Rahmen eines Punktspiels ein Tor aus 50,1 m Entfernung, ohne daß der Ball auf seinem Weg ins Tor den Rasen berührte.

▮ Hartmut Kiele aus Zossen (D) balancierte am 2. September 1995 in Schwedt (D) einen Fußball 45:02 Min. auf dem Kopf.

▮ Bennie Miller aus Ulm (D) balanciert mit Hilfe seiner Partnerin simultan 10 Bälle im Sitzen bzw. 5 Bälle im Handstand.

Gläser: Die meisten Gläser balancierte Ashrita Furman aus Jamaica (USA) am 18. Mai 1996: 57 Stück (Fassungsvermögen 0,568 l) behielt er 11,9 Sek. auf dem Kinn.

▮ Am 2. April 1993 balancierte der Schweizer Leo Bircher aus Stansstad, Nidwalden (CH), 88 Gläser mit einem Tablett auf dem Kopf. Zusätzlich stieg er eine 250 cm hohe Leiter auf einer Seite hinauf, auf der anderen wieder hinunter.

Golfbälle: 19 Bälle stapelte Andreas Schindler aus Heppenheim, Hessen (D), am 26. März 1997 in einer Hand.

▮ Lang Martin balancierte am 9. Februar 1980 in Charlotte, North Carolina (USA), sieben Golfbälle übereinander – ohne Klebstoff.

Lasso: Einen Giant Texas Skip – das ist ein Sprung durch ein senkrecht gedrehtes Seil – durch ein Lassoseil mit 11,5 m Durchmesser schaffte der Artist Fred Schneider am 27. Juli 1996 in München, Bayern (D).

Medizinball: Auf 8107 Berührungen mit dem 3-kg-Ball kam der Schweizer Paul Sahli in Lostorf (CH) in 1:06:55 Std., 16. Juli 1995.

Menschenpyramide: Am 24. Juni 1995 bildeten 180 Turner unter Leitung des Zirkuspädagogen Martin Bukovsek eine 12 m lange und 5 m hohe Menschenpyramide mit sieben Stockwerken.

Milchflasche: 115,87 km weit lief Terry Cole aus Walthamstow, London (GB), mit einer Milchflasche auf dem Kopf am 4./5. Juni 1996 in London. Er war 25 Std. unterwegs.

Milchkästen: 94 Milchkästen (je 1,36 kg) 16 Sek. auf dem Kopf zu balancieren, gelang John Evans aus Marlpool, Derbyshire (GB), am 2. Oktober 1996.

Motorräder: 7:00:13 Std. fuhr der Schausteller und Steilwandartist Martin Enrico Blume (* 1963) aus Berlin am 18. April 1983 in einer Steilwand. Auf seiner *Yamaha XS 400* schaffte er über 12 000 Runden (292 km) mit einer Durchschnittsgeschwindigkeit von 45 km/h.

▮ Der elffache österreichische Trialmeister Joe Wallmann (* 1948) aus Laakirchen überquerte mit seinem serienmäßigen *Fantic-200*-Trialmotorrad einen 3,2 m hohen Autobus (Marke *Steyr*). Dieser Motorrad-„Ritt" gelang am 8. September 1984 in Laakirchen (Oberösterreich).

▮ Mit seinem Trialmotorrad übersprang Oliver Ronzheimer (* 1967) am 17. November 1993 in einer Show-Vorführung beim 10. Internationalen Hallen-Cross in Köln 15 Schulter an Schulter nebeneinanderliegende Personen – ohne Rampe oder andere Hilfsmittel.

Cowboy

Fred Schneider macht große Sprünge: durch ein senkrecht gedrehtes Seil.

▮ Den weitesten Sprung von einer Rampe absolvierte Doug Danger am 22. Juni 1991 auf einer 1991er *Honda CR 500* in Loudon, New Hampshire (USA): Er sprang 76,5 m weit über ein Einfamilienhaus.

▮ Mit Hilfe eines brennenden Segels machte Show-Darsteller Bob Correll (USA) über drei Lastwagen hinweg einen 110-m-Satz.

Rolle rückwärts: 50 m in 10,8 Sek., Shigeru Iwasaki (* 1960, Japan) am 30. März 1980.

Rolle vorwärts: 8341 oder 19,67 km, Ashrita Furman in 10:30 Std. von Lexington nach Charleston, Massachusetts (USA), 30. April 1986.

▮ 8834 Stück oder 16,737 km in 7:46 Std., Mike Braun (* 13. Juni 1966), Bergen im Rems-Murr-Kreis (D), 23. Juli 1985.

Rollschuhe: Mit 70 km/h hob der Hennefer Stuntman Jürgen Köhler (* 1967) am 22. August 1990 auf Rollschuhen von der Rampe ab und sprang 3 m hoch und rund 18 m weit, nachdem ihm der nötige Schwung von einem Motorrad gegeben wurde.

Stehen auf einem Fuß: Den Rekord hält Shri N. Ravi aus Sathyamangalam (Indien), der am 17./18. April 1982 genau 34 Std. durchstand, ohne den freien Fuß auf dem Standfuß abzustützen.

Tennisbälle: Der Tennislehrer Ali Soysal (* 1943) aus Bad Wildungen (D) balancierte am 23. April 1997 im Ferien-Club Lykia World in Fethiye (Türkei) 30 Tennisbälle in einer Hand.

▮ Manfred Wagner aus Bellach (CH) jonglierte am 12. Juli 1996 einen Tennisball 1:25:11 Std. mit den Füßen.

Zigarrenkisten: Terry Cole aus Walthamstow, London (GB), balancierte am 24. April 1992 genau 220 nicht präparierte Zigarrenkisten 9 Sek. lang auf seinem Kinn.

Kraftakte

Abrißarbeiten: 15 Mitglieder des Aurora Karate Do zerstörten am 11. Mai 1996 mit bloßen Händen ein 10-Zimmer-Haus in Prince Albert, Saskatchewan (Kanada), in 3:06:58 Std.

Autosturzflug: Der längste Rampensprung mit 70,73 m in einem Auto, das anschließend auf allen vier Rädern landete und weiterfuhr, gelang Jacqueline De Creed (geb. Creedy) am 3. April 1983 auf der Rennstrecke Santa Pod (GB) mit einem *Ford Mustang* Baujahr 1967.

Bankdrücken: 1107 Wiederholungen mit einer 50-kg-Hantel in 30 Min., Karl-Eugen Reck, Albstadt (D), 27. April 1996.

Bauchaufzüge in 24 Std.: 65 001mal, Marc Scriven (GB), St.-John's-Sportzentrum, Worcester (GB), 21./22. Juni 1991.

Bierfaßstemmen: 153 kg, Friedrich Konrad aus Frankenmarkt (A), 29. Juni 1997 in Linz (A).

Dolomitenmann ist eine neue Art von Extremsport, die am 6. September 1997 erstmals in Lienz, Tirol (A), ausgetragen wurde. Das Programm der Viererstaffel: 13-km-Lauf bis auf 2681 m Höhe, dort übernimmt ein Gleitschirmflieger, der ins Tal segelt und an einen Kajakfahrer übergibt, der im Boot aus 7 m Höhe ins Wildwasser startet. Letzter Mann ist ein Mountainbiker, der nach 14 km bergauf eine Skipiste hinunterrast.

Eisenbiegen: Fünf 44 cm lange und 12 mm starke Eisenstangen Industriestahl ST 37 bog Rainer Schröder aus Altenburg (D) am 28. Februar 1997 in 54,44 Sek. Er übertraf damit Horst Alldag (* 1934) aus Hannover, der mit reiner Körperkraft gehärteten Baustahl in U-Form biegt. 1983: 10 mm starken Baustahl (III b) von 250 mm Länge in 7,5 Sek. Im Sportpalast Ahnsen bog er am 15. September 1996 in 1:22 Min. fünf 8 mm starke Rundeisen ST 27 von 18,5 cm Länge.
▮ Rupert Mörth (* 1951) aus Fernitz, Steiermark (A), bog 1995 in 42,4 Sek.

10,6 t

schwer war der Waggon, den Chu-Tan-Cuong mit einem Speer am Hals 31,31 m schob.

elf Eisenstangen von 12 mm und vier Eisenstangen von 14 mm Stärke (je 110 cm lang) in U-Form.

Fingerhakeln: Einen Lkw mit einem Gewicht von 13 142 kg (einschließlich sechs Paletten Bier und dem Fahrer) zog der Tischler Josef Kern (* 1961) aus Haigermoos in Oberösterreich zum Auftakt des Oktoberfestes 1991 in St. Pantaleon (A) in 10,09 Sek. mit einem Finger 3 m weit.

Flaschenschlagen: Genau 156 leere Maggi-Flaschen schlugen die beiden Kärtener Christian Lauritsch und Peter Plasonig in Grafenstein (A) mit dem Flaschenhals durch 2,5 cm starke Fichtenbaubretter. Sie benötigten dafür am 15. März 1997 insgesamt 20 Min. Nicht eine Flasche ging zu Bruch.

Flugzeugziehen: Mit einer Hand zog David Huxley eine 187 t schwere *Boeing 747-400* von Quantas am 2. April 1996 auf dem Flughafen von Sydney (Australien) eine Strecke von 54,7 m weit.
▮ Eine Gruppe von 60 Personen zog am 25. Mai 1995 auf dem Flughafen Heathrow, London (GB), eine *Boeing 747* mit einem Gewicht von 205 t in 51 Sek. ganze 100 m weit.
▮ Der einstige Olympiateilnehmer (1960 Bantamgewicht/Ringen und 1964 Turmspringen) Peter Werner (* 1940) zog am 17. April 1992 beim Take Off '92 auf dem Flughafen Berlin-Schönefeld (D) drei miteinander verbundene einmotorige Sportmaschinen vom Typ *Z-42 (Zlin)* 10 m weit, allein mit seiner Armkraft. In 4:02,02 Min. gelang ihm, der querschnittgelähmt ist, der ca. 3 t schwere Schlepp mit seinem Rollstuhl.

Handstandstützen in 1 Std.: 1985, Chung Kwun Ying, Hongkong (China), Government City Hall, 18. Mai 1986.

Hochhalte: Horst Alldag aus Hannover (D) stemmte im September 1993 zehnmal einen 250-kg-Eisenturm aus gestapelten Ringen in 32 Sek.
▮ Jörg Führing (* 1961) aus Gevelsberg (D) hielt am 4. Juni 1989 ein 11-kg-Gewicht 83 Sek. lang mit gestrecktem Arm absolut waagerecht.

Klimmzüge: 370, Lee Chin-yong (* 1925), Backyon-Sporthalle, Seoul (Südkorea), 14. Mai 1988.
▮ Einarmige Klimmzüge (an einem Ring): 22 schaffte Robert Chisnall (Kanada, * 1952) an der Queen's University, Kingston, Ontario (Kanada), am 3. Dezember 1982. Außerdem: 18 Klimmzüge an zwei Fingern und 12 an einem Finger.

Kniebeugen: In 1 Std. schaffte Paul Wai Man Chung, Yee Gin Kung Fu, von der Chung Sze Health Association aus Kowloon (Hongkong) am 21. August 1992 insgesamt 3552 Kniebeugen.
▮ 5690 in 90 Min. gelangen Hans-Erich Prange (* 1960) aus Ueckermünde, Mecklenburg-Vorpommern (D), am 14. März 1993.

Kohletragen: Marathonmeister ist Brian Newton aus Leicester (GB), der die 42,195 km mit einer offenen Tasche voller Kohlen (Gewicht:

156

leere Maggi-Flaschen schlugen Christian Lauritsch und Peter Plasonig in ein 2,5-cm-Fichtenbrett. Keine Scherben.

50,8 kg) in der Hand am 27. März 1983 in 8:26 Std. zurücklegte.

Liegestützen: 2332 in 30 Min., Rolf Heck (* 1947), Rastatt (D), 13. September 1991.
▮ 8794 einarmige in 5 Std., Paddy Doyle, Water Orton, Warwickshire (GB), 13. Februar 1996.
▮ 634 einarmige in 30 Min. mit dem rechten Arm, Markus Kerninger, Seitenstetten (A), 25. März 1993.
▮ 7011 auf den Fingerspitzen in 5 Std., Kim Yang-ki, Swiss Grand Hotel, Seoul (Südkorea), 30. August 1990.
▮ 46 001 in 24 Std., Charles Servizio (USA), Fontana City Hall, Fontana, Kalifornien (USA), 24./25. April 1993. 31 250, Rolf Heck (* 1947), Rastatt (D), Rheinpark Germersheim (D), 10./11. März 1990.
▮ 124 auf einem Finger, Paul Lynch (GB), Hippodrome am Leicester Square, London (GB), 21. April 1992.
▮ 1 500 230 in 1 Jahr, Paddy Doyle, Oktober 1988 bis Oktober 1989.

Melken: Joseph Love von der Kilifi Plantage in Kenia melkte 30 Kühe am 25. August 1992 von Hand. Gesamtmilchmenge: 531 l.

Nägelbiegen: Der Luxemburger Georges Christen (* 1962) bog am 18. März 1989 im Casino 2000 in Bad Mondorf (L) 368 eiserne Nägel (21 cm lang, 7 mm Durchmesser) in 60 Min. in V- bzw. U-Form um.

Rumpfbeugen: 10 000 Stück in 3:16 Std., Adrian Schmid, Littau (CH), 27. Juli 1996.

Speerdrücken: Chu-Tan-Cuong, Jurist und Karatemeister aus Halle, Sachsen (D), schob am 30. Juli 1996 mit spezieller Atemtechnik und Meditation einen 10,6 t schweren Eisenbahnwaggon über eine Strecke von 31,31 m; die Schubkraft übertrug er nur über einen Speer, dessen Spitze zwischen seinen Schlüsselbeinen auf seinen Hals gerichtet war.

Sportklettern: 8 m langes Seil aus sitzender Position am Boden, 5,89 Sek., Martin Masár (Slowakei), 22. Juni 1996.

Steinetragen: Russell Bradley aus Worcester (GB) trug am 20. November 1993 in Worcester in einem 45 kg schweren Tragegestell Ziegel mit einem Gesamtgewicht von 264 kg zunächst auf ebener Erde 5 m weit, bevor er sie eine 2,49 m hohe Leiter hinaufschleppte.

Stemmen: Mit der Beinpreßmaschine schafften die Österreicher Walter Köberl (* 1963) und Hans Hinterleitner (* 1959) auf dem Flugplatz Seitenstetten, Bezirk Amstetten, das höchste Stemmgewicht. Das Duo drückte am 27. Juni 1990 gleich elf Personen nebst Schlitten und seinen Ketten mit einem Gesamtgewicht von 1194,1 kg in die Höhe.
▮ Ein Kinderkarussell brachte Rainer Griebl aus Würzburg (D) am 23. Juli 1995 zum Drehen, nachdem er das 539,8 kg schwere Gefährt mit den Beinen hochgestemmt hatte.

Wärmflasche-Aufblasen: Eine handelsübliche Wärmflasche hat der Kraftartist Georges Christen (L) am 29. Juni 1997 in Linz (A) in 12,16 Sek. aufgeblasen und zum Platzen gebracht.

Zähne: Der 33jährige Robert Galstjan aus Masis (Armenien) hat am 21. Juli 1992 einen Rekord für die größte Last, die jemals mit den Zähnen gezogen wurde, aufgestellt. Er schaffte es, zwei aneinandergekoppelte Eisenbahnwaggons mit einem Gesamtgewicht von 219 t an einem Stahlkabel 7 m über ein Gleis zu ziehen: im Forschungs- und Testzentrum des russischen Eisenbahnministeriums in Schtscherbinka bei Moskau.
▮ Am Moselgestade von Stadtbredimus (L) erzielte Georges Christen am 9. August 1991 einen Rekord. Mit seinen Zähnen zog er das 95 t schwere und 40,5 m lange Passagierschiff *MS Princessin Marie-Astrid* 93 m weit moselaufwärts.
▮ Ein weiterer Kraftakt von Luxemburgs stärkstem Mann: am 4. September 1991 auf der Schobermesse. Er bewegte das 60 t schwere und 45 m hohe Riesenrad etwa 15 m weit.
▮ Nur mit der Kraft seiner Zähne und Arme verhinderte Georges Christen das gleichzeitige Starten von drei *Cessna*-Sportflugzeugen (jeweils 110 PS). Am 15. Juli 1990 in Wincrange (L).

Nur mit den Zähnen hob Walter Arfeuille aus Ieper-Vlamertinge (B) am 31. März 1990 in Paris in Gewicht von 281,5 kg 17 cm über den Boden.

Ziegel: John Evans balancierte 100 Ziegel mit einem Gewicht von 184,6 kg am 18. November 1996 für 14 Sek. auf seinem Kopf.

Zugziehen: Am 25. Mai 1996 zog Juraj Barbaric mit nur einer Hand einen Zug von 360 t über 7,7 m.

153 kg

ist das Bierfaß schwer. Leicht genug für Friedrich Konrad. Am 29. Juni 1997.

15 Mitglieder

des Aurora Karate Do schlugen das 10-Zimmer-Haus in Prince Albert (Kanada) in 3:06:58 Std. kurz und klein. Mit bloßen Händen.

Kunststücke

Bauchredner: Peter Moreno alias Peter Rohrmayr (* 1965) aus Schaafheim, Hessen (D), legte am 22. August 1993 in der ZDF-Live-Sendung *4 nach 4* neun Gästen im rasenden Wechsel seine neun verschiedenen echten Bauchstimmen in den Mund.
▮ 16 unterschiedliche Stimmen ohne Lippenbewegungen produzierte Patrick Martin (* 1967) aus Eichstätt, Bayern (D), am 8. März 1997 auf der Künstlermesse Promikon in Halle.

Beweglichster Rentner Deutschlands ist Erich Schwarz (* 1925) aus Schnepfenthal, Thüringen (D), der innerhalb von 340 Sek. 160 Anschläge mit der Fußspitze gegen ein Brett in 2,15 m Höhe schafft.

Bierdeckelauffangen: 1309 von 1310 auf seinem Unterarm aufgeschichteten Bierdeckeln fing Terry Cole aus Walthamstow, London (GB), nachdem er sie durch eine Abwärtsbewegung seines Arms in die Luft gebracht hatte, 3. Oktober 1996.

Sprunghaft

ist Rainer Wollendorfer auf seinem Mountainbike: 132 Hüpfer auf dem Vorderrad.

Eierlaufen: 42,195 km weit lief am 23. April 1990 Dale Lyons aus Meriden, West Midlands (GB), mit einem rohen Ei auf einem Teelöffel beim London Marathon mit. Er brauchte dazu 3:47 Std.

Entfesselungskünstler: Hans Moretti (Hans Cewe, * 1928) aus Dillingen, Saarland (D), befreite sich am 12. Juli 1996 in Flensburg, gefesselt mit 17 Paar Handschellen, drei Paar Fußfesseln, 100 Schnappschlössern und 30 m Stahlketten, mit verbundenen Augen am brennenden Hanfseil in 20,15 Sek.

Fassadenklettern: Die längste Tour an einer senkrechten Gebäudefassade: Daniel Goodwin aus Kalifornien (USA) „bezwang" am 25. Mai 1981 mit Hilfe von Saugschalen mit Metallgriffen den 443,2 m hohen Sears Tower in Chicago, Illinois (USA).
▮ Am 21. Juli 1980 bestiegen Jean-Claude Droyer (* 1946) aus Paris und Pierre Puiseux (* 1953) aus Pau (F) ohne mechanische Hilfsmittel den 300 m hohen Eiffelturm auf der Außenseite. Führ-Kraxler Jean-Claude war in 2:18:15 Std. oben.

Fan-Dauersingen: Rund 2500 mitgereiste Fußballfans des FC Carl Zeiss Jena sangen nach dem Zweitligaspiel beim 1. FC Kaiserslautern am 17. August 1997 von 16.55 Uhr bis 18.10 Uhr 75 Min. lang ohne Unterbrechung das Lied *He, FC Carl Zeiss!*. Carl Zeiss hatte 0:2 verloren, und die Stimmung der Fans war meisterlich.

„Fluchtkünstler": Nick Janson aus Benfleet, Essex (GB), entledigte sich seit 1954 über 1500mal der Handschellen, die ihm von der Polizei angelegt worden waren.

Gehen auf Händen: Shin Don-mok aus Südkorea schaffte am 14. November 1986 im Toda-Sportzentrum von Saitama (Japan) einen Handstandsprint über 50 m in 17,44 Sek.

Unbeweglich

sind Patrick Martins Lippen, wenn er in 16 unterschiedlichen Stimmen redet.

▮ Eine Vierer-Staffel (David Lutterman, Brendan Price, Philip Savage und Danny Scannel) kam am 15. März 1987 in Knoxville, Tennessee (USA), nach 24:48 Min. über eine Meile (1,609 km) ins Ziel.

Gleitschirm-Musikant: Alex (Jerry) Grossmann (* 1960) aus Vinelz (CH) spielte während eines Gleitschirm-Tandemflugs am 24. März 1997 über Meiringen, Bern (CH), zweimal einen Boogie Woogie auf seiner Pianotastatur; per Funk wurde sein Spiel auf die Lautsprecherboxen seiner am Boden stationierten Band übertragen, die ihn dabei live begleitete.

Golf: Der Golflehrer Johann Pop aus Gevelsberg, Nordrhein-Westfalen (D), schlug am 27. September 1995 mit zwei Eisen 7 innerhalb von 54 Sekunden 105 Bälle vom tee.

Himmel-und-Hölle: Bester Spieler ist Ashrita Furman aus Jamaica, New York (USA), der am 2./3. April 1995 in 24 Std. 390 Spiele gewann.

Hula-Hoop: Roman Schedler (* 1957) aus Hörbranz, Vorarlberg (A), hat sich dem Hula-Hoop verschrieben. Gleich 72mal rotierte ein 24 kg schwerer, fast 1 m großer Hinterreifen eines Traktors um die Hüften des sechsmaligen österreichischen Meisters im Ringen. Bei der 43. Dornbirner Messe stellte der Ex-Spitzensportler diese Leistung innerhalb von 24 Sek. auf – das entspricht drei Umdrehungen pro Sekunde.

schaffte er am 14. Oktober 1990 in 3 Std. 21 663 Schleifen.

▮ Am 25. Mai 1996 schaffte Taro Yamashita bei den „Jolympischen

er seine Lieblingsgöttin Mata gnädig stimmen wollte. Chanders Pilgerreise auf Knien dauerte 15 Monate, am 9. März 1985 war er am Ziel.

22. Juni 1997 eine LP 145,52 m weit; dabei handeltes es sich um eine Amiga mit dem klangvollen DDR-Titel *Goldene Gitarren*.

Todesmutig

hängt Skywalker Yves Rossy bei 160 km/h für 20 Sek. zwischen Himmel und Hölle. Unschlagbar. Foto von Mike Maloney.

▮ Einen 100-m-Spurt legte Roman Schedler am 16. Juli 1994 mit einem kreisenden Hula-Hoop-Reifen in 13,84 Sek. zurück. Der Reifen wog 1140 g und hatte einen Durchmesser von 90 cm.

▮ Im Rahmen des Fußball-Bundesligaspiels Austria Lustenau gegen den Grazer Athletik Klub am 27. Mai 1995 kreiste der größte Hula-Hoop-Reifen mit 10 m Umfang 150 Sek. lang um die Hüften von Roman Schedler.

▮ Die meisten Hula-Hoop-Reifen kreisten mit 82 Stück viermal um die Hüften von Reneé Pilz (* 1977) aus Dresden (D). Diese Leistung gelang der Schülerin der Sächsischen Artistenschule e.V. zum Tag der Sachsen am 3. September 1994.

Hüpfstock: Die meisten Hüpfer schaffte mit 177 737 Stück Gary Stewart am 25./26. Mai 1990 in Huntington Beach, Kalifornien (USA).

▮ Einen Streckenrekord schaffte Ashrita Furman aus Jamaica, New York (USA), der am 8. Oktober 1993 in Gtemba (Japan) in 6:40 Std. 25,75 km hüpfend zurücklegte.

Jo-Jo: Eddy McDonald aus Toronto (Kanada) hält gleich zwei Jo-Jo-Rekorde: Die Bestmarke über 1 Std. stellte er am 14. Juli 1990 in Cavendish (Kanada) mit 8437 Schleifen (Loopings) auf, und in Boston (USA)

Spielen" in Portsmouth, New Jersey (USA), Jo-Jo-spielend einen 100-m-Lauf in 13,9 Sekunden.

Kriechen: Aus freien Stücken und ohne jede Pause waren bisher die Briten Peter McKinlay und John Murrie am längsten auf Kriechspur: Am 28./29. März 1992 legten sie auf einer Leichtathletikanlage in Falkirk 115 Runden oder 50,6 km zurück.

▮ 140 km, von Aligarh nach Jamma, kroch der Inder Jagdish Chander, weil

Elastisch

wie ein Expander: Erich Schwarz, 160 Anschläge an ein 2,15-m-Brett in 340 Sek.

Luftkissenspringen: Den tiefsten Sprung in ein Luftkissen wagte der amerikanische Stuntman Dan Koko. Am 13. August 1984 hüpfte er vom Vegas World Hotel and Casino und fiel 99,34 m tief. Seine Fallgeschwindigkeit betrug kurz vor dem Aufprall 141 km/h.

Mountainbike-Hüpfen: Auf dem Vorderrad seines Bikes machte Rainer Wollendorfer in Linz (A) am 28. Juni 1997 insgesamt 132 Hüpfer, ehe er vom Rad stieg.

Nagel: 65 Nägel wurden von Hedwig Lubinska, einer Schülerin der Beruflichen Schulen Vera Beckers in Krefeld (D) am 12. Dezember 1994 ohne Hilfsmittel auf dem Kopf eines stehenden Nagels so sicher plaziert, daß sie dort beliebig lange geblieben wären, ohne herunterzufallen oder die Unterlage zu berühren.

Peitschen: Die längste Peitsche, die jemals zum Knallen gebracht wurde, maß, den Griff nicht mitgerechnet, 56,24 m (der Knall entsteht, wenn sich das Peitschenende schneller als mit Schallgeschwindigkeit bewegt). Geschwungen wurde sie von Krist King am 17. September 1991 in Pettisville, Ohio (USA).

Schallplattenweitwerfen: Axel Schulz aus Kyritz, Brandenburg (D), warf am

Schleudern: Rekordhalter ist David P. Engvall, der am 13. September 1992 in Baldwin Lake, Kalifornien (USA), einen 62 g schweren Pfeil mit Hilfe einer 127 cm langen Schlinge 477,1 m weit schleuderte.

Skywalker: Die „menschliche Verbindung" zwischen zwei fliegenden Doppeldeckern gelang dem Piloten und Skysurfer Yves Rossy (* 1959) aus Crans (CH) am 30. April 1997. Mit je einer Hand an einem Flügel der beiden Flugzeuge hielt er sich 20 Sek. lang fest, bei Tempo 160 km/h.

Tragflächenfliegen: Roy Castle flog am 2. August 1990 3:23 Std. auf der Tragfläche einer *Boeing Stearman* von London-Gatwick (GB) nach Le Bourget bei Paris (F).

Rückwärts

auf dem Vorderrad eines Tandems: Richard Vobr fuhr 19,32 m weit.

Kunterbunt

Schönster

Milchladen der Welt ist die Dresdner Molkerei Gebrüder Pfund. Wände, Decken und Boden sind komplett gefliest.

Längster

Fleckerlteppich am Münchner Flughafen-Tower: 78 m lang, 1 m breit. Handgewebt.

Aus Holz und Keramik

Das längste Brett zimmerten Mitarbeiter der Firma Fritz Hesse aus Badenhausen, Niedersachsen (D), am 31. August 1996: 34,825 m lang, 12 cm breit, 12 cm dick.

▮ In Österreich zimmerten Thomas Rentenberger und die Fachschule Edelhof in Langschlag am 22. Februar 1996 ein 34,07 m langes, 15 cm breites und 5 cm dickes Brett.

Längster Hobelspan in einem Stück, von Hand gehobelt am 6. März 1997: Jackob Wechsler (* 1965) aus Luzern (CH), 789 m lang aus Schweizer Tannenholz.

Holzscheithaufen: Bis November 1996 schichtete Hermann Meßner (* 1944) aus Möser, Sachsen-Anhalt (D), aus gespaltenem Brennholz einen Stapel von 9,4 m Höhe mit einem Durchmesser von 4,77 m.

▮ Herbert Knoll, Windhaag, Oberösterreich (A), kam bis Januar 1997 auf 6 m Höhe, 6,2 m Durchmesser.

Die längste Holzkette ohne Anfang und Ende, aus einem einzigen Stück Holz, fertigte ohne Sägen und Kleben Walter Anderlik aus Karben, Hessen (D): Sie ist 6,72 m lang mit 84 Gliedern.

Die größte Holzsäge, eine Gestellsäge im Maßstab 4:1, hat im August 1996 Reinhard Vorrink aus Gronau-Epe (D) gebaut. Platz bietet sie für mindestens 16 Säger und Sägerinnen.

Das größte Stuhl-Sammelsurium kam im September 1996 vor dem Brandenburger Tor in Berlin zusammen, als UNICEF und Mercedes-Benz aufgerufen hatten, Stühle zu spenden als Beitrag für eine Bildungsoffensive besonders in Nepal, Haiti und Bangladesch. 1700 Holz-, Plastik-, Klapp-, Garten- und Liegestühle in allen Farben und Stilrichtungen wurden später versteigert, einige der Stühle hatten Künstler und Kinder zuvor gemeinsam umgestaltet.

Die längste Bank: 501,53 m, Rendsburg, Schleswig-Holstein (D). Das festmontierte hölzerne Möbelstück bietet Platz für 1594 Besetzer.

Die längste Holzbank aus einem einzigen Fichtenstamm (27,4 m Länge) stellte Rainer Drechsler aus Leukersdorf, Sachsen (D), am 22. April 1996 her. Und weil die über hundert Personen, die auf der Bank Platz fanden, ihre Brotzeit nicht ohne Tisch verzehren wollten, zimmerte er am 20. August 1996 noch den längsten Holztisch (gleiche Länge).

Das größte serienmäßig hergestellte Sofa ist mit einer Länge von 3,74 m das Augustus-Rex-Sofa der britischen Firma Dodge & Son in Sherborne, Dorset (GB).

Das größte Einzelsofa aus einem Stück stellte im September 1995 die Hans Segmüller Polstermöbelfabrik in Friedberg, Bayern (D), her: Es ist 17,38 m lang, 94 cm hoch, 1 m tief.

Das längste Ledersofa hat der Schweizer Sitzmöbelhersteller deSede ausgeliefert. Das 102 m lange cognacfarbene Monstrum besteht aus 426 Einzelelementen, die durch Reißverschlüsse miteinander verbunden sind. Auftraggeber der Sitzgelegenheit war der Sultan von Oman.

Der größte Sessel: 800 kg, 4,75 m hoch, 3,3 m breit, Jungmeisterkreis der Raumausstatter Köln (D), 1. Juni 1996.

Der längste Spiegelschrank von IKEA in Eching, Bayern (D), maß 50 m am 12. Oktober 1996.

Das größte Bett der Welt mißt 10 x 5 x 2,5 m. Es ist vom TÜV abgenommen und wurde am 28. Februar 1997 von der Firma Ekstase und Helmut Schützler in Koblenz (D) vorgestellt.

Das kleinste Porzellanservice: Das Kaffeeservice aus Meißner Porzellan von 1911, das im Haus der Kunst in Remshalden-Grunbach, Baden-Württemberg (D), zu bestaunen ist, besteht aus sechs Obertassen, sechs Untertassen, einer Kaffeekanne, einem Sahnegießer und einer Zuckerdose, wiegt 18 g und kann in einer Streichholzschachtel untergebracht werden.

Vollständig gefliest ist der „schönste Milchladen der Welt", die Dresdner Molkerei Gebrüder Pfund: 247,90 m^2 Wände, Decken und Boden sind ausgestattet mit handbemalten Fliesen von Villeroy & Boch mit Bildern der Geschichte des Molkereihandwerks. Im Jahr 1892 errichtet und 1995 restauriert.

Interessanteste

Begegnung dreier Fußpaare: Das links gehört Queen Elizabeth, das rechts Clown Coco. Die Mitte blieb anonym.

Aus Leder

Die größten Lederschuhe fertigte Heinz Plate aus Bad Salzuflen (D). Passend für Schuhgröße 247, wiegt jeder Schuh 35 kg und ist 165 cm lang.

Einen Riesenschuh von 270 cm Länge, 95 cm Breite bei einem Gewicht von 80 kg hat Georg Ginal aus Wilhermsdorf, Bayern (D), angefertigt. Die Schuhgröße liegt bei etwa 380.

Der größte Stiefel hat eine Sohlenlänge von 2,2 m, 4,9 m Stiefelhöhe, 42 cm Absatz, Schuhgröße 330, Rolf Neidhardt und Gerhard Berthold, Leisnig (D), 21. Juni 1996.

Der kleinste Schuh mit Oberleder aus Boxcalf und Sohle aus Kernleder ist 3 mm lang und 1,4 mm breit, von Siegbert Hauber aus Kempten (D).

Aus Stoff

Die kleinste Lederhose paßt Ken, dem Freund der Barbie-Puppe, wie angegossen. Maria-Magdalena Eder aus Aich Assach (A) fertigte die Traditionshose am 14. September 1996 originalgetreu 9,4 cm groß nach einem Minischnittmuster. Aus dem gertenschlanken Ken (Taille 13 cm) macht die Hose einen waschechten Österreicher.

Schwerste

und größte Lederschuhe. Jeder 35 kg. Schuhgröße 247.

Die längste Schleppe maß 204,1 m und befand sich am Brautkleid von Hege Lorence, als sie am 1. Juni 1996 in Norwegen vor den Altar trat. 186 Brautjungfern und Pagen waren nötig, um die Schleppe zu tragen.

Die längste Krawatte mißt ohne Knoten 20 m. Sie hing am 17. Januar 1997 über dem Modegeschäft von Denise und Markus Hummel-Bourquin aus Allschwil (CH).

Die längste Jeanshose entstand aus 569 alten Jeans und maß 329 m. Beim Höhenflug mit dem Hubschrauber in Kötschach (A) am 16. November 1996 riß die in zwei Tagen von Inge Kristler und ihren Helfern genähte Jeans an einem Bein.

Die größte Polizeimütze: 5 x 4,2 x 3 m mißt die von Karl-Heinz Schmidt aus Reinhardshagen (D), entworfen am 1. Juni 1996 für die Landespolizeischule Niedersachsen.

Kleinstes

Porzellanservice. Das Meißner Set wiegt ganze 18 g und kann in einer Streichholzschachtel untergebracht werden.

Die größte Strickmütze stellten die Vorarlberger Matthias Moosbrugger und Kerstin Formanek aus Dornbirn (A) am 15. März 1997 her. Sie ist 4,8 m hoch, hat einen Durchmesser von 3,16 m und ein Gewicht von 35 kg.

Strickschal: Der längste maß 32,2 km, gestrickt für die Abbeyfield Society, Hertfordshire (GB), 29. Mai 1988. ▮ 2111,55 m lang, 26 cm breit, 192,48 kg, 120 256 692 Maschen, maschinengestrickt, Tourismusverein Sand in Taufers (I), 16. März 1997.

Der längste Sparstrumpf wurde von Kunden der Raiffeisenbank Teublitz-Leonberg, Bayern (D), am 8. November 1996 gestrickt. Er mißt 27,52 m und besteht aus 787 971 Maschen.

Der am feinsten geknüpfte Teppich ist ein 63,5 x 64,5 cm großer handgeknüpfter Seidenteppich mit 1089 Knoten/cm². Er wurde nach viereinhalb Jahren Arbeit zweier Chinesinnen von der Firma Türkas im Sommer 1996 präsentiert.

Größtes

Stuhl-Sammelsurium vor dem Brandenburger Tor. 1700 für einen guten Zweck.

Der längste Fleckerlteppich: 78 m lang, 1 m breit, Mitarbeiter des Flughafens München (D), 19. Oktober 1996. Nach handgewebter Fertigung wurde er am Tower des Flughafens, der genau 79 m hoch ist, hochgezogen.

Die längste handgemalte Nationalfahne schufen 1400 Schüler in Judenburg (A) zur 1000-Jahr-Feier Österreichs am 25. Oktober 1996: Ihre Zukunftsvorstellungen in Weiß und Rot ergaben eine 651 m lange Nationalflagge.

Früchte- und Samenteppich: Aus Hanf, Nudeln, Hirse, Raps und anderen Naturmaterialien besteht der 20 m² große Teppich mit dem Motiv „Moses zertrümmert die Gebetstafeln", den Maria Noll und ihre Helfer aus Hünfeld (D) 1996 innerhalb von zwei Monaten herstellten.

Spielzeug

Das teuerste Dreirad: 24 Karat vergoldetes Modell Sindbad, von Werner Haderer, Lustenau (A), am 25. März 1994 fertiggestellt. Das Spielzeug für Scheich Junior hat einen Wert von 50 000 Schilling (rund 7000 DM).

Das beliebteste Kinderfahrzeug der Welt ist das kleine, rote Plastikrutschauto der Firma Big in Fürth (D). Es wurde bis zu seinem 25. Geburtstag im Jahr 1997 sechs Mio. Male verkauft.

Höchste Lego-Gebäude: Eine 25,05-m-Pyramide wurde am 18. Mai 1996 in Taipeh (Taiwan) errichtet. ▮ 23,95 m, 367 700 Stück, Lego GmbH Hohenwestedt, 16. August 1997.

SPITZE

Kulinarisches

Allgemeine Rekorde

Im größten Kochstudio der Welt bereiteten 1000 Gäste der Maggi-Jubiläumsfeier, darunter Hannelore Kohl und Alfred Biolek, am 26. April 1997 in Frankfurt/Main an insgesamt 300 AEG-Herden ihr Hauptgericht selbst zu. Unter Anleitung des Sterne-Kochs Johann Lafer brannte nichts an. Die Firma feierte ihren 100., die Maggiflasche schon ihren 111. Geburtstag.

Das größte Frühstück der Welt fand am Morgen des 20. Juli 1997 in Berlin vor dem Olympiastadion statt: 4548 Gäste kamen trotz heftigen Regens an die 750 m lange überdachte Tafel mit 15 000 Brötchen, 2500 l Kaffee, 1000 l Tee und 2000 Paketen Rama. 100 000 DM Spenden gingen an die SOS-Kinderdörfer.

Das erste Bratwurstmuseum der Welt entsteht in Plymouth, Wisconsin (USA). Die „Brat Hall of Flame" von Initiator Alan Pape soll ab 1998 Würstchen-Kultur präsentieren.

Der erste Christkindlmarket der USA war im Dezember 1996 ein Export des Nürnberger Christkindlesmarkts mit 35 Marktbuden in den fränkischen Farben auf dem Pioneer Court in Chicago, Illinois. 10 t Nürnberger Bratwurst wurden dazu eingeflogen.

Die längste Pommes-frites-Tafel: 550 m aus 275 Tischen, 2555 Personen, die innerhalb von 57 Min. mit Cola und Pommes frites versorgt wurden, Wolfgang Krieg, Rastatt, Baden-Württemberg (D), 21. Juli 1996.

Der größte Grauhai gegrillt wurde am 2. Juli 1996 mit 107 kg Gewicht (ausgenommen) an einem Drehspieß von Hans Locher, Langnau, Zürich (CH).

Die umfangreichste Speisekarte: Zwischen 503 verschiedenen Gerichten können die Gäste des Hotels Kiepenkerl in Hopsten (D) wählen, allein 51 Desserts.

Das höchste Festessen veranstalteten 9 Bergsteiger aus Sydney (Australien) am 28. Juni 1989 in 6768 m Höhe auf dem Huascarán in Peru. Sie hatten Eßtisch, Stühle, Wein und Zutaten für ein dreigängiges Menü dabei.

Zur größten Simultanparty der Welt kamen am 30. September 1994 an 12 067 Orten in Großbritannien 433 544 Menschen zusammen. Für wohltätige Zwecke wurden dabei 1 Mio. Pfund gesammelt.

Mehl- und Eierspeisen

Cannelloni: 100,5 m lang, 8 cm dick, am Stück gekocht, Peter Mair, Gossensass, Südtirol (I), 7. Juli 1996.

Leberknödel: 2 t, 5,3 m Umfang, 1,69 m Durchmesser, Kirchtagskomitee in Zams, Tirol (A), 15. September 1996.

Maultasche: 980,65 m lang, gefüllt mit 1200 kg Kalbsbrät, Udo Rommel und Mitarbeiter, Freiberg/Neckar, Baden-Württemberg (D), 26. April 1997.
▮ 1860 Maultaschen in 1 Std., Helmut Bantle, Oberndorf/Neckar, 20. Oktober 1996.

Pizza: 37,4 m Durchmesser, Norwood (Südafrika), 8. Dezember 1990.
▮ Eine 133,67 m lange PIzza aus 500 kg Mehl und 190 kg Käse stellte Gerardo Raito aus Allenfeld, Rheinland-Pfalz (D), am 1. Mai 1997 her.

Wurscht
ist hier alles: die längste Bratwurst mit 3558 m und die längste Feuerstange: 1208 m.

Kochstudio

mit Prominenz: Hannelore Kohl und Alfred Biolek feierten den 100. Geburtstag von Maggi. Man ließ nichts anbrennen.

Rührei: 9 cm hoch, 13 001 Eier, 12 l Öl, Spezialpfanne mit 3,54 m Durchmesser, Elfriede und Karl Mehlstaub, Kottingbrunn (A), 24. August 1996.

Fleisch- und Wurstwaren

Blutwurst: Beim Blunzenkirtag in Bad Vöslau-Großau in Österreich am 23. November 1996 konnte die 50 m lange Blutwurst (=Blunzen)-Kette bestaunt werden, fertiggestellt von den Großauer Hauern und der Fleischhauerei Herzog.

Bratspieß: 324,9 m lang, George Psarias vom Olive Tree Greek Restaurant in Leeds (GB), 26. August 1990.

Bratwurst: 3558 m lang, 1750 kg Fleisch, am 13. Juni 1996 in Halle, Sachsen-Anhalt (D), Werbegemeinschaft der Fleischerinnung.

Feuerstange: 1208 m lang, 386 kg schwer, Gerhard Engel, Küps-Oberlangenstadt, Bayern (D), 15. Juni 1996. Die pikant gewürzte Räucherwurst im Naturdarm wurde an einem Stück verarbeitet und auf einen alten Feuerwehrschlauchwagen gerollt.

Frigga: Original Geiltaler Holzfällermahlzeit aus Zwiebeln, Speck, Almkäse, Eiern und Äpfeln, 4. August 1996, für 640 Personen in einer 850 kg schweren Pfanne, Johann Scheugl in Nassfeld (A).

Hamburger: 2,5 t, Outagamie County Fairgrounds in Seymoure, Wisconsin (USA), 5. August 1989.

Kebab: 880,6 m lang, West Yorkshire Family Service Units, Trade Association of Asian Restaurants Owners and National Power, Bradford, West Yorkshire (GB), 19. Juni 1994.
▮ Mit 1500 kg Rouladen, 1,4 m hoch, Sehymuz Saruhanoglu aus Göppingen (D), 12. September 1992.

Paella: 20 m Durchmesser, Juan Carlos Galbis und Helfer, Valencia (E), 8. März 1992, mit 100 000 Gästen.

Frühstück

mit Rama. Das Größte: 2500 l Kaffee, 15 000 Brötchen, und 2000 Pakete Margarine.

Preßsack: 64,27 m, 263 Schweinsköpfe, 10. August 1996, Freiwillige Feuerwehr Sonnen, Bayern (D).

Thüringer Rostbratwurst: 3010 m, 1,5 t, Innung des Fleischerhandwerks, Jena (D), am 18. September 1994.

Wiener Schnitzel: 4,46 m geklopfter Schweinerücken, im Zickzack am Stück geschnitten, Thilo Wolf, Gasthof Zu den Hassbergen, Stadtlauringen-Birnfeld (D), 13. Juli 1996.

Wiener Schnitzel

auf deutsche Art: 4,46 m geklopfter Schweinerücken.

SPITZE

Süßes

Backwaren

Apfelkuchen: 18,68 m lang, 8,06 m breit (150,56 m^2), Panzergrenadierbataillon 294, Stetten, Baden-Württemberg (D), 21. September 1996.

Apfelstrudel: 1674 m, Verein Steirische Apfelstraße, Puch (A), 15. September 1996.

Brotlaib: Der längste war ein *Rosca-de-Reyes*-Brot von 9200 m Länge, gebacken in Acapulco (Mexiko) am 6. Januar 1996. Wer die darin eingebackene Puppe findet, wird Gastgeber der Rosca-Party im nächsten Jahr.
▮ In Deutschland: 1389 m lang, 4 t Mehl, 2500 l Wasser, 1 t Natursauerteig, Hendryk Kühl, Grimmen (D), 24. August 1996.

Brunnentorte: 7,25 m Durchmesser, 5,60 m hoch einschließlich der Brunnenfigur, Konditoren-Innungen Frankfurt zusammen mit der *Frankfurter Neuen Presse,* 6. Juli 1996.

Buttermandelkuchen: 250,2 m, 1700 Eier, 22 kg Mandelblättchen, Landfrauenverband der Pfalz, Wolfstein, Rheinland-Pfalz (D), 7. September 1996.

Christstollen: 927 Stück in 24 Std., Bäckerei Münkel/Burkardt, Schloßau (D), 7. Dezember 1996.
▮ 624,10 m lang, Konditoren-Innung Lippe, Detmold, 9. Dezember 1995.
▮ Dresdener Stollen: 2720 kg, 4,5 m lang, 1,65 m breit, 70 cm hoch, Bäckerinnung Dresden, Dresden, Sachsen (D), 3. Dezember 1994.

Döppekooche: 21 m^2, 800 kg Kartoffeln, 100 kg Speck, je 50 kg Zwiebeln und Brötchen wurden am 5. Januar 1997 für die rheinische Kartoffelspezialität (Topfkuchen) im Renaissance Köln Hotel (D) verarbeitet.

Gefüllte Pfannkuchen (auch Berliner genannt): 15 000 Stück, mit Marmelade gefüllt, 1000 kg, zu einer Pyramide über 2,2 m Höhe und 3 m Durchmesser gestapelt, Mövenpick Hotel Braunschweig (D), 23. März 1997.

Geldschein: Im Verhältnis 10:1 entstand am 10. Oktober 1996 ein Tausendmarkschein als Marzipantorte. Idee: Steffi Findeisen von der *Pfiffig*-Kinderredaktion in Villingen-Schwenningen, Baden-Württemberg (D), ausgeführt vom Café Acerbi.

Keks: 486,95 m^2, 24,9 m Durchmesser, Cookie Time, Christchurch (Neuseeland), 2. April 1996. Er enthielt etwa 2,5 t Schokolade.

Kohlbrot: 111,45 m aneinandergereihte Brotlaibe, Bäckermeister Karl-Heinz Riemann, Dithmarschen, Schleswig-Holstein (D), 20. September 1996.

Krautstrudel: 203,85 m, Hermann Schwarz aus Leinfelden, Baden-Württemberg (D), 20. Oktober 1996 anläßlich des alljährlichen Filderkrautfestes.

Lebkuchenhaus: 6,71 m hoch, 4 m breit, 6,27 m lang, 1,5 t Lebkuchen, Penaten GmbH, Köln, Nordrhein-Westfalen (D), 21. Dezember 1996.

Lebkuchenherz: 14,76 x 11,88 m, 1,5 t, Schaustellerverein Rote Erde Dortmund, Nordrhein-Westfalen (D), 3. Januar 1997.

Lebkuchenhexenhaus: 107,8 m^2 Fläche, 77,98 m^3, 2700 Lebkuchen, Günther Stühlinger, Manfred Martin, Christian Schmidt, Reinheim, Hessen (D), 4. Dezember 1996.

Lebkuchenmann: 1172 Figuren in drei Stunden formten, dekorierten und backten 262 Schüler am 17. Dezember 1996 im Maritim Airport Hotel Hannover, Niedersachsen (D).

Marzipantorte: 1,4 m breit, 90 cm hoch, 40 cm tief, in Form des Hotels Vier Jahreszeiten Hamburg (D), Volker Jahn, 11. März 1997.

Mohnkuchen: Aus 20 kg Mohn, 25 kg Mehl, 50 Eiern und 10 kg Zucker entstand die Seitenansicht eines Mini-Cooper-Autos in Originalgröße. Der 303 cm lange Wagen, der am 15. Juni 1996 beim Waldviertler Mini-Treffen (A) gebacken wurde, fuhr zwar nicht, schmeckte aber umso besser.

Mohnzelten: Spezialität aus Niederösterreich in Form eines Riesentalers mit 2,03 m Durchmesser, 20 kg Mohn, 7 kg Honig, 16 kg Kartoffeln, 30 kg Mehl, Bäckerei J. Wagner und Gästering Groß-Gerungs (A), 16. Mai 1996.

Musebrot: 6,59 m lang, hergestellt im sogenannten Musebrotviertel von Heidelberg (D), Bäckerei Jürgen Seip, 14. September 1996: Roggenmischbrot, bestrichen mit Mus, galt dort als Hungerstiller für arme Leute.

Nußstriezel: 266,2 m, Marktkauf und Großbäckerei Nuschelberg, Nürnberg, Bayern (D), 19. Oktober 1996.

Pain Surprise: Einen Durchmesser von 1,5 m und eine Höhe von 60 cm hatten die drei ausgehöhlten Überra-

Bonbonniere

mit süßen Träumen: 2814 verschiedene Pralinen in einer 2-x-2-m-Schachtel.

Lebkuchenhaus

präsentiert von Schauspieler Willy Millowitsch: 6,27 m lang.

Marzipanschwein

vom Café Möhring in Berlin: Ein 2,2-Tönnchen bringt Glück.

Allerhand Überraschungen

gab's beim Pain Surprise (unten): 9000 Sandwiches in einem 1,5 m dicken ausgehöhlten Brot. 47,05 m lang war die Zitronenrolle von Dieter Wagner (links). An einem 180-m-Seil baumelten 1111 Wörlitzer Windbeutel, gebacken von Hans Joachim Elster (rechts).

schungsbrote, in denen am 13. März 1997 jeweils 9000 einzelne Sandwiches Platz fanden, verspeist von Besuchern der C&A-Pain-Surprise-Shops in Düsseldorf, Essen und Bonn (D).

Pfefferkuchenhaus: 6,50 m hoch und 4 m lang, 1 t schwer, vom 8. bis 19. Dezember 1996 von Mitarbeitern des Café Möhring im Hotel Berlin in Berlin (D) aufgestellt.

Rosinenbrötchen: 38,05 kg schwer, 117 cm Durchmesser, 16,6 cm Höhe, von der Belegschaft von SASKO's Oranje Stoom Bakery, Upington (Südafrika), 11. April 1992.

Streuselkuchen: 36 m² (3 m breit, 12 m lang), Bäckerei Bauder, Rodgau-Jügesheim, Hessen (D), 1995.

Torten: 110 Schichten, 50 kg Schokolade, 50 l Sahne, Franz Wittmann vom Hotel Regina in Wien (A), 20. Juni 1996.
▮ Schwerste Torte: 58,08 t Gewicht, davon 7,35 t Eis, Bäckerei Earth Grains in Fort Payne, Alabama (USA), 18. Oktober 1989.

Tortenauswahl: 51 verschiedene Formen (etwa als Flasche, Taube oder Revolver) in 44 unterschiedlichen Geschmacksrichtungen stellt Michael Heuberger aus Falkenstein (D) auf Bestellung her.

Weihnachtsmann: 4,20 m lang, 2,60 m breit und 1 t schwer, eßbar, hergestellt vom Hotel Berlin, Berlin (D), 10. Dezember 1995.

Weißbrot: 410,01 m lang, 364 kg Teig, Bäckerei Jung-Fichtl in Schönberg, Bayern (D), 28. Juli 1996.

Windbeutel: 1111 Wörlitzer Windbeutel wurden am 22. März 1997 auf ein 180 m langes Seil gefädelt und hingen anschließend am Wörlitzer Schloß in Sachsen-Anhalt (D) im Wind. Gebacken von Bäcker Hans Joachim Elster, organisiert vom Gewerbeverein Wörlitz.

Zitronenrolle: 47,05 m, Dieter Wagner, Kahla, Thüringen (D), 3. Oktober 1996.

Zwiebelkuchen: 266 x 0,6 m, Bäckermeister Joachim Haas beim Altstadtfest in Schotten, Hessen (D), am 4. August 1996. Verbraucht wurden 1200 kg Zwiebeln.

Naschereien

Größter Gummibärchenhersteller ist die Firma Haribo in Bonn (D), deren berühmter Goldbär im Jahr 1997 seinen 75. Geburtstag feierte. Täglich werden 70 Mio. Goldbären geboren. Aufrecht stehend aneinandergereiht können die jährlich in Deutschland vernaschten Bären dreimal die Erde umrunden.

Meistverkaufter Lutscher der Welt: Chupa Chups aus Spanien, der Erfinder ist Enric Bernat. Jährlich werden sie allein in Deutschland über 350 Mio. Mal geleckt, geschätzter Jahresumsatz: 600 Mio. DM. Eine neue Fabrik in Mexiko soll ab 1998 10 Mio. Lollies täglich produzieren.

Marzipankartoffelmann: 132,5 kg, Hans-Peter Göhs, Berlin (D), 28. September 1996.

Marzipanschwein: 2,2 t Gewicht mit den Maßen 3 m x 2 m x 0,65 m, Innova Handelshaus GmbH und Café Möhring, Berlin (D), 31. Dezember 1996. Das arme Schwein erlebte das Jahr 1997 nicht mehr.

Popcorn: 211,41 m³, Schüler der Pittsville Elementary School in Pittsville, Wisconsin (USA), 22. bis 26. März 1996, Behälter von 12,19 m Breite, 8,53 m Tiefe und 2,03 m Höhe.

▮ Eine 4 m hohe Tüte (Füllhöhe 3,16 m) mit 112 kg Popcorn gefüllt hat das Pfadfinderlager Cuntrast in Affoltern (CH).

Praline: 221 m, Sepp Fässler, Confiserie Sprüngli, Zürich (CH), 17. Februar 1997, präsentiert in Tokio, Japan.

Pralinen-Bonbonniere: 2814 verschiedene Pralinen in einer 2 x 2 m großen Schachtel, Lindt & Sprüngli AG und Lehrlinge des Schweizerischen Konditorei- und Confiserie-Gewerbes, 30. Januar 1997.

Schokoladenkapelle: 5,9 x 2,4 x 3,72 m maß die einem Luxemburger Wahrzeichen nachgebaute Kapelle, von Henri Schumacher aus Wormeldingen (L), am 30. Juni 1996 aus 3425 kg Schokolade gestaltet, in welcher ein mitwirkender Konditor sogar heiratete.

Schokoladentafel: 14 x 5,2 m, Hans-Jürgen Roos und Konditoren-Innung Pfalz in Bad Dürkheim, Rheinland-Pfalz (D), 11. Juni 1988.
▮ 15,5 x 0,4 x 0,02 m, Kaufhaus Manor, Zürich (CH), 2. Oktober 1995.

Hotel

aus Marzipan: das legendäre Hamburger Hotel Vier Jahreszeiten zum Anbeißen.

SPITZE

Na denn, Prost!

Eis im Block:

Der größte Eiswürfel wiegt 1547,5 kg und ist 1,81 m hoch. Coole Angelegenheit.

Die älteste Flasche Wein, die auf einer Auktion versteigert wurde, war ein Imperial Tokay aus dem Jahr 1646. Sie wurde von John A. Chunko aus Princeton, New Jersey (USA), und Jay Walker aus Ridgefield, Connecticut (USA), am 16. November 1984 bei Sotheby's in Genf (CH) für 1250 sfr erworben.

Das größte Weinfaß steht im Keller unter dem Friedrichsbau des Heidelberger Schlosses. Das hölzerne Faß stammt aus dem Jahr 1751, ist 9 m lang, 8 m hoch und faßt 221 726 l.

Das älteste deutsche Bier steht im Museum von Alzey bei Mainz (D). Es stammt aus dem Jahr 353 n. Chr. und wurde bei Ausgrabungen in einem Tonkrug unter den Ruinen eines römischen Kastells gefunden.

Das stärkste Bier ist das von der Brauerei Ross gebraute und im Bristol Brewhouse in Bristol, Avon (GB), angebotene Uncle Igor's Famous Falling Over Water. Es hat einen Alkoholgehalt von 21 Volumenprozent und wird ausschließlich in Weingläsern ausgeschenkt.

Das teuerste und stärkste Bier, gemessen am Stammwürzegehalt, ist das Samichlaus-Bier aus der Züricher Brauerei Hürlimann AG (CH). Die 0,25-l-Flasche wird für 8,60 sfr (etwa 10,50 DM) angeboten. Bei 20 °C hat das dunkle Samichlaus-Bier 14,93 Volumenprozent Alkohol und eine Stammwürze von 28,72 Prozent.

Die größte Auswahl an Biersorten in Deutschland bietet Maria Breuer (* 1961) aus Würselen, Nordrhein-Westfalen (D), mit 2837 Sorten aus 63 Ländern an.

Den höchsten Alkoholkonsum haben die Russen, die 1994 umgerechnet 4,4 l reinen Alkohol pro Person verbrauchten. Die stärksten Biertrinker sind die Tschechen (1994: 160 l pro Kopf), während in Frankreich der meiste Wein getrunken wird (1993: 62,5 l pro Kopf).

Die teuerste Spirituose ist der Springbank 1919 Malt Whisky, der von Fortnum & Mason in London (GB) für 6750 Pfund pro Flasche (19 251 DM, inklusive Mehrwertsteuer) angeboten wird.

Der größte Eiswürfel: 1,81 m, 1900 m^3 gefrorenes Wasser, 1547,5 kg, Kraft Jacobs Suchard, Wien (A), 21. Juni 1996.

Die meisten Pubs besucht hat Bruce Masters aus Flitwick, Bedfordshire (GB), der 28 461 Pubs sowie 1466 andere Gaststätten von 1960 bis 1996 besucht und dort, wenn möglich, das im jeweiligen Ort gebraute Bier gekostet hat. Insgesamt gibt es in Großbritannien 77 000 Pubs.

Der längste Stammtisch entstand am 5. Juli 1992 in Bad Blankenburg, Thüringen (D), mit 3582 m Länge. Es wurden 20 000 Gäste bewirtet und 25 000 l Bier ausgeschenkt.

Die größte Lokalrunde gab Paul Deer am 14. Juli 1982, als er bei U-Zoo & Co. in Atlanta, Georgia (USA), für 1501 Menschen einen Drink spendierte.

Die längste Bar mit 790 m Länge wurde vom 3. bis 5. Juli 1992 in Salgesch (CH) betrieben.

Die längste Schneebar stand am 21. Januar 1996 an der Hornspitz-Talstation in Gosau (A). Sie maß 136,7 m in der Länge und war gut einen Meter hoch. Zum Bau wurden 103,9 m^3 Schnee benötigt.

Die längste alkoholfreie Theke stand für genau vier Stunden am 27. Juli 1996 in Erlangen, Bayern (D). Sie maß 500 m und war vom Bayerischen Staatsministerium für Arbeit und Sozialordnung, Familie, Frauen und Gesundheit initiiert worden.

Die meisten Fruchtsäfte werden in Deutschland getrunken. 1996 lag der Pro-Kopf-Verbrauch bei 41,1 l im Jahr. Dabei ist der Apfelsaft mit 12 l Lieblingssaft, gefolgt vom Orangensaft mit 10 l. An zweiter Stelle stehen die Österreicher mit 33 l pro Kopf.

Die längste Faßbiertheke: Am 14. Juni 1996 organisierten vier Dortmunder Lions-Clubs und der Verband Dortmunder Bierbrauer in der Innenstadt eine aus einzelnen Ständen zusammengestellte Theke mit 1166 m Länge, 113 Zapfsäulen und 20 Dortmunder Biersorten.
▮ In Österreich: 40 m^2 Theke, 40 Zapfsäulen mit 40 Biersorten am 7. April 1995 in Weißkirchen (A).

Die größte Whiskybar hat das Hotel Waldhaus am See in St. Moritz (CH). Die Zahl der dort angebotenen Whiskysorten beläuft sich auf 1000.

Flaschenpost

aus fünf Ländern der Welt. Die weitestgereiste Flasche sonnte sich am Strand von Guaruja (Brasilien), hielt Stand an den Victoria Falls in Zimbabwe, zahlte in Lampung die Hotelrate, studierte die Geschichte der Türkei und erkundete den Hafen von Messina (Italien). Ihr Inhalt: Sucellus, deutscher Sherry. Ihr Begleiter: Wilhelm Rieth.

Eis am Stiel

mit 1,5 Prozent Alkohol: Bierzapfen von FAMILY FROST. Nach dem Reinheitsgebot.

Die längste Cocktailkarte hat die Monti American Bar in St. Gallen (CH). 1000 Mixgetränke, Cocktails und Longdrinks sind hier aufgeführt.

Die längste Schnapslatte: 12 m, 480 Schnapsgläser, Gugge-Musig Lorze-Dräck-Gusler aus Cham, Zug (CH), 6. Februar 1997.

Die weitestgereiste gefüllte Flasche ist ein deutscher Sherry mit dem Namen Sucellus, der erste von der Mosel. Wilhelm Rieth aus Mainz (D) hat damit vom 18. April 1996 bis zum 13. Februar 1997 insgesamt 110 728 Flugkilometer rund um den Globus hinter sich gebracht.

Das größte Treffen von Weinköniginnen fand am 26. Februar 1996 auf der Frankfurter Messe Ambiente statt: 1368 ehemalige und amtierende Königinnen aus Rheinland-Pfalz.

Die nördlichste Weintaufe fand am 29. Juli 1996 auf einer Kreuzfahrt in der Magdalenenbucht-Gravneset in Spitzbergen (79° 33' 72" nördl. Breite) statt. Die Traminer Spätlese 1976 vom Weingut Josef Wiesler, Deutsch Schützen (A), erhielt den Namen Spitzbergen-Magdalenengold.

Die höchste gefüllte Sektsäule bestand aus 23 Sektgläsern. Den Prickelrekord erreichten Carl Grover und Peter Sellars am 19. April 1983 in Richmond (Australien).

Die größte Champagner-Kaskade war 7,85 m hoch und besaß 47 Ebenen, auf denen 23 642 langstielige Champagnergläser standen. Sie wurde vom 19. bis 23. Juli 1993 in Caesars Palace in Las Vegas (USA) vom Champagnerhersteller Moet & Chandon gebaut und mit Champagner gefüllt.

Der längste Flug eines Champagnerkorkens aus einer nicht behandelten und nicht erwärmten Flasche, die sich 1,22 m über dem Boden befand, war 54,18 m. Heinrich Medicus gelang dieser „Schuß" am 5. Juni 1988 in der Woodbury Vineyards Winery in New York (USA).

Die größte Pilstulpe: 140 cm hoch, 85 l Fassungsvermögen, RC Ritzenhoff Cristal GmbH, Marsberg, Nordrhein-Westfalen (D), 19. Juli 1996.

Der größte Bierdeckel wurde am 27. April 1997 in Flensburg zum Tag des deutschen Bieres von der Flensburger Brauerei präsentiert. Das Einzelstück mißt 120 x 120 cm.

■ In Serie, nämlich 1000 Stück, legte Karl Schwarz aus Zwettl, Niederösterreich (A), seinen 80 cm im Durchmesser großen Bierdeckel auf.

Flaschen

Die kleinsten Spirituosenflaschen auf dem Markt sind die nur 1,3 ml fassenden und 5 cm hohen Fläschchen von White Horse Scotch Whisky.

Die größte Wodkaflasche präsentierte am 16. Juli 1987 die Firma SIMEX, Jülich (D). 85 l Wodka Moskovskaya faßt die 1,45 m hohe Flasche.

Die größte Flasche ist 3,11 m hoch und hat einen Umfang von 3,5 m. Sie wurde am 17. März 1994 in Melbourne, Victoria (Australien), zur Feier des 200jährigen Bestehens der Firma Schweppes mit 2250 l Schweppes-Limonade gefüllt.

Die größte Bierflasche hatte bei einem Umfang von 2,17 m eine Höhe von 2,54 m. Sie wurde am 27. Januar 1993 in der Brauerei Shepherd Neame in Faversham, Kent (GB), enthüllt. Es dauerte 13 Min., bis sie mit 625,5 l Kinfisher-Bier, dem führenden indischen Lagerbier, gefüllt war.

Die leichteste Bierflasche fertigt seit 1969 die Glasfabrik Heye-Glas Obernkirchen (D). Diese „Paderborner Flasche" wiegt nur 135 g.

Die kleinste Bierflasche der Welt enthält 10 ml Guinness-Bier. Die Miniflasche ist mit einem Kronenkorken verschlossen.

Die kleinste Bierflasche mit Bügelverschluß stellte die 1. Zürcher Gasthaus-Brauerei Wädi-Brau-Huus am 24. Februar 1992 in Wädenswil, Zürich (CH), vor. Die Miniflasche ist 11,5 cm hoch, hat einen Durchmesser von 4 cm und 40 ml Fassungsvermögen.

Getränke

Cocktail: 25 963 l Juicy Duce, Buderim Tavern, Buderim, Queensland (Australien), 19. Oktober 1996.

Erdbeerbowle: 2,39 t Nettogewicht, Kitchener-Waterloo Hospital, Ontario (Kanada), mit Erdbeeren von der Farm von Joe Moss bei Embro in Ontario, 29. Juni 1993.

■ 2000 l, 660 kg Erdbeeren, Bernische Beerenpflanzer-Vereinigung, Koppigen (CH), 22. Juni 1994.

G'spritzter: 1200 l Grüner Veltliner, 1150 l Sodawasser, gemischt in einem 2465 l fassenden Behälter, Werbegemeinschaft Zistersdorf aktiv, Zistersdorf (A), 17. September 1989.

Milchshake: 16 400 l Erdbeershake, Age Concern East Cheshire and Lancashire Dairies, Macclesfield, Cheshire (GB), 18. August 1996.

Rumtopf: 2095 l, ZDF-*Fernsehgarten*, Mainz (D), 21. Mai bis 3. September 1995. Der Rumtopf bestand aus 1250 kg Früchten von 16 verschiedenen Arten, 625 kg Zucker und 705 l Rum.

Punsch: 2200,6 l Cool Punch, Adler Gastronomie AG, Vaduz (Liechtenstein), 15. August 1996. Bestandteile: 1500 l Ananas-Nektar, 300 l Wodka, 150 l Grand Marnier, 50 l Limes Jus und Eis. Die Genießer: rund 29 000 Besucher des Fürstenfestes.

Tulpe, die ohne Wasser wächst. 85 l Pils genügen dem Rekord-Exemplar mit einer Höhe von 140 cm.

Sammlungen A-J

Hansjoachim
und Elfriede sind stolze Besitzer von rund 1580 Gartenzwergen. Viele aus eigener Produktion.

Airlines: 5000 Abzeichen, Uniformteile, Pilots Wings, Flugpläne, Aufkleber, Literatur etc., Hèctor R. Cabezas, Frankfurt/Main (D).

Anspitzer: 238 Stück mit unterschiedlichen Motiven, Anke Fröbel aus Trages (D).

Anstecknadeln: 1682 Pins mit Eisenbahnen, Hugo Hostettler, Luzern (CH).
■ 919 Pins mit Porsche-Modellen, Ekkehard Diez, Ammerbuch, Baden-Württemberg (D).

Aschenbecher: 863 Stück, beschriftet, Léon Mousel, Roeser (L).
■ 647 Stück, Guido Rüetschi aus Basel (CH).

Aufkleber: 147 500 aus aller Welt, Paul M. Haase, Neu-Isenburg (D).

Autogramme: 401 610 Unterschriften, Lorenz Schop, Bedburg-Lipp, Nordrhein-Westfalen (D).

Barbie-Puppen: Tony Mattia aus Brighton, Sussex (GB), hat 1125 Barbie-Puppen gesammelt (März 1997). Damit hat er ungefähr die Hälfte aller seit 1959 hergestellten Barbie-Modelle und viele Versionen ihres Freundes Ken.

Beileidskarten: 2360 Stück aus aller Welt, Kay Blumenthal-Barby aus Göttingen (D).

Bierdeckel: 150 125 Filze aus 164 Ländern, Leo Pisker, Langenzersdorf (A).

Bierdosen: William B. Christensen aus Madison, New Jersey (USA), hat über 75 000 verschiedene Dosen aus mehr als 125 verschiedenen Ländern, Kolonien und Territorien angehäuft.
■ 27 300 Stück aus aller Welt hat Hasso Streger aus Bochum (D).

Bieretiketten: 424 868 Etiketten, Jan Solberg, Oslo (Norwegen).
■ 236 419 Etiketten, Sabrina Breuer (* 1983), Würselen, Nordrhein-Westfalen (D).

Bierflaschen: Eine Sortensammlung von 8131 vollen Bierflaschen aus 110 Ländern mit 2115 verschiedenen Brauereien, Peter Broeker, Geesthacht, Schleswig-Holstein (D).

Bilderrahmen: Rund 2000 Originalrahmen, die ältesten aus dem 15. Jh., besitzt Friedrich G. Conzen in Düsseldorf (D).

Bourdaloues: 480 „Damennachttöpfe" aus dem 18. und 19. Jh. im ZAM (Zentrum für Außergewöhnliche Museen) in München.

Brauereigläser: 6742 Krüge und Gläser aus aller Welt, Michael Czarnecki, Hameln (D).

Briefe: 269 Stück aus 250 Ländern bzw. Postbezirken, Michael Lengenfelder, Gaimersheim (D).
■ Die meisten Briefe geschrieben hat Manfred Beck aus Friedrichshafen (D): 138 320 (Stand November 1995).

Briketts: 3310 geprägte Briketts, Hans Peter Hecking aus Kelz, Rheinland-Pfalz (D).

Brottütenverschluß-Clips: 5170 haben die Lehrerin Ann Muffy und ihre Schulklasse im Rahmen eines Recycling-Projektes in New York City (USA) gesammelt (April 1997).

Buddelschiffe: 16 500 Stück, Hans Euler, Buddelschiff-Museum, Tangerhütte, Sachsen-Anhalt (D).

Busfahrscheine: Yakov Yosipovv aus Tel Aviv (Israel) sammelte 14 000 verschiedene bis März 1997.

Coca-Cola: 14 200 Dinge, die sich mit Coca-Cola befassen, Flaschen, Plakate, Werbemittel, Automaten, Franz-Herbert Heydt aus Osnabrück, Niedersachsen (D).

Cognac: 302 verschiedene Sorten, Herbert Reich, Hotel Rappen in Freiburg/Breisgau (D).

Sabrina
hat 236 419 Bieretiketten gesammelt. Selbstverständlich auch von Guinness.

Hans Peter

benutzt die Kohle nicht zum Heizen. Er sammelt Briketts mit farbigen Motiven. Insgesamt 3310 Stück.

Katja

und Andreas halten nur 8 ihrer 10 845 Dosen aus 74 Ländern in Händen. Der Rest steht im Regal.

Michael

erfreut sich an 6742 Krügen und Brauereigläsern aus aller Welt. Auf den Inhalt kommt es nicht so an.

Franz-Herbert

hat sich ganz dem Erfolgs-Drink aus den USA verschrieben: 14 200 Cola-Plakate, -Uhren, -Schilder.

Dekorfliesen: 2317 Stück, Günter Uhlig, Wiedensahl (D).

Dienstmützen: 1128 Eisenbahndienstmützen aus 69 Staaten hat der Österreicher Laurenz Stipanitz, Strasshof an der Nordbahn, gesammelt.

Eierbecher: 3302 Stück, Karl Höhmann (* 1920), Niestetal, Hessen (D).

Elefanten: 12 000 Objekte, darunter 4000 Spielzeugelefanten, Rita Kämmerling, Bestwig-Ostwig, Nordrhein-Westfalen (D).

Eßstäbchen: 226 Stück, Heike von Venrooy, Mannheim (D), 1995.

Eulen: 8125 Eulen besitzt Waltraud Stuhlmacher (* 1928), Itzehoe (D), aus 70 Ländern.

Exponate (handsigniert): Über 17 100 und 4900 Wappen, Manfred Beck, Friedrichshafen (D).

Friedrich

fällt etwas aus dem Rahmen: mit 2000 Stück, die ältesten aus dem 15. Jh.

Fahrrad-Nummernschilder: 45 Schilder, Erich Albrecht, Wien (A).

Fahrscheine: 57 670 Bahn-, Bus-, Straßenbahn-, U-Bahn-, Seilbahn- und Schiffsfahrkarten sammelt Andreas Dungl (* 1975) aus Enzersdorf/Thal, Niederösterreich (A).

Faschingsorden: 10 180 Orden auf 203 Tafeln, Georg Papendick, Bad Reichenhall, Bayern (D).

Feuerzeuge: Francis Van Herles Kollektion umfaßt 58 259 verschiedene Feuerzeuge (Juni 1996).
▮ Historische Feuerzeuge trägt Hubertus Schmudde (* 1961) aus Castrop-Rauxel, Nordrhein-Westfalen (D), zusammen. Seine Sammlung umfaßt mehr als 6000 Exemplare.

Filmkameras: Demetrios Pistiola besitzt eine Kollektion von 305 Filmkameras aus der Zeit von 1901 bis heute.

Filmschmuck: Reinhard Seufert, Stuttgart (D), hat die größte Sammlung in Deutschland aus der Zeit von 1930 bis 1960. Stücke von Romy Schneider, Greta Garbo, Zarah Leander, Gina Lollobrigida, Sophia Loren, Martine Carol, Renate Müller u. v. a.

Flaschenöffner: 7682 Öffner aus aller Welt sammelt Hans-Hermann Wilkens (* 1949) aus Hamburg (D).

Flaschenpost: 177 Stück, Andreas Wagner, Friedrichshafen (D).

Flaschenverschlüsse: 82 169 verschiedene Verschlüsse aus 179 Ländern, Paul Hoegh Poulsen, Rodovre (DK).

Frösche: Etwa 8000 Exponate aus allen Materialien, als Schirmständer, Nachttischlampen und Zahnbürsten, Rolf E. Rindlisbacher und Elfie Hiss-Dinten, Frosch-Museum Münchenstein (CH).

Füchse: Über 1700 Exponate aus Porzellan (Meißen, KPM), Wiener Bronzen, Silberfiguren, Stahl- und Kupferstiche, Postkarten und Buchausgaben, Reineke Fuchs Museum, Linden, Hessen (D).

Fußballtrikots: 820 Stück aus allen Kontinenten, Markus Deiniger-Zarubina, St. Gallen (CH).

Fußballverein: 5393 DIN-A4-Seiten mit Zeitungsberichten und Fotos, 189 Autogrammkarten und Poster seines Lieblingsvereins 1. FC Köln besitzt Jörg Engel aus Hirzenhain, Nordrhein-Westfalen (D).

Gartenzwerge: 2010 Stück, Anne Atkin, West Putford (GB).
▮ 1580 Stück, Elfriede und Hansjoachim Gubisch, Dresden (D).

Getränkedosen: 10 845 Dosen aus 74 Ländern, 1317 Cola-Dosen aus 49 Ländern, Katja und Andreas Mild, Lohr-Steinbach, Bayern (D).

Giraffen: 6295 Figuren und über 2000 verschiedene Postkarten/Bilder, Giraffen-Museum Heinz J. Preuß (* 1943), Dortmund (D).

Glocken: 3025 Glocken, Wilfried Kunkel, Köln (D).

Golfbälle: 778 Stück, Thomas Raiser, Innsbruck (A).

Halsketten: 1530 Ketten, von denen keine einer anderen gleicht, hat Marie José Perrin aus Bern (CH).

Handschellen: 412 besitzt Chris Gower aus Dorset (GB), die größte Kollektion der Welt.

Igel: 414 Einzelstücke, Willi Agelwei aus Gundelfingen, Bayern (D). Alles aus Plüsch, Stein, Plastik, Holz, Glas, Porzellan, Stoff und anderen Materialien; nicht berücksichtigt wurden Aufkleber, Briefe, Zeichnungen.

Indianer: 5578 Exponate zum Thema Indianer und Old America, Thomas Merbt, Haßmersheim-Neckarmühlbach, Baden-Württemberg (D).

Tony

liebt Barbie. 1125 Puppen gehören ihm. Barbies Freund Ken ist auch dabei.

Sammlungen K-R

Kaffeerahmdeckel: 16 000 verschiedene Motive in über 600 Serien aus 14 Ländern und vier Kontinenten, Philippe Doppler (* 1978), Pratteln (CH).

Kaffeetassen: 528 Tassen und Becher aus 22 Ländern, Johannes Nerz aus Hechingen-Beuren, Baden-Württemberg (D).

Kartenspiele: 318 Trumpfkartenspiele aus 7 Ländern, Thomas Michaelis, Sarow (D).

Kaugummipäckchen: 1712 Päckchen mit 10 614 Streifen aus 64 Ländern, die Brüder Thomas und Volker Martins, Freiburg (D).

Kaugummipapier: 40 948 Stück, Maria Kovarik, Perchtoldsdorf (A).
▮ 21 450 Stück, Anna-Louise Hackmann, Hameln, Niedersachsen (D).

Kerzen: 1249 verschiedene Kerzen (Stand März 1997), darunter Kugelkerzen, Schwimmkerzen, Duftkerzen und Figurenkerzen, könnte Johannes Avxentis aus Stadtbergen, Bayern (D), abbrennen.

Kfz-Kennzeichen: 4800 Stück aus 200 Staaten, Erich Albrecht und Kurt Albrechtshofer, Wien (A).

Kleeblätter: Mit 150 035 nicht dreiblättrigen Kleeblättern, die er von 1985 bis 1996 zusammengetragen hat, wartet Franz Jachmanovsky aus Ingolstadt (D) auf. Neben 243 einblättrigen gibt es ein dreizehnblättriges Kleeblatt.
▮ 13 382 vierblättrige Kleeblätter hat George Kaminski aus Pittsburgh, Pennsylvania (USA), bis April 1997 gesammelt.

Klinkenschilder: „Do not disturb"-Anhänger trägt Heinz T. Juchmes aus München (D) zusammen: Er hat es auf 1785 verschiedene Exemplare dieser Klinkenschilder aus 82 Ländern gebracht.

Kochbücher: 3011 Bücher mit 18 855 Rezepten, Peter Kuhnert, Niederkassel-Rheidt, Nordrhein-Westfalen (D).

Kochrezepte: Rund 200 000 Stück, gesammelt und in Bücher eingeklebt von Centa und Ernst Schäffler, Gersthofen, Bayern (D).

Korkenzieher: 1920 Exponate aus rund 300 Jahren im ZAM (Zentrum für Außergewöhnliche Museen) in München (D).

Krawatten: Tom Holmes aus Walsall, Staffordshire (GB), besitzt 10 624 (April 1997).

Krieg-der-Sterne-Spielzeug: Der Spezialeffekt-Experte Jason Joiner aus Ealing, London (GB), der auch selbst an der *Krieg-der-Sterne*-Trilogie mitarbeitete, hat über 20 000 Spielzeuge zu diesem Thema gesammelt. Außerdem nennt er die Originalroboter *C3PO, R2D2* und das Darth-Vader-Kostüm sein eigen.

Kriminalromane: Romane ab 1945 sammelt, ordnet und listet Klaus-Dieter Walkhoff-Jordan (* 1943) aus Berlin (D). Er hat es bisher auf insgesamt 21 073 Krimi-Taschenbücher gebracht.

Kronenkorken: 88 410 Stück aus 179 Ländern, Günter Offermann, Hamburg (D).

Kugelschreiber: 108 500 Stück aus 58 Ländern, Angelika Unverhau, Dinslaken, Nordrhein-Westfalen (D).

Künstlerfotos: 4 Mio. Fotos, Josef „Pepi" Treitl (* 1921), Wien (A).

Löffel: 1388 Zierlöffel mit Wappen, Bild oder Vignette aus 61 Ländern, Gerhard Stellmacher, Salzwedel, Sachsen-Anhalt (D).

Lottoscheine: 8615 Rubbellose, Lose und Lottoscheine aus aller Welt, Wilfried Pohl, Werdau (D).

Luftkrankheitsbeutel: 1512 Tüten von 349 Fluggesellschaften (Stand Mai 1997), Nick K. Vermeulen (* 1936), Wormer (NL).

Magnete: 17 000 Kühlschrankmagnete (Stand Mai 1996) hat Louise J. Greenfarb aus Spanaway, Washington (USA).

Maikäfer: 810 Ansichtskarten mit Maikäfermotiven, Burkhard Anders, Berlin (D).

Mausefallen: 2334 Stück aus 66 Ländern, Reinhard Hellwig, Meerbusch, Nordrhein-Westfalen (D), darunter eine Replik einer mehr als 5000 Jahre alte Ton-Falle; über 6300 Fallen-Patente.

Miniaturbücher: Eberhard Lehmann (* 1931), Gründer des Freundeskreises Miniaturbuch Berlin (D), hat 7009 Exemplare aus 40 Ländern zusammengetragen, keines überschreitet 10 cm in der Buchblockgröße.

Modellfahrräder: 210 Stück aus verschiedensten Materialien, Rolf Muth (* 1949) aus Bremerhaven (D).

Modellflugzeuge: 421 verschiedene Modelle des Vereins zur Förderung der Luftfahrthistorie der Pfalz kann man im Technikmuseum Speyer (D) bewundern.
▮ Im Maßstab 1:72 baut Wolfgang

Ins All
will Tasillo Römisch seine 233 selbstgebauten Raumfahrtmodelle nicht schicken.

In der Falle

sitzen unliebsame Bewohner bei Reinhard Hellwig. Auswahl zwischen 2334 Fallen.

Steckel aus Ahlden (D) Modelle zusammen. Inzwischen hat er über 700 verschiedene Flieger.

Mützenbänder: 4012 Bänder aus 76 Ländern sammelt Josef Bügelmayer aus Modling (A).

Nachttöpfe: 9400, ZAM (Zentrum für Außergewöhnliche Museen), Manfred Klauda (* 1936), München (D).

Nackte Menschen: 36 836 verschiedene Bilder aus Zeitschriften von unbekleideten oder leichtgeschürzten Menschen (Stand April 1997) hat Gerhard Bürgel aus Gelbensande (D).

Nilpferde: 1009 Exponate besitzt Petra Fiedler (* 1959) aus Edingen (D).

Obstetiketten: Antoine Secco aus Bourbon-Lancy (F) hat über 11 000 verschiedene Obstetiketten gesammelt.
▮ 7400 Obstetiketten und -aufkleber sowie Seidenpapier von Zitrus- und anderen Obstsorten hat Georg Bartelme aus Crailsheim, Baden-Württemberg (D), zusammengetragen.

Ohrringe: 24 167 Paar (Stand Juli 1997) hat Carol McFadden, Oil City, Pennsylvania (USA).

Orden: 41 150 Vereins- und Sportabzeichen, Josef Dünhuber (* 1905), Altötting, Bayern (D).

Ostereier: 18 000 aus der ganzen Welt, Eduard Polak (* 1921), Wien (A).

Osterhasen: 1860 Stück, erstes Osterhasen-Museum der Welt, Manfred Klauda (* 1936), München (D).

Papiertaschentücherpäckchen: 301 Stück aus aller Welt, Marcel Hagmaier, Neulingen, Baden-Württemberg (D).

Parfüm-Miniaturfläschchen: 2522 Stück, Natascha und Jürgen Wolff, Emmerich, Nordrhein-Westfalen (D).

Parkuhren: Die meisten besitzt Lotta Sjölin aus Solna (S): Im Juli 1996 waren es 292 Exemplare.

Plastik- und Papiertragetaschen: 120 000 Tüten hat Heinz Schmidt-Bachem aus Düren, Nordrhein-Westfalen (D), bereits gesammelt.

Polizei: Polizeifahrzeuge und -figuren in allen Maßstäben trägt Herbert Thoma aus Berlin (D) zusammen. Jetziger Stand: 1648 Modelle.

Porsche-959-Modelle: 450 Stück im Verhältnis 1:3 bis 1:125, Jürgen Rohde, Althengstett, Baden-Württemberg (D).

Prominentenfotos: 5400 Fotos von Personen des öffentlichen Lebens sammelt Siggi Schemken aus Essen (D). Auf jedem dieser Bilder ist er mit abgebildet.
▮ 25 032 Fotos von telefonierenden Prominenten sammelt Karlheinz Spaethe aus Düsseldorf (D).

Puppen: 2200 gebrauchte Puppen, Rosemarie Weber, Münchweiler (D).

Radiergummis: 15 046 Einzelstücke aus 92 Ländern, Petra Engels, Viersen, Nordrhein-Westfalen (D).

Radios: 3045 historische Geräte der Radiotechnik hat Hans Necker aus Bad Laasphe, Nordrhein-Westfalen (D), seit 1981 zusammengetragen.

Rasenmäher: Andrew Hall und Michael Duck aus Windsor, Berkshire (GB), haben ihr Museum mit 680 Rasenmähern aus der Zeit von 1830 bis 1940 eröffnet (Mai 1997).

Raumfahrtmodelle: 233 selbstgebaute Holzmodelle im Maßstab 1:144 sammelt Tasillo Römisch (* 1954) aus Mittweida in Sachsen (D). Gleichzeitig besitzt er die umfassendste Raumfahrtsammlung mit über 30 000 Dokumenten, 10 000 Briefmarken, 12 000 Dias und Fotos, Büchern, Videos, Postern, Autogrammen und realen Raumfahrtobjekten wie zum Beispiel ein Triebwerk der Mondrakete *Saturn 5*.

Im Fluge

vergeht der Besuch im Technikmuseum Speyer: 421 Modelle.

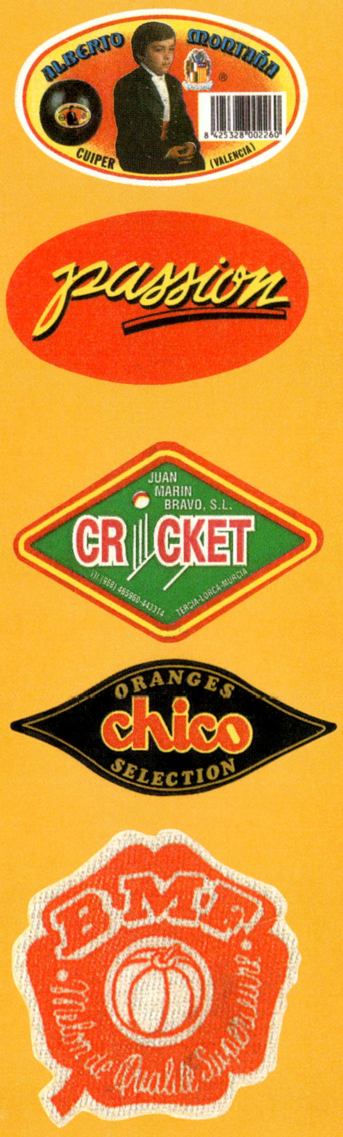

Im Früchtekorb

aufgelesen: 7400 Obstetiketten und Seidenpapiere von Zitrusfrüchten.

Sammlungen S-Z

Salz- und Pfefferstreuer: 1298 Paar (Stand Februar 1997), Antje Blumenhein-Stegemann, Berlin (D).

Sand: 2310 Sande aus aller Welt (Stand 1. Juli 1996), Heinrich Uhlendorf (* 1920), Frankfurt/Main (D). ▮ Nur Sand von Stränden sammelt Torsten Kuss aus Kerkrade (NL). 149 Strandsandsorten hat er schon.

Sanduhren: 280 Stück (Stand November 1996) besitzt Paul Baltruschat aus Gießen (D). Die kleinste ist 3 cm groß und mißt gerade mal drei Sekunden, die größte ist etwa 60 cm groß mit einer Laufzeit von einer Stunde.

Schildkröten: 186 Figuren aus verschiedenen Materialien, Juliane Walther (* 1978), Pritzerbe, Brandenburg (D).

Schlösser: 540 Vorhängeschlösser aus 2000 Jahren im ZAM (Zentrum für Außergewöhnliche Museen) in München (D).

Schlümpfe: 220 der kleinen blauen Wesen besitzt Uwe P. Bures aus Bremen (D), dazu einige Schlumpfhäuser, Wandbilder und Aufkleber.

Schlüssel: 10 102 Stück an 92 Brettern, Walter Schröfel (* 1926), Lippstadt-Esbeck, Nordrhein-Westfalen (D).

Schlüsselanhänger: 20 058 Anhänger, Manfred Zahn (* 1951), Köln (D).

Schneekugeln: 1371 Stück, Maria Theresia Gelenkirch (* 1962), Bonn (D).

Schneemänner: über 1000 Exponate, Rudolf Bromberger, Wien (A).

Schnupftabak: 1600 Gläser, Dosen und andere Behältnisse, Alois Reitbauer (* 1916), Altbürgermeister von Regen (D).

Schokoladenpapiere: 1807 Papiere aus 22 Ländern, Sven Stabroth (* 1975), Konstanz (D).

Schuhlöffel: 302 meist handgefertigte Unikate im ersten Schuhlöffel-Museum bei Heinrich Pflanz, Landsberg, Bayern (D).

Servietten: 5191 Stoff- und Papierservietten, Gisela Genau, Treffurt, Thüringen (D). ▮ 4027 Stück, Marius Steiner, Waldegg (A).

Setzkastenminiaturen: 8041 Figuren in 131 Setzkästen, Rosy Tanner, Binningen (CH).

Sissi: 320 Objekte aus dem persönlichen Besitz der österreichischen Kaiserin im ZAM (Zentrum für Außergewöhnliche Museen) in München (D).

Sparschweine: Bis zum 27. April 1997 hatte Ove Nordström aus Spånga (S) 3575 verschiedene Modelle gesammelt.

Spielfilme: Jutta Arnold aus Zürich (CH) besitzt die größte Privatvideothek mit 5700 Spielfilmen auf 1620 Videobändern (Stand März 1997). Um die Filme wiederzufinden, hat sie alle Titel im Computer registriert und numeriert.

Spielzeugautos: Christian Alexander Wohlrab aus Wentorf (D) hat 3400 Autos zusammengetragen.

Spirituosen: 4239 verschiedene Sorten (April 1997), zusammengetragen von Ian Boasman im Bistro French in Preston, Lancashire (GB).

Stempeleintragungen: 6820 verschiedene Stempel von Geschäften, Parteien, Zollstellen etc., Norbert Schulz-Tradowsky, Spreenhagen (D).

Straßenschilder: Jutta Schobel aus Velbert, Nordrhein-Westfalen (D), trägt sie aus dem gesamten deutschsprachigen Raum zusammen: 1651 hat sie.

Streichholzschachteln und -briefe: 3 159 119 Streichholzbriefchen, zusammengetragen von Ed Brassard, Del Mar, Kalifornien (USA). ▮ 12 093 Streichholzschachteln und 9357 Streichholzbriefchen aus 129 verschiedenen Ländern, Friedrich Lindner, Hersbruck (D).

Starkes Team:

Uwe P. Bures mit seinem Lieblingsschlumpf. 220 besitzt er insgesamt.

Käfer forever:

Im einzigen privaten Kafermodell-Museum zeigt Reinhard Sokoll in Königslutter 4151 Modelle aus 36 Ländern.

Stumme Diener: 162 Stück, Zauberer DIXON, Darmstadt (D).

Taschenkalender: 118 550 Stück im Spielkartenformat aus 150 Ländern, Jürgen Richter, Berlin (D).

Teddybären: über 2500 Bären, Florentine C. Wagner (* 1948), Berlin (D).

Teebeutelanhänger: 5681 Stück aus 68 Staaten von 714 Teefirmen, Felix Rotter, Wuppertal (D).

Teekarten: Im Mai 1997 hatte William Smart aus Grimsby, Lincolnshire (GB), 25 260 dieser Bildkärtchen gesammelt, die man in Packungen von losem Tee und Teebeuteln findet. Die meisten sind britischen Ursprungs.

Telefone: 1093 Telefone, 116 ausländische Apparate, Siegfried Warth, Birkenfeld, Rheinland-Pfalz (D).

Tortenplatten: 1133 Stück, Doris und Herbert Stanetzky, Gießen (D).

Trabanten: 350 Modelle, 95 Grundvarianten vom Trabbi und seinem Vorgänger *P 70*, Medaillen, Anstecknadeln, Gläser und viele weitere Artikel, Werner Meinecke, Hamburg (D).

Stets zu Diensten

stehen dem Zauberer DIXON 162 Stumme Diener. Wenn das kein Service ist …

Tretautos: Nur Autos aus den Baujahren 1902 bis 1980 trägt Manfred Klauda (* 1936) aus München (D) zusammen: 454 verschiedene Kinderautos.

T-Shirts: 1976 Shirts aus 78 Ländern, Ernst Sedlak, Wenigzell (A).

Universitätsringe: 58 teilweise goldene Ringe von den Universitäten Heidelberg bis Hawaii, Thomas Plambeck, Kiel (D).

Vaterunser in verschiedenen Sprachen sammelt Sarah Koska, Münster (D): 300.

Verkehrszeichen: Fotografiert und gesammelt vom Fotografen Werner Kohn (* 1940) aus Bamberg (D). Mehr als 15 000 Aufnahmen aus 35 Ländern.

VW-Käfer-Modelle sammelt Rolf Borner (* 1959) aus Wohlen (CH), vom kleinsten 2-mm-Modell bis zum 2100 mm großen ausgedienten Karussell-Blechauto: insgesamt 4397 aus 30 Materialien.
▮ Reinhard Sokoll aus Königslutter, Niedersachsen (D), hat es bis März 1997 auf 4151 Modelle aus 36 Ländern gebracht. Seit 1. April 1997 betreibt er das einzige private Käfermodell-Museum.

Wandteller: 2101 Wandteller, Manfred Beck, Friedrichshafen (D).
▮ 502 Teller aus dem In- und Ausland, Brigitte Hutterer, Wien (A).

Wappen: insgesamt 40 000 Wappenentwürfe, ca. 1000 Wappenbücher und 2000 Siegel, Kurt Schweder (* 1924), Essen (D).

Der blaue Dunst

ist Charles Hofers Leidenschaft. Gemeinsam mit Emil Blümli besitzt er 333 unterschiedliche Havanna-Zigarren.

Trick 17

und andere Wunder zaubert Wittus Witt aus seinen 745 verschiedenen Zauberkästen.

Wasserkrüge: 901 Stück, Lothar Underberg, Krefeld (D).

Weihnachtskarten: Joan Gordon aus Medway Towns, Kent (GB), hat 8001 verschiedene Weihnachtskarten mit Rotkehlchen als Motiv.

Weihnachtsmänner: 1122 Stück aus 31 Ländern beherbergt Peter Schütt aus Lübeck-Travemünde (D).

Weihwassergefäße: 1021 Objekte aus der Zeit seit dem 9. Jh. im ZAM (Zentrum für Außergewöhnliche Museen) in München (D).

Weinetiketten: 48 780 Stück, Dieter Brandt, Binningen (CH).
▮ 41 386 Stück, Alfred Stable, Geisenheim-Stephanshausen (D).

Weizenbiergläser: 3873 Gläser aus 1300 Brauereien, Walter Geißler, Nürnberg (D).

Witze: 2 000 000 Witze in Büchern, Heften, auf Schallplatten und Kassetten, Anton Maschek (* 1920), Wittlich, Rheinland-Pfalz (D). Er sammelt seit über 50 Jahren.

Zauberkästen: 745 Exemplare, der älteste von 1840, Wittus Witt (* 1949), Krefeld (D).

Zigarettenetuis: 1087, zum Teil historische und internationale Etuis, Colin Gray, Dover, Kent (GB).

Zigarettenpackungen: Claudio Rebecchi, Modena (I), 130 620 Packungen aus 268 Ländern. Das am umfangreichsten vertretene Land ist mit 14 080 Packungen Japan.

Zigarren: 333 verschiedene Havanna-Zigarren, darunter Raritäten, die nicht mehr hergestellt werden, Emil Blümli und Charles Hofer, Olten (CH).

Zigarrenpackungen: 1077 mit 18 753 Zigarillos und Zigarren, Wolfgang Rupprecht, Kirchlengern (D).

Zugbegleiter: 2076 Stück aus 11 Ländern, Henning Kamp, Neumünster, Schleswig-Holstein (D).

In vino veritas:

Der Meinung ist Alfred Stable, der 41 386 Weinetiketten gesammelt hat.

Zwerge & Särge

Verpacker

von transparenten Träumen ist Bernward Krämer. In der Blase: Menschen und Tiere.

Apfelschälen: Kathy Wafler aus Wolcott, New York (USA), schälte einen 567 g schweren Apfel in 11:30 Std. Dann hatte die Schale eine Länge von 52,51 m.

Sargreise: Europas weitestgereister Sarg hatte bis Juli 1997 etwa 9528 km hinter sich gebracht. Der Vampyrologe Friedhelm Schneidewind und seine Frau Ulrike aus Saarbrücken (D) fahren mit dem Sarg auf dem Autodach quer durch Europa zu den Aufführungen ihres „vampiresken Schauspiels" *Carmilla*.

Mobiles Briefmarkenalbum: Mit 20 000 Briefmarken beklebte Philatelist Addi Obst seinen Trabant zum 4. Berliner Trabbi-Treffen, April 1996.

Elefanten-Wasserbett: Die afrikanische Elefantendame *Sandra* hat einen neuen Schlafplatz. Am 20. März 1997 legte sie sich bäuchlings auf zwei 180 x 200 cm große Wassermatratzen der Firma Diga Möbel in Dietikon (CH). Der Test gelang.

Bahrentragen: Die längste Distanz, die eine Bahre mit einem 63,5 kg schweren „Körper" getragen wurde, sind 300,4 km, in 59:19 Std. vom 27. bis 30. Mai 1996. Zwei Vier-Mann-Teams der Canadian Forces Base Calgary waren die Träger.

Vogelscheuchen-Treffen: 175 Vogelscheuchen kamen am 29. September 1996 zum 1. Internationalen Vogelscheuchen-Fest nach Taunusstein (D). Veranstalter: MACHART-Verein.

Haareschneiden: Auch unter Wasser schneidet der Friseurmeister Jürgen Sommerfeld (* 1943) aus Straubing (Bayern) die Haare. Am 8. Juni 1996 verbesserte er seinen eigenen Rekord und schnitt in 54,9 m Tiefe am Schiffswrack *La Ville de Grasse* in Südfrankreich 43 Min. lang bei einem Druck von 6,5 bar.

Autobeschriften: 5366 Mitarbeiter von Audi unterschrieben auf einer Karosserie eines A6-Modells in Neckarsulm (D).

Klammern

sich fest aneinander auf einer Länge von 15,02 km.

Autokennzeichen-Poesie: Gunter Rost aus Berlin (D) hat im In- und Ausland 200 Autokennzeichen fotografiert. Deren Buchstabenfolge ergibt einen Text mit 87 Wörtern.
▮ Werner Klein aus Mudersbach, Rheinland-Pfalz (D), hat schon 443 verschiedene fotografiert, mit denen er Geschichten schreibt.
▮ Ganz unpoetisch sammelt Sascha Nordhausen aus Eystrup, Niedersachsen (D), Fotos nur von deutschen Autokennzeichen, die ein Wort ergeben. Obwohl er bereits 990 verschiedene hat, entstand noch kein Gedicht.

Bettenschieben: Einen deutschen Rekord stellte Hans-Jürgen Agunte aus Kerpen, Nordrhein-Westfalen (D), vom 9. bis 23. Mai 1993 auf. Das Metallbett (90 x 200 cm) war mit Rollstuhl-Leichtlaufrädern versehen, Gewicht 50 kg. Um Geld für Behinderte der Partnerstädte Kerpen und Lübben zu sammeln, startete er in Lübben, Brandenburg (D), und kam nach 822 km und 15 Tagen in Kerpen an.

Bügeln: „Bügel-King" Richard Lee (*1950) aus Virginia (USA), wohnhaft in Karlsruhe (D), bügelt Motive und Namen in Faltenform auf weiße Oberhemden. 10 Std. lang bügelte er ohne Pause am 26. Mai 1994 bei Breuninger in Karlsruhe – und das an einem einzigen Hemd.

Büroklammern: Eine Kette mit einer Länge von 15,02 km wurde am 13. und 14. Juli 1996 von 40 Mitgliedern des Boon Lay Community Centre in Singapur gebastelt.

Turmuhraufziehen: Günther Wehrend, Organist und Chorleiter in Marienheide-Gimborn, Nordrhein-Westfalen (D), hat bis zum 19. Februar 1996 3504mal die mechanische Kirchturmuhr in der katholischen Gemeinde aufgezogen. 165 637 Kurbelumdrehungen waren dafür nötig.

Entenwettschwimmen: Am 26. Mai 1997 wurden 100 000 gelbe Plastikenten zum weltweit größten Entenwettschwimmen aus einem Container in den Fluß Avon, Bath (GB), geschüttet. Nach 2:15 Std. stand Ente Nr. 24 359 des Besitzers Chris Green aus Dauntsey, Wiltshire (GB), als Gewinnerin fest. 50 000 Pfund kamen für den Gewässerschutz zusammen.

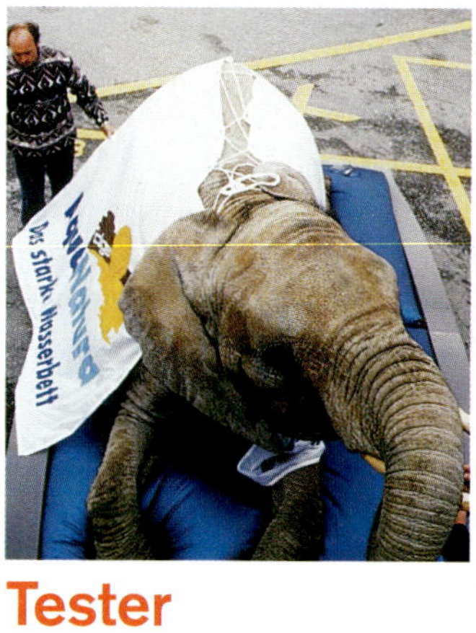

Tester

von Berufs wegen: Die Elefantendame *Sandra* probiert ein Wasserbett aus.

Vampyrologin

unterwegs: Ulrike Schneidewind reist mit Sarg. Mann Friedhelm darf auch mit - er ist vom Fach.

Quietschente

sucht Familienanschluß: 100 000 Artgenossen trafen sich 1997 zum Wettschwimmen in Großbritannien.

Feuerschlucker: Gefräßigster Feuerschlucker ist der Franzose Marcel Stey (* 1958) aus Berlin-Reinickendorf. Beim Deutsch-Französischen Volksfest spie er eine 9,5 m lange Flamme in den Berliner Himmel.
▮ Inge Widar Svingen alias „Benifax" aus Norwegen erstickte im August 1990 in Kolvereid in 2 Std. 25 270 Fackeln in seinem Mund.

Feuerwehr: Die größte Wassermenge, die ein achtköpfiges Team an der Handfeuerspritze in einem 80-Std.-Einsatz „verpumpt" hat, waren 124 624 Liter. Dies schaffte die Grampian Fire Brigade in Aberdeen (Schottland).
▮ Die größte Wasserwand aus 125 C-Strahl-Rohren errichteten auf einer Länge von 155 m 250 Feuerwehrleute an den Rohren und 50 an der Technik in Herzogenaurach (D).
▮ 16 950 m lang war die Schlauchleitung der Jugendfeuerwehren des Landkreises Schmalkalden-Meiningen, Thüringen (D), am 2. Juni 1996.
▮ 10 505 m Länge verlegten 27 Feuerwehren des Abschnitts Gänserndorf, Niederösterreich (A), am 22. Oktober 1995 in 55:59 Minuten.

Feuerwehrauto: Das kleinste Feuerwehrauto namens *Löschi* besitzt die Freiwillige Feuerwehr Hamburg-Schnelsen. In Eigenarbeit wurde eine *BMW-Isetta* (Bj. 1961) mit 12 PS und einer Höchstgeschwindigkeit von 85 km/h umgebaut.

Gartenzwerge: Nicht nur, aber viele Gartenzwerge waren auf der Gartenzwergausstellung *Ausgerechnet ... Gartenzwerge* im Rahmen der Landesgartenschau Lünen '96 (D) zu sehen. Der größte Zwerg maß 3,51 m, der kleinste 6,4 mm. Beliebtester Teil der Ausstellung: eine Zwergen-Peep-Show.

Grammtrinken: Patrick Göb aus Veitshöchheim (D) trinkt auf's Gramm genau. Während einer Fernsehshow verschluckte er sich bei vier Versuchen nur einmal um 1 g.

Kaugummiblasen: Die größte Kaugummiblase aller Zeiten gelang Susan M. Williams aus Fresno, Kalifornien (USA), in den ABC-Fernsehstudios in New York (USA): Der Ballon hatte einen Durchmesser von 58,4 cm.

Müllsammler: Die meisten an einem Ort und einem Tag kamen 1993 in Kalifornien (USA) zusammen, als sich 50 405 Menschen an einer großen internationalen Aktion zur Reinigung der Küsten beteiligten.

Figaro

im Tauchanzug ist Jürgen Sommerfeld nur gelegentlich. Der Friseurmeister aus Straubing schnitt in 54,9 m Tiefe 43 Min. lang bei einem Druck von 6,5 bar. Er ist Rekordhalter.

Seifenblase: Die längste gelang Alan McKay aus Wellington, Neuseeland, am 9. August 1996 mit 35 m. Er benutzte dazu einen Stabring, Flüssigseife, Glyzerin und Wasser.
▮ Bernward Krämer aus Traubing, Bayern (D), gelingen Seifenblasen mit mehr als 3,5 m Länge und 1,5 m Durchmesser. In eine Blase hüllte er am 26. Juni 1996 sieben Personen, einen Hasen und einen Hamster.
▮ Die größten in der Schweiz produziert Iwan Pestalozzi aus Binz bei Maur, Zürich (CH). Er schafft über 3 m lange und bis zu 90 cm breite runde oder ovale Blasen.

Tätowierungen: Die Frau mit den meisten Tätowierungen ist die Striptänzerin Krystyne Kolorful (* 1952) aus Alberta (Kanada). Sie hat sich im Laufe von zehn Jahren ein Hautkleid zugelegt, das 95 Prozent ihres Körpers bedeckt.
▮ Die meisten unterschiedlichen Tätowierungen hat Bernard Moeller aus Pennsylvania (USA). Stand am 1. April 1996: 14 002 Motive.
▮ Der am vollständigsten tätowierte Mann ist Tom Leppard von der Isle of Skye (GB). Er hat sich ein Leoparden-Design anlegen lassen, bei dem seine Haut zwischen den dunklen Flecken safrangelb leuchtet. Tom Leppards Körper ist zu 99,9 Prozent tätowiert.

Zündholzabbrennen: Jochen Pretali und Hanspeter Suter haben nach 800 Arbeitsstunden 338 000 Zündhölzer (845 Würfel zu je 400 Streichhölzern) zum Schriftzug MÄNNERRIEGE IBACH SZ (5,84 m lang, 1,61 m breit) zusammengesetzt und in Schwyz (CH) am 1. Mai 1993 angezündet: In 25 Sek. war alles abgebrannt.

Guinness-Einträge: Die meisten Eintragungen im deutschen *Guinness Buch der Rekorde* seit 1985 schaffte der Schweizer Paul Sahli aus Lostorf, der alles mit dem Fuß jongliert, was ein Ball ist. Bis 1997 hat er 50mal Rekorde aufgestellt und selbst wieder gebrochen.

Bahnpostfahrertreffen: Bahnpostfahrer sind immer unterwegs und treffen sich nie. Alfred Mais aus Unterpleichfeld, Bayern (D), hat am 4. April 1996 74 seiner Kollegen zum gemeinsamen Kirchgang in die Wallfahrtskirche Maria im grünen Tal in Retzbach zusammengebracht.

Küssen im Kanon

65,65 m

mißt die Glückwunschrolle von Irene Bietz an ihren Mann zum 65. Geburtstag.

5001 Männer, Frauen und Kinder küßte Madonna-Fan Martina Fichte im Europa-Park in Rust 5 Std. lang.

Karnevalsparty: 7 Tage, 7 Std. und 7 Min. dauerte die von Discjockey Ronald Borrmann aus Plauen, Sachsen (D), ins Leben gerufene Party vom 1. bis 8. Februar 1997. Täglich feierten andere Narren mit.

Betriebsfest: Zum größten Betriebsfest lud die Commerzbank AG anläßlich ihres 125jährigen Jubiläums ihre ca. 28 000 Mitarbeiter ein. Rund 23 000 folgten der Einladung und kamen aus Deutschland, Europa und Übersee am 10. Juni 1995 ins Frankfurter Waldstadion.

Freudenfeuer: Das größte Freudenfeuer sahen Tausende von Schaulustigen in Utzenstorf, Kanton Bern (CH). In acht Wochen hatten 40 Mitglieder und Helfer des Clubs Aktiv Utzenstorf 1000 m³ Holz in 5800 Arbeitsstunden zu einem 50,9 m hohen Holzstoß von 78 m Umfang von Hand aufgeschichtet. Anläßlich der 700-Jahr-Feier der Eidgenossenschaft loderte dieses größte 1.-August-Feuer mit einer gigantischen Glutfahne, die 200 m in die Höhe stieg.

Geburtstagskinder-Treffen: Zur Geburtstagsfeier des Spitzkrug-Multi-Centers in Frankfurt/Oder, Brandenburg (D), waren am 29. September 1996 alle eingeladen, die an diesem Tag Geburtstag hatten. Es kamen 84 Personen.

Teddybär-Picknick: Zum größten versammelten sich am 24. Juni 1995 im Zoo von Dublin, Irland, 33 573 Vertreter dieser Spezies samt Besitzer.

Gästeliste: 10 m x 1,35 m mißt die lederne Gästeliste, in die sich am 29. Oktober 1995 innerhalb von fünf Stunden anläßlich eines verkaufsoffenen Sonntags im Kaufhaus Dixi in Haldensleben, Sachsen-Anhalt (D), 3159 Personen eintrugen.

Glückwunschkarte: Die größte der Welt stammt von sieben Mitarbeitern von Oceanway PTA aus Jacksonville, Florida (USA): 11,35 x 16,69 m groß, zugestellt am 21. April 1989 von der US-Post an das Oceanway Seventh Grade Center.

Glückwunschrolle: 65,65 m lang, 3 cm hoch, Irene Bietz aus Nieder-Olm, Rheinland-Pfalz (D), zum 65. Geburtstag ihres Mannes – lesbar von einer Spule auf die andere abgewickelt.

Hochzeitsgruß: 94,5 m lang und 2,5 m hoch, auf ein Lattengerüst gespannt. Es nähten, malten und bastelten Kollegen und Freunde von Sonja Wüest und Peter Ronner aus Rümikon (CH). Präsentiert wurde der überdimensionale Gruß zur Hochzeit am 28. September 1996.

Bräute: 850 festlich gewandete Bräute versammelten sich am 2. September 1995 im Wolfsburger Ortsteil Vorsfelde zur 850-Jahr-Feier.

Mundharmonika: Ein Konzert gaben 617 Gäste bei der Internationalen Musikmesse Frankfurt/Main 1992. Gemeinsam spielten die Schausteller auf Hohner-Miniatur-Mundharmonikas das Lied *I come from Alabama*.

Lieder: Das kürzeste Lied ist ein Drei-Sekunden-Jodler der bayrischen Volksmusik-Gruppe „Altmühl Express“ auf ihrer CD *Wir touren los* von 1994.

Notenschlüssel: Den größten bildeten 4000 junge Menschen am 22. Mai 1994 beim Pfingstjugendtreffen auf dem Gelände des Diakonissen-Mutterhauses in Aidlingen (D).

Kammblasen: 214 sächsische Friseure bliesen am 9. Februar 1992 in der Chemnitzer Stadthalle bei der 40. Folge der

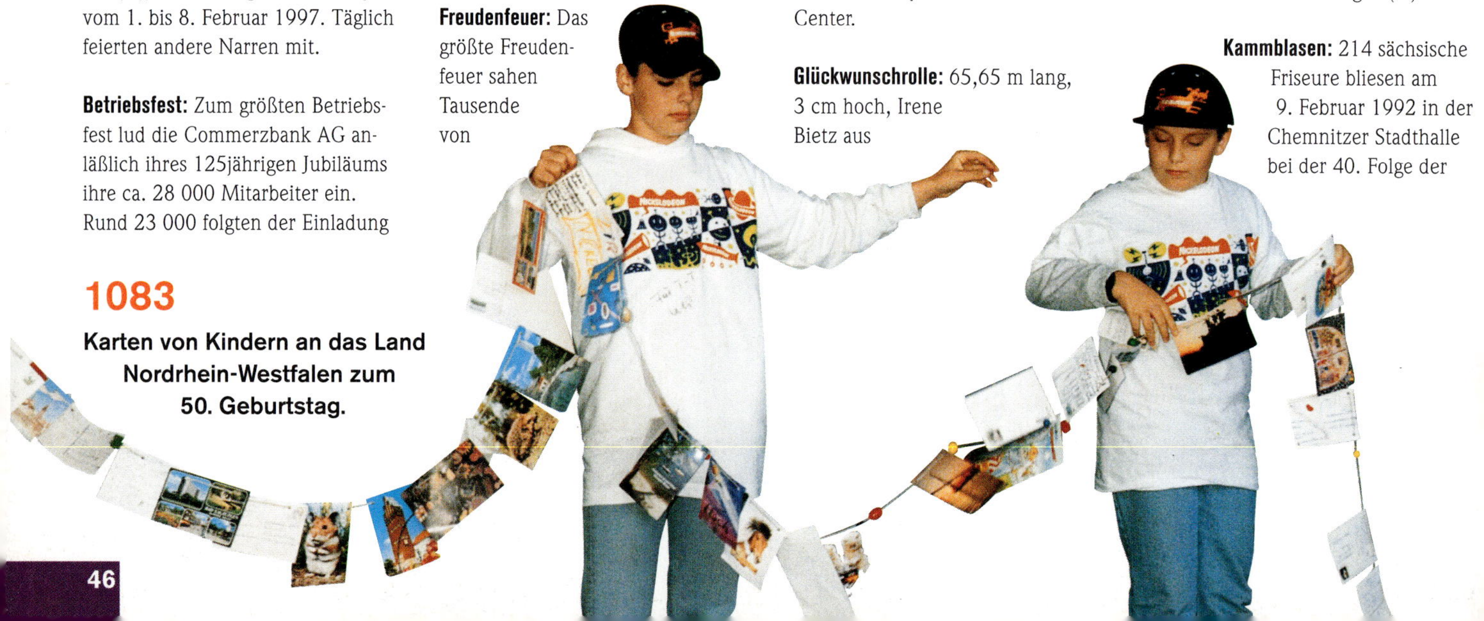

1083 Karten von Kindern an das Land Nordrhein-Westfalen zum 50. Geburtstag.

Fernsehshow *Wennschon – dennschon* gemeinsam die Ouvertüre des *Barbier von Sevilla* auf mit Seidenpapier bestückten Kämmen unter Leitung des Freiberger Kapellmeisters Wolfgang Dorschner.

94,5 m

lang und 2,5 m hoch: der Hochzeitsgruß an Sonja Wüest und Peter Ronner.

Karaoke: 728 Lieder wurden hintereinanderweg von einem 18köpfigen Team in zwei Gruppen vom 9. zum 10. November 1996 in Nikos Karaoke-Club von Wien (A) gesungen.

Schreihals: Größter in Großbritannien war lange Zeit Ben Johnson aus Fowey in Cornwall. Elfmal gewann er zwischen 1939 und 1973 den traditionellen Wettbewerb der britischen Marktschreier. 1980 ging in Cricklade mit Henrietta Sargent erstmals eine Frau als Siegerin hervor.

Gruppenfoto: 859 der insgesamt 1500 Einwohner in Kollerschlag (A) ließen sich am 15. Juni 1997 anläßlich der 777-Jahr-Feier auf einem Foto verewigen.

Johannisfeuer: 20 m hoch, Umfang 14,5 m, Rauminhalt 83 m³, Weißenkirchen, Bayern (D), 24. Juni 1995.

Junggesellenkehren: 66 unverheiratete Männer fegten am 1. Juni 1996 den Marktplatz von Heilbronn blitzblank. Zum traditionellen Kehren aufgerufen hatte der Verein Heilbronner Kaufleute.

Kerzen-Ausblasen: Vor den Kameras einer RTL-Live-Sendung blies der Gastwirt Nicola Haddad (* 1936) aus Lüchow, Niedersachsen (D), am 19. April 1994 im Jugendzentrum der Stadt in 2:21,1 Min. 1000 brennende Wachskerzen in Haushaltsgröße aus. Die Kerzen waren auf einer 12 m langen Tischreihe mehrreihig aufgestellt.

Kürbislaternen: Die meisten an einem Ort erstrahlten am 29. Oktober 1993 in Keene, New Hampshire (USA). Die Einwohner des Ortes hatten für ihr jährliches Erntefest 4817 Kürbisse ausgehöhlt.

Talleuchten: Mit Hilfe von 52 000 Papier-Leuchtbechern und ebenso vielen Kerzen hat die Gemeinde Baiersbronn-Tonbach, Baden-Württemberg (D), am 22. Juni 1996 das Tonbachtal auf einer Fläche von 8 ha festlich und phantasievoll illuminiert. Der Anlaß für das Spektakel: das 50jährige Bestehen des Südwestfunks.

Rezitieren: Klaus Tiefenbacher aus Graz (A) hat am 30. Mai 1996 zwischen 9 und 21 Uhr insgesamt 10 196 Zeilen klassischer Texte – von Nestroys *Einen Jux will er sich machen* bis hin zu Goethes *Faust* – frei rezitiert. Die Lernzeit für die Passagen aus den 13 Stücken betrug 15 Jahre.

728

Lieder in 2 Tagen. Gesungen von 18 Karaoke-Sängern in Nikos Karaoke-Club in Wien.

Dauervorlesen: 48 Std. lang, vom 21. bis 23. März 1997, wurde in einer gemeinsamen Aktion von Jungsozialisten und Junger Union in Albersdorf, Schleswig-Holstein (D), ununterbrochen vorgelesen. Man sammelte für den Bau einer Half-Pipe.

Küssen: Jan Weyrauch, Moderator beim Potsdamer Radiosender *Fritz*, küßte am 21. Mai 1997 in der Berliner Waldbühne 81 Frauen in 72 Sek. Ein Zungenkuß war dabei, behauptet er zumindest.
▮ Martina Fichte aus Herbolzheim, Baden-Württemberg (D), küßte am 13. Juli 1997 in 5 Std. 5001 Frauen, Männer und Kinder im Europa-Park in Rust.

Schokoladenschallplatte: Entwickelt vom Berliner Peter Lardong in Single-Größe, ist sie im Handel erhältlich u.a. mit „Happy Birthday“ und „Ich will keine Schokolade, ich will lieber einen Mann“; erzielte Auflage bis Juni 1997: rund 30 000 Stück. Gut gekühlt zu lagern.

Postkartenschlange: Mitarbeiter des Fernsehsenders Nickelodeon bastelten aus 1083 Grußkarten von Kindern an das Land Nordrhein-Westfalen zum 50. Geburtstag eine 180 m lange Schlange.

859

der 1500 Einwohner von Kollerschlag, Österreich, ließen sich verewigen.

Das Ei des Nikolaus

Osterfeuer

haben in vielen Regionen Tradition. In Niedersachsen schwang Oliver Knyrim diese 3,22 m lange Harzer Fackel.

Osterei: 7,70 m hoch, 4,60 m breit, 14,0 m Umfang, aus Pappmaché; Ostseebad Damp, Schleswig-Holstein (D), 30. März 1997.
▮ 10 000 Luftballons in Form eines Ostereis mit Folie zusammengehalten, Aktionsgemeinschaft Treffpunkt Lichtenfels, Bayern (D), 6. April 1996.

Eierlegende Hasen

sind „mega-out". Moderne Ostereier wachsen auf Bäumen – jedenfalls in Hamburg.

▮ Riesen-Osterei aus 16 100 Osterglocken: Paul Fleischli, Olten (CH), 14. April 1995.

Ostereierbaum: Einen 8 m hohen Bergahorn schmückten am 31. März 1997 6708 Ornamente, die Initiator Heiko Hornbacher aus Hamburg-Harburg (D) gesammelt hatte.
▮ In Bad Laer, Niedersachsen (D), wurde ein 6 m hoher Kastanienbaum am 22. März 1997 mit 2312 ausgeblasenen, bemalten Hühnereiern geschmückt. Detlef Wille entwickelte dafür eigens eine Ostereierausblasmaschine.

Ostereiermalen: 2095 Eier bemalte Helga Schmid aus Kirchberg/Pielach (A) vom 1. Januar bis 28. Februar 1997 mit österlichen Motiven.

Osterfeuer: Höhe 23,35 m, Brennmaterial 234,68 m³, Stecklenburg, Sachsen-Anhalt (D), 6. April 1996.
▮ Beim Osterfeuer am 29. März 1997 auf dem Gallenberg bei Wildemann, Niedersachsen (D), schwang Oliver Knyrim eine original Harzer Holzfackel mit 3,22 m Länge.

Osternest: Durchmesser 6 m, fünf Eier bis zu 2,2 m hoch; Ostseebad Damp, Schleswig-Holstein (D), 25. März 1997.

Pappmaché-Osterhase: 4,97 m hoch, Schuhgröße 182, Ledden's DiSainer, Legden, Nordrhein-Westfalen (D), 24. März 1997.

Sorbisches Osterei: 5 x 7 mm mißt das kleinste Osterei mit sorbischem Muster, das Thomas Glöß aus Bautzen, Sachsen (D), am 1. März 1997 aus Eschenholz herstellte und mit 120 Ornamenten bemalte.

Eierklopfen: Beim Eier-Tütschen am 30. März 1997 in Bern (CH) klopften 2294 Personen von Migros gestiftete Eier aufeinander. Radio extra-Bern rief zu dem alten Osterbrauch auf, bei dem in letzter Konsequenz nur ein Siegerei ganz bleibt.

Eiersturz: Ein Ei, in 213 m Höhe seinem Schicksal überlassen und unversehrt auf der Erde gelandet: Dieser spezielle Höhenrekord gelang David Donoghue am 22. August 1994. Er ließ das Ei aus einem Hubschrauber auf den Golfplatz von Blackpool (GB) fallen.

Eierwerfen: Die längste belegte Entfernung für das Werfen eines rohen Hühnereis, ohne es zu zerbrechen, ist 98,51 m. Dieser Rekord gelang Johnny Dell Foley

Osterei

mit Liebe zum Detail. Das kleinste mit sorbischem Muster mißt 5 x 7 mm und stammt von Thomas Glöß.

184 500

Mark Spenden erzielte der größte freistehende Adventskalender von HEW in Hamburg: 20 m lang, 6 m hoch.

und Keith Thomas in Jewett, Texas (USA), 1978.

Adventskalender: Der größte freistehende Adventskalender schmückte die Außenfassade des HEW-Kundenzentrums in Hamburg im Dezember 1996: 20 m lang, 6 m hoch. Firmen und Bürger der Stadt waren aufgerufen, für jedes Fenster eine Patenschaft zu übernehmen. Die Rekordspenden in Höhe von 184 500 DM – nie zuvor kamen mehr Spenden durch einen Adventskalender zusammen – gingen an Wohltätigkeitseinrichtungen.

▮ Der größte Haus-Adventskalender: 32,8 m lang und 30 m hoch ist die aus dem 15. Jh. stammende Fachwerkfassade des Rathauses zu Forchheim, Bayern (D), dessen 23 Fenster und ein Tor im Dezember 1996 zu einem Lotterie-Adventskalender umfunktioniert wurden und Spenden von mehr als 40 000 Mark erzielten.

▮ Der kleinste in Serienproduktion mißt 7,5 x 5,5 cm. Herausgegeben wird er vom Verlag arsEdition. Hinter den 24 winzigen Türchen verbergen sich Weihnachtsmotive; für Schokolade ist leider kein Platz.

Dienstältester Nikolaus Deutschlands ist Klemens Nienhaus (*1925) aus Bocholt. 1996 war er im 55. Dienstjahr unterwegs, ohne eine Weihnachtszeit versäumt zu haben.

Nikolaus-Riesen: Die größten kommen aus Dortmund (D) vom Klub Langer Menschen (KLM) e. V. Alljährlich besuchen diese mehr als 190 cm langen Weihnachtsmänner Kindergärten und Firmen.

Nikolaussack: Den größten (4 m hoch) mit einem Volumen von 13 m³ für 800 kg Nüsse und Gebäck gab es am 11. Dezember 1995 im Stadtzentrum von St. Gallen (CH).

Räuchermännchen: Das größte hat der Großfigurenhersteller Peter Glässer aus Neuhausen (D) im März 1995 hergestellt: 2,48 m von Stiefelsohle bis Oberkante, mit Sockel 2,71 m hoch.

▮ Voll funktionsfähig ist auch der kleinste Räuchermann von Jens und Sven Rohark aus Riesa, Sachsen (D): 3,7 cm hoch, bestehend aus zwei Haselnüssen, 2. April 1996.

Weihnachtsbaum: Ein 42 m hohes Stahlgerüst in Dortmund, Nordrhein-Westfalen (D), wurde im November 1996 mit 1350 Fichten zu einem Riesenbaum gestaltet, geschmückt mit 10 000 Lämpchen.

▮ Schüler der Berufsschule Mattersburg (A) bauten am 7. Dezember 1996 einen 3,5 m hohen Metallweihnachtsbaum mit einem Durchmesser von 2,8 m, auf dem 400 Holznußknacker Platz fanden.

Weihnachtsgeschenke: Am 24. Dezember 1996 erhielt Katrin Schellenberg aus Brake, Niedersachsen (D), 215 Geschenke von ihrem Freund Zouhair Hamrouni. Darunter auch ein *Guinness Buch der Rekorde*.

Advent, Advent, der Christbaum brennt. Mit 10 000 elektrischen Lichtern alle Jahre wieder in Dortmund. Der Gigant wurde aus 1350 Fichten gebildet.

Oh, Tannenbaum im hölzernen Kleid. Denn Nußknacker nadeln nicht.

Höher, weiter, länger

Angeseilt

über 315 m haben sich 85 Schüler auf dem 3500 m hohen Jungfraujoch.

Spaßbootregatta: Die größte ihrer Art veranstaltete die Aktion Jugendzentrum Backnang, Baden-Württemberg (D), am 6. Juli 1996. 66 Boote wurden auf der Murr gezählt. Nicht alle kamen ans Ziel.

Spucken: Im Zwetschgenkernweitspucken, ausgetragen 1996 in Lassee, Niederösterreich (A), gelang Walter Huttar ein 11,01 m weiter Spucker.
▮ Mit einem Kirschkern kam Horst Ortmann aus Langenthal, Hessen (D), am 27. August 1994 auf die Rekordweite von 28,98 m.

Punktlandung mit Fahrrad: Aus einer Höhe von 4,02 m sprang Rainer Wollendorfer aus Linz, Oberösterreich (A), am 13. März 1997 und landete mit dem Vorderrad auf einer Getränkedose.

Rolltreppenfahren: Nach 24 Std. ununterbrochener Fahrt im Bahnhof Selnau in Zürich (CH) hatten die vier Lehrlinge Roger Leemann, Martin Loeliger, René Bachmann und Christian Schlegel am 18./19. Januar 1997 insgesamt 40,815 km zurückgelegt.

Schneeballschlacht: 658 Besucher des Winterfestivals Klosters (CH) traten am 25. Januar 1997 zur eiskalten Schlacht an.

Badewannenrennen: Die Rekordzeit bei einem Badewannenrennen über die „klassische" Distanz von 36 Meilen (57,9 km) liegt bei 1:22:27 Std. Erzielt hat sie der Australier Greg Mutton.
▮ Bei den Deutschen Meisterschaften, die vom Verein Dübener Heide e.V. alljährlich ausgerichtet werden, starteten am 13. Juli 1996 133 Zinkbadewannen zum 50-m-Kurs, der mit bloßen Händen bewältigt werden mußte.

Purzelbaum: 222 Schüler, Lehrer und Eltern der Paul-Gerhardt-Grundschule Hünfeld, Hessen (D), schlugen am 30. Juni 1996 insgesamt 9284 Purzelbäume.
▮ 1047 Kinder und Jugendliche machten gemeinsam eine Rolle vorwärts am 13. Juli 1995 in Graz (A).

Kopfstand: Die längste Kopfstandreihe mit 856 Teilnehmern gelang am 19. August 1995 beim 73. Jahnturnfest in Freyburg, Sachsen (D). Die Reihe war 445 m lang und stand 34,34 Sek.

Eierbraten am Fallschirm: Am 20. Mai 1990 briet Küchenmeister Eugen Schuler aus Donauwörth (D) gemeinsam mit dem Münchner Sepp Würzinger an Fallschirmen hängend fünf Spiegeleier, nachdem sie nach einem Absprung in 3200 m Höhe und freiem Fall bis auf 2500 m die Schirme geöffnet hatten. Die Gleitzeit von 8:43 Min. reichte für die Kochkünste aus.

Versumpft

ist dieser Schnorchler. Anlaß: Weltmeisterschaften im Sumpfschnorcheln in Großbritannien.

Gezielt

plazierte Erich Hanke eine Jagdszene auf die 5 m große Holzscheibe.

Fahrradkünste: Der Musikstudent Christian Patzig (* 1963) aus St. Gallen (CH) übertraf sich selbst, indem er am 21. März 1987 rückwärts auf seinem Fahrrad sitzend in 5:08 Std. die Strecke von 60,45 km geigespielend zurücklegte.

▮ Nonstop rückwärts fährt auch Johann Plattner (* 1964) aus Aidenbach, Bayern (D), mit dem Fahrrad und spielt dabei Akkordeon. Am 11. Juli 1987 schaffte er eine Strecke von 70,9 km in 4:15 Std.

Fallschirmtennis: Bobo Wolter und Erkan Soysal aus Bad Wildungen, Hessen (D), gelang bei einem Tandemsprung am 30. Oktober 1996 ein Ballwechsel mit 4 Ballberührungen. Sie waren 1 m voneinander entfernt.

Händeschütteln: Den Rekord in offizieller Funktion hält der ehemalige amerikanische Präsident Theodore Roosevelt (1858-1919), der beim Neujahrsempfang 1907 im Weißen Haus in Washington D.C. (USA) 8513 Gäste begrüßte.

▮ Yogesh Sharma schüttelte 1996 auf einer Handelsmesse in Gwalior (Indien) innerhalb von acht Stunden 31 118 Menschen die Hand.

Lenkdrachen: Der längste Schlepp mit einem Lenkdrachengespann gelang Reenhard Gerdes (* 1959) aus Nordhorn. Auf dem dänischen Fanø-Strand legte er bei Windstärke 6-7 auf Schuhsohlen mit einem Lenkdrachengespann 10,2 km zurück.

▮ In Formation flogen 207 Lenkdrachen am 31. März 1991 über die Insel Fuerteventura. Michael Werner aus Oldenburg, Niedersachsen (D), und Henrik Niggemeyer aus Swisttal, Nordrhein-Westfalen (D), hatten die Drachen miteinander verbunden und so ein 260 m langes Fluggerät gebaut.

Liegestütze auf rohen Eiern: Johann Schneider (* 1957) aus Alpbach in Tirol (A) schaffte 99 artistische Liegestütze. Zwischen den gespreizten Fingern und Daumen mußten die beiden Eier vertikal gehalten werden.

Kinderwagenschieben: Die größte Strecke im 24-Std.-Kinderwagenschieben schafften mit 563,62 km 60 Mitglieder der Ostflandern-Gruppe von Amnesty International in Lede (B).

▮ In 38,38 Min. schob Craig McGarry aus Melbourne (Australien) seinen Sohn James am 17. November 1996 über 10 km.

Klatschen: Den Rekord halten seit dem 21. Januar 1995 die Obertrauner (A) Werner Hufnagl, Achim Gamsjäger, Konrad Schlömmer und Peter Perstl, die es auf 10:28:07 Std. ununterbrochenes Klatschen brachten.

Pfeifen: Am lautesten pfeifen kann der Engländer Roy Lomas. In den BBC-Aufnahmestudios in Manchester brachte er es auf eine Lautstärke von 122,5 Dezibel.

Schützenscheibe: 5 m Durchmesser, 500 kg, bemalt mit einer Jagdszene, Erich Hanke, Hainsfarth, Bayern (D), 1994.

▮ 3,6 m Durchmesser, 165 kg, Kurt Bauer mit Team, Wien (A), 1996.

Seilschaft: 85 Kinder der Primarschule Grindelwald in der Schweiz bildeten am 21. Mai 1996 auf dem 3500 m hohen Jungfraujoch mit 315 m die längste Seilschaft. Sie waren im Abstand von 3 m miteinander durch ein Seil verbunden.

Stillstehen: Der Zirkuspädagoge Martin Bukovsek (* 1970) aus Stuttgart-Degerloch stand am 19. Januar 1993 für 16:16:16 Std. regungslos.

Sumpfschnorcheln: Die Weltmeisterschaften werden jährlich im August in Llanwrtyd Wells, Powyshire (GB), abgehalten. Ungefähr 30 Teilnehmer erhalten Schwimmflossen und einen Schnorchel und müssen insgesamt 120 m durch einen Sumpf tauchen. Steve Madeline ist der einzige, der den Titel des Weltmeisters zweimal erhielt, 1989 und 1994.

Getroffen

wurde keiner der drei Herren im Bilde. Kurt Bauer (rechts) in Wien hat mit seinem Team diese 165 kg schwere Schützenscheibe gestaltet.

Wasserrutschen: In 24 Std. auf der 80-m-Wasserrutschbahn im Hallenbad von Zweibrücken (D) waren neun Schüler vom Jugendrotkreuz am 1995 rund 81,12 km unterwegs. 1014 mal waren sie gerutscht.

World Eskimo Indian Olympics: Olympische Spiele für die Bevölkerung von Alaska, darunter die Inuit und Aleuten sowie vier Indianervölker. Zu den Disziplinen gehören zum Beispiel Robben-Hüpfen (auf Fäusten robbenartig hüpfen), Ohr-Tragen (eine möglichst lange Strecke mit einem 7-kg-Gewicht am Ohr zurücklegen) und Ohr-Ziehen.

Badengegangen

waren 133 Zinkwannen mit Insassen auf der Müritz bei Bad Düben.

Stürzende Aufbauten

Aufgehangen wurde die Wäsche im niederländischen Bavel. Die Leine mißt 5,27 km.

Bierdeckelbauten: Einen Turm von 14,66 m Höhe bauten Stephan Carstensen, Burkhard Ohrt, Sascha Jannsen, Marc Hirt, Kay Suckow und Bernd Jensen vom Club der Flensburger Brauereien Raritätensammlung aus Schleswig-Holstein (D) vom 20. bis 26. April 1997 anläßlich des Tages des deutschen Bieres auf. Für den 3,5 m im Durchmesser starken Turmbau benötigten sie 76 320 Bierfilze.

▮ Eine mittelalterliche Wehranlage entstand aus 215 000 viereckigen Bierdeckeln der Brauerei Hirt vom 15. bis 17. Juni 1993 in Treibach, Kärnten (A). Schüler der Hauptschulen I und II von Althofen errichteten eine sechseckige Anlage mit fünf Türmen, deren höchster 4 m maß.

Kartenhäuser: Bryan Berg aus Spirit Lake, Iowa (USA), baute am 10. Mai 1996 das höchste Kartenhaus der Welt aus Standardspielkarten und ohne Klebstoff. Es war 5,85 m hoch und hatte 100 Stockwerke.

Ballonfiguren: Die größten Aeroskulpturen kreiert Detlef Bannier aus Gutengermendorf, Brandenburg (D). Da hat eine Seeanemone mit 140 Tentakeln einen Durchmesser von 22 m. Auch Dinosaurier und Clowns sind im Sortiment.

Ballonskulptur: Die größte war ein Modell des Rabelo-Schiffes, das im Rahmen einer Ausstellung in Vila Nova de Gaia (Portugal) am 30. Oktober 1996 aus 41 241 farbigen Luftballons angefertigt wurde.

Murmelbahn: Die längste bauten Mitglieder der Pfadfinderabteilung Oensingen, Solothurn (CH), am 8. Juni 1996 über eine Strecke von 3170 m aus 2000 WC-Rollen. Die Murmel durchlief den Tunnel mit einer Geschwindigkeit von 21 km/h.

▮ Den höchsten Murmelbahn-Legoturm mit 6,39 m baute Bernd Bertram aus Wuppertal (D) am 22. Februar 1997 aus 52 000 Legosteinen.

▮ Die längste mobile Murmelbahn bildeten 50 Mitglieder der Schönstattjugend Ulm Alb-Donau (D) am 22. Oktober 1994. Jeder Teilnehmer hatte je ein Segment der Murmelbahn in Händen; war die Murmel durchgerollt, stellte man sich „in Rollrichtung" wieder an. 6287 m weit rollte die Murmel in 3:27 Std.

Musik- und Computermüllmaschine: Die baute der Musikclown Schrotti (alias Udo Scharnitzki), Düsseldorf (D), aus ausgedienten Gegenständen aus Industrie und Haushalt in zweijähriger Arbeit. Das Wunderwerk ist 4,38 m lang, 3,15 m hoch, 1,45 m breit und wiegt 1021 kg.

Bierkistenstapeln: 50,40 m hoch war der Turm aus 180 Bierkisten, den Mitglieder der Burschengemeinschaft Pastetten (D) in ihrem Heimatort am 24. September 1995 aufbauten. Er stand vier Sekunden frei.

Bierkrug: Der größte ist 198,7 cm hoch und hat ein Fassungsvermögen von 2796 l, gebaut von Selangor Pewter Co. (heute Royal Selangor International Sdn.BHD) in Kuala Lumpur (Malaysia), 1985.

▮ In Deutschland: 2,34 m hoch, 0,9 m Durchmesser, so steht er im Biergarten der Actienbrauerei Dortmund, hergestellt von Lore und Manfred Wutschke aus Lünen.

Dominoturm: Ralf Laue aus Leipzig (D) stapelte am 26. Juni 1997 in Linz (A) 529 Steine auf einen hochkant stehenden Dominostein.

Milchkanne: Eine 9 m hohe Kanne ist Tank für 100 000 l Rohmilch in Charalambides Dairies, Nikosia (Zypern). Konstruiert wurde sie von der Firma Alfa-Laval, Glinde. Innendurchmesser der Kanne: 3,75 m (außen 3,9 m).

Aufgetürmt aus 1500 Schnapsfläschchen ist die Pyramide 3,5 m hoch.

Dosenbauten: Aus 3 245 000 leeren Bierdosen besteht ein Modell der Basilica di Sant' Antonio di Padova im Maßstab 1:4, das in Zusammenarbeit mit AMNIUP, AIDO, AVIS und GPDS in Padua gebaut wurde. Das 29,15 x 23 x 17,05 m große Modell wurde am 20. Dezember 1990 nach 20 000 Arbeitsstunden fertiggestellt.

▮ Das Völkerschlachtdenkmal von Leipzig, nachgebaut aus 12 032 Kisten und 47 520 Dosen, errichteten 7 Mitarbeiter der Coca-Cola-Niederlassung Eilenburg auf dem Parkplatz des Sachsenparks in Leipzig. Nach 2 Tagen Bauzeit stand das 9,5 m hohe Cola-Denkmal im Maßstab 1:10.

▮ Die größte Dosenpyramide wurde am 1. September 1996 in Tokai (Japan) mit 6201 leeren Dosen in 30 Min. gebaut.

▮ In der Schweiz bauten Gäste und Mitarbeiter des Restaurants *Villa Wahnsinn* in Chur am 20. Oktober 1995 in 28:07 Minuten eine Dosenpyramide aus 4324 Dosen.

Flaschenöffner: Einen Öffner, mit dem man 21 Flaschen zur gleichen Zeit öffnen kann, stellte Rolf Becker aus Halle (D) 1991 vor. Die Maße: 1,5 x 2,5 m, 35 kg schwer.

Flaschenpyramide: 1500 Kümmerlingfläschchen, 3,5 m hoch, Walter Graf, Elbersdorf, Hessen (D), März 1997. Die innen vergoldeten Fläschchen erstrahlen durch eine Lampe im Innern der Pyramide.

Getränkedose: Die größte steht seit dem 15. August 1994 auf der Donauinsel bei Wien. Zur Herstellung wurden 5 t Stahl und 3 t Blech benötigt, die Dose mißt 13 m in der Höhe, 5 m im Durchmesser. Fassungsvermögen: 255 000 l.

Hampelmann: 9,3 m ragte am 25. März 1997 der größte Hampelmann *Meister Moritz* in Rüthen-Meiste (D) in die Luft, gebaut von Rolf Langer und Karsten Herting.

▮ Aus 2,5 m^3 Holz gefertigt, konnten die Besucher einer Gewerbeausstellung in Meilen, Zürich (CH), vom

Angestoßen:

Von 1,5 Mio. aufgereihten Dominosteinen blieben nur 117 889 stehen.

24. bis 26. September 1993 einen 6 m hohen Riesenhampelmann bewundern. Ausgestattet mit einem Geschicklichkeitsspiel, wog er 1500 kg (mit hydraulischen Armen).

Hexenbesen: Den längsten der Welt baute am 29. April 1995 anläßlich der Walpurgisnacht in Zusammenarbeit mit vielen Hexen und Hexenmeistern Peter Sahm, der in seiner Wahlheimat Bad Grund, Niedersachsen (D), als „Hexen-Peter“ bekannt ist. In knapp 2 Std. wurde ein exakt 89 m langer Besen angefertigt, der im Umfang 22 cm mißt. Auf dem Unikat fanden 66 Hexen Platz.

Zigarettenschachteln: Im Margarethe-Steiff-Gymnasium in Giengen, Baden-Württemberg (D), türmten Abiturienten vom 14. bis 16. Februar 1997 24 759 leere Zigarettenschachteln 6,50 m hoch.

Holzperlenkette: 104,5 m lang aus 5016 Holzperlen und 5017 Knoten handgeknüpft von Kurt Galehr und dem Kulturverein Die Bildenden Künstler, Wien (A), 15. März 1997.

Holzturm: Einen unbefestigten, achteckigen Turm von 20,1 m Höhe aus 2720 Nadelholzleisten (90 x 50 x 2000 mm) baute der Sportverein SV 86 Schönberg, Bayern, am 26./27. Juli 1991.

Seil: Das längste und dickste Seil aus natürlichem Material wurde im Oktober 1996 zum Tauziehen auf dem Naha (Japan) Stadtfestival aus Reisstroh angefertigt. Es hatte eine Länge von 186 m und wog 610 kg.

Papierboot: Ein 52,65 m langes Kanu aus Papier wurde von 24 Paddlern am 16. Juli 1996 auf dem Fluß Vesterelva in Fredrikstad (Norwegen) 1,3 km weit gefahren.

Papiervogel: Den größten Papierkranich in der Tradition des Origami bauten die Einwohner des japanischen Ortes Maebashi am 28. Oktober 1995 innerhalb von 6 Std. Er hatte eine Spannweite von 35,7 m und war 16 m hoch.

Picknick-Tisch: Der längste abfallarme Tisch mit 606,3 m entstand am Tag der Umwelt in Kiel. Das Kultur Büro Nord hatte die Kieler Bürger aufgerufen, am 5. Juni 1994, bepackt mit Klapptischen und -stühlen, einem weißen Tischtuch sowie Picknick, in der Holtenauer Straße den längsten Picknick-Tisch zu bilden und dabei auf Einweggeschirr oder -flaschen zu verzichten.

Schaukel: Ein Super-Swing-Gefühl vermittelte die größte Schaukel der Welt, die vom 29. April bis Ende September 1995 in Berlin auf dem Potsdamer Platz stand. Auf 61,7 m Höhe hochgezogen, sauste man mit ca. 140 km/h gen Erde und schwang dann zwischen zwei Masten.

Aufgemotzt

hat Clown *Schrotti* Müll aus Haushalt und Industrie zu einem kuriosen Klangkörper.

Schneemann: Der größte war 29,43 m hoch. Die Bewohner der Ortschaft Ohkura in Japan bauten zehn Tage und Nächte.
▮ Maria Pichlers Schneemann in Ybbsitz, Niederösterreich (A), war zwar nur 7,48 m hoch, dafür lebte er vom 31. Dezember 1996 bis zum 18. Februar 1997.

Streichhölzer: Seinen eigenen Rekord aus dem Vorjahr überbot der Rostocker Auszubildende Peter Both (* 1974) am 2. März 1995 um ganze 20,1 cm und schraubte den Rekord im Stapeln von Streichhölzern auf einem Flaschenhals auf stolze 80,5 cm. Der Stapel bestand aus 8146 Hölzern in 351 Schichten.

Whirlpool: 62 Personen fanden unter Leitung von Franz Eichleter aus Waidhofen/Ybbs (A) am 15. August 1996 gleichzeitig Platz in einem für sechs Personen empfohlenen Whirlpool. Zum Vollbad reichte es nicht.

Zuckertüte: Die Schulanfänger des Kindergartens Bergfelder Weg in Dresden, Sachsen (D), hatten sich zur Einschulung im Jahr 1995 eine Riesenzuckertüte gebastelt: 2,10 m lang, 0,87 m Öffnungsdurchmesser.

Aufgeblasen

ist der Dino 13 m hoch – eine von Detlef Banniers Ballonskulpturen.

Lebende Bilder

Twipsy, das EXPO-2000-Maskottchen mit 122 Artgenossen auf der Parade in Hannover 1997.

Blumen: 1136 Blumenaquarelle hat Barbara Uhlemann aus Dippoldiswalde (D) gemalt.

Briefe: Susanne Delfs aus Hohn, Niedersachsen (D), hat in der Zeit vom 28. April 1992 bis 28. Januar 1995 täglich einen Brief an Oliver Zimmer in München (D) geschrieben. Zusammengekommen sind 1006 Briefe. Begonnen hatte alles mit einer Bemerkung am Telefon: „Ich könnte täglich Briefe schreiben.“ Gesagt und getan.

Clownsbilder: 1010 Stück, gemalt von großen und kleinen Besuchern des Allee-Centers in Hamm, Nordrhein-Westfalen (D), 13.-22. Februar 1997.

Computerplakat: Das größte entstand am 14. März 1995 auf der CeBit 95 in Hannover. Als Vorlage für das 566 m^2 große Bild diente die Reproduktion des Impressionisten Pierre-Auguste Renoir *La Grenouillère.* 10 l Tinte aus 220 Patronen wurden für das Riesenplakat verbraucht.

Drei-D-Bild: 4,00 x 2,85 m, Hans Löffler aus Bargteheide, Schleswig-Holstein (D), 1995.

Drei-D-Display: 2,45 x 1,50 m, Gewicht 250 kg, Spectrum Entertainment Marketing, Krefeld, Nordrhein-Westfalen (D), 1995.

Einschulungsfoto: Das Foto mit den meisten Kindern entstand am 25. August 1990 in Gifhorn (D). 534 Erstkläßler kamen mit ihrer Schultüte zum Fototermin auf den Gifhorner Schloßhof.

Farbstifte: Eine Weltkarte in den Maßen 2,28 x 1,45 m schuf Franz Ochsenkühn aus Neumarkt aus 77 000 holzgefaßten Farbstiften.

Firmenlogo: 143 Autos der Marke VW formierten sich am 10. August 1996 in Schkeuditz (D) zum Firmenlogo von Volkswagen (Durchmesser 62 m).

Freundschaftsband: 15,3 km über die Ringstraße schlängelten sich die Wiener Pfadfinder (A) am 27. April 1996 mit ihrem zusammengeknüpften Freundschaftsband.

Gartenzwerge-Malen: 1200 Zwergrohlinge wurden von 1. bis 5. April 1997 bei Marktkauf in Oschatz, Sachsen (D), von Kindern bemalt.

Gruppenfoto: Zum 777. Stadtjubiläum der Gemeinde Kollerschlag (A) ließen sich von den 1500 Einwohnern 859 am 15. Juni 1997 auf einem Foto verewigen.

Kastanienkette: Mit 85 000 zu einer Kette geknoteten Kastanien verbanden 150 Kinder der Grundschule Roßleben, Thüringen (D), am 23. Oktober 1996 die beiden Orte Roßleben und Bottendorf über eine Länge von 1300 m.

Maibaum im Schneetreiben: auf der Zugspitze, 2600 m hoch. Höher geht's wohl kaum.

Kastanienmosaik: Aus 211 379 Kastanien schufen Kinder der 32. Grundschule Hellersdorf, Berlin, am 24. Oktober 1996 ein 18 x 13 m großes Baumgemälde. Danach fielen die Früchte des kurzlebigen Mosaiks der Wildfütterung zum Opfer.

Kaugummiblasen: Die größte Kaugummiblase gelang Susan Montgomery Williams aus Fresno, Kalifornien, USA, am 19. Juli 1994. Der nach den strengen Regeln dieser Disziplin aufgeblasene Ballon hatte einen Durchmesser von 58,4 cm.

Kerzenausblasen: Nicola Haddad aus Lüchow (D) am 19. April 1994, 1000 brennende Kerzen in 2:21,1 Min.

Knoblauchkette: 45,7 m, Restaurant Francs of Chester, Chester (GB), 12. September 1996.

Korkwand: Mit 10 000 Wein- und Sektkorken tapezierte Manfred Hoffmann aus Münchberg, Bayern (D), eine Wandfläche von 14 m^2.

Kronenkorkenbild: Aus 120 000 Kronenkorken entstand am 8. Juni 1996

in Villach (A) ein 12,35 x 7,5 m großes Pflasterbild. In das Bild baute der Initiator Peter Schweitzer den Schriftzug eines Cafés ein.

Lebende Bilder: Die größte Landkarte bildeten am 1. Mai 1995 über 1200 Besucher auf dem Hauptplatz in Linz (A). Unter dem Motto „Linz grüßt Oberösterreich" hielten sie farbige Tafeln über den Kopf und bildeten so eine Karte von Oberösterreich im Maßstab 1:3700.

Leuchtbild: Das längste mit 403 m wurde zusammengestellt aus 2030 auf einem Leuchtkörper aufgefädelte, von Kindern bemalte Plexiglasröhrchen bei der Kunstausstellung Arte Luce in Spreitenbach (CH) am 28. September 1996.

Luftballon-Regenbogen: 12 000 Luftballons wurden mit Hilfe eines Krans am 13. Juni 1996 über den Marktplatz von Bad Brückenau, Bayern (D), gespannt. Die Helfer der Privatklinik Regena hatten den Tag zuvor mit Aufblasen und Verknoten zugebracht.

Luftmaschenkette: 2 037 700 Luftmaschen auf einer Länge von 9253 m am Stück häkelte Christine Langgut aus Weißenburg-Suffersheim, Bayern (D), vom 13. bis 29. Februar 1996.

Maibaum: Der größte maß 38,89 m und wurde am 20. Mai 1995 in New Westminster, British Columbia (Kanada), errichtet.
■ Der höchstgelegene Maibaum wurde am 1. Mai 1996 von einer Trachtengruppe aus Garmisch-Partenkirchen, Bayern (D), auf der Zugspitze in 2600 m Höhe errichtet.

Malwettbewerb: Beim größten internationalen Jugendwettbewerb für Kinder von 6 bis 18 Jahren kamen bis 1996 über 105 Mio. Malarbeiten zusammen, allein in Deutschland 996 000. Organisiert wird der Wettbewerb von 25 000 genossenschaftlichen Banken in Europa und Kanada, in Deutschland von den Volksbanken und Raiffeisenbanken.

Automobiles Bild

war das Thema für 21 645 Kinder: Entstanden sind 9090,92 m. Renault bedankt sich mit 60 000-DM-Spende.

Markogramme: Das sind mit Prominentenporträts verfremdete Postwertzeichenvorlagen, die zusätzlich von den darauf abgebildeten Persönlichkeiten unterzeichnet sind. Adolf Kutschker aus Mannheim, Baden-Württemberg (D), hat 4360 dieser Bildchen zusammengetragen.

Maskottchenparade: 122 Freunde aus der Cartoon- und Maskottchenwelt folgten am 6. September 1997 der Einladung des EXPO-2000-Maskottchens *Twipsy* nach Hannover (D). Ehrengäste bei der Parade der Riesenstofftiere waren u. a. Biene Maja, Paddington Bear, die Mainzelmännchen und Pink Panther. Anlaß: noch 1000 Tage bis zur Eröffnung der EXPO 2000 in Hannover.

Menschenkette: 500 Mitarbeiter der Firma Röchling in Haren, Niedersachsen (D), bildeten am 17. August 1996 anläßlich des 80jährigen Firmenjubiläums eine Kette in Form der 80.

Menschlicher Tausendfüßer: Den längsten bildeten 1665 Studenten der Universität von Guelph (Kanada) am 2. September 1996. Sie waren an den Knöcheln zusammengebunden und legten eine Strecke von 30 m zurück.

Minibilder: Kleinst-Künstler Walter Kleinschmidt (* 1917) aus Dortmund malte unter dem Mikroskop mit einem selbstgefertigten Pinsel aus zwei Haaren das Profil Friedrich Schillers wie das von Papst Johannes Paul II. auf einen Nagelkopf von 1 mm Durchmesser.
■ Der Nürnberger Hobby- und Miniaturmaler Georg Spieler (* 1927) malt mit einem Marderhaarpinsel Stecknadelkopf-Bilder in Öl. Die Porträts der Clowns Grock, Rivel und Popov haben einen Durchmesser von 1,5 mm; ein Frauenkopf auf Leinwand hat eine Größe von 0,9 x 1,2 mm.
■ Hans Rings aus Bonn (D) macht Nägel mit bunten Köpfen: 300 Bilder hat er auf diesem Wege hergestellt.

Regenbogen

aus 12 000 Luftballons. Gespannt über den Marktplatz in Bad Brückenau.

Münzteppich: 394,97 m², Werbegemeinschaft Lage e.V., Nordrhein-Westfalen (D), 30. November 1996.

Papierkette: Die längste maß 65,44 km. Sie wurde am 2. März 1997 von 60 Studenten der Universität von Missouri-Rolla (USA), zusammengefügt. Sie bestand aus 450 000 Gliedern und wurde innerhalb von 24 Stunden hergestellt.

Pflasterbild: Das größte Pflasterbild der Welt malten 8000 Kinder am 2. Juli 1989 durch die Hamburger Innenstadt über acht Hamburger Brücken. Das 8000 m lange und 80 cm breite Bild in Form einer riesigen „8" entstand zum 800. Hafengeburtstag der Hansestadt. Wolfgang E. Buss war Organisator dieser größten Kinderveranstaltung, die je in Hamburg stattfand.

Poster: Das größte bedeckte eine Fläche von 21 936 m². Hergestellt wurde es am 26. Oktober 1993 vom Hongkonger städtischen Jugendklub. Thema des Bildes, das im Victoria-Park in Hongkong zur Besichtigung ausgelegt wurde, war das internationale Jahr der Familie.

Riesenbilder: Aus 21 645 von Kindern gemalten Einzelbildern zum Thema Auto entstand am 9. Dezember 1996 ein 9090,92 m langes Bild. Der Veranstalter, die Deutsche Renault AG Brühl (D), nannte es „das längste automobile Bild".

Wassereimer: Die längste Kette war 4009,55 m lang. Sie wurde von 3715 Menschen gebildet, die am 24. Mai 1994 mit 78 Eimern die Ortsteile Niefern und Öschelbronn, Baden-Württemberg (D), verbanden.

Zahnpastabild: Das größte mit Zahnpasta auf Leinwand gemalte Bild entstand 1989 in Zorneding bei München. Manuel Gollek hat für das 250 x 140 cm große Delphin-Bild mit dem Titel *Can't beat the feeling* 5 kg Zahncreme vermalt.

Erlebniswelt

Planet Hollywood

jetzt auch im Ruhrpott: Intreff im CentrO. Oberhausen, der neuen Vergnügungsmeile.

Die größten und besucherstärksten Freizeitparks: Disneyworld (Florida, USA) mit jährlich 14,6 Mio. Besuchern, Disneyland (Los Angeles, USA) 11 Mio., Euro Disneyland (Paris, Frankreich) 10,7 Mio., Sea World (San Diego, USA) 7,3 Mio., Tivoli (Kopenhagen, Dänemark) 3,5 Mio., Futuroscope (Poitiers, Frankreich) 2,8 Mio., De Efteling (Holland) 2,6 Mio., Europa-Park (Baden, Deutschland) 2,5 Mio.

Der größte Vergnügungspark ist mit 12 140 ha Disneyworld im Herzen von Florida (USA). Er liegt 32 km südwestlich von Orlando. Der Park hat 400 Mio. Dollar gekostet und ist am 1. Oktober 1971 eröffnet worden.

Der meistbesuchte Vergnügungspark ist das Disneyland im kalifornischen Anaheim (USA, 1955 eröffnet). Bis Ende 1994 gingen mehr als 350 Mio. Besucher durch seine Tore.

Das größte Volksfest ist das Münchner Oktoberfest, das alljährlich im Herbst stattfindet.

Das größte Seebad ist Virginia Beach, Virginia (USA), mit einem 45 km langen Strand am Atlantik und 16 km an der Chesapeake-Bucht. Das Erholungsgebiet erstreckt sich über 803 km² und verfügt über 147 Hotels und 2323 Zeltplätze.

Der größte Badeort, gemessen an der Zahl der verfügbaren Hotelzimmer, ist Vichy, Allier (F), mit 14 000 Zimmern. Der höchstgelegene französische Kurort ist Barèges in den Pyrenäen (1240 m).

Der längste Vergnügungspier der Welt ist der Southend-Pier in Southend-on-Sea, Essex (GB). Der erste Holzpier wurde 1830 eröffnet und 1846 erweitert. Der heutige 2,5 km lange Eisenpier wurde am 8. Juli 1989 eingeweiht.

Der größte Vergnügungspark in Europa ist das am 12. April 1992 eröffnete Euro Disneyland in Marne-La-Vallée, 32 km von Paris entfernt. Auf insgesamt 600 ha – das sind 6 Mio. m² – stehen Gebäude, darunter mehrere Hotels mit einer Grundfläche von 300 000 m². 32 km Straßen durchziehen das Gelände mit 20 Brücken. Bis zum Jahr 2017 soll weitergebaut und erweitert werden.

Die häufigste Freizeitparkbesucherin ist Dorothea Spohler-Claußen (* 1957) aus Hannover, Niedersachsen (D). Seit 1976 hat sie 117 verschiedene Parks besucht, insgesamt waren es 701 Freizeitparkvisiten.

Das größte innerstädtische Regenerierungsprojekt in Deutschland wurde am 12. September 1996 eröffnet. Das CentrO. in Oberhausen, Nordrhein-Westfalen, verwandelte eine 83 ha große Industriebrache in einen Einzelhandels-, Freizeit- und Büropark mit Einkaufszentrum (70 000 m² Verkaufsfläche, 200 Geschäfte), Park (8 ha, 3 Themengärten, 10 000 m² Wasserfläche), Promenade (400 m Kulinarisches für jeden Geschmack) und Business Park (50 000 m² Gewerbe-, Büro- und Ausstellungsflächen).

Die modernste Mehrzweck-Veranstaltungshalle in Deutschland ist die Arena Oberhausen, die sich im CentrO. Oberhausen, Nordrhein-Westfalen, befindet. In ihr können Musik-, Theater- und Sportveranstaltungen inklusive Eisrevuen stattfinden. Die Halle wurde am 12. September 1996 eröffnet und bietet maximal 12 500 Zuschauern Platz, davon 9600 auf gepolsterten, fest installierten Sitzplätzen.

Das größte innerstädtische Erlebniszentrum auf dem europäischen Festland wurde am 9. März 1995 in Kiel (D) eröffnet. Zu dem 43 000 m² großen Komplex in unmittelbarer Nähe des Kieler Hauptbahnhofs gehören 10 Multiplex-Kinos mit 3000 Plätzen, eine Schlemmer-Meile mit 20 Kneipen, Bars, Restaurants und Cafés, eine Rund-Disko und ein InterCity-Hotel mit 244 Betten.

Der größte reisende Vergnügungspark der USA ist Amusements of America, der jährlich mehr als 18 000 km zurücklegt und über 6 Mio. Besucher anlockt.

Die meisten Vergnügungspiers eines Erholungsorts, nämlich acht, besaß Atlantic City, New Jersey (USA). Von den zwischen 1883 und 1912 erbauten Piers sind heute allerdings nur noch fünf erhalten.

Der erste von einer Einzelperson eingerichtete Freizeitpark wurde im Juli 1996 in Marbella, Spanien, auf 12 000 m² mit ausschließlich von Peter Petz aus Sulzbach, Bayern (D), selbst konstruierten und bemalten Fahrgestellen, darunter verschiedene Eisenbahnen, eine Schiffschaukel und einige Karusselle, eröffnet.

Das größte überdachte Fitneß- und Erholungszentrum mit über 15 000 m² ist der Club Meridian in Hamburg-Wandsbek (D). Zur Anlage gehören neben Innen- und Außenpools (einer auf dem Dach) Sauna- und Fitneßbereiche und sowohl eine Ballett- als auch eine Tanzschule.

Das größte Freibad in Europa ist die Anlage Waschmühle bei Kaiserslautern, Rheinland-Pfalz (D). Das Schwimmbecken ist 200 m lang und 50 m breit.

Der größte überdachte Badepark ist der Ocean Dome in Miyazaki (Japan). Der Park ist 300 m lang, 100 m breit, 30 m hoch und enthält einen Strand von 140 m Länge.

Das größte FKK-Gelände ist mit 340 ha die Domaine de Lambeyran bei Lodève in Südfrankreich. Das ebenfalls in Südfrankreich liegende Zentrum Helio Marin in Cap d'Agde wird jährlich von 250 000 Menschen besucht.

Club Meridian

in Hamburg mit Innen- und Außenpool, Sauna und Fitneßbereich auf 15 000 m². Größtes überdachtes Fitneßzentrum.

Ocean Dome

in Miyazaki auf der japanischen Insel Kyushu ist der größte überdachte Badepark. Bei schönem Wetter open-air.

Größtes Ausstellungsgebäude ist mit einer Grundfläche von 232 250 m² das internationale Messezentrum von Cleveland in Ohio (USA). Es befindet sich auf einem 76 ha großen Grundstück unmittelbar neben dem Cleveland Hopkins International Airport und ist jedes Jahr Ort von 200 verschiedenen Veranstaltungen.

Das größte Riesenrad unserer Zeit steht im Vergnügungspark Osaka in Japan mit 112,5 m Höhe und einem Durchmesser von 100 m.

Das kleinste Riesenrad stellte Peter Petz aus Sulzbach/Aichach (D) her. Es ist 4 m hoch, bietet Platz für 8 Erwachsene oder 12 Kinder und wird mittels Handkurbel angetrieben.

Das größte transportable Riesenrad mit einer Höhe von 61 m, 450 t Gewicht, einer Standfläche von 25,2 x 27,5 m und 420 Plätzen in 42 Gondeln gehört der Firma Steiger, Bad Oeynhausen (D).

Das größte mobile Karussell mit dem größten künstlichen See gehört dem Schausteller Wilhelm Hohmann (* 1919) aus München. 50 000 l Wasser faßt dieses Rundfahrgeschäft mit 23 m Durchmesser.

Das größte Flugkarussell mit dem Namen *Evolution* feierte auf dem Hamburger Herbstdom 1992 Weltpremiere. Es besteht aus einem 120 t schweren Drehkörper, der eine Flughöhe von 40 m erreicht. 18 Antriebsmotoren sorgen für eine sensationelle Multifunktionsbewegung.

Die längste Achterbahn ist *The Ultimate* (die Endgültige) in Lightwater Valley, Ripon, Yorkshire (GB). Die Stahlrohrbahn ist 2,29 km lang.

Die längste Achterbahnfahrt dauert unübliche 6:47 Min. In der *Euro-Mir* im Europa-Park Rust (D) wird man zunächst 1:30 Min. in die Ausgangshöhe von 28 m befördert, um von dort mit knapp 80 km/h die 984 m Schienenweg wieder hinabzudonnern. 2000 t Stahl sind in der stationären Achterbahn verbaut, die 20 Mio. DM gekostet hat.

Die Achterbahn mit der tiefsten Sturzfahrt und zugleich die schnellste ist *Superman The Escape* im Six Flags Magic Mountain, Valencia (USA). Sie rast mit Tempo 160 km/h eine 126,5 m tiefe Abfahrt hinunter.

Die höchsten Achterbahnen sind mit 63,7 m Anstiegshöhe *Desperado* im Buffalo Bill's Casino, Nevada (USA), und *Pepsi Max – The Big One* in einem Vergnügungspark am Strand von Blackpool, Lancashire (GB). *Pepsi Max* besitzt zwar keine Loopings, dafür aber eine Sturzfahrt mit einem Höhenunterschied von ebenfalls 63,7 m, bei der eine Geschwindigkeit von über 128 km/h erreicht wird.

Die Achterbahn mit den größten Loopings, sieben Luftschleifen mit einer Gesamtlänge von 1167 m, deren höchster Punkt 42,7 m über dem Erdboden liegt, ist die *Viper* im Six Flags Magic Mountain in Valencia, Kalifornien (USA).

Die Achterbahn mit den meisten Loopings ist die *Dragon Khan* in Port Aventura (Spanien). Achtmal werden die Fahrgäste auf der 1269,8 m langen Strecke „kopfgestellt".

Die größte Holzachterbahn ist *Mean Streak* im Cedar-Point-Vergnügungspark in Sandusky, Ohio (USA), die neueste Schöpfung von Curtis D. Summers, der bereits über 30 Holzachterbahnen entworfen hat. Sie erhebt sich an ihrem höchsten Punkt 49,07 m über den Erdboden.

Die längste Rutschbahn in Deutschland gibt es in Bad Tölz. Mitten durch Hochwälder können Kinder, aber auch Erwachsene, 1240 m hinunterrutschen und dabei einen Höhenunterschied von 220 m überwinden.

Die längste hangverlegte Wasserrutschbahn in Europa befindet sich in der Schweiz, und zwar im Alpamare in Pfäffikon (Zürich), dem größten überdachten Wasserpark Europas. Fünf Rutschen von insgesamt 675 m Länge überwinden eine Höhendifferenz von 17 m. Die seit Februar 1995 bestehende Zweierbobrutschbahn ist die erste und einzige in Europa.

Die größte mobile Wildwasserbahn ist die Löwenthal-Wildwasserbahn in Bremen (D). Sie ist 650 m lang und erreicht eine Höhe von 26 m. 2000 Menschen können innerhalb einer Stunde in den 28 Kanus mit spritzigen Schußfahrten durch einen rauschenden Wildbach fahren.

Das größte Labyrinth der Welt bestand vom 5. Juli bis zum 14. September 1997 aus einer Maisfläche von 20 000 m² in Reignac-sur-Indre (Frankreich). Daneben wurden fünf kleinere aus Buchweizen, Mohn und Rasen gepflanzt bzw. gebaut.

Das größte auf Dauer angelegte Labyrinth ist das Dole-Ananasgarten-Labyrinth auf der Dole Plantage in Honolulu, Hawaii (USA). Der 1997 geschaffene Irrgarten erstreckt sich über eine Fläche von 9290 m².

Reignac-sur-Indre

in Frankreich konnte 1997 mit dem größten Labyrinth aufwarten: auf einem Maisfeld.

An Tisch und Bett

Hotels

Das älteste Hotel der Welt ist das Hoyshi Ryokan in dem japanischen Dorf Awazu aus dem Jahr 717, als Garyo Hoyshi nahe einer Quelle einen Gasthof baute. Heute gibt es hier 100 Zimmer.

Das größte Hotel der Welt ist das MGM Grand Hotel in Las Vegas, Nevada (USA). Es besteht aus vier Türmen mit je 30 Stockwerken und insgesamt 5005 Zimmern, darunter Suiten von bis zu 557 m^2. Zu dem Komplex, der sich über eine Fläche von 45,3 ha erstreckt, gehören eine Arena mit 15 200 Sitzplätzen, ein 13,3 ha großer Vergnügungspark und das größte Spielkasino der Welt.

Das größte Hotel in Deutschland, das Estrel Residence Congress Hotel mit 1125 Zimmern und Suiten in Berlin-Neukölln, ist seit 1997 zugleich das einzige Hotel mit eigenem Bahnsteig.

Die größte Hotelsuite in Europa hat der Bayerische Hof in München (D). Die Suite hat sieben Schlafzimmer auf insgesamt 584,55 m^2 und kostet pro Nacht 7100 DM.

Die größte Hotelhalle hat das Hyatt Regency in San Francisco (USA). Sie ist 106,6 m lang, 48,7 m breit und 51,8 m hoch.

Roomservice

mit Roboter Ursula. 25 000 Dollar pro Nacht: Galactic Fantasy Suite im Crystal Palace Resort (Bahamas).

Das kleinste Hotel steht auf der Kanareninsel Hierro: Das Puntagrand hat vier Zimmer und wird an drei Seiten vom Atlantik umspült.

Das schiefste Hotel steht im Fischerviertel in Ulm (D) an der Schwörhausgasse 6. Das Fachwerkhaus aus dem 15. Jh. hat einen Neigungswinkel von 8°. Das Gebäude neigt sich vom Fundament bis zum Giebel um 2,50 m. Das ergibt in manchen Zimmern einen Höhenunterschied von 40 cm.

Das höchste Hotel ist, vom Straßenniveau des Haupteingangs bis zum Dachfirst gemessen, mit 226,1 m das 73stöckige Westin Stamford Hotel in der Raffles City von Singapur. Das Hotel wird von der Westin Hotel Co. geführt und gehört der DBS Land und der Overseas-Chinese Banking Corporation. Es wurde 1990/91 für rund 155 Mio. DM renoviert. Das Westin Stamford Detroit Plaza Hotel ist allerdings, vom Hintereingang gemessen, noch höher, nämlich 227,9 m.

Der höchste Hotelbau in Deutschland ist das Frankfurt Marriott Hotel. Es ist mit seinen 167 m um 6 m höher als die höchste Kirche der Welt, das Ulmer Münster. Das Hotel hat 46 Stockwerke und 585 Zimmer.

Das höchstgelegene Hotel in der Schweiz ist das Hotel Gornergrat-Kulm auf dem Gornergrat (Kanton Wallis). Es liegt 3150 m üNN, hat 40 Betten und 50 Großunterkünfte.

Teuerste Hotelunterkunft ist mit 25 000 Dollar pro Nacht die Galactic Fantasy Suite im Crystal Tower des Kasinohotels Crystal Palace Resort in Nassau auf den Bahamas. Wer viel Geld im Kasino läßt, hat allerdings die Chance, auf Kosten des Hauses in der Suite unterzukommen. Die Ausstattung umfaßt *Ursula* – eine persönliche Roboterdienerin –, ein rotierendes Sofa und Bett und eine Ton- und Lichtshow.

Das mobilste Hotel ist das Fairmount in San Antonio, Texas (USA), 1906 erbaut. Das dreistöckige, 1451 t schwere Ziegelsteingebäude wurde 1985 mit einem Kostenaufwand von 650 000 Dollar von der Firma Emmert International aus Portland, Oregon (USA), um fünf Blocks versetzt.

Ein Hotel aus Schnee und Eis gibt es seit 1990 in jedem Winter im nord-

schwedischen Ferienort Jukkasjärvi, 200 km nördlich des Polarkreises. Zu dem 60-Betten-Iglu gehören Kapelle, Kino, Galerie, Bar und Sauna – alles aus Eis. Im Mai beginnt das Hotel wieder zu schmelzen.

Luxus-Iglu

mit 60 Betten, Kapelle und Sauna. 200 km nördlich vom Polarkreis. Wintermärchen, das in der Maisonne schmilzt.

Gaststätten

Das erste Restaurant ist im Jahr 1725 an der Calle de Cuchilleros 17 in Madrid eröffnet worden. Der Maler Goya hat dort 1765, als er 19 Jahre alt war, Geschirr gespült.

Das größte Restaurant ist das Royal Dragon in Bangkok (Thailand), das 5000 Gästen Platz bietet, die von 863 Angestellten umsorgt werden. Die Bedienung fährt wegen der Weiträumigkeit ihres Arbeitsplatzes (3,37 ha) auf Rollschuhen.

Das höchstgelegene Restaurant befindet sich im Wintersportort Chacaltaya (Bolivien) in 5340 m Höhe.

Das höchstgelegene Restaurant in Europa dürfte das Drehrestaurant auf dem Mittelallalin oberhalb von Saas Fee im Schweizer Kanton Wallis sein. Es liegt 3456 m üNN.

Kleinste Gaststätte in England: Das Erdgeschoß von The Nutshell (Nußschale) in Bury St. Edmunds, Suffolk (GB), mißt 4,82 x 2,28 m.

Die kleinste Gaststätte in Deutschland ist My Lord in der Lortzing-Passage von Osnabrück. Gastwirt Karsten Dahl hat die 14,4 m² große Kneipe im November 1987 eröffnet.

Der kleinste Biergarten bietet nur zwei Gästen Platz: Mit einem Tisch und zwei Stühlen ausgestattet, mißt der Garten des Gasthauses Badner Hof in Schwetzingen, Baden-Württemberg (D), ganze 1,15 m x 2,21 m.

Der größte Biergarten ist der Augustiner Biergarten in München (D), der 1901 eröffnet wurde, mit Platz für 5200 Gäste. Hier werden bis zu 100 hl Bier pro Tag verkauft.

Das Pub mit dem kleinsten Thekenraum – er ist 127 x 239 cm groß – ist das Dove Inn in Chiswick, London (GB).

Die größte Restaurantkette der Welt wird von der PepsiCo of Purchase mit Sitz in New York, USA, betrieben. Zu dem Unternehmen gehören Pizza Hut, Taco Bell und Kentucky Fried Chicken mit insgesamt 27 000 Niederlassungen. 1994 betrug der Umsatz 24,792 Mrd. Dollar, der Gewinn lag bei 1,752 Mrd. Dollar. Die Zahl der Beschäftigten: 471 000.

Die umsatzstärkste Restaurantkette der Welt ist das US-Unternehmen McDonald's, Oak Brook. Sie verkaufte 1996 Fast food für über 30 Mrd. Dollar (etwa 51 Mrd. DM). Die Zahl der Restaurants lag Ende 1996 bei 21 000 in 101 Ländern.

Die umsatzstärksten Restaurantketten in Deutschland: McDonald's Deutschland (München) mit 3170 Mio. DM, LSG Lufthansa Airline Catering (Kriftel) mit 1567,4 Mio. DM und Autobahn Tank & Rast AG (Bonn) mit 976 Mio. DM (1996).

Die höchste Bar ist mit 7,69 m das Spirituosen-Sortiment in Humperdink's Seafood and Steakhouse Bar in Dallas (USA). Die Bar hat Platz für mehr als 1000 Flaschen und besteht aus zwei Regalebenen. Die vier unteren Reihen sind rund 12 m lang und vom Boden aus zu erreichen. Die obere Barebene mit fünf Reihen ist nur über eine Leiter zu erreichen.

Die tiefstgelegene Bar, die sogenannte Minus 206, liegt in Tiberias, am See Genezareth (Israel), 206 m uNN.

Die längste ständig betriebene Theke mißt 123,7 m und befindet sich im 1989 eröffneten Beer Barrel Saloon in Put-in-Bay auf der Insel South Bass in Ohio (USA). Sie verfügt über 56 Bierzapfhähne und 160 Barhocker.

Das größte Nachtlokal ist Gilley's Club (früher Shelly's), gebaut 1955 und erweitert 1971, in Houston, Texas (USA). Es hat mehr als 6000 Sitzplätze und erstreckt sich über eine Fläche von 1,6 ha.

Das größte Bierlokal ist das Mathäser in München (D). Täglich werden dort 48 000 l Bier ausgeschenkt. Das Lokal wurde 1829 gegründet, im Zweiten Weltkrieg zerstört und 1955 wiedereröffnet. Heute hat das Mathäser Platz für 5500 Gäste.

Fast food

von McDonald's ist Spitze: in der Welt und in Deutschland umsatzstärkste Gastro-Kette.

Hotel mit Bahnhof

ist das Estrel in Berlin seit April 1997. Außerdem das größte in Deutschland.

Ein Tänzchen in Ehren

Neun Kinder beim Ringelreihen im Mai. Ein beliebter Tanz um die Jahrhundertwende, der aus der Mode gekommen ist.

Bus-Stop-Formationstanz: 1450 Tänzerinnen und Tänzer am 23. Juni 1996 im Barockgarten in Paderborn, Nordrhein-Westfalen (D).

Can-Can-Reihe: 842 Beine der 421 Mitglieder des Opel-Service-Clubs flogen auf einer Länge von 360 m. Ort des Geschehens am 18. Juni 1994 war die Wiesenfläche Im Ochsengrund im Gramschatzer Wald bei Gramschatz, Bayern.

Cha-Cha-Cha-Formationstanz: 2002 Tänzerinnen und Tänzer in der Fußgängerzone von Troisdorf (D) am 15. Oktober 1994.

Disko-Swing-Formation: Zur Musik von *Black or white* von Michael Jackson tanzten am 10. April 1992 in der St. Jakob Sporthalle Basel (CH) 249 Paare synchron – jeweils viermal Tap-Grundschritte mit sieben Figuren.

Foxtrott-Staffel: Am 3. September 1994 startete um 9.30 Uhr das erste Paar im Foxtrott-Grundschritt in der Fußgängerzone von Opladen (D). Nach jeweils 200 m wurde gewechselt. Etwa 50 km ging es über Leichlingen, Langenfeld, Hilden und Monheim tanzend zurück nach Opladen, wo das letzte Paar um 22.10 Uhr beim Organisator, der Tanzschule Kaechele, eintraf.

Hokey-cokey: 6748 Menschen kamen am 6. Mai 1995 in Bangor (GB) zusammen aus Anlaß der Feierlichkeiten zum Jahrestag der Beendigung des Zweiten Weltkrieges.

Jive American Spin: 2147 Drehungen in 1:14 Std. tanzten Viola Rühl und Tobias Hahn aus Berlin (D) am 10. November 1996, dem Welttanztag. Das zweite Paar gab bei 2146 Drehungen auf – nur eine weniger als die Sieger. Das dritte Paar kapitulierte bei 1324 Drehungen.

Kontertanzlinie: Gut 250 m lang war die bei einem Square-dance-Festival auf dem Gelände der Landesgartenschau in Heilbronn (D). 452 „Contredancer" aus den USA, Belgien, der Schweiz, Deutschland und Holland vereinten sich dazu am 1. Juni 1985.

Einer wollte weiter: Der Amerikaner David Meenan steppte 6:12:53 Std. auf einer Strecke von 37,367 km.

Limbo: Nur 15,25 cm lagen zwischen dem Boden und der Stange, unter der sich am 2. März 1991 in Kent, Washington (USA), Dennis Walston durchschlängelte – niedriger hat es noch kein(e) Limbo-Tänzer(in) geschafft.

▌Unterboten wurde dieser Rekord nur mit Hilfe von Rollschuhen: Er steht bei 11,94 cm. Erzielt wurde er von Syamala Gowri (* 1988) in Hyderabad, Andhra Pradesh (Indien), am 10. Mai 1993.

Line Dance: Am 8. März 1997 tanzten 508 Tänzerinnen und Tänzer diesen Westerntanz während der Country Music Messe in Berlin. Unter Anleitung von Tanzlehrerin Angela Falckenberg formierten sich die Hobby-Cowgirls und -Cowboys zu Live-Musik.

Macarena: 1885 Tänzerinnen und Tänzer tanzten am 2. November 1996 unter Leitung der Tanzlehrerin Margret Hey in Lemgo, Nordrhein-Westfalen (D), den sogenannten Sommer-Modetanz nach genauer Bewegungsvorgabe.

Massentanz: Am 1. September 1996 fanden sich zum Ententanz in Canfield, Ohio (USA), 72 000 Menschen zusammen.

Paso-doble-Formation: Anläßlich der Eröffnung der Michaeliswoche am 24. September 1993 in Gütersloh, Nordrhein-Westfalen (D), brachte das Tanzstudio NEITZKE + KÖLSCH 204 Paare im Alter von 20 bis 70 Jahren auf die Beine.

Polka: 408 Paare im Kreis nach dem Lied *Cotton Eye Joe* am 3. Oktober 1995 in Schwarmstedt, Niedersachsen (D).

▮ 312 Paare der Landjugend des Bauern- und Winzerverbandes Rheinland-Nassau e. V. legten am 21. Mai 1994 entlang der Mosel 19,8 km zurück.

Polonaise: 2871 Kinder tanzten am 16. Mai 1996 in Bad Liebenzell, Baden-Württemberg (D), Hand in Hand eine Riesenpolonaise.

Rock 'n' Roll: Franco und Rosi Mansuetti aus Italien tanzten 25:10 Std. bei einem Wettbewerb vom 6. bis 7. Juni 1982 in Bergisch-Gladbach.

▮ Mit 22:10 Std. sind Lothar Gürtner und Kathrin Krause aus Bergisch-Gladbach (D) die besten Deutschen.

Rock-'n'-Roll-Formation: 586 Kinder zwischen 6 und 13 Jahren tanzten am 12. November 1995 in der Kongreßhalle Gießen, Hessen (D), sechs Minuten lang zu Bill Haleys *Rock around the clock* und Chubby Checkers *Let's twist again.*

Rumba-Formation: 730 Tanzpaare auf einer Riesenparty in Celle, Niedersachsen (D), am 5. November 1994.

Samba-Polonaise: 2200 Ministranten und Ministrantinnen des Bischöflichen Jugendamtes Würzburg tanzten am 17. Juli 1993 in Ministranten-Gewändern.

Samba-Formationstanz: 730 Paare am 5. November 1994 unter Anleitung des Tanzlehrers Marc Reinecke von der Tanzschule Krüger in Celle (D).

Schneepolonaise: 3462 verkleidete Narren aus aller Welt nahmen am 11. Februar 1997 an der Polonaise in Westendorf (A) teil.

Steptanz: Schnellster Steptänzer war bisher Stephen Gare aus Sutton Coldfield (GB). Im Grand Hotel von Birmingham schaffte er am 28. März 1990 eine Quote von 32 Step-Tönen pro Sekunde.

▮ Ausdauerndster Steptänzer war der Brite Roy Castle (1932-94). In der Londoner Dauerausstellung „Guinness-Welt der Rekorde" brachte es Castle am 31. Oktober/1. November 1985 auf 1 Mio. Step-Töne (Zeit: 23:44 Std.).

▮ Zum größten gemeinsamen Auftritt versammelten sich am 18. August 1996 vor dem Kaufhaus Macy's in New York (USA) 6654 Steptänzer.

▮ Einen Weitenrekord im Gruppensteptanz stellten 12 Tänzer unter der Leitung von Rosie Radiator auf. Sie steppten am 11. Juli 1994 in einer sich wiederholenden Schrittfolge 15,47 km weit durch die Straßen von San Francisco, Kalifornien (USA).

▮ Den weitesten Solosteptanz vollführte David Meenan, der am 30. Juni 1996 in Red Bank, New Jersey (USA), 37,367 km im Steptanzschritt zurücklegte.

Wiener Walzer: 15 484 Personen tanzten zu einem Medley von Strauß-Walzern am 19. Februar 1996 auf dem Marktplatz von Köthen, Sachsen-Anhalt (D).

▮ 506 Personen tanzten bei 44 °C im Schatten gemeinsam den Schneewalzer in einem 24 x 13 m großen und 140 cm tiefen Swimmingpool. Das Tanzvergnügen fand am 24. August 1988 im Robinson Club Pamfilya (Türkei) statt.

▮ Die längste Formation bildeten am 5. November 1994 250 Paare in Potsdam, Brandenburg (D).

▮ Nonstop tanzten 110 Paare der Tanzschule Jochen Massa in Heilbronn, Baden-Württemberg (D), am 9. und 10. November 1996. In 24 Std. legten sie nur mit Drehungen eine Strecke von 113,975 km zurück.

2871

Kinder bei der Polonaise durch Bad Liebenzell.

1450

schwangen im Sommer 1996 das Tanzbein im Barockgarten in Paderborn. Disziplin: Bus-Stop-Formationstanz.

3462

Narren in Kostümen nahmen an der Schnee-Polonaise im österreichischen Westendorf im Februar 1997 teil.

6654

steppten im August 1996 vor dem Kaufhaus Macy's in New York. Größter gemeinsamer Auftritt von Steptänzern.

Spiel ohne Grenzen

Gelöst

wurde das Bilderrätsel am Gebäude der Dresdner Bank in Frankfurt/Main 1996.

Das größte Angelspiel entstand in Zusammenarbeit der Werbeagentur Media Line und des Modehauses Flach und war vom 30. April bis zum 2. Mai 1997 in Gelnhausen (D) zum Fischen freigegeben.

Mensch-ärgere-Dich-nicht-Meisterschaft: 80 Teilnehmer, Kabarett Magdeburger Zwickmühle, Sachsen-Anhalt (D), 3. Oktober 1996. Der erste Preis, ein Silvester-4-Gänge-Menü auf dem Magdeburger Domplatz bei – 15 °C, wurde von der Gewinnerin Nicole Pasemann mit Fassung entgegengenommen.

Das größte in Serie gefertigte Puzzle stammt vom Ravensburger Spieleverlag in Ravensburg, Baden-Württemberg (D). Es hat 9120 Teile und zeigt Pieter Brueghels Gemälde *Turmbau zu Babel* 192 x 138 cm groß. Es wiegt knapp 5 kg.

Das größte Puzzle war 5050 m^2 groß. Das von den Firmen Toys 'R' Us und IVM zum 2. Berliner Kinderfestival in Berlin-Hohenschönhausen entworfene Bild unter dem Motto *Berliner Kinder malen ihren schönsten Traum* wurde am 13. August 1995 mit seinen 54 756 von den Kindern bemalten Teilen zusammengesetzt.

Das umfangreichste Puzzle aus 204 484 Einzelteilen wurde vom 25. Mai bis 1. Juni 1991 von Schülern der Gravenvoorder Schule in Almelo (NL) angefertigt. Zusammengesetzt maß es 96,25 m^2.

Gespielt

werden darf eine Schachpartie auch in den Todeszellen texanischer Gefängnisse.

Rätsel

Das größte Kreuzworträtsel hatte 12 489 waagerechte und 13 125 senkrechte Wörter auf 82 951 Feldern. Das Riesenrätsel nahm 3,55 m^2 ein und war von Robert Trucot aus Pointe-aux-Trembles, Quebec (Kanada), 1987 ausgetüftelt worden. ▌Ein Riesen-Kreuzworträtsel hat 1989 Jan Kubicki (* 1961) aus Freilingen, Nordrhein-Westfalen (D), mit 27 395 Begriffen erstellt. Die Maße: 120,5 x 57 cm.

Größter Erfinder von Kreuzworträtseln ist Roger F. Squires aus Ironbridge, Shropshire (GB), von dem jede Woche 39 Rätsel erscheinen. Bis September 1997 waren es über 50 000. Am 6. September 1989 konnte im *Daily Telegraph* sein millionster Rätselbegriff erraten werden.

Gepuzzelt aus 9120 Teilen. Der *Turmbau zu Babel* aus Ravensburg: das größte Serienpuzzle.

Das längste Bilderrätsel kommt aus Leipzig, Sachsen (D). Ralf Laue (* 1968) hat als Schüler ein 37,42 m langes und 4,3 cm breites Rebus mit 272 Bildern gezeichnet. Vom 7. April 1985 bis 23. August 1986 hat er 611 Buchstaben und Zahlen sowie 309 Auslassungszeichen verschlüsselt – kein Bild tritt mehrfach auf.

Das größte Bilderrätsel der Welt war eine Licht- und Laser-Projektion am Hochhaus der Zentrale der Dresdner Bank in Frankfurt/Main vom 1. bis 19. Dezember 1996. Die Größe der Bildsequenz betrug 32 x 32 m (1024 m^2), zu lösen waren Rätsel, die zuvor in der *Frankfurter Allgemeinen Zeitung* beschrieben worden waren.

Das größte Silbenrätsel erarbeitete Norbert Esemann aus Göttingen, Niedersachsen (D), im Juli 1996 aus 340 Suchbegriffen, alle nach Dudenvorgabe getrennt. Aus dem jeweils zweiten Buchstaben der Lösungswörter ergibt sich das Gedicht *Meeresstrand* von Theodor Storm.

Glücksspiele

Den höchsten Lotteriegewinn strichen Leslie Robbins und Colleen DeVries, beide aus Fond du Lac, Wisconsin (USA), am 7. Juli 1993 ein: 111 240 463,10 Dollar (damals umgerechnet 189 108 787,20 DM).

Das größte Spielcasino der Welt ist das im MGM Grand Hotel in Las Vegas, Nevada (USA). Es umfaßt auf einer Grundfläche von 15 932 m^2 vier Spielbereiche mit 3500 Geldspielautomaten und 165 Spieltischen.

Die größte Spielbank in Deutschland ist die von den Westdeutschen Spielbanken betriebene Spielbank Hohensyburg, Dortmund, mit 1 Mio. Besuchern im Jahr. Das Casino Baden-Baden folgt an zweiter Stelle der 32 konzessionierten Spielbanken. Es gilt als älteste Spielbank der Welt (1748).

Die kleinste Spielbank in Deutschland, die ganzjährig geöffnet ist, ist die Spielbank Westerland auf Sylt.

Die größte und älteste Spielbank in Österreich ist die von Baden bei Wien. Insgesamt gibt es in Österreich elf Spielcasinos. Die Betriebe werden jährlich von rund 3 Mio. Gästen besucht, die an 729 Spielautomaten, über 80 Roulette-Tischen und 52 gebogenen Tischen für Black Jack ihr Glück versuchen.

Als größter Spielautomat gilt *Super Bertha* (15,71 m^3) im Four Queens Casino, Las Vegas (USA).

Den größten Gewinn an einem einarmigen Banditen erzielte Delores Adams am 30. Mai 1992 im Harrah's Reno Casino Hotel, Nevada (USA), mit 9 357 489,41 Dollar.

Fußball-Toto: Die höchste Gewinnsumme zahlte Littlewoods Pools an einen unbekannten Mann und eine Frau aus Manchester (GB), die beide am 4. April 1992 jeweils 1 338 825 Pfund (3,818 Mio. DM) gewonnen haben. Littlewoods zahlte in derselben Woche mit 3 942 828 Pfund (11,245 Mio. DM) die höchste Gewinnsumme aus, die jemals in einer Woche erzielt wurde.

Erster Rekordgewinner unter Lotto-Tippern in Deutschland war im März 1982 ein niedersächsischer Starkstromelektriker. Im Spiel 77 erreichte er die Quote von 3 555 555,40 DM.

Den höchsten Lottogewinn einer Einzelperson in Deutschland erreichte eine Frau aus Schleswig-Holstein am 14. Januar 1995, als sie den Jackpot mit 13 368 408,50 DM knackte.

Gewonnen haben Leslie Robbins und Colleen DeVries (USA) 111 Mio. Dollar.

Der größte Lottogewinn einer Spielgemeinschaft in Deutschland ging an eine vierköpfige Tippgemeinschaft im Rhein-Main-Gebiet. Das Team erzielte 20 496 450,80 DM.

Den größten Lottogewinn in Österreich erzielte am 11. Februar 1990 ein damals 36jähriger Kärntner aus Klagenfurt mit 59 360 531 Schilling.

Den größten Gewinn im Schweizer Zahlenlotto gab es am 18. August 1990 mit 18 191 215,30 sfr.

Pferdewetten: Den höchsten Buchmacherkurs erzielte mit 1 670 759:1 der Brite George Rhodes. Er durfte damit am 30. September 1984 von der William Hill Organisation – mit einem zehnprozentigen Bonus und abzüglich Steuern – 86 056,42 Pfund (etwa 320 400 DM) in Empfang nehmen.

Die höchste Wettsumme kassierten bisher zwei Briten in den USA: Anthony A. Speelman und Nicholas John Cowan verblieb am 19. April 1987 in Santa Anita (Kalifornien) nach Abzug von 406 768 Dollar Steuern immer noch ein Gewinn von 1 627 084,40 Dollar (etwa 2,96 Mio. DM).

Wettrekord: Am 4. Juli 1885 kassierte Baron Ernst von Blascovits eine Million Gulden, nachdem er dreieinhalb Jahre zuvor bei einem Buchmacher auf sein gerade geborenes Fohlen *Budagyöngye (Perle von Budapest)* zum angebotenen Festkurs von 1000:10 gewettet hatte. Blascovits setzte 10 000 Gulden – 1885 gewann der dann dreijährige Galopper das Derby in Hamburg.

Die größte Buchmacherfirma ist Ladbrokes (GB) mit einem Wettumsatz von rund 2 Mrd. Pfund im Jahr und der größten Kette von Buchmacherläden: Im Jahr 1990 waren es 1986 in Großbritannien und Irland sowie weitere 991 in Belgien und den Niederlanden.

Der unglücklichste Betreiber eines Wettbüros in Österreich ist Roman Korber aus Wien. Er betreibt seit 1988 ein mobiles Wettbüro bei Fußballspielen, mit dem er bislang darauf vertrauen konnte, daß das Wettpublikum zu 95 Prozent entweder der einen oder anderen Mannschaft sein Vertrauen schenkt und entsprechend wettet. Er macht einen Gewinn, wenn niemand gewinnt, also die Spiele unentschieden ausgehen. Am 11. Juni 1996 aber wußte er zu berichten: „Seit nachweisbar 24 Fußballbegegnungen in ununterbrochener Reihenfolge hat kein einziges Fußballmatch unentschieden geendet. Nach meinen Berechnungen ist diese Wahrscheinlichkeit 16 833:1 und ereignet sich alle 421 Jahre nur ein einziges Mal. Ich habe mir auch die Mühe gemacht, die letzten 6240 Spiele der Österreichischen Lotto-Toto-Gesellschaft zu überprüfen, und dieser Grenzwert ist kein einziges Mal vorgekommen."

Kartenspiele

Skat-Turnier: 28 Vierer-Mannschaften aus ganz Deutschland spielten vom 3. auf den 4. August 1996 beim 1. Skatclub Meiningen, Thüringen (D), 10 Serien à 48 Spiele.

Größter Kartenfächer: Gymnasiast Georgios Stefanidis (* 1973) aus Reutlingen, Baden-Württemberg (D), schaffte es am 2. Juni 1992, 325 Karten in einer Hand zu halten.

Basteln und Bauen

Mini-Bobs

fahren um die Wette auf der Modellbahn in St. Moritz. Dicht neben dem großen Vorbild.

Die längste Bastelstraße stand am 14. Februar 1997 in Altenberg, Sachsen (D). An 38 zusammenhängenden Ständen mit einer Gesamtlänge von 147 m wurde einen Tag lang gebastelt. Anschließend konnten die selbstgemachten Gegenstände erworben werden.

Das größte CD-Rack: 10,30 m hoch, 420 kg, Fassungsvermögen für 22 000 CDs, 22 000 einzelne Steckteile schob der Erfinder Alfred Reinhard mit Helfern am 8. September 1996 in Zürich (CH) ineinander. Ein paar Tage zuvor hatte er bereits das längste Rack (1000 m) gebastelt.

Das kleinste Diorama, ein plastisch wirkendes Schaubild, hat Markus Niehoff aus Gronau, Nordrhein-Westfalen (D), in einem Lippenstift untergebracht. Das Schaubild zeigt einen Bungee-Jumper, der soeben abgesprungen ist. Die ganze Installation ist gerade 33 mm hoch und selbstverständlich im Lippenstift versenkbar.

Eiergravuren: Mit 1082 vorsichtig gebohrten Löchern verziert Wilfried Walbröhl aus Braunschweig, Niedersachsen (D), Hühnereier. Für die Fertigstellung braucht er schon mal bis zu einer Woche.

Eieruhr: 5:25 Min. läuft die aus zwei Literflaschen gebastelte, 58 cm lange Uhr, der als Meßflüssigkeit ein Gemisch aus Rotwein und Essig dient. Sie wird in der Wohngemeinschaft von Wolfgang Gallas und Jochen Keil in Heilbronn, Baden-Württemberg (D), seit 4. September 1996 für mittelharte Eier benutzt.

Eisenrosenblüte: Aus einem 70 x 70 x 180 mm großen Stahlrohling schmiedete Paul Dietsche aus Urtenen (CH) am 12. Juni 1996 eine Baccara-Rosenblüte und schweißte sie auf einen 3 m hohen Stiel mit Blättern und Dornen.

Haarschmuckperle: Gerade mal ein einzelnes Haar geht durch die 1,1 x 0,91 mm große Goldperle von Helmut Schmidsberger, Innsbruck (A), am 13. Juli 1996 gefertigt.

Bohrt gar nicht:

Das originalgetreue Modell im Maßstab 10:1 ist 1274 kg schwer und 250 cm hoch.

Aus Karpfengräten bastelt die 1997 im 86. Lebensjahr stehende Ingeborg Eimert aus Dresden, Sachsen (D), den unterschiedlichsten, sehr zerbrechlichen Zierschmuck: Christbaumschmuck, Broschen, Bilder, Umrandungen von Wandspiegeln.

Kerze aus Wachsresten: Aus 260 kg Resten goß Manfred Sobolowski (* 1958) aus Polch (D) am 27. März 1997 eine Riesenkerze von 212 cm Länge. Als Form diente ein altes Kanalrohr.

Das verrückteste Klavier hat Peter Pfändler aus Glattbrugg (CH) auf der Basis eines Pianos von Chappel & Co. (London) gebaut. Das Instrument hebt beim Spielen vom Boden ab, verwandelt sich erst in eine pferdeähnliche Figur, dann in ein Motorrad, läßt Schaufensterpuppen zum Vorschein kommen und bringt, trotz dieser und anderer Spielereien, noch richtige Töne heraus.

Nußknacker: Den größten funktionsfähigen baute 1997 Jürgen Löschner (* 1945) aus Neuhausen, Sachsen (D), 5,87 m hoch, 1028 kg schwer.
■ Größer, aber nicht funktionstüchtig, war der zu Weihnachten 1996 vom Gewerbeverein zu Hessisch-Lichtenau (D) installierte Riesennußknacker: 7,5 m hoch, 6 m Umfang und 500 kg schwer.

Das kleinste Puzzle hat Peter Bollinger aus Langnau (CH) gefertigt: 40 x 40 mm groß, 203 Teile.

Das kleinste Schachspiel ist 9 cm² groß mit 5 bis 9 mm hohen Figuren, alles aus Papier. Gebastelt wurde es von Lando Hermann aus Mannheim (D) am 24. Mai 1996.

Huckepack

kann das größte funktionsfähige Hörgerät getragen werden: 1,5 x 1,2 x 0,3 m.

Die kleinste vollautomatische Schnupftabakschleuder dürfte der Goldschmied Bernhard Burger (* 1958) aus Burgstall (Südtirol) gefertigt haben. Die 53 g leichte Dose aus 800er Silber ist 22 mm hoch und 38 mm im Durchmesser.

Ein Segelschiff aus Schnee schufen zwei Südtiroler Holzbildhauer im Auftrag des Tourismusverbandes Ischgl (A) am 17. März 1996 auf 2300 m Höhe auf der Idalpe. Das Schiff, das den Sommer nicht erlebte, war 40 m lang und 6 m breit.

Tischfußball: 2,41 m lang, 60 cm breit, 16 Querstangen, 48 Spielfiguren, CEVI Thalwil-Langnau (CH), am

Wem die Stunde schlägt:

Die breiteste Kuckucksuhr steht in Hornberg (links), die größte original Schwarzwälder in Triberg (Mitte) und die weltgrößte außerhalb des Schwarzwaldes in Gernrode (rechts).

7. April 1995 nach viermonatiger Arbeit fertiggestellt.

Tropfwachskerze: 2,10 m hoch, 3,17 m Umfang, 300 kg schwer, Erich Blümle, Graben-Neudorf, Baden-Württemberg (D). Zwischen 1961 und 1996 entstand sie aus einzelnen handelsüblichen Kerzen.

Modellbau

Mini-Bobbahn: Fünf Mitglieder der Mini-Bob Chaote aus Basel (CH) bauten vom 20. Januar bis 2. Februar 1997 direkt neben dem Original ein Modell der Olympia-Bobbahn von St. Moritz-Celerina nach. Bahnlänge 55 m, Eiskanalbreite 7 cm. Die Vierer-Mini-Bobs messen 17,5 cm x 5,5 cm. Elektronische Zeitmessung erlaubt richtige Rennen durchzuführen, abends beleuchtet von 152 Glühbirnchen.

Der größte Bohrhammer: 595 cm lang, 250 cm hoch, 1274 kg schwer, Blasy GmbH, Neu-Rum (A). Es ist ein originalgetreues Modell im Maßstab 10:1, das allerdings nicht funktioniert.

Die kleinsten Modelle historischer Dampfmaschinen hat Ulrich Hintzler aus Fallersleben, Niedersachsen (D), hergestellt. Gefertigt aus Messing, Stahl, Gold und Silber, messen sie gerade 19,7 mm in der Länge, 9,5 mm in der Breite und 10,8 mm in der Höhe.

Die längste Modell-Hängebrücke aus Kunststoff-Steckbausteinen des von ihm entwickelten Systems ARTO PLAY erbaute der Schweizer Horst Siegfried aus Walzenhausen beim Bregenzer Fest- und Schauspielhaus: 14,09 m Spannweite von Mast zu Mast, 21,75 m Gesamtlänge, 4,35 m Höhe, Traglast von ca. 20 kg.

Das größte funktionstüchtige Hörgerät mißt 1,5 x 1,2 x 0,3 m. Es wurde am 16. April 1994 von der Firma Reichel in Regensburg, Bayern (D), vorgestellt und kann ganz praktisch wie ein Rucksack auf dem Rücken getragen werden.

Das leichteste Hörgerät wiegt ohne Batterie 0,746 g (mit Batterie 0,924 g) und wurde von Dragan Nikolic, Wettingen, Aargau (CH), am 21. März 1997 in Handarbeit gefertigt.

Die kleinste Holzräderuhr nach Schwarzwälder Vorbild hat Alfred Drieselmann aus Bad Wildungen, Hessen (D), gefertigt. Die Uhr hat die Abmessungen 25 x 17 x 21 mm.

Die kleinste Holz-Tigerente hat Florian Gottwald aus Ulm, Baden-Württemberg (D), gefertigt. Sie ist gerade 7 mm lang und 5 mm hoch, hat drehbare Holzräder und paßt bequem auf ein 1-Pfennig-Stück.

Die größte Kettensäge: 6,98 m lang, 1,83 m hoch, von Moran Iron Works Inc., Onoway, Michigan (USA).

Die kleinsten Krippen baut Ilona Wegener aus Arolsen, Niedersachsen (D). Sie bringt die Krippen in Frucht- oder Nußschalen unter – die bisher kleinste paßte in eine Buchecker.

Hoch hinaus

will das größte CD-Rack mit 10,30 m. 22 000 CDs passen in den Turm von Alfred Reinhard.

Die größten Kuckucksuhren: Die größte original Schwarzwälder gehört seit 1994 Ewald Eble in Triberg, Baden-Württemberg (D). Nachmessungen im März 1997 ergaben eine Höhe von 15,30 m. Sie hat ein 8 m langes und 100 kg schweres Pendel und einen 4,5 m langen und 150 kg schweren Kuckuck.

▪ Die weltgrößte Kuckucksuhr außerhalb des Schwarzwalds baute die Harzer Uhrenfabrik in Gernrode, Sachsen-Anhalt (D): 14,5 m hoch, zu jeder Stunde erklingt ein Kuckucksruf mit Echo und Wasserfall. Fertigstellung: März 1997.

▪ Die breiteste steht seit 1995 in Hornberg, Baden-Württemberg (D), mit 11,50 m und gehört Adolf Herr. Sie will mit ihren 20 beweglichen Figuren zugleich die schönste sein. Unter den größten ist sie das wirklich.

Die größte Musikbox, *The Wall*, ist 12,6 m hoch und 19,2 m breit, gebaut von Namco Ltd. in Tokio.

Die kleinste mechanische Pendeluhr hat der Luzerner Uhrmacher Fredy Süess (* 1941) aus 150 Einzelteilen in nur 30 Std. Arbeitszeit gefertigt. Das kleine Wunderwerk ist ganze 9,9 mm hoch, 1,6 g leicht und damit etwa so groß wie ein mittlerer Zeigefingernagel. Das Pendel zappelt mit 10 800 Schwingungen pro Stunde.

Tasteninstrumente: Eine Sammlung kleinster historischer Tasteninstrumente im Maßstab 1:18 baut Diplom-Designer Udo Thein (* 1952) aus Essen (D) auf. Entsprechend den Originalen erhalten die Minimodelle eine klingende Besaitung. Die Sammlung umfaßt 18 Miniaturmodelle.

Der größte Weihnachtsmann war 15,6 m hoch, 11 m breit, 4 m dick und wog 2,5 t, vom 10. November 1996 bis 3. Januar 1997 im Tanglin-Einkaufszentrum in Singapur.

Kleinste Zinnfiguren mit unter der Lupe deutlich erkennbaren Körperhaltungen baut Wilhelm Heinrich aus Eschwege, Hessen (D), im Maßstab 1:1250. Sie sind dann ca. 1 mm groß.

Größter Zollstock: Maßstab 1:11, 22 m lang, 10 kg schwer, Dieter Senft, Kolpin, Brandenburg (D), März 1997.

Spiel's noch mal.

2 m hohe Figuren und eine Drehplatte mit 3,7 m Durchmesser: die größte Spieldose von Peter Glässer, Neuhausen.

Modelle & Miniaturen

Modellschiffe

Das größte seetüchtige Modellschiff ist die *Bremen IV* mit 12 m Länge und 12 t Gewicht von Arnold Scholz, Osnabrück, Niedersachsen (D).

Die größte Modellschiffsammlung besitzt Peter Tamm in Hamburg. Mehr als 22 500 Schiffe; alle im Maßstab 1:1250.

24-Std.-Rekorde: Mitglieder des Lowestoft Model Boat Club haben am 17./18. August 1991 im Dome Leisure Park in Doncaster (GB) ein funkgesteuertes Modellschiff bemannt und einen Streckenrekord von 178,92 km aufgestellt.
▮ David und Peter Holland aus Doncaster (GB), Mitglieder der Conisbrough and District Modelling Association, verbrachten 24 Std. als Besatzung auf der 71 cm langen Modellnachbildung des Trawlers *Margaret H*; das Kleinschiff legte in Doncaster am 15./16. August 1992 mit einer Batterie 53,83 km zurück.
▮ Die Modellbau-Dampfbarkasse *Pionier* fuhr am 10./11. Juli 1992 exakt 390 Runden und erreichte 39 km im Oberlaarer Kurpark von Wien-Favoriten (A). Der Schulrat Lorenz Windisch (* 1949) bastelte drei Jahre an seinem gasbetriebenen, 164 cm langen, 32 cm breiten und 40 kg schweren Modell mit 12 cm Tiefgang.

Das kleinste ferngesteuerte Modellboot fuhr am 9. November 1991 in einem Kinderplanschbecken von 80 cm Durchmesser in einem Laborgebäude der Höheren Technischen Bundeslehr- und Versuchsanstalt Mödling (A). Der Elektronikprofessor Kurt Lerch hatte das 90 mm lange, 35 mm breite und 31 g leichte Boot mit Schülern der Klasse N 5b, Jahrgang 1990/91, konstruiert und fertiggestellt.

Schipperte
einst die französische Schriftstellerin Benoîte Groult übers Wasser: heute größtes Buddelschiff mit 5,2 x 2,2 m.

Läuft
zu besonderen Anlässen vom Stapel: Die *Bremen IV* ist das größte seetüchtige Modellschiff. 12 m lang und 12 t schwer.

Das kleinste voll funktionsfähige Dampfboot fertigte der Maschinenschlosser Gerriet Müller (* 1960) aus Moormerland-Neermoor, Niedersachsen (D), im Mai 1993. Die Verkleinerung einer alten Hafenbarkasse ist 103 mm lang, 32 mm breit und 43 mm hoch, wiegt 38 g und ist aus Kupfer und Messing gearbeitet. Das Miniaturschiff hat pro Kesselfüllung 42 Sek. Laufzeit bei 2 bar Druck und 1700/min.

Das kleinste ferngesteuerte U-Boot hat Robert Kühlewein aus München, Bayern (D), gebaut. Das MIniboot ist 87 mm lang, 58 mm breit, 60 mm hoch und wiegt 67 g. Es ist die Nachbildung eines Forschungs-U-Bootes im Maßstab 1:35.

Das größte Buddelschiff stand vom 29. Juni bis 1. September 1996 in dem französischen Ort Concarneau. Der in der eigens angefertigten Riesenplastikflasche steckende Kahn (5,2 x 2,2 m, 1,4 t) gehörte einst der Schriftstellerin Benoîte Groult, und sogar François Mitterrand wurde damit schon befördert.
▮ Das größte Buddelschiff, 68,2 x 11 cm, 43 cm hoch, in einer mundgeblasenen129-l-Flasche baute Johnny H. Reinert aus Herne (D).

Das kleinste funkferngesteuerte Luftkissenboot, das sich dank eines Verbrennungsmotors COX 0,3 cm^3 mit Auspuffdrossel auf jeder ebenen Fläche mit ca. 15 km/h fortbewegen kann, hat Jörg Sellnow aus Balsaholz hergestellt. Das 203 x 160 x 114 mm

Sammelte
über 22 500 Modellschiffe: Peter Tamm aus Hamburg. Alle Schiffe stehen im Maßstab 1:1250 im Regal.

messende, 210 g leichte Hovercraft wird über Luftruder und Drehzahlregelung des Motors gesteuert.

Das kleinste Buddelschiff mit 0,44 mm hat der Hamburger Frank Jester (* 1968) gebastelt und in einer 1,2 mm kleinen Mikroglühlampe von 0,65 mm Durchmesser versteckt.
▮ Auch Karl-Heinz Lehmann aus Ammersbek (D) bastelte im Dezember 1996 ein kleinstes Buddelschiff in einer solchen Mikroglühlampe.

Modell-eisenbahnen

Die kleinste Dampflokomotive hat Rudolf Baron aus München, Bayern (D), gebaut. Die knapp streichholzschachtelgroße Lokomotive besitzt einen echten Dampfkessel mit 1,6 cm^3 Rauminhalt.

Die größte Modelleisenbahn-Anlage in Europa steht bei Anton Laux (* 1917) in Blankenburg, Eifel (D). Auf 167 m^2 liegen 3228 m H0-Schienen, 138 Weichen, 86 Signale, sind 126 Züge fahrbereit, können 65 Züge gleichzeitig fahren. In der Landschaft stehen insgesamt 7000 Bäume, 500 Häuser und 300 Autos.

Die geringste Spurbreite der Welt mit 6,5 mm (Spur Z) weist die Märklin-Modellbahn vom Mini-Club auf, die im Maßstab 1:220 konstruiert wurde. Sie wurde 1972 eingeführt.

Die längste überwachte Fahrt einer Modell-Dampflokomotive fand am 7./9. September 1979 in Thames Ditton (GB) statt. Sie dauerte 27:18 Std. und erstreckte sich über 231,7 km. Die Bahn namens *Winifred* (gebaut 1974 von Wilf Grove) mit einer Spurweite von 18,4 cm arbeitet mit einem Druck von 5,6 kg/cm^2, wird mit Kohle geheizt, hat einen Zylinder mit einem Innendurchmesser von 54 mm und einen Hub von 79 mm.

Der Nonstop-Fahrrekord für eine Modelleisenbahn (eine Lokomotive mit 6 Wagen) beträgt 1219 Std. Die Mini-Club-Lokomotive *8885* (Märklin) war bei der Rekordfahrt, dem Maßstab 1:220 entsprechend, auf ein 130-km/h-Tempo eingestellt und erreichte ohne Reparatur und Pflege umgerechnet 158 400 km, reale Entfernung 720 km, bei einem Test im Jahr 1981.

Die kleinste Modellschmalspureisenbahn im Maßstab 1:1000 wurde im Januar 1988 auf einer Modelleisenbahn-Ausstellung im Prater Berlin von der Arbeitsgemeinschaft Weinbergsweg vorgestellt. Der Mechaniker Werner Krey aus Fredersdorf (D) hat eine 7,2 mm lange Lok gebastelt, die von einem 12-V-Uhrenmotor angetrieben wird. Der Zug fährt auf einer Minispurweite von 1 mm.

Die kleinste Miniaturbahn, eine 3 mm lange Lok, hat der Betriebsingenieur Günter Brenner (* 1923) aus Hohenpeißenberg (D) Eisenbahnfreunden am 15. März 1992 vorgestellt. Der Winzling fährt mit Beleuchtung auf dem Rand eines Pfennigstücks mit 0,75 mm Spurbreite, angetrieben von 3 V Wechselstrom. Drei Jahre zuvor hatte er bereits mit einer 4,2 mm langen Minibahn, die auf einer Spurbreite von 0,8 mm um ein 2-Pfennigstück fuhr, überrascht.

Die schnellste Modellbahnlok fuhr am 29. Juni 1996 im Museum für Auto und Technik in Sinsheim (D) eine Geschwindigkeit von 65,2 km/h. Die Modell-Lokomotive wurde in der Lehrwerkstatt der Firma Faulhaber hergestellt.

Die größte Entfernung, die eine Modell-Dampflok in 24 Std. zurücklegte, sind 269,9 km. Zehn Lokführer schickten am 17./18. Juni 1994 in Weston Park (GB) die Lokomotive *Peggy* (Spurweite 18,4 cm) auf die Rekordstrecke.

Die Stärke der Modell-Lokomotiven: Am 16. Dezember 1995 zogen in der Halle des ICE-Werkes in München (D) 86 H0-Modellbahnlokomotiven des Modells *Krokodil* von der Firma Roco eine 86 t schwere Lokomotive vom Typ *127 001-6*, den sogenannten *EuroSprinter*, in 50 Sekunden über eine Strecke von 5 m.

Die größte Modell-Eisenbahnanlage eines Unternehmens präsentierte die Spielzeugfirma Train World aus Dreieich bei Frankfurt/Main (D). Vom 9. November 1994 bis 31. Januar 1995 konnten Modellbahnfreaks in der Axis-Passage von Leipzig, Sachsen (D), 35 gleichzeitig fahrende Züge aus den 60er und 70er Jahren auf einer 15 m langen und 5,1 m breiten Anlage bewundern. Drei Bastler hatten zwei Jahre lang das Modell mit seinen 450 m Schienen und 20 000 m Kabellänge, 60 Weichen, mehreren elektrischen Autospuren und den fünf übereinander liegenden Ebenen gebaut.

Fahren
gleichzeitig auf der 15 m langen Modellanlage von Train World: Züge aus den 60er und 70er Jahren.

Die längste Modelleisenbahnstrecke wurde am 15. Januar 1994 im Haus der Wissenschaft und Kultur der russischen Föderation in Berlin vom Club Weinbergsweg und dem Veranstalter ConCultura geschaffen. Die Trasse ohne Weichen, jedoch mit Kreuzungen, war insgesamt 364,6 m lang.

Der längste Modellbahnzug der Welt in Spurweite H0 mit einer Länge von 242,42 m ohne Lokomotiven fuhr am 1. November 1993 auf Gleis 1 im Stuttgarter Hauptbahnhof (D). Die Mitglieder des Modelleisenbahn-Clubs Stuttgart und der Modellbahngruppe Stuttgart des Bundesbahn-Sozialwerks hatten 2108 Güterwagen aufgegleist und aneinandergekoppelt, die von 10 Güterzuglokomotiven *DB 194 (Krokodil)* 35,14 m weit gezogen wurden. Umgerechnet auf den Maßstab 1:1 entspricht das einer Zuglänge von 24,473 km.
▮ Eine Lokomotive der Baureihe 151 von Märklin, Spurweite Z, zog im November 1989 aus eigener Kraft 174 Güterwagen auf einem geraden Schienenstrang 15 m weit. Damit konnte Klaus Niggemann aus Unna-Massen, Nordrhein-Westfalen (D), seinen Rekord vom November 1985 um 74 Güterwagen verbessern.
▮ Eine Rekordfahrt schaffte am 2. April 1989 eine serienmäßige Roco-Lok auf einem 108 m langen Oval in der Lehrter Turnhalle, Niedersachsen (D). Der Modelleisenbahnverein Lehrte hatte einen 74 m langen und 40 kg schweren Zug aus 400 sechsachsigen Erzwagen (2400 Achsen) zusammengestellt. Im zweiten Anlauf zog die 20-cm-Lok den Rekordzug eine Runde durch das Oval.

Schießt
mit 65,2 km/h über die Schiene. Die schnellste Modellbahnlok im Museum für Auto und Technik in Sinsheim.

Im Kleinformat

Segler ganz groß:
der *DFS Habicht E* im Maßstab 1:2,2. Von Walter Zahn.

Rasenmäher en miniature:
mit 0,043 PS voll funktionstüchtig. Von Valentin Britzmann.

Modellautos

Der größte Automobilhersteller der Welt ist die Firma Matchbox mit täglich 300 000 Spielzeugautos. Gegründet 1947, wurden bisher mehr als 4,5 Mrd. Wagen produziert.

Das kleinste motorisierte Modellauto wurde von Nippodenso in Kariya (Japan) gebaut. Es ist ein Modell des ersten Toyota-Pkw, der Limousine Modell *AA* von 1936, gebaut im Maßstab 1:1000, nur 4,786 mm lang, 173 mm breit und 1,736 mm hoch. Die Stoßstange ist nur 50 µm dick (ein menschliches Haar ist durchschnittlich 80 µm dick). Der Motor, dessen Spule nur 1 mm im Durchmesser mißt, wird über den aus dem Dach führenden Kupferdraht von außen mit Strom versorgt. Er treibt die Vorderräder an und erlaubt dem Auto eine Höchstgeschwindigkeit von 0,018 km/h.

Das teuerste Modellauto ist ein Bernstein-Porsche *356 A-Speedster* im Maßstab 1:10. Der Grafiker Nick Bock (* 1940) aus Kampen, Sylt (D), hat den 40 cm langen Mini-Wagen aus 4,7 kg blauem dominikanischem Bernstein, 400 g gelbem Bernstein mit Inklusen und 1 kg 925er Silber gebaut. Er ist damit dreimal teurer als ein Originalfahrzeug.

Modellautos in der Flasche baut Robert Kwiatkowski aus Radolfzell, Baden-Württemberg (D). Die Modelle im Verhältnis 1:24 müssen in kleinsten Teilen durch die 2 cm große Flaschenöffnung geschoben und innen zusammengesetzt werden.

Den Dauerfahrrekord für Modellautos stellte ein *Scalextric Jaguar XJ 8* vom 2. Mai bis zum 7. Juni 1989 auf, als er nonstop 866:44:54 Std. fuhr und dabei eine Strecke von 2850,39 km zurücklegte. Das Rekordereignis wurde von Reverend Bryan G. Apps und Gemeindemitgliedern von Southbourne in Bournemouth, Dorset (GB), organisiert.

Ein 24-Std.-Streckenrekord für Modellautos im Maßstab 1:64 wurde am 4./5. September 1994 von H.O. Racing and Hobbys in San Diego, Kalifornien (USA), mit 603,631 km erzielt.

▮ Für Modellautos im Maßstab 1:32 steht der 24-Std.-Rekord von 492,364 km seit dem 5./6. Juli 1986. Mitglieder der North London Society of Moel Engineers brachten damals einen Gruppe-C-Sportwagen *Rondeau M482C* auf die Strecke. Konstruiert war er von Ian Fisher.

Der längste befahrbare Kurs für Modellautos mißt 508,75 m. René Kohler, Marco Maccioni, Markus Schood und Kurt Wyss, alle aus Solothurn (CH), haben ihn im Juli 1995 in Bellach aufgebaut.

▮ Der längste Kurs in Deutschland mißt 333,52 m. Michael Nuss (* 1967) aus Göppingen, Baden-Württemberg (D), hat seine Märklin-Modellrennbahn am 27. Dezember 1992 im Waldstettener Squash- und Fitneß-Center aufgebaut.

Der kleinste Rasenmäher köpft seit 4. Februar 1997 Grashalme wie die großen Originale. Er ist 7,1 cm lang, 4,6 cm breit, hat 0,043 PS und wiegt 91 g. Valentin Britzmann aus dem österreichischen Niklauzhof konstruierte den mit einem 4,5-Volt-Elektromotor ausgestatteten Mäher.

Den kleinsten Dampftraktor baute der Wiener Gerhard Lehner (* 1936). Die Kesselfüllung des 67 x 46 x 52 mm Live-Steam-Modells eines Traktors der Jahrhundertwende reicht für eine siebenminütige Traktorfahrt.

Helikopter im Einsatz:
aus Alu und Papier. Vom Mainzer Institut für Mikrostrukturtechnik.

Den kleinsten Modell-Gelenkbus baute Lothar Anders (* 1955) aus Wülfrath (D) im Maßstab 1:13 in acht Jahren. 8500 Std. benötigte er, bis der Minibus mit seinen drei ferngesteuerten Türen, fernbedienten Hup- und Motorgeräuschen und den wie beim

Modell zieht Truck: Der von Hans Seiffert (* 1945) aus Berlin konstruierte Modelltruck im Maßstab 1:15, 18 kg schwer, 52 cm lang, 20 cm breit, 23 cm hoch, zog am 23. November 1996 in Berlin seinen großen Bruder, einen *Peterbilt 379 American Class*

einer Spannweite von 6,2 m, einer Länge von 4,1 m und einem Fluggewicht von 90 kg gebaut.

Das größte Doppeldecker-Modell: *Curtiss Jenny*, Typ *JN4-D2 Kelly Field*, Spannweite 5,30 m, 18,9 kg schwer,

Runde. Entwickelt wurde das 400 mg leichte Fluggerät (24 mm lang, 8 mm hoch, Rotordurchmesser 13 mm) aus Aluminium und Papier mit zwei Mikromotoren, das bequem auf einer Erdnuß landen kann, vom Mainzer Institut für Mikrostrukturtechnik (D).

Autos im Glas
im Verhältnis 1:24. Von Robert Kwiatkowski.

Leichtgewicht unter der Sonne
ist das Solarflugmodell *NanoSol*. Von Sieghard Dienlin.

Original funktionierenden Lichtern ausgetüftelt war. Allein 10 000 DM Materialwert an Kunststoff, Aluminium, Messing, Holz, Plexiglas und Gummi steckte er in den 7 kg schweren und 1,28 m langen Modellbus. Sein großes Vorbild mißt übrigens 16,5 m.

Den kleinsten ferngesteuerten Omnibus hat Martin Jochen aus Bellenberg (D) gebaut. Der Wagen im Maßstab 1:87 ist 95 mm lang, 29 mm breit und 39 mm hoch.

Der größte Mini-Lkw fährt mit 30 km/h durch Fürth. Der Kfz-Schlosser Harald Herrmann (* 1964) baute in mehr als 5000 Arbeitsstunden einen *MAN-26.361-DFS*-Sattelschlepper im Maßstab 1:5 originalgetreu nach. Abgesehen vom Getriebe, einem Zweitaktmotor und den aus Japan beschafften Reifen entstanden alle Teile in Herrmanns Werkstatt in mühsamer Handarbeit. Alle Teile sind funktionsfähig. Das 3,5 m lange Fahrzeug mit einem von 3 bis 4,2 m ausziehbaren Sattelzug verschlang etwa 18 400 DM Materialkosten.

Kfz-Holzmodelle baut seit 1945 originalgetreu im Maßstab 1:25 in Leistenbauweise Fritz Beck (* 1928). Seine große Sammlung umfaßt inzwischen insgesamt 145 Einzel-Nutzfahrzeug-Modelle.

mit einem Gesamtgewicht von 22 300 kg aus dem Stand auf einer ebenen geraden Fläche.

Modellflugzeuge

Satelliten: Herbert Heiß aus Ober-Ramstadt (D) hat es sich in den Kopf gesetzt, jeden im Orbit befindlichen Satelliten als Modell nachzubauen. Seit einigen Jahren hat sich der passionierte Modellbauer auf die Herstellung von vollbeweglichen Satelliten spezialisiert. Durch enge Zusammenarbeit mit den entsprechenden Firmen wie ASTRA, TELESAT und Universitäten erhält Herbert Heiß genaue Baupläne, die er umrechnet und anhand derer er in einem handlichen Maßstab Satelliten detailgerecht anfertigt. Alle 120 Modelle bestehen überwiegend aus Metall und lassen sich komplett auseinandernehmen.

Das kleinste ferngesteuerte UFO hat Horst Fenchel aus Siegen, Nordrhein-Westfalen (D), gebaut. Bei einer Spannweite von 10 cm ist es 25,5 cm lang.

Das größte Modellflugzeug ist der originalgetreue Nachbau einer *Piper PA-18*. Ernst Müller aus Lana, Südtirol (I), hat die Sportmaschine mit

gebaut von Detlef Sewing (* 1962) aus Löhne (D), vorgeführt 1996 in Bad Wörishofen.

Das größte Segelflugmodell hat Walter Zahn (* 1929) aus Obernburg, Hessen (D), im Januar 1997 mit der *DFS Habicht E* von 1936 im Maßstab 1:2,2 vorgestellt. Spannweite 6,18 m, Länge 3,0 m, Gewicht 19,9 kg.

Der größte Gleiter ist der funkgesteuerte *Eagle III* mit einer Flügelspannweite von 9,8 m und einem Gewicht von 6,5 kg. Konstruiert wurde er von Carlos René Tschen und Carlos René Tschen jun. aus Colonia San Lázaro (Guatemala).

Den Distanzrekord in einem geschlossenen Rundflug halten Maynard Hill und Robert Rosenthal (USA) mit 1250 km, aufgestellt am 26. Juni 1996.

Dauerrekorde: 55:06 Std. schaffte am 15. Dezember 1993 ein Innenraum-Modellflugzeug mit Gummiaufzugmotor, konstruiert von Robert Randolph (USA).
▮ Jean-Pierre Schiltknecht (* 1938) aus Zollikerberg (CH) flog am 10. Juli 1991 bei Wetzlar, Hessen (D), ein solargetriebenes Modellflugzeug 10:43:51 Std.

Der kleinste Hubschrauber der Welt flog am 3. September 1996 seine erste

Das leichteste Solarflugmodell: 159,5 g wiegt *NanoSol* von Sieghard Dienlin aus Mainz, Rheinland-Pfalz (D). Am 6. Juni 1996 nahm das ferngesteuerte Modell mit einer Flügelspannweite von 1,11 m an seinem ersten Wettbewerb teil.

Das kleinste lenkbare Luftschiff (in Länge und Volumen) ist über vier Kanäle funkferngesteuert, verfügt über Höhen- und Seitenruder, ein Gasablaßventil und ist über einen Elektromotor mit 2 W Leistung angetrieben und mit Wasserstoff gefüllt. Der Wiener Josef Mayer (* 1968) hat das 2,26 m lange Luftfahrzeug mit 0,64 m Durchmesser geplant, gebaut und am 10. April 1996 in Graz erstmals fliegen lassen.

Den kleinsten flugfähigen Heißluftballon konstruierten Gerriet Müller und Ines Domke aus Leer, Niedersachsen (D). Er ist 205 mm hoch, wiegt 3,5 g und hat am 20. März 1995 in Leer eine Flughöhe von 9 m erreicht.

Den kleinsten ferngesteuerten Huckepack-Schlepp zweier Modelle haben Horst Fenchel und Joseph Qagish aus Bonn (D) im September 1991 vorgestellt. Der Mini-Huckepack *One Cent* (Motormodell, 160 g) und *Six Pence* (Segler) besitzt Spannweiten von 620 und 600 mm, den Motor COX 03 und ein Gesamtfluggewicht 250 g.

Laufen und Springen

Rasant
auf Rollski: Richard Geiser fuhr 160,154 km in 6 Std. Den 12-Std.-Weltrekord hält er mit 316,051 km.

Allgemeines

Volksläufer: 3920 Medaillen und Auszeichnungen hat sich Paul Eppel aus Ludwigshafen, Rheinland-Pfalz (D), seit 1962 in allen fünf Erdteilen erlaufen, erwandert, erradelt und erschwommen. Über 79 480 km hat er dabei in Wettkämpfen zurückgelegt.

Deutschlands sportlichste Familie wohnt im badischen Hemsbach. Vater und Mutter Dreßler sowie alle acht Kinder erwarben 1984 das Deutsche Sportabzeichen. Im gleichen Jahr schafften es auch zehn Brüder und Schwestern der Familie Freese im niedersächsischen Visbeck.

Deutsches Sportabzeichen: Absoluter Rekordhalter ist der Bremer Walter Herrlau (* 1909), der bis 1988 56mal die Bedingungen erfüllte.

▮ Bei den Frauen führt die Berlinerin Anne-Lies Hoffmann (* 1914), die 55mal (bis 1996) die Bedingungen erfüllt hat.

▮ Mit 91 Jahren war Günther Deilmann aus Merkers (D) der älteste, der erstmals das Sportabzeichen machte. Er schaffte dies im Juni 1995.

▮ In 16:43,1 Min. errang Jürgen Julitz (* 1935) aus Warendorf, Nordrhein-Westfalen (D), am 16. November 1996 sein Sportabzeichen in Gold.

Das schnellste Sportabzeichen als Behinderter schaffte Bob G. Schwerdtfeger am 11. Oktober 1995 in Caracas (Venezuela). 15:52,37 Min. brauchte er für die fünf Übungen.

Das älteste Laufteam: Gerhard Lessig (* 1912), Siegmund Regel (* 1913) und Bernhard Polleschner (* 1914), zur Rekordzeit insgesamt 247 Jahre alt, liefen beim Mannschaftscrosslauf in Dresden am 6. April 1996 über eine Strecke von 6,3 km in einer Zeit von 62:40 Min. als erste durchs Ziel.

Der seit Gründung am längsten unverändert bestehende Kegelclub ist der im November 1967 gegründete „Letzte Haufen" in Köln mit 10 leidenschaftlichen Keglerinnen und Keglern.

Das größte Hallenfußballturnier fand vom 3. bis 5. Januar 1997 in Halle-Saale, Sachsen-Anhalt (D), statt, als unter Leitung der SG Buna Halle genau 100 Mannschaften in 239 Spielen um den Buna-Pott kämpften. Nach 903 gefallenen Toren freuten sich die Lucky Looser aus Leipzig.

Das größte Eishockeyturnier veranstaltete der EHC Seewen, Schwyz (CH), vom 10.-16. März 1997 mit 127 Mannschaften beim Chämilochturnier.

Topfit,
das älteste Laufteam. Bestzeit: 62:40 Min. über 6,3 km beim Mannschaftscrosslauf.

Moderne Disziplinen

Aerobic: Exakt 24 Std. war Claudia Schittler aus Gaimersheim, Bayern (D), im Einsatz, als sie im WestPark von Ingolstadt am 5. April 1997 ihre Aerobicstunde beendete. Richard Neugebauer schaffte das 24-Std.-Kunststück zur gleichen Zeit an gleicher Stelle auf dem Spinning-Rad.

Beach-Volleyball über 24 Std. spielten 45 Aktive aus Vallstedt, Niedersachsen (D), am 19./20. Juli 1996 jeweils 3 gegen 3 über 30 Minuten.

Bumerang-Weitwurf-Weltrekord: Christian Jabert aus Frankreich, 149 m (Distanz vom Abwurf- zum Umkehrpunkt).

Den größten Bumerang baute Bunny Read aus den USA mit 2 m Länge. Weiter als 15 m flog der Bumerang allerdings nicht.

Fitneß-Stepper: 6 Tage und Nächte (vom 1. bis 7. Januar 1997) war der Stepper der SE-Fitness Company von Edith Eitel in Eningen, Baden-Württemberg (D), im ununterbrochenen Einsatz, um 288 Menschen fit zu halten. Alle hatten ihren Spaß, für die Maschine war es ein Dauerrekord.

Laufband: In 12 Std. liefen die Ultralangstreckenläufer Torsten Hirschberger und Klaus-Peter Mummel in Wolfsburg, Niedersachsen (D), am 26. September 1996 auf der Stelle 153,8 km im 10-km-Wechsel. Wenig abwechslungsreich war allerdings die Landschaft.

Frisbee-Weitenrekorde, die von der World Flying Disc Federation geführt werden, stellten bei den Männern

Schwungvoll
schleuderte Dennis Joyce den Bumerang in die Luft. Für 2:59,94 Min. blieb das australische Wurfgeschoß im freien Flug.

Wagemutig sind alle Fans der neuen Extremsportart Scad Diving. Ohne Seil im freien Fall aus 60 m in ein freihängendes Netz.

Scott Stokely (USA) am 14. Mai 1995 in Fort Collins, Colorado (USA), mit 200,01 m und bei den Frauen am 21. August 1994 an gleicher Stätte Anne Kreml (USA) mit 136,31 m auf.

Inline-Skating: In Deutschland fuhren Ende Juni 1997 bereits über 9 Mio. Freizeitsportler mit den schnellen Rollschuhen, weltweit sollen es 150 Mio. sein. Die Branche rechnet für 1997 mit 4 Mio. verkauften Paaren allein in Deutschland.

24-Std.-Inline-Skates: 521 km von Frankfurt am Main nach München legte Dirk Auer (* 1972) aus Groß Gerau, Hessen (D), am 20./21. Oktober 1995 zurück.

Längste Inline-Skates-Kette: 166 Personen rollten Hand in Hand insgesamt 221,65 m weit, am 22. September 1996 durch die Innenstadt von Neuenkirchen (D) – organisiert von der Kolpingjugend.

Inline-Skates-Hochsprung: 2,30 m durch Rafael Sanzo aus Lausanne (CH) am 21. Oktober 1995.

Mountainbike: 1,80-m-Weitsprung aus dem Stand, Sebastian Golze, Berlin (D), 18. April 1996.
▮ 1-m-Hochsprung aus dem Stand, Christopher Noelle, Sexau, Baden-Württemberg (D), 10. Oktober 1995.

Mountainbike-Hometrainer-Mannschaftsradeln (4 Teams à 8 Personen, 48 Std.): VSF Gersfeld/Rhön (D), 5297,1 km, 14.-16. März 1997.

Rollski: Richard Geiser aus St. Andrä, Südtirol (Italien), fuhr am 2. September 1996 in Castelfranco 160,154 km in 6 Stunden.
▮ Den 12-Std.-Rekord hält er seit dem 3. September 1995 mit 316,051 km.

Scad Diving heißt die neueste Extremsportart, bei der 3 Sek. Todesangst auszustehen sind. Der Springer stürzt ohne Seil im freien Fall aus 60 m Höhe von einer Plattform, die sich wie eine Falltüre öffnet, in ein *Scad*, ein Netz, und wird von Tempo 100 auf Null abgebremst. Eine Erfindung von H. W. Patrick Fischer, Hamburg (D); vorgeführt am 25. April 1997 bei Schloß Neuschwanstein (D).

Skateboard: Seit 1966 werden in unregelmäßigem Abstand Weltmeisterschaften ausgetragen. Eleftherios Argiropoulos kam am 4./5. November 1993 in Ekali (GR) auf eine Marathonleistung von 436,6 km in 36:33:17 Stunden.
▮ Schnellster Skateboardfahrer ist Roger Hickey mit 126,12 km/h in Bauchlage am 15. März 1990 bei Los Angeles, Kalifornien (USA). Im Stand schaffte er 89,2 km/h am 3. Juli 1990 in San Demas, Kalifornien.
▮ Der Hochsprungrekord ist 1,67 m, am 14. September 1982 von Trevor Baxter aus Burgess Hill (GB).
▮ 17 Fässer (5,18 m) übersprang Tony Alva (* 1958) am 25. September 1977 bei den 4. US-Meisterschaften in Signal Hill, Kalifornien.

Snowboard: Mit dem größten Snowboard fuhr Martin Walter mit acht Personen am 29. April 1995 im Skigebiet von Samnaun. Die 500-m-Fahrt mit dem 5,4 m langen, 50 kg schweren Board verlief ohne Sturz.

Wheelie: 22 815 m auf dem Hinterrad seines Mountainbikes fuhr Achim Nagel aus Florstadt, Hessen (D), am 10. August 1994.

Windskating: Der Kieler Peter Wessel (* 1957) segelte im Sommer 1991 auf dem Surfbrett mit vier Rädern 1420 km über Argentiniens Nationalstraße 3 in 12 Tagen.

Mein schöner Garten

Blumen und Blüten

Die Blume des Jahres 1997 in Deutschland ist die Silberdistel *(Carlina acaulis)*, die auch Wetterdistel oder Große Eberwurz genannt wird. Sie gehört zur Familie der Korbblüter und wächst in lichten Gehölzen und auf steinigen Hängen.

Die größte Blüte mit einem Durchmesser von bis zu 91 cm hat die orangebraun und weiß gefleckte Schmarotzerlilie *(Rafflesia arnoldi)*, die im Dschungel Südostasiens wächst. Die Blütenblätter sind 1,9 cm dick und wiegen bis zu 11 kg.

Samentüte: 5,05 x 3,2 m, Geissler Samen, Zürich (CH), 26. Juni 1996, gefüllt mit Sonnenblumensamen in Originalgröße.

Den größten Blütenstand besitzt die *Puya raimondii*, eine seltene bolivianische Pflanze mit aufrechter Rispe (Durchmesser 2,4 m), die 10,7 m hoch wird. Jede Rispe trägt bis zu 8000 weiße Blüten.

Die kürzeste Blütezeit hat die Wasserpflanze *Victoria amazonica*. Ihre schneeweißen bis zu 30 cm großen Blüten öffnen sich einmal im Jahr für zwei Tage, um mit Ananasduft Käfer anzulocken. Die Blätter erreichen Durchmesser von bis zu 3 m.

Stechen

läßt sich Loki Schmidt nicht von der Blume des Jahres, der Silberdistel.

Das größte Blumengebinde bestand aus 15 000 Rosen und wurde am 27. Juni 1996 von Wolfgang Ruhnau aus Wien (A) handgefertigt.

Die beliebteste Blume in Deutschland ist die Rose. Das ergab eine Umfrage im Frühjahr 1996. Sie wird am liebsten verschenkt und wächst in 86 Prozent der deutschen Gärten.

Bonsai-Pflanzen im Kleinstformat züchtet Michael Lenke aus Hengersberg in Bayern (D). Die kleinste Sonnenblume in seinem Miniatursonnenblumengarten war 5,6 cm hoch.

Den größten Hängekorb schufen 1996 die Fuchsienfreunde von Kempen in Neerpelt (Belgien). Der Korb hatte einen Durchmesser von 8,5 m, wog gefüllt etwa 20 t und enthielt ungefähr 2000 Fuchsien.

Der längste Blumenkasten ziert den Limmat-Steg in Zürich (CH). Die durchgehende Holzkiste von 217,13 m Länge wird per Computerdruck bewässert.

Der längste Sprühstab für den Garten wurde von Tobias Koeppe aus Wentorf, Schleswig-Holstein (D), entwickelt. Er ist 80 cm hoch und hat eine Füllmenge von 0,5 l.

Die älteste Topfpflanze der Welt und zugleich die seltenste ist das einzelne Farngewächs *Encephalartos altensteinii*, das im Jahr 1775 aus Südafrika importiert wurde und heute in den Königlichen Botanischen Gärten von Kew, Surrey (GB), gedeiht. Es ist das einzige Exemplar seiner Art.

High-Tech-Gärtnerei: Die erste High-Tech-Flower-Farm der Welt produziert am Land- und forstwirtschaftlichen Forschungsinstitut der Präfektur Osaka (Japan) 300 000 Topfpflanzen im Jahr. Die Stecklinge werden von Robotern gepflanzt und maschinell bewässert.

Alpenveilchen: Eine Pflanze mit 260 Blüten hat Ursel Tervoort aus Camitz (D) 1995 gezüchtet.

Azalee: 7 m Umfang hat die rosa blühende Pflanze von Gerd Gnauck, der als Gärtner in der Sammlung Oskar Reinhart am Römerholz in Winterthur (CH) tätig ist.

Chrysantheme: Die größte züchtete Bernard Lavery, Llanharry (GB), 1995. Sie wurde 4,34 m hoch.

Gänseblümchen: Tobias Matzke und Patrick Sievers (beide * 1985) aus Salzgitter hatten im August 1996 einen Zuchterfolg von 22,5 cm Länge.

Philodendron: Der größte mißt stattliche 339,55 m. F. Francis hat ihn 1984 an der University of Massachusetts (USA) gezüchtet.

Rose: 186,2 cm langstielige Rose, Ingeborg Hinterleitner, Neuhaus (D), 1995.

Sonnenblume: 7,76 m, M. Heijms, Oirschot (NL), 1986; 5,10 m, Karl-Heinz Hermann, Barleben (D).

Wundern

braucht sich niemand: Die Tüte haushoch, die Samen in Originalgröße.

Der größte Rhododendronpark Deutschlands liegt in Bremen. Auf einer Fläche von 1800 m² gedeihen 700 Rhododendron-Wildarten und in Schaugewächshäusern werden 1000 tropische und subtropische Arten dieser Zierpflanze gezeigt.

Der älteste Rosenstock Deutschlands dürfte der am Hildesheimer Dom sein. Sein Alter wird mit 1000 Jahren angegeben: Bistumsgründer Kaiser Ludwig der Fromme habe um das Jahr 815 den Platz für den Rosenstock ausgewählt; urkundlich wird er erstmals 1570 erwähnt.

Der größte Rosenstock steht in Tombstone, Arizona (USA). An ihm blühen „Lady-Banks"-Rosen. Er hat einen 409 cm dicken Stamm, ist 2,75 m hoch, und seine Zweige reichen über 742 m². Er wird von 77 Pfählen gestützt: 250 Personen können sich in dieser „Laube" aufhalten.

Stinken

himmelhoch: Die Blüte des Titanwurz mißt bis zu 2,30 m.

Die längste Silberdistel mit 298 cm wuchs 1996 im Garten von Bernfried Borgmeier, Delbrück-Westenholz, Nordrhein-Westfalen (D).

Der größte Weihnachtsstern hatte im Dezember 1996 einen Umfang von 6,5 m mit 75 Blütenständen. In der Sammlung Oskar Reinhart am Römerholz in Winterthur, Zürich (CH), hatte der Gärtner Gerd Gnauck diese Pflanze gezogen.

Staunen

ohne Ende über die größte Blüte der Welt: 91 cm.

Obst und Gemüse

Apfel: 1,47 kg, Familie Hanner, Hood Rivers, Oregon (USA), 1994.
▮ 1 kg, Werner Steingräber, Rümmelheim (D), 1989.

Aubergine: 1,721 kg, Paolo Mantaro, Thun (CH), 1994.

Banane: Deutschlands nördlichste Bananenernte (Sorte *Musa accuminata*) findet alljährlich im Herbst im subtropischen Badeparadies „Aqua Tropicana“ im Ferienpark Damp, Schleswig-Holstein (D), statt.

Erdbeere: 231 g, G. Anderson, Folkestone, Kent (GB), 1983.
▮ 115 g, Durchmesser 9,8 cm, Familie Fenner, Küsnacht (CH), 8. Juli 1996.

Gartenkürbis: 49,04 kg, Bernard Lavery, Llanharry, Mid Glamorgan (GB), 1990.

Wiegen

lassen sich beide. Der Rekordkürbis kommt auf fast 50 kg.

Grapefruit: 3,065 kg, Debbie Hazleton, Queensland (Australien), 1984.

Grüne Bohne: 121,92 cm, Bill Rogerson, Robertsonville, North Carolina (USA), 1994.
▮ 121,9 cm, H. Hurley, Fuguay-Varina, North Carolina (USA), 1996.

Honigmelone: 28,12 kg, G. Daughtridge, Rocky Mount, North Carolina (USA), 1991.

Johannisbeere: Strauch, 4,50 m Höhe, Alfred Wermann, Bremen, 1995.

Karotte: 7,13 kg, Bernard Lavery, Llanharry (GB), 1996.
▮ Längste: 5,14 m, B. Lavery, Llanharry, Mid Glamorgan (GB), 1991.

Kartoffel: 85 kg, Vo Nhu Da (Vietnam); Februar 1996 (Süßkartoffel).
▮ 3,5 kg, K. Sloane, Patrick, Isle of Man (GB), 1994.
▮ 1,31 m hohe Staude mit einem Ertrag von 4,1 kg, Hans Hostettler, Interlaken (CH), 1994.
▮ 960 g, Willi Claus, Osterode, Niedersachsen (D), 9. September 1996.

Kohlrabi: 29,65 kg, Franz-Josef Lauer, Nofelden-Bosen (D), 1989.

Knoblauch: 1,19 kg, R. Kirkpatrick, Eureka, Kalifornien (USA), 1985.
▮ 1,808 kg, Ernst Roth, Zürich (CH), 1995.

Kohl: 56,24 kg, Bernard Lavery, Llanharry, Mid Glamorgan (GB), 1989.

Kürbis: 408,5 kg, John und Chris Lyons, Baltimore, Ontario (Kanada), 1994.
▮ 121,5 kg, E. Techt, Fehring (A), 1987.

Löwenzahn: 63,5 cm, Susanne Pieren, Lyssach, Bern (CH), 28. Juli 1996.

Obst in Flaschen: 6 Williams-Christ Birnen, 4 Golden Delicious, Trauben Gutedel rot und weiß in je einer 1,2-Liter-Flasche, Janos Schiszl, Pfinztal-Wöschbach (D).

Orange: 2,5 kg, geerntet in Nelspruit (Südafrika), 1981.

Pfirsich: 411 g, Jean Bird, London (GB), 1984.

Radieschen: 1,28 kg, Hans Kühn, Seligenstadt (D), 1988.

Rettich: 12,73 kg, Bernard Lavery, Llanharry (GB), 1990;
▮ 151 cm, Ch. Steeb, Hönig-Ruppertshofen (D), 1992;
▮ 7,1 kg, H. Schuller, Hamburg (D), 1992.

Rote Bete: 18,37 kg, Ian Neale, Newport (GB), 1994.

Salatgurke: 9,1 kg, Bernard Lavery, Llanharry (GB), 1991.

Stangenbohne: 12,4 m, B. Brander, St. Pölten (A), 1993.
▮ 8,14 m, Johann Tischner, Denkendorf (D), 1994.

Tomate: 3,51 kg, Gordon Graham, Edmond, Oklahoma (USA), 1986.
▮ 16,3 m, G. Graham, Edmond, Oklahoma (USA), 1985.
▮ 3,65 m, Otto Sandvoss, Salzgitter, Niedersachsen (D), 1996.

Wassermelone: 118,84 kg, B. Carson, Arrington, Tennessee (USA), 1990.

Weißkohl: 28,1 kg, Ernst Roth, Zürich (CH), 1988.

Winterrettich: 7,4 kg, Adam Schill, Schwenningen (D), 1988.

Zitrone: 16 kg, Ch. und D. Knutzen, Whittier, Kalifornien (USA), 1983.

Zucchini: 16 kg, Daniele Calderelli, Wallisellen (CH), 1989.

Zwiebel: 5,55 kg, Mel Ednie, Anstruther Five (GB), 1994.

Gärtnern

ist sein Beruf: Er zieht sich Sterne aus der Erde.

Treiben

auf dem Wasser: 3-m-Blätter der *Victoria amazonica*.

Alles Banane

bei der alljährlichen Ernte im Badeparadies „Aqua Tropicana“ im schleswig-holsteinischen Damp.

Wald und Wiese

Bäume

Die meisten Bäume in einem öffentlichen Park hat der Central Park in New York (USA). Die Aufforstung begann 1856, und bis heute wurden etwa 5 Millionen Bäume angepflanzt.

Der Baum des Jahres 1997 in Deutschland ist die Eberesche *(Sorbus aucuparia)*, auch Vogelbeere genannt. Der Baum, der in Europa und Westasien verbreitet ist, gilt als sehr widerstandsfähig.

Der waldreichste Staat der Erde ist mit 7 635 000 km² Rußland. Der Anteil des Waldes an der Gesamtfläche beträgt 45,2 Prozent. Es folgen Brasilien mit 5 511 000 km² (65,2 Prozent) und Kanada mit 2 446 000 km² (26,5 Prozent).

Die größte Zerstörung von Waldflächen gibt es in Brasilien: Jährlich werden 128 000 km² Wald, also 0,5 Prozent der Gesamtwaldfläche, abgeholzt.

Eifrigste Baumpflanzer waren die Freiwilligen im Vanderbijlpark, Pretoria, Südafrika, die vom 1.-2. November 1996 ganze 101 165 Bäume anpflanzten.

2000 Tonnen

wiegt der schwerste lebende Baum im Sequoia-Park.

■ Am 21. Februar 1997 wurden von 300 Freiwilligen 14 000 Bäume in 3:45 Std. im Charlie Elliott Wildlife Center, Georgia (USA) gepflanzt.

Der größte umgepflanzte Baum war eine 100jährige Roßkastanie *(Aesculus hippocastanum)*, deren 16 m hoher Stamm mit der 19 m weiten Krone am 27. März 1997 von der holländischen Firma Bomen BSI Service um 60 m versetzt wurde, damit sie nicht einem Straßentunnelprojekt zum Opfer fiel.

Der schwerste lebende Baum ist ein kalifornischer Riesenmammutbaum *(Sequoiadendron giganteum)* namens „General Sherman", der im Sequoia-Nationalpark Kaliforniens (USA) 83,82 m hoch gewachsen ist. Durchmesser: 11,1 m, Umfang 31,3 m, Gewicht 2000 t. Sein Holzwert: Über 200 Mio. DM.

Der höchste Baum war ein australischer Eukalyptus *(Eucalyptus regnans)* am Mt. Baw Baw in Victoria (Australien), der 143 m hoch gewesen sein soll. Das war im Jahre 1885.

Der höchste lebende Baum der Welt ist ein Eibennadliger Mammutbaum *(Sequoia sempervirens)* namens „Mendocino Tree" im Montgomery State Reserve, Kalifornien (USA). Ende 1996 war er 112,14 m hoch mit einem Durchmesser von 31,39 m.

Die höchste Fichte Deutschlands ist 53 m hoch und hat einen Stammumfang von knapp 5 m. Sie ist etwa 250 Jahre alt und steht im Waldschutzgebiet Hinterhermsdorf in der Sächsischen Schweiz.

Der höchste Baum Österreichs war eine Weißtanne im Urwaldgebiet „Rothwald" (Niederösterreich). Sie war 500 Jahre alt und 54 m hoch. Durch Emmissionen ist sie abgestorben.

Der höchste Baum der Schweiz war eine Tanne von Dürsrüti bei Langnau (Kanton Bern) mit einer Höhe von 57,35 m. Ein Teil des Stammes ist im Heimatmuseum Langnau ausgestellt.

Die größte Ringdichte hatte ein umgestürzter Küsten-Mammutbaum in Kalifornien (USA) mit 701 Jahresringen auf 2,54 cm. Geschätztes Alter: 4600 Jahre.

Den größten Stammumfang hatte eine Edelkastanie *(Castanea sativa)* auf dem Ätna auf Sizilien (I), die unter dem Namen „Kastanie der 100 Pferde" *(Castagno di Cento Cavalli)* bekannt war. Ihr Umfang wurde 1780 mit 57,9 m angegeben. Der Baum wächst heute in drei weit voneinander entfernten Teilen.

Den größten Stammumfang in Deutschland hat mit 12 m eine Kirchenlinde bei Elbrinxen in der Nähe von Bad Pyrmont. Sie ist fast 2000 Jahre alt, ihre Krone mißt 23 m.

Den größten Stammumfang in Österreich besitzt eine 1000jährige Linde in Ernegg (Niederösterreich) mit 10,4 m. Die Krone: ca. 22 m.

43 Meter

können die Stammumfänge der Baobab-Bäume betragen.

Der älteste lebende Baum ist ein Eibennadliger Mammutbaum *(Sequoia sempervirens)* mit Namen „Eternal God". Er ist 12 000 Jahre alt, 72,542 m hoch, hat einen Durchmesser von 5,974 m und steht im Prairie Creek Redwoods State Park, Kalifornien (USA).

Der älteste Baum in Deutschland steht im Allgäu, am Wegesrand zur Wilhelminen-Alpe. Die graugrüne Eibe wird auf 2000 bis 4000 Jahre geschätzt. Jeder ihrer beiden Stämme mißt 2,9 m im Durchmesser.

Der älteste Baum der Schweiz ist eine 1100jährige Zirbelkiefer im Aletschwald im Kanton Wallis.

Der größte Gummibaum in Deutschland ist ein *Ficus elastica* mit 28,1 m Länge und 24 cm Stammumfang im Hallenbad in Sulzbach (D).
■ In der Schweiz im Berghotel Muottas Muragl in Samedan: 12 m hoch, 33 cm Stammumfang.

Der einsamste Baum, der am weitesten von einem seiner Artgenossen entfernt steht, ist eine Rotfichte *(Picea abies)* auf der Campbell-Insel (Neuseeland). Der nächste Baum ist 220 km entfernt.

Die längste Allee der Welt ist die Nikko-Cryptomeria-Allee (1628-48) im japanischen Imaichi. Sie besteht aus drei zusammenlaufenden Straßenzügen von 35,41 km Länge. Von ursprünglich 200 000 japanischen Zedern *(Cryptomeria japonica)* haben bis heute 13 500 überlebt, die im Durchschnitt 27 m hoch sind.

Allerlei Pflanzen

5 Millionen

Bäume im Central Park beschatten 2,3 Millionen New Yorker.

Die exakteste Pflanzenweltkarte wurde 1997 von Botanikern der Universität Bonn (D) unter der Leitung von Professor Wilhelm Barthlott entwickelt. Das Vorkommen von rund 300 000 Gefäßpflanzenarten ist Gebieten zugeordnet, die bis zu 17 000 verschiedene Arten beherbergen.

Die älteste Pflanze: Vor 130 Mio. Jahren soll in Südengland eine Blume geblüht haben, die etwa 25 cm hoch wurde und 7 mm große Blüten trug.

Der älteste noch keimfähige Samen wurde 1982 von US-amerikanischen Wissenschaftlern in einem See in China entdeckt. Aus dem ca. 1315 Jahre alten Samen wurde 1995 eine Lotuspflanze gezogen.

Der älteste lebende Organismus ist eine Huon-Kiefer *(Lagarostrobos frankinii)* im Bergland der australischen Insel Tasmanien. Wissenschaftler schätzen ihr Alter auf mindestens 10 500 Jahre, höchstens auf 20 000 oder 30 000 Jahre. Die Huon-Kiefer bedeckt mit Wurzelwerk mehr als einen Hektar.

Der größte lebende Organismus ist ein Netzwerk von etwa 47 000 Zitterpappeln *(Populus tremula)*, das im Wasatch Range, einem Gebirge in Utah (USA), wächst. Das Wurzelsystem bedeckt eine Fläche von 43 ha und wiegt etwa 6000 t.

Die größte blühende Pflanze ist eine chinesische Glyzinie in Sierra Madre, Kalifornien (USA). Sie wurde 1892 gepflanzt und hat jetzt 152 m lange Zweige. Sie bedeckt fast 0,4 ha, wiegt 228 t und hat während ihrer Blütezeit schätzungsweise 1,5 Mio. Blüten.

Die kleinste blühende Pflanze ist das schwimmende Wasserlinsengewächs *Wolffia angusta* Australiens. Es ist nur 0,6 mm lang und 0,33 mm breit. Gewicht: 0,00015 g. Die Samen wiegen jeweils 0,00007 g.

Die größte fleischfressende Pflanze: Fast 2 m hoch wird die 1987 auf dem Marahuaca Tepui in Venezuela entdeckte größte fleischfressende Pflanze *Heliamphora tatei*. Hier wurde zugleich die größte Ansammlung fleischfressender Pflanzen gefunden. Ihre Beute: Insekten und Wirbellose.

Die längste Wurzel hat eine Winterroggenpflanze *(Secale cereale)* in die Erde getrieben: 622,8 km Wurzeln in 0,051 m^3.

Das schnellste Wachstum sieht man bei einigen der 45 Arten der Bambusgräser: pro Tag bis zu 91 cm.

Der größte Kaktus der Welt ist der Saguaro *(Cereus giganteus* oder *Carnegiea gigantea)*, der in Arizona, Kalifornien (USA) und in Mexiko vorkommt. Die grüne Stammsäule trägt häufig kronleuchterartige Zweige mit pinkfarbenen Blüten. Ein Exemplar, das am 17. Januar 1988 in der Nähe von Gila Bend, Arizona (USA), entdeckt wurde, war 17,67 m hoch.

Längste Algen: Wissenschaftlich registriert sind Längen von 60 m beim Riesenblatt-Tang *(Macrocystis pyrifera)*, der im Pazifik vorkommt. Er wächst bis zu 45 cm am Tag.

Die höchste Hecke der Welt ist die Meikleour-Rotbuchenhecke in Perthshire (Schottland). Sie wurde 1746 von Jean Mercer und Robert Murray Nairne gepflanzt. In gestutztem Zustand ist die 550 m lange, kegelförmige Hecke zwischen 24,4 und 36,6 m hoch.

Die größten Farne sind die Baumfarne *(Alsophila excelsa)* auf Norfolk Island im Südpazifik: bis zu 18,3 m.

Die kleinsten Farne sind der in Mittelamerika vorkommende *Hecistopteris pumila*, mit Wedeln von 12 mm.

Das längste aller Moose ist das Quellmoos *(Fontinalis)*, das in fließendem Wasser 91 cm lange Sprosse entwickelt.

Das kleinste aller Moose ist das Schwindmoos *(Ephemerum)*.

Ein vierzehnblättriges Kleeblatt *(Trifolium repens)* fand am 16. Juni 1975 der Amerikaner Randy Farland an den Sioux-Fällen in Dakota (USA). Dieses Glück hatte auch Paul Haizlip aus Bellevue, Washington (USA), am 22. Juni 1987.

Der größte Pilz ist ein Exemplar der Art *Armillaria ostoyae*, der in den Wäldern des US-Bundesstaates Washington wächst. Nach Angaben vom Mai 1992 erstreckt sich sein unterirdisches Fadennetz über eine Fläche von 600 ha. Sein Alter wird mit 500-1000 Jahren angegeben.

Der älteste Pilz ist von Forschern der Harvard University in Cambridge (USA) in einem Bernstein aus der mittleren Kreidezeit entdeckt worden. Der Pilz ist 90-94 Mio. Jahre alt und gehört zur Gruppe der Ständerpilze.

Der schwerste eßbare Pilz war ein junges Exemplar eines Schwefelporlings *(Laetiporus sulphureus)* von 45,4 kg, das Giovanni Paba aus Broadstone, Dorset (GB), 1990 in New Forest, Hampshire (GB), fand.

Die erste Pfifferlingszucht gelang schwedischen Forschern 1996. Die Zucht der Edelpilze galt zuvor als unmöglich, weil sie in einer komplizierten Gemeinschaft mit Waldbäumen und Mikroorganismen gedeihen.

Der größte Baumschwamm war ein 142 x 94 cm großer *Oxyporus (Fomes) nobilissimus*, der ca. 136 kg wog. Er wurde 1946 von J. Hisey im Staat Washington (USA) entdeckt.

35,41 Kilometer

zieht sich die längste Allee der Welt in Imaichi/Japan.

17,67 Meter

hoch war der Rekord-Kaktus: ein Saguaro in Arizona.

Neuentdeckungen

Gefischt

hat man ihn noch nicht: Der auf Blättern an Ufern lebende Wels ist eine Sensation.

Ein neuer Tierstamm wurde an den Mundwerkzeugen von Kaiserhummern *(Nephros norvegicus)* entdeckt. Der Organismus mit der Bezeichnung *Symbion pandora* mißt nur 0,35 mm und hat die Form einer verwachsenen Kartoffel mit einem Wimpernkranz um die Maulöffnung.

Das mysteriöseste neu entdeckte Säugetier ist die Heilige Ziege oder Kting Voar *(Pseudonovibos spiralis)*. Wissenschaftler haben lediglich die Hörner des in Vietnam und Kambodscha vorkommenden Tieres untersuchen können – bisher wurde es nur von Einheimischen gesichtet, die behaupten, das Wesen habe Ähnlichkeit mit einer braunen Kuh.

Das größte neu entdeckte Beuteltier ist mit 1,2 m das Bondegezou oder Mbaiso Baumkänguruh *(Dendrolagus mbaiso)*. Das an einen kleinen Bären erinnernde Tier mit schwarz-weißer Fellfärbung wiegt 15 kg und lebt in Irian Jaya auf der indonesischen Insel Neuguinea.

Das größte neu entdeckte Landsäugetier ist der Vu Quang-Ochse *(Pseudoryx nghetinhensis)* mit den Ausmaßen eines kleinen Büffels. Die Vu Quang-Ochsen, die seit ihrer Entdeckung 1994 im Norden Vietnams zwecks Vermehrung in Gefangenschaft leben, bilden zugleich eine neue Tiergattung.

Die meisten neu entdeckten Tiere leben in Indochina. Insgesamt 10 verschiedene Arten haben Wissenschaftler seit Beginn der 90er Jahre in Vietnam, Laos und Kambodscha entdeckt bzw. wiederentdeckt. Darunter: das Vietnamesische Warzenschwein *(Susbucculentis)*, den Großen Muntjak *(Megamuntiacus vuquangensis)*, den Vu Quang-Ochsen *(Pseudoryx nghentinhensis)* und die Heilige Ziege oder Kting Voar *(Pseudonovibos spiralis)*.

An Land lebender Fisch erstmals entdeckt: Der in Brasilien beheimatete Schmarotzerwels *Phreatobius walkeri* lebt auf Blättern an Flußufern. Setzt man das rotgefärbte wurmähnliche Tier ins Wasser, hüpft es unverzüglich wieder heraus.

Ein neu entdeckter Wal ist der Bahamondi Schnabelwal *(Mesoplodon bahamondi)*, dessen Schädel 1996 am Strand der Robinson-Crusoe-Insel in Chile gefunden wurde. Wissenschaftler nehmen an, daß er die Körpergröße eines ausgewachsenen Elefanten besitzt.

Erster Vampir-Fisch entdeckt: Er lebt vom Blut, das er aus den Kiemen größerer Fische absaugt. Wissenschaftlich dokumentiert wurde der schmarotzende Fisch 1994 von Wilson Coasta in Brasilien.

Geschätzt

wird das 1,2 m große Mbaiso Baumkänguruh wegen seines putzigen Aussehens.

Die ersten Krustentiere in sozialer Gemeinschaft wurden 1996 an einem Riff vor dem zentralamerikanischen Land Belize beobachtet. Wie bei den Bienen oder Ameisen gibt es in diesem Unterwasserstaat der Garnelen *Synalpheus regalis* eine Königin, die die Eier legt, sowie viele fleißige Arbeiterinnen.

Eine unerwartete Wiederentdeckung waren 1994 die Gilbert's Potoroo *(Potorous tridactylus gilberti)*, australische Ratten-Känguruhs, von denen man geglaubt hatte, daß sie seit 1869 ausgestorben seien. Sie wurden im Westen des Kontinents gesehen, und bis Mai 1997 zählte man mehr als ein Dutzend Tiere.

Ein neues Ökosystem wurde in der Movile-Höhle in Rumänien vorgefunden. Etwa 47 neue Arten von Wirbellosen konnten seit Entdeckung der Höhle 1986 festgestellt werden. Bakterien, Blutegel, Spinnen sowie ein blinder Wasserskorpion mit überdurchschnittlichem Tastsinn leben in 18 m Tiefe in völliger Dunkelheit.

Die neueste Vogelgattung ist der Graveteiro *(Acrobatornis fonsecai)*, der in Brasilien im November 1994 von Wissenschaftlern entdeckt wurde. Das extravagante Federvieh besitzt pinkfarbene Beine.

Die flügel- und beinlose Fliege hat Andreas Weißflog von der Frankfurter Universität 1994 im Regenwald Malaysias entdeckt. Die *Trojanische Fliege*, eine Spezies der Buchelfliegen *(Phoridae)*, lebt in Kolonien räuberischer Ameisen und hat sich äußerlich vollständig an deren Larven angepaßt. Sie sind etwa 2 mm groß und leben als Schmarotzer unter den Ameisen.

Die höchsten Temperaturen, unter denen Lebewesen auf der Erde existieren können, wurden mit 113 °C in 3650 m Tiefe entlang des Mittelatlantischen Rückens nahe der portugiesischen Azoreninseln gemessen. Wissenschaftler stießen 1997 auf bislang unbekannte Mikroorganismen, die in schornsteinartigen Schächten leben, durch die das sehr heiße Wasser strömt.

Gehörnt

hat sie die Experten: Die Heilige Ziege wurde bisher nur von Einheimischen gesichtet.

113 °C

Hitze können Mikroorganismen aushalten: In 3650 m Tiefe wurden sie in Schächten nahe der Azoreninseln entdeckt.

Gefangen

wurde der Vu Quang-Ochse in Vietnam. Die neue Tiergattung soll sich nun vermehren.

Im Überblick

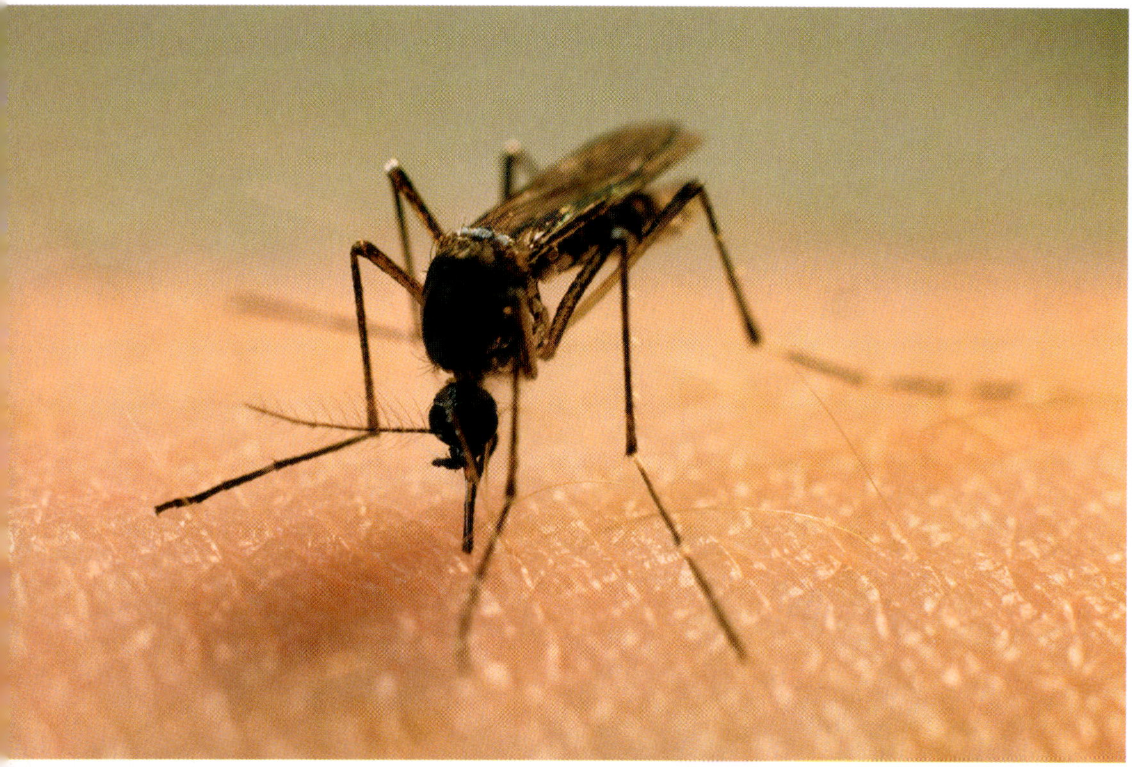

Einzelkämpfer

mit tödlicher Waffe: Die *Anopheles*-Mücke überträgt Malaria. Millionen Menschen fallen ihr zum Opfer.

Das kürzeste Leben hat die Eintagsfliege (Familie *Ephemeroidea*). Nachdem ihre Puppe 2-3 Jahre am Grund eines Sees verbracht hat, lebt das geflügelte erwachsene Tier etwa eine Stunde.

Das Tier mit dem größten Gehirn im Vergleich zum Körpergewicht ist der in Afrika lebende, bis zu 25 cm lange Spitzbartfisch *(Gnathonemus petersi)* aus der Familie der Nilhechte. Er besitzt zugleich das Gehirn mit dem höchsten Energieverbrauch – höher als der des Menschen. Erst 1996 hat dies Göran Nilsson aus Uppsala (Schweden) herausgefunden.

Das schnellste Wachstum im Tierreich hat das Kalb des Blauwals. Aus dem kaum sichtbaren Ei, das den Bruchteil eines Milligramms wiegt, entwickelt es in knapp 23 Monaten ein Gewicht von 26 t.

Das langsamste Wachstum im Tierreich weist die Tiefseemuschel *Tindaria callistisormis* im Nordatlantik auf. Sie benötigt ungefähr 100 Jahre, um eine Länge von 8 mm zu erreichen.

Das lauteste Organ aller Lebewesen besitzen die Blauwale *(Balaenoptera musculus)* und die Finnwale *(Balaenoptera physalus)*. Die niederfrequenten Töne, mit denen sie sich verständigen, wurden mit bis zu 188 Dezibel gemessen. Mit Hilfe spezieller Geräte wurden sie noch in einer Entfernung von 850 km aufgefangen.

Die lautesten Landtiere sind die in Mittel- und Südamerika heimischen Brüllaffen *(Alouatta)*: Sie sind bis zu 16 km weit deutlich zu hören.

Das fruchtbarste Tier ist die Kohl-Blattlaus *(Brevicoryne brassicae)*. Theoretisch könnte eine einzige Laus, genügend Nahrung und das Fehlen von Feinden vorausgesetzt, in einem einzigen Jahr Abkömmlinge mit einem Gesamtgewicht von 822 Mio. t in die Welt setzen.

Die kräftigsten Tiere sind die größeren Käfer aus der Familie der *Scarabaeidae*, die in den Tropen vorkommen. Ein Rhinozeroskäfer der Familie *Dynastinae* kann das 850fache seines eigenen Gewichts auf dem Rücken tragen (ein Mensch schafft höchstens das 17fache).

Den kräftigsten Biß unter den Tieren haben die Haie. Untersuchungen im Lerner Marine Laboratory in Bimini auf den Bahamas ergaben, daß ein 2 m langer Grauhai *(Carcharhinus obscurus)* zwischen seinen Kiefern eine Druckkraft von 60 kg erzeugen konnte. Dies entspricht auf den Zahnkronen einem Druck von 3 t/cm².

Die gefährlichsten Tiere sind die Malaria-Parasiten der Gattung *Plasmodium*, die von Moskitos der Gattung *Anopheles* übertragen werden. Sie sind direkt oder indirekt für 50 Prozent aller Menschentode seit der Steinzeit verantwortlich. In Schwarzafrika südlich der Sahara sterben jedes Jahr 1,4-2,8 Mio. Menschen an Malaria.

Die größten Tierkolonien bilden die Schwarzschwanz-Präriehunde *(Cynomys ludovicianus)*, eine Nagetierart der Familie der Hörnchen (*Sciuridae*), die im Westen der USA und im Norden Mexikos heimisch sind. Im Jahr 1901 wurde von einer „Tierstadt“ mit etwa 400 Mio. Einwohnern berichtet, die sich über eine Fläche von geschätzten 61 440 km² erstreckte.

Der gewaltigste Fresser in der Natur ist die in Nordamerika beheimatete Larve des Einaugenfalters *(Antherea polyphemus)*. In den ersten 56 Tagen ihres Lebens verzehrt die Larve das 86 000fache ihres Geburtsgewichts.

Städtebauer

***par excellence:* Die Präriehunde bauen unterirdische Gänge über Flächen von bis zu 61 440 km².**

Das Tier mit dem geringsten Metabolismus (Stoffwechsel) ist in Neuseeland heimisch, heißt Tuatara *(Sphenodon punctatus)* und sieht einer Eidechse ähnlich. Es kann bis zu 60 Min. ohne Atemholen auskommen.

Den größten Gewichtsverlust haben Blauwalweibchen *(Balaenoptera musculus)*, die in der siebenmonatigen Stillzeit von ihren durchschnittlich 120 t Gewicht bis zu 25 Prozent verlieren können, während sie ihr Junges säugen.

Das bizarrste aller Säugetiere ist das eierlegende Schnabeltier *(Ornithorhynchus anatinus)*, das in Flüssen und Seen im Osten Australiens und Tasmaniens zu finden ist. Kopf und Füße könnten von einer Ente sein, der Körper von einem Otter. Die Männchen sind an den Fußknöcheln mit giftigen Sporen bewehrt.

Den größten Größenunterschied zwischen den Geschlechtern weist in der Tierwelt der Meerwurm *Bonellia viridis* auf. Die Weibchen sind 10-100 cm lang (einschließlich des ausstreckbaren Rüssels), während es die Männchen nur auf 1-3 mm bringen.

Langsamster Wanderer unter den Tieren ist die Krabbenart *Neptunus pelagines*. Ein Exemplar brauchte für die 163 km lange Strecke vom Roten Meer über den Suezkanal bis zum Mittelmeer 29 Jahre.

Die größten Augen besitzt der Riesentintenfisch *(Architeuthis dux)*. Die Augen des vor Neufundland (Kanada) 1878 gefundenen Rekordexemplars hatten einen Durchmesser von 50 cm und waren damit größer, als dieses aufgeschlagene Buch breit ist.

Längste Trächtigkeit: Der schwarze Alpensalamander *(Salamandra atra)* hat in den Schweizer Alpen bei Höhenlagen über 1400 m eine Trächtigkeitsdauer bis zu 38 Monaten.

Am frühesten fortpflanzungsfähig sind die weiblichen skandinavischen Berglemminge *(Lemmus lemmus)*, die schon mit 14 Tagen schwanger werden können. Die Trächtigkeit dauert 16-23 Tage, nach denen sie 1-13 Junge zur Welt bringen. Ein Lemmingpaar hat in 167 Tagen achtmal Nachwuchs bekommen. Danach ist das Männchen gestorben.

Das größte Ei aller Lebewesen stammt vom Walhai *(Rhincodon typus)*. Ein Ei von 30 x 14 x 9 cm Größe wurde am 29. Juni 1953 in 56 m Tiefe im Golf von Mexiko aufgefischt. Es enthielt einen 35 cm langen Embryo.

Die größten Eier legte der ausgestorbene Elefantenvogel *(Aepyornis maximus)*, der einst im Süden von Madagaskar vorkam. Ein Riesenei, das 1841 gefunden wurde, hatte die stolzen Maße von 326 x 390 mm.

Weltmeister im Höhlenbau ist die blinde Eurasische Maulwurfsratte *(Spalax microphthalmus)*. Ein Gang, der im Süden der früheren UdSSR entdeckt wurde, war 363 m lang.

Das längste Tier ist der sogenannte Schnurwurm *(Lineus longissimus)*, der in den Küstengewässern der Nordsee anzutreffen ist. 1864 wurde ein Exemplar von mehr als 54 m Länge nach einem Sturm bei St. Andrews (Schottland) angeschwemmt.

Der größte Fisch der Welt ist der seltene, planktonfressende Walhai *(Rhincodon typus)*. Das größte Exemplar mit 12,65 m Länge und einem Umfang von 7 m war am 11. November 1949 vor der Insel Baba bei Karatschi (Pakistan) gefangen worden. Walhaie sind für Menschen ungefährlich.

Familienfreunde

Berglemminge: bis zu 13 Junge pro Wurf. Mit 14 Tagen können die weiblichen Tiere schwanger werden.

Die wertvollsten Tiere, nimmt man Geld als Maßstab, sind Vollblutrennpferde. Teuerster Jährling war *Seattle Dancer*, für den Robert Sangster und Partner am 23. Juli 1985 in Keeneland, Kentucky (USA), 13,1 Mio. Dollar zahlten.

Das größte Tiersterben raffte vor 250 Mio. Jahren 90 Prozent der Meeresbewohner und 70 Prozent aller Wirbeltiere hinweg, mehr als drei Viertel aller Tierarten. Ursache des Sterbens dürfte ein Vulkanausbruch in Sibirien gewesen sein, der 1 Mio. Jahre dauerte und bei dem 2-3 Mio. km³ Magma ausgeschleudert wurden.

Die größte Tier-Datenbank Europas ist „Zoodat" mit 1,3 Mio. Einzeldaten an der österreichischen Kepler-Universität in in Linz (A).

Rudeltiere

sind die Walhaie. In „Schulen" ziehen die größten Fische in den Weltmeeren umher. Für den Menschen sind die 12-m-Kolosse völlig ungefährlich.

TIERE

Säugen & Jagen

Springfreudig

ist das Aye-Aye oder Fingertier, das in den Wäldern auf Madagaskar haust.

Das größte Säugetier ist der Blauwal *(Balaenoptera musculus)* aus der Art der Furchenwale *(Balaenopteridae)*. Ein Blauwalweibchen von 33,58 m Länge wurde im Südatlantik gefangen.

▮ Das schwerste war ein Blauwalweibchen, es wog 190 t und war 27,6 m lang.

Das kleinste Säugetier ist die Schweinsschnauzen-Fledermaus oder Hummelfledermaus *(Craseonycteris thonglongyai)* im Südwesten Thailands. Groß wie eine Hummel, hat sie eine Kopf-Rumpf-Länge von nur 29-33 mm, eine Spannweite von 150-160 mm und ein Gewicht von 1,7-2 g.

Die tiefsten Taucher sind Pottwale *(Physeter catodon)*. Die größte belegte Tauchtiefe wurde 1991 gemessen, als Mitarbeiter des Ozeanografischen Instituts Woods Hole einen Pottwal beobachteten, der sich 1:13 Std. in einer Tiefe von 2000 m aufhielt.

Das größte Landtier ist der afrikanische Steppen-, Großohr- oder Spitzohrelefant *(Loxodonta africana)*. Das größte bekannte Exemplar war ein Bulle, der 3,96 m groß war. Sein Gewicht: 12,24 t.

Das kleinste Landsäugetier ist Savis weißzähnige Zwergspitzmaus *(Suncus etruscus)*. Ausgewachsene Tiere haben eine Körperlänge von 36 bis 48 mm, eine Schwanzlänge zwischen 25 und 30 mm und wiegen zwischen 1,5 und 2,5 g.

Das kleinste Meeressäugetier ist der Jacobita Delphin *(Cephalorhynchus commersonii)*, der in den Gewässern an der Südspitze Südamerikas anzutreffen ist. Mindestgewicht: 23 kg, Höchstgewicht: 35 kg.

Das höchstgewachsene Säugetier ist die Giraffe *(Giraffa camelopardalis)*, die heute nur noch in den Savannen Afrikas südlich der Sahara anzutreffen ist. Das höchstgewachsene jemals registrierte Exemplar war eine männliche Giraffe *(Giraffa camelopardalis tippelskirchi)*.

Das schnellste Landtier über kurze Strecken (bis zu 500 m) ist der Gepard *(Acinonyx jubatus)*, der in Ostafrika, Iran, Turkmenistan und Afghanistan lebt. Höchstgeschwindigkeit: zwischen 96 und 101 km/h.

Das schnellste Landtier über lange Strecken sind die Hirschziegenantilopen *(Antilocapra americana)*. Sie wurden mit 56 km/h über 6 km, 67 km/h über 1,6 km und 88,5 km/h über 800 m gestoppt.

Das schnellste Meeressäugetier ist der Killerwal *(Orcinus orca)*. 1958 wurde ein 6,1-7,62 m langes männliches Exemplar gesichtet, das nach den Stoppzeiten 30 Knoten (55,5 km/h) schnell war.

Das langsamste Landsäugetier ist das zur Gattung der Dreifingerfaultiere gehörende Ai *(Bradypus tridactylus)*: am Boden 1,83-2,44 m/min (0,109-0,158 km/h), in den Bäumen bis zu 4,57 m/min (0,272 km/h).

Das langsamste Meeressäugetier ist der Seeotter *(Enhydra lutris)*, der eine Spitzengeschwindigkeit von 9,6 km/h erreicht.

Den längsten Winterschlaf hält das Erdhörnchen von Point Barrow in Alaska (USA) *(Spermophilus parryi barrowensis)* mit neun Monaten.

Das wählerischste Tier ist der Koala im Osten Australiens, der ausschließlich Eukalyptusblätter frißt, aber nur etwa ein halbes Dutzend der vorkommenden 500 Arten. Manchmal durchsiebt er pro Tag bis zu 9 kg Blätter, um die 0,5 kg zu finden, die er mag.

Die in größter Höhe lebenden Säugetiere sind die Pikas oder Pfeifhasen der Art *Ochotona macrotis*, die in den Hochgebirgen Asiens in 6130 m angetroffen wurden.

Das gefährlichste Liebesleben haben die Männchen der *Antechinus stuartii*, einer australischen Beutelmaus. Während der zweiwöchigen Paarungsperiode sind sie so beschäftigt damit, Weibchen zu jagen und Rivalen zu vertreiben, daß sie am Ende entweder verhungern oder an Infektionen sterben.

Die längste Tragzeit aller Säugetiere hat der Indische Elefant *(Elephas maximus)*. Sie dauert durchschnittlich 650 Tage (über 21 Monate) und kann bis zu 760 Tage dauern.

Der größte bekanntgewordene Wurf eines wildlebenden Säugetieres bestand aus 31 Jungen, von denen 30 überlebten, bei einem Großen Tanrek *(Tenrec ecaudatus)*, der auf Madagaskar und auf den Komoren lebt.

Die größten Fleischfresser sind die Eisbären *(Ursus maritimus)*. Ausgewachsene Männchen wiegen gewöhnlich

Wählerisch

ist der australische Koala: Er frißt nur 6 der 500 Arten von Eukalyptusblättern.

Pfeilschnell

im Wasser: Der Kalifornische Seelöwe erreicht ein Spitzentempo von 40 km/h.

Ausdauernd

ist die Pronghorn-Antilope. Sie ist das schnellste Landtier auf Langstrecken.

400-600 kg und sind von der Nase bis Schwanz 2,4-2,6 m lang.

Das kleinste Raubtier ist das Mauswiesel oder Hermännchen *(Mustela nivalis)*. Es ist 11-26 cm lang und wiegt 30-200 g.

Die größten Raubkatzen sind die männlichen Sibirischen oder Amur-Tiger *(Panthera altaica)*, die von der Nase bis zur Spitze des Schwanzes durchschnittlich 3,15 m lang sind. Sie haben eine Schulterhöhe von 99 bis 107 cm und wiegen rund 265 kg.

Primaten

Der größte Primat ist der in den Waldgebieten im Osten der Demokratischen Republik Kongo (früher Zaire) und des westlichen Uganda lebende östliche Flachlandgorilla *(Gorilla gorilla graueri)*, der im Durchschnitt 1,8 m groß ist und bis 165 kg wiegt.

Der größte in freier Wildbahn angetroffene Gorilla, ein am 16. Mai 1938 im östlichen Kongo erlegter männlicher Berggorilla, maß 1,95 m.

Der kleinste Primat ist der westliche fuchsrote Mausmaki *(Microcebus myoxinus)*, der in den Laubwäldern der Insel Madagaskar entdeckt wurde. Er hat eine Körperlänge von rund 6 cm, einen Schwanz von 13,6 cm und wiegt etwa 30 g.

Stärke: Für *Boma*, einen 74,8 kg schweren männlichen Schimpansen, der im Bronx Zoo, New York (USA), gelebt hatte, wurde eine einhändige Zugleistung von 384 kg auf dem Dynamometer gemessen. Zum Vergleich: Ein Mann von gleichem Gewicht kann eine Zugkraft von 95 kg entwickeln.

▪ Ältester Affe war ein männliches Exemplar des weißkehligen Kapuziners *(Cebus capucinus)* namens Bobo. Er wurde 53 Jahre alt.

Antilopen, Hirsche, Beuteltiere

Die größte Antilope ist die seltene Derby-Elenantilope *(Tragelaphus derbianus)*, auch Riesenelenantilope genannt, aus West- und Zentralafrika. Sie kann bis zu 940 kg wiegen und eine Schulterhöhe von 1,83 m haben.

Die kleinste Antilope ist die Königsantilope *(Neotragus pygmaeus)* Westafrikas. Ausgewachsene Exemplare haben eine Schulterhöhe von 25 bis 31 cm und ein Gewicht von 3 bis 3,6 kg.

Die größte Hirschart ist der Elch von Alaska *(Alces alces gigas)*. Ein männlicher Elch mit einer Höhe von 2,34 m zum Widerrist und mit einem Gewicht von schätzungsweise 816 kg wurde am Yukon (Kanada) im September 1897 geschossen.

Der kleinste Hirsch ist mit einer Schulterhöhe von 33-38 cm und einem Gewicht von 6,3-8,2 kg der südliche Pudu *(Pudu puda)* aus Chile und Argentinien.

Das größte Beuteltier ist das Rote Großkänguruh *(Macropus rufus)* Zentral-, Süd- und Ostaustraliens. Erwachsene Männchen werden bis zu 213 cm groß, 85 kg schwer, und einschließlich Schwanz können sie sich bis zu 245 cm lang machen.

Das kleinste Beuteltier ist die seltene Flachkopfbeutelmaus *(Planigale ingrami)* oder Zwergflachkopfbeutelmaus *(Planigale subtilissima)* in Australien. Erwachsene

Männchen haben eine Kopf- und Körperlänge von 55 bis 63 mm, eine Schwanzlänge von 57 bis 60 mm und wiegen 3,9 bis 4,5 g.

Das schnellste Beuteltier ist mit 64 km/h ein ausgewachsenes weibliches Exemplar des Grauen Känguruhs *(Macropus giganteus)*.

Die höchsten Sprünge taten ein Graues Känguruh mit 2,44 m und ein Rotes Känguruh mit 3,1 m.

Zum weitesten Sprung wurde ein Rotes Känguruhweibchen auf einer Jagd getrieben: über 12,8 m (Januar 1951 in Neusüdwales).

Flossenfüßer

Der größte Flossenfüßer, es sind 34 Arten bekannt, ist die Südliche Elefantenrobbe *(Mirounga leonina)*, die auf subantarktischen Inseln lebt. Ausgewachsene Bullen werden ca. 5 m lang. Sie haben einen Körperumfang von bis zu 3,7 m und wiegen 2-3,5 t.

Die kleinsten Flossenfüßer sind die Galápagos-Pelzrobben *(Arctocephalus galapagoensis)*. Ausgewachsene Weibchen sind durchschnittlich 1,2 m lang und wiegen rund 27 kg.

Schnellster Flossenfüßer im Wasser ist der Kalifornische Seelöwe *(Zalophus californianus)*, der kurzzeitig eine Spitzengeschwindigkeit von 40 km/h erreicht.

Schnellste Flossenfüßer zu Lande ist mit einer Höchstgeschwindigkeit von 25 km/h die Krabbenfresserrobbe *(Lobodon carcinophagus)*.

Rar

macht sich der Arabische Oryx. Die Antilope sieht man nicht mehr in freier Wildbahn.

In Stube und Stall

Olive Oyl

macht große Sprünge: Der höchste im Freistil gelang mit glatten 1,50 m.

Die beliebtesten Haustiere in Deutschland sind Ziervögel (7,8 Mio.), Katzen (5,5 Mio.) und Hunde (4,8 Mio.). Hamster, Mäuse und Meerschweinchen sind mit 3,5 Mio. Exemplaren vertreten, in den Aquarien schwimmen 3,1 Mio. Fische (Stand 1996).

Katzen international: Mit einem Anteil von 13 Prozent an den Haustieren liegt Deutschland deutlich hinter Frankreich (26 Prozent), Italien (22 Prozent) und Großbritannien (21 Prozent).

Hunde international: Frankreich 28 Prozent, Großbritannien 24 Prozent, Italien 23 Prozent, Deutschland 13 Prozent.

Tierfutterdosenturm: Aus allen möglichen Dosen mit Schleckereien zum Wohle des Haustiers baute Christian Schmeling in Plattling, Bayern (D), am 19. September 1996 einen 6,3 m hohen Turm auf 38,4 m² Fläche. Anzahl der Dosen: 82 128.

Ingo

ist der Größte: Der Bunte Deutsche Edelziegenbock mißt bis zur Schulter 112 cm. Er ist die Nummer eins weltweit.

Pferde

Das schwerste Pferd war ein reinrassiger Brabanter Hengst namens *Brooklyn Supreme* (1928-48), der C. G. Good aus Ogden, Iowa (USA), gehörte. 1938 wog er 1451 kg und hatte einen Brustumfang von 259 cm.

Das größte Vollblut war ein reinrassiger kanadischer Wallach namens *Tritonis*, der Christopher Ewing aus Southfield, Michigan (USA), gehörte. Das Springpferd, das im September 1990 starb, war 1,98 m groß und wog 952,54 kg.

Das kleinste Pferd ist das Miniaturpferd *Hope* von Kenneth und Elizabeth Garnett aus Vinton, Virginia (USA). Es maß im Juni 1997 vom Boden bis zum Widerrist 53,34 cm.

Älteste Pferde: 62 Jahre sind das höchste Alter, das verläßlich für ein Pferd bezeugt ist. Es hieß *Old Billy* (gefohlt 1760) und starb 1822.

Das älteste Vollblutrennpferd war der braune Wallach *Tango Duke*, der 1935 gefohlt wurde und am 25. Januar 1978 mit 42 Jahren starb. Er gehörte Carmen J. Koper aus Barongarook, Victoria (Australien).

Die ersten gezähmten Pferde gab es vermutlich in der Ukraine. Funde deuten darauf hin, daß dort spätestens um 4000 v. Chr. Pferde geritten wurden.

Hunde

Die meisten Hunde leben in den USA: ca. 52 Mio., weltweit sind es rund 400 Mio.

- In deutschen Haushalten schätzt man rund 4,5 Mio. bellende Vierbeiner.
- Deutschlands Hundemetropole ist 1997 Berlin mit fast 95 500, gefolgt von Hamburg (35 900), München (27 100) und Köln (24 000).
- Die teuersten Städte für einen Hund sind Köln und Essen mit 276 DM Steuer/Jahr, am preiswertesten sind Augsburg, Regensburg und Jena mit 80 DM.

Die größten Hunderassen sind die Deutsche Dogge und der Irische Wolfshund, die eine Schulterhöhe bis zu 99 cm und gelegentlich mehr erreichen.

Der kleinste ausgewachsene Hund war ein Yorkshire-Terrier von Arthur F. Marples aus Blackburn (GB). Er hatte eine Schulterhöhe von 6,3 cm, maß von der Nasenspitze bis zum Schwanz 9,5 cm und wog ganze 113 g.

Kleinster lebender Hund ist ein Yorkie namens *Big Boss*, der am 7. Dezember 1994 geworfen wurde. Er ist ausgewachsen 11,94 cm hoch, 12,95 cm lang und wiegt 481 g. Besitzer: Chai Khanchanakom aus Bangkok (Thailand).

Deutschlands kleinster Zwergpudel ist *Napoleon von der Questenberger Höh* (Wurftag 13. Februar 1992). Besitzerin des nur 19 cm langen Winzlings mit einer Schulterhöhe von 19 cm ist heute Irmgard Kohl aus Meißen, Sachsen (D).

Der erfolgreichste Spürhund: Der Bernhardiner *Barry* rettete 44 Menschen während seiner 12jährigen Karriere in den Schweizer Alpen aus Bergnot. Im Naturhistorischen Museum Bern (CH) wird der ausgestopfte *Barry* gezeigt.

Die längste „Dienstzeit" als Blindenhund brachte die Labrador-Hündin *Cindy-Cleo* hinter sich. Sie war 14 Jahre und 8 Monate lang (August 1972-März 1987) für Aron Barr aus Tel Aviv in Israel da.

Produktivster Hundevater ist der Windhund *Timmy*. Von Dezember 1961 bis zu seinem Tod im November 1969 zeugte er 2414 registrierte und mindestens 600 nichtregistrierte Junge.

Den weitesten Sprung tat ein Windhund namens *Bang*, der 1849 bei der Verfolgung eines Hasen in Brecon Lodge (GB) 9,14 m weit sprang.

Der Hochsprung-Rekord über ein glattes Holzhindernis steht bei 3,72 m. Das gelang einem 18 Monate alten Spürhund namens *Stag* am 27. September 1993 in Cirencester, Gloucestershire (GB).

▮ Der höchste Freistil-Sprung mit 150 cm gelang am 22. März 1996 einem fünfjährigen Barsoi namens *Olive Oyl* in Arlington Heigts, Illinois (USA).

Die beste Spürnase hatte ein Dobermann namens *Sauer*, der 1925 die Fährte eines Viehdiebs 160 km weit durch die Große Karru (Südafrika) verfolgte.

Hundetreffen: Beim „Pooches on Parade" (soviel wie „Köter-Parade") trafen sich am 5. Oktober 1996 in Manchester, Connecticut (USA), 1086 Hunde. Anlaß war, Geld für Führhunde zu sammeln.

▮ Über 250 Berner Sennenhunde nahmen am 22. September 1996 auf dem Flumserberg (CH) in 1400 m üNN an einem von Heinz Käser und Freddy Strub veranstalteten Hundeplauschtreffen teil.

Tabatah,
die „Kosmo-Katze", stellt sich nach 48 000 km Flug dem Interview mit der Presse.

Der reichste Hund ist *Gunter*, ein Deutscher Schäferhund, dem seine Besitzerin Gräfin Carlotta Liebenstein 1990 umgerechnet 110 Mio. DM hinterließ. *Gunter* lebt in der Toskana (Italien) mit eigenem Chauffeur und Swimmingpool.

Ein literarisch gebildeter Hund will die Spanieldame *Millie* des ehemaligen US-Präsidenten George Bush sein. 1991 wurden 400 000 Exemplare ihrer „Autobiographie" verkauft, die sie der damaligen First Lady Barbara Bush „diktiert" hatte.

Das älteste Schlittenhunderennen ist der 1688 km lange Iditarod Trail von Anchorage nach Nome in Alaska (USA). Das Rennen wird seit 1910 ausgetragen, seit 1967 jährlich. Die schnellste Zeit schaffte am 14. März 1995 mit 9 Tagen und 2:42:19 Std. Doug Swindley (USA).

Katzen

400 Mio. Katzen gibt es auf der Welt. In den USA wird die Zahl der Katzen mit 54,6 Mio. angegeben, in Indonesien leben 30 Mio. Tiere.

Toby II
ist ein Schlappohr. Und was für eins: 74,3 cm lang und 18,7 cm breit sind seine Löffel.

Die größten Würfe von Haustieren

Tier	Anzahl	Rasse	Land	Jahr
Frettchen	15	Hauszucht	GB	1981
Hamster	26	Goldhamster, 18 getötet	USA	1974
Hund	23	Bernhardiner, 14 überlebten	USA	1975
Hund	23	Deutsche Dogge, 16 überlebten	GB	1987
Kaninchen	24	Neuseeländer, Labor-Exemplare	Kanada	1978
Katze	19	Birma/Siam, 4 Totgeburten	GB	1970
Maus	34	Hausmaus, 33 überlebten	GB	1982
Maus	15	Rennmaus, spezielles Futter	USA	1960
Meerschweinchen	12	Labor-Exemplare		1972

Die schwerste Hauskatze war ein kastrierter Kater namens *Himmy*, der Thomas Vyse aus Redlynch, Queensland (Australien), gehörte. Als er 1986 an Atmungsversagen starb, wog er 21,3 kg und hatte einen Halsumfang von 38,1 cm, eine „Taille" von 83,8 cm sowie eine Länge von 96,5 cm.

Die kleinste Katze ist der blaugezeichnete Himalaja-Perser-Kater *Tinker Toy* von Katrin und Scott Forbes aus Taylorville, Illinois (USA). Er ist ganze 7 cm hoch und 19 cm lang.

Älteste Katzen: Nachgewiesen ist, daß die getigerte Katzendame *Ma* 34 Jahre alt war, als sie am 5. November 1975 das Zeitliche segnete. Ihre Besitzerin war Alice St. George Moore aus Drewsteignton, Devon (GB).

▮ *Kitty* warf im Alter von 30 Jahren zwei Junge im Mai 1987. Damit wurde sie zur ältesten Katzenmutter. Züchter: George Johnstone aus Croxton, Staffordshire (GB).

Die fruchtbarste Katze war *Dusty* aus Bonham in Texas (USA) mit 420 Jungen. Ihren letzten Wurf hatte sie am 12. Juni 1952 mit 17 Jahren: Es war ein Einzelkätzchen.

Die weitestgereiste Katze: *Hamlet* legte in sieben Wochen 960 000 km zurück, nachdem er auf einem Flug von Toronto, Kanada, aus seinem Käfig ausgerissen war.

▮ *Tabatha*, die sogenannte „Kosmo-Katze", reiste legal 48 000 km in einer Boeing 747 in 12 Tagen.

Die reichste Katze ist *Blackie*, nachdem ihr von ihrem millionenschweren Besitzer etwa 35 Mio. DM vererbt wurden.

Kaninchen

Das größte Kaninchen war ein fünf Monate altes Weibchen (Französisches Hängeohr), das im April 1980 in Reus (E) ausgestellt wurde. Es wog 12 kg. Das Normalgewicht liegt bei etwa 5,5 kg.

Die größten Ohren haben die Hängeohrkaninchen. Rekordhalter mit 74,3 cm und 18,7 cm ist *Toby II*, ein English Lop, den Phil Wheeler aus Barnsley, Yorkshire (GB), gezüchtet hat.

Fliegen & Flattern

„Tauchflasche

ist nicht nötig. In antarktischen Gewässern geh' ich am liebsten baden."

Der älteste Vogel mit Schnabel und Federn ist von einem internationalen Wissenschaftlerteam 1995 in China entdeckt worden. Das etwa taubengroße Fossil läßt auf ein Alter von 137 bis 142 Mio. Jahre schließen. Der *Konfuziusornis sanctus* getaufte Fund gehört zu einer Art, die erstmals richtige Federn getragen hat.

Der größte lebende, aber flugunfähige Vogel ist der afrikanische Strauß *(Struthio camelus camelus)*. Hähne können 2,74 m groß werden und 156,5 kg wiegen.

Die größten flugfähigen Vögel sind Kraniche, die zur Familie der Watvögel gehören. Sie können bis zu 2 m groß werden.

„Straußenwirt

bin ich nicht geworden. In Afrika gibt's das nicht."

Der schwerste Raubvogel ist der Anden-Kondor *(Vultur gryphus)*, dessen Männchen durchschnittlich 9-12 kg wiegen und eine Flügelspannweite von 3 m oder mehr haben.

Die größte Flügelspannweite hat der Wanderalbatros *(Diomedea exulans)*. Den Rekord hält ein 1965 in der Tasmansee gefangener Albatros mit 3,63 m.

Der kleinste Vogel der Welt ist der Hummelkolibri *(Mellisuga helenae)*, verbreitet auf Kuba und auf Isla de Pinos (Karibik). Ausgewachsene Männchen (Weibchen sind ein wenig größer) sind insgesamt 57 mm lang, und wiegen 1,6 g.

Der kleinste Vogel Mitteleuropas ist das Sommergoldhähnchen *(Regulus regulus)*. Die Durchschnittslänge beträgt 9 cm, das Gewicht 4-6 g.

Der einzige giftige Vogel ist der Pitohui der Gattung *Pitohui* aus Neuguinea, der 1992 identifiziert wurde. Haut, Federn und innere Organe enthalten ein Homobatrachotoxin, wie es von den Pfeilgiftfröschen abgesondert wird.

Die höchste Geschwindigkeit aller Lebewesen erreicht der Wanderfalke *(Falco peregrinus)*, wenn er sich aus großer Höhe herabstürzt. Während einer deutschen Versuchsreihe wurden, je nach dem Winkel des Sturzflugs, Geschwindigkeiten von 270 (30°) bis 350 km/h (45°) gemessen.

Die schnellsten Vögel im Geradeausflug sind Enten und Gänse *(Anatidae)* sowie der rotbrüstige Mittelsäger *(Mergus serrator)*, die Eiderente *(Somateria mollissima)*, die Riesentafelente *(Aythya valisineria)* und die Spornflügelgans *(Plectropterus gambiensis)*. Sie können 90-100 km/h erreichen.

Der schnellste Vogel am Erdboden ist der Strauß, der bis zu 72 km/h schnell rennen kann.

Die langsamsten Vögel sind die Amerikanische *(Scolopax minor)* und die Eurasische Waldschnepfe *(S. rusticola)*: 8 km/h.

Der schnellste Hacker am Baum ist der Rotkopfspecht. Experimente haben ergeben, daß der Schnabel die Baumrinde mit einer Geschwindigkeit von 20,9 km/h trifft.

Den schnellsten Flügelschlag hat mit 90 Flügelschlägen pro Sek. der Kolibri *(Heliactin cornuta)* aus den südamerikanischen Tropen.

Der beste Taucher ist der Kaiserpinguin *(Aptenodytes forsteri)*. Die größte exakt gemessene Tauchtiefe betrug 483 m.

■ Am längsten unter Wasser, nämlich 18 Min., blieb ein Kaiserpinguin 1969 bei Kap Crozier in der Antarktis.

„Kisuaheli

kommt mir spanisch vor. Ich bin der Raubvogel aus den Anden."

„Ganz groß raus

komm' ich als älteste Gans Deutschlands. Mein Name sei Hedwig."

Das höchste Alter, das ein Vogel nach bestätigten Berichten erreichte, waren die 80 Jahre eines männlichen Schwefelhauben-Kakadus *(Cacatua galerita)* namens *Cocky*, der 1982 im Londoner Zoo starb.

▮ Der älteste Vogel in freier Wildbahn ist ein 46 Jahre alter Eissturmvogel. Er wurde 1951 auf den Orkney-Inseln (GB) beringt und wird dort seitdem jedes Jahr wieder gesichtet.

Älteste Brüterin und zugleich ältester beringter Seevogel ist ein weiblicher Königsalbatros *(Diomedea epomophora)*, der im November 1988 mit 60 Jahren noch ein Ei legte. Die Albatrosdame war 1937 mit einem Ring gekennzeichnet worden.

Die größten Eier aller Vögel legt der Strauß *(Struthio camelus)*. Ein Rekordei von 2,3 kg wurde 1988 von einem 2jährigen Vogel in Israel gelegt.

Die kleinsten Eier legt der auf Jamaika und zwei Nachbarinseln beheimatete Zwergkolibri *(Mellisuga minima)*. Zwei Eier, jedes kürzer als 10 mm, wiegen um 0,35 g.

Die meisten Eier eines Nymphensittichs: *Pepitsa*, die bei Christina Pappis in Kaiserslautern (D) frei herumfliegen kann und nur selten im Käfig lebt, hat zwischen Juni 1995 und Juni 1997 genau 69 Eier gelegt. Die Ornithologen sind sprachlos.

Zwerghühnerei: Ein 2,5 cm kleines Ei fand Silvia Binggeli aus Gerolfingen (CH) im Oktober 1996 im Stall ihrer sieben Sulmtaler Zwerghühner. Die normale Größe liegt bei 5 bis 6 cm. Das Ei stammte vom mit 18 Jahren ältesten Huhn; es war sein letztes.

Der längste Flug eines beringten Vogels ging über 26 000 km, zurückgelegt von einer Flußseeschwalbe *(Sterna hirundo)*, die als Nestling am 30. Juni 1996 in Finnland mit einem Ring versehen und Ende Januar 1997 auf der Insel Rotamah (Australien) eingefangen wurde. Die Schwalbe muß pro Tag eine Strecke von 200 km geflogen sein.

Höchste Flughöhe: Der belegte Rekord liegt bei 11 277 m eines Rüppell-Geiers *(Gyps rueppellii)*, der am 29. November 1973 über Abidjan an der westafrikanischen Elfenbeinküste mit einem Verkehrsflugzeug kollidierte. Er wird selten in Höhen über 6000 m gesehen.

Am längsten in der Luft bleibt die Rußseeschwalbe *(Sterna fuscata)*. Nachdem sie das Nest verlassen hat, bleibt sie 3-10 Jahre lang ununterbrochen in der Luft.

▮ Unter den Landvögeln ist der Mauersegler *(Apus apus)* am längsten in der Luft, nämlich 2-4 Jahre. Während dieser Zeit schläft, trinkt und frißt er im Flug, er paart sich sogar im Flug. Man schätzt einen Nonstopflug von rund 500 000 km.

„Das goldene Ei

bin ich zwar nicht, dafür aber das Rekord-Zwerghühnerei aus Gerolfingen."

Die schnellsten Schwimmvögel sind die Eselspinguine *(Pygoscelis papua)*, deren Laute wie Eselgeschrei klingen. Sie erreichen im Wasser bis zu 27,4 km/h.

Die schärfsten Augen aller Flugtiere haben die Greifvögel *(Falconiformes)*. So kann ein Wanderfalke *(Falco peregrinus)* unter günstigen Bedingungen noch aus 8 km Entfernung eine Taube ausmachen.

Das größte Blickfeld hat mit 306 Grad die Waldschnepfe *(Scolopax rusticola)*, deren Augen so weit zurückgesetzt sind, daß sie sich in alle Richtun gen umsehen kann.

Die längsten Federn schmücken das Phönixhuhn oder Yokohama-Hühnchen. 1972 war die Schwanzfeder eines Hahns in Kochi 10,6 m lang.

Die meisten Federn hat der Singschwan *(Cygnus cygnus)* mit 25 216 Federn.

Den längsten Schnabel hat der Australische Pelikan *(Pelicanus conspicillatus)* mit 34-47 cm.

▮ Relativ gesehen, ist der 10,2 cm lange Schnabel des schwertschnabligen Kolibris *(Ensifera ensifera)* am größten: Er ist länger als der Körper.

Die meisten Vögel beobachtet hat Phoebe Snetsinger aus Webster Groves, Missouri (USA): von 1965 bis 1996 insgesamt 8040 oder 82 Prozent der 9700 bekannten Vogelarten.

Die meisten Vögel beringt hat Oskar J. Sigurósson auf der Insel Heimaey, Island. Von 1953 bis zum Februar 1997 kennzeichnete er 65 243 Vögel.

Sprachmächtigster Vogel ist der Wellensittich *Puck*, der sich bis 1993 ein Vokabular von 1728 Wörtern angeeignet hatte. Er gehört Camille Jordan aus Petaluma, Kalifornien (USA).

Der älteste Ganter heißt *Hans* und lebt seit seiner Geburt 1967 bei Heidi und Horst Guttau in Rettin (D). Zu den Leidenschaften des inzwischen leicht altersschwachen, mehrfachen Witwers gehören Autofahren, schöne Gänsedamen und Postbotenjagd.

Die älteste Gans in Deutschland lebt 1997 in Havixbeck bei Münster (D) bei Birgit Hickey. *Hedwig* schlüpfte am 24. Mai 1974.

„Gänsebraten

macht der nicht mehr aus mir. Mit meinen 25 Jahren bin ich Gryfudd Hughes zu zäh geworden. Wir feiern unsere Geburstage in Pwllheli Gwynedd, Wales."

Kriechen & Hüpfen

Der Spitznasenfrosch

hat die Nase vorn beim Weitspringen: 10,3 m ist der Weltrekord.

Amphibien

Die größte Amphibienart ist der chinesische Riesensalamander *(Andrias davidianus)*, mit ca. 1,14 m Länge und 25-30 kg. Ein 1923 in Südchina gefangenes Exemplar war 1,8 m lang und wog fast 65 kg.

Die kleinsten Amphibien sind Frösche in den Tropen mit 10-12 mm: *Psyllophryne didactyla* aus Südamerika, *Stumpffia tridactyla* und *Stumpffia pygmaea* aus Madagaskar, *Sminthillus limbatus* aus Kuba.

Das giftigste Amphibium: Die vielfarbigen Pfeilgiftfroscharten – *Dendrobates* und *Phyllobates* – aus den Regenwäldern Mittel- und Südamerikas sondern das tödlichste biologische Gift ab, das wir kennen. Das stärkste Gift überhaupt stammt vom Goldenen Pfeilgiftfrosch *(Phyllobates terribilis)*, der im Westen von Kolumbien vorkommt: Ein Tausendstel Gramm genügt, um einen Menschen zu töten.

Das langlebigste Amphibium wurde ca. 55 Jahre alt. Es war ein Japanisches Riesensalamandermännchen *(Andrias japonicus)*, das 1881 im Aquarium des Zoos von Amsterdam (NL) starb.

Der älteste Frosch wurde im Reservat der Navajo-Indianer, Arizona (USA), entdeckt. Dieser *Prosalirus bitus* lebte vor 190 Mio. Jahren und war außerordentlich sprungkräftig.

Der größte Frosch ist der seltene Afrikanische Riesenfrosch oder Goliath-Frosch *(Conraua goliath)*. Ein Prachtexemplar maß 36,83 cm (mit ausgestreckten Beinen 87,63 cm) und wog 3657,15 g.

Der kleinste Frosch, und damit das kleinste Amphibium überhaupt, ist der *Eleutherodactylus limbatus* auf Kuba, ausgewachsen 8,5 mm lang.

Froschweitspringen: Die besten Springer werden im Dreisprung ermittelt.

Mamba,

die schwarze, ist die größte Giftschlange Afrikas. Und schnell dazu: bis zu 19 km/h.

Der legendäre Weltrekord steht immer noch bei 10,3 m und wurde am 21. Mai 1977 in Paulpietersburg (Südafrika) von *Santjie* aufgestellt, einem weiblichen Spitznasenfrosch *(Ptychadena oxyrhyncha)*.

Die gewaltigsten Sprünge machen die 5 cm langen Coqui-Frösche in den Regenwäldern Puerto Ricos, wenn sie täglich rund 15 m aus den Baumwipfeln in die Tiefe springen.

Krokodile

Das größte Reptil ist das in den tropischen Gebieten Asiens und des Pazifik vorkommende Leistenkrokodil *(Crocodylus porosus)*. Im Bitharkanika-Tierschutzgebiet in Orissa (Indien) leben vier über 6 m lange Exemplare, von denen das größte mehr als 7 m mißt.

Das größte je in Gefangenschaft gehaltene Krokodil ist ein Mischling (Salzwasserkrokodil/Siamesisches Krokodil) namens *Yai* (* 10. Juni 1972). Es ist 6 m lang und wiegt 1114,27 kg. *Yai* lebt in der thailändischen Krokodilfarm Samutprakarn, die zugleich ein Krokodilzoo ist.

Das kleinste Krokodil ist der im nördlichen Südamerika lebende Zwergkaiman *(Paleosuchus palpebrosus)*. Die Weibchen werden selten länger als 1,2 m und die Männchen kaum größer als 1,5 m.

Das Höchstalter unter den Krokodilen erreichte bisher mit 66 Jahren ein weibliches Exemplar des Amerikanischen Alligators *(Alligator mississippiensis)*.

Eidechsen

Die größte Eidechse ist der Komodo-Waran oder Ora *(Varanus komodoensis)*, der auf den indonesischen Inseln beheimatet ist. Ausgewachsene Männchen sind im Durchschnitt 2,25 m lang und wiegen um 59 kg. Das größte vermessene Exemplar war ein Männchen mit 3,1 m. Es wog 166 kg.

Die längste Eidechse ist der Salvadori- oder Papua-Waran *(Varanus salvado-*

Die längste Schlange in Mitteleuropa ist die ungefährliche Äskulapnatter *(Elaphe longissima)*, die bis zu 1,85 m lang werden kann.

Die kürzeste Schlange der Welt ist die seltene Fadenschlange *(Leptotyphlops bilineata)*, die auf Martinique, Barbados und St. Lucia vorkommt. Die größten waren 108 mm lang.

Eine Schlange mit zwei Köpfen lebt im Zoo von San Diego, Kalifornien (USA). Beide Köpfe des 120 cm langen Kornnatter-Weibchens sind voll funktionsfähig: Zum Fressen benutzt sie jedoch nur den rechten.

Pfeilgiftfrosch mit tödlicher Waffe im Köcher: Ein Tausendstel Gramm reicht aus.

rii), der in Neuguinea heimisch ist und bis zu 4,75 m lang wird. 70 Prozent seiner Gesamtlänge macht allerdings der Schwanz aus.

Die einzigen giftigen Echsen sind die Krustenechsen, deren Giftdrüsen am Hinterrand des Unterkiefers sitzen. Die Gila-Krustenechse *(Heloderma suspectum)* ist bis zu 60 cm groß und lebt in den trockenen Gebieten Mexikos und der südwestlichen USA. Die Skorpions-Krustenechse *(Heloderma horridum)* wird bis zu 80 cm lang und kommt nur in Mexiko vor.

Schildkröten

Die größte Schildkröte ist die Lederschildkröte *(Dermochelys coriacea)*. Ausgewachsen mißt sie 1,80 bis 2,10 m (Panzer: 1,50 bis 1,67 m) und wiegt bis zu 450 kg. Das größte gefundene Exemplar war 2,91 m lang und wog 961,1 kg.

Die kleinste Schildkröte ist die Gesägte Flachschildkröte *(Homopus signatus)*. Ihr Panzer wird nur 6 bis 9,6 cm lang.

Das höchste Alter aller Wirbeltiere erreichen die Schildkröten. Mindestens 188 Jahre alt war eine Madagassische Strahlenschildkröte *(Testudo radiata)*. Kapitän Cook schenkte sie 1773 oder 1777 der königlichen Familie von Tonga.

Die langsamsten Schildkröten: Bei einem Geschwindigkeitstest, der auf den Seychelleninseln veranstaltet wurde, konnte eine männliche Riesenschildkröte *(Geochelone gigantea)* trotz eines lockenden Weibchens eine Strecke von 4,57 m nur in 43,5 Sek. zurücklegen.

Tauchen: Eine Lederschildkröte *(Dermochelys coriacea)*, die 1987 von Experten mit einem Sender ausgestattet und vor den Virgin Islands in der Karibik ausgesetzt worden war, tauchte bis in eine Tiefe von 1200 m.

Schlangen

Die längste Schlange ist die asiatische Netzpython *(Python reticulatus)*, die 6,25 m lang wird. 1912 wurde an der Küste von Celebes (Indonesien) ein 10 m langes Exemplar erschossen.

Die schwerste Schlange ist die Anakonda *(Eunectes murinus)*: Rekordgewicht ca. 227 kg.

Die längste Giftschlange der Welt ist die Königskobra *(Ophiophagus hannah)*, die in Südostasien und in Indien zu Hause ist. Ausgewachsene Tiere werden ca. 3,65-4,57 m lang. Rekordlänge eines Exemplares im Londoner Zoo: 5,71 m (1937).

Die längste Giftschlange in Deutschland ist die Kreuzotter *(Vipera berus)*, die bis zu 87 cm lang werden kann.

Die kürzeste Giftschlange ist die in Namibia heimische Namaqua-Zwergnatter *(Bitis schneideri)*. Ausgewachsene Exemplare werden im Schnitt nicht länger als 200 mm.

Die längsten Giftzähne aller Schlangen hat die Puffotter *(Bitis gabonica)* aus dem tropischen Afrika. Die Giftzähne eines 1,83 m langen Exemplars hatten eine Länge von 5 cm.

Die älteste Schlange wurde 40 Jahre, 3 Monate und 14 Tage alt – das allerdings in Gefangenschaft. Die Riesenschlange *(Boa constrictor constrictor)* namens *Popeye* lebte im Zoo von Philadelphia (USA).

Schlangenbisse: Mehr Menschen als in jedem vergleichbaren Land sterben in Sri Lanka an Schlangenbissen: pro Jahr 800 Gift-Tote. Für 97 Prozent der Todesfälle sind die Krait-Nattern *(Bungarus ceylonicus)* verantwortlich.

Die schnellste Landschlange ist die angriffslustige Schwarze Mamba *(Dendroaspis polylepis)* aus dem Ostteil der afrikanischen Tropen: Für kurze Strecken sind Geschwindigkeiten von 16-19 km/h möglich.

Lederschildkröte im Anflug: Die Besten dieser Größten tauchen 1200 m in die Tiefe.

Tauchen & Krebsen

Fische

Der schnellste Fisch ist der sogenannte Fächerfisch *(Istiophorus platypterus)*, jedenfalls über kurze Distanzen: 100 Yards (91 m) in 3 Sek. Das entspricht einer Geschwindigkeit von 109 km/h.

Der leichteste Fisch ist der *Schindleria praematurus* mit einem Gewicht von nur 2 mg und einer Länge von 12-19 mm.

Ein spannungsgeladener Fisch ist der Zitteraal *(Electrophorus electricus)* aus Südamerika. Er erreicht Entladungen von 1 Ampere bei einer Spannung von 400 bis sogar 650 Volt.

Der wertvollste Fisch ist der Russische Hausen *(Huso huso)*. Ein im Tikhaya Sosna gefangenes riesiges Weibchen von 1227 kg Gewicht laichte 245 kg besten Beluga-Kaviar. Sein Marktwert: etwa 600 000 DM.

Der längste Knochenfisch ist der in allen Meeren zu findende Band- oder Riemenfisch *(Regalecus glesne)*. Ein 7,6 m langes Exemplar wurde vor Pemaquid Point, Maine (USA), gefangen.

Der schwerste Knochenfisch ist der Sonnenfisch *(Mola mola)*. 1908 wurde ein Riesenexemplar von 4,26 m und 2,235 t gefangen.

Ketten

können den größten Seeteufel mit 42 kg kaum halten.

Der größte Raubfisch ist der relativ seltene Weißhai oder Menschenhai *(Carcharodon carcharias)*. Ausgewachsene Exemplare sind 4,3-4,6 m lang und wiegen 520-770 kg.

Das größte Hai-Aquarium Deutschlands wurde 1997 in Burg auf Fehmarn eröffnet. In dem 400 000-l-Becken schwimmen u. a. Zitronenhaie und Sandtigerhaie.

Der kleinste bekannte Hai ist der Leuchthai *(Squaliolus laticaudus)* im westlichen Pazifik. Die Fische werden bis zu 25 cm groß.

Die gefährlichsten Süßwasserfische sind die Sägesalmler oder Piranhas der Arten *Serrasalmus, Pygocentrus* und *Pygopristis*. Sie leben in den großen Flüssen Südamerikas. Mit ihren rasierklingenscharfen Zähnen greifen sie in Schwärmen ihre Beute an, die sie in kürzester Zeit zerlegen.

Der größte in Gefangenschaft gehaltene Piranha war ein Exemplar, das bis 1980 im Marineland in Morecambe, Lancashire (GB), lebte: 337 mm lang und 1,53 kg schwer.

Sägewerke

sind die Gebisse der Sandtigerhaie in Deutschlands größtem Hai-Aquarium.

Den größten Seeteufel angelte Lars Lubkowitz aus Rüdersdorf, Brandenburg (D), am 31. August 1996 in Norwegen. Der Fisch wog 42 kg und war 1,68 m lang.

Der kleinste Seefisch – und das kleinste bekannte Wirbeltier – ist die Zwerggrundel *(Trimmatom nanus)*, die im Chagos-Archipel des Indischen Ozeans vorkommt. Die Männchen sind im Durchschnitt 8,6 mm, die Weibchen 8,9 mm lang.

Der kleinste Speisefisch ist der Sinarapan *(Mistichthys luzonensis)*, eine Grundelart, die nur im See Buhi auf den Philippinen vorkommt. Erwachsene männliche Exemplare werden 10-13 mm lang.

Die meisten Eier, nämlich bis zu 30 Mio., laicht der Sonnenfisch *(Mola mola)*. Jedes Ei hat einen Durchmesser von 1,3 mm.

Die wenigsten Eier laicht der Zahnkarpfen *(Jordanella floridae)*, der in den Gewässern von Florida (USA) lebt. Er stößt nur 20 Eier ab und braucht dazu mehrere Tage.

Die bei weitem zahlreichste Fischart ist der Hering *(Clupea harengus)*. Laut Schätzungen soll es davon mindestens eine Billion (1 000 000 000 000) im Atlantischen Ozean geben.

Der älteste Goldfisch starb mit 41 Jahren am 1. August 1980. Er hieß *Fred*, sein Besitzer war Mr. A. R. Wilson in Worthing (GB). In China sollen Goldfische *(Carassius auratus)* auch über 50 Jahre alt werden.

Das kürzeste Leben haben wahrscheinlich die Killifische aus der Familie der *Cyprinodontei*, die in Afrika, Nord- und Südamerika, Asien und in wärmeren Gebieten Europas verbreitet sind. Sie leben normalerweise nur etwa acht Monate.

Die in größter Tiefe lebenden Wirbeltiere sind nach allgemeiner Ansicht die Ophidiids der Art *Bassogigas*.

Rasierklingen

als Zähne besitzen die Piranhas, die damit in Sekundenschnelle ihre Beute zerlegen.

Die größte Tiefe, aus der ein Fisch geholt wurde, waren 8300 m.

Der teuerste Zuchtkarpfen wechselte 1982 für 17 Mio. Yen (damals 320 000 DM) den Besitzer. Der Fisch war 1976, 1977, 1979 und 1980 bei den japanischen Koi-Wettbewerben mit den höchsten Preisen ausgezeichnet worden.

Die giftigsten Fische der Welt sind die Steinfische *(Synanceidae)*, die in den tropischen Gewässern des Indischen Ozeans zu Hause sind, und vor allem die Vertreter der Art *Synanceia horrida*, die die größten Giftdrüsen aller bekannten Fische haben. Direkter Kontakt mit den Flossenstacheln, die ein starkes Nervengift enthalten, endet oft tödlich.

Der größte Süßwasserfisch ist der seltene Pla buk oder Pa beuk *(Pangasianodon gigas)*, der im Mekong und seinen wichtigen Nebenflüssen in China, Laos, Kambodscha und Thailand lebt. Das größte Exemplar war 3 m lang und wog 242 kg.

Der kleinste und leichteste Süßwasserfisch ist die Zwergpygmäen-Grundel *(Pandaka pygmaea)* auf den Philippinen. Ausgewachsene Männchen werden 7,5 bis 9,9 mm lang und wiegen 4-5 mg.

Seesterne und Seeigel

Der gefährlichste Seeigel ist *Toxopneustes pileolus*. Das Gift seiner Stacheln und Greifzangen verursacht heftige Schmerzen, Atemprobleme und Lähmungen.

Der größte Seestern von allen 1600 bekannten Arten ist der *Midgardia xandaros*. Ein im Sommer 1968 im Golf von Mexiko von einem US-Forschungsschiff gefundenes Exemplar maß von Spitze zu Spitze 138 cm, während der Scheibendurchmesser nur 2,6 cm betrug. Sein Trockengewicht war 70 g.

Der schwerste Seestern ist der fünfarmige *Thromidia catalai* im westlichen Pazifik. Ein 1969 nahe der Küste Neukaledoniens gefundenes Exemplar hatte ein Gewicht von 6 kg (die Gesamtarmspannweite betrug 63 cm).

Der kleinste Seestern ist der *Patiriella parvivipara*, den der deutsche Wissenschaftler Wolfgang Zeidler 1975 an der südaustralischen Westküste vor der Insel Eyre entdeckt hat. Er hat einen Radius von höchstens 4,7 mm und einen Durchmesser von weniger als 9 mm.

Der zerstörerischste Seestern ist die Dornenkrone *(Acanthaster planci)*, die im Indischen Ozean und im Roten Meer vorkommt, 12-19 Arme besitzt und bis zu 60 cm im Durchmesser mißt. Sie kann pro Tag 300-400 cm^2 Korallen vernichten und ist für die Zerstörung großer Teile des Great Barrier Riffs verantwortlich.

Die größte Tiefe, in der ein Seestern gefangen wurde, war 7584 m. Der *Porcellanaster ivanovi* wurde 1962 im Marianengraben (Westpazifik) von einem sowjetischen Forschungsschiff gefunden.

Krustentiere

Die größte Krebsart ist die japanische Riesenkrabbe *(Macrocheira kaempferi)*. Ausgewachsene Exemplare besitzen einen 25-30 cm breiten Körper mit einer 2,4-2,7 m großen Spannweite zwischen den Beinen.

Das größte Süßwasser-Krustentier ist der australische Flußkrebs *Astacopsis gouldi*. Er wird bis zu 61 cm lang und wiegt 4 kg.

Die kleinsten Krustentiere sind Wasserflöhe der *Alonella*-Familie. Sie sind nicht einmal 0,25 mm groß und leben im Nordatlantik.

Die kleinsten Hummer sind die Kaphummer *(Homarus capensis)* aus Südafrika. Gesamtlänge: 10-12 cm.

Der kleinste Krebs, der Muschelwächter *Pinnoteres pisum*, hat einen Schalendurchmesser von 6,3 mm. Er lebt in der Nordsee.

Das langlebigste Krustentier ist der amerikanische Hummer *(Homarus americanus)*. Sehr große Exemplare können 50 Jahre alt werden.

Die größte Tiefe, in der Krustentiere gefunden wurden, beträgt 10 500 m. Dabei handelte es sich um mehrere lebende *Amphipoden* im Marianengraben (Westpazifik).

Die schwerste Hummerart ist der amerikanische Hummer *(Homarus americanus)*. 1977 wurde ein 20,14 kg schweres, vom Schwanzende bis zur Spitze der größten Schere 1,06 m langes Exemplar nahe der Küste von Neuschottland (Kanada) gefangen.

Zangen

sind zum Kneifen da. Der amerikanische Hummer ist der schwerste, bis zu 20 kg.

Kribbeln & Krabbeln

Spinnen und Skorpione

Die stärkste Spinne: Die kalifornische Falltürspinne *(Bothriocyrtum californicum)* kann einer Kraft widerstehen, die 38mal ihrem Körpergewicht entspricht, wenn sie versucht, ihre „Falltür" zu öffnen – eine seidige Struktur, die den Eingang zu ihrem unterirdischen Bau bedeckt.

Das größte lebende Spinnentier *(Trachypleus gigas)* wurde am 10. Mai 1975 in Qui Kim (Nordvietnam) gefangen. Es hatte eine Länge von 85 cm.

Die größte Spinne ist die Riesenvogelspinne *Theraphosa blondi* aus Südamerika. Ein männliches Exemplar hatte eine Beinspannweite von 28 cm.

Die schwersten Spinnen sind die Weibchen der Riesenvogelspinne *Theraphosa blondi.* Holger Ehmke aus Kiel (D) hat eine, die mittlerweile 164,56 g wiegt; sie ist 120 mm lang, Beinspannweite 240 mm, Tastbeine 25 mm.

Die kleinste Spinne ist die *Patu marplesi* (Fam. *Symphytognathidae*), die im Westen Samoas heimisch ist: Sie ist gerade 0,43 mm groß.

Die einzige Unterwasserspinne ist die europäische Wasserspinne *(Argyroneta aquatica).* Sie verbringt ihr ganzes Leben unter Wasser in gesponnenen „Taucherglocken".

Die größten einzelnen Spinnennetze sind die Luftnetze, die eine tropische Spinne der *Nephila*-Familie baut und die einen Umfang von 5,73 m erreichen können.

Die größten zusammenhängenden Spinnennetze: Mitglieder der indischen Gattung *Stegodyphus* bauen Netze, die die Vegetation auf mehreren Kilometern mit einer seidigen Masse überdecken.

Die stärksten Spinnennetze webt die amerikanische *Achaearenea tepidariorum*, man hat in ihnen schon kleine Mäuse gefunden.

Die giftigsten Spinnen sind die brasilianischen Wanderspinnen von der Gattung *Phoneutria*, vor allem die *Phoneutria fera*, die das aktivste Nervengift aller Spinnen besitzt. Es gibt ein wirksames Serum gegen das Gift.

Größtes Spinnengelege: Die Gattung *Mygalomorphus* kann bis zu 3000 Eier auf einmal legen.

Kleinstes Spinnengelege: *Oonops domesticus*, eine winzige pinkfarbene Spinne, die an den Hauswänden Europas lebt, legt nur zwei Eier pro Gelege.

Die größten Spinneneier legt die Gattung *Mygalomorphus.* Sie sind ungefähr so groß wie eine kleine Erbse.

Die kleinsten Spinneneier legt mit nur einem Bruchteil eines Millimeters die *Oonops domesticus.*

Die giftigsten Skorpione sind die tunesischen Dickschwanzskorpione *(Androctonus australis).* 80 Prozent aller Stiche und 90 Prozent aller Todesfälle nach Skorpionstichen in Nordafrika gehen auf ihr Konto.

Die meisten Todesfälle nach Skorpionstichen traten 1946 auf, als in Mexiko 1933 Menschen starben. Auch heute noch sterben jährlich etwa 1000 Menschen an Skorpionstichen, die meisten von ihnen Kinder.

Die größten Skorpione: *Heterometrus swannerderdami* aus Südindien wird meist über 18 cm lang. Das größte lebende Exemplar ist ein Männchen aus Sansibar (Tansania), das 24,7 cm lang und jetzt im Besitz des Berliners René Göllner ist.

Der kleinste Skorpion *(Microbuthus pusillus)* vom Golf von Aden ist ausgewachsen nur 1,3 cm klein.

Am schwersten

unter den Insekten ist der in Äquatorialafrika lebende Goliathkäfer *(Goliathus)*: Er wiegt etwa 70-100 g und ist bis zu 110 mm lang (Vorderfühler bis Hinterleib).

Insekten und Käfer

Die größten Insekteneier legt die 15 cm große malaysische Gespenstheuschrecke *Heteropteryx dilitata.* Sie sind 1,3 cm lang.

Der längste Käfer, ohne Fühler gemessen, ist der mittel- und südamerikanische Herkuleskäfer *(Dynastes hercules)*, der bis zu 190 mm groß wird. Mehr als die Hälfte seiner Länge nimmt der obere Hornpanzer ein.

Die kleinsten Insekten sind die „fransenflügligen" Käfer der Familie *Ptiliidae (Trichopterygidae)* und eine Schmarotzerwespenart der Familie *Myrmaridae.* Sie sind nur 0,2 mm lang, und der Flügelspann der Zwergwespe mißt nur 1 mm.

Die leichtesten Insekten sind die blutsaugende gestreifte Laus der Art *Enderleinellus zonatus* und die parasitische Wespe der Art *Caraphractus cinctus*, die beide nur 0,005 mg wiegen. Die Eier der *Caraphractus cinctus* wiegen 0,0002 mg.

Das zerstörerischste Insekt ist die Wanderheuschrecke *(Schistocerca gregaria)* Afrikas, des Mittleren Ostens und Westasiens. An einem einzigen Tag kann ein „kleiner" Schwarm von ca. 50 Mio. Tieren soviel fressen wie nötig wäre, um 500 Menschen ein Jahr lang zu ernähren.

Einen Bienenmantel von 343 000 Bienen mit einem Gewicht von 36,3 kg trug Jed Shaner 1991 in Staunton, West Virginia (USA).

Die gefährlichste Biene ist *Apis mellifera scutellata*, eine afrikanische Un-

terart. Sie greift nur an, wenn sie provoziert wird, ist aber beharrlich in der Verfolgung. Ihr Gift ist nicht stärker als das anderer Arten, doch sie kann durch die wesentlich höhere Stichzahl die Giftkonzentration auf ein tödliches Niveau bringen.

Die schnellsten Insekten auf dem Land sind die großen tropischen Schaben der Familie *Periplaneta americana*, deren Spitzengeschwindigkeit mit 5,4 km/h oder 50 Körperlängen pro Sek. gemessen wurde.

Die größte Küchenschabe ist die in Kolumbien heimische *Megaloblatta longipennis*. Ein präpariertes weibliches Exemplar aus der Sammlung des Japaners Akira Yokokura ist 97 mm lang und 45 mm breit.

Die lautesten Insekten sind die Zikadenmännchen (Fam. *Cicadidae*). Bei 7400 Schwingungen in der Minute erzeugen ihre Trommelorgane ein Geräusch, das man in einer Entfernung von über 400 m hören kann.

Den längsten Legebohrer mit 12,6 cm Länge hat eine Schlupfwespe *(Megaryssa atrata)* aus Kolumbien. Das präparierte Insekt besitzt seit 1996 René Göllner, Berlin.

Der größte Schwarm von Wanderheuschrecken *(Schistocera gregaria)* erstreckte sich über ein Gebiet von schätzungsweise 5180 km². Der Schwarm, der aus ca. 250 Mrd. Insekten bestand, wurde 1889 beobachtet, als er das Rote Meer überquerte.

Die größte Libelle in Mitteleuropa ist die Königslibelle *(Anax imperator)* mit Spannweiten bis zu 10,6 cm.

Die kleinste Libelle ist die in Myanmar (früher Birma) heimische *Agriocnemis naia* mit einer Flügelspannweite von 17,6 mm und einer Körperlänge von 18 mm.

Die schnellste Libelle ist die in Australien beheimatete *Austrophlebia costalis*, die auf Kurzstrecken 58 km/h erreichen kann.

Die längsten Tausendfüßer sind der afrikanische *Graphidostreptus gigas* und der *Scaphistostreptus seychellarum* von den Seychellen. Beide Riesenschnurfüßer können 28 cm lang werden und einen Durchmesser von 20 mm erreichen.

Der kürzeste Tausendfüßer ist die Spezies *Polyxenus lagurus*, die 2,1 bis 4 mm lang wird. Der Pinselfüßer ist besonders auf den Britischen Inseln anzutreffen.

Die meisten Beine der Tausendfüßer, nämlich 375 Paar (750 Beine), hat eine kalifornische Art namens *Illacme plenipes*.

Am größten

unter den Libellen ist die in Mittel- und Südamerika lebende *Megaloprepes caeruleata*, deren Flügelspannweite bis zu 19,1 cm und deren Körperlänge 12 cm betragen können.

Schmetterlinge

Die weiteste Wanderung von Schmetterlingen wurde 1996 festgestellt, als 50 Monarchfalter *(Danaus plexipus)* in Großbritannien eingefangen wurden. Die orangefarbenen Falter kommen nur auf dem amerikanischen Kontinent und in Südostasien vor. Ihr Flug wurde vermutlich durch den Hurrikan *Roxanne* ermöglicht, der sie über den Atlantik trug.

Der größte Schmetterling ist der unter Naturschutz stehende Königin-Alexandra-Falter *(Ornithoptera alexandrae)*. Er kommt nur noch in Papua-Neuguinea vor. Die Flügelspannweite kann über 28 cm und sein Gewicht über 25 g betragen.

Am längsten

unter den Insekten ist die Stabheuschrecke *Pharmacia serratipes*. Ein Rekordexemplar von 555 mm Länge wurde in Malaysia gefunden. Allein der Körper maß 278 mm.

Die größten Tagfalter Mitteleuropas sind der Schwalbenschwanz *(Papilio machaon)* und der Große Eisvogel *(Limenitis populi)*. Flügelspannweiten von 8 bis 10 cm.

Der größte Nachtfalter in Europa ist das Nachtpfauenauge *(Saturnia pyri)* mit einer Flügelspannweite bis zu 13,2 cm. Der Totenkopf *(Acherontia atropos)* hat zwar einen längeren Körper, aber seine Flügelspannweite ist kleiner.

Der kleinste Falter unter 165 000 bekannten Arten von Schuppenflüglern oder *Lepidoptera* ist ein Winzling namens *Stigmella ridiculosa*. Flügelspannweite und Körperlänge sind jeweils 2 mm.

Den schärfsten Geruchssinn aller Lebewesen hat das männliche Kleine Nachtpfauenauge *(Eudia pavonia)*. Es kann ein paarungsbereites Weibchen aus einer Distanz von 11 km gegen den Wind riechen.

Die größte Schmetterlingszucht ist die Schmetterlingsfarm von Stratford-upon-Avon (GB). Den bis zu 2000 Faltern, die unter Regenwald-Bedingungen leben, stehen mehr als 4000 m³ Fluggelände zur Verfügung.

Vergessene Welt

Stegosaurus

hatte nur ein walnußgroßes Gehirn - etwa 0,002 Prozent seines geschätzten Körpergewichts von 3,3 t.

Einen Saurierfriedhof aus der frühen Kreidezeit vor rund 130 Mio. Jahren haben Forscher aus Nowosibirsk (Rußland) 1996 in Sibirien entdeckt: drei Skelette von fast menschengroßen „Papageienechsen", Rippenknochen eines *Diplodocus* sowie das Skelett eines katzengroßen, fleischfressenden Sauriers, der bisher unbekannt war.

Die ältesten Überreste eines *Tyrannosaurus rex* wurden 1996 in Thailand entdeckt. Sie sind etwa 120 bis 130 Mio. Jahre alt. Nach Ansicht der Experten haben sich die Tyrannosaurier von Asien aus auf die anderen Kontinente ausgebreitet. In Nordamerika waren sie in den heutigen US-Bundesstaaten Montana, Texas und Wyoming sowie in den kanadischen Provinzen Alberta und Saskatchewan beheimatet.

Der größte fleischfressende Dinosaurier war der *Gigantosaurus carolinii*, von dem 1995 in Neuquen, Patagonien, ein Skelett entdeckt worden ist. Dieser Saurier, der vor 110 Mio. Jahren gelebt hat, war 12 m lang und wog etwa 8 t. Er war damit größer und massiger als der *Tyrannosaurus rex.*

Die breitesten Dinosaurier waren mit bis zu 2,5 m die *Anklosaurier*, die auch zu den am schwersten gepanzerten Echsen gehören. Rücken, Kopf und sogar die Augenlider waren mit knöchernen Platten und Spitzen ausgerüstet.

Der früheste Dinosaurier ist der *Eoraptor lunensis*, benannt nach einem 1993 in den Ausläufern der Anden (Argentinien) im Gestein gefundenen Skelett, das etwa 228 Mio. Jahre alt sein dürfte. Der Dino war 1 m lang und ist als *Theropode* klassifiziert, als Mitglied der zweibeinigen aufrechtgehenden Fleischfresser.

Die größten Dinosaurier-Eier legte – soweit heute bekannt – der *Hypselosaurus priscus*, ein *Titanosaurus*, der bis zu 12,19 m lang wurde und vor ca. 80 Mio. Jahren lebte. Einige im Oktober 1961 im Durancetal (F) ausgegrabene Exemplare hätten in unbeschädigtem Zustand eine Länge von 25,5 cm und ein Volumen von 3,3 l gehabt.

Das Ei des Dinosauriers: Durch Fossilienfunde in der Wüste Gobi wurde belegt, daß einige Saurierarten eine den Vögeln ähnliche Brutpflege betrieben: Gefunden wurde die Versteinerung eines Sauriers aus der Gattung *Oviraptor*, der auf einem Gelege von 15 Eiern hockt.

Gasosaurus

war ein Fleischfresser und lebte vor 160 Mio. Jahren, früher als *Tyrannosaurus rex*.

Die größten Landtiere aller Zeiten waren die *Sauropoden*, langhalsige, langschwänzige, vierfüßige Pflanzenfresser, die sich in der Jura- und Kreidezeit, vor 208-65 Mio. Jahren, beinahe auf der ganzen Erde tummelten. Sie konnten bis zu 30 m lang und 50 t schwer werden.

Größte Dinosaurier-Fußspuren: 1,36 m lang und 81 cm breit sind die Abdrücke eines zweifüßigen *Hadrosaurus*, die 1932 in Salt Lake City (USA) entdeckt wurden. Weitere Berichte aus den amerikanischen Bundesstaaten Colorado und Utah sprechen von 95 bis 100 cm breiten Fußspuren. Abdrücke von Hinterfüßen der größten *Brachiosaurier* sind gleichfalls bis zu 100 cm breit.

Der größte durch ein vollständiges Skelett dokumentierte Saurier ist ein *Brachiosaurus brancai* („Armechse") aus dem Spätjura vor 150-144 Mio. Jahren. Fundstelle: Tendaguru in Tansania (1909-1911). Die Knochen wurden im Berliner Humboldt-Museum für Naturkunde präpariert und zusammengesetzt. Es ist das größte und höchste Skelett, das je montiert wurde: 22,2 m lang und mit erhobenem Kopf 14 m hoch (Schulterhöhe: 6 m). Der *Brachiosaurus* wog 30-40 t.

Die schnellsten Dinosaurierarten: Auf die Geschwindigkeit von Vorzeittie-

Baryonyx walkeri

zeigte die Krallen. Das zwei Tonnen schwere Tier ist der wichtigste Dino-Fund dieses Jahrhunderts in Europa.

ren kann man nach erhaltenen Spurenabdrücken von Wildwechseln schließen. Eine solche Fährte, die 1981 in Texas entdeckt wurde, deutet auf einen Raubtier-Dinosaurier hin, der bis zu 40 km/h schnell war. Einige *Ornithomimiden* (Straußen-Dinosaurier) erreichten Spitzengeschwindigkeiten von 60 km/h.

Der längste Dinosaurier, der Brachiosaurier *Breviparopus*, ist zwar nur durch eine versteinerte Fußspur bekannt, die aber läßt auf eine Länge von 48 m schließen. Er wäre damit das längste Wirbeltier aller Zeiten gewesen. Ein in New Mexico (USA) gefundener Diplodocus namens *Seismosaurus halli* wurde 1994 auf der Grundlage von Knochenvergleichen auf 39-52 m geschätzt.

Dinosaurier am Südpol: 1995 wurden im Transarktischen Gebirge am 4000 m hohen Mt. Kickpatrick von amerikanischen Geologen Überreste einer bislang unbekannten Dinosaurierart aus der frühen Jurazeit entdeckt. Darunter: der Schädel eines Raubtierfuß-Dinosauriers, *Cryolophosaurus ellioti* (kammtragender, gefrorener Saurier), der vor etwa 180 Mio. Jahren in dieser Region lebte.

Die längsten Krallen aller bekannten Tiere hatten die Therizinosaurier (Sensen-Eidechsen), die in der späten Kreidezeit im Nemegt-Becken in der Südmongolei lebten. Beim *Therizinosaurus cheloniformis* waren sie – an der Außenbiegung gemessen – 91 cm lang.

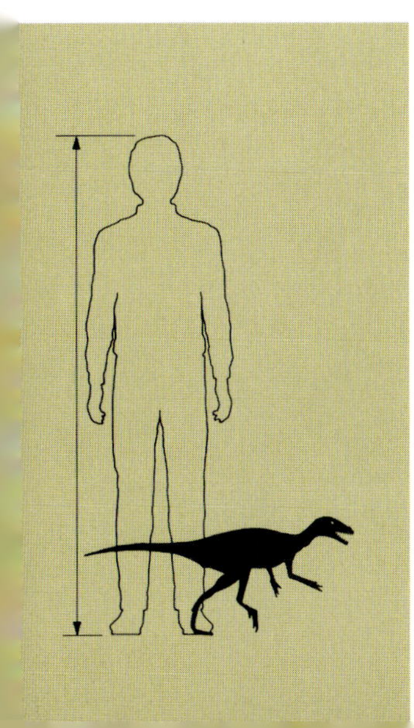

Compsognathus

war mit 60 cm Länge der kleinste Dinosaurier; er lebte auch in Süddeutschland.

Den größten Schädel unter den Landtieren hatte der in Montana und Texas (USA) beheimatete *Torosaurus* (Halsband-Eidechse), ein Pflanzenfresser mit einer langen Halskrause. Er maß ca. 7,6 m und wog bis zu 8 t. Sein Schädel war bis zu 3 m lang (einschließlich Krause) und bis zu 2 t schwer.

Der längste Fleischfresser unter den Sauriern war der in Masonville, Colorado (USA), gefundene Allosaurier *Epanterias amplexus*, der 15,24 m lang war und über 4 t wog. Sein Skelett ist allerdings nur unvollständig erhalten.

Der am höchsten gewachsene Fleischfresser war mit 6,1 m der 14 m lange *Dynamosaurus imperiosus* aus der chinesischen Provinz Shadong.

Die kleinsten Dinosaurier: Der einem Huhn ähnelnde Raubdinosaurier *Compsognathus*, der in Süddeutschland und Südostfrankreich vorkam, maß von Maul bis Schwanzende 60 cm und wog etwa 3 kg.

- Der langbeinige *Lagosuchus* (Hasen-Eidechse) war nur so groß wie ein Wiesel, aber es ist nicht geklärt, ob dieser Jäger ein Dinosaurier war oder ein *Thecodontier* (ein Zweifüßer-Reptil, das sich auf starken Hinterbeinen fortbewegte).
- Frühe Dinosaurier waren sehr klein. Ein *Psittacosaurus* zum Beispiel, der in der späten Kreidezeit in der Mongolei vorkam, war mit einer Länge von 23 bis 25 cm kleiner als eine Taube. Ein *Mussaurus*, in der späten Triaszeit in Argentinien heimisch, war höchstens 20 cm lang.

Der hirnloseste Saurier war *Stegosaurus*, der vor rund 150 Mio. Jahren in den amerikanischen Bundesstaaten Colorado, Utah, Oklahoma und Wyoming lebte. Er war bis zu 9 m lang und hatte ein walnußgroßes Gehirn, das jedoch nicht mehr als 70 g wog und damit nur einen Anteil von 0,002 Prozent seines geschätzten Körpergewichts von 3,3 t ausmachte (beim Elefanten sind es 0,06 und beim Menschen 1,88 Prozent).

Von Null auf Hundert

Rodler

Franz Waibl aus See in Tirol ließ sich auch mit 101 Jahren nicht von seinem Freizeitvergnügen abbringen.

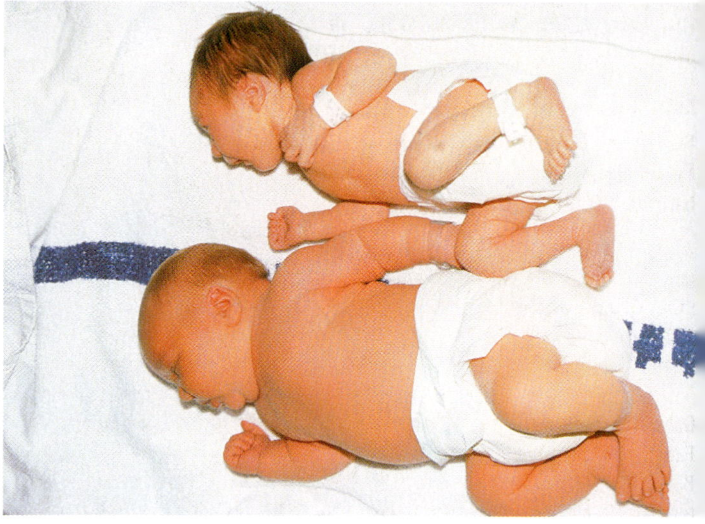

Kraftpaket

Guy W. Carr wog 7 kg bei der Geburt. Englands schwerstes Baby bislang.

Geburten

Der kürzeste Abstand zwischen zwei Einzelgeburten: Im Abstand von nur 209 Tagen gebar Margaret Blair aus Luton (GB) am 27. März 1995 Conor William und am 23. Oktober 1995 Bunty Theresa Eileen.

Der kürzeste Abstand zwischen zwei Einzelgeburten in Deutschland beträgt 8 Monate und 6 Tage. Die Berliner Ärztin Sonna Fatehpour (* 27 . Mai 1961) brachte am 31. Oktober 1989 ihren ersten Sohn Julian zur Welt und bereits am 6. Juli 1990 den zweiten, Lorenzo.

Die meisten Kinder geboren hat, soweit offiziell beglaubigt, nämlich 69, die erste von zwei Frauen des Bauern Fjodor Wassiljew (1707-82) aus Schuja, einer Ortschaft etwa 240 km von Moskau (Rußland). Sie brachte in 27 Schwangerschaften 16mal Zwillinge zur Welt, siebenmal Drillinge und viermal Vierlinge. Über diesen aufsehenerregenden Fall hat am 27. Februar 1782 das Kloster Mikolskaja nach Moskau berichtet. Von den Kindern sollen mindestens 67 das Säuglingsalter überstanden haben.

Die meisten einzelnen Kinder geboren hat in diesem Jahrhundert Margaret McNaught (* 1923) aus Balsall Heath, Birmingham (GB). Sie hatte 12 Söhne und 10 Töchter.

Die gebärfreudigste noch lebende Frau der Welt ist Leontina Albina geb. Espinosa (* 1925) aus San Antonio (Chile), die 1981 ihr 55. und letztes Kind auf die Welt brachte. Ihr Mann Gerardo Secunda Albina oder Alvina (* 1921) sagt, daß sie 1943 in Argentinien geheiratet haben und schon fünfmal Eltern von Drillingen (alles Jungen) geworden waren, ehe sie nach Chile kamen. Nur 40 (24 Jungen und 16 Mädchen) der 55 Kinder überlebten.

Die jüngste Mutter ist eine achtjährige Amerikanerin, die in einer ländlichen Gegend von Arkansas (USA) lebt. Sie brachte im Juni 1994 Zwillinge zur Welt. Bisher sind weltweit nur zwei weitere Fälle bekannt, in denen Achtjährige Mütter jeweils eines Kindes wurden: 1988 in Kolumbien und 1993 in Mexiko.

Die älteste Mutter ist Rossanna Dalla Corta (* 1931) aus Viterbo (I), die am 18. Juli 1994, also mit 63 Jahren, einen Jungen zur Welt brachte. ▮ Im gleichen Alter gebar auch Arceli Keh Ende 1996 in Kalifornien (USA) ein Kind.

Das schwerste Baby einer gesunden Mutter war ein 10,2 kg wiegender Junge, den Carmelina Fedele aus Aversa (I) im September 1955 auf die Welt brachte.

Fünf gleiche Geburtstage: Der einzige bestätigte Fall von fünf Kindern einer Familie, die am gleichen Tag in verschiedenen Jahren zur Welt kamen, betrifft Catherina (1952), Carol (1953), Charles (1956), Claudia (1961) und Cecilia (1966), alle Kinder von Ralph und Carolyn Cummins in Clintwood (USA). Der Geburtstag aller Kinder ist der 20. Februar. Die Wahrscheinlichkeit dafür beträgt 1:17 797 577 730 – dreieinhalbmal die Weltbevölkerung.

Vier gleiche Geburtstage: Jeweils am 13. Januar feiern in der Familie Annelore und Walter Rudolph in Borgholzhausen (Westfalen) vier Kinder ihren Geburtstag: Susanne (* 1970), Melanie (* 1972), Henning (* 1974) und Frank (* 1979).

Schaltjahr-Drillinge: Gisela, Renate und Lotti Benker wurden am 29. Februar 1936 in Rehau, Bayern (D), geboren. Heute leben sie in Offenbach und in den USA. Ihren hundertsten Geburtstag würden sie nach Schaltjahrrechnung erst im Jahr 2336 feiern können.

Schaltjahr-Kinder: Die drei Henriksen-Kinder aus Andenes (Norwegen), Heidi (* 1960), Olav (* 1964)

Das Dreigestirn

Gisela, Renate und Lotti Benker freut sich, wenn es Geburtstag feiern darf: als Schaltjahr-Drillinge nur alle Jubeljahre.

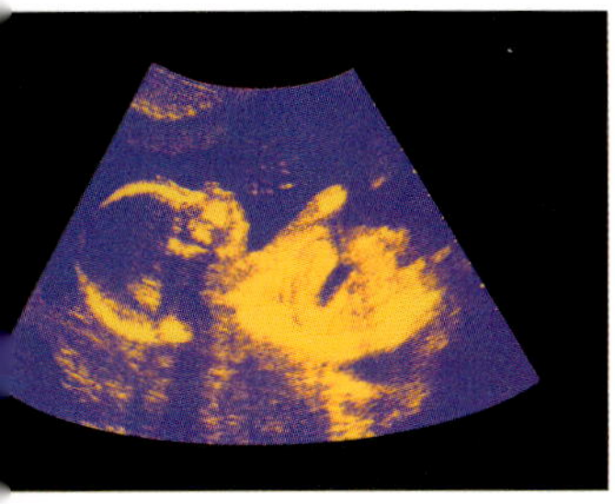

Ultraschall

läßt kleines Leben groß erscheinen. Viele schwangere Frauen verfolgen die Entwicklung am Monitor jeden Monat.

und Lief-Martin (* 1968), können ihren Geburtstag nur alle vier Jahre feiern, da er auf den 29. Februar fällt.

Geburtstage in Folge feiern kann die Familie Kühnl in Emmendingen, Baden-Württemberg (D): erst Tochter Claudia am 19. Dezember, tags darauf Schwester Michaela, dann Mutter Anneliese, schließlich Vater Rainer am 22. Dezember.

Erstes Baby aus dem Reagenzglas ist Louise Brown. Sie wurde von ihrer Mutter, Lesley Brown (damals 31 Jahre), am 25. Juli 1978 um 23.47 Uhr im Allgemeinen Krankenhaus von Oldham (GB) durch Kaiserschnitt entbunden. Louise war am 10. November 1977 im Reagenzglas gezeugt worden.

Retorten-Fünflinge waren Alan, Brett, Connor, Douglas und Edward, die am 26. April 1986 im University College Hospital von London auf die Welt kamen. Ihre Eltern sind Linda und Bruce Jacobssen.

Der längste Abstand bei Drillingsgeburten: Im Abstand von sechs Wochen sind 1993 in Kanada Drillinge geboren worden. Der kleine Clayton March war bereits 45 Tage auf der Welt, als sein Bruder und seine Schwester auf natürlichem Wege – ohne Kaiserschnitt – folgten.

Die am längsten auseinanderliegende Zwillingsgeburt erlebte Danny Petrungaro (* 1953) aus Rom (I). Sie brachte am 22. Dezember 1987 bei einer normalen Geburt ihre Tochter Diana zur Welt. Von der Zwillingstochter Monica wurde sie aber erst am 27. Januar 1988, also 36 Tage später, per Kaiserschnitt entbunden.

Schnellste Drillingsgeburt: Innerhalb von zwei Minuten wurden am 21. März 1977 in Memphis, Tennessee (USA), Bradley, Christopher und Carmon Duck geboren.

Zehnlinge: Mehr als zehn Kinder kamen, soweit bekannt, bei einer Geburt noch nie auf die Welt. Am 22. April 1946 wurde eine Brasilianerin in Bacacay von zwei Jungen und acht Mädchen entbunden. Zehnlingsgeburten wurden auch aus Spanien (1924) und China (1936) gemeldet. Durch medizinische Akten belegt ist jedoch nur die Neunfachgeburt von Geraldine Brodrick, die am 13. Juni 1971 im Royal Hospital in Sydney (Australien) von fünf Jungen (zwei wurden tot geboren) und vier Mädchen entbunden wurde. Keines der Kinder lebte länger als sechs Tage. Über Neunfachgeburten wurde außerdem aus Philadelphia, Pennsylvania (USA, 29. Mai 1971), und Bagerhat (Bangladesch, 11. Mai 1977) berichtet.

Das am längsten getrennt lebende Zwillingspaar sind die am 13. Januar 1914 geborenen Geschwister Iris und Aro Haughie. Sie wurden nach mehr als 75 Jahren wieder zusammengeführt – dank der Fernsehsendung *Missing* (Vermißt), die am 27. April 1989 in Neuseeland ausgestrahlt wurde.

Jüngste lebende Ururgroßmutter ist Harriet Holmes aus Neufundland (Kanada), die am 17. Januar 1899 geboren ist. Das sensationelle Ereignis durfte sie am 8. März 1987 im Alter von 88 Jahren und 50 Tagen im Kreise ihrer Familie feiern.

Die meisten lebenden Vorfahren hat Megan Sue Austin (* 16. Mai 1982) aus Bar Harbor, Maine (USA). Sie erfreute sich bei ihrer Geburt noch aller Großeltern und Urgroßeltern sowie fünf Ururgroßeltern. Macht alles in allem 19 direkte Ahnen. Wer kann da schon mithalten?

Den größten Familienstammbaum in Deutschland beansprucht die Familie Münker/Minker aus Siegen in Westfalen für sich. In dem Stammbaum, der bis in das Jahr 1415 zurückgeht, sind insgesamt 12 000 Personen eingetragen. Diese Ahnenliste wurde erstmals am 19./20. Mai 1995 der Familie vorgestellt.

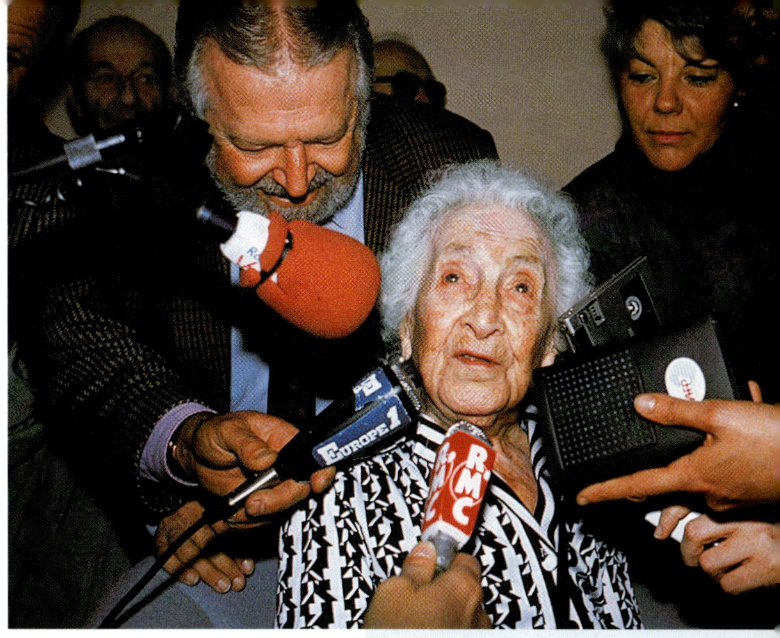

Alter

Der älteste lebende Mensch der Welt ist nach dem Tod von Jeanne Louise Calment – unter der Voraussetzung gesicherter Daten – die am 29. August 1880 in Karnouraska, Quebec (Kanada), geborene Marie Louise Fébronie Meilleur. Sie lebt heute in einem Schwesternheim in Corbell nahe North Bay, Ontario (Kanada), und hat insgesamt 300 Nachkommen aus zwei Ehen. Ihr Lebensgeheimnis: frische Luft.

▮ Nur wenige Tage jünger ist Sarah Knauss aus Allentown, Philadelphia (USA); sie wurde am 24. September 1880 geboren.

Der älteste lebende Mann der Welt ist der gebürtige Däne Christian Mortensen, geboren am 16. August 1882, heute wohnhaft in San Raphael, Kalifornien (USA).

Die meisten 100jährigen lebten 1996 in Japan. 80 Prozent der 7373 Japaner, die hundert Jahre oder älter sind, sind Frauen. Mit 113 Jahren ist Sue Utagawa aus Ajisu die älteste unter den Alten. Japaner haben die höchste Lebenserwartung der Welt: Frauen werden im Durchschnitt etwa 83 Jahre alt, Männer lediglich 77 Jahre.

2700 Jahre alt waren zusammengenommen die 30 Frauen und Männer, die sich an einem Sommertag 1996 im Lindholm-Andersen-Haus bei Niebüll, Schleswig-Holstein (D), versammelten, um das 90jährige Bestehen der Einrichtung zu feiern. Jeder von ihnen war zu diesem Zeitpunkt 90 Jahre alt.

Jeanne Calment

war bis zum 4. August 1997 der älteste lebende Mensch der Welt. Älter als sie mit 122 Jahren, fünf Monaten und 14 Tagen ist bisher noch niemand geworden, jedenfalls nicht durch Zeugnisse nachgewiesenermaßen.

▮ Seit ihrer Geburt am 21. Februar 1875 war Jeanne Calment Zeugin vieler bedeutender Ereignisse geworden.

▮ Sie erlebte die Entwicklung des Automobils, des Flugzeugs, des Rundfunks und Fernsehens hautnah mit.

▮ Bei Ausbruch des Ersten Weltkriegs war sie 39 Jahre alt, am Ende des Zweiten schon 69.

▮ Erst mit 110 Jahren zog sie ins Altersheim, und wenn sie nicht zehn Jahre zuvor das Fahrradfahren aufgegeben hätte, wäre sie wohl radelnderweise dort eingezogen.

▮ Bevor sie am 17. Oktober 1995 ältester Mensch der Welt wurde, weil Schigechiyo Izumi mit 120 Jahren und 237 Tagen gestorben war, konnte sie sich mit den Titeln „Älteste Französin" und „Älteste Frau Europas" schmücken.

▮ Mit 13 Jahren lernte sie den berühmten Maler Vincent van Gogh kennen, der nach ihren Worten schmuddelig gewesen sei und nach Alkohol gerochen habe.

▮ Jeanne Calment wird der Öffentlichkeit erhalten bleiben in Form von Büchern, einer Videokassette und einer Techno-CD.

Mit Haut und Haaren

Unrasiert seit 17 Jahren. Der Schnurrbart des Inders Kalyan Ramji Sain mit einer Spannweite von 3,39 m.

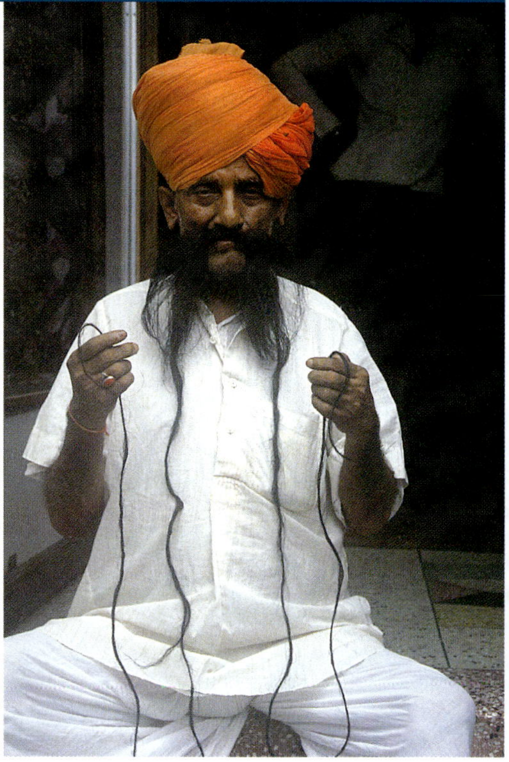

Die häufigste Blutgruppe der Welt ist 0 (46 Prozent); in gewissen Gebieten jedoch, z. B. in Norwegen, herrscht Gruppe A vor.

Die seltenste Blutgruppe der Welt ist eine Art des Bombay-Bluts (Untergruppe h-h), die bisher nur 1961 bei einer tschechoslowakischen Krankenschwester festgestellt wurde sowie 1968 bei einem Amerikaner und seiner Schwester namens Jalbert aus Massachusetts (USA).

Größte Bluttransfusion: Der 50jährige Warren C. Jyrich, ein Bluter, benötigte für seine Operation am offenen Herzen im Dezember 1970 2400 Spendereinheiten, das sind 1080 l Blut.

Die größte Arterie ist die Aorta. Beim Austritt aus dem Herzen hat sie einen Durchmesser von 3 cm, in Höhe des vierten Lendenwirbels beträgt der Durchmesser etwa 1,75 cm.

Das schwerste innere Organ ist mit etwa 1,5 kg die Leber. Sie ist viermal schwerer als das Herz.

Das schwerste Organ: Medizinisch betrachtet, ist die Haut ein Organ, das bei einem Erwachsenen im Durchschnitt rund 2,7 kg wiegt. Sie umschließt den gesamten Körper und dient als erste Barriere gegen eindringende Organismen.

Die aktivsten Muskeln sind die Augenmuskeln. Sie bewegen sich nach Schätzungen bis zu 100 000mal pro Tag. Viele Augenbewegungen fallen in die Traumphasen während der Nachtruhe.

Über den größten Bizeps verfügt Isaac Nesser aus Greensburg, Pennsylvania (USA). Sein Oberarmumfang mißt in ruhendem Zustand (nicht angespannt) 73 cm.

Die umfangreichste Taille hatte Walter Hudson (1944-91) aus New York (USA) mit einer Weite von 302 cm bei einem erreichten Höchstgewicht von 545 kg.

Den muskulösesten Brustkasten besitzt mit 188 cm der Bodybuilder Isaac Nesser aus Greensburg, Pennsylvania (USA).

Der schnellste Rechner ist Gert Mittring aus Bonn (D), der am 2. August 1994 aus einer tausendstelligen Zahl die 137. Wurzel in 13,3 Sek. gezogen hat.

▮ Am 20. August 1995 hat er in Arnsberg (D) die 9875. Wurzel aus einer 34 413stelligen Zahl in 40 Sekunden gezogen.

Menschlicher Computer: In 28 Sek. multiplizierte Shakuntala Devi (Indien) zwei 13stellige Zahlen, die am 18. Juni 1980 von einem Computer in London nach dem Zufallsprinzip ausgewählt wurden. Die Rechenaufgabe lautete:
7 686 369 774 870 x
2 465 099 745 779.
Das korrekte Resultat:
18 947 668 177 995 426 462 773 730.

Gedächtnis: 16 000 Abschnitte aus buddhistischen Texten sagte im Mai 1974 Bhandanta Vicitsara in Yangon (Rangun), Myanmar (Birma), aus dem Gedächtnis auf.

▮ Mehr als 15 000 Telefonnummern aus Harbin konnte der 26 Jahre alte Chinese Gon Yangling wiederholen.

167 km/h schnell können Partikel sein, die beim Niesen ausgestoßen werden. Trotzdem kein Grund, verschnupft zu sein.

Vergißt nichts: Dominic O'Brien memorierte am 6. Juni 1996 ein durchmischtes Kartenset in 38,29 Sekunden.

Kartengedächtnis: Nach nur einmaligem Ansehen memorierte Dave Farrow (USA) 52 Kartenspiele (2704 Karten), die gemischt und ihm dann in zufälliger Reihenfolge vorgelegt worden waren. Dabei unterliefen ihm am 24. Juni 1996 im Guinness World of Records Museum, Niagara Falls (Kanada), nur sechs Fehler.

Namen-Gedächtnis: Erich Zenker (* 1929) aus Kiel (D) tritt als Gedächtniskünstler auf. Er merkt sich die Vornamen von anwesenden Personen. Auch wenn die Leute anschließend ihre Plätze gewechselt haben, kann er sie mit dem richtigen Vornamen ansprechen. Sein Rekord: 501 Personen auf einer einzigen Veranstaltung.

Spitzengeschwindigkeit-Gedächtnis: Fehlerfrei kann Rufus Pfützner (* 1986) aus Berlin zu 1310 Fahr- und Flugzeugen die jeweilige Spitzengeschwindigkeit zuordnen. Dabei handelt es sich in der Hauptsache um Autos.

Gedächtnis für Lottozahlen: Als Lottogenie entpuppte sich die Hausfrau Hedl Bäurle (* 1932) aus Eigeltingen am Bodensee. Dank ihres fotografischen Gedächtnisses kann sie die Samstags-Lottozahlen mit Zusatzzahl der Jahre 1980-90 komplett auch in variabler Reihenfolge auswendig aufsagen – in etwa 65 Min. sind alle Wochenziehungen bewältigt: insgesamt 4011 Zahlen.

Pi-Gedächtnis: Von der irrationalen Kreiszahl Pi hat Hideaki Tomoyori (* 1932) aus Yokohama (Japan) 40 000 Stellen aus dem Gedächtnis aufgesagt. Er schaffte dieses Kunststück in 17:21 Std. (4:15 Std. Pause eingeschlossen).

Die längste Haarpracht trägt Mata Jagdamba (* 1917) aus Uijain (Indien). Die Haare hatten am 21. Februar 1994 eine Länge von 4,23 m. Menschenhaar wächst monatlich ungefähr 1,27 cm. Bleibt es ungeschnitten, wird es in der Regel kaum länger als 61 bis 91 cm.

Die Frau mit den längsten Haaren in Deutschland ist Georgia Sebrantke (* 1943). Die seit vielen Jahren in Stuhr-Varrel bei Bremen lebende Griechin wies Anfang 1990 eine dunkelbraune Haarpracht von exakt 325 cm Länge auf.

Das kräftigste Haar hat vermutlich der Münchner Dominik Fahr (* 1971). Für Digitalwaage und Mikrometerschraube opferte Dominik eines der dicken Haare seines Rotschopfs, klemmte es zwischen Gewicht und Waage. Bei 261 g Belastung riß das Haar am 25. Oktober 1989. Dominik könnte übrigens mit seiner ganzen Haarpracht ca. 23 t aushalten – geht man davon aus, daß er 88 000 Haare hat.

Der längste Bart gehörte dem gebürtigen Norweger Hans N. Langseth (* 1846). Als er 1927 in den USA starb, hatte der Bart eine Länge von 533 cm. Der Bart wurde 1967 dem Smithsonian-Institut, Washington (USA), zum Geschenk gemacht.

Den längsten Schnurrbart hat sich Kalyan Ramji Sain aus Sundargarth (Indien) seit 1976 wachsen lassen. Er hatte im Juli 1993 eine Spannweite von 3,39 m erreicht (rechte Seite: 1,72 m; linke Seite: 1,67 m).

Die frühesten Milchzähne: Gleich mit neun Milchzähnen wurde am 11. März 1961 Jörg Netzband in Hamburg geboren.

Der langlebigste Milchzahn: Gladys Turner (* 1920) aus Copthorne, West-Sussex (GB), hat einen Milchzahn zurückbehalten, seit er im Alter von 2 Jahren durchgekommen war. ▪ Ursela Mohn (* 1937) aus Osterholz-Scharmbeck, Niedersachsen (D), hat den langlebigsten Milchzahn in Deutschland. Sie beißt noch 1997 damit.

Die Backenzähne bekommt man im Alter von 24 Monaten, aber nach dem in Dänemark veröffentlichten Fall Pindborg wies 1970 ein um sechs Wochen zu früh geborenes Baby bei seiner Geburt acht Zähne, davon vier Backenzähne, auf.

Die erste Plombe wurde Christel Klein (* 1940) aus Hannover, Niedersachsen (D), mit fast 55 Jahren eingesetzt.

Die meisten Zähne: Der Wuchs dritter Zähne im vorgerückten Alter wurde wiederholt registriert. In Frankreich erregte 1896 der sogenannte Lison-Fall Aufsehen: Eine Französin namens Lison hatte im Alter vierte Zähne bekommen.

Schnellsprechen: Nur wenige Leute sind in der Lage, mehr als 300 Wörter/min klar und deutlich zu sprechen. Sean Shannon aus Kanada rezitierte Hamlets Monolog „Sein oder Nichtsein" (im Englischen 260 Wörter) am 30. August 1995 in Edinburgh in 23,8 Sek., was einem Schnitt von 655 Wörtern pro Minute entspricht.

Rückwärtssprechen: Der Brite Steve Briers rezitierte am 6. Februar 1990 in Tenby während einer BBC-Rundfunksendung (Radio 4) sämtliche Liedtexte aus Queens *A Night at the Opera* (Eine Nacht in der Oper) von hinten nach vorne. Für 2343 Wörter brauchte er 9:58,44 Min.

Die längsten Fingernägel hat sich Shridhar M. Chillal (* 1937) aus Pune, Maharashtra (Indien), wachsen lassen. Ende März 1997 maßen die fünf Nägel seiner linken Hand zusammen 612 cm (Daumen: 140 cm, Zeigefinger: 109 cm, Mittelfinger: 117 cm, Ringfinger: 125 cm, kleiner Finger: 122 cm). Chillal hatte seine Fingernägel zuletzt im Jahr 1952 geschnitten. Fingernägel wachsen im Schnitt ungefähr 0,05 cm pro Woche, viermal schneller als Fußnägel.

Niesen: Bedauernswertestes Opfer ist Donna Griffiths (* 1969) aus Pershore (GB). Ihr erster Anfall dauerte 194 Tage – vom 13. Januar bis 27. Juli 1981. Im ersten Jahr ihres Leidens hat Donna schätzungsweise eine Million Male „Hatschi" gemacht.

Notierte das neunteilige *Miserere* von Allegri nach einmaligem Hören aus dem Gedächtnis: Wolfgang Amadeus Mozart.

Durch dick und dünn

Im Doppel

waren sie unschlagbar: Die Zwillinge Billy Léon und Benny Loyd McCrary aus Hendersonville in North Carolina (USA) brachten zusammen 665 kg auf die Waage.

Gewicht

Der schwerste Mann war Jon Brower Minnoch (1941-83) aus Bainbridge Island, Washington (USA). Der ehemalige Taxifahrer, 185 cm groß, hatte 1963 noch 181 kg gewogen; 1966 waren es schon 317 kg und im September 1976 dann 442 kg. 1978, als er ins Krankenhaus kam, wurde sein Gewicht auf 635 kg geschätzt. Nach einigen Diäten schaffte er im Oktober 1981 einen Gewichtszunahmerekord, indem er innerhalb von sieben Tagen 91 kg zunahm.

Der schwerste lebende Mensch ist T. J. Albert Jackson aus Canton, Mississippi (USA), der als „Fat Albert" (fetter Albert) einige Berühmtheit erlangte. Er hat einen Brustumfang von 305 cm, eine Taillenweite von 294 cm. Der Umfang seiner Oberschenkel beträgt 178 cm und der seines Nackens 75 cm. Jacksons bisheriges Höchstgewicht lag bei 408 kg.

Die schwerste lebende Frau ist die Amerikanerin Rosalie Bradford (* 1943), die im Januar 1987 ein Höchstgewicht von 544 kg erreichte. Im August desselben Jahres wurde sie aufgrund eines Herzversagens ins Krankenhaus eingeliefert. Dort wurde sie auf eine sorgfältig kontrollierte Diät gesetzt, die dazu führte, daß sie im Frühjahr 1994 nur noch 128 kg wog. Ihr Wunschgewicht sind 68 kg.

Die schwersten Zwillinge waren Billy Léon und Benny Loyd McCrary alias McGuire (* 7. Dezember 1946) aus Hendersonville, North Carolina (USA), die im November 1978 337 kg (Billy) und 328 kg (Benny) wogen und einen Taillenumfang von 213 cm hatten.

Der leichteste Mensch war Lucia Zarate (1863-89) aus San Carlos (Mexiko), eine 67 cm große kleinwüchsige Frau, die mit 17 Jahren 2,13 kg wog. Bis zu ihrem 20. Geburtstag hatte sie es immerhin auf 5,9 kg gebracht. Bei der Geburt wog sie 1,1 kg.

Größe

Der nachweislich größte Mann in der Medizingeschichte war Robert Pershing Wadlow, geboren 1918 in Alton, Illinois (USA). Am 27. Juni 1940 war er 272 cm groß und hatte eine Armspannweite von 288 cm. Seine Schuhe waren 47 cm lang, und seine Hände maßen vom Handgelenk bis zur Spitze des Mittelfingers 32,4 cm.

Der größte lebende Deutsche ist Konstantin Gerhard Klein (* 15. März 1957 in Hainburg, Hessen). Er ist 223 cm groß und wiegt 140 kg. Seine Schuhgröße: 52. In seiner Familie gab es vor ihm keine Riesen.

Der größte lebende Mensch zu sein – dies ist ein Rekord, den sich derzeit zwei Männer und eine Frau streitig machen können. Haji Mohammad Alam Channa (* 1956) aus Bachal Channa, Sehwan Sharif (Pakistan), der am 24. April 1992 in der Londoner Show *Guinness World of Records* gemessen wurde, und die größte lebende Frau der Welt, Sandy Allen (* 18. Juni 1955) aus den USA, bringen es alle auf 231,7 cm Körpergröße.

100%

Auf Diät gesetzt

wurde Rosalie Bradford, als sie 544 kg wog. In sieben Jahren verlor sie 416 kg. Größter Gewichtsverlust.

Der größte lebende Österreicher ist Peter Zankl (* 20. März 1964) aus Kötschach-Mauthen (Kärnten). Der Mann, als Basketballspieler aktiv, mißt 219 cm und wiegt 115 kg. Mit Schuhgröße 55 lebt er auf recht großem Fuß.

Die größten eineiigen Zwillinge sind die Brüder Michael und James Lanier (* 27. November 1969) aus Troy, Michigan (USA), die jeweils 223,5 cm messen. Bereits mit 14 Jahren waren die beiden 216 cm groß. Ihre Schwester Jennifer konnte mit den großen Brüdern nicht mithalten: Sie mißt lediglich 157 cm.

Die größte Frau war Zeng Jin-Lian (* 26. Juni 1964) aus Yujiang in der zentralchinesischen Provinz Hunan. Bei ihrem Tod am 13. Februar 1982 maß sie 247 cm. Ihr abnormes Wachstum hatte schon im Alter von vier Monaten eingesetzt, vor ihrem vierten Geburtstag war sie bereits 156 cm groß und mit 13 Jahren 217 cm. Zeng Jin-Lians Hände waren 25,5 cm und ihre Füße 35,5 cm lang. Sie hat sowohl an Skoliose als auch an Diabetes gelitten. Größe lag nicht in ihrer Familie: Ihre Eltern sind nur 163 cm und 156 cm groß, ihr Bruder brachte es mit 18 Jahren auf 158 cm.

Die größte Deutsche ist Antje Dethloff (* 2. Februar 1963 in Kiel). Sie ist 206 cm groß und wiegt 68 kg.

Die größte Schweizerin ist Ursula Zimmermann (* 2. Januar 1952 in Solothurn/Kanton Solothurn). Bei einer Körpergröße von 196 cm hat sie ein Gewicht von 85 kg.

Die größten Zwillingsschwestern der Welt sind mit jeweils 195 cm Heather und Heidi Burge (* 11. November 1971) aus Palos Verdes in Kalifornien (USA).

Das gemeinsam größte Ehepaar bildeten Anna Hanen Swan (1846-88) aus Neu-Schottland (Kanada), von der behauptet wurde, sie wäre 246 cm groß gewesen, in Wirklichkeit waren es aber 227 cm, und der 219 cm große Martin van Buren Bates (1845-1919) aus Whitesburg (USA).

Der kleinste erwachsene Mensch, über den objektive Zeugnisse vorliegen, war Pauline Musters („Prinzessin Pauline"), eine niederländische „Liliputanerin". Sie wurde am 26. Februar 1876 in Ossendrecht geboren und war bei der Geburt 30 cm lang. Mit neun Jahren hatte sie es auf 55 cm gebracht und wog nur 1,5 kg. Sie starb in New York am 1. März 1895 im Alter von 19 Jahren. Eine Untersuchung nach ihrem Tod ergab eine Länge von genau 61 cm (nach dem Tod war eine Streckung eingetreten). Als Erwachsene schwankte ihr Gewicht zwischen 3,4 und 4 kg, und ihre Körpermaße (Brust-Taille-Hüfte) waren 47-48-43 cm.

Der kleinste Mann war der am 14. Januar 1791 in Bridgewater (USA) geborene Calvin Phillips. Bei der Geburt wog er 907 g. Mit 19 Jahren war er 67 cm groß und wog mit Kleidern 5,4 kg. Zwei Jahre später, im April 1812, starb er an *Progeria,* einer seltenen Krankheit, bei der Kleinwuchs mit vorzeitiger Alterung einhergeht.

Der kleinwüchsigste Deutsche war Walter Boehming (1907-55). Als er in Delmenhorst, Niedersachsen (D), starb, war er 57 cm groß.

Der kleinste Österreicher, Johann Hauptmann, war 81 cm groß.

Die kleinste Österreicherin ist Anastasia Boruwlaski mit 71 cm.

Der kleinste Schweizer, Johann Wormbugh, mißt 78,5 cm.

Der kleinste lebende Mann ist Gul Mohammed (* 1957) aus Neu Delhi (Indien). 1990 war er 57 cm groß und wog 17 kg.

Die kleinste lebende Frau ist Madge Bester (* 1963) aus Johannesburg, Südafrika mit 65 cm.

Die kleinsten Zwillinge von Geburt an waren Matjus und Bela Matina (* 1903) aus Budapest (H): je 76 cm.

Die kleinsten lebenden Zwillinge sind John und Greg Rice (* 1952) aus Maitland, Florida (USA). Sie messen jeweils 86,3 cm.

Das gegensätzlichste Ehepaar bilden Fabien Pretou (* 1968) und Natalie Lucius (* 1966): Er ist 188,5 cm groß, sie 94 cm.

Die größten Füße hat, Fälle von Elephantiasis ausgenommen, Matthew McGrory (* 17. Mai 1973) aus Pennsylvania (USA). Er trägt Schuhgröße 68.

Auf großem Fuß

lebt der 24jährige Matthew McGrory aus Pennsylvania (USA). Schuhgröße 68.

Heilsame Wege

Die langwierigste Operation dauerte 96 Std. Patientin war die Amerikanerin Gertrude Levandowski (* 1893). Während des Eingriffs vom 4. bis 8. Februar 1951 mußten die Ärzte mit äußerster Vorsicht vorgehen, denn die Frau hatte ein schwaches Herz. Bei der Operation ist eine Zyste entfernt worden. Die Patientin hat dabei von 280 auf 140 kg abgenommen.

Die meisten Operationen durchgeführt hat der Inder Padmabhushan Dr. m. c. Modi, Augenchirurg seit 1943. Er operierte zusammen mit seinen Assistenten an einem einzigen Tag bis zu 833 Menschen, die am Grauen Star erkrankt waren, er besuchte 46 120 Dörfer und 12 118 630 Patienten. So hat er es bis Februar 1993 auf 610 564 Operationen gebracht.

Der größte Gallenstein: Dr. Humphrey Arthure hat einen 6,29 kg schweren Stein am 29. Dezember 1952 im Charing Cross Hospital in London bei einer 80jährigen Patientin entfernt.

Die meisten Gallensteine hat im August 1987 der Arzt K. Whittle Martin im Worthing Hospital in West Sussex (GB) bei einer 85jährigen Patientin entfernt: Es waren sage und schreibe 23 530 Stück.

Die erste Herztransplantation wurde an Louis Washkansky im Alter von 55 Jahren im Groote-Schuur-Krankenhaus, Kapstadt (Südafrika), am 3. Dezember 1967 vorgenommen. An der Operation wirkte eine 30köpfige Medizinergruppe unter Leitung von Christiaan Neethling Barnard mit. Die Spenderin war Denise Ann Darvall, die 25jährig starb. Washkansky überlebte die Operation 18 Tage und starb am 21. Dezember 1967.

Quilt & Schleife

sind Ausdruck der Trauer und Solidarität mit AIDS-Toten und -Erkrankten. 120 000 m² Quilts auf der Mall in der US-Kapitale im Oktober 1996.

Die erste Herztransplantation in Deutschland wurde am 13. Februar 1969 in München versucht. Das Ärzteteam Zenker, Sebening und Klinnen pflanzte das Herz der Hausfrau Emma Salvermoser (39) dem Kraftfahrer Josef Zehner (36) ein. Er lebte damit 22 Stunden.

Am längsten mit einem fremden Herzen lebte der am 6. Juli 1994 verstorbene Dirk van Zyl (* 1926) aus Kapstadt (Südafrika), dem am 10. Mai 1971 im Groote-Schuur-Krankenhaus der Universität von Kapstadt ein fremdes Herz eingesetzt worden war.

Der jüngste Patient einer Herztransplantation war Olivia Maize aus Murphy, North Carolina (USA). 1:40 Std. nach ihrer Geburt am 1. Juli 1994 wurde ihr im Loma Linda Hospital in Kalifornien (USA) ein Herz transplantiert. Sie starb einen Monat nach der Operation.

Die längste Lebenszeit mit verpflanzter Niere hat Johanna Leanora Rempel (* 1948) aus Red Deer, Alberta (Kanada), aufzuweisen, der am 28. Dezember 1960 eine Niere ihrer eineiigen Zwillingsschwester Lana

Blatz eingepflanzt wurde. Sie war außerdem die erste Empfängerin eines Transplantats, die ein Kind gebar, einen Jungen, der am 7. September 1967 zur Welt kam. Die Operation erfolgte im Peter Brigham Hospital in Boston, Massachusetts (USA).

Die dauerhafteste Krebspatientin ist Winona Mildred Melick (* 22. Oktober 1876) aus Long Beach, Kalifornien (USA). 1918, 1933, 1966 und 1968 ist sie an Krebs operiert worden, am 28. Dezember 1981, 67 Tage nach ihrem 105. Geburtstag, starb sie an Lungenentzündung.

Tödlichste Krankheit: AIDS (**A**cquired **I**mmune **D**eficiency **S**yndrome) steht für eine Krankheit, die – einmal ausgebrochen – bisher noch nicht geheilt werden konnte. Nach Angaben der Weltgesundheitsorganisation WHO waren bis Anfang 1997 rund 22 Mio. Menschen mit dem Virus infiziert worden, davon wiederum 5,8 Mio. an den Folgen von AIDS gestorben. AIDS wird von dem **H**uman **I**mmunodeficiency **V**irus, abgekürzt HIV, verursacht. Der Virus schwächt das Immunsystem und macht den Körper wehrlos gegen Infektionsattacken, die einem gesunden Menschen nichts anhaben können. Viele Menschen, die sich mit dem HI-Virus infiziert haben, zeigen häufig lange keine Krankheitssymptome, die auf AIDS hindeuten.

Zur größten Gedenkaktion für AIDS-Tote hat sich der „AIDS Memorial Quilt“ entwickelt, den Angehörige der Toten in den USA aus selbstbestickten Teilen mit aufgenähten Memorabilien zusammengesetzt hatten. Dieser füllte im Oktober 1996 in der US-Hauptstadt Washington die Meile auf der Mall zwischen dem Kapitol und dem Washington-Monument. 1987 war Cleve Jones die Idee dazu gekommen, inzwischen umfaßt der Quilt eine Gesamtfläche von 120 000 m^2. In 39 Ländern der Erde existiert das „The Names Project“ genannte Unternehmen bereits, nun wurde der Euro-Quilt gegründet, um die Idee auch in Europa zu verbreiten.

Die größte rote Schleife der Welt, das internationale Solidaritätszeichen mit HIV-infizierten und an AIDS erkrankten Menschen, wurde am 21. Juni 1997 in Berlin von der Berliner Benefiz und dem Berlin Hilton in Form eines gigantischen Backwerks präsentiert: Grundfläche 2 x 3 m, 30 cm breit, 15 cm hoch, 304,4 kg schwer. Drin und drauf waren u. a. 1800 Eier, 55 kg Marzipan, 38 kg Marmelade, 20 l Himbeersoße.

Das kleinste EKG-Gerät ist von Hans-Joachim Uhlemann aus Haltern (D) entwickelt worden. Es ist 146,5 mm lang, 27 mm breit, 17,2 mm tief und wiegt 18,5 g.

Medikamente

Das stärkste Arzneimittel ist das d-Lysergsäure-diethylamid-Tartrat (LSD-25, $C_{20}H_{25}N_{30}$), zum ersten Mal 1938 für die Schnupfenforschung von Albert Hofmann (CH) hergestellt und im April 1943 von ihm als Halluzinogen erkannt.

Das stärkste schmerzstillende Mittel ist das morphinähnliche Präparat R 33 799, dem die 12 000fache Wirksamkeit des Morphins zugeschrieben wird.

Schmerzmittel Nr. 1

ist Aspirin. In mindestens 70 Ländern der Welt wird es verkauft. Sein Geheimnis: Acetylsalicylsäure, die vor 100 Jahren bei Bayer hergestellt wurde. Mit dem Aspirin-Auto und Werbeplakaten auf Erfolgskurs.

Das meistverkaufte Schmerzmittel der Welt ist Aspirin. Mit einem Umsatz von über 12 Mrd. Tabletten jährlich ist Aspirin seit 100 Jahren das Schmerzmittel Nummer eins. Der einzige Wirkstoff von Aspirin, die Acetylsalicylsäure, wurde erstmals 1897 von dem Bayer-Chemiker Felix Hoffmann in chemisch reiner und haltbarer Form hergestellt. 1899 wurde der Name Aspirin beim

Kaiserlichen Patentamt in Berlin eingetragen. Noch im gleichen Jahr kam das Medikament zunächst in Pulverform, bald darauf in der damals ganz neuen Tablettenform auf den Markt. In über 70 Ländern der Welt ist Aspirin nach wie vor das Mittel der ersten Wahl zur Behandlung von Fieber und entzündlichen Schmerzzuständen. Und sogar das Herzinfarktrisiko soll damit gesenkt werden.

Schneller leben

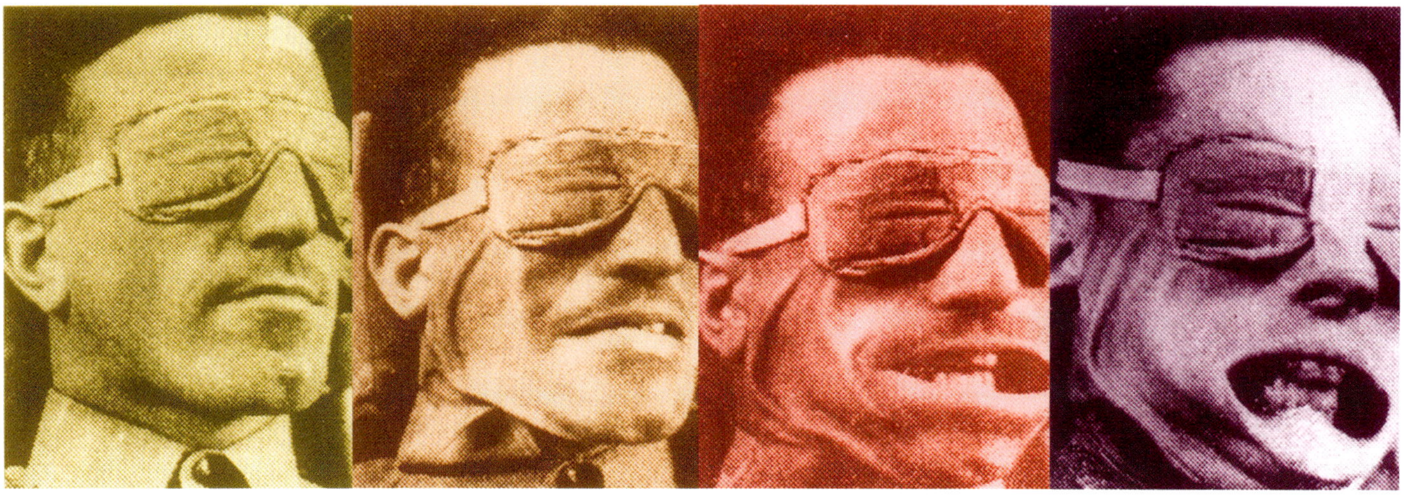

Entstellt

sind die Gesichtszüge eines Piloten beim Gravitationstest: plötzliche Beschleunigung von 440 km/h auf 560 km/h.

Gesundheit

Die häufigste ansteckende Krankheit ist der Schnupfen (Katarrh des Nasenrachenraums) oder die Erkältung. Sie wird von Rhinoviren verursacht, von denen es wenigstens 180 Typen gibt.

Grippe-Epidemien: Influenza oder Grippe wird von Myxoviren verursacht, die je nach Typ in A, B oder C mit den Untergruppen A0, A1 und A2 unterschieden werden. Grippe-Epidemien breiten sich oft in Wellen über die ganze Erde aus, wobei Typ A einen Zyklus von 2 bis 3 Jahren durchläuft, Typ B 4 bis 5 Jahre benötigt. Der Grippevirus A2, auch als Asiatische Grippe bekannt, trat Anfang des Jahres 1957 in China erstmals auf und hatte bis zur Jahresmitte bereits einmal die Erde umwandert.

Die gefährlichsten Krankheiten: Lassa-Fieber, verursacht durch einen seltenen westafrikanischen Virus, hat eine Sterblichkeitsrate von über 50 Prozent. Ähnlich hohe Raten haben nur Marburg-Fieber und Ebola.

▮ Cholera hat seit 1900 in Indien ungefähr 20 Mio. Menschen das Leben gekostet. Die Sterblichkeit liegt bei bis zu 50 Prozent, wenn die Krankheit nicht rechtzeitig behandelt wird.

▮ Von Gelbfieber, einer seltenen, aber immer mehr zunehmenden Infektion, die von Moskitos übertragen wird, heißt es, daß 10 bis 90 Prozent der Infizierten sterben.

Die zuletzt entdeckte Infektionskrankheit ist ein neuer Typ der Creutzfeldt-Jakob-Krankheit, die zum Schwachsinn führt. Sie wird vermutlich verursacht durch ein Eiweiß, das von Rindern, die an BSE (Bovine Spongiform Encephalitis) leiden, übertragen wird.

Die ältesten Krankheiten: Fälle von Lepra wurden schon im alten Ägypten um 1350 v. Chr. beschrieben.

▮ Tuberculosis schistosomiasi, eine infektiöse Erkrankung der Leber und Nieren, fand man in ägyptischen Mumien der zwanzigsten Dynastie (1250 bis 1000 v. Chr.).

▮ Von den verheerenden Seuchen Pest und Cholera wird schon im Alten Testament der Bibel berichtet.

Erfolg durch Immunisierung: Poliomyelitis oder Kinderlähmung ist eine Viruserkrankung des Nervensystems, die durch direkten Kontakt übertragen wird. Sie ist in Westeuropa durch Impfprogramme praktisch ausgerottet worden.

Die häufigste Todesursache in den sogenannten Industrieländern sind Herzkrankheiten und Erkrankungen der Blutgefäße, die für insgesamt 50 Prozent aller Todesfälle verantwortlich sind.

Höchste Körpertemperatur: Der 52jährige Willie Jones wurde am 10. Juli 1980 mit einem Hitzschlag in das Grady-Memorial-Krankenhaus

Höchste Sterblichkeitsraten jährlich je 100 000 Einwohner.		
Krebs	314	Kanalinsel Guernsey (GB)
	313	Ungarn
Kreislauferkrankungen	917	Lettland
Magen-Darm-Erkrankungen	170	Tuvalu (Pazifischer Inselstaat)
Infektionskrankheiten	241	São Tomé e Príncipe (Westafrik. Inselrep.)
Erkrankungen der Atemwege	204	Irland

Niedrigste Sterblichkeitsraten jährlich je 100 000 Einwohner.		
Krebs	6	Mazedonien.
Kreislauferkrankungen	24	Jemen.
Magen-Darm-Erkrankungen	1,9	Malaysia.
Infektionskrankheiten	2,8	Österreich.
Erkrankungen der Atemwege	7,5	Qatar und Malaysia.

Entsorgt

wurden BSE-verseuchte Rinder in England. Neu entdeckte Infektionskrankheit.

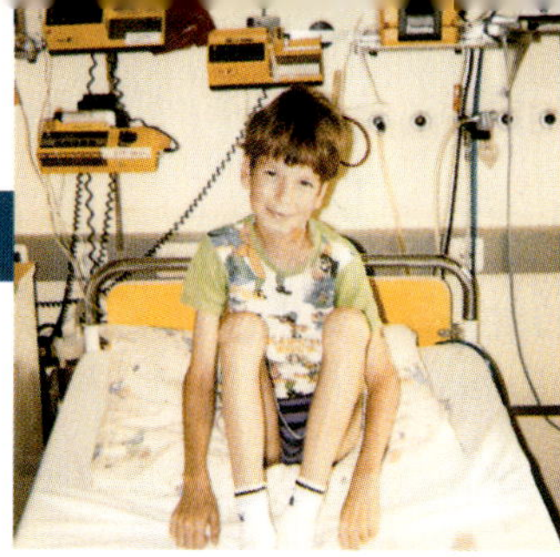

Erschöpft lächelt Daniel Alt nach 140 Narkosen. Tapferkeit ist kein Ausdruck.

in Atlanta, Georgia (USA), eingeliefert – an einem Tag mit 32,2 °C und 44 Prozent Luftfeuchtigkeit. Seine Temperatur lag bei 46,5 °C. Nach 24 Tagen konnte er wieder entlassen werden.

Tiefste Körpertemperatur: Die niedrigste bestätigte Temperatur lag bei 14,2 °C. Die zweijährige Karlee Kosolofski aus Regina, Saskatchewan (Kanada), war am 22. Februar 1994 sechs Stunden lang bei einer Temperatur von minus 22 °C versehentlich ausgeschlossen worden. Sie erlitt derart schwerwiegende Erfrierungen, die zu einer Amputation ihres linken Beins oberhalb des Knies führten.

Den längsten Aufenthalt unter tiefster (noch ertragbarer) Temperatur erzielte der Schweizer Forscher Carl X. Bleisch (* 1929) aus Zürich in Japan. Bei Versuchen unter Einsatz des eigenen Körpers zur Erprobung des Immunsystems hielt er es in einem hermetisch abgeschlossenen „Kryotorium" des Rehabilitationszentrums Reiken auf der Insel Kyushu – nur mit einer Badehose bekleidet – am 27. Dezember 1979 während 247 Sek. in einer „Mondlandkälte" von minus 180 °C aus.

Längster Klinikaufenthalt: Martha Nelson, die 1875 in das Columbus State Institute für Schwachsinnige in Ohio (USA) eingeliefert worden war, starb im Januar 1975 mit 103 Jahren, 6 Monaten in der Orient State Institution von Ohio. Mehr als 99 Jahre ihres langen Lebens hatte sie in der Klinik verbracht.

Am längsten in der eisernen Lunge lebt seit Mai 1946 James Firwell (* Januar 1931) aus Chichester (GB).

Schnellste Reflexe: Versuche, die 1966 veröffentlicht wurden, ergaben, daß Mitteilungen des menschlichen Nervensystems mit einer Geschwindigkeit von bis zu 360 km/h übertragen werden. Mit zunehmendem Alter werden die Impulse um 15 Prozent langsamer übermittelt.

Der längste Schluckauf plagte Charles Osborne (1894-1991) aus Anthon, Iowa (USA). Er litt darunter 69 Jahre, 5 Monate lang, seit 1922. Der Schluckauf hatte ihn überfallen, als er ein Mastschwein schlachtete. Er wurde ihn nicht mehr los. Trotz allem führte Osborne ein einigermaßen normales Leben: Er war zweimal verheiratet und hatte acht Kinder. Der Schluckauf hatte ihn alle eineinhalb Sekunden geplagt, bis zu einem Februarmorgen im Jahr 1990.

Die lautesten Schnarchtöne gab Melvyn Switzer aus Dibgen, Southampton (Hampshire, GB), in der Nacht des 29. Oktober 1992 im South View Hotel in Lindhurst, Hampshire, von sich. Über ein 60 cm über seinem Kopf angebrachtes Mikrofon wurden Spitzenwerte von 91 bis 92 Dezibel gemessen. 1993 wurde ihm durch ein kleines Plastikteil mit Namen Nozovent (in Schweden erfunden) geholfen, das man in die Nase schieben kann.

Stehen: Am längsten ununterbrochen gestanden, nämlich mehr als 17 Jahre lang, hat der Inder Swami Maujgiri Maharaj (1955-73). Es war religiöse Buße *(Tapasya)*, die ihn dazu veranlaßte. Als Schlafstütze diente ihm ein Brett. Swami Maujgiri Maharaj, der seine Stehbuße in Shahjahanpur (Uttar Pradesh) absolviert hat, starb im September 1980 im Alter von 85 Jahren.

Gravitation: Die schwerkraftbedingte Beschleunigung beträgt auf Meeresspiegelhöhe am Äquator 9,78 m/s^2. Im Zuge astronautischer Versuche widerstand Carter Collins (USA) in einer trockenen Kapsel einer Beschleunigung von 25 g. Die höchste g-Zahl von 82,6 g auf einem wassergebremsten Raketenschlitten wurde am 16. Mai 1958 für 0,04 Sek. von Eli L. Beeding jr. im Flugstützpunkt Holloman (USA) ausgehalten. Anschließend mußte er für drei Tage ins Krankenhaus.

Die meisten Injektionen erhielt Samuel L. Davidson (* 30. Juli 1912) aus Glasgow (GB), dem nach vorsichtiger Schätzung seit 1923 rund 78 000 Insulinspritzen verabreicht wurden.

Die meisten Narkosen in jüngstem Alter hat Daniel Alt (*1983) aus Grebenhain, Hessen (D), der infolge einer Erkrankung mehrmals operiert wurde, erlebt. Als 14jähriger hatte er im März 1997 bereits 140 Narkosen hinter sich.

Entnommenes

Blut wird im Labor getestet. Die häufigste Blutgruppe der Welt ist 0. Danach folgt A.

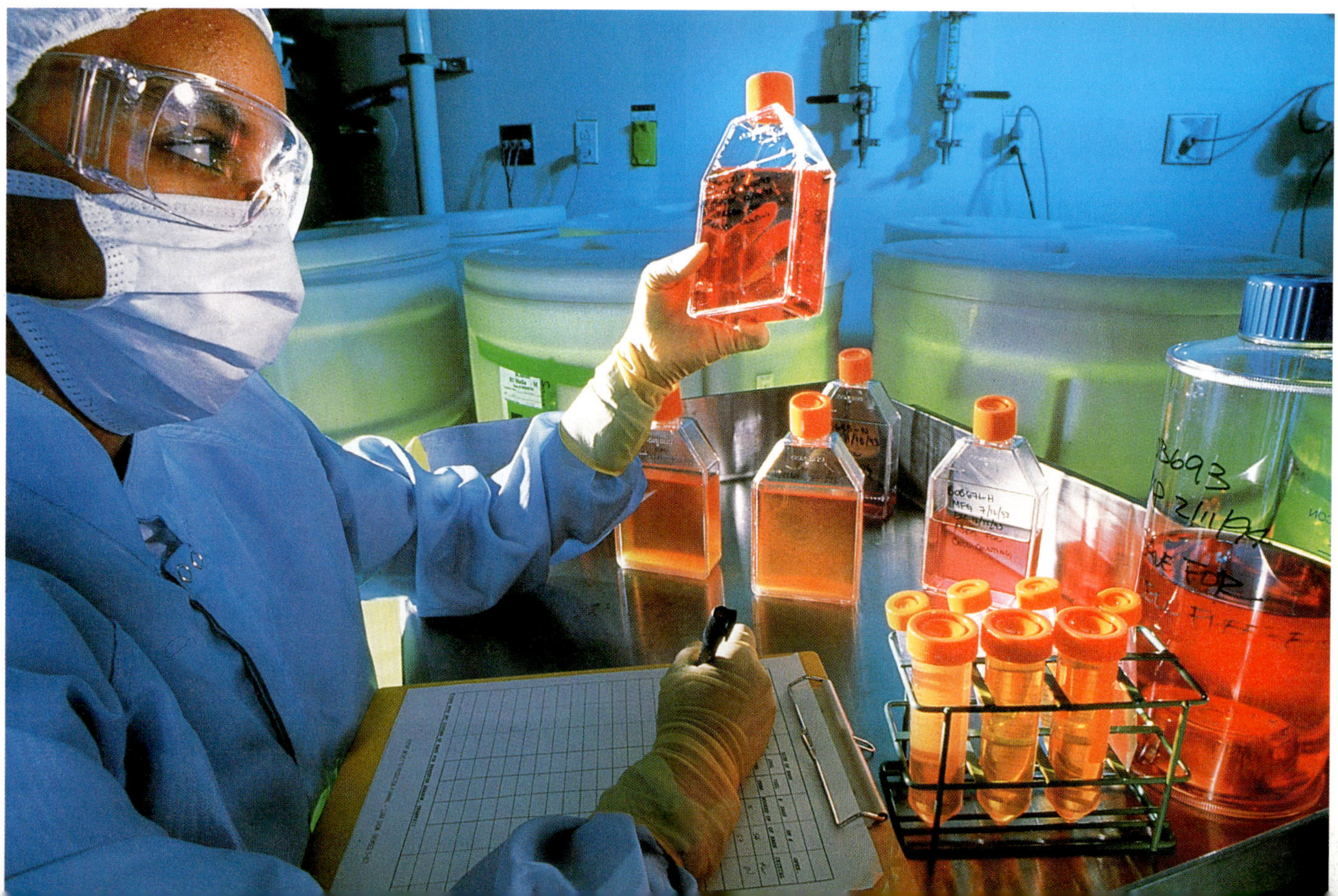

Zeichen und Wunder

Unsterblich? Obwohl der König des Rock 'n' Roll, Elvis Presley, am 16. August 1977 im Alter von 42 Jahren gestorben ist, wollen 253 411 Menschen ihn trotzdem seit diesem Zeitpunkt gesehen haben. Ob es sich dabei um Erscheinungen oder einige der zahlreichen Imitatoren gehandelt hat, konnte nicht geklärt werden.

Die umstrittensten Fotos? Der nordamerikanische Bigfoot – eine riesige affenartige Kreatur, die auf den Hinterbeinen laufen und in ausgedehnten Waldregionen leben soll – wird angeblich 1,8 bis 3 m groß bei einem Gewicht von 320 bis 1135 kg.

▮ Am 20. Oktober 1967 nahm Roger Patterson einen Film auf, der einen Bigfoot in Bluff Creek, Nordkalifornien (USA), zeigen soll.

Die größte geflügelte Katze? Das Phänomen von geflügelten Katzen rührt von einer Erkrankung her, bekannt als *FCA feline cutaneous asthenia* (Katzenhautschwäche), die eine unnatürliche Elastizität der Haut besonders im Schulter-, Rücken- und Hüftbereich zur Folge hat, wo sich die Haut zu langen, pelzbedeckten, flügelähnlichen Fortsätzen ausdehnt. 1949 hatte ein schwedisches Exemplar eine Spannweite von 58,42 cm.

Das übersinnlichste Staatsoberhaupt? Vom amerikanischen Präsidenten Abraham Lincoln wird berichtet, er habe zehn Tage vor seinem Tod in einer Vision das Attentat vorhergesehen: Geweckt durch ein Schluchzen, begab er sich ins Erdgeschoß seines Hauses, wo er eine Leiche fand. Auf die Frage, wer gestorben sei, antwortete ein Wachsoldat: „Der Präsident. Er wurde von einem Attentäter getötet."

Das Zweite Gesicht? 1981 informierte eine Hellseherin die britische Eisenbahn, es würde ein Zugunglück mit einem großen blauen Zug geben. Später präzisierte sie noch, daß es sich um Öltankwagen handeln würde, doch zunächst schenkte man ihr keinen Glauben. Zwei Jahre später kollidierten leere blaue Tankwagen mit einem Personenzug, es gab Tote und Verletzte.

Affenartige Kreatur, auf den Hinterbeinen laufend: Der Bigfoot wurde in Nordkalifornien gesehen. Ein Film von Roger Patterson.

Die Vorhersage des Untergangs der *Titanic*? Unter dem englischen Originaltitel *Futility* (Nutzlosigkeit), später auch unter dem Titel *The Wreck of the Titan* (Das Wrack der *Titan*), veröffentlichte der amerikanische Seemann und Schriftsteller Morgan Robertson 1898 einen Roman, der verblüffende Parallelen zu dem Untergang der *Titanic* 1912 aufweist: Beide Schiffe waren Stahlbauten, die als unsinkbar galten; beide stießen mit Eisbergen zusammen, die sie an Steuerbord aufrissen; beide hatten zuwenig Rettungsboote.

Ein nicht entzifferbares Manuskript? In der Yale-Universität gibt es ein 200seitiges mittelalterliches Manuskript, das verschwenderisch mit Pflanzendarstellungen, astronomischen Symbolen und nackten Frauen illustriert ist, jedoch mit einem Text in einer unbekannten Sprache, der sich bisher jeder Entzifferung widersetzt hat. Wilfred M. Voynich hatte es 1912 von der Bibliothek eines Jesuitenseminars in Frascati (Italien) gekauft und Kopien an Dechiffrierexperten und Sprachwissenschaftler geschickt, leider ohne Erfolg.

Rillenlesen? Arthur Lintgen aus Pennsylvania (USA) demonstrierte 1985 in einer Fernsehsendung sehr eindrücklich, daß er in der Lage ist, Musikstücke nur anhand der Rillen auf einer Schallplatte zu erkennen. Er weist übrigens die Möglichkeit, daß diese Fähigkeit übernatürlich sei, weit von sich und meint stattdessen, daß er tatsächlich aus dem Muster der Rillen auf die Musik schließt.

Astralreisende? Immer wieder wird von Menschen berichtet, die ihren Körper verlassen können, um an anderer Stelle Mitmenschen zum Beispiel zu warnen oder zu benachrichtigen. 1828 holte auf diesem Weg ein Matrose einer Schiffsmannschaft, die im Eis des Nordatlantik festlag, ein anderes Schiff zu Hilfe, indem er seinen Astralleib auf dieses Schiff brachte und den Kapitän zu einer Kursänderung veranlaßte, bei der das eingeschlossene Schiff gefunden wurde.

Wundmale? Der erste von Wundmalen gezeichnete war der Heilige Franz von Assisi. Am 14. September 1224 soll er eine Jesus-Erscheinung erlebt und kurz danach blutende Wunden an seinen Händen, Füßen und einer Körperseite entdeckt haben, die mit den Kreuzigungswunden Jesu übereinstimmten. Von solchen Wundmalen oder Stigmata, die anscheinend ohne äußere Einwirkung auftreten, wird regelmäßig berichtet, besonders oft betroffen sind Frauen katholischen Glaubens.

▮ Die erste Protestantin mit Stigmata war Cloretta Robinson. 1972, im Alter von 10 Jahren, entdeckte sie nach der Lektüre eines Buches über die Kreuzigung Jesu eine blutende Wunde in der linken Handfläche, die mit vier anderen Wundmalen periodisch während 19 Tagen auftrat. Hatte das Buch eine psychosomatische Reaktion ausgelöst ...?

Mysteriöse Fußspuren? Am 8. Februar 1895 fanden die Einwohner mehrerer Orte in Devonshire (GB) morgens Fußspuren im Schnee, die von einem geheimnisvollen Tier stammten. Die Abdrücke waren 20 cm voneinander entfernt und ähnelten einem Eselshufeisen. Man fand Abdrücke an Wänden, auf Dächern und in Gärten, die von Mauern umgeben waren. Keine bekannten meteorologischen Effekte können diese „Fußabdrücke des Teufels" oder „Hufspuren" erzeugen.

Die erste fliegende Untertasse? Am 24. Juni 1947 sah der Geschäftsmann Kenneth Arnold aus Idaho neun fliegende scheibenförmige Objekte in der Nähe des Mount Rainier, Washington (USA), während er als Pilot ein Flugzeug steuerte. Der Ausdruck „Fliegende Untertasse" wurde von einem Reporter geprägt.

Massenhypnose? Don Alfredo (Manfred Knoke, * 1950) aus Unterthingau (Allgäu) hypnotisierte am 12. Juni 1988 in Gelsenkirchen, Nordrhein-Westfalen (D), 638 Freiwillige und beförderte sie auf einen Schlag ins Land der Träume.

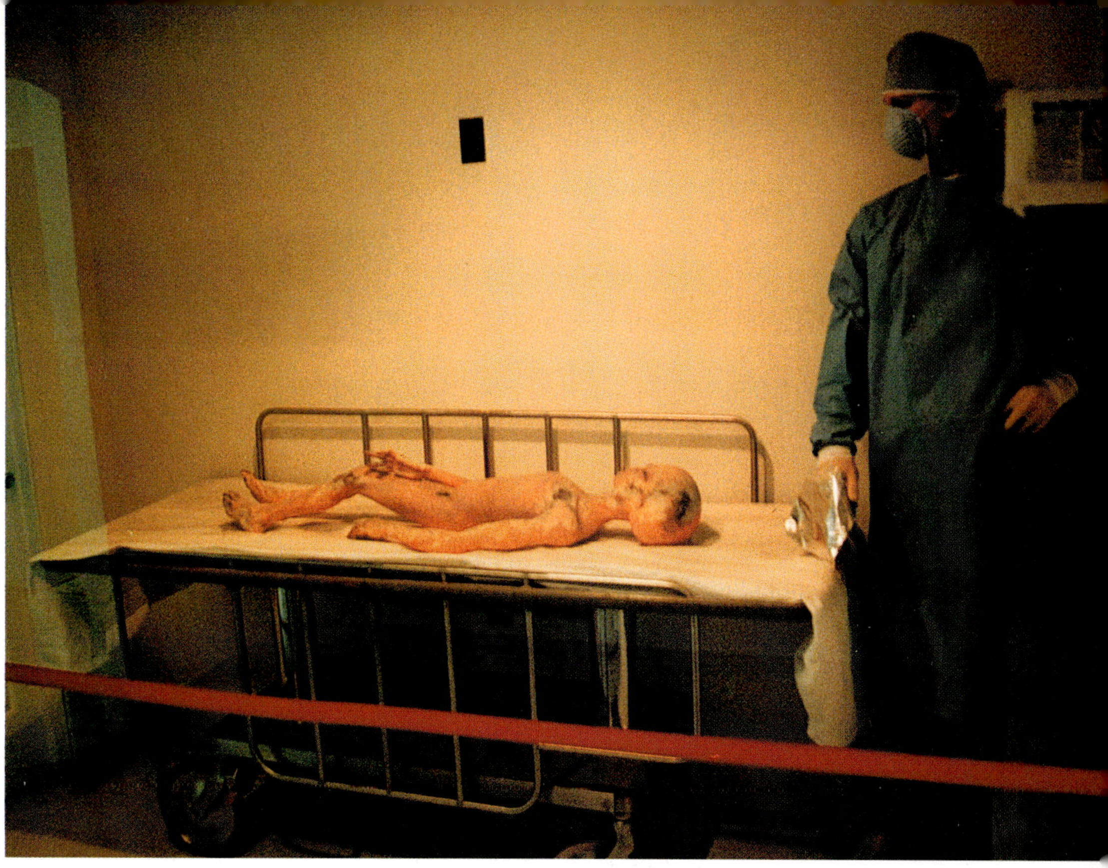

Außerirdische Begegnung: Ein Rancher fand in der Nähe von Roswell (USA) menschenähnliche Körper nach einer Explosion.

Die umstrittenste Begegnung mit Außerirdischen? Am 3. Juli 1947 hörte der Rancher Bill Razwel in New Mexico (USA) eine Explosion. Bei Nachforschungen fand er seine Felder übersät mit kleinen hölzernen, mit Hieroglyphen beschrifteten Spindeln und dünnen Teilen eines extrem haltbaren Metalls. Außerdem fand er eine riesige, zerbeulte Scheibe, neben der nicht-menschliche Gestalten lagen, einige von ihnen noch am Leben. Nachdem der in der Nähe liegende Luftwaffenstützpunkt Roswell benachrichtigt worden war, wurden die verbrannten Körper und das Wrack abtransportiert. Am 8. Juli gab der Presseoffizier des Stützpunktes, Walter Haut, eine nicht authorisierte Mitteilung heraus, daß die Armee in den Besitz einer fliegenden Untertasse gekommen sei. Dies wurde dementiert mit dem Hinweis, bei den Überbleibseln handelte es sich um Reste eines Wetterballons.

UFO-Nahbegegnungen? Über Begegnungen mit UFOs gibt es inzwischen reichlich Berichte. Gemeinsam ist vielen, daß die beobachtenden Menschen häufig Verbrennungen, Narben und Verstrahlungen davontrugen. Auch Schwächeanfälle und Gedächtnisstörungen kamen vor.

Der berühmteste UFO-Zeuge? 1972 saß Jimmy Carter, damals Gouverneur von Georgia (USA), in Thomastown mit 20 anderen nach einem offiziellen Dinner auf einer Veranda, als sie ein UFO sahen, „groß wie der Mond", das seine Farbe von rot nach grün wechselte. Als er 1977 Präsident der USA geworden war, steckte er 20 Mio. Dollar in eine Studie über UFOs.

Der erste Kugelblitz? Der Geschichtsschreiber Gregor von Tours berichtete bereits im 6. Jh. über einen Zwischenfall mit einem Kugelblitz während einer Einweihungszeremonie für eine Kapelle.

Feuer aus dem Nichts? Im Februar 1985 ging die Studentin Jacqueline Fitzsimon in Großbritannien unvermittelt in Flammen auf, nachdem sich eine seltsame Lichtkugel auf ihrer Schulter niedergelassen hatte.

Fliegende Untertassen sind nichts gegen diese Katze mit Flügeln. Entdeckt in England.

Ungeheuer gruselig

Feuer durch weinende Jungen? Aus Großbritannien wurde 1985 berichtet, daß Gemälde mit dem dort sehr beliebten Motiv eines ca. 3-6jährigen, weinenden Jungen bei Bränden, auch schwerster Art, immer unversehrt blieben. Leider traten die Brände häufig erst nach Anschaffung eines solchen Bildes auf.

Feuerfeste Menschen? Von Nathan Coker, einem farbigen Sklaven im Amerika des 19. Jh., wird berichtet, daß er ohne Schmerz zu empfinden oder Verletzungen zu erleiden, in kochendes Wasser greifen konnte und sich flüssiges Blei in den Mund gießen ließ. Er wurde nach seiner Freilassung Schmied und verblüffte seine Zuschauer, indem er die glühenden Werkstücke mit bloßen Händen aus dem Feuer nahm.

Frühe Kornfeldkreise? Ein Flugblatt aus dem Jahr 1678, in dem ein Kornfeldkreis dargestellt war, machte einen „mähenden Teufel" verantwortlich für die ungewöhnliche Gestaltung eines Haferfeldes in Hertfordshire (GB). Erklärungen für ihr Auftreten gibt es viele: von Verursachung durch Tiere und Überdüngung über streitende Vogelschwärme bis hin zu durch UFOs hinterlassene Landemarkierungen. Aus Spaß erzeugte Kreise gibt es reichlich.

Ein Spuk-Berg? 1891 behauptete der Wissenschaftler Norman Collie, es habe ihn jemand verfolgt, dessen Schritte drei- bis viermal so lang gewesen seien wie seine eigenen, als er vom Gipfel des 1309 m hohen Ben MacDhui in den Cairngorms, Aberdeen (GB), abstieg. Seitdem haben viele Bergsteiger verkündet, ähnliche Wahrnehmungen unkontrollierbarer, unerklärlicher Angst und Panik erfahren zu haben.

2000,

im Heiligen Jahr, soll das Turiner Grabtuch wieder gezeigt werden.

2100

Jahre alt sind die Bodenreliefs in der Nazcawüste in Peru. Entdeckt 1928. Wer hat sie hinterlassen?

Energie aus den Pyramiden? Immer wieder durchgeführte Experimente, bei denen man organisches Material, zum Beispiel Blumen oder frisches Fleisch, unter eine Pyramidenform legte, zeigten, daß diese Dinge in erstaunlich kurzer Zeit mumifizierten anstatt zu verwesen. Der tschechische Radiotechniker Karl Drbal ließ sich in den 50er Jahren dieses Jahrhunderts sogar eine Pyramide zum Schärfen von Rasierklingen patentieren, nachdem er festgestellt hatte, daß stumpfe Klingen unter der Pyramidenform ihre Schärfe wiedergewannen.

Die am schwersten bestimmbaren Inseln? Die drei Aurora-Inseln lagen angeblich auf halbem Weg zwischen den Falkland-Inseln und Süd-Georgien im Atlantischen Ozean. Erstmals wurden sie 1762 von dem Walfänger *Aurora* gesichtet, im späten 18. Jh. erfaßte der Kapitän der *Atrevida* sie kartographisch, zeichnete sie und gab ihnen ihren Namen. In den 20er Jahren des 19. Jh. fuhren mehrere Schiffe ihre Position an, aber die Inseln waren spurlos verschwunden.

▮ Vor der Westküste Irlands taucht angeblich sehr selten die Brasil-Insel auf.

▮ Die Sarah-Ann-Insel soll sich sehr weit westlich von Ecuador befinden.

▮ Die St.-Vincent-Inseln wurden 1789 vor Panamas Westküste von Antonio Martinus entdeckt und sollen einige Zeit von einem kalifornischen Priester namens *Father Santa Clara* bewohnt worden sein.

Ein See verschwindet? Im Juli 1980 entstand in einem See in den italienischen Dolomiten vor den Augen erstaunter Angler und Badegäste aus heiterem Himmel ein Strudel. Das rotierende Gewässer stieg in einer Spirale in den Himmel und ließ lediglich eine leere Fläche, Schlamm und etliche Fische zurück. Den Vorfall konnte man nicht erklären.

Ein mit einem Todesfluch belegtes Auto? Ein silberner *Porsche 550 Spider*, 1955 von James Dean (1931-1955) gekauft und mit dem Spitznamen „Little Bastard" versehen, soll mit einem Todesfluch belegt sein. Als Dean seinem Schauspielerkollegen Alec Guinness das Auto zeigte, fühlte dieser etwas Unheilvolles und bat Dean ernsthaft, niemals in dieses Auto zu steigen oder er würde tot aufgefunden werden „heute in einer Woche". Sieben Tage später, am 30. September erfüllte sich die Vorhersage, als Dean mit einer schwarzen Ford-Limousine kollidierte.

▮ Nach Deans Tod kaufte George Barris das Wrack, um Teile davon weiterzuverwenden. Beim Entladen in der Werkstatt fiel das Gefährt von der Plattform und brach einem Mechaniker das Bein. Zwei Reifen wurden einem Rennwagen eingebaut, dessen Fahrer beinahe starb, als sie platzten. Bei einem Rennen in Sonoma, Kalifornien (USA), entkam der Fahrer William Eschrich nur knapp dem Tode, als sein Wagen, der mit dem Motor von „Little Bastard" ausgerüstet war, sich überschlug. Im gleichen Rennen kam Troy McHenry zu Tode, als er plötzlich die Kontrolle über seinen Rennwagen verlor und gegen einen Baum fuhr. Seine hinteren Radschwingen stammten aus James Deans Porsche.

▮ Einige Monate später transportierte der Kraftfahrer George Barkuis den Porsche, als sein Lkw aus der Spur lief. Barkuis überlebte zunächst, da er aus der Fahrerkabine geschleudert wurde, starb jedoch, als der Porsche ihn unter sich begrub.

▮ In einem weiteren Zwischenfall befand sich der Wagen mit anderen zusammen in einer Garage, die in Flammen aufging. Sämtliche Autos wurden zerstört, nur der Porsche blieb praktisch unbeschädigt.

▮ 1960, als er per Zug von einer Show in Miami, Florida (USA), zu Barris zurückreiste, verschwand der Porsche spurlos, offenbar wurde er gestohlen.

1678

wurden schon Kornfeldkreise erwähnt. Diese in Nemilkov (Tschechien) schrieb man 1996 einem „Korngeist" zu.

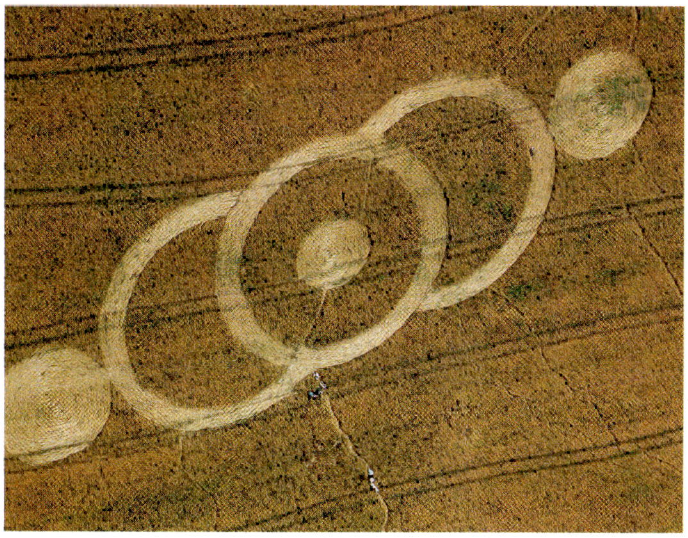

Das gefährlichste geheimnisvolle Tier? Der mongolische Todeswurm soll in der südlichen Wüste Gobi leben und einem großen, fetten Wurm ähneln. Er soll bis zu 1 m lang sein, dunkelrot, mit stachelartigen Fortsätzen an beiden Enden. Es heißt, daß er ätzendes Gift verspritzt, das sich durch die Haut in die Blutbahn des Opfers frißt und es so tötet.

Der größte Rattenkönig? Am 13. Juli 1748 fand der deutsche Müller Johann Heinrich Jager 18 Ratten, miteinander verbunden durch ihre Schwänze und verflochten in einem großen, komplizierten Knoten, die früheste Entdeckung einer solchen Versammlung von Ratten, genannt „Rattenkönig" oder „Roi de rats".

▮ Im Mai 1828 wurde ein Rattenkönig mit 32 Ratten in einem Schornstein in Buchheim (D) gefunden.

Ein echter Vampir? Vom Fürsten Vlad Tepes, einem rumänischen Herrscher des 15. Jh., wird berichtet, er solle sein Brot vor dem Verzehr in das Blut seiner Opfer getunkt haben. Überliefert wird auch, daß er zu sehr grausamen Strafen neigte, was in seinem Beinamen „Tepes" – der Pfähler – zum Ausdruck kommt. Später diente er dem irischen Schriftsteller Bram Stoker als Vorlage für die Romanfigur Dracula.

Das Ungeheuer von Loch Ness? Am 8. August 1972 entdeckten Robert Rhine und sein Team der Akademie der angewandten Wissenschaften mit einem Sonargerät in Urquhart Bay, Loch Ness, Highland (GB), ein sehr großes, massives Objekt, 6 bis 9 m lang, das einen Schwarm Fische verfolgte. Unterwasserbilder zeigten eine flossenartige Struktur, 1,25 bis 2 m lang und rautenförmig, die zu einem wesentlich größeren Körper gehört, der einem Plesiosaurier ähnelt, das sind ausgestorbene Meeresreptilien der Jura- und Kreidezeit.

Begegnung mit einem See-Monster? Eines Morgens Mitte Juli 1974 schwamm Mrs. B. Clark nahe des südlichen Strandes im Okanagan-See, British Columbia (Kanada),und will dabei einen Buckel gesehen haben, 2,5 m lang, 1,2 m über dem Wasser, der sich von ihr fortbewegte. Im klaren Wasser erkannte sie einen dunkelgrau gestreiften Körper mit einem gegabelten Schwanz von 1,5 bis 3 m Länge. Sie schätzte die Kreatur auf 7,6 bis 9 m Länge, aber nur auf 0,9 bis 1,2 m Breite. Die Beschreibung paßt auf ein Zeuglodon, ein ausgestorbenes walartiges Tier des Tertiärs.

Grabtuch Christi? 1578 ist im Turiner Dom ein 1,10 x 4,36 m großes Leinentuch entdeckt worden, das den lebensgroßen Negativ-Abdruck eines Körpers zeigt. Das Abbild des gekreuzigten Christus? Forscher stimmten dafür und dagegen: Spuren weisen auf die Herkunft Jerusalem, Karbonuntersuchungen legen die Herkunft auf die Zeit um 1300.

Lebensräume

Länder

Das größte Land der Welt ist Rußland mit 17 075 400 km² Fläche, 11,5 Prozent der gesamten Landfläche der Welt. Seine Bevölkerung zählte 148 174 000 im Jahr 1994. Auch nach dem Zerbrechen der früheren Sowjetunion, die eine Fläche von 22 402 200 km² hatte, ist Rußland deutlich größer als jedes andere Land, nämlich fast zweimal so groß wie Kanada (das zweitgrößte Land der Welt), China und die USA und mehr als doppelt so groß wie Brasilien.

Das kleinste unabhängige Land der Welt ist Vatikanstadt (Stato della Cittá del Vaticano), die am 11. Februar 1929 zur Enklave innerhalb Roms erklärt wurde. Sie hat eine Fläche von 44 ha.

Staatsgrenzen: In der Welt gibt es 306 Staatsgrenzen. Der Kontinent mit den meisten Grenzen, nämlich 112, ist Afrika. Von den geschätzten 420 Grenzlinien auf dem Meer sind bislang erst 145 ratifiziert. Im Verhältnis zur Landfläche hat Europa die meisten Grenzen.

Die längste Grenze liegt zwischen Kanada und den USA, die (inklusive der Großen Seen, aber ohne die 2547 km lange Grenze mit Alaska) 6416 km lang ist. Nimmt man die durch die Großen Seen in Nordamerika führende Grenzlinie aus, erstreckt sich die längste Landgrenze – mit 5255 km – zwischen Chile und Argentinien.

Die kürzeste Grenze: 4,07 km mißt die „Landesgrenze“ zwischen der Vatikanstadt und der Stadt Rom.

Die am häufigsten überquerte Grenze ist die zwischen den USA und Mexiko, die sich über 3110 km erstreckt. 1996 wurden rund 5 Mio. Grenzgänger registriert.

Die Grenze zwischen China und den GUS-Staaten, die von der chinesisch-mongolischen Grenze unterbrochen wird, ist 7240 km lang. Die Zahl der Grenzübertritte ist unbekannt.

Chan-Chan, einstige Hauptstadt des Chimú-Reiches in Peru, ist aus Lehm gebaut. Im 14. Jh. lebten auf 18 km² 100 000 Einwohner.

Die Landgrenze zwischen Gibraltar und Spanien bei La Linea, die zwischen Januar 1969 und Februar 1985 geschlossen war, erstreckt sich über nur 1,53 km.

Die kürzeste Küstenlinie aller souveränen Staaten hat Monaco, nämlich 5,61 km – Kais und Wellenbrecher nicht mitgezählt.

Die längsten Küstenlinien hat Kanada, nämlich 234,789 km einschließlich der kanadischen Inseln.

Das reichste Land der Welt ist nach Auswertungen der Weltbank von 1997 Luxemburg, gemessen am Pro-Kopf-Einkommen. Danach verdient ein Einwohner Luxemburgs jährlich im Durchschnitt 41 210 Dollar (etwa 70 057 DM), gefolgt von der Schweiz und Japan. Deutschland liegt noch vor den USA auf Platz 6 mit jährlich 27 510 Dollar (etwa 46 767 DM) je Einwohner.

Das ärmste Land der Welt ist nach dem Pro-Kopf-Einkommen als Bewertungsmaßstab Mosambik, wo jeder Bürger einen durchschnittlichen Jahresverdienst von 80 Dollar (1994) hat.

Das ärmste Land Europas ist Albanien, das 1997 mit dem Zusammenbruch einiger Anlegepyramiden in eine weitere tiefe Krise gestürzt ist.

Die kleinste Republik der Welt ist Nauru, knapp ein Grad südlich des Äquators im Westpazifik gelegen; sie wurde am 31. Januar 1968 unabhängig. Die Republik hat eine Fläche von 2129 ha und – nach der jüngsten Schätzung 1994 – 10 200 Einwohner.

Tijuana,

Grenze zwischen Mexiko und den USA, ist die am häufigsten überquerte. 500 Mio. p. a.

Das Land mit dem niedrigsten höchsten Punkt sind die Malediven, deren „Spitze" 2,4 m üNN liegt.

Das Land mit der höchsten tiefsten Stelle ist Lesotho, wo die Mündung des Senqu-Flusses (Oranje) 1380 m üNN liegt.

Städte

Die älteste Ansiedlung ist Dolni Véstonice (Tschechien). Sie wird der gravettischen Kultur (um 27 000 v. Chr.) zugerechnet.

Die älteste Hauptstadt ist Dimashq (Damaskus), die Hauptstadt von Syrien, die seit ca. 2500 v. Chr. ständig bewohnt ist.

Die größte Stadt ist (Stand 1996) Tokio (Japan) mit 26,8 Mio. Einwohnern. Auf den Plätzen folgen: São Paulo (Brasilien) 16,4 Mio., New York (USA) 16,3 Mio., Mexico City (Mexiko) 15,6 Mio., Bombay (Indien) 15,1 Mio., Shanghai (China) 15,1 Mio., Los Angeles (USA) 12,4 Mio., Peking (China) 12,4 Mio., Kalkutta (Indien) 11,7 Mio., Seoul (Südkorea) 11,6 Mio.

Die höchstgelegene Hauptstadt – vor der Annexion Tibets durch China – war Lhasa, 3684 m über dem Meeresspiegel.
▮ La Paz, administrativ und de facto Hauptstadt Boliviens, liegt 3631 m üNN – Sucre, die gesetzmäßige Hauptstadt Boliviens, liegt 2834 m üNN. Quito, die Hauptstadt Ecuadors, liegt 2850 m hoch in einem von gewaltigen Vulkanen umrahmten Hochbecken, fast am Äquator.

Die höchstgelegene Stadt der Welt ist die neue Stadt Wenchuan (China), die 1955 an der Straße von Qinghai nach Tibet, nördlich vom Tanglagebirge, gegründet wurde. Sie liegt 5100 m hoch.

Das südlichste Dorf liegt in Puerto Varas (Chile) am 43. Breitengrad.

Das nördlichste Dorf ist Ny Ålesund (78°55'N), eine Bergbauansiedlung im norwegischen Spitzbergen.

Die nördlichste Stadt ist Dikson (73°32'N) in Rußland mit 1400 Einwohnern.

Die nördlichste Hauptstadt ist Reykjavík, die Hauptstadt von Island (64°08'N), mit 100 855 Einwohnern im Jahr 1993.

Die südlichste Ansiedlung ist Puerto Williams (ca. 1550 Einwohner) an der Nordküste der Isla Navarino, Feuerland (Chile), 1090 km nördlich der Antarktis.

Die südlichste Hauptstadt (41°43'S) ist Wellington auf North Island, Neuseeland, mit rund 325 000 Einwohnern.

Die älteste noch existierende Stadt Europas ist Cadiz (E), eine phönizische Gründung aus der Zeit um 1100 v. Chr.

Die größte Stadt in Europa ist (Stand 1996) Paris (Frankreich) mit 9,5 Mio. Einwohnern.

Die höchstgelegene Hauptstadt Europas ist die des gleichnamigen Kleinstaates Andorra in den Pyrenäen. Sie liegt 1061 m üNN.

Als höchste ständig bewohnte Siedlung Europas gilt der auch im Winter bewohnte Weiler Juf im Aversertal (Kanton Graubünden, CH) mit 2126 m Höhe.

Die höchstgelegene selbständige Gemeinde in Europa ist auf 2040 m üNN Saint-Véran im französischen Département Hautes-Alpes.

Die größte Stadt in Deutschland ist Berlin mit 3,472 Mio. Einwohnern vor Hamburg (1,702 Mio.) und München (1,255 Mio.).

Die Zahl der Kommunen in Deutschland liegt bei 14 805. Jede siebte trägt einen Stadttitel.

Die Zahl der Städte in Deutschland liegt bei 2059. 641 davon befinden sich in den fünf neuen Bundesländern.

Den größten Wohnraum in Deutschland haben die Bürger im Saarland. Die Wohnfläche pro Einwohner liegt hier bei 40,9 m^2. Im Durchschnitt hat jeder Deutsche 36,6 m^2 Wohnraum (Stand 1996). Am Ende rangiert Mecklenburg-Vorpommern mit 27,1 m^2 pro Einwohner.

Die deutsche Stadt mit den meisten Außenstellen ist Berlin. Der Berliner Harry Hampel (* 1951), dem die Bundeshauptstadt nicht reicht, hat weltweit 128 Städte und Orte aufgefunden, die Berlin heißen. 65 dieser Orte hat er selbst besucht. Das am höchsten gelegene Berlin befindet sich in 4500 m Höhe im Süden Argentiniens.

Die höchstgelegene Ortschaft Deutschlands ist Oberjoch bei Hindelang im Allgäu mit einer Höhenlage von 1150 m üNN.

Die am dichtesten besiedelte Stadt in Deutschland ist München mit 4044 Einwohnern pro km^2 vor Berlin (3909), Leipzig (3304), Essen (2959), Oberhausen (2937) und Stuttgart (2867).

Die größte Stadt in Österreich ist die Hauptstadt Wien. Sie führt mit 1,539 Mio. Einwohnern die Reihe der großen Städte an, gefolgt von den Landeshauptstädten Graz (Steiermark) mit 237 810, Linz (Oberösterreich) mit 203 044 und Salzburg mit 143 978 Einwohnern.

Die höchstgelegenen Dörfer in Österreich sind Hochsölden (2150 m) und Obergurgl (1950 m), beide im Ötztal (Tirol).

Die größten Städte in der Schweiz sind Zürich mit 342 870, Basel mit 175 560, Genf mit 172 740 und die Hauptstadt Bern mit 128 420 Einwohnern.

Die älteste befestigte Stadt ist Arihā (Jericho). Die letzten mit dem Radiokarbonverfahren gemachten Altersbestimmungen von Funden aus den tiefsten bisher von Archäologen erreichten Schichten ergaben, daß sich dort schon im Jahre 7800 v. Chr. eine Ansiedlung von etwa 2700 Menschen befunden haben muß.

Die größte Lehmstadt der Geschichte war Chan-Chan (Peru), einstige Hauptstadt des Chimú-Reiches. In ihrer Blütezeit im 13./14. Jh. lebten auf 18 km^2 über 100 000 Einwohner, und damit war sie die größte Stadt in Südamerika und eine der größten auf der Welt. Die Häuser, die bis zu 12 m hohen Stadtmauern und selbst die Straßen bestanden aus Lehmziegeln. Heute sind nur noch die Überreste zu bewundern.

La Paz,

moderne Kapitale Boliviens, 3631 m über dem Meeresspiegel. Höchste Hauptstadt.

Führungsköpfe

Die älteste Verfassung ist die der USA. Sie wurde am 21. Juni 1788 vom erforderlichen 9. Bundesstaat (New Hampshire) ratifiziert und am 4. März 1789 für wirksam erklärt.

Die größte gesetzgebende Versammlung der Welt ist der Nationale Volkskongreß der Volksrepublik China. Der 8. Volkskongreß, der im März 1993 zusammentrat, bestand aus 2921 Delegierten, die in 22 Provinzen, fünf autonomen Regionen sowie drei Stadtgemeinden indirekt für eine fünfjährige Legislaturperiode gewählt worden waren.

Die größte politische Einheit, das British Commonwealth of Nations, eine freie Vereinigung von 52 unabhängigen Staaten und den von ihnen abhängigen Territorien, hat eine Fläche von 317 931 932 km² mit rund 1,7 Mrd. Menschen.

Die meisten Abgeordneten für den Deutschen Reichstag wurden am 5. März 1933 gewählt: 647.

Helmut

Kohl las das Guinness-Buch, als er jünger war. Heute ist er dienstältester Kanzler.

Isabel

Perón war die erste Präsidentin eines Staates. Sie regierte Argentinien von 1974-76.

Die meisten Abgeordneten für den Deutschen Bundestag wurden in den Wahlen zum 13. Bundestag am 16. Oktober 1994 bestimmt: 672.

Längste Amtszeit als Präsident eines freigewählten Parlaments: Dieter Klink, Präsident der Bremischen Bürgerschaft. Vom 20. Januar 1971 bis zum 4. Juli 1995 hatte er das Amt inne. Das sind 24 Jahre, fünf Monate und zwei Wochen. Damit ist er weltweit die Nummer eins.

Die längste Regierungszeit in Deutschland als Ministerpräsident und Reichskanzler hatte Fürst Otto von Bismarck-Schönhausen, Herzog von Lauenburg (1815-98). Er wurde 1862 Ministerpräsident von Preußen, 1867 Bundeskanzler des Norddeutschen Bundes und war von 1871 bis zu seiner Entlassung durch Kaiser Wilhelm II. am 20. März 1890 Kanzler des Deutschen Reiches, also nahezu 20 Jahre lang.

Die kürzeste Amtsperiode als deutscher Reichskanzler hatte Prinz Max von Baden (1867-1929). Er war vom 3. Oktober bis zum 9. November 1918 im Amt – ganze 38 Tage.

Die längste Amtszeit als Bundeskanzler in Deutschland hat der gegenwärtig amtierende Kanzler Helmut Kohl, der am 1. Oktober 1982 sein Amt antrat. Vorher hatte Konrad Adenauer (1876-1967) die längste Amtszeit vorzuweisen. Vom 15. September 1949 bis 15. Oktober 1963.

Die jüngste Ministerin in der Geschichte der Bundesrepublik wurde Claudia Nolte (* 1966), die im November 1994 zur neuen Bundesministerin für Familie, Senioren, Frauen und Jugend berufen wurde.

Der jüngste Abgeordnete des Deutschen Bundestages wurde bei der Bundestagswahl am 16. Oktober 1994 Matthias Berninger (23) vom Bündnis 90/Die Grünen.

Der erfolgloseste Parlaments-Kandidat, der sich ununterbrochen um einen Abgeordnetensitz beworben hat, ist Dr. Sigmund Heller (* 1930) aus Remagen-Oedingen (D). 30 Jahre lang hat er seit 1965 insgesamt achtmal zunächst für den Deutschen Bundestag und später für das Europäische Parlament erfolglos kandidiert. Bei den Bundestagswahlen 1965, 1969 und 1972 war er Bonner wirtschaftspolitischer Listenbewerber bei der CSU. Nach seiner Übersiedlung nach Rheinland-Pfalz nominierten ihn Parteifreunde bei den Bundestagswahlen 1976 und 1980 für seinen neuen Wahlheimat-Kreis Ahrweiler auf Reserveplätzen der dortigen CDU-Landesliste.

Die größte Mitgliederzahl im österreichischen Parlament hatte mit 516 das Abgeordnetenhaus von 1907.

Die meisten Abgeordneten im Schweizer Parlament amtierten in der 1922 beginnenden Legislaturperiode mit 198.

Die größten Wahlen waren im Mai 1991 für das indische Lok Sabha, das Abgeordnetenhaus mit 543 Sitzen. Über 315 Mio. Wähler (von 488 Mio. Wahlberechtigten) gaben ihre Stimme ab. 359 Parteien stellten sich zur Wahl, in den 565 000 Wahllokalen waren 3 Mio. Wahlhelfer eingesetzt. Als Ergebnis der Wahl wurde eine neue Regierung unter Führung der Kongreßpartei gebildet.

Die meisten Kandidaturen in Wahlen kann der Kanadier John C. Nepean aus Ontario vorweisen, der seit 1970 auf Gemeinde-, Landes- und Bundesebene bei 41 Wahlen als unabhängiger Kandidat aufgestellt war. 1993 gründete er schließlich die Abolitionisten-Partei Kanadas, eine Bewegung zur Befreiung von staatlichen Zwängen.

Die höchste persönliche Mehrheit, die je ein Politiker erreichte, war ein Stimmenvorsprung von 4 726 112 Stimmen für Boris Jelzin (* 1931) am 26. März 1989 als Moskauer

21 202 192

Unterschriften kamen bei der größten Petition zusammen. 1994 in Korea: gegen Familientrennung durch den Krieg.

Boris

Jelzin erreichte die höchste persönliche Mehrheit mit 5 118 745 Stimmen 1989.

Kandidat bei den Parlamentswahlen in der damaligen UdSSR. Jelzin erhielt 5 118 745 der 5 722 937 im Wahlkreis abgegebenen Stimmen, sein schärfster Verfolger brachte es auf 392 633 Stimmen.

Den umfangreichsten Stimmzettel gab es bei der Kommunalwahl in Prag (Tschechien) am 18./19. November 1994, als sich 1187 Kandidaten um einen Sitz im Rat der Stadt bewarben. Der Stimmzettel maß 101,5 x 71,5 cm und wurde allen 1 018 527 Wahlberechtigten ausgehändigt, die bis zu 55 Kandidaten für die 55 Sitze im Kommunalparlament nominieren konnten.

Ältester, neu eingesetzter Premierminister war Morarji Ranchhodji Desai, der 1977 im Alter von 81 Jahren in die Regierung Indiens berufen wurde.

Das älteste Staatsoberhaupt der Welt ist Nouhak Phoumsavan, Präsident von Laos (* 9. April 1914).

Die erste Frau als demokratisch gewähltes Staatsoberhaupt war Islands Präsidentin Vigdis Finnbogadottir (* 15. April 1930), die am 30. Juni 1980 gewählt worden ist.

Erste Präsidentin eines Staates wurde Isabel Perón (Argentinien, * 4. Februar 1931), als sie ihrem Mann nach dessen Tod am 1. Juli 1974 im Amt nachfolgte. Sie blieb im Amt, bis sie bei einem unblutigen Staatsstreich am 24. März 1976 abgesetzt wurde.

Die am längsten amtierende Premierministerin war Indira Ghandi (1917-84), die 15 Jahre und elf Monate an der Regierung war, von Januar 1966 bis März 1977 und von Januar 1980 bis zu ihrer Ermordung im Oktober 1984.

Die erste Ministerpräsidentin war Sirimavo Bandaranaike (* 17. April 1916). Sie war von 1960 bis 1964 und noch einmal von 1970 bis 1977 Ministerpräsidentin von Sri Lanka (früher Ceylon).

Den größten Frauenanteil in einer Regierung hat Schweden, wo seit der Wahl vom März 1996 zum 22köpfigen Kabinett elf Ministerinnen gehören.

Der derzeit jüngste Regierungschef der Welt ist Dr. Mario Frick (* 8. Mai 1965), der am 15. Dezember 1993 als damals 28jähriger Ministerpräsident des Fürstentums Liechtenstein wurde.

Der im höchsten Alter ernannte Ministerpräsident war der Franzose Marschall Henri Philippe Pétain (1856-1951), der immerhin schon 84 Jahre alt war, als er am 10. Juli 1940 französischer „Staatschef" wurde.

Die derzeit am längsten amtierende Premierministerin ist Eugenia Charles (* 1919) in der Dominikanischen Republik seit Juli 1980.

Die längste Amtszeit als Botschafter in Deutschland: Vom 23. Juli 1981 bis zum 13. Mai 1997, also fast 16 Jahre, hat Seine Exzellenz Ahmed Abdulla Al-Khal das Golf-Emirat Katar als akkreditierter Botschafter in Bonn vertreten. Fast genauso lange vertrat er seinen Staat gleichzeitig in Helsinki.

Die längste Rede wurde von Zulu-Führer Mangosuthu Buthelezi gehalten, als er vom 12. bis 29. März 1993 vor der gesetzgebenden Versammlung von KwaZulu redete. Er sprach an 11 der 18 Tage, und zwar durchschnittlich 2,5 Std. pro Tag.

Die kürzeste Rede hielten drei Politiker beim Landespressefest 1997 im Saarland (D). Reinhard Klimmt (SPD), Peter Müller (CDU) und Hubert Ulrich (Bündnisgrüne) beschränkten sich auf folgende Ansprache: „Meine Damen, meine Herren, liebe Gäste – herzlich willkommen!"

Die längste Amtszeit als Bürgermeister hatte der Franzose Edmond Mathis (1852-1953), der 75 Jahre lang (1878-1953) Bürgermeister von Ehuns war. Von 1785 bis 1830 war Anthony Jennings 45 Jahre ununterbrochen Bürgermeister von Fordwich (GB).

Die meisten Staatsstreiche rechnen die Statistiker Bolivien zu. Seit Erlangen der Souveränität 1825 erlebte das Land am 30. Juni 1984 den 191. Staatsstreich. Allerdings waren nur 23 davon erfolgreich.

Die größte Demonstration fand am 3./4. März 1969 in Shanghai nach Grenzzwischenfällen am Ussuri gegen die damalige UdSSR statt. 2,7 Mio. Menschen protestierten gegen die UdSSR.

Größte Hilfsorganisation Europas wurde am 1. Januar 1991 das Deutsche Rote Kreuz. Nach dem Beitritt der fünf Landesverbände aus den neuen Bundesländern sind 19 Landesverbände mit 548 Kreisverbänden und dem Verband der Schwesternschaften vom Roten Kreuz mit fast 5 Mio. Mitgliedern organisiert und mehr als 300 000 Personen als freiwillige Helferinnen und Helfer tätig.

Dieter

Klink, längster Präsident eines freigewählten Parlaments: 24 Jahre bei der Bremischen Bürgerschaft.

Ahmed

Abdulla Al-Khal war längster Botschafter in Deutschland: 16 Jahre vertrat er das Golf-Emirat Katar.

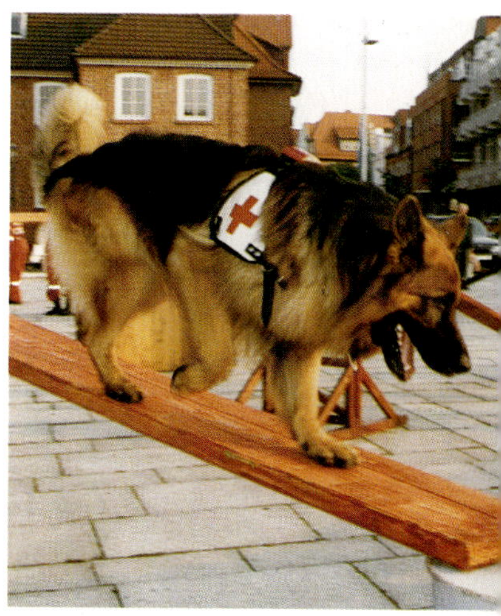

Harras

ist einer von 300 000 freiwilligen Helfern des Deutschen Roten Kreuzes.

Arm des Gesetzes

Schadenersatz

in Höhe von 2,1 Mrd. Dollar mußte Charles H. Keating jr. an 23 000 Anleger zahlen, die seine Bank betrogen hatte.

Den höchsten Schadenersatz gegen einen Automobilhersteller bekam im Juni 1996 ein Amerikaner zugesprochen: 150 Mio. Dollar (etwa 220 Mio. DM). Der Kläger, der 37 Jahre alte Axel Hardy, war bei einem Unfall im Jahre 1991 aus dem Auto geschleudert worden und ist seitdem hüftabwärts gelähmt. Er hatte Schadenersatz gefordert, weil der Schließmechanismus der Autotür bei seinem *Chevrolet S-10* angeblich fehlerhaft gewesen sei.

Die schwerste Klage wurde dem Arbeitsgericht Cottbus am 28. Februar 1995 vorgelegt. Dirk Sauer verklagte stellvertretend für mehr als 200 Stahlarbeiter aus der Lausitz seinen Arbeitgeber ABB Automatisierungsanlagen Cottbus GmbH auf Zahlung der Auslösung nach West-Tarif: Der geschäftsführende Direktor des Arbeitsgerichts, Bernd Opitz, nahm die 8 m^2 große, 2 mm dicke und 63,5 kg schwere Klage aus Stahl an.

Der längste aktenkundige Prozeß endete am 28. April 1966 in Poona (Indien), als der Gerichtshof ein Urteil zugunsten von Balasaheb Patloji Thorat fällte und damit eine Rechtsstreitigkeit regelte, die im Jahr 1205, also vor 761 Jahren, von seinem Vorfahren Maloji Thorat begonnen worden war. Er hatte damals für sich das Recht verlangt, bei öffentlichen Veranstaltungen den Vorsitz zu führen, und um Klärung der Rangordnung bei religiösen Festen ersucht.

Der „öffentlichste" Prozeß: Zwischen dem 24. Januar und dem 31. Mai 1995 sahen durchschnittlich täglich 5,5 Mio. Amerikaner die Live-Berichterstattung vom O.-J.-Simpson-Prozeß auf den drei großen amerikanischen Fernsehsendern. Simpson, ehemaliger Profi-Footballspieler und Schauspieler, wurde beschuldigt, am 12. Juni 1994 seine Exfrau Nicole und den Kellner Ronald Goldman ermordet zu haben.

Die größte Geduld in einem Rechtsstreit bewies der indische Beamte Gaddam Hanumantha Reddy, der gegen die Regierung des indischen Bundesstaats Haiderabad sowie gegen die indische Regierung eine Serie von Prozessen angestrengt hatte, die sich lange hinzogen: über 44 Jahre, 9 Monate und 8 Tage (April 1945 bis Januar 1990). In seiner Klage forderte er einen höheren Dienstgrad und bessere Bezahlung. Er gewann und wurde befördert.

Erfolgreichster Strafverteidiger ist Sir Lionel Luckhoo, Seniorpartner von Luckhoo und Luckhoo in Georgetown (Guyana), der zwischen 1940 und 1985 in 245 aufeinanderfolgenden Mordprozessen erfolgreich war.

Die größte Anwaltssozietät ist Baker & McKenzie, die im April 1997 insgesamt 2016 Rechtsanwälte (516 davon als Partner) in 34 Ländern beschäftigte. Das Unternehmen, 1949 in Chicago, Illinois (USA), gegründet, erzielte mit 1,3 Mrd. DM im Geschäftsjahr 1996/97 weltweit die höchsten Honorareinnahmen.

Der höchste Schadenersatz, der gegen eine Einzelperson verhängt wurde, betrug 2,1 Mrd. Dollar (3,45 Mrd. DM). Am 10. Juli 1992 wurde Charles H. Keating jr., ehemals Besitzer der Lincoln-Spar-und-Darlehenskasse in Los Angeles, Kalifornien (USA), von der Jury eines Bundesgerichts auferlegt, die genannte Summe an 23 000 Kleinanleger zu zahlen, die von seinem Kreditinstitut betrogen worden waren.

Die höchste Schadenersatzforderung, die je gestellt wurde, nämlich den unerhörten Betrag von 675 Billionen Dollar (weit über 2 Billiarden DM), damals zehnmal soviel wie das Gesamtvermögen der USA, forderte am 14. April 1971 Walton Bader in einer vor dem Amtsgericht von New York erhobenen Klage gegen General Motors und andere wegen Umweltverschmutzung sämtlicher Bundesstaaten der USA.

Die größte Entschädigung für die Katastrophe am 2./3. Dezember 1984 beim Werk der Union Carbide Corporation in Bhopal (Indien) wurde einvernehmlich auf 470 Mio. Dollar (888 Mio. DM) festgesetzt. Der Oberste Gerichtshof von Indien verfügte am 14. Februar 1989 die Zahlung nach einer Einigung zwischen dem Unternehmen und der indischen Regierung, die die Interessen von über 500 000 Klägern vertrat, darunter die Familien von 3350 Menschen, die an den Folgen des Unglücks gestorben waren.

Der höchste Schadenersatz in einem Zivilverfahren war 11,12 Mrd. Dollar (damals 34 Mrd. DM), am 10. Dezember 1985 in Houston, Texas (USA), von Richter Solomon

60 000

Gefängnisjahre erhielten die 38 Angeklagten im spanischen Speiseölskandal 1981. Zahl der Todesopfer: 600.

Banküberfälle

werden besonders oft in den USA verübt: 6758 waren es im Jahr 1996. In Deutschland wurden für den gleichen Zeitraum 1451 registriert. England nimmt sich dagegen mit neun Fällen sehr bescheiden aus.

Casseb jr. im Zivilverfahren Pennzoil Co. gegen Texaco der Klägerin zugesprochen. Der beklagten Firma war „unsittliche Geschäftspolitik" bei dem Versuch vorgeworfen worden, eine Fusion zwischen der Klägerfirma und der Getty Oil Co. zu verhindern. Die Chefanwälte waren Joe Jamail (Pennzoil) und Richard Miller (Texaco). Nach 48 Stunden wurde am 19. Dezember 1987 eine außergerichtliche Einigung auf die Summe von 5,5 Mrd. Dollar (damals 8,7 Mrd. DM) erzielt.

Die höchste Entschädigung für Verleumdung erhielt am 20. März 1997 mit 222,7 Mio. Dollar (ca. 378 Mio. DM) eine Maklerfirma in Houston, Texas (USA), zugesprochen. Sie hatte geklagt, weil ein 1993 im *Wall Street Journal* erschienener Artikel falsche Informationen enthalten hatte, die dazu führten, daß die Firma aus dem Geschäft gedrängt wurde.

Die größte Haftentschädigung wurde im Oktober 1989 mit 1,935 Mio. Dollar (3,66 Mio. DM) Robert McLaughlin (29) zugesprochen, nachdem er 1979 in New York für einen Mord verurteilt worden war, den er nicht begangen hatte. Er war zu 15 Jahren Haftstrafe verurteilt worden und hatte 1980-86 sechs Jahre im Gefängnis verbracht, bevor er entlassen wurde, nachdem seinem Pflegevater der Beweis gelungen war, daß Robert McLaughlin mit dem Verbrechen nichts zu tun hatte.

Die höchste Lösegeldsumme wurde für Atahualpa, den letzten Kaiser der Inka gezahlt. Der spanische Eroberer Francisco Pizarro erhielt 1532/33 für ihn in Cajamarca (Peru) eine ganze Halle voll Gold und Silber, das nach heutigem Maßstab etwa 1,5 Mrd. Dollar (etwa 2,55 Mrd. DM) wert wäre.

Die größte Kaution für eine Haftentlassung in Deutschland betrug 45 Mio. DM. Für diesen Betrag verließ im Mai 1994 der damals 38jährige Johannes Zwick, Sohn des Bäderkönigs Eduard Zwick, nach vier Monaten Untersuchungshaft die Justizvollzugsanstalt Landsberg. Johannes Zwick war Mittäterschaft bei der Steuerhinterziehung des Vaters in Höhe von 73 Mio. DM vorgeworfen worden.

Die längste Haftstrafe wurde im Prozeß um den sogenannten Speiseölskandal in Spanien verhängt: Ein achtjähriger Junge war am 1. Mai 1981 das erste von über 600 Todesopfern des spanischen Speiseölskandals. Am 12. Juni 1981 wurde die Verwendung vergällten Industrie-Rapsöls aus Rapssamen als Ursache seines Todes entdeckt. Der Prozeß gegen 38 Angeklagte, darunter die Hersteller Ramón und Elías Ferrera, dauerte vom 30. März 1987 bis zum 28. Juni 1988. Die 568 Klagebegründungen, mit denen die Strafverfolger auf Haftstrafen plädierten, summierten sich zu 60 000 Gefängnisjahren.

Die teuerste öffentlich verkündete Scheidungsregelung erzielten 1982 die Anwälte von Soraya Kashoggi im Verfahren gegen ihren Mann Adnan: 500 Mio. Pfund (1,2 Mrd. DM) plus Sachvermögen.

Die höchste Geldbuße, die je ein einzelner Mensch zahlte, betrug 200 Mio. Dollar (350 Mio. DM); Michael Milken erklärte sich am 24. April 1990 zur Zahlung bereit. Zusätzlich erklärte er sich bereit, Zivilklagen der US-Börsenaufsicht durch Zahlung von Geldbußen zu regeln. Die US-Regierung hatte das Verfahren gegen Milken wegen gewerbsmäßigen kriminellen Gelderwerbs und Wertpapierbetrugs eingeleitet.

Das kürzeste gültige Testament stammt von Bimla Risha aus Delhi (Indien). Es datiert vom 9. Februar 1995 und besteht aus vier Schriftzeichen in Hindi mit der Bedeutung „Alles dem Sohn".

Das längste Testament, das am 2. November 1925 in London anerkannt wurde, verfaßte Frederica Evelyn Stilwell Cook (USA). Es bestand aus vier Bänden mit insgesamt 95 940 Worten. Im wesentlichen ging es um ein Vermögen im Wert von 100 000 Pfund.

Hinter Gittern

saß der legendäre Al Capone auf der Gefängnisinsel Alcatraz. Einziger Trost: der Blick auf die Stadt San Francisco.

Bildungskünstler

Treffen sich jeden Monat: 12 Kameraden aus Bad Oldesloe. 70 Jahre geht das schon.

Der älteste Student in Deutschland ist der am 15. Januar 1896 geborene Josef Jacobs aus Frankfurt, Hessen. Mit 87 Jahren schlug er die wissenschaftliche Laufbahn ein, im Alter von 93 Jahren machte er den Magister, und 1996 legte er seine Doktorarbeit mit dem Thema *Die Rheinromantik im 19. Jahrhundert im Rheingau* vor. Er bezieht kein Bafög.

Die höchste Semesterzahl mit 67 Semestern (im Sommer 1997) hat Helmut Frohn aus Berlin (D). In Kaiserslautern, Saarbrücken und Berlin studierte er unter anderem Betriebswirtschaft und Sonderpädagogik, machte vier Staatsexamen, ein Diplom und ist zur Zeit für evangelische Theologie eingeschrieben.

Die Universität mit den meisten eingeschriebenen Studenten ist die State University von New York (USA). Ende 1995 hatte sie an ihren 64 Hochschuleinrichtungen im ganzen Bundesstaat 381 568 Studenten. ▮ Die meisten Studenten in einer Universität hat die City University der Stadt New York; Ende 1995 waren dort 206 500 Studenten immatrikuliert. Die Universität verfügt über 21 Lehranstalten innerhalb des Stadtgebiets.

Das größte bestehende Universitätsgebäude ist die M.-V.-Lomonossow-Staatsuniversität auf den Leninhügeln südlich von Moskau (Rußland). Das Gebäude hat 32 Stockwerke und 40 000 Zimmer.

Die größte Universität in Deutschland ist die Universität zu Köln. An ihr waren im Wintersemester 1996/97 insgesamt 62 791 Studierende eingeschrieben; davon waren 6003 ausländische Studenten und 691 Gasthörer, die zu keiner Fakultät zugeordnet waren. 7102 Mitarbeiter, darunter 527 Professoren, sorgen für das geistige Wohl.

Die meisten Studenten in Deutschland hat Berlin mit 150 000, gefolgt von München mit 105 000 Studenten, Köln (82 000), Hamburg (63 000), Münster (57 000), Frankfurt/Main (49 000), Aachen (49 000), Bochum (43 000), Hannover (42 000), Bonn (36 000), Dortmund (35 000) und Heidelberg (34 000).

Studierte im Sommer 1997 seit 67 Semestern: Helmut Frohn aus Berlin legte vier Staatsexamen ab.

Die älteste Lehranstalt mit dem Charakter einer Universität ist wahrscheinlich die von Karauyne in Fez (Marokko), die 859 n. Chr. gegründet wurde. Die Sumerer hatten schon kurz nach 3500 v. Chr. Schreibschulen oder *É-Dub-ba*.

Die ersten Universitäten in Europa entstanden im 11. und 13. Jh., so die von Bologna im Jahr 1088 und von Neapel 1224.

Die älteste Universität im Deutschen Reich war die Prager Universität. Ihr Gründungsjahr ist 1348.

Die älteste Universität in Deutschland ist die Ruprecht-Karls-Universität in Heidelberg (Baden-Württemberg), die 1386 gegründet worden ist.

Die älteste Universität in Österreich ist die Wiener, die im Jahr 1365 als damals zweitälteste im Deutschen Reich nach der Prager Universität gegründet wurde.

Die erste Universität in der Schweiz wurde 1460 in Basel gegründet.

Die älteste Montan-Universität ist die Bergakademie in Freiberg, Sachsen (D). Die mit etwa 2300 Studenten sehr kleine Hochschule wurde in der Mitte des 18. Jahrhunderts von sächsischen Kurfürsten gegründet und zog auch berühmte Studierende wie Friedrich von Hardenberg und Alexander von Humboldt an.

Der jüngste Akademiker, dem jemals ein Lehrstuhl an einer Universität angeboten wurde, war der 19jährige Colin Maclaurin (1698-1746), der am 30. September 1717 zum Professor der Mathematik am Marischal College in Aberdeen (Schottland) gewählt wurde. 1725 wurde er auf Empfehlung von Sir Isaac Newton (1642-1727), der selbst im Alter von 26 Jahren Professor in Cambridge war, Professor der Mathematik an der Universität Edinburgh.

Studienabschluß: Im Juni 1994 wurde Michael Kearney im Alter

„Arbeitete

gut mit“ – trotz 93 Schulwechseln in rund fünf Jahren bescheinigten die Lehrer Horst Winkler in seinem Schulbuch nur das Beste.

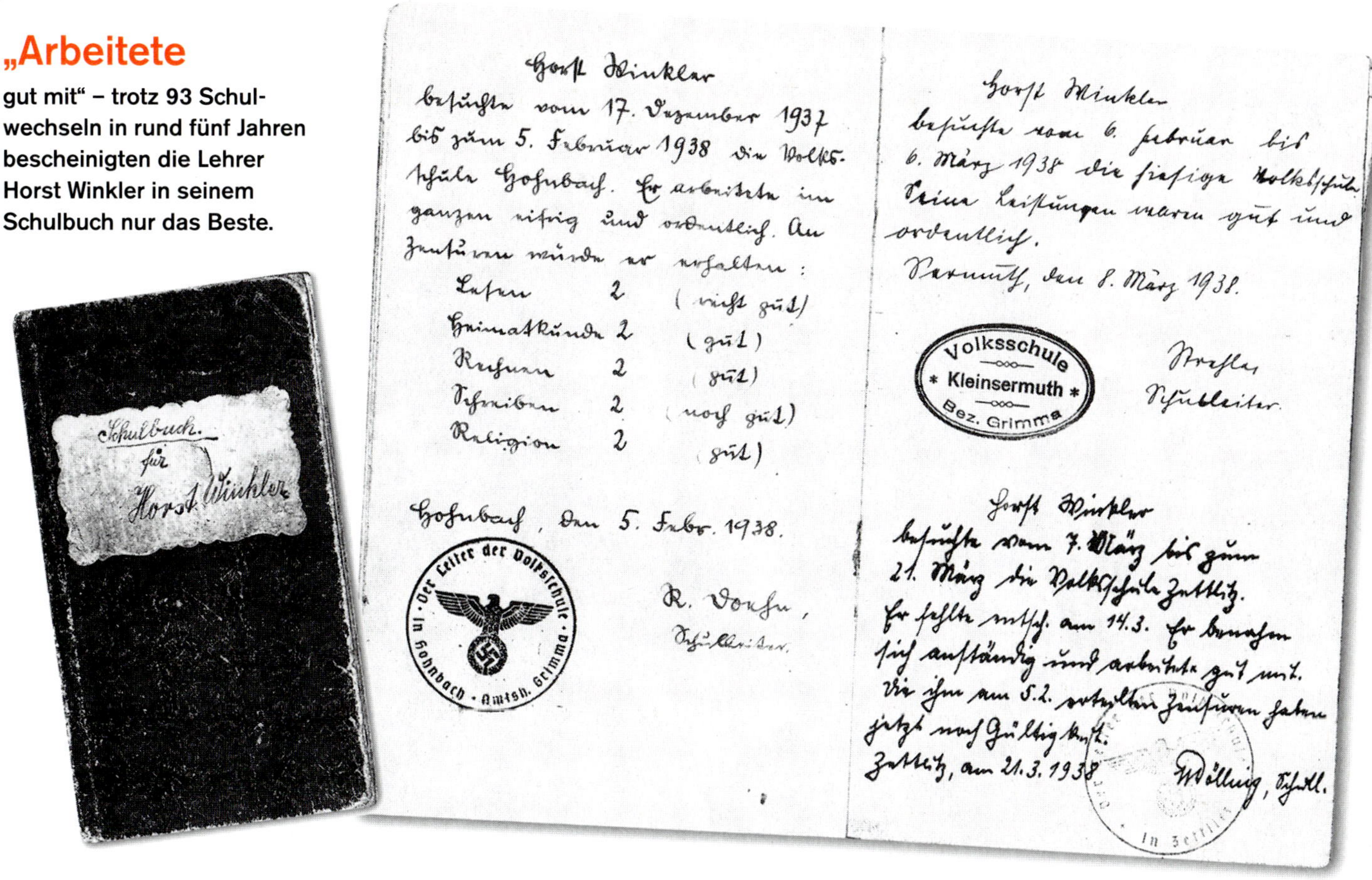

von 10 Jahren und 4 Monaten weltweit jüngster Absolvent einer Universität, als er den akademischen Grad BA (Bachelor of Arts) der Universität von South Alabama (USA) erhielt.

Längste Zeit als Lehrkraft wirkte Medarda de Jesus León Uzcátegui (auch: La Maestra Chucha). Sie war insgesamt 84 Jahre in Caracas (Venezuela) als Lehrerin tätig. 1911, als sie gerade 12 Jahre alt war, gründeten sie und ihre beiden Schwestern eine Schule, die sie Modelo de Aplicacion nannten. Seit 1942 betrieb sie in ihrem Haus in Caracas eine eigene Schule, die Escuela Uzcátegui.

Der jüngste Student der Welt war Michael Tan (* 4. April 1984), der im März 1992 an der Universität von Canterbury in Neuseeland im Alter von 7 Jahren und 11 Monaten das Studium der Mathematik aufgenommen hat.

Der jüngste Student der Bundesrepublik Deutschland war Elmar Eder, der 1970 mit 14 Jahren an der Universität München das Vorexamen in Mathematik und Physik mit „sehr gut“ bestand.

Die jüngste Dozentin war Ruth Lawrence (* 1971) aus Huddersfield (GB). Sie bestand die Schulabschlußprüfung in Theoretischer Mathematik mit 9 Jahren. Als Zwölfjährige wurde sie zum Studium in Oxford zugelassen, wo sie am 4. Juli 1985 ihr Examen als beste von 191 Prüflingen bestand. Seit sie am 19. Juli 1986 ihr Physikdiplom mit Auszeichnung erwarb, hält sie Physikvorlesungen.

Der jüngste Doktor der Philosophie war der Mathematiker Carl Witte aus dem deutschen Lochau, der mit 12 Jahren im Herbst 1814 an der Universität von Gießen den Titel eines Doktors der Philosophie erwarb, mit einer Urkunde rückwirkend datiert auf den 13. April 1814.

Der jüngste Doktor der Medizin wurde am 19. Mai 1995 mit 17 Jahren Balamurali Ambati (* 29. Juli 1977) aus Hollis Hills, New York (USA), der von der Sinai School of Medicine in New York graduiert wurde.

Der älteste noch bestehende Kindergarten in Deutschland steht in Zörbing im sächsisch-anhaltinischen Landkreis Bitterfeld. Die als Kinderbewahranstalt 1846 gegründete Einrichtung geht auf die Initiative von Friedrich Fröbel, den Begründer der Vorschulpädagogik in Deutschland, zurück.

Die erste Einführung der Schulpflicht fand 1819 in Preußen statt.

Die meisten Realschulen hat Indien mit 241 129 im Jahr 1994.

Die beste Schüler/Lehrer-Quote weist San Marino mit 5,8 Schülern pro Lehrer vor.

Das Land mit den meisten Grundschulen war China mit 861 879 im Jahr 1992.

Schulwechsel: Insgesamt 93mal wechselte Horst Winkler (* 1929) in der Zeit vom 15. April 1936 bis zum 7. Juli 1941 die Schule, weil seine Eltern mit einem Marionettentheater dem Wandergewerbe nachgingen. Alle Schulwechsel sind amtlich bestätigt.

Gegründet

Mitte des 18. Jh.: Die Bergakademie in Freiberg ist die älteste Montan-Universität.

Die größte Schule der Welt ist die Rizal High School in Pasig, Manila (Philippinen), die 1992/93 von 16 535 Schülern besucht wurde. Im Schuljahr 1993/94 nahm die Zahl leicht ab.

Ehemaligentreffen: 12 Schulkameraden, die 1926 und 1927 in Bad Oldesloe, Schleswig-Holstein (D), eingeschult wurden, treffen sich auch heute nach 70 Jahren unverändert und regelmäßig einmal im Monat.

Die meisten Einrichtungen im höheren Schulwesen hat Indien mit 6600.

Die teuersten Schulen dürften die internationalen Internatsschulen sein. Die Internationale Schule in Gstaad (CH) erhebt umgerechnet über 90 000 DM Schulgeld pro Jahr.

„We are the world“

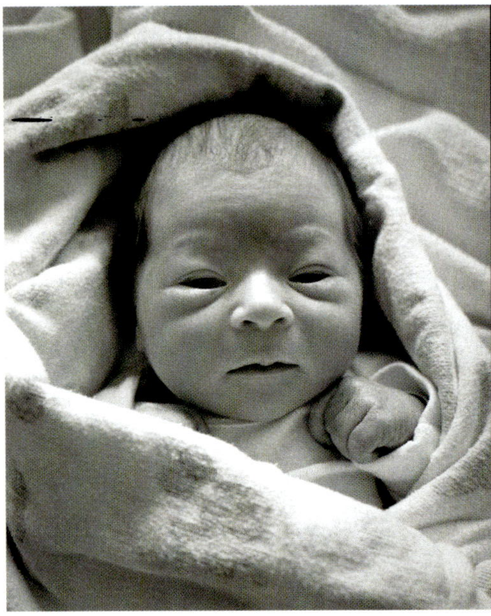

Charakterköpfe

landauf, landab. 5,804 Mrd. gibt es davon – zwischen Nordpol und Feuerland.

Die Weltbevölkerung wird (Stand 1996) auf 5,804 Mrd. Menschen geschätzt. Zu Beginn des Jahrhunderts lebten 1,650 Mrd. Menschen auf der Welt, 1960 waren es 3,020 Mrd., für das Jahr 2000 werden 6,158 Mrd. geschätzt. Der Rekordzuwachs pro Jahr von 2,06 Prozent in der Periode 1965-70 ist auf 1,57 Prozent in den Jahren 1990-95 zurückgegangen. Trotz des Rückgangs wächst die Weltbevölkerung derzeit jährlich um etwa 90 Mio. Menschen. Vorausschätzungen, die von der UNO veröffentlicht wurden, gehen von einer Stabilisierung bei ca. 11,5 Mrd. Menschen um das Jahr 2150 aus.

Die Bevölkerungszuwachsrate wurde für den Zeitraum von 1990 bis 1995 weltweit auf 15,7 (25 Geburten minus 9,3 Todesfälle) je 1000 Menschen geschätzt. Der größte Bevölkerungszuwachs mit einer Rate von 20,4 wurde in den Jahren zwischen 1965 und 1970 erreicht. Die höchste in jüngster Zeit festgestellte Zuwachsrate hatte Oman mit 56,8 pro 1000 im Jahr 1995. Die niedrigste Rate wurde für den gleichen Zeitraum für Lettland mit minus 6,9 verzeichnet.

Das bevölkerungsreichste Land ist China, in Pinyin *Zhongguo* (Reich der Mitte) genannt. Es hat eine Bevölkerung von schätzungsweise 1 207 000 000 und eine natürliche Zuwachsrate von 14,3 Mio. pro Jahr oder gut 39 000 pro Tag. Chinas Bevölkerung zählt mehr Menschen als die ganze Welt vor 150 Jahren.

Die geringste Bevölkerungszahl hat Vatikanstadt mit rund 1000 Einwohnern und einer Geburtenrate von Null.

Am dichtesten bevölkert ist die portugiesische Provinz Macau an der Südküste Chinas. Auf 18 km^2 leben schätzungsweise 428 000 Menschen, das entspricht einer Bevölkerungsdichte von 23 111/km^2.

Am dichtesten bevölkert in Europa ist das Fürstentum Monaco, das eine Einwohnerzahl von 30 400 auf einer Staatsfläche von 1,95 km^2 hat – das entspricht einer Bevölkerungsdichte von 15 590/km^2.

Die größte Bevölkerungsdichte von Ländern mit über 2500 km^2 Fläche hat Bangladesch. 1995 hatte es 120 093 000 Einwohner, die auf 147 570 km^2 lebten – eine Bevölkerungsdichte von 814/km^2.

Die größte Bevölkerungsdichte von Territorien mit über 1000 km^2 Fläche hat Hongkong (1075 km^2) mit 5562 Einwohnern/km^2.

Die Bevölkerungszahl Deutschlands hat am 31. Dezember 1996 den Höchststand von 82,012 Mio. erreicht.

Die Insel mit der größten Bevölkerungsdichte ist Java (Indonesien) mit einer Fläche von 132 186 km^2 und 116 379 2000 Einwohnern, was einer Bevölkerungsdichte von 880/km^2 entspricht.

Die am dünnsten besiedelte Region ist die Antarktis, in der seit 1943 ausschließlich Wissenschaftler leben. In der Vergangenheit lebten höchstens 4000 Menschen hier.

Die höchste Auswanderungsquote hat Mexiko. Die meisten zieht es in die USA. Zahlen sind nicht bekannt.

Das Jahr mit der höchsten Auswandererquote aus einem europäischen Land war 1852, als 360 000 Menschen, hauptsächlich Iren, nach Nordamerika auswanderten.

Die meisten legalen Einwanderer nehmen die USA auf. 61 503 866 offizielle Einwanderer kamen von 1820 bis 1994 ins Land, jedoch ist jeder 76. Bewohner der USA ein illegaler Einwanderer.

Die Zahl der als Flüchtlinge eingestuften Menschen – dazu werden offiziell nur die ins Ausland geflohenen Personen gerechnet – lag 1996 nach Angaben des UNO-Flüchtlingshilfswerks (UNHCR) bei 14,4 Mio. Menschen. Das ist zwar gegenüber dem UNHCR-Bericht von 1993 ein Rückgang um 3,8 Mio. Menschen, aber gleichzeitig ist die Zahl der innerhalb ihres Heimatlandes Vertriebenen in die Höhe geschnellt. Weltweit sind etwa

45 Mio. Menschen auf der Flucht. In 29 Staaten leben jeweils mehr als 100 000 Flüchtlinge.

Den höchsten Anteil ausländischer Mitbürger in Deutschland hatte Berlin 1996. Hier waren 439 795 mit Hauptwohnsitz gemeldet, der größte Teil davon (33,6 Prozent) im Bezirk Kreuzberg. Gemessen an der Einwohnerzahl rangiert Berlin allerdings mit 12,8 Prozent weit hinter Frankfurt/Main mit 29,2, Offenbach mit 28,4 und Stuttgart mit 24 Prozent.

Das Geschlechterverhältnis: Auf 1000 Frauen kommen weltweit schätzungsweise 1015 Männer. Das Land mit der größten Frauenknappheit sind die Vereinigten Arabischen Emirate mit schätzungsweise 336 Frauen auf 1000 Männer. Das Land mit der größten Männerknappheit ist Lettland mit schätzungsweise 466 Männern auf 1000 Frauen.

Die Geburtenrate wird für den Zeitraum von 1990 bis 1995 weltweit auf 25,0 Geburten je 1000 Einwohner geschätzt. Die höchste von der UNO geschätzte Rate ist 55,2 für Niger (Westafrika) 1995. Sieht man von Vatikanstadt ab, wo die Rate gleich Null ist, hatte Bulgarien im selben Zeitraum die geringste Quote mit 8,6 je 1000.

Die Lebenserwartung Neugeborener: Die Lebenserwartung in der Welt ist von 46,4 (1950-1955) auf 64,4 Jahre (1990-1995) gestiegen.

- San Marino hat mit 85,3 Jahren für Frauen und 77,2 Jahren für Männer (1995/96) die höchste Lebenserwartung.
- In Deutschland liegt die Lebenserwartung bei 72,5 Jahren für Männer und 79,0 Jahren für Frauen, in Österreich bei 72,9 Jahren für Männer und 79,4 Jahren für Frauen.
- Die niedrigste geschätzte Lebenserwartung für 1996 sind 35,9 Jahre für Männer und 36,4 Jahre für Frauen in Ruanda.
- Die Lebenserwartung in Europa betrug im 5. Jh. 33 Jahre für Männer und 27 Jahre für Frauen. Zwischen 1890 und 1900 lag die Lebenserwartung der Bevölkerung Indiens bei 23,7 Jahren.

Die Säuglingssterblichkeit: Die weltweit registrierte Säuglingssterblichkeit – die Zahl der Todesfälle bis zu einem Lebensjahr auf 1000 Lebendgeburten – betrug 64 je 1000 für die Periode 1990-1995.

- Die geringste Quote in jüngster Zeit hatte Japan mit 4.
- Nach inoffiziellen Schätzungen lag die Säuglingssterblichkeit in Äthiopien 1969 bei fast 550 auf 1000 Lebendgeburten.
- Die höchste in jüngster Zeit geschätzte Quote weist Sierra Leone mit 166 für die Jahre 1990-1995 auf.

Die Sterbeziffer – die Zahl der Todesfälle je 1000 Einwohner – lag weltweit von 1990 bis 1995 Schätzungen zufolge bei 9,3.

- Ost-Timor hatte von 1975 bis 1980 noch eine Sterbeziffer von 45,0, die in der Periode 1990 bis 1995 auf 17,4 sank. 1995 hatte Niger (Westafrika) nach Schätzungen mit 25,1 die höchste Sterbeziffer.
- Die niedrigste Sterbeziffer wies Kuwait mit 1,9 auf.
- Obwohl die Zahl der Sterbefälle in Deutschland um 1,4 Prozent auf 885 000 zurückging, starben 1994 über 100 000 mehr Menschen als geboren wurden.

Die Zahl der Selbsttötungen pro Tag wird weltweit mit über 2700 angenommen.

- Das Land mit der bisher höchsten Suizidrate ist Sri Lanka mit 47 Fällen je 100 000 Einwohner im Jahre 1991.
- Das Land mit der bisher niedrigsten Rate ist Jordanien mit einem einzigen Fall im Jahre 1970, was eine Rate von 0,04 je 100 000 bedeutet.

Das Land mit den meisten Krankenhausbetten ist Monaco mit 168 Betten je 10 000 Einwohner; Nepal, Bangladesch, Äthiopien und Afghanistan haben mit zwei je 10 000 Einwohner die wenigsten.

Das Land mit den meisten Krankenhäusern ist China mit 603 784.

Das Krankenhaus mit den meisten Betten steht in Baragwanath in Südafrika: 3294 Betten sind es.

Das Land mit den wenigsten Einwohnern pro Arzt ist Österreich mit 230 in der Gruppe der Länder mit mehr als 1 Mio. Einwohnern, in Deutschland liegt die Zahl bei 370, in der Schweiz bei 630.

Das Land mit den meisten Zahnärzten sind die USA mit 141 412 eingeschriebenen Mitgliedern des Amerikanischen Dentalverbands.

Das Land mit den meisten Psychiatern und Psychologen sind die USA. 1996 registrierte die 1844 gegründete American Psychiatric Association 39 450 Mitglieder, die Mitgliederzahl der American Psychological Association (gegründet 1892) betrug 142 000.

Als größter Lebensretter gilt Raoul Wallenberg. Er hat ca. 100 000 Juden in Budapest vor dem Tod bewahrt. Er starb 1947 in Moskau.

Menschenmassen trotz staatlich verordneter Familienplanung – ein Kind ist genug. In China kommen pro Kopf (1,2 Mrd.) zwei

Trautes Heim

Ein großes Herz

bewies Martin Ehrismann für seine Andrea. Aus der Luft fand sie den frisch gepflügten Antrag unwiderstehlich.

Die meisten Eheschließungen in einem souveränen Staat verzeichnet Vanuatu (Ozeanien) mit 34 je 1000 Einwohner.
▮ Die US-amerikanischen Jungfern-Inseln haben eine Heiratsrate von 35,1 pro 1000.

Die meisten Ehescheidungen haben die USA mit über 1,2 Mio. im Jahr – eine Quote von 4,6 Scheidungen je 1000 Einwohner. Der höchste Wert wurde 1979 mit 5,4 je 1000 Einwohner registriert.

Die meisten Ehescheidungen in Europa werden in Rußland mit 403 je 100 000 Einwohner registriert. Auf den Plätzen folgen: Großbritannien 302, Dänemark 251, Schweden 249, Norwegen 239, Schweiz 218, Belgien 210, Österreich 204, Niederlande 199, Deutschland 192, Frankreich 189, Portugal 125, Polen 89, Spanien 69, Griechenland 68, Türkei 50, Italien 40.

Das längste Verlöbnis währte 67 Jahre. Dann endlich, im Juni 1969, wagten Octavio Guillén und Adriana Martínez aus Mexico City das Ehe-Abenteuer. Als sie sich das Jawort gaben, waren beide 82 Jahre alt.

Die größte Zahl von Eheschließungen in Ländern mit Einehe, nämlich 28, erreichte der ehemalige Baptistengeistliche Glynn „Scotty" Wolfe (1908-97) aus Blythe, Kalifornien (USA), der 1927 zum ersten Mal heiratete und im Juni 1995 die 15jährige Dina ehelichte. Nach eigenen Angaben zeugte der Rekordgemahl 41 Kinder.

Die meisten Ehen eingegangen ist Linda Lou Essex aus Anderson, Indiana (USA), die 22mal geheiratet hat. Seit 1957 hat sie 15 verschiedenen Männern das Jawort gegeben, vier von ihnen heiratete sie zweimal, einen sogar dreimal. Im Oktober 1991 fand die vorerst letzte Heirat statt.

Die meisten (illegalen) Vielehen, nämlich 104, schaffte Giovanni Vigliotto, der unter anderen unter den Decknamen Fred Jipp (* 1936 in New York) oder Nikolai Peruschkow (* 1929 auf Sizilien) lebte. Die Ehen wurden von 1949-81 in 27 US-Staaten und 14 anderen Ländern geschlossen. Vier Opfer befanden sich 1968 an Bord desselben Schiffes. Am 28. März 1983 wurde er in Phoenix, Arizona (USA), wegen Betrugs zu 28 Jahren und wegen Bigamie zu sechs Jahren Haft verurteilt und mit einer Geldstrafe von 336 000 Dollar (840 000 DM) belegt. Er starb im Februar 1991.

Die längste Ehe dauerte 87 Jahre. Sir Temulji Bhicaji Nariman und Lady Nariman wurden 1853 vermählt, als beide erst fünf Jahre alt waren. Der Ehemann starb im August 1940 in Bombay im Alter von 91 Jahren und 11 Monaten.
▮ In Deutschland feierten Katharina (* 1904) und Georg Poschner (* 1902) aus Wiehl (D) am 25. April 1996 Kronjuwelenhochzeit (75 Jahre).

Am häufigsten als Brautführer fungiert hat Ting Ming Siong aus Sibu (Malaysia). Zwischen September 1975 und März 1997 führte er 1089mal die Braut zum Altar.

Die meisten Trauungen miteinander erlebten Richard und Carole Roble aus South Hempstead, New York (USA), die sich, seit sie 1969 ihre erste Hochzeit feierten, 56mal das Jawort gegeben haben. Sie wählten jedesmal einen anderen Hochzeitsort, darunter mindestens einen in jedem Bundesstaat der USA.

Die meisten Trauungen in Deutschland dürfte der Schriftsteller Fred Denger (1920-83) aufzuweisen haben. Mit elf Frauen war er zwölfmal auf dem Standesamt. Das Mißverhältnis zwischen Trauungs- und Brautzahl erklärt sich dadurch, daß Denger eine seiner Frauen (Liljana) ein zweites Mal heiratete. Die letzte Ehe wurde am 14. Juli 1980 geschieden. Denger war insgesamt über 34 Jahre verheiratet.

Bräute: Die jüngsten gibt es in Nicaragua, wo 1995 48 Prozent aller Bräute 19 Jahre oder jünger waren.
▮ Die ältesten Bräute findet man auf den amerikanischen Jungfern-Inseln; 1995 waren dort 52 Prozent der Bräute 30 Jahre oder älter.

Bräutigame: 1995 hatte Botswana (Afrika) die ältesten. 67 Prozent waren 30 Jahre oder älter.

Das jüngste Brautpaar waren ein elf Monate alter Junge und ein drei Monate altes Mädchen, die Berichten zufolge 1986 in Aminpur bei Pabna (Bangladesch) miteinander vermählt wurden, um eine 20 Jahre währende Fehde zweier Familien über den Anspruch auf eine Ackergrenzmarkierung zu beenden.

Der älteste Bräutigam war Harry Stevens, der als 103jähriger im Caravilla Retirement Home, Wisconsin (USA), am 3. Dezember 1984 die 84jährige Thelma Lucas freite. Die älteste Braut war Minnie Munro, die am 31. Mai 1991 in Point Clare (Australien) als 102jährige den vergleichsweise jungen Hüpfer Dudley Reid, 83, zum Manne nahm.

Die größte Massentrauung fand am 25. August 1995 im Olympiastadion von Seoul (Südkorea) statt, wo der Sektenführer Sun Myung Moon (* 1920) 35 000 Paare verehelichte. Weitere 325 000 Paare nahmen rund um die Welt via Satellit an der Zeremonie teil.

Die größte Hochzeitsfeier fand am 7. September 1995 in Madras (Indien) statt. Schätzungsweise 100 000 waren dabei, als sich V. N. Sudhakaran, Pflegesohn des Ministerpräsidenten von Tamil Nadu, und N. Sathialakshimi vermählten.

Der größte Heiratsantrag: Um den ins 15 ha große Feld gepflügten Antrag von Martin Ehrismann aus Königsbach-Stein, Baden-Württemberg (D), lesen zu können, mußte Andrea Schwaiger im Sommer 1994 zu einem Rundflug überredet werden. In riesigen Lettern stand da: Willst Du mich heiraten? Daneben war ein Herz mit beiden Vornamen gepflügt worden.

Deutschlands schnellstes Baby, Sascha Patrick, wurde am 6. Juli 1983 um 14.45 Uhr geboren, nachdem sich seine Eltern exakt zehn Minuten zuvor im Kreißsaal des St.-Elisabeth-Hospitals in Meerbusch das Jawort gaben. Um 14.35 Uhr wurde aus Anna Maria Schmidt Frau Drießen, Ehefrau von Helmut Drießen.

Schnellster Taufpate nach der eigenen Konfirmation ist Ruben Geiger (* 1983) aus Lorch-Unterkirneck, Baden-Württemberg (D). Er wurde am 16. März 1997 konfirmiert und sechs Minuten später Taufpate seines Bruders Nathan (* 1996).

Das älteste Scheidungspaar sind Ida Stern und ihr Mann Simon. Am 3. Februar 1984 wurden die 91jährige und der 97jährige in Milwaukee, Wisconsin (USA), rechtskräftig geschieden.

Auf die alten Tage

noch verliebt. Mit 102 Jahren heiratete Minnie Munro ihren Traumpartner Dudley Reid.

Kronjuwelenhochzeit

feiern Katharina (* 1904) und Georg Poschner (* 1902) aus Wiehl. Eheglück seit 75 Jahren.

Vom Heiligen Geist

beflügelt, konnte Ruben Geiger 6 Minuten nach seiner Konfirmation die Patenschaft über Bruder Nathan übernehmen.

100 000

Gäste kamen zur größten Hochzeitsfeier aller Zeiten. Nach Madras in Indien am 7. September 1995.

Königin des Volkes

90 000 000

Blumen für Diana. Ein letzter Abschiedsgruß der trauernden Bevölkerung. Vor dem Kensington Palace, ihrem letzten Wohnsitz.

Als Diana, Prinzessin von Wales, am 31. August 1997 in Paris an den Folgen eines Autounfalls starb, stand die Welt Kopf. Gemeinsam mit ihrem Freund Dodi Al-Fayed, der ebenfalls tödlich verunglückte, war sie in einem *Mercedes 280 S* vom Pariser Hotel Ritz unterwegs zu dessen Stadtvilla. In der Unterführung.des Cours Albert I., kurz vor dem Pont de l'Alma, verlor der Fahrer Henri Paul die Kontrolle über das Auto und prallte gegen eine Betonwand. Auch er starb, nur Bodyguard Trevor Rees-Jones überlebte.

Die Welt hat Abschied genommen von Diana, der „Prinzessin des Volkes" (Tony Blair, britischer Premierminister), der „Königin der Herzen", der „Rose Englands" (Elton John, britischer Popsänger). Die Kultfigur der 90er wird so unsterblich sein wie Marilyn Monroe, Elvis Presley, James Dean oder John F. Kennedy. Sie war eine der großen Persönlichkeiten dieses Jahrhunderts. Nie zuvor in der Geschichte wurden so viele Menschen Zeugen einer Trauerzeremonie wie am 6. September 1997 bei den Feierlichkeiten in der Londoner Westminster Abbey: weltweit 2,5 Milliarden. Erstmals in der Geschichte der britischen Monarchie wehte der Union Jack über dem Buckingham Palace auf halbmast. Ganz Großbritannien kam für eine Minute zum Stillstand, als der Sarg zum Familiengut der Spencers in Althorph, 125 Kilometer nördlich von London, überführt wurde. Eine Anteilnahme in Rekordhöhe:

- 2,5 Mrd. Menschen waren Zeugen der Trauerfeier.
- Größte Live-Übertragung in der Geschichte des britischen Fernseh- und Rundfunksenders BBC: in 187 Länder. In 44 Sprachen wurde kommentiert.
- 31,5 Mio. Briten verfolgten am Fernseher die Trauerfeier; in Deutschland waren es 16 Mio.
- 3 Mio. Trauernde am Wegesrand zwischen Buckingham Palace und Westminster Abbey, wo 2000 geladene Gäste Diana die letzte Ehre erwiesen.

▮ 90 Mio. Blumen für die Prinzessin von Wales zählte man in London. Mehr als 1 Mio. Sträuße wurden in der britischen Hauptstadt verkauft. London war ausverkauft bis zum Freitag, 5. September, dem Tag vor der Beerdigung.

▮ Innerhalb weniger Stunden nach dem Tod der Prinzessin kondolierten 350 000 via Internet; 14 Mio. klickten die Trauer-Website an.

▮ Bis zu 11 Std. warteten die Menschen vor dem St. James' Palace, um sich in eines der 43 Kondolenzbücher einzutragen.

Diana & Dodi:

Die letzten Aufnahmen vom Sicherheits-Video aus dem Pariser Ritz. Von Mohammed Al-Fayed, Dodis Vater, freigegeben.

▮ Am 8. September wurde der Diana-Gedächtnisfonds gegründet: Die BBC überließ alle Erträge aus den Übertragungsrechten der Beerdigung und Elton John den Gewinn aus der CD mit dem eigens für Diana umgeschriebenen Lied *Candle in the Wind.* Innerhalb der ersten vier Tage zählte man insgesamt 288 Mio. DM, darunter eine anonyme Spende in Höhe von 3 Mio. Pfund (rund 9 Mio. DM).

▮ Rekordauflage der Boulevardzeitung *Sun* mit 5,5 Mio. Exemplaren am Tag nach Dianas Tod.

▮ Die meistfotografierte Frau der Welt hatte den Paparazzi schon zu Lebzeiten pro Foto zwischen 120 000 und 150 000 DM eingebracht. Für die Romanze mit Dodi auf der Yacht im Mittelmeer kassierte Fotograf Mark Saunders weltweit 9 Mio. DM.

▮ 75 verschiedene Buchtitel über Lady Di existierten im September 1997. Die Zahl der nach ihrem Tod veröffentlichten Werke ist noch unüberschaubar.

▮ 8 Mio. Vorbestellungen gab es weltweit für die Elton-John-Single *Candle in the Wind.* In der ersten Wochen nach Erscheinen gingen in Deutschland über 2 Mio. Vorbestellungen ein, nach zwei Wochen nahezu 4 Mio. Dem stand eine erste Auflage von „nur" 1,5 Mio. sofort verkaufter Exemplare gegenüber. Keine Single war schneller von 0 auf 1 in die Charts gelangt.

Rund ums Geld

Paradiesische

Inflationsrate auf den Seychellen: 1,28 Prozent.

Aktien & Wertpapiere

Die größte Warenbörse: Der Marktwert der an der New Yorker Börse registrierten Aktien erreichte am 30. April 1996 einen absoluten Höchstwert von 6,4 Billionen Dollar (10,88 Billionen DM).

Die erste internationale Börse entstand 1531 in Antwerpen (Belgien). Weltweit gibt es etwa 160 Börsen in 55 Ländern.

Die größte Börse in Deutschland ist die Frankfurter Wertpapierbörse, gegründet 1585.

Die höchstgelegene Börse der Welt wurde 1994 in der Nähe der tibetischen Hauptstadt Lhasa eröffnet.

Die meisten Transaktionen an der New Yorker Börse gab es am 15. Dezember 1995, als 652 829 000 Aktien den Besitzer wechselten.

Der höchste Preis für einen Börsensitz an der New Yorker Börse war 1,25 Mio. Dollar im Jahr 1996. Der niedrigste Preis im 20. Jh. wurde mit 17 000 Dollar im Jahr 1942 gezahlt.

Der größte Online-Aktienmarkt ist die NASDAQ mit Sitz in Washington (USA). 1996 lag der Marktwert bei einem Volumen von 5 Bill. Dollar (etwa 8,5 Bill. DM).

FT-SE-Aktienindex: Den Tagesspitzenwert erreichte der FT-SE-Index (für 100 ausgewählte Aktien) mit 4723,7 Punkten am 16. Mai 1997. Die Rekordschlußnotierung am 3. Juli 1997 lag bei 4831,7 Punkten.

Das höchste Emissionsvolumen einer Börse lag bei 1,16 Bill. Dollar (etwa 1,972 Bill. DM) an der New Yorker Wall Street im Jahr 1993.

Das größte Emissionsvolumen für eine einzelne Wertpapieremission erreichte am 18. November 1996 die Deutsche Telekom AG, die 713 Mio. Aktien plazierte und einen Emissionserlös von 20 Mrd. DM erzielte.

Der höchste Schlußkurs des Dow-Jones-Index war 8259,31 am 6. August 1997.

Der niedrigste Schlußkurs des Dow-Jones-Index wurde mit 41,22 am 2. Juli 1932 erreicht. Am 3. September 1929 lag er bei 381,71, sackte aber schon am 29. Oktober 1929 um 30,57 Punkte ab.

Der höchste Tagesanstieg des Dow-Jones-Index ereignete sich am 21. Oktober 1987, als er um 186,84 auf 2027,85 Punkte kletterte.

Der höchste Schlußkurs des Dax, des Deutschen Aktienindex, lag am 31. Juli 1997 nach einem stetigen Höhenflug bei 4438,93 Punkten.

Scheine & Münzen

Die umsatzstärkste Bank in Deutschland war 1996 die Deutsche Bank mit 886,090 Mrd. DM.

Die größte Bank der Schweiz war 1996 die Schweizerische Bankgesellschaft/Union de Banques Suisses (SBG/UBS) mit einer Bilanzsumme von 437,252 Mrd. DM.

Die größte Bank Österreichs war 1996 die Bank Austria in Wien mit einem Umsatz von ca. 106,050 Mrd. DM.

Das größte Kreditinstitut der Welt war 1996 die japanische Bank von Tokyo-Mitsubishi mit einem Umsatz von 696,5 Mrd. Dollar (etwa 1079,575 Mrd. DM).

Die größten Kreditinstitute in Europa 1996: Die Deutsche Bank (Bilanzsumme 886,090 Mrd. DM), die Crédit Agricole SA (F) mit 735,094 Mrd. DM und die Crédit Suisse Group (CH) mit 638,897 Mrd. DM.

Der größte Banktresor mißt 106,7 x 30, 4 x 2,4 m und wiegt 893 t. Er steht in der Chase Manhattan Bank in New York City (USA). Jede seiner sechs Türen wiegt 40,6 t.

Die älteste Sparkasse Deutschlands ist die Kreissparkasse in Detmold, Nordrhein-Westfalen. Gegründet am 13. März 1786 als „Gräflich-Lippische Spar- und Leihcasse".

Die größte Sparkasse Europas ist die spanische *La Caixa* (Hauptsitz Barcelona), die 1996 423 neue Filialen eröffnete. Ihr Umsatz 1996: umgerechnet etwa 1,25 Mrd. DM.

Die größte deutsche Sparkasse ist die Hamburger Sparkasse (Bilanzsumme 1996: 42,3 Mrd. DM).

Das größte Sparkassenbuch (70 x 50 cm, 1,5 kg schwer) wurde am 19. Mai 1989 in der Sparkasse Bruck a. d. Leitha (A) eröffnet. Der Sparkassenangestellte Robert Sollak (* 1965)

Teuerste

deutsche Münze ist dieser preußische Dukat von 1803. Auktionspreis: 387 607,50 DM.

aus Mannersdorf stellte das Buch in zweijähriger Handarbeit her.

Die höchsten Steuereinnahmen hatten mit 1,355 Billionen Dollar im Steuerjahr 1995 die USA.

Das höchste Haushaltsdefizit registrierten die USA im Steuerjahr 1992 mit 290 Mrd. Dollar.

Geringste Besteuerung: In Bahrain und Katar liegt die Quote – einkommensunabhängig – bei Null. Von den Bewohnern der Kanalinsel Sark werden keine Steuern erhoben.

Höchste Besteuerung: Norwegen hat mit 65 Prozent den höchsten Steuersatz.

Die größte Goldbarrenreserve der USA lagert in 120 Stahlkammern der Federal Reserve Bank in Manhattan, New York: 840 000 Barren mit einem Gesamtgewicht von 10 000 t.

Die geringste Inflation hatten 1995 die Seychellen mit einem Index von 1,28 Prozent.

Die schlimmste Inflationsrate erlebte 1995 Weißrußland mit 243,96 Prozent.

Papiergeld ist eine Erfindung der Chinesen aus dem Jahr 812.

Die ersten Banknoten wurden im Juli 1661 in Stockholm (Schweden) in Umlauf gebracht.

Die Umlaufnoten mit dem höchsten Wert sind die 10 000-Dollar-Noten (16 955 DM) der US-Notenbank. Ab 1969 wurden keine Geldscheine mit einem Nennwert von mehr als 100 Dollar ausgegeben.

Die höchste Note der USA ist ein 100 000-Dollar-Schein. Diese Noten werden ausschließlich für Transaktionen zwischen der Notenbank und dem Schatzamt verwendet.

Die deutsche Banknote mit dem größten Wert ist gegenwärtig der 1000-DM-Schein.

Die Banknote mit dem geringsten Geldwert ist der indonesische 1-Sen-Schein (1/100 Rupie). 1996 waren 1526 Sen einen Pfennig wert.

Höchster

Aktienverlust einer Privatperson: 65 Mio. Dollar, Ray A. Kroc, USA 1974.

Ältestes

Goldlager der USA ist Fort Knox: Seit 1936 werden südlich von Louisville in Kentucky Goldbarren gelagert.

Die teuerste deutsche Münze ist ein 3,22 g schwerer preußischer Dukat von 1803. Bei einer Auktion der Münzhandlung Dr. Busso Peus Nachf. in Frankfurt/Main wurde der Dukat für 387 607,50 DM verkauft.

Die größten Münzen in Deutschland waren 10-Dukaten-Stücke. Die böhmische 100-Dukaten-Münze Kaiser Ferdinands III. (1608-57) wiegt 350 g (Goldwert heute ca. 16 000 DM).

Die größte Münze Österreichs war das quadratische 50-Dukaten-Stück mit Rundprägung des Grafen Guidobald von Thun-Hohenstein aus dem Jahr 1654, das 165 g wog.

Die größte Schweizer Münze war das Baseler 25-Dukaten-Stück, das von 1695 bis 1710 im Umlauf war.

Die älteste Münze ist die Elektron-Stater des Königs Gyges von Lydien (TR) aus dem Jahr 630 v. Chr.

Die schwerste Münze war eine 19,71 kg schwere schwedische 10-Daler-Kupferplatte von 1644.

Die leichteste Münze: 0,002 g, ein silberner 1/4-Jawa oder -Dam aus Nepal, ca. 1740.

Ecu-Münzen in Silber und Gold sind in Belgien als Zahlungsmittel anerkannt: Die 50-Ecu-Goldmünze hat einen Wert von rund 100 DM.

Die kleinste deutsche Münze war der 1/32-Dukat aus Gold, um 1700 in Nürnberg geprägt. Er wog 0,1 g; Durchmesser: 5 mm.

Die größte Münzprägeanstalt ist die des US-Schatzamtes. Sie bedeckt 4,7 ha, und ihre jährliche Produktionskapazität liegt bei 12 Mrd. Münzen.

Der größte jemals gefundene Schatz bestand aus rund 80 000 Goldmünzen, die 1714 in Brescello bei Modena (Italien) entdeckt wurden und dort vermutlich um 37 v. Chr. versteckt worden waren.

Der Rekordschatz nach Gewicht sind die 43 t Gold auf dem White-Star-Liner *Laurentic*, der 1917 vor Fanad Head (Irland) auf eine Mine lief und 40 m tief sank. 3191 der insgesamt 3211 Goldbarren wurden seitdem geborgen.

Die größte Geld-Fälschungs-Aktion lief unter dem Code-Namen „Operation Bernhard" während des Zweiten Weltkriegs. Im Auftrag von Major Bernhard Krüger wurden 130 Mio. britische Pfund in Scheinen zu 5-, 10-, 20- und 50-Pfund-Noten gefälscht.

Fundsache: Die größte Summe Bargeld, die jemals gefunden wurde, waren 500 000 Dollar, die Lowell Elliott auf seiner Farm in Peru, Indiana (USA), 1972 buchstäblich vor die Füße fielen. Ein Flugzeugentführer, der mit dem Fallschirm abgesprungen war, hatte das Geld aus Versehen fallen lassen.

Die spendenfreudigste Behörde ist das Amt für Landwirtschaft und Ernährung Kempten, Bayern (D), das seit 1991 insgesamt 132 000 DM gesammelt hat. Der Erlös geht an karitative Einrichtungen im Umland und an die Kinderkrebshilfe.

Postwendend

Ohne Schnur

ist „in". Die Schweden haben die größte Mobiltelefondichte rund um den Globus.

Briefmarken

Die erste Briefmarke war die am 1. Mai 1840 in Großbritannien gedruckte *Penny Black*. Von ihr gab es 68 158 080 Exemplare. Erstmals im Postverkehr: 6. Mai 1840.

Größte Spezialbriefmarke: 247,5 x 69,8 mm, Expreß-Zustellung, China 1913.

Größte Standardbriefmarke: 160 x 110 mm, 75 Cent, Marshall Islands, ausgegeben am 30. Oktober 1979.

Kleinste Briefmarke: 8 x 9,5 mm, 10 Cent und 1 Peso, Kolumbien, 1863-66.

Höchster Nennwert: 100 Pfund, rot/schwarz, Georg V., Kenia, 1925-27.

Niedrigster Nennwert: 3000 Pengö, Ungarn, ausgegeben 1946, als 40 Billionen Pengö soviel wie ein Pfennig wert waren.

Die meisten Briefmarken, nämlich 4,5 m 250-Rubel-Marken, kleben auf einem Brief, der 1922 aus Alexandrowsk (Rußland) nach Steyr (A) geschickt wurde. Die insgesamt 1625 Marken hatten einen Wert von 406 250 Rubel. 1954 wurde der Brief in Hamburg versteigert.

Die seltenste und teuerste Marke der Schweiz ist ein Paar waagrecht zweigeteilter 5-Centimes-Briefmarken aus Genf (schwarz auf gelbgrün), ausgegeben im Oktober 1843.

Die teuerste Briefmarke Österreichs ist die rote Merkur-Marke, die am 21. März 1856 ausgegeben wurde.

Der erste Briefkasten ist 1653 in Paris aufgestellt worden.

Der erste Briefkasten in Deutschland war aus Holz und stand ab 1766 im Zentralen Berliner Posthaus.

Das Land mit dem größten Postaufkommen sind die USA, deren Bevölkerung im Jahre 1994 177,1 Mrd. Briefe und Päckchen aufgab, pro Kopf der Bevölkerung waren das 675 Briefe und Päckchen.

Das höchstgelegene Postamt gehört der nepalesisch-indischen Postverwaltung und liegt im Himalaja in einer Höhe von 5610 m üNN.

Das höchstgelegene Postamt in Europa befindet sich bei der Station Eismeer der Zahnrad-Bergbahn zum Jungfraujoch (CH). Seine Höhe: 3161 m üNN.

Das höchstgelegene Postamt in Deutschland ist die Posthilfsstelle „Münchner Haus" auf der Zugspitze (2962 m üNN).

Das höchstgelegene Postamt in Österreich ist das von Obergurgl im Ötztal (Tirol) mit 1930 m üNN.

Der erste Postomnibus Deutschlands fuhr am 1. Juni 1905 von Bad Tölz nach Lenggries, Bayern.

Heißer Draht

zum Genfer Automobilsalon 1997 mit dem weltgrößten Handy NATEL von Swissline.

Die meisten Telegramme, etwa 492,6 Mio., wurden im Jahr 1978 in der damaligen UdSSR aufgegeben.

Das größte lebende Bild für eine Briefmarke gelang der Schweizer Post PTT beim Eidgenössischen Turnfest Bern 1996 in Bern. 10 700 Jugendliche formierten sich im Fußballstadion Wankdorf zu dem Bild einer 90-Rappen-Marke.

Den größten Poststempel hat am 13. Mai 1995 Manfred Helbig in Berlin auf eine Fan-Postkarte für die Rolling Stones gedrückt. Der Stempel wog 14,7 kg, die Gummiplatte hatte einen Durchmesser von 60 cm.

Der längste Brief der Welt wurde von Mitgliedern der christlichen Jugendbewegung Uznach, St. Gallen (CH), und weiteren 60 Bürgern der Stadt geschrieben. Der 825,35 m lange und 1 m breite Brief wurde am 6. Juli 1984 zur Post gebracht.

Die größte Postkarte wurde anläßlich der Rolling-Stones-Party, veranstaltet vom Autohaus Möbus, Berlin, und dem Berliner Rundfunk 91,4 MHz, am 13. Mai 1995 präsentiert. Die Fan-Postkarte (7 x 20 m) wurde symbolisch frankiert und mit einem eigens zu diesem Zweck angefertigten Stempel durch die Deutsche Post AG entwertet.

Die größte Serienpostkarte mit Grüßen von der Landesgartenschau 1996 in Amberg, Bayern (D), verschickte der Amberger Fremdenverkehrsverein am 23. Juli 1996. Die Postkarte mißt 25 x 35,3 cm; 10 000 Exemplare wurden gedruckt.

Die kleinste Postkarte verschickte Andreas Diekmann aus Pirmasens, Rheinland-Pfalz (D), am 29. Dezember 1993. Die Maße der Minikarte: 19 x 22 mm.

Das erste Telegramm in Deutschland wurde am 22. November 1794 1,5 km nach Karlsruhe befördert.

Lange Leitung:

Das älteste funktionstüchtige Telefon aus dem Jahr 1881 gehört Heinz Strünker.

Telekommunikation

Das weltweit größte Telekommunikationsunternehmen ist die Nippon Telegraph & Telephone Corporation (Japan) mit Einnahmen von 81,973 Mrd. Dollar (umgerechnet etwa 139,354 Mrd. DM) im Geschäftsjahr 1996.

Das Land mit den meisten Telefonen sind die USA: rund 165 Mio. Anschlüsse. Weltweit gibt es an die 700 Mio. Telefone.

Das Land mit der größten Zahl an Mobiltelefonen sind die USA mit 35 Mio. (Anfang 1996).

Die größte Mobiltelefondichte weist Schweden mit 229 Geräten pro 1000 Einwohner auf.

Die Stadt mit den meisten Telefonen ist Tokio: 5 511 000 Geräte.

Die größte Zahl von Gesprächen wurde 1992 in den USA geführt. Es waren 502,85 Mrd.

Die größte Telefondichte hat Monaco mit 96 je 100 Einwohner.

Die am häufigsten benutzte internationale Telefonverbindung ist die zwischen den USA und Kanada, über die 1994 Gespräche mit einer Dauer von insgesamt rund 4,3 Mrd. Min. geführt wurden.

Die längste Telefonverbindung der Welt wurde am 28. Dezember 1985 über eine geschätzte Entfernung von 158 850 km hergestellt, ausgehend von der Royal Institution in London und zurück dorthin.

Die größte Telefonzentrale steht im Pentagon in Arlington, Virginia (USA), mit 34 500 Leitungen. Eine Million Gespräche werden täglich abgewickelt. Rund 322 000 km Telefonkabel sind installiert.

Die ersten Münz-Telefongeräte in Eisenbahnen führte die Deutsche Bundesbahn am 1. Juni 1980 ein.

Die meisten Anrufer bei einem Gewinnspiel in Deutschland konnte die Telekom am 24. September 1995 mit 500 000 Personen in 6 Std. registrieren. 144 000 kamen durch, jeder 25. kam für das *Flying-Horse*-Spiel, organisiert von Frey & Linkenheil in Karlsruhe (D), in die Auswahl.

Die ersten Plastik-Telefonkarten wurden 1976 in Rom ausgegeben.

Das längste Unterwasser-Telefonkabel ist das FLAG (Fibre-optic Link around the Globe), das 1997 um 1000 km auf 28 000 km verlängert wurde. Angeschlossen sind drei Kontinente (Europa, Afrika, Asien) und 13 Staaten. Das Kabel überträgt gleichzeitig 600 000 Gespräche.

Glasfaser-Übertragung: Die höchste Übertragungsrate eines Einzelfrequenzsignals beträgt 200 Gigabit pro Sekunde. Dies gab 1995 NTT in Yokosuka (Japan) bekannt.

Die älteste funktionstüchtige Telefonhandvermittlung besitzt Heinz N. Strünker aus Bergisch Gladbach (D): Das Modell *Friedrich Rainer* stammt von 1895.

Schnur endlos

bei der ältesten Telefonhandvermittlung, Modell *Friedrich Rainer* von 1895.

Die erste elektromagnetische Telegrafenlinie mit nur einem Draht wurde im Jahre 1844 zwischen Wiesbaden und Mainz-Kastel (D) in Betrieb genommen.

Die höchste Aufnahmegeschwindigkeit von Morse-Zeichen sind 78 Wörter pro Min. (über 17 Zeichen pro Sek.). Diesen Rekord erzielte Henrique Bulcao de Oliveira Redig 1961 in Rio de Janeiro (Brasilien).

▮ Das größte Handy heißt NATEL und mißt 8,34 x 2,43 x 1,4 m. Swissline aus Wallisellen (CH) präsentierte das voll funktionsfähige Telefon 1997 beim Genfer Automobilsalon.

Das kleinste funktionstüchtige Telefon baute im September 1996 Jan Piotr Krutewicz aus Munster (USA). Es mißt 4,75 x 1 x 2,1 cm.

Das älteste funktionstüchtige Telefon besitzt Heinz N. Strünker in Bergisch Gladbach (D): Modell *Württemberg* von 1881.

Die erste Bildtelefonverbindung zwischen Arktis und Antarktis stellte am 30. Juli 1994 Hermann Josef Hack aus Siegburg her. Mit seiner Hilfe kamen so Forscher auf der deutschen Forschungsstation Koldewey auf Spitzbergen und Forscher auf der Neumeyer-Station in der Antarktis nicht nur ins Bild, sondern auch ins Gerede.

Die erste direkte Glasfaserverbindung zwischen den USA und Deutschland wurde 1992 in Betrieb genommen. Sie ist 7500 km lang und verbindet Greenhill im US-Bundesstaat Rhode Island und Norden in Ostfriesland. Bis zu 60 000 Telefongespräche können gleichzeitig geführt werden.

High Tech

auf dem Frankfurter Fernmeldeturm. Bosch liefert der Telekom digitale Richtfunksysteme.

Kampf & Karriere

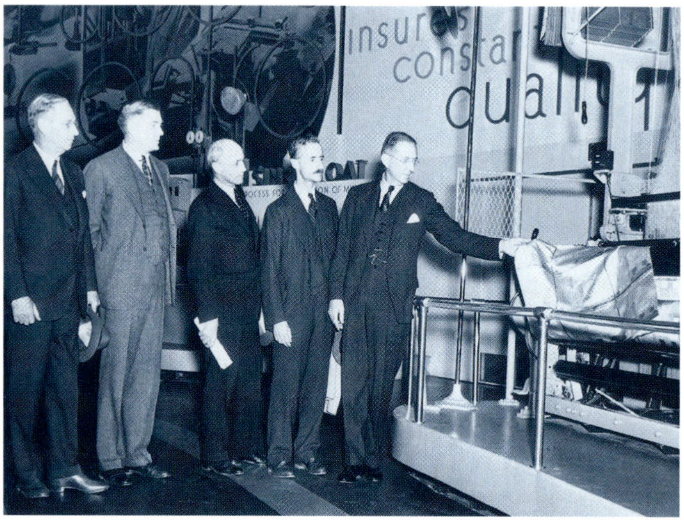

Familie

Du Pont ist die reichste. Auf Sprengstoff haben sie gesetzt – explosive Zuwächse.

Gewerkschaften

Die größte Einzelgewerkschaft in Deutschland ist die Industriegewerkschaft (IG) Metall mit 2 752 226 Mitgliedern (Stand 1996). Auf den Plätzen folgen die ÖTV (1 712 149 Mitglieder), IG Chemie-Papier-Keramik (694 697), IG Bauen-Agrar-Umwelt (692 466), Postgewerkschaft (513 322) und die Gewerkschaft Handel, Banken und Versicherungen (505 405).

Langjährigstes Gewerkschaftsmitglied in Deutschland ist Erich Manthei (* 1901) aus Meschede, Nordrhein-Westfalen (D). 1997 ist er seit 82 Jahren Mitglied der Deutschen Postgewerkschaft.

Mitglied

der Postgewerkschaft seit 82 Jahren: Erich Manthei.

Die erste deutsche freie Gewerkschaften in Deutschland war der Allgemeine Deutsche Zigarrenarbeiter-Verein, gegründet 1865, ein Jahr später folgte der Deutsche Buchdruckerverband.

Die größte Gewerkschaft der Welt ist Professionalnij Sojus Rabotnikow Agro-Promyshlennogo Kompleksa (Gewerkschaft des agrarindustriellen Komplexes) in Rußland mit 15,2 Mio. Mitgliedern 1993.

Die kleinste Gewerkschaft ist die 13 Mitglieder zählende Gewerkschaft der Schafscherer, die Sheffield Wool Shear Workers.

Der erste Streik wurde 309 v. Chr. vom griechischen Kapellmeister Aristos in Rom veranlaßt. Der Grund: Essenspausen für die Musiker.

Der längste Streik endete am 4. Januar 1961 nach 33 Jahren. So lange streikten Friseurgehilfen in Kopenhagen (Dänemark), um neue Anstellungsbedingungen durchzusetzen.

Den ersten Streik in Deutschland veranstalteten die Gürtlergesellen von Breslau (heutiges Polen) im Jahr 1329. Sie streikten ein Jahr lang.

Der größte Streik in der Bundesrepublik Deutschland war der in der Metallindustrie von Nordwürttemberg/Nordbaden im Mai 1984. 25 000 Metaller und 123 000 Ausgesperrte waren betroffen.

Als längster Streik in Deutschland gilt der Ausstand der schleswig-holsteinischen Metallarbeiter. Er dauerte 108 Tage: Von Oktober 1956 bis Februar 1957.

Die Zahl der durch Streiks weltweit verlorenen Arbeitstage war 1991 die niedrigste: 761 000 Tage in 369 Arbeitsniederlegungen.

Der größte Betriebsausflug führte im Februar 1997 7500 japanische Verkäuferinnen für Unterwäsche der Charle Company nach Singapur.

Der größte gewerbliche Arbeitgeber mit den meisten Mitarbeitern ist die Indische Staatsbahn (Indian Railways) mit 1 623 158 Mitarbeitern im Jahr 1994.

Die meisten Angestellten hat der US Postal Service mit 870 000 (Stand 1996).

Der größte Arbeitgeber in Deutschland im Bereich der Privatwirtschaft ist Siemens mit 379 000 Beschäftigten. Es folgen Daimler-Benz mit 290 000 und die Deutsche Bahn AG mit 288 800.

Die höchste Arbeitslosenzahl in Deutschland wurde am 28. Februar 1932 mit 6 128 400 registriert.

Firma

Siemens präsentierte 1906 die „Entstäubungspumpe". Heute: 379 000 Angestellte.

Monarch

sein zahlt sich aus. Der Sultan von Brunei (Mitte) hat es auf 61 Mrd. DM gebracht.

Die niedrigste Arbeitslosenzahl in der Schweiz wurde im Dezember 1973 registriert: 81 der 6,6 Mio. Einwohner waren ohne Arbeit.

Die niedrigste Arbeitslosenquote in der Bundesrepublik Deutschland gab es 1970 mit 0,7 Prozent.

Millionäre & Milliardäre

Das reichste Kind ist Athina Onassis (* 1985), Enkelin des 1975 verstorbenen Reeders Aristoteles Onassis. Das Erbe umfaßt neben der Schiffsflotte und Immobilien über 100 Firmen mit einem Jahresumsatz von mehr als 25 Mrd. DM.

Der reichste Mann: Das Vermögen des Sultans von Brunei, Hassan al Bolkiah Mu'izzadin Waddaulah (* 15. Juli 1946), wird auf umgerechnet 61,2 Mrd. DM geschätzt.

Die reichste Frau der Welt ist Johanna Quandt, Witwe des ehemaligen BMW-Chefs Herbert Quandt. Ihr Vermögen wird mit 10,3 Mrd. DM beziffert.

Die reichste Familie ist wahrscheinlich die aus Frankreich stammende und in den USA lebende Familie Du Pont. Laut vorläufigen Schätzungen belaufen sich die gesamten Vermögenswerte, die sich dem Namen nach im Besitz der aus ungefähr 1600 Mitgliedern bestehenden Familie befinden, auf ca. 150 Mrd. Dollar (254,3 Mrd. DM).

Der reichste Unternehmer ist der Microsoft-Gründer Bill Gates (USA). 1996 belief sich sein Privatvermögen auf 36,4 Mrd. Dollar. Sollte der Wert seiner Aktien weiterhin eine Zuwachsrate von 58 Prozent halten, könnte er bereits im Jahr 2004 der erste Dollar-Billionär der Welt sein.

Die reichste Königin: Die britische Königin gilt als die reichste Frau, doch war die Höhe ihres tatsächlichen Vermögens stets umstritten. Im April 1997 schätzte die *Sunday Times* ihr persönliches Vermögen auf 250 Mio. Pfund (587,5 Mio. DM); ihre Sammlung von Kunstgegenständen, die mindestens 10 Mrd. Pfund (23,5 Mrd. DM) wert ist und von einer karitativen Stiftung verwaltet wird, ist darin nicht enthalten.

Die reichsten Deutschen: Die Brüder Karl und Theo Albrecht (Aldi) sind laut *Forbes* mit einem Vermögen von 11,5 Mrd. DM die reichsten Deutschen. Platz 2 nimmt die reichste Frau Deutschlands, Johanna Quandt, Witwe des ehemaligen BMW-Chefs Herbert Quandt, mit 10,3 Mrd. DM ein. Die Familie Haniel aus Duisburg liegt mit 9 Mrd. DM auf Platz 3.

Höchstes Gehalt: Nach Mitteilung der *Financial World* über die Geldhändler der Wall Street ist der New Yorker Devisenhändler George Soros 1993 der erste Einkommens-Dollar-Milliardär geworden (umgerechnet etwa 1,67 Mrd. DM).

Der jüngste Milliardär war Bill Gates, der Gründer der Microsoft Corp., im Alter von nur 31 Jahren.

Die erste Frau, die durch Arbeit zur Millionärin wurde, ist die Kosmetikerin C. J. Walker, geb. Sarah Breedlove (1867-1919, USA). Sie war eine Schwarze ohne Schulbildung, Vollwaise und begann als Putzfrau. Sie erfand ein Mittel zum Entkrausen von Haaren.

Jüngste Millionäre: Als jüngster Mensch, der es zum Dollar-Millionär brachte, wird der Filmschauspieler Jackie Coogan (1914-84) angesehen, der neben Charles Chaplin (1889-1977) die Titelrolle in *The Kid*, gedreht 1921, spielte.

▮ Die jüngste Dollar-Millionärin war der Kinderstar Shirley Temple (USA, * 1928), heute Mrs. Charles Black, die über ein Vermögen von über 1 Mio. Dollar verfügte, bevor sie 10 Jahre alt war.

Privatfrau

Johanna Quandts Vermögen hält dank BMW sogar den Welt-Höhen-Rekord: 10,3 Mrd. DM.

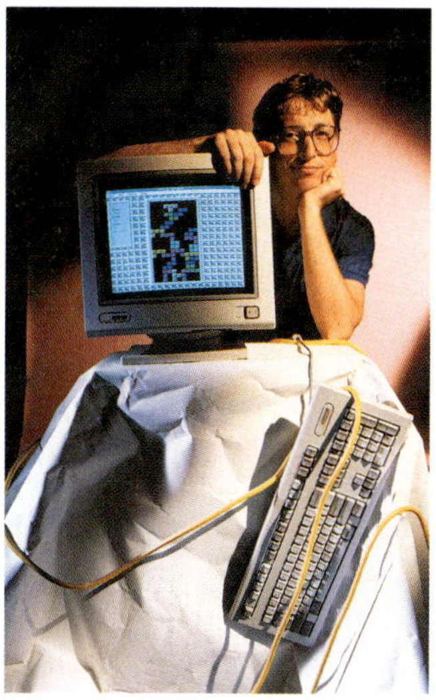

Geschäftsmann

Bill Gates von Microsoft ist jüngster Milliardär und zugleich reichster Unternehmer der Welt.

Gewinne & Verluste

Texaco

erlitt den größten Firmenbankrott mit 35,9 Mrd. Dollar. Das war vor 10 Jahren.

Nestlé

ist die Nummer 1 in der Schweiz und die Nummer 2 weltweit bei Lebensmitteln.

Industrie

Das größte Unternehmen der Welt nach Marktwert war 1996 General Electric (USA) mit 198,1 Mrd. Dollar (etwa 336,6 Mrd. DM), gefolgt von Coca-Cola (USA) mit 169 Mrd. Dollar (etwa 287,3 Mrd. DM) und RoyalDutch/Shell Group (Niederlande/Großbritannien) mit 168 Mrd. Dollar (etwa 285,6 Mrd. DM). Die Deutsche Telekom liegt als größtes deutsches Unternehmen mit 60 Mrd. Dollar (102 Mrd. DM) auf Platz 25.

Das größte Unternehmen der Welt nach Umsatz war 1996 General Motors (USA) mit 164,069 Mrd. Dollar (etwa 278,917 Mrd. DM). Dahinter folgen Ford (USA) mit 146,991 Mrd. Dollar (etwa 249,885 Mrd. DM) und Mitsui & Co. (Japan) mit 140,14 Mrd. Dollar (etwa 238,238 Mrd. DM). Daimler-Benz steht mit 69,310 Mrd. Dollar (etwa 117,827 Mrd. DM) an elfter Stelle.

Das größte Unternehmen der Welt nach Gewinn ist die englisch-holländische Royal Dutch/Shell Group, eine Ölraffinerie-Gruppe, die 1996 Gewinne von 6,904 Mrd. Dollar (11,736 Mrd. DM) erzielte.

Das größte Unternehmen der Welt nach Vermögen war 1996 mit 243,283 Mrd. Dollar (etwa 413,581 Mrd. DM) der US-Automobilhersteller Ford Motor Company.

Das größte Unternehmen in Europa ist nach Umsatz die niederländisch-britische Royal Dutch/Shell Group mit einem Umsatz im Jahr 1996 von 192,705 Mrd. DM. Es folgen Daimler-Benz mit 106,339 Mrd. DM und British Petroleum mit 105,019 Mrd. DM.

Die größten deutschen Industrieunternehmen nach Umsatz in Mio. DM (Stand 1996) sind Daimler-Benz mit 106 339, Volkswagen mit 100 123, Siemens mit 94 180 und Mercedes-Benz mit 77 624.

Die meisten Großunternehmen in Deutschland, also Unternehmen mit mehr als 20 Mio. DM Umsatz oder mehr als 150 Beschäftigten, haben ihren Sitz in Nordrhein-Westfalen. Es sind 6276. In Baden-Württemberg sind es 3749, in Bayern 3509 Großunternehmen.

Das größte Unternehmen in der Schweiz ist die Nestlé SA, die 1996 auf einen Umsatz von 45,481 Mrd. Dollar (etwa 77,318 Mrd. DM) kam und 221 144 Mitarbeiter hat.

Das erste Unternehmen, das die 1-Mrd.-Dollar-Jahresumsatzgrenze übertraf, war United States Steel aus Pittsburg, Pennsylvania (USA), im Jahr 1917.

Den höchsten Jahresüberschuß in Deutschland erzielte im Jahr 1996 die Deutsche Telekom mit 5,3 Mrd. DM. Ihr folgten mit 2,79 Mrd. DM die BASF und mit 2,421 Mrd. DM die Bayer AG.

Thyssen,

1896 gegründet, Deutschlands größter Stahlproduzent.

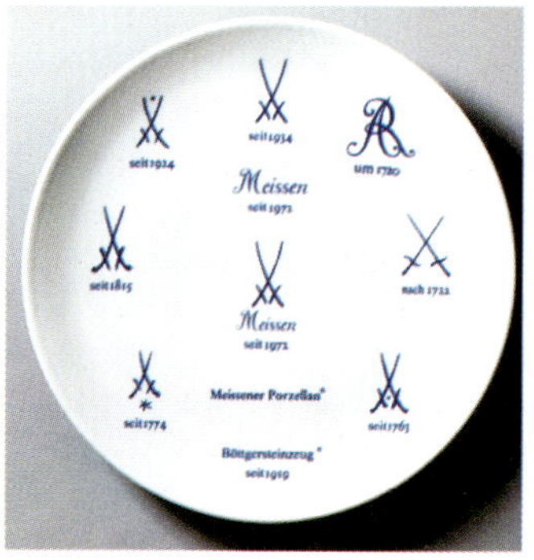

Meissen,

die blauen Schwerter sind Markenzeichen seit 1722.

Den höchsten Umsatzzuwachs eines deutschen Unternehmens verzeichnete im Jahr 1996 die RWE AG mit 23,7 Prozent. Es folgten die Rewe-Gruppe mit 16,4 und Robert Bosch mit 14,8 Prozent.

Die höchsten Umsatzrenditen in Deutschland erzielten 1995 die Dornier GmbH mit 20,2 Prozent Nettorendite, gefolgt von der Dyckerhoff AG mit 18,3 Prozent und der Bayer AG mit 16,8 Prozent.

Den höchsten Marktwert in Deutschland, errechnet aus der Multiplikation der Anzahl der Aktien mit dem Kurs, hatte 1997 die Allianz mit einem Wert von 89,5 Mrd. DM. Es folgten Daimler-Benz mit 71 Mrd. und Siemens mit 55,3 Mrd. DM.

Der größte Nahrungsmittelhersteller der Welt ist Unilever N.V./Unilever PLC (NL/GB), der 1996 einen Umsatz von 49 Mrd. Dollar (etwa 83,3 Mrd. DM) verbuchen konnte. An zweiter Stelle steht die Schweizer Nestlé SA mit einem Umsatz von 45,481 Mrd. Dollar.

Das höchste Gebot für eine Firmenübernahme wurde 1988 mit 21 Mrd. Dollar (34,83 Mrd. DM) für RJR Nabisco Inc., den Tabak-, Nahrungsmittel- und Getränkekonzern, abgegeben. Die Wall-Street-Firma Kohlberg Kravis Roberts bot am 24. Oktober 1988 für jede Nabisco-Aktie 90 Dollar (149 DM). Am 1. Dezember 1988 hatte das von Henry Kravis geführte Angebot auf 109 Dollar (180,83 DM) je Aktie und damit insgesamt 25 Mrd. Dollar (41,5 Mrd. DM) erreicht.

Die höchsten Einnahmen erzielte 1996 mit 184 Mrd. Dollar (umgerechnet 312,8 Mrd. DM) die japanische Mitsubishi Corporation, eine Handelsfirma.

Der größte Nettogewinn, den jemals ein Unternehmen innerhalb von 12 Monaten erzielte, beträgt 7,64 Mrd. Dollar (etwa 16 Mrd. DM). Den Rekordgewinn erwirtschaftete die American Telephone and Telegraph Company (AT & T) vom 1. Oktober 1981 bis zum 30. September 1982.

Der höchste Verlust wurde im Jahre 1992 verzeichnet, als General Motors (USA) 23,5 Mrd. Dollar (38,84 Mrd. DM) Miese schrieb.

General Motors

mit Rekord-Einbußen: 1992 schrieb die US-Firma 23,5 Mrd. Dollar Miese.

Der größte Teil der Summe resultierte aber aus den etwa 21 Mrd. Dollar (34,7 Mrd. DM) für Gesundheitsaufwendungen und Pensionen, die wegen neuer Vorschriften zum Rechnungswesen in den USA erstmals offengelegt werden mußten.

Der größte Firmenbankrott – gemessen am Unternehmensvermögen – war die 35,9-Mrd.-Dollar-Pleite (65,4 Mrd. DM) von Texaco im Jahr 1987.

Der größte Stahlproduzent in Europa ist die British Steel (Großbritannien) mit einer Produktion von 16,7 Mio. t (1995) vor Usinor Sacilor (Frankreich) mit 15,7 Mio. t und Riva (Italien) mit 14,4 Mio. t.

Der größte Stahlproduzent in Deutschland ist die Thyssen AG in Duisburg. 1996 produzierte Thyssen 10,4 Mio. t Stahl und erreichte einen Umsatz von 38,673 Mrd. DM.

Die größten Hersteller für Stahl und Stahlprodukte in Österreich sind die zum ÖIAG-Konzern gehörenden Vereinigten Österreichischen Eisen- und Stahlwerke Voest-Alpine in Linz (Oberösterreich) mit einer Rohstahlerzeugung von 4,1 Mio. t (1986) und die Vereinigten Edelstahlwerke AG (VEW) in Wien. Die Hütte Linz gehört inzwischen zu den kostengünstigsten Stahlwerken Europas.

Der größte Stahlproduzent der Schweiz ist die Roll AG in Solothurn. Das größte Stahlwerk der Schweiz ist die Produktionsstätte in Bodio.

Die größte Eisenbahngesellschaft ist die East Japan Railway Company, die 1996 Einnahmen in Höhe von 25,623 Mrd. Dollar (etwa 43,559 Mrd. DM) hatte.

Der größte Strom- und Gasversorger war 1996 die japanische Tokyo Electric Power Company Inc. mit Einnahmen von rund 52,361 Mrd. Dollar (etwa 89,013 Mrd. DM).

Der größte Uhrenkonzern ist die Schweizerische Gesellschaft für Mikroelektronik und Uhrenindustrie AG, die mit ihrer Marke *Swatch* weltberühmt wurde. Der Konzern machte im Geschäftsjahr 1995 einen Umsatz von 2,637 Mrd. Franken (etwa 3,287 Mrd. DM).

Das größte Mineralölunternehmen der Welt ist die Exxon Corporation. Im Geschäftsjahr 1996 betrugen ihre Gesamteinnahmen 110,009 Mrd. Dollar, das sind umgerechnet etwa 187,015 Mrd. DM.

Das größte Pharmazieunternehmen ist Glaxo Wellcome (Großbritannien) mit einem Umsatz im Jahr 1996 von 12,6 Mrd. Dollar (21,42 Mrd. DM) und einem Marktwert von 70 Mrd. Dollar (etwa 119 Mrd. DM).

Das größte Pharmaunternehmen in Deutschland ist mit einem Jahresumsatz 1995 von 10,4 Mrd. DM die Hoechst AG. Dahinter folgen die Bayer AG mit 6,6 Mrd. DM und Boehringer Ingelheim mit 5,4 Mrd. DM.

Der größte Seifen- und Kosmetikahersteller der Welt ist die Proctor and Gamble Company. Die Einnahmen lagen 1996 bei 33,4 Mrd. Dollar (etwa 56,78 Mrd. DM).

Die kleinste Zuckerfabrik befindet sich im Berliner Zuckerinstitut in der Amrumer Straße und dient Lehrzwecken. Einmal im Jahr gewinnen die Studenten aus 5 t institutseigenen Zuckerrüben den Süßstoff.

Das größte Chemieunternehmen ist die E.I. Du Pont de Nemours & Company Inc. mit Einnahmen von 37,6 Mrd. Dollar (etwa 63,92 Mrd. DM) in 1996. Die 1600 Familienmitglieder gehören zur reichsten Familie der Welt.

Der größte deutsche Chemiekonzern ist Bayer Leverkusen, gefolgt von BASF in Ludwigshafen mit einem Umsatz 1996 von 48,776 Mrd. DM und Hoechst in Frankfurt/M.

Das älteste Warenzeichen Europas ist die Markierung *Gekreuzte Blaue Schwerter* der Staatlichen Porzellan-Manufaktur Meissen (D), das seit dem 8. November 1722 genutzt und weltweit geschützt ist.

Mercedes:

Büromaschinen und Traumwagen. Der gute Name steht für die Spitzenposition in der deutschen Industrie.

Handel im Wandel

Die größten Handelsunternehmen in Deutschland sind (Stand Ende 1996) die Edeka-Gruppe mit einem Umsatz von 56,6 Mrd. DM, Rewe mit 56,35 Mrd. und die Metro AG mit 55,034 Mrd. DM (hinzu kommen hier 11 Mrd. DM aus dem Ausland).

Die größte Exportnation sind die USA mit einem Wert von 624 Mrd. Dollar (etwa 1,061 Billionen DM), gefolgt von Deutschland mit 521 Mrd. Dollar (etwa 885,7 Mrd. DM) und Japan mit 412 Mrd. Dollar (etwa 700,4 Mrd. DM).

Die größte Investitionsgüterschau, die „Messe der Messen", ist die Hannover-Messe Industrie. Vom 14. bis 19. April 1997 zeigten 7259 Aussteller aus 69 Ländern den neuesten Stand ihrer technischen Entwicklung. Die erste Messe war 1947.

Der größte Lebensmittelhändler in Europa ist die deutsch-schweizerische Metro-Gruppe. Ihr Gesamtumsatz betrug 1996 72,733 Mrd. DM (inkl. Non-food-Artikel). An zweiter Stelle: Intermarché (F) mit 55,676 Mrd. DM, gefolgt von Rewe (D) mit 53,003 Mrd. DM.

Die größte Lebensmittel- und Einzelhandelskette Österreichs ist die zur deutschen Rewe-Gruppe gehörende BILLA mit einem Marktanteil von ca. 28 Prozent.

56,35 Mrd. DM

Umsatz machte Rewe 1996. 1952 rechnete man im ersten SB-Markt in Hunderten.

Die größte Kanzlei der Welt besitzt 55 Büros mit insgesamt 2000 Anwälten in 34 Ländern. Die Sozietät Baker & McKenzie, 1949 in Chicago gegründet, erwirtschaftete 1996 einen Umsatz von 646 Mrd. Dollar (etwa 1,098 Bill. DM).

Die größte Personalvermittlung ist Manpower mit einem weltweiten Jahresumsatz von 6,9 Mrd. Dollar (11,73 Mrd. DM) 1995.

Die größte Beratungsgesellschaft – gemessen an der Zahl der Mitarbeiter und Niederlassungen – ist KPMG Peat Marwick McLintock mit 73 000 Mitarbeitern und 837 Büros in 124 Ländern. Das weltweite Jahreshonorar bis Juli 1993 summiert sich auf 6 Mrd. Dollar.

Der längste Firmenname, der unter dem britischen Aktiengesetz, dem Companies Acts, registriert ist, lautet „The Only Ordinary People Trying to Impress the Big Guys with Extraordinary Ideas, Sales, Management, Creative Thinking and Problem Solving Consultancy Company Ltd". Es handelt sich um den Firmennamen von The Planet Hollywood Restaurant Company Ltd, deren Eigentümer die Hollywood-Stars Arnold Schwarzenegger, Sylvester Stallone und Bruce Willis sind.

Das erste Produkt mit der europäischen Währungsbezeichnung EURO, war eine CD der deutschen Rockgruppe *Random*. Seit dem 15. Februar 1996 ist die CD mit dem Titel *Homeless* für 17 EURO erhältlich.

Umsatz pro Quadratmeter: Die britische Hifi-Handelskette Richer Sound erzielte im Geschäftsjahr, das am 31. Januar 1994 endete, pro Quadratmeter Verkaufsfläche einen Jahresumsatz von 189 000 Pfund (485 730 DM).

Immobilien

Der größte offene Immobilienfonds ist der Grundwert-Fonds der Deutschen Gesellschaft für Immobilienfonds in Frankfurt/M. mit weltweit 15,6 Mrd. DM Fondsvermögen und 1 905 167 m² Nutzfläche, darunter auch Immobilien wie der Eurotower in Frankfurt.

Der höchste Quadratmeterpreis beim Kauf eines Bürogebäudes wurde im Juni 1997 von der Firma Jamestown US-Immobilien bezahlt. Sie kaufte das berühmte, 1904 für die *New York Times* erbaute Gebäude am Times Square 1 zwischen Broadway und Seventh Avenue für 116 Mio. Dollar (etwa 200 Mio. DM), mehr als 20 000 DM pro Quadratmeter.

Der teuerste Kiosk steht in der Londoner U-Bahn-Station Bond Street. Im August 1996 bezahlte man für 6,5 m² 45 000 Pfund (etwa 138 000 DM) Jahresmiete.

Die höchsten Büromieten werden im indischen Bombay gezahlt. Die Quadratmeterpreise belaufen sich (Stand 1997) inklusive aller Nebenkosten umgerechnet auf rund 3120 DM im Monat. Damit liegen sie um 31 Prozent höher als in Hongkong und 39 Prozent höher als in Tokio.

Die höchsten Büromieten in Europa werden im Londoner West End gezahlt. Sie liegen inkl. Nebenkosten bei monatlich umgerechnet 2100 DM je Quadratmeter. Das ist Platz 4 in der Welt. Nur wenig billiger sind die Mieten in Moskau (1970 DM) und in der City von London (1860 DM). Stand: Juli 1997.

7259

Aussteller waren 1997 auf der größten Investitionsgüterschau in Hannover. 1947 waren es nur 1298.

Die höchsten Ladenmieten: Causeway Bay, Hongkong, 13 200 Dollar (22 440 DM) pro m² und Jahr; Pitt Street, Sydney (Australien), 8525 Dollar (14 492 DM); 51st to 59th Street, New York (USA), 3768 Dollar (6405 DM).
▮ In Deutschland: Kaufinger Straße/Theatinger Straße, München, 3097 Dollar (5265 DM).

Die höchste Mietforderung erhob Kasachstan im Januar 1994 für die Nutzung des Weltraumbahnhofs Baikonur: 115 Mio. Dollar (201 Mio. DM) sollte Rußland für die Jahresmiete zahlen.

Der weltgrößte Großgrundbesitzer ist die Regierung der USA, die über 262,8 Mio. ha verfügt.

Der weltgrößte private Grundbesitz mit mehr als über 3,64 Mio. ha gehört der International Paper Co. in Purchase (USA).

Der größte private Grundbesitz in Deutschland ist im Besitz des Fürstenhauses von Thurn und Taxis in Regensburg: 32 000 ha Land.

15,6 Mrd. DM

Fondsvermögen weltweit hat die Deutsche Gesellschaft für Immobilienfonds (DEGI) in Frankfurt am Main.

Das kleinste Grundstück gehört dem Bauingenieur Georg Künemund aus Krefeld. Im Grundbuch eingetragen ist ein Flurstück von 0,13 m² Größe in der Gemeinde Gleichen, Ortsteil Groß-Lengden bei Göttingen.

Am längsten festgeschriebener Grundbesitz: Die Londoner Gemeinde St. Paul's Cathedral ist in Tillingham (GB) Eigentümerin von Land, das ihr im Jahr 616 zugesprochen wurde.

Kleinster Landbesitz: Der Electricity Trust in Südaustralien ist Besitzer einer Fläche von 25,4 x 25,4 cm.

1200 Dollar

pro Quadratmeter kosten die Büromieten in der Londoner City. Im West End sind sie 100 Dollar teurer.

Der teuerste Grundbesitz sind die Flächen im Zentrum Tokios um das Mediya-Gebäude im Ginza-Distrikt. Im Oktober 1988 wurde von der Japanese National Land Agency ein Quadratmeter mit umgerechnet 410 000 DM bewertet.

Die größte Bausparkasse ist die Halifax Building Society in Halifax (GB) mit Aktiva von 98,7 Mrd. Pfund (227,01 Mrd. DM) im Jahr 1995 und Darlehen über 10 Mrd. Pfund (23 Mrd. DM) im selben Jahr. Das Unternehmen hat 27 500 Mitarbeiter und 1091 Filialen.

Die kundenstärkste deutsche Bausparkasse ist die Schwäbisch Hall AG, Schwäbisch Hall. Die Bausparkasse der Volks- und Raiffeisenbanken verbuchte 1994 mit 32,8 Mrd. DM ein Rekordergebnis in der Branche und steigerte ihren Anteil von 20,9 auf 22,6 Prozent. Bilanzsumme 1994: 42,7 Mrd. DM.

Die größte Maklerfirma ist Merrill Lynch & Company, die 1996 Einnahmen in Höhe von 21,513 Mrd. Dollar (36,572 Mrd. DM) erzielte.

Konsum & Freizeit

Spaß und Spiel

in den 1372 Läden von Toys 'R' Us – sie sind Spitze.

Reiselust

packte die 103 475 Besucher der ITB 1997.

Allgemeine Rekorde

Die größte Konsumgütermesse ist die Ambiente in Frankfurt (D). Vom 14. bis 18. Februar 1997 zeigten über 5000 Aussteller aus 90 Ländern Neuheiten aus den Bereichen Glas, Porzellan, Uhren, Schmuck etc.

Die größte internationale Spielwarenmesse fand vom 30. Januar bis zum 5. Februar 1997 zum 48. Mal mit 2692 Anbietern aus 54 Ländern in Nürnberg (D) statt.

Die größte Kette von Spielwarengeschäften ist Toys 'R' Us mit Sitz in Paramus, New Jersey (USA). 1372 Läden in aller Welt brachten es 1997 zusammen auf über 4 Mio. m² Verkaufsfläche. In Deutschland ist Toys 'R' Us mit 58 Filialen Marktführer.

Das größte Spielwarengeschäft ist Hamleys of Regent Street Ltd., London (Großbritannien), das 1760 in Holborn gegründet und 1901 in die Regent Street verlegt wurde. Die Verkaufsfläche ist 4180 m² groß.

Das größte Frachtunternehmen der Welt ist der United States Postal Service, die Post der USA. 1996 erzielte sie Einnahmen von 54 Mrd. Dollar (etwa 91,8 Mrd. DM).

Der größte Hersteller von Papier, Zellfaser- und Holzprodukten ist International Paper of Purchase, New York (USA). Das Unternehmen hat derzeit (1997) 87 000 Mitarbeiter.

Das älteste Familienunternehmen ist das Hotel Hoshi Ryokan im japanischen Dorf Awaza. Es läßt sich bis auf das Jahr 717 zurückführen und wird seit 46 Generationen als Familienunternehmen geführt.

Die größte Apothekenkette ist die amerikanische Firma Rite Aid Corporation aus Camp Hill, Pennsylvania mit 2771 Filialen im Juli 1996.

Das Fotogeschäft mit der größten Verkaufsfläche ist das Foto-Zentrum von Jessop of Leicester Ltd. in Leicester (Großbritannien): 2508 m².

Das größte Fish-and-Chip-Restaurant erfreut in White Cross (Großbritannien) jährlich 1 Mio. Gäste. Harry Ramsdens 140 Mitarbeiter servieren 213 t Fisch und 356 t Kartoffeln. Allein am 17. Mai 1992 verkaufte und servierte das Glasgower Haus 11 964 Portionen Fish and Chips.

Die größte Schokoladenfabrik wurde von der Hershey Chocolate USA in Hershey (USA) in den Jahren 1903-1905 erbaut. Sie hat jetzt eine Grundfläche von 185 800 m².

Tourismus

Die größten Reiseunternehmen in Deutschland waren 1996 TUI mit einem Umsatz von 7,702 Mrd. DM, DER mit 4,544 Mrd. DM und Hapag-Lloyd mit 4,499 Mrd. DM.

Die größten Unternehmen im Bereich von Transport, Touristik und Verkehr in Deutschland waren 1996 die Deutsche Bahn AG mit einem Umsatz von 30,221 Mrd. DM vor der Deutschen Post AG mit 26,702 Mrd. DM und der Deutschen Lufthansa mit 20,863 Mrd. DM.

Das beliebteste Reiseziel der Welt war 1996 Frankreich mit insgesamt 61,5 Mio. Auslandsurlaubern vor Spanien mit 41,4 Mio. Besuchern, wovon allein 2,8 Mio. die Insel Mallorca besuchten.

Die größte Reisemesse der Welt ist die jährlich stattfindende Internationale Tourismus-Börse (ITB) in Berlin (D). Vom 8. bis 12. März 1996 wurden 6613 Aussteller aus 178 Ländern und 103 475 Besucher aus 195 Ländern registriert.

Die größte Hotelgesellschaft der Welt ist die Marriott International Inc., Washington (USA), mit weltweit 1300 Hotels, 273 000 Zimmern und 200 000 Mitarbeitern.

Die größte Hotelbetreiberkette Europas ist die spanische Sol Meliá SA, Mallorca, mit 205 Hotels, 48 000 Betten und rund 20 000 Mitarbeitern in 25 Ländern.

Umsatzstärkstes Hotel in Deutschland war im Jahr 1996 das Sheraton Hotel am Frankfurter Flughafen mit 93 Mio. DM, vor dem Bayerischen Hof in München mit einem Umsatz von 79,2 Mio. DM, dem Hotel Intercontinental, Berlin, mit 55,1 Mio. DM und dem Maritim Köln mit 49,5 Mio. DM.

Die größte Hotelgesellschaft in Deutschland war 1996 die französische Gruppe Accor Deutschland mit 145 Häusern und einem Nettoumsatz von 593,3 Mio. DM vor Best Western Hotels Deutschland mit

Im Kaufrausch

sind die Kunden der Kaufhauskette Woolworth. Hier die New Yorker Filiale.

Heiße Ware

in alle Welt: Otto Versand ist nun auch in Tokio. Umsatz 1996: 25,8 Mrd. Mark.

OTTO
住商オットー

121 Häusern und 583 Mio. DM und Maritim Hotelgesellschaft mit 38 Häusern und 549,9 Mio. DM.

Der beliebteste Ferienort in Deutschland ist Oberstdorf in Bayern, wo jährlich 2,7 Mio. Urlauber übernachten. Der Ort ist als Kneipp-Kurort wie auch als Skigebiet beliebt.

Die höchsten Ausgaben für Reisen haben die US-Amerikaner mit 43,6 Mrd. Dollar (etwa 74,12 Mrd. DM), danach folgen Deutschland mit 42,3 Mrd. Dollar (etwa 71,91 Mrd. DM) und Japan mit 30,3 Mrd. Dollar (etwa 51,51 Mrd. DM).

Kaufhäuser

Das größte Kaufhaus der Welt ist R.H. Macy & Co. Inc. – unter dem Namen *Macy's* bekannt – in New York City (USA). Es umfaßt 20,3 ha und beschäftigt 14 000 Mitarbeiter, die 400 000 verschiedene Artikel betreuen.

Das größte Kaufhaus in Europa ist Harrods in London (Großbritannien), benannt nach dem Gründer Henry Charles Harrod. Auf einer Verkaufsfläche von 105 000 m^2 (mit 50 Aufzügen und 36 Rolltreppenanlagen) arbeiten je nach Saison zwischen 3500 und 4000 Menschen. 1995 wurde ein Rekordumsatz von 425 Mio. Pfund (1,92 Mrd. DM) erzielt. Der Rekord für einen Einzeltag ist fast 13 Mio. Pfund (28,2 Mio. DM) im Januar 1995.

Das größte Kaufhaus auf dem europäischen Festland ist das zum Hertie-Konzern gehörende Kaufhaus des Westens (KaDeWe) in Berlin. Das Haus wurde 1996 auf 60 000 m^2 Verkaufsfläche erweitert. 380 000 verschiedene Artikel (10 Prozent davon Lebensmittel in der größten Lebensmittelabteilung Europas) sind im Warensortiment. Jährlich erzielt das KaDeWe einen Umsatz von rund 600 Mio. DM. Täglich 80 000 Besucher.

Das größte Einzelhandelsunternehmen ist Wal-Mart Inc. mit Sitz in Bentonville, Arizona (USA). Am 1. Mai 1996 hatte Wal-Mart 3032 Filialen, in denen 658 200 Mitarbeiter tätig waren. Umsatz im Geschäftsjahr 1995: 93,6 Mrd. Dollar, Nettogewinn 2,74 Mrd. Dollar.

Das größte deutsche Warenhaus-Unternehmen ist – mit einem 1996 erreichten Außenumsatz von 26,899 Mrd. DM – der Karstadt-Konzern mit Sitz der Hauptverwaltung in Essen. Im Gesamtkonzern inklusive Hertie Waren- und Kaufhaus GmbH, NUR Touristic und Neckermann Versand AG sind 99 991 Mitarbeiter tätig.

Das größte Sportkaufhaus Europas entstand im Herbst 1996 am Berliner Bahnhof Zoo (D) auf 6000 m^2 für die Karstadt AG, Essen (D).

Das größte Versandhaus der Welt ist der Otto Versand in Hamburg mit einem weltweiten Jahresumsatz 1996 von 25,8 Mrd. DM. Das Unternehmen besitzt eigene Versandhäuser in den USA (Spiegel Konzern), Großbritannien, Italien, Spanien, Frankreich und Japan, sowie in neun weiteren Ländern.

Das größte Einkaufszentrum ist die 1981-85 für 1,1 Mrd. Dollar (damals 2,3 Mrd. DM) gebaute West Edmonton Mall, Alberta (Kanada) auf einer Fläche von 49 ha. Die Mall besteht aus 800 Geschäften.

Shopping

der Superlative im größten Kaufhaus Europas: Harrods in London.

Dolce vita

in den 1300 Häusern der größten Hotelgesellschaft Marriott International, Inc.

Sekt & Selters

Drink

ohne Grenzen ist Coca-Cola. Verkauft wird sie in 200 Ländern. Der Weltmarktanteil liegt bei 47 Prozent.

Die größte Sektkellerei ist seit dem 1. Juli 1996 die Schloß Wachenheim AG, Rheinland-Pfalz (D). Jährlich werden rund 100 Mio. Flaschen abgesetzt, der Umsatz 1996 lag bei knapp 400 Mio. DM.

Die älteste Champagnerfirma ist Ruinart Père et Fils (Frankreich), die 1729 gegründet wurde.

Die älteste noch bestehende Sektkellerei in Deutschland ist die 1826 in Esslingen von Georg Christian Kessler gegründete Sektkellerei G. C. Kessler u. Co.

Die größten Weinkeller gehören der K. W. V. (Kooperative Wijnbouwers Vereeniging) in Paarl bei Kapstadt, inmitten der Weinbaulandschaft Südafrikas. Sie erstrecken sich über 10 ha und haben Lagerfläche für 136 Mio. l.

▮ Die Cienega-Keller der Almaden-Weinberge in Hollister, Kalifornien (USA), sind 1,6 ha groß und können etwa 8,3 Mio. l Wein fassen. Der Wein reift in 37 300 Eichenfässern.

Der älteste Weinkeller in Deutschland befindet sich in der ältesten deutschen Stadt Trier. Die Horrea, von den Römern als Lagerhaus genutzt, wurde 330 n. Chr. unter Kaiser Konstantin erbaut.

Der größte Weinhersteller ist das amerikanische Unternehmen E. & J. Gallo, das 1996 einen Umsatz von 1,2 Mrd. Dollar (etwa 2,04 Mrd. DM) erwirtschaftet hat.

Die größte Wein- und Spirituosenmesse, die Vinexpo, findet jährlich in Bordeaux (Frankreich) statt.

Die größte deutsche Getränkegruppe ist die Brau und Brunnen AG, Dortmund, mit einem Gruppenumsatz von 9,9 Mio. hl Bier, entsprechend einem Umsatz von 1,554 Mrd. DM für 1996 und einem Gesamtumsatz von 1,908 Mrd. DM. Der Absatz von alkoholfreien Getränken liegt bei 5,6 Mio. hl.

Das größte Brauereiunternehmen ist die Anheuser-Busch Inc. mit Sitz in St. Louis, Missouri (USA), zu der 13 Brauereien in den USA gehören. Das Unternehmen, von dem u. a. das berühmte *Budweiser* produziert wird, verkaufte 1995 104,8 Hektoliter Bier.

▮ Die Guinness-Brauerei in Irland steht mit 26 Hektolitern Bier an 11. Stelle. Weltweit wird nach den USA in China und Deutschland am meisten Bier gebraut.

Die größte Privatbrauerei in Deutschland ist die Warsteiner Brauerei in Warstein mit einem Ausstoß von 6,24 Mio. hl und einem Umsatz von rund 1 Mrd. DM im Jahr 1996. Die Stammarke *Warsteiner Premium Verum* ist mit 5,8 Mio. hl Ausstoß gleichzeitig die erfolgreichste deutsche Biermarke.

Die größte einzelne Brauerei ist Coors Brewing Company in Golden, Colorado (USA), die 1994 einen Ausstoß von 2,22 Mrd. l hatte. Am selben Ort befindet sich auch der weltgrößte Hersteller von Aluminiumdosen: mehr als 4 Mrd. pro Jahr.

Die größte Brauereigruppe in der Schweiz ist die Feldschlößchen-Gruppe in Rheinfelden.

Die kleinste gewerbliche Brauerei befindet sich im Tynllidiart Arms in Capel Bangor, Ceredigion (Großbritannien). Sie produziert pro Braugang nur 327 Liter.

Die kleinste Brauerei in der Schweiz ist die Brauerei Wäfler/Rothenburg mit 331 hl Ausstoß.

Die kleinste gewerbliche Brauerei in Deutschland zu sein ist ein Anspruch, der von mindestens vier Braustätten erhoben wird: In Schefflenz bei Mosbach, Baden-Württemberg, braut Günter Egolf jährlich 12 hl Stuben-Bräu – die Sudhausgröße beträgt 1 hl.

▮ In Oberaudorf, Bayern, braut Adalbert Balz in seinem Ein-Mann-Betrieb pro Jahr 1400 hl Bier.

▮ In Pfarrkirchen, Bayern, hat die Bierbrauerei Steiner einen Ausstoß von 230 hl Weizenbier pro Jahr.

▮ In Willich bei Düsseldorf braut Günther Marx in seiner „Historisch-Handwerklichen Kesselbrauerei" 500-600 l Altbier Aldisch pro Jahr.

Die größte Brauerei in Österreich ist die Brauerei Göss in der Steiermark, die im Jahre 1996 einen Gesamtausstoß von 1 163 711 hl hatte.

Die kleinste Brauerei in Österreich ist die Brauerei Wietzel in Rankweil, Vorarlberg.

Die kleinste mobile Brauerei: 2,45 x 0,83 x 1,6 m, Dieter Graßl, Missen, Bayern (D). In 6 Std. können 50 l jedes Biertyps gebraut werden.

Bier auf Rädern

von der kleinsten mobilen Brauerei. 50 l können in 6 Std. hergestellt werden.

Das teuerste deutsche Bier, der Abts Trunk der Klosterbrauerei Irsee im Allgäu, wird in handgearbeiteten salzglasierten Steingutflaschen monatelang gelagert. Es hat eine garantierte Stammwürze von 22 Prozent .

Die älteste Brennerei ist die Old Bushmills Distillery in Country Antrim (Nordirland), die ihre Lizenz im Jahr 1608 erhielt. Sie nimmt für sich in Anspruch, seit dem Jahr 1276 zu produzieren.

Die älteste Cognacbrennerei ist Augier Frères & Co. (Frankreich). Sie besteht seit 1643.

Der weltgrößte Spirituosenhersteller ist United Distillers, das Spirituosenunternehmen von Guinness PLC, das jährlich 53,6 Mio. Kartons seiner Hausmarken verkauft. Es hat im Jahre 1995 einen Gewinn von 673 Mio. Pfund gemacht. United Distillers ist zugleich der größte Hersteller und Abfüller von Scotch-Whisky. Das zu dem Unternehmen gehörende Shieldhall-Werk in Glasgow, Strathclyde (GB), hat eine Kapazität von schätzungsweise 210 Mio. Flaschen Scotch pro Jahr, was annähernd 160 Mio. l entspricht. Die weltweit am besten verkauften Scotch- und Gin-Marken, *Johnnie Walker Red Label* und *Gordon's*, sind Erzeugnisse von United Distillers.

Soft Drinks: Die Coca-Cola Company mit Sitz in Atlanta, Georgia (USA), produziert den beliebtesten Soft Drink der Welt. 1995 wurden weltweit täglich über 573 Mio. Flaschen *Coca-Cola* in nahezu 200 Ländern verkauft. Der Totalumsatz belief sich 1996 auf 18,546 Mrd. Dollar (31,528 Mrd. DM) und der Weltmarktanteil auf 47 Prozent. Allein in Deutschland werden jährlich 1,7 Mrd. l Erfrischungsgetränke des amerikanischen Unternehmens abgesetzt.

Die größte Mineralwasserfirma ist Source Perrier bei Nîmes (Frankreich) mit einer Jahresproduktion von mehr als 2,5 Mrd. Flaschen. In Frankreich werden 77 l Mineralwasser pro Kopf im Jahr getrunken. Die Italiener:102 l pro Kopf und Jahr.

Größter Kaffee-Entcoffeinierer in Deutschland ist die HAG GF AG Bremen. Kaffee HAG betreibt seit 1981 zur Herstellung des ersten entcoffeinierten Kaffees überhaupt auch die größte und einzige Anlage der Welt, in der Kaffee aromaschonend mit reiner Kohlensäure aus natürlichen Quellen entcoffeiniert wird.

Den höchsten Pro-Kopf-Verbrauch von Rohkaffee hatten 1994 die Finnen mit 12,4 kg, gefolgt von den Schweden mit 11,4 kg und den Norwegern mit 11,3 kg. Die Deutschen stehen mit einem Verbrauch von 7,1 kg erst an 8. Stelle.

Das größte Teehandelshaus in Deutschland und gleichzeitig größter Hersteller von Kräuterteebeuteln ist die Firmengruppe Teekanne GmbH, die 1882 in Düsseldorf gegründet wurde.

Abheben

konnte Warsteiner 1996 mit einem Umsatz von 1 Mrd. DM und 6,24 Mio. hl Bier.

Auktionen A-K

Dias

und Fotos macht diese *Leica 250 GG* aus dem Jahr 1942. Das gute Stück erbrachte einen Rekordpreis von 120 000 DM.

Das älteste Auktionshaus der Welt ist das Stockholms Auktionsverk (S); gegründet am 27. Februar 1674.

Das größte Auktionshaus der Welt war 1996 Christie's (GB) mit einem Jahresumsatz von 1,9 Mrd. Dollar. Nach jahrzehntelanger Führung lag Sotheby's (GB) erstmals mit 3 Mio. hinter Christie's.

Aktie: „Aktie Nr. 81" der „Fünften Assekuranz Kompagne" von 1808 (älteste deutsche Aktie), 13 000 DM, März 1986, Frankfurt/Main.

Atlas: Exemplar der *Cosmographia* des Ptolemäus von 1492, 1 925 000 Dollar (etwa 3,37 Mio. DM), Sotheby's New York (USA), 31. Januar 1990.

Banknoten: Los aus über 17 Mio. britischen Militär-Banknoten, 240 350 Pfund (713 840 DM) einschließlich Käuferprämie, Phillips London (GB), 14. Februar 1991.

Barbie-Puppen: 65 Designer-Barbies, zwischen 500 und 20 000 DM, St. Emmeram, Bayern (D) 1994.

Behälter: Von Cartier mit Juwelen und einem Fragment alten, ägyptischen Stahls besetztes Kosmetikköfferchen,189 000 Dollar (etwa 321 300 DM), Christie's New York (USA), 17. November 1993.

Bierdose: Rosalie-Pilsner bzw. Tiger-Bier, jeweils 6000 Dollar (etwa 13 000 DM), April 1981.

Blasinstrument: Saxophon des Jazzmusikers Charlie Parker, 93 500 Pfund (etwa 220 000 DM), Christie's, South Kensington (GB), September 1994.

Briefe: Schreiben des US-amerikanischen Präsidenten Abraham Lincoln vom 8. Januar 1863, in dem er die Kritik an der Proklamation der Befreiung aller Sklaven zurückwies, 748 000 Dollar, Christie's New York (USA), 5. Dezember 1991.
■ 342 Briefe und 145 Postkarten Franz Kafkas (1883-1924) an seine Verlobte Felice Bauer, 605 000 Dollar (1,1 Mio. DM), Sotheby's New York (USA), Juni 1987.

Diana:

Ihre Roben werden heiß gehandelt. Eines ihrer Abendkleider erzielte 340 000 DM.

Briefbeschwerer: Clichy-Millefiori-Körbchen ohne Henkel aus Glas, nach 1840 hergestellt, 258 000 Dollar (etwa 440 000 DM), Sotheby's New York (USA), 26. Juni 1990.

Briefmarken: Mit Seriennummer versehener Viererblock der amerikanischen „Curtiss-Jenny"-24-Cent-Briefmarke, 1,1 Mio. Dollar (2,08 Mio. DM) einschließlich Käuferprämie, Christie's New York (USA), 12. Oktober 1989.
■ Schwedischer „Tre-Skilling"-Fehldruck, 2,875 Mio. sfr. (etwa 3,45 Mio. DM), Zürich (CH), November 1996.

Bücher: *Evangeliar* Heinrichs des Löwen (Herzog von Sachsen), 8,14 Mio. Pfund, Sotheby's London (GB), 6. Dezember 1983. Das 34,3 x 25,4 cm große und 226 Blätter umfassende *Evangeliar* enthält 41 ganzseitige Illustrationen und wurde um 1175 von dem Mönch Herimann im Kloster Helmarshausen gestaltet.
■ *Gutenberg-Bibel*, 5,39 Mio. Dollar (damals 9,8 Mio DM), Christie's New York (USA), 22. Oktober 1987. Die Bibel, die das Alte Testament von der Genesis bis zu den Psalmen enthält, wurde 1455 in Mainz gedruckt.

Comic: Originalzeichnung des Covers des *Tim-und-Struppi*-Albums *Die Zigarren des Pharaos* aus der Feder des Belgiers Hergé, rund 1 Mio. DM, 1990.

Decken: Navajo-Churro-Serape, handgesponnen etwa 1852, 115 500 Dollar (288 000 DM), Sotheby Parke Bernet, New York (USA), 23. Oktober 1983.

Diamanten: 100,10 Karat, lupenrein, birnenförmig geschliffen, 16 548 750 Dollar, 17. Mai 1995, Käufer: Scheich Ahmed Fitaihi.

Elefant: 680 000 Pfund (etwa 1 598 000 DM) erzielte ein 33,5 cm hoher weißer Porzellanelefant des japanischen Porzellanmeisters Sakaida Kakiemon (1596-1666) bei Christie's in London, 1996.

Familienbesitz: 25 000 Einzelobjekte aus dem Haus des Markgrafen Max von Baden in Baden-Baden (D), 77,6 Mio. DM, Herbst 1995.
■ 5000 Objekte aus dem Nachlaß von Jacqueline Bouvier Kennedy Onassis, umgerechnet 52 Mio. DM, Sotheby's New York (USA), April 1996.

Fingerhut: Spätes 16. Jh., goldbesetzt, vermutlich aus dem Besitz der Königin Elisabeth I., 20 070 Pfund (etwa 47 000 DM), 13. Dezember 1992.

Flaschen: Koreanische Punch'ong-Flasche, 376 500 Dollar (etwa 640 050 DM), Christie's New York (USA), 17. November 1993.

Flügel: Steinway von 1888, 390 000 Dollar (umgerechnet 769 470 DM), Sotheby Parke Bernet, New York

Diamant

in Birnenform: Der Stein mit 100,10 Karat gehört einem saudiarabischen Scheich.

Bebop

spielte Charlie Parker auf seinem Saxophon bis 1955. Als teuerstes Jazz-Instrument versteigert: 220 000 DM.

(USA), 26. März 1980. Ein Nicht-Klavierspieler erwarb den Flügel.

Flugblatt: Exemplar der amerikanischen Unabhängigkeitserklärung von 1776, 2,42 Mio. Dollar (4,1 Mio. DM), 13. Juni 1991, Käufer: Donald Scheer, Atlanta, Georgia (USA).

Fotoapparat: *Enjalbert Revolver de Poche* von ca. 1882, 55 750 Pfund (etwa 128 225 DM), Christie's, 31. August 1995.
▮ In Deutschland: *Leica 250 GG* mit Motor von 1942, 80 000 Dollar (etwa 120 000 DM), Auction Team Breker, Köln, 11. Mai 1996.

Fotografie: Aufnahme von Alfred Stieglitz mit dem Titel *Georgia O'Keeffe – Ein Porträt mit Nähnadel*, auf dem die Hände seiner Frau Georgia O'Keeffe abgebildet sind, 398 500 Dollar, Christie's New York (USA), 8. Oktober 1993.

Geigenbogen: Bogenmacher François Tourte (1747-1835), 79 200 Pfund (etwa 235 224 DM), Sotheby's London (GB).

Gitarre: *Fender Stratocaster* des Gitarristen Jimi Hendrix (1942-70), 198 000 Pfund (568 260 DM), Sotheby's London (GB), 25. April 1990.

Glas: Römischer Netzglasbecher um 300 n. Chr., Durchmesser von 18 cm und 10 cm hoch, 520 000 Pfund (2,2 Mio. DM), Sotheby's London (GB), 4. Juni 1979, Käufer: Robin Symes.

Goldartikel: 22karätiges Taufbecken, 1797 von Paul Storr nach einem Entwurf von Humphrey Repton geschaffen, 950 400 Pfund (3,637 Mio. DM), Christie's London (GB), 11. Juli 1985, Verkäufer: Lady Anne Cavendish-Bentinck. Käufer: Armitage of London.

Haar: Locke von Lord Nelson (1758-1805), 5575 Pfund (9250 DM), Auktion in Crewkerne (GB), 18. Februar 1988.

Hemd: Blutgetränkt und mit über 30 Einschußlöchern ist das letzte Hemd des Killers Clyde Barrow, männlicher Teil des Gangster-Duos Bonnie und Clyde: 1997 bei Butterfield & Butterfield in San Francisco, USA, 85 000 Dollar (etwa 146 000 DM).

Hüte: Zeremonieller Tlingit-Kiksadi-(indianisches Volk in Alaska)-Froschhelm von ca. 1600, 66 000 Dollar (160 000 DM), Auktion in New York, November 1981, Käufer: Alaska State Museum.

Ikone: *Das Jüngste Gericht* (aus der Sammlung von George R. Hann, Pittsburgh, USA), in Nowgorod (Rußland) gefertigt, 150 000 Dollar (330 000 DM), Christie's New York (USA), 17. April 1980.

Jade: Rubin- und diamantbesetzte Halskette, 2 042 857 Dollar (etwa 3,39 Mio. DM), Christie's Genf (CH), 12. Mai 1988.

Jeans: Im März 1997 bezahlte die Firma Levis Strauss & Co. einem Händler in New York City 25 000 Dollar für ein Paar ihrer Levis 501, das vermutlich zwischen 1886 und 1902 hergestellt wurde.

Jugendstil: Stehlampe in Form von drei Lotusblüten der Gebrüder Daum und von Louis Majorelle aus Frankreich, 1,76 Mio. Dollar (3,08 Mio. DM), Sotheby's New York (USA), 2. Dezember 1989.

Kartenspiele: Ältester vollständiger Satz handgemalter Karten, 1470 bis 1485 hergestellt, 143 352 Dollar, Sotheby's London (GB), 6. Dezember 1983, Käufer: New Yorker Metropolitan Museum.

Kartoffel: Sorte *Bonnette*, wächst im Tang auf der französischen Atlantikinsel Noirmoutier, Gesamternte 1996 lag bei 20 kg, umgerechnet 900 DM das Kilo, Drouot Paris (F), Mai 1996.

Keramik: Keramikpferd der chinesischen Tang-Dynastie (618-906), 3,74 Mio. Pfund (etwa 10,85 Mio. DM), Sotheby's London (GB), 12. Dezember 1989.

Kleid: Ein Abendkleid aus blauer Seide und Samt der Prinzessin von Wales, Diana, wurde am 26. Juni 1997 für 200 000 Dollar (etwa 340 000 DM) bei Christie's New York (USA) versteigert.

Diademe

aus dem Goldenen Jubiläums-Diamanten wären eine hochkarätige Zier. Bisher gibt es nur dieses Unikat von 545,67 Karat. Der Diamant von De Beers schmückt das Zepter des Königs von Thailand.

Auktionen L-Z

55 998 Dollar

hatten John Lennons Verwandte für diesen afghanischen Mantel des Stars bei einer Auktion 1997 hingeblättert. Sie handelten im Auftrag von Julian Lennon.

Laterna magica (früher Projektionsapparat): *Newton & Co. Triunial lantern* von 1880, 33 000 Pfund (etwa 77 550 DM), Christie's London (GB), 17. Januar 1996.

Löffel: Frühester mit einem Feingehaltsstempel der Londoner Goldschmiedeinnung versehener Apostel-Löffel mit vergoldetem Griff, 18,5 cm lang, 36 700 Pfund (86 245 DM), Christie's London (GB), 1993.

Manuskripte: 72seitiger *Codex Hammer* von Leonardo da Vinci über die verschiedensten Naturerscheinungen, 30,8 Mio. Dollar, Christie's New York (USA), November 1994, Käufer: Bill Gates.

Medizinische Geräte: Deutsche mechanische Kettensäge aus dem 19. Jh., 34 848 Dollar (etwa 59 000 DM), Christie's London (GB), 19. August 1993.

Modelleisenbahnen: Märklin-Modell-Lokomotive *(London Midland Scottish Locomotive)* von 1938, umgerechnet 28 460 DM, Christie's London (GB), September 1995.

Möbel: Italienisches „Badminton-Kabinett" aus dem 18. Jh., das dem Herzog von Beaufort gehört hatte, 8,58 Mio. Pfund (etwa 24,6 Mio. DM), Christie's London (GB), 5. Juli 1990, Käufer: Barbara Piasecka Johnson aus Princeton, New Jersey (USA).
▮ George-III.-Kommode um 1760, Mahagoni mit Goldbronze, 1,1 Mio. Pfund (etwa 3,2 Mio. DM), Christie's London (GB), 6. Juli 1989.

Münze: Einer der letzten fünfzehn Silberdollar von 1804, 1,815 Mio. Dollar (etwa 3 Mio. DM), Auktion in New York, 8. April 1997.

864 280 Dollar

war Liebhabern eine eiförmige Perle mit einem Gewicht von 15,13 g wert. Die schönsten Perlen werden in Austern aus dem Persischen Golf gefunden.

Musikbox: 1901 in der Schweiz für einen persischen Prinzen hergestellt, 20 900 Pfund (79 500 DM) am 23. Januar 1985 bei Sotheby's, London (Höchstpreis).

Musikmanuskripte: Neun von Wolfgang Amadeus Mozart (1756-91) fast ausschließlich eigenhändig geschriebene Sinfonien, 508 Seiten, umgerechnet 7,7 Mio. DM, Sotheby's London (GB), 22. Mai 1987, Käufer: James Kirkman.
▮ *Klaviersonate in E-Moll opus 90* von Ludwig van Beethoven (1770-1827), 1,1 Mio. Pfund (etwa 3,25 Mio. DM), Sotheby's London, 6. Dezember 1991.
▮ Paul McCartneys eigenhändiges Manuskript des Liedes „Getting Better", etwa 330 000 DM, Sotheby's London (GB), September 1995.

Nachttopf: 935 g schwerer silberner Topf, gefertigt von David Willaume und mit einer Gravur dem zweiten Earl of Warrington gewidmet, 9500 Pfund (35 000 DM), Sotheby's London (GB), 14. Juni 1984.

Osterei: Vergoldetes Osterei, *Liebestrophäe* genannt, von Fabergé 1905 für Zar Nikolaus II. gefertigt, 2,9 Mio. Dollar (etwa 5,1 Mio. DM), Sotheby's New York (USA), 10. Juni 1993.

Puppen: Porzellanpuppe, 1909 von Kammer & Reinhardt hergestellt, 90 200 Pfund (294 052 DM), Sotheby's London (GB), 16. Februar 1989, Käufer: Dina Vierny (F).

Radio: Das drahtlose Empfangsgerät *Marconi Multiple Tuner* erzielte am 11. Mai 1993 bei Phillip's Bayswater 15 997 Pfund (etwa 38 000 DM).

Rüstungen: Von Giovanni Negroli für Heinrich II. von Frankreich angefertigte Rüstung von 1545, 1,925 Mio. Pfund (10,01 Mio. DM), Sotheby's London (GB), 5. Mai 1983, Käufer: B. H. Trupin (USA).

Saurier-Ei: 1989 in der chinesischen Provinz Henan entdecktes Saurier-Ei, umgerechnet 40 000 DM, Auktion in New York, Sommer 1995.

Schmuck: Zwei tropfenförmige Diamant-Ohrhänger, 58,6 und 61 Karat, 2,825 Mio. Pfund (12,15 Mio. DM), Sotheby's Genf (CH), 14. November 1980.
▮ Sammlung der Herzogin von Windsor (1896-1986), 31 380 197 Pfund (92,9 Mio. DM), Sotheby's Genf (CH), 3. April 1987.

3,4 Mio. DM
teurer Ludwig-XV.-Savonnerie-Teppich. 1740 für das Château de la Mouette geknüpft.

5,1 Mio. DM
erzielte ein vergoldetes Osterei, von Fabergé für den Zaren Nikolaus II. gestaltet. Das kaiserliche Osterei war ein Geschenk des Zaren an seine Mutter 1916. Auf dem Ei: er selbst.

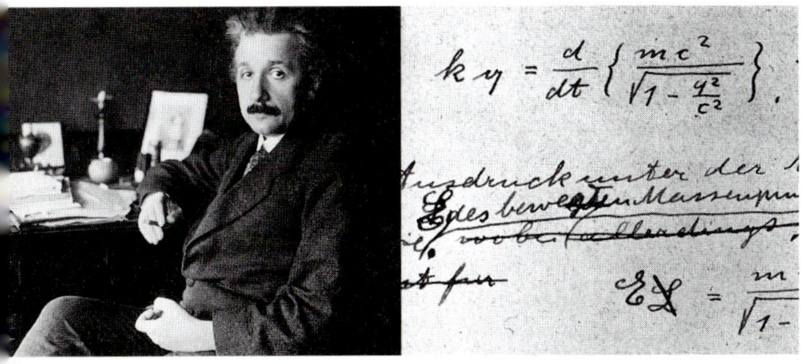

4,2 Mio. Dollar
war der Auktionserlös für dieses früheste Einstein-Manuskript über die Relativitätstheorie. Um 1912 entstanden, handelt es sich um das umfangreichste von drei bekannten Manuskripten.

Schnupftabakdose: Goldene, mit Diamanten, Rubinen und Smaragden verzierte Dose, um 1770 für Friedrich den Großen angefertigt, 2,53 Mio. sfr (3,3 Mio. DM), Sotheby's Genf (CH), 17. November 1992, Verkäufer: Fürstin Gloria von Thurn und Taxis, Käufer: das Londoner Handelshaus S. J. Phillips.

Schreibmaschinen: Emaillierte Guhl & Harbeck von 1890, 9900 Pfund (etwa 29 000 DM), Christie's London, 10. August 1989.

Schwert: Offiziersschwert der Königlichen Marine des Herzogs von Windsor, 1913, umgerechnet 2,4 Mio. DM, Sotheby's Genf (CH), 3. April 1987.

Silber: Maynard-Anrichteschüssel von Paul de Lamerie, 1736, 1,485 Mio. Pfund (etwa 4,4 Mio. DM), Christie's London (GB), 22. Mai 1991.

Skulptur: Norditalienische Bronzestatuette des Herkules, 3 081 500 Pfund (etwa 7 240 000 DM), Bonhams, 25. Mai 1996.

Spazierstock: Aus Walzahn gefertigter Stock mit achteckigem Querschnitt von 1845, 24 200 Dollar (100 000 DM), Sotheby Parke Bernet, New York (USA), 1983.

Spielkarte: In Kanada als Zahlungsmittel benutzte Karte von 1717, 5000 Pfund, Oktober 1990, Verkäufer: Yasha Beresine, Käufer: Lars Karlson (S).

Spielzeug: Feuerwehrspritzenwagen, 231 000 Dollar (rund 390 000 DM), Christie's New York (USA), 14. Dezember 1991, Verkäufer: Konkursverwalter der Londoner Händler Mint & Boxed.

Technische Geräte: Deutsche Kodiermaschine, Typ *Enigma,* erzielte einen Preis von 24 172,50 Pfund (etwa 57 000 DM), Phillip's Bond Street, April 1993.

Der teuerste Teddybär: Steiff-Plüschtier *Teddy Girl* von 1904, 110 000 Pfund (282 700 DM), Christie's London (GB), 5. Dezember 1994, Käufer: Yoshihiro Sekiguchi (J).

Telegramm: Glückwunschtelegramm vom sowjetischen KPdSU-Generalsekretär Nikita Chruschtschow an den Kosmonauten Juri Gagarin vom 12. April 1961, 68 500 Dollar (114 395 DM), Sotheby's New York (USA), 1993, Käufer: Alberto Bolaffi (I).

Teppiche: 807 x 414 cm großer Anhalt-Medaillon-Teppich, um 1590 in Täbris oder Kaschan (Iran) geknüpft, 1 Mio. Dollar, Privathandel, 1946, Käufer: das New Yorker Metropolitan Museum.
▮ 5,4 x 5,8 m großer Ludwig-XV.-Savonnerie-Teppich, in den 40er Jahren des 18. Jh. für das Château de la Mouette Ludwigs XV. geknüpft, 1 321 000 Pfund (3 394 970 DM), Christie's London (GB), 9. Juni 1994, Käufer: M. Djanhanguir Riahi.

Trompete: Dizzy Gillespies (1917-93) charakteristisch verformtes Instrument mit nach oben weisendem Schalltrichter, 63 000 Dollar (86 400 DM), Käufer: Jeffrey Brown.

Uhren: Goldemaillierte, diamantbesetzte Taschenuhr mit Gangwerk, um 1650 von Jehan Cremfdorff konstruiert, 1,87 Mio. sfr (2,26 Mio. DM), Christie's Genf (CH), 13. Mai 1986.
▮ Patek-Philippe-Armbanduhr von 1955 mit ewigem Kalender und Mondphasenanzeige, 286 000 sfr (346 000 DM), Christie's Genf (CH), 13. Mai 1986.
▮ Cartier-Uhr im sogenannten „ägyptischen Stil" von 1927, etwa 2,69 Mio. DM, Christie's New York (USA), 24. April 1991.

Violine: Im Jahre 1720 gebautes Instrument von Antonio Stradivari, 902 000 Pfund (etwa 2,59 Mio. DM), Christie's London (GB), 21. November 1990.

Violoncello: *Cholmondeley*, von Antonio Stradivari 1698 gebaut, 682 000 Pfund (etwa 2,13 Mio. DM), Sotheby's London (GB), 22. Juni 1988.

Waffe: Ein einschüssiger Armee-Colt, Kaliber 0,45, Seriennummer 1 von 1873, 242 000 Dollar (etwa 400 000 DM), Christie's New York (USA), 14. Mai 1987.

Wandteppich: Für ein Fragment eines Wandteppichs, der nach 1430 in der Nähe von Basel (Schweiz) gewoben wurde, zahlte der Käufer am 3. Juli 1990 bei Christie's London 638 000 Pfund (etwa 1 500 000 DM).

Wein: Roter Château Lafitte des Jahrgangs 1787 mit Initialen von Thomas Jefferson (1743-1826), Christie's London (GB), 5. Dezember 1985, Käufer: Christopher Forbes (USA).

Mit Pinsel & Meißel

Malerei

Die frühesten gemalten Tierfiguren wurden 1994 in der Chauvet-Höhle von Pont d'Arc im Tal der Ardèche in Südwestfrankreich entdeckt. Die prähistorischen Zeichnungen entstanden vor etwa 32 000 Jahren.

Die besterhaltenen Bodenreliefs sind in der Nazcawüste 300 km südlich von Lima (Peru) zu sehen: Linien (bis zu 11,2 km), die – aus der Luft betrachtet – geometrische Pflanzen- und Tierformen darstellen, zwischen 100 v. Chr. und 600 n. Chr. zu unbekanntem Zweck von einer unbekannten Zivilisation gezeichnet. Sie wurden erst 1928 entdeckt.

Als wertvollstes Gemälde der Welt gilt die *Mona Lisa (La Gioconda)* von Leonardo da Vinci (1452-1519) im Louvre in Paris (F). Sie wurde für eine Versicherung auf die Höchstsumme von 100 Mio. Dollar (damals etwa 400 Mio. DM) geschätzt, als das Bild vom 14. Dezember 1962 bis 12. März 1963 in Washington und New York (USA) ausgestellt war. Das Bild entstand 1503-07.

Das größte Gemälde ist ein 8586 m² großes Meeresbild, seit 1996 in Amsterdam (NL) zu sehen.

Teuerstes Auktionsbild zu Lebzeiten eines Malers ist mit 20,68 Mio. Dollar (etwa 36 200 000 DM)

Abstrakt

ist *Interchange* von Willem de Kooning. Einem Sammler war es 36,2 Mio. DM wert. Teuerstes Auktions-Bild zu Lebzeiten eines Malers.

Interchange, ein abstraktes Werk des Amerikaners Willem de Kooning (* 1904), der im Frühjahr 1997 starb. Das 1955 entstandene Gemälde ersteigerte ein japanischer Sammler 1989 bei Sotheby's New York (USA).

Das den Ausmaßen nach größte Gemälde eines „alten Meisters" ist das 22 m breite und 7 m hohe *Il Paradiso (Das Paradies)*, das Jacopo Robusti alias Tintoretto (1518-94) und sein Sohn Domenico (1565-1637) zwischen 1587 und 1590 auf die mit Leinwand bespannte Ostwand des Saals des Großen Rates im Dogenpalast von Venedig (I) gemalt und mit 350 Persönlichkeiten bestückt haben.

Das größte Ölgemälde in Deutschland füllt die Rotunde der Bauernkrieg-Gedenkstätte bei Bad Frankenhausen, Thüringen. Auf 1722 m² entstand ab 1974 hier das *Panorama Bad Frankenhausen* von Werner Tübke (* 1929) mit über 3000 Figuren.

Das größte Bild in Österreich ist das 100 m lange, 10 m hohe und 3600 kg schwere Panoramagemälde *Die Andreas-Hofer-Schlacht am Berg Isel 1809*. Es befindet sich heute in Innsbruck, Tirol. Gemalt wurde es 1896 von Zeno Diemer.

Das berühmteste klassische Gemälde, das von fortschreitender Zerstörung bedroht ist, ist Leonardo da Vincis Fresko *Abendmahl*, das er 1495-98 für das Refektorium des Dominikanerklosters Santa Maria delle Grazie in Mailand (I) schuf. Ursache: Mauerfeuchte und Bakterien.

Das größte Bild in der Schweiz, ein Panorama der *Kreuzigung Christi* von den Malern Frosch, Krieger und Leigh, ist in Einsiedeln, Schwyz, zu sehen. Es wurde 1893 gemalt und besitzt eine Länge von 100 m und eine Höhe von 10 m.
▮ Ebenfalls 1000 m² mißt das Bourbaki-Panorama von Castres von 1871, das sich in einem Rundbau in Luzern (CH) befindet.

Der jüngste Künstler, von dem ein Werk auf der jährlichen Ausstellung der Royal Academy of Arts (GB) gezeigt wurde, war Lewis Melville „Gino" Lyons. Sein Werk *Trees and Monkeys (Bäume und Affen)* kam am 29. April 1967 in die Ausstellung – einen Tag vor seinem 5. Geburtstag.

Das vielseitigste Aktmodell in Deutschland ist Gisbert Büge (* 1926) aus Berlin. Er stand bis 1997 nachweislich Menschen aus 47 Nationen Modell, dabei in Grönland ebenso wie am Amazonas. Im

Die teuersten Bilder 1996 auf internationalen Auktionen

	Maler	Titel	Preis	Auktionshaus
1	Willem de Kooning	Woman	14,2 Mio. Dollar	Christie's
2a	Claude Monet	Le jardin de l'artiste à Vetheuil	12 Mio. Dollar	Christie's
2b	Claude Monet	Nymphéas	12 Mio. Dollar	Christie's
3	Vincent van Gogh	Intérieur d'un restaurant	10,34 Mio. Dollar	Christie's
4	John Singer Sargent	Cashmere	10,1 Mio. Dollar	Sotheby's
5	Paul Cézanne	La côte du Galet, à Pontoise	10 Mio. Dollar	Sotheby's
6	Raffael	Studie für Kopf und Hand eines Apostels	4,8 Mio. Pfund	Christie's
7	Edgar Degas	Danseuse jaune	7,9 Mio. Dollar	Sotheby's
8	Paul Cézanne	Grands Arbres au Jas de Bouffan	4,7 Mio. Pfund	Sotheby's
9	Edvard Munch	Mädchen auf einer Brücke	7 Mio. Dollar	Sotheby's
10	Edgar Degas	Après le bain	6,6 Mio. Dollar	Christie's

32 000

Jahre alt sind die frühesten gemalten Tierzeichnungen. Entdeckt in der Chauvet-Höhle von Pont d'Arc, Frankreich.

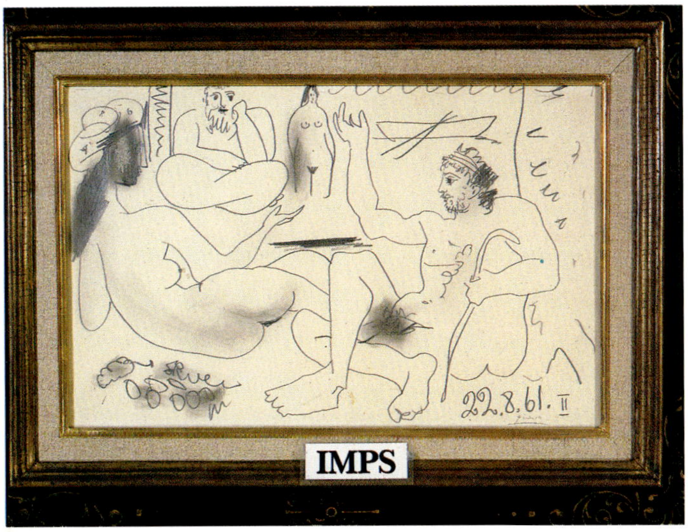

Anmutig,

die Frühstücksszene von *Le déjeuner sur l'herbe.* Pablo Picasso, produktivster Maler aller Zeiten, kreierte sie 1961.

Flugzeug, 11 000 m über dem Pazifik, zeichneten ihn vier Passagiere gleichzeitig .

Das teuerste Gemälde ist das *Porträt Dr. Gachet* von 1890 von Vincent van Gogh, das am 15. Mai 1990 bei Christie's New York (USA) innerhalb von drei Minuten den Besitzer wechselte – für umgerechnet 117 Mio. DM ging es an den Japaner Ryoei Saito.

Den Rekordpreis für ein Gemälde des 20. Jahrhunderts erzielte *Les Noces de Pierrette* von Pablo Picasso (1881-1973), das am 30. November 1989 bei Bincoche et Godeau in Paris (F) für 315 Mio. FF (149 Mio. DM) verkauft wurde.

Den höchsten Auktionspreis für eine Druckgrafik erzielte das Rembrandt-Blatt *Christus zeigt sich dem Volk* von 1655. Es wechselte am 5. Dezember 1985 bei Christie's London (GB) für die Summe von 561 000 Pfund, umgerechnet etwa 2,13 Mio. DM, den Besitzer.

Der Spitzenpreis für das Gemälde eines österreichischen Künstlers betrug 3 Mio. öS, umgerechnet etwa 430 000 DM. Diese Summe wurde im November 1979 für ein Genrebild des Malers Ferdinand Georg Waldmüller (1793-1865) bezahlt.

Die teuersten Gemälde (in Mio. DM)

	Maler	Titel	Jahr	Preis
1	Van Gogh	Porträt Dr. Gachet	1990	117
2	Renoir	Die Mühle von Galette	1990	110,76
3	Picasso	Pierrettes Hochzeit	1989	108,62
4	Van Gogh	Schwertlilien	1987	81,5
5	Picasso	Ich, Picasso	1989	78,3
6	Van Gogh	Sonnenblumen	1987	67,5
7	Picasso	Akrobat und junger Harlekin	1988	60,4
8	Picasso	Zum munteren Kaninchen	1989	60,31
9	Pontormo	Porträt des Herzogs Cosimo I. von Medici	1989	57,6
10	Cézanne	Stilleben mit großen Äpfeln	1993	41,6

Der Höchstpreis für ein Poster betrug 62 000 Pfund (236 034 DM). Für diese Summe wechselte am 1. April 1985 bei Christie's London (GB) das von Koloman Moser (1868-1918) entworfene Ausstellungsplakat für die Wiener Messe im Jahr 1902 den Besitzer.

Der produktivste Maler war Pablo Picasso (1881-1973). Man schätzt, daß er im Verlauf seiner 78 Jahre langen Karriere ungefähr 13 500 Gemälde und Zeichnungen schuf, 100 000 Lithographien, Radierungen und Stiche, 34 000 Buchillustrationen und 300 Skulpturen und Keramiken anfertigte. Der Wert seines Lebenswerks beträgt nach heutiger Schätzung etwa 1,485 Mrd. DM.

Der sein Motiv am häufigsten wiederholende Maler war William Allen Bixler (1876-1961) aus Andersen, Indiana (USA). In den Jahren 1912-18 kopierte er sein Bild *The Old Swimmin' Hole (Die alte Bucht)* mehr als 5000mal.

Bildhauerei

Die ersten bildhauerischen Arbeiten sind ein Tierkopf aus Tolbaga in Sibirien (Rußland), der aus einem Wirbelknochen eines Wollnashorns geschnitzt wurde und 34 860 Jahre alt sein soll, sowie die Steinfigur *Tanzende Venus vom Galgenberg* (A), die etwa 31 790 Jahre alt ist.

Vielseitig

zeigt sich das Berliner Aktmodell Gisbert Büge: Zwischen Nordpol und Feuerland wird er auf der Leinwand verewigt. In Öl und auch in Wasserfarben.

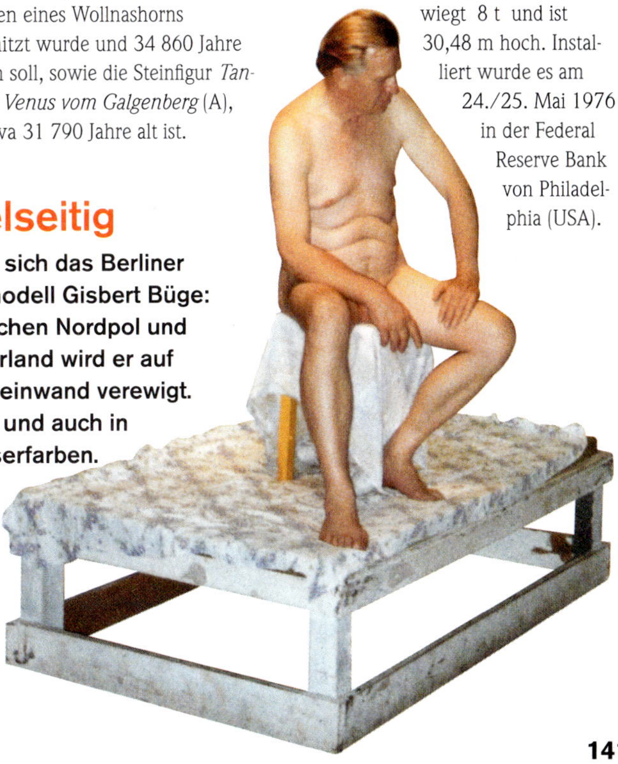

Die ältesten Skulpturen sind Figuren, die 30 000-27 000 v. Chr. aus Mammut-Elfenbein geschnitzt worden sind und 1931 in der Vogelherdhöhle im Lonetal auf der Schwäbischen Alb (D) entdeckt wurden. Heute sind sie in Tübingen (D) zu besichtigen.

Die teuerste Skulptur auf einer Auktion war die *Tänzerin von vierzehn Jahren* von Edgar Degas (1834-1917). Sie wurde am 10. Mai 1988 bei Sotheby's New York (USA) für umgerechnet etwa 16,7 Mio. DM ersteigert.

Den Höchstpreis für das Werk eines lebenden Bildhauers erzielte mit 1,265 Mio. Dollar (3,04 Mio. DM) am 21. Mai 1982 bei Sotheby Parke Bernet in New York die Plastik *Reclining figure* des Briten Henry Moore (1898-1986).

Die größte deutsche Bronzestatue wurde von dem bayerischen Bildhauer Ludwig von Schwanthaler (1802-48) entworfen. Die *Bavaria* an der Theresienwiese in München ist 20,5 m hoch und wurde 1844-50 von Ferdinand von Miller (1813-87) gegossen.

Das größte Mobile heißt *White Cascade (Weiße Kaskade)* von Alexander Calder (1898-1976), es wiegt 8 t und ist 30,48 m hoch. Installiert wurde es am 24./25. Mai 1976 in der Federal Reserve Bank von Philadelphia (USA).

Graffiti und Galerien

Großkunst

Das größte Wandgemälde hat das Pueblo Levee Project in Colorado (USA) hergestellt. Es mißt 16 554,8 m².

Das längste Wandgemälde erstreckt sich über 497,7 m und ziert das Königliche Kinderhospital in Liverpool (GB). Fläche: 1668,7 m².

Das größte Wandbild maß 2025 m², bestand aus 400 000 farbigen Plastikchips und hing ab 24. November 1996 für 50 Tage am Rathaus von Takamatsu (Japan). Dargestellt war die Schlacht von Genpei-Gassen im 11. Jahrhundert.

Das längste Wandbild in Deutschland ist der Fürstenzug in der Dresdner Augustusstraße. Anläßlich der 1000-Jahr-Feier des Fürstenhauses wurde in den Jahren 1870-76 das Bild von Wilhelm Walther geschaffen. In der Porzellanmanufaktur Meißen wurde es später auf 24 000 Porzellankacheln übertragen (1907) und fugenlos an der 957 m² großen Fläche angebracht.

Das größte Bodypainting veranstalteten Susanne Hundseder und Alexander Benedikt am 8. März 1997 in Dachau, Bayern (D), auf den nackten Körpern von 10 Personen, die aneinandergereiht ein Comicbild ergaben.

Das höchste Graffito ist im Winter 1995/96 in Bergedorf, Hamburg (D), von namhaften Graffiti-Künstlern aus der ganzen Welt an die Stirnseite eines Wohnhauses in Hamburg gesprayt worden. Das Gemälde ist 28 m hoch und 11 m breit.

Das längste Graffito wurde am 28. August 1993 mit 516,3 m Länge von 20 Graffiti-Künstlern aus ganz Europa und der Schweizer Hip-Hop-Szene in Rothrist, Aargau (CH), präsentiert. Es

Silber

für das Thema „Auto in der Kunst". Johannes Segieth: Eine von 270 Präsentationen.

ziert eine durchgehende Wand im Parkhaus des Restaurants/Dancing Scharfe Ecke vom 1. bis in den 8. Stock.

Das größte Aquarell (410 x 160 cm) zeigt eine tahitianische Landschaft. Der Designer und Kunstmaler Rolf Pollermann (* 1938) aus Bad Wörishofen (D) stellte das Wandgemälde im März 1993 im Kurhaus der Kneippstadt vor.

Die längste Open-air-Galerie wurde am 28. September 1990 an der Mühlenstraße zwischen Hauptbahnhof und Oberbaumbrücke in Berlin (D) eröffnet. An der inzwischen unter Denkmalschutz stehenden East-Side-Gallery des 1,3 km langen Mauerstücks am Friedrichshainer Spreeufer beteiligten sich 90 Künstler aus aller Welt.

Das größte Mosaik der Welt von Diego Rivera, eine Darstellung der vorspanischen Geschichte, befindet sich an den Außenmauern der Zentralbibliothek der Universität Mexico City (Mexiko) auf vier Wänden, von denen die beiden größten 1203 m² groß sind.

Das größte Mosaik in Deutschland bedeckt die Südwand des Wilhelm-Hack-Museums in Ludwigshafen. Auf einer Breite von 55 m und einer Höhe von 10 m wurde es im Frühjahr 1980 von Joan Miró und Juon Gardy-Artigas nach Entwürfen von Miró ausgeführt.

Museen

Die meisten Ausstellungs- und Museumsgestaltungen in Deutschland kann Johannes Segieth (* 1922) aus Samerberg, Bayern (D), aufweisen. Bis Ende 1996 hatte er es auf genau 270 Präsentationen gebracht.

Das größte Museum der Welt, das Amerikanische Museum für Naturgeschichte in New York, wurde 1869 gegründet und umfaßt 23 miteinander verbundene Gebäude auf 111 484 m² Grundfläche mit über 30 Mio. Schauobjekten.

Der älteste öffentliche Museumsbau auf dem europäischen Festland ist das Fridericianum in Kassel, Hessen (D), erbaut 1769-79. Seit 1955 dient es der Documenta als Ausstellungsort.

Den größten Museumskomplex unterhält die amerikanische Smithsonian-Stiftung: 16 Museen mit mehr als 140 Mio. Exponaten sowie den Nationalen Zoologischen Garten in Washington D. C. (USA). Die Stiftung beschäftigt mehr als 6000 Menschen.

In Öl

hat der Hamburger Ernst Ross (* 1925) Kopien sämtlicher bekannter Originale von Jan Vermeer gemalt. In der Zeit von 1990 bis 1996 entstanden alle 36 Gemälde.

Das größte moderne Kunstmuseum ist das Centre National Georges Pompidou für Kunst und Kultur, das 1977 in Paris eröffnet wurde und eine Fläche von 17 700 m² umfaßt.

Das größte technische Museum in Deutschland ist das Deutsche Museum in München, das eine Ausstellungsfläche von fast 40 000 m² hat.

Das größte kulturgeschichtliche Museum in Deutschland ist das Römisch-Germanische Museum in Köln.

Das größte Diorama ist im Deutschen Zinnfigurenmuseum in Kulmbach, Bayern (D), zu finden. Das 40 m² große Schaubild mit 19 385 Zinnfiguren zum Conraditag zu Kulmbach, bei dem 1553 die Stadt zerstört wurde, kann seit 8. Juni 1996 auf der Plassenburg bestaunt werden.

Die größten Kunstgalerien sind der Winterpalast und die ganz in der Nähe liegende Eremitage in St. Petersburg (Rußland). Man muß 24 km gehen, um die 322 Galerien zu besichtigen, in denen 3 Mio. Kunstobjekte und archäologische Funde untergebracht sind.

Die kostbarste und teuerste private Gemäldesammlung der Welt befindet sich im Schloß der Fürsten von Liechtenstein in Vaduz.

Das größte Freilichtmuseum in Europa schuf Andreas Sandwig in Lillehammer (N) aus 100 alten Gebäuden.

Das größte Freilichtmuseum in Deutschland ist das Westfälische Freilichtmuseum in Detmold, Nordrhein-Westfalen. Seit 1966 wurden auf 80 ha bisher 82 historische Gebäude aufgebaut, die die ländliche Kultur Westfalens darstellen.

Plastikchips

statt Farbe: 400 000 Stück ergeben das größte Wandbild in Takamatsu, Japan.

Wortspielereien

Bestseller

Zum Wort des Jahres 1996 im deutschsprachigen Raum ernannte die Gesellschaft für deutsche Sprache (GfdS) „Sparpaket“, obwohl dieser Begriff 1996 mit 122 Nennungen am häufigsten für die Wahl des Unwortes vorgeschlagen wurde.

Zum Unwort des Jahres 1996 im deutschsprachigen Raum wurde das Wort „Rentnerschwemme“ ernannt. Es vermittle den Eindruck, es handele sich bei der gestiegenen Zahl alter Menschen mit Anspruch auf Altersversorgung um eine unvorhergesehene Naturkatastrophe.

Der beliebteste Vorname für Neugeborene in Deutschland war 1996 Maria. Auf den Plätzen folgen Julia, Katharina, Anna, Laura, Marie, Sophie, Lisa, Michelle und Vanessa. Bei den Jungen erfreute sich im Westen Alexander größter Beliebtheit, es folgen Lukas, Maximilian, Daniel, Michael und Christian. Im Osten stand auf Platz 1 Maximilian, gefolgt von Lukas, Philipp, Florian, Kevin und Max.

Das am weitesten verbreitete Buch der Welt ist die Bibel. Vollständig übersetzt wurde sie bisher in 349 Sprachen, Teile sind sogar in 2123 Sprachen erschienen. Die Gesamtauflage liegt bei über 2,5 Mrd. Exemplaren. 1996 wurden rund 19 Millionen Exemplare weltweit verkauft.

Das meistverkaufte Buch der Welt, das unter die Copyright-Gesetze fällt, ist das *Guinness Buch der Rekorde.* Es wurde erstmals im September 1955 von Guinness Superlatives, einem Tochterunternehmen von Arthur Guinness Son & Co. (Park Royal) Ltd., veröffentlicht und von Norris Dewar McWhirter (* 1925) und seinem Zwillingsbruder Alan Ross McWhirter (1925-75) herausgegeben. Bis April 1997 wurden mehr als 81 Mio. Exemplare in 37 Sprachen abgesetzt.

Die höchste Auflage für die Erstausgabe eines schöngeistigen Buches liegt bei 2,8 Mio. Exemplaren. Damit startete der US-amerikanische Verlag Doubleday den Roman *The Rainmaker* von John Grisham.

Die höchste Lizenzsumme für ein deutschsprachiges Buch in den USA erzielte im Frühjahr 1996 der Aufbau-Verlag, als er die Rechte für die amerikanische Ausgabe der Tagebücher des Romanisten Victor Klemperer, *Ich will Zeugnis ablegen bis zum letzten,* für 550 100 Dollar (etwa 840 000 DM) an den New Yorker Verlag Random House verkaufte.

Schriften und Bücher

Handgeschriebene Schriften: In 201 verschiedenen Schriften hat Claude Raoul Buchli (CH) seinen Namen geschrieben – ohne Computerhilfe. Dazu gehören auch Keilschriften, Hieroglyphen und Kurzschriften.

Längstes deutsches Anagrammgedicht: Anagramme sind Buchstabenumstellungen eines Wortes oder einer Wortfolge. Thomas Brunnschweiler aus Dornach (CH) meldete im Januar 1997 ein Anagramm-Gedicht, das aus 234 Permutationen (Zeilen) des Titels „Herrgott und Teufel“ besteht. Die letzten Zeilen lauten:

Gott flerret: „Nu he du,
flott, der gruene Hut!"
Uhrenerde, Luftgott,
Erdteufel ruh'n. Gott
drehet Guruflotten
fort. – Du, Hegel turnet!

Eine Kurzgeschichte der besonderen Art hat Nikolai Kultyapov aus Nischnij Nowgorod (Rußland) geschrieben: Jedes Wort der 16 000 Wörter umfassenden Geschichte *Olgas Insel* beginnt mit dem Buchstaben „O“.

Das größte Kunstlexikon publizierte der Verlag Macmillan in London (GB) nach vierjähriger Arbeit von 6700 Autoren aus aller Welt im Oktober 1996. Die Enzyklopädie umfaßt 34 Bände mit 26 Mio. Wörtern, 15 000 Abbildungen, 40 000 Stichwörtern und 650 000 Verweisen.

Das kleinste Kochbuch trägt den Titel *Was ißt und trinkt man in Tirol* und ist 20 x 20 mm groß. Es enthält 50

Agatha
Christie hat ihre Leser mit Miss Marple erobert. Sie ist die meistgelesene Autorin.

Claude Raoul Buchli

Claude

Raoul Buchli ist federführend: Seinen Namen schreibt er in 201 verschiedenen Schriften.

Rezepte des Gastwirts Josef Theiner und wurde 1984 in 200 ledergebundenen Ausgaben gedruckt.

Das größte Buch mißt 3 x 4 m, hat 34 Seiten mit je 200 kg Gewicht und wurde von dem Architekten Pascal Metz für den Verleger Privat in Toulouse (F) hergestellt.

Das dickste gedruckte Buch wurde von Peter Troendle aus Basel in der Schweiz hergestellt. Der Einband mißt nur 5 x 4,5 cm, doch das Gesamtwerk besitzt einen Umfang von stolzen 2,75 m.

Den ersten Buchdeckel aus Beton im DIN-A4-Format ziert ein Betonrelief (30,5 x 23 cm) des Schweizer Bildhauers Bruno Weber. Das Buch über das Werk des Künstlers wiegt 4 kg.

Autoren

Die meisten Romane veröffentlichte der Brasilianer José Carlos Ryoki de Alpoim Inoue (* 1946). In der Zeit vom 1. Juni 1986 bis August 1996 erschienen von ihm 1046 Titel.

Der Roman mit den meisten Autoren wurde geschrieben von 103 Studenten unter Leitung eines einzigen Professors an der Universität Frankfurt/Main. Titel des 141-Seiten-Krimis: *Bockenheimer Bouillabaisse*, erschienen 1997. Seitenleistung: 1,368932038 pro Autor.

Die fleißigste Autorin: Die literarische Produktion von Enid Mary Blyton (Darrell Waters, 1898-1968) läßt sich nur schwer beziffern, aber man nimmt an, daß sie ca. 600 Kinderbücher geschrieben hat – 59 davon im Jahr 1955. Ihre Bücher wurden in 165 Sprachen übersetzt.

Die meistgelesene Autorin der Welt ist Agatha Christie (1890-1976). Sie hat 78 Kriminalromane geschrieben, die in 44 Sprachen übersetzt und bisher in schätzungsweise 2 Mrd. Exemplaren verkauft wurden.

Die meistgelesene Autorin der Gegenwart ist Barbara Cartland mit 635 Titeln in 30 Sprache. Gesamtauflage: 650 Mio. Exemplare.

Die meisten Sonette: 2928 Gedichte verfaßte der in Zürich (CH) lebende polnische Schriftsteller Jan Stanislaw Skorupski vom 1. Januar 1995 bis 12. Juni 1997, jeweils in Polnisch und Esperanto.

Meistübersetzte deutsche Schriftsteller sind die Märchensammler Jacob und Wilhelm Grimm, deren Werke Übersetzungen in 108 Sprachen erreichten.

Der fleißigste Tagebuchschreiber ist Eberhard Lindner (* 1923) aus Bonn (D), der von 1930 bis März 1997 in 261 Bänden auf 47 596 Seiten handschriftlich und mit 65 641 Bildern sein Leben dokumentiert hat.

Die älteste Autorin war Sarah Louise Delany. Als ihr Buch *The Delany Sisters' Book of Everyday Wisdom* im Oktober 1994 erschien, war sie 105 Jahre alt. Ihre Schwester und Co-Autorin war 103. Sarah Louise Delany starb im September 1995.

л Бухли

Barbara

Cartland macht Auflage rund um den Globus: 650 Mio. Exemplare in 30 Sprachen.

Stephen

King, der König des Grauens, mit Rekordumsätzen: allein 26 Mio. Pfund für vier Titel.

Vorhang auf

Theater und Ballett

Der älteste aktive Bühnenschauspieler ist Johannes Heesters (* 1903), der von Mai 1996 bis August 1997 auf Tournee 250mal die Hauptrolle in dem Drei-Stunden-Stück *Ein gesegnetes Alter* von Curth Flatow spielte. Er feierte mit diesem Stück zugleich sein 75jähriges Bühnenjubiläum.

Der ausdauerndste Mime: Der Japaner Kanmi Fujiyama (* 1929) hat von November 1966 bis Juni 1983 die Hauptrolle einer einzigen Komödie 10 288mal gespielt.

Am längsten als zweite Besetzung engagiert war die 79jährige Nancy Seabrooke, die am 12. März 1994 aus dem Ensemble des Theaterstücks *The Mousetrap* (Die Mausefalle) von Agatha Christie ausschied, nachdem sie in 15 Jahren für 6240 Vorstellungen als Zweitbesetzung der Mrs. Boyle aufgestellt worden war.

Die längste Zeit in einem Bett auf der Bühne verbrachten Jessica Tandy (1909-94) und Hume Cronyn (* 1911). Nach der Premiere 1951 spielte das Schauspielerehepaar die an das Bett gebundenen Charaktere in Jan de Hartogs *The Fourposter* zwei Jahre lang.

Die ältesten Amphitheater stammen aus dem 5. Jh. v. Chr. Das größte bekannte Amphitheater jener Zeit stand in Megalopolis in Mittelgriechenland. Sein Zuschauerraum hatte eine Höhe von 23 m und eine Kapazität von mehr als 17 000 Personen.

Im ersten aus Stein gebauten Theater in Rom, das 55 v. Chr. errichtet

Im Spitzentanz

nach oben: Margot Fonteyn und Rudolf Nurejew (oben), Ex-Traumpaar des Balletts.

wurde, fanden 40 000 Zuschauer Platz. Das steinerne Theater auf der Akropolis von Athen (GR) wurde um 330 v. Chr. erbaut.

Das größte Amphitheater der Welt ist das Kolosseum in Rom (I), das im Jahr 80 n. Chr. von Titus eingeweiht wurde. Mit einer Fläche von 2 ha und Platz für 87 000 Zuschauer hatte das einstige Amphitheatrum Flavium eine Ausdehnung von 187 m Länge und 175 m Breite.

Das älteste erhaltene Theatergebäude in Deutschland ist das 1603-05 erbaute Ottoneum in Kassel. Theateraufführungen fanden dort allerdings nur bis 1613 statt. Heute ist das Naturkundemuseum der Stadt darin untergebracht.

Die ältesten Theater in Österreich, in denen noch gespielt wird, sind das Schloßtheater von Schönbrunn in Wien, das am 4. Oktober 1747 eröffnet wurde, und das Stadttheater Grein in Oberösterreich, das 1791 erbaut wurde.

Das größte ausschließlich für Theateraufführungen gebaute Theater ist das Perth Entertainment Centre in Westaustralien, das am 26. Dezember 1974 für 8,3 Mio. australische Dollar (ca. 17 Mio. DM) mit einer Kapazität von 8500 Plätzen fertiggestellt wurde. Die Bühnenfläche ist 1148 m² groß.

Die Bühne

war und ist sein Leben: Johannes Heesters spielt mit 94 Jahren jeden Abend 3 Std. lang. Als 19jähriger hat er davon nur träumen können.

Das größte Theater in Deutschland und gleichzeitig auch Opernhaus ist das Nationaltheater in München mit 2100 Plätzen.

Das größte Theater in Österreich ist das Neue Festspielhaus in Salzburg. Es verfügt über 2310 Sitzplätze (bei Opernaufführungen 2158).

Das größte Theater in der Schweiz ist das Théâtre de Beaulieu in Lausanne mit 1824 Sitzplätzen.

Die größte Freilichtbühne liegt südlich von Salzburg an der österreichisch-deutschen Grenze. Auf einem Areal von 1270 x 250 m wird am Barmstein ganzjährig musiziert.

Die größte Seebühne befindet sich in Bregenz am österreichischen Ufer des Bodensee. Alljährlich im Juli und August finden hier die *Bregenzer Festspiele* statt.

Die größte Bühne besitzt das Hilton-Theater im Reno Hilton in Reno, Nevada (USA): 53,36 x 73,4 m, mit drei Hauptaufzügen, mit denen jeweils bis zu 1200 Mitwirkende (oder 40 t) auf die Szene gehoben werden können, zwei Drehbühnen mit einem Umfang von 19,1 m und 800 Scheinwerfern.

Das kleinste Theater ist das Piccolo-Theater im Hamburger Stadtteil Altona. Dieses 1970 gegründete Profitheater verfügt über 30 Plätze vor der Minibühne mit 3,75 x 2,75 m.

Das berühmteste Laientheater sind die *Passionsspiele* von Oberammergau (D). Seit 1634 werden sie alle zehn Jahre von nahezu 1400 einheimischen Erwachsenen und 400 Kindern (das sind mehr als ein Drittel aller Einwohner) aufgeführt. Das Festspielhaus hat über 5000 Plätze. Eine Aufführung dauert etwa 8:30 Std.

Das Stück, das am längsten ohne Unterbrechung gespielt wird, ist *The Mousetrap (Die Mausefalle)* von Agatha Christie (1880-1976). Dieses Kriminalstück hatte am 25. November 1952 im Londoner Ambassadors Theatre (453 Plätze) Premiere und zog dann nach 8862 Aufführungen am 25. März 1974 ins St Martin's Theatre um. Am 9. Mai 1997 gab es die 18 503. Vorstellung. Mehr als 9 Mio. Besucher haben *Die Mausefalle* gesehen. Einnahmen: 20 Mio. Pfund (nach heutigem Kurswert etwa 57 Mio. DM).

Das am längsten gespielte Stück: Seit 1936 spielt, zwar nicht ununterbrochen, aber in jeder Saison aufs neue, das Guild-Theater in Vicksburg, Mississippi (USA), das Melodram *Gold in the Hills* (Gold in den Bergen) von J. Frank Davis.

Das kürzeste Theaterstück trägt den Titel *Breath* (engl.: Atem), ist 30 Sek. lang und wurde von Samuel Beckett 1969 geschrieben. Ein atemberaubendes Vergnügen.

Die meisten Vorhänge im Ballett gab es für das Traumpaar Margot Fonteyn (1919-91) und Rudolf Nurejew (1938-93) im Oktober 1964 nach einer Aufführung von *Schwanensee* in der Wiener Staatsoper. 89mal öffnete sich der Vorhang.

Die größte Besetzung an Ballett-tänzern hatte 1962 eine Inszenierung in der Royal Albert Hall, London (GB). Im London Coster Ballet unter der Leitung von Lilian Rowley wirkten 2000 Personen mit.

Weltbühne

Teuerstes

Musical in Deutschland ist *Miss Saigon*. Die Inszenierung kostet 20 Mio. Mark.

Musical

Der größte Musical-Veranstalter in Deutschland ist die Stella AG in Hamburg, verantwortlich für die Rekorderfolge von *Cats*, *Phantom der Oper*, *Miss Saigon*, *Starlight Express*, *Les Misérables*, *Joseph* und, zusammen mit Walt Disney Productions, seit Dezember 1997 für *Die Schöne und das Biest* in Stuttgart. Rund 400 Mitarbeiter vertrieben 1997 über 3,5 Mio. Tickets.

Das erfolgreichste Broadway-Musical ist *Cats* des Komponisten Andrew Lloyd Webber; Uraufführung: 11. Mai 1981 im New London Theatre. 1983 erhielt *Cats* den Tony Award – „Oscar" für Musicals – für das „beste Musical", das „beste Buch", die „beste Lichtregie", die „besten Kostüme", die „beste Partitur" und die „beste Regie". Allein im New London Theatre erlebte *Cats* bis Mitte 1997 über 6500 Aufführungen. Seit Juni 1997 übertrifft *Cats* auch den Rekord als das am längsten gespielte Musical in der Geschichte des Broadway.

Das kürzeste Musical heißt *Die Heiratsannonce* mit 7,24 Min. Spieldauer. Am 6. Dezember 1992 wurde es uraufgeführt. Idee: Hans-Joachim Wolfram, Musik: Günther Fischer, Songtexte: Max Beinemann.

Das erfolgreichste Musical in Deutschland ist (Stand August 1997) das seit 1988 in Bochum laufende *Starlight Express* mit 6,3 Mio. Besuchern. Auf den nächsten Plätzen liegen *Cats* (Hamburg, 1986) 4,9 Mio. Besucher, *Phantom der Oper* (Hamburg, 1990) 5,2 Mio., *Miss Saigon* (Stuttgart, 1994) 1,2 Mio.

Das teuerste Musical in Deutschland ist *Miss Saigon*. Die Inszenierung kostet 20 Mio. DM. Auf den nächsten Plätzen liegen mit 18 Mio. DM *Phantom der Oper* und mit jeweils 15 Mio. DM *Sunset Boulevard* und *Les Misérables* und *Starlight Express* mit 13 Mio. DM.

Das erfolgreichste Kinder- und Jugendstück in Deutschland: *Linie 1* von Volker Ludwig (Text) und Birger Heymann (Musik), das am 30. April 1986 in Berlin vom Grips-Theater uraufgeführt und von 86 Bühnen im deutschen Sprachraum nachgespielt wurde.

Sensationell

sind die Darbietungen der Tänzerinnen im Friedrichstadtpalast in Berlin.

Das größte Verlustgeschäft mit einem Musical machten die amerikanischen Produzenten des von der britischen Royal Shakespeare Company aufgeführten Musicals *Carrie*, das am 17. Mai 1988 am New Yorker Broadway nach fünf Vorstellungen abgesetzt wurde. Kosten: 7 Mio. Dollar (damals etwa 11,5 Mio. DM).

Die meisten Vorbestellungen für ein Musical erlebte *Miss Saigon* von Cameron Mackintosh, das im April 1991 am New Yorker Broadway Premiere hatte. Ehe sich der Vorhang zum ersten Mal hob, waren im Vorverkauf schon 36 Mio. Dollar (etwa 61 Mio. DM) eingenommen.

Die meisten Revue-Aufführungen, 47 250 bis zum April 1986, erlebte *The Golden Horseshoe Revue* (Das goldene Hufeisen) im Disneyland Park von Anaheim in den USA. Am 16. Juli 1955 hatte die Show Premiere, beendet wurde sie am 12. Oktober 1986 (etwa 16 Mio. Besucher).

Das größte deutsche Varieté ist der neue Friedrichstadtpalast in der Friedrichstraße 107 in Berlin. Am 27. April 1984 wurde das Revuetheater nach dreijähriger Bauzeit neu eröffnet. Das Bauwerk ist eine 110 m lange, 80 m breite und 20 m hohe Stahlbetonkonstruktion mit einem 32 m hohen Bühnenturm und bietet in seinem großen Saal 1900 Zuschauern Platz. Die Bühne ist 24 m breit und mit allen technischen Finessen ausgestattet.

Oper

Das größte Opernhaus der Welt ist die Metropolitan Opera in New York City (USA) mit 4065 Plätzen. Die Bühne ist 70 m breit und 45 m tief.

Das größte Opernhaus in Deutschland ist die Deutsche Oper in Berlin mit 1900 Sitzplätzen, 1961 erbaut. Die Fassade ist 200 m lang und 38,4 m hoch.

Die meisten Plätze einer Oper in Deutschland hat das Nationaltheater in München, die Bayerische Staatsoper. Mit Partitur- und Galeriestehplätzen sind es 2100 Plätze.

Das größte Opernhaus in Österreich ist die Wiener Staatsoper, 1861-69 erbaut, 1945 schwer zerstört und bis 1955 wiederaufgebaut. Das Haus besitzt einen der größten Bühnenräume der Welt mit ca. 1700 m^2 Bühnenfläche und einer Gesamthöhe von 53 m. Der Fassungsraum des Auditoriums beträgt 2209 Plätze einschließlich 567 Stehplätzen.

Hitverdächtig

seit Dezember 1997 in Stuttgart: die Walt Disney-Produktion *Die Schöne und das Biest.*

Das größte Opernhaus in der Schweiz steht in Genf. Es wurde 1879 erbaut, brannte 1951 ab und wurde nach dem Wiederaufbau 1962 wiedereröffnet. Die Genfer Oper hat 1498 Plätze.

Die längste Oper ist *The Heretics* von Gabriel von Wayditch (1888-1969), einem Amerikaner ungarischer Abstammung. Sie ist für ein 110 Instrumente starkes Orchester konzipiert und dauert 8:30 Std.

Die erste Oper war *La Dafne* von Jacopo Peri (1561-1633). Sie wurde 1597 während des Karnevals in Florenz uraufgeführt. Das Libretto ist vorhanden, die Partitur ging im Laufe der Jahrhunderte verloren.

Die erste deutsche Oper ist *Daphne*, geschrieben von Heinrich Schütz (1585-1672) im Jahr 1627. Von ihr existiert nur noch der Text.

Das meistverkaufte Album mit klassischer Musik ist *In Concert* mit den drei Tenören José Carreras, Placido Domingo und Luciano Pavarotti, von dem 5 Mio. Exemplare abgesetzt wurden. Mit dem Video ergibt sich eine Gesamtauflage von 12 Mio.

Die jüngste Opernsängerin war Jeanette Gloria („Ginetta") La Bianca (* 1934 in Buffalo, USA), die am 8. Mai 1950 im Teatro dell' Opera in Rom (I) im Alter von 15 Jahren, 361 Tage im *Barbier von Sevilla* in der Rolle der Rosina sang.

Der älteste Opernsänger war der ukrainische Bassist Mark Reizen (* 1895): Er sang an seinem 90. Geburtstag die Partie des Fürsten Gremin in Peter Tschaikowskis *Eugen Onegin*.

Den längsten Applaus bei einer Opernaufführung erreichte Placido Domingo (* 1941). Dem Startenor applaudierten die Zuhörer am 30. Juli 1991 nach einer *Othello*-Aufführung an der Wiener Staatsoper 1:20 Std. lang (101 Vorhänge). ▮ Noch mehr Vorhänge, nämlich 165, in jedoch nur 1:07 Std., erreichte Luciano Pavarotti (* 1935) am 24. Februar 1988 nach einer *Liebestrank*-Aufführung an der Deutschen Oper Berlin.

Lange

Beine bilden die längste Reihe von 332 Revuegirls: im Musical *A Chorus Line.*

Im Takt bleiben

Lieder und Konzerte

Das längste Konzert dauerte vom 6. April 1997, 17 Uhr, bis 12. April 1997, 21 Uhr. Gespielt haben Bands, Orchester und Solomusiker im Rahmen der Bottroper Akkordeonferien (D) unter der Leitung von Rolf Donner.

Die meisten Konzerte: Innerhalb von 9 Std. tourte die Band *Cool Feet* aus Luxemburg am 10. November 1996 durch fünf Städte und gab dort jeweils ein Konzert.

Das älteste Lied ist der *Schaduf*-Gesang, der seit Jahrtausenden an den von Menschen angetriebenen Eimerbaggern zur Bewässerung der Wassermühlen am Nil (Saqiyas) in Ägypten gesungen wird.

Als das älteste deutsche Liebeslied darf das Lied *All mein Gedanken* gelten, das sich bereits im *Lochamer Liederbuch* findet, einer Sammlung von Minneliedern (14. und 15. Jh.).

Das bekannteste Weihnachtslied in aller Welt ist das aus Österreich stammende *Stille Nacht, heilige Nacht* von 1816. Es wurde in 230 Sprachen übersetzt. Der Originaltext stammt von dem Hilfsprediger Joseph Mohr, die Melodie vom Organisten Franz Gruber.

761

Akkordeons spielen auf: das größte Orchester seiner Art, zusammengetrommelt 1996.

Das meistverbreitete Weihnachtslied auf Schallplatten ist *White Christmas* von Irving Berlin. Geschätzte Zahl der verkauften Singles dieses Titels: über 200 Millionen.

Chorlieder: 120 Advents- und Weihnachtslieder hat der österreichische Musikpädagoge Hubertus Auer (* 1913) aus Salzburg im Laufe von 20 Jahren komponiert, dazu 240 Lieder nach Gedichten klassischer und moderner Lyrik.

Die größte private Musikwunschliste mit 4578 Titeln (Stand: März 1997) hat Dr. Hans-Rudolf Beierlein (* 1936) aus Erftstadt-Lechenich (D) zusammengetragen.

Die älteste Nationalhymne ist die japanische *Kimigayo*, deren Text aus dem 9. Jh. stammt. Der Musik nach ist allerdings die niederländische die älteste Nationalhymne der Welt.

Die kürzesten Nationalhymnen sind die von Japan, Jordanien und San Marino, die jeweils nur vier Zeilen umfassen. Elf Nationalhymnen kommen völlig ohne Text aus. Unter ihnen ist die spanische die älteste (1770).

Der älteste deutschsprachige Kirchenchoral ist Martin Luthers (1483-1546) *Ein' feste Burg ist unser Gott.*

Die bekanntesten deutschen Kirchenlieddichter sind Paul Gerhardt (1607-76) im 17. Jh. und im 18. Jh. Gellert, Klopstock und Claudius.

Das längste Kirchenlied ist *Hora novissima tempora pessima sunt; vigilemus* von Bernhard von Cluny (12. Jh.) mit 2966 Zeilen.

Chöre und Orchester

Das größte Akkordeonorchester spielte am 1. September 1996 mit 761 Instrumenten auf dem Stadtplatz von Regen, Bayern (D), organisiert vom Musikforum Bayerwald.

Der größte Shantychor: 15 000 Hamburger sangen am 28. September 1996 im Hafen zum 100jährigen Geburtstag des Windjammers *Rickmer Rickmers* drei bekannte Shanties.

Die meisten Pianisten fanden sich am 27. April 1996 in der Settlement Music School in Philadelphia, Pennsylvania (USA), zusammen. 88 spielten gleichzeitig an 44 Klavieren.

407

Weihnachtsmänner und -frauen stimmen sich auf die Festtage ein. Alle Jahre wieder in Bremen.

5 Gigs in 9 Std.

in 5 verschiedenen Städten: Die Band *Cool Feet* bekam keine kalten Füße.

6 Tage und 4 Std.

dauerte das längste Konzert – auf den Bottroper Akkordeonferien vom 6.-12. April 1997.

Das älteste existierende Orchester ist die Sächsische Staatskapelle Dresden. Dieses Orchester wurde am 22. September 1548 von Kurfürst Moritz von Sachsen gegründet.

Das erste moderne Sinfonieorchester – im wesentlichen aus vier Gruppen bestehend: Holzbläser, Blechbläser, Schlaginstrumente und Streicher – wurde 1743 am Mannheimer Hof des pfälzischen Kurfürsten Karl Theodor gegründet.

Die längste Zusammenarbeit mit einem Orchester: Aloys Fleischmann (1910-92) mit dem Sinfonieorchster Cork (Irland) von 1935 bis 1992, 57 Jahre.
▮ Seit Juli 1947 dirigiert Ludwig Haller (* 1928) den Handharmonikaclub Staffelbach (CH).

Das größte Didgeridoo-Treffen fand am 7. Dezember 1996 in Graz (A) statt. 93 Spieler bliesen auf ihren australischen Holzrohren.

Der längste Kanon wurde in 6:03 Std. ohne Unterbechung von 416 Musikern der Musikschulen der Region Hannover (D) am 9. September 1995 gespielt.

Die größte Guggenmusikkapelle mit 1162 Musikern spielte am 1. September 1996 beim 1. Internationalen Guggenmusiktreffen in Enzklösterle/Poppeltal, Baden-Württemberg (D).
▮ Die größte Laienguggenmusik fand am 6. Februar 1994 in Schwäbisch Gmünd, Baden-Württemberg (D), dem Mekka der Guggenmusik, statt. 3000 Besucher intonierten gemeinsam zwei schrill klingende Lieder.

Das größte Mundharmonikaorchester: 202 Kinder spielten am 23. November 1996 in Bornheim-Hersel (D) zusammen mit ihrer Leiterin Agnes Frielinghaus ein Weihnachtslied.

Das größte Russische-Hörner-Ensemble: Auf 19 dieser eintonigen, ventillosen Hörner spielt das Bergmusikkorps Saxonia Freiberg e.V., Sachsen (D), seit 1995.

Außergewöhnliche Stimmen: 1850 wurden bis zu 653 Dollar für eine Karte zu den USA-Konzerten von Johanna („Jenny") Maria Lind (1820-87), die schwedische Nachtigall, bezahlt. Ihre Stimme, deren Mittelregister noch heute als unübertroffen gilt, hatte eine Reichweite von g bis e'''.

15 000

Hamburger sangen zum 100. Schiffsgeburtstag: größter Shantychor.

▮ Dan Britton aus Branson, Missouri (USA), ist in der Lage, die Note E° (18,84 Hz) hervorzubringen.
▮ Richard Deutsch aus Rosenheim (D) verfügt über einen Stimmumfang von vier Oktaven und zwei ganzen Tönen. Er bringt als tiefsten Ton das Kontra-As und das dreigestrichene C als höchsten Ton.
▮ Den tiefsten Ton, das A in der Subkontraoktave, sang Jakob Erich aus Nonnenhorn (D) am 18. Juni 1995 beim Frühlingsfest in Bregenz.

Der größte Weihnachtsmannchor: 407 Weihnachtsfrauen und -männer sangen am 21. Dezember 1996 in Bremen (D) die schönsten Weihnachtslieder. Daß auch jeder Rotrock seinen gefüllten Jutesack mit sich führte, dafür sorgte der Verein City Ring Vegesack.

Hast du Töne?

Instrumente

Das früheste noch existierende Hammerklavier wurde 1720 in Florenz von Bartolomeo Cristofori (1655-1731) aus Padua (I) gebaut, zu sehen im Metropolitan Museum of Art in New York City (USA).

Das größte historische Cembalo stammte vom Hamburger Instrumentenmacher Hieronymus Albrecht Hass, um 1740 gebaut. Es hat drei Manuale, fünf Saitenbezüge, sechs Springerreihen und verschiedene Koppelmöglichkeiten.

Die größte Querflöte ist die Subkontrabaßflöte in C mit einer Gesamtlänge von ca. 5,10 m und einer Höhe von bis zu 2,80 m.

Die längste Handharmonika mit 10,34 m stellten Mitglieder des Handharmonika-Clubs Albtal aus St. Blasien, Baden-Württemberg (D), am 15. September 1996 vor.

Das größte und lauteste Musikinstrument, das je gebaut wurde, ist die Auditoriumsorgel in Atlantic City, New Jersey (USA). Das Instrument (1930) hat zwei Spieltische, einen mit sieben Manualen und einen weiteren beweglichen mit fünf, 1477 Registerzüge und 33 112 Pfeifen von 4,7 mm bis 19,5 m Größe, wobei es die Lautstärke von 25 Blaskapellen bei einem Umfang von sieben Oktaven erzeugt.

Die größte historische Orgel der Welt ist die von 1689 bis 1693 gebaute Arp-Schnitger-Orgel in der Hauptkirche St. Jacobi in Hamburg (D).

Die größte elektronische Orgel steht in Rothenburg ob der Tauber (D), erbaut von Bo Hanus und Hannelore Hanus-Walther. Mit 122 Stimmen, 45 Fußlagen, 305 Tasten und fünf Manualen können 80 215 Töne gleichzeitig erklingen.

Die größte Kirchenorgel der Welt befindet sich im St.-Stephans-Dom in Passau (D). Die Pfeifenorgel wurde 1924-28 von D. F. Steinmeyer & Co. eingebaut und 1977-80 von Orgelbaumeister L. Eisenbarth, Passau, umgebaut und erweitert. Sie besteht aus Hauptorgel, Chororgel, Epistelorgel, Evangelienorgel und Fernorgel. Im ganzen besitzt das Instrument 231 Register, 17 388 Pfeifen und 134 Glocken.

Die größte Freiluftorgel ist die Heldenorgel im Bürgerturm der Festung Geroldseck, hoch über Kufstein am Inn, Tirol (A). Sie wurde 1931 erbaut, 1970/71 erweitert und verfügt jetzt über vier Manuale und 4307 Pfeifen. Schallöffnungen im Festungsturm ermöglichen es, das Orgelspiel 13 km weit klingen zu lassen.

Die kleinste spielbare Pfeifenorgel, ein Portativ (eine tragbare Orgel, auf der man mit der rechten Hand spielt, während die linke den Blasebalg betätigt), hat der Berliner Orgelbauer Andreas Hermert (* 1963) gebastelt. Die mit einer Pinzette spielbare Mini-Orgel (48 x 33 x 11 mm) ist mit einer funktionsfähigen Mechanik, acht Pfeifen aus Messingröhrchen und einem zweifachen Blasebalg ausgestattet.

Die kleinste spielbare Geige hat Valentin Britzmann (* 1960) aus Rüfenacht, Kärnten (A), konstruiert. Im Maßstab 1:6 aus Fichten- und Nußholz und mit einer Minilänge von 15,3 cm.

Das größte Blechinstrument ist eine 2,28 m hohe Kontrabaßtuba mit 11,8 m langer Schallröhre und einem Schalltrichter von 1 m Durchmesser. Entwickelt für den amerikanischen Komponisten John Philip Sousa (1854-1932) um 1896-98.

Die größte Akustikgitarre ist 8,66 m lang und 97,2 cm tief und eine maß-

Erklingen

werden 13 Instrumente, wenn Erwin Giessler sein einzigartiges Epifon anstimmt.

Maßschneidern

die längste Handharmonika von 10,34 m: Bastler aus St. Blasien (D).

33 112

Pfeifen und 1477 Registerzüge hat die Auditoriumsorgel in Atlantic City (USA) – größtes und lautestes Instrument.

stabgetreue Vergrößerung der im Oxforder Ashmolean Museum aufbewahrten klassischen Gitarre von Antonio Stradivari.

Der größte Kontrabaß war 4,26 m hoch und wurde 1924 von Arthur K. Ferris in Ironia, New Jersey (USA), hergestellt. Der Baß wog 590 kg mit einem Resonanzboden von 2,43 m Breite und hatte lederne Saiten von insgesamt 31,7 m Länge. Die tiefsten Töne konnten nicht gehört, sondern nur gefühlt werden.

Musiker

Vielseitigster Musiker Deutschlands ist Eugen Pajonczek (* 1936) aus Bremen. Er macht nachweislich Musik auf allem, was klingt: Bis März 1997 kam er auf 64 Musik- und Klanginstrumente, darunter auch Flaschen und ein Luftballon.

Die längste Musikerkarriere war die der rumänischen Pianistin Cella Delavrancea (1887-1991), die ihr letztes öffentliches Konzert, das mit sechs Zugaben endete, im Alter von 103 Jahren gab.

Der schnellste Orgelspieler ist Thomas Boos aus Zürich (CH). Er spielte am 17. November 1996 in der Pfarrkirche Amden die Toccata der 5. Sinfonie von Charles Marie Widor in 1:14 Min. und erreichte dabei mit der rechten Hand eine Anzahl von 2005 Anschlägen pro Minute.

Am Keyboard das höchste Tempo erreichte Edgar Weiland aus Homberg, Hessen (D), als er am 15. März 1997 in 48 Sek. die Polka *Tanzende Finger* (ohne Trio) ohne Baß- und Akkordautomaten spielte.

Der finanziell erfolgreichste Pianist war Wladziu Valentino Liberace (1917-87, USA). Er hat innerhalb einer Saison von 26 Wochen mehr als 2 Mio. Dollar (3,4 Mio. DM) verdient. Seine Spitzengage von 138 000 Dollar bekam er 1954 für einen einzigen Abend im Madison

Musizieren
seit 1926: *The Singing Webers Quartet*, 4 Brüder aus den USA.

Flötespielen
kann Eugen Pajonczek neben weiteren 64 Instrumenten.

Square Garden, New York City (USA).

Der produktivste Dirigent war der Österreicher Herbert von Karajan (1908-89), der 35 Jahre lang die Berliner Philharmoniker leitete und unter dessen Stabführung mehr als 800 Plattenaufnahmen aller wichtigen Werke entstanden sind.

Der vermögendste Sänger war der italienische Tenor Enrico Caruso (1873-1921), dessen Besitz sich auf 9 Mio. Dollar (damals 37,8 Mio. Goldmark) belief.

Die längste Karriere als Pianist hatte der in Amerika lebende Pole Mieczyslaw Horszowski (1892-1993). Sein offizielles Debüt gab er 1902 mit Beethovens erstem Klavierkonzert. Noch 1991 konzertierte er drei Wochen vor seinem 99. Geburtstag.

Die älteste, noch aktive Musikergruppe sind The Singing Webers, vier Brüder im Alter von 84 bis 92 Jahren, die bereits im Jahr 1926 anfingen, öffentlich aufzutreten.

Der ausdauerndste Conga-Spieler ist der Hammelburger Norbert Schaub. Er trommelte 19:06 Std. vom 29. Juli auf den 30. Juli 1994.

Der erste Unterwasserpercussionist dürfte Markus „Pitti" Hecht aus Hannover sein, seit er am 7. Juni 1990 auf einem Muränenriff vor Fuerteventura 30 m uNN eine Stunde lang auf einer Conga trommelte.

Unterwasser-Trompete: 59 Sekunden blies Gerd Keck aus Rheinau (D) am 22. Februar 1997 während einer „Wetten, daß ...?"-Show unter Wasser, ohne Luft zu holen. Dabei erklang die Melodie *Trompetenecho.*

Dirigieren
konnte Herbert von Karajan im Schlaf. Er war der Produktivste unter seinen Kollegen.

Das magische Auge

Raumfahrten

konnten mit dem Planar 1:07 von Carl Zeiss gedreht werden. Brennweite 50 mm. Lichtstärkstes Objektiv.

Die größte Fotomesse findet alljährlich in Köln (D) statt. Auf der Photokina 1996 vom 17. bis 23. September stellten 1610 Firmen aus 45 Ländern aus, 166 000 Besucher aus 134 Ländern wurden registriert.

Die größte Camera obscura (Lochkamera) befindet sich im Foredown Tower in Hove, East Sussex (GB). Sie hat eine Blende von 30,48 cm und eine Mattscheibe mit einem Durchmesser von 91 cm.

Ungewöhnlichste Fotochronik: Von 1900 bis 1942, also mehr als vier Jahrzehnte lang, fotografierte der Berliner Richard Wagner sich und seine Frau am Heiligabend per Selbstauslöser vor geschmücktem Baum und Gabentisch. Fast fünfzig Jahre nach ihrem Tod wurden die Bilder von der Berlinerin Birgit Jochens entdeckt, im Heimatmuseum Charlottenburg ausgestellt und 1996 als Buch veröffentlicht.

Die größte Menschenfoto-Galerie: 400 000 Personen, alle deutlich erkennbar, wurden auf 35 m² Fläche aus 441 Einzelfotos vom 17. bis 21. Februar 1997 auf der Didacta '97 in Düsseldorf von der Firma BIG SHOTS aus Aalen, Baden-Württemberg (D), präsentiert.

Das längste Gruppenfoto mit einer Person stellte Martin Liebscher aus Frankfurt, Hessen (D), am 31. Oktober 1996 digital her. Er selbst ist auf dem 37 m langen und 30 cm breiten Bild 205mal abgebildet.

Die größte Polaroidgalerie präsentierte der Schweizer Kanton Schaffhausen 1995 in St. Gallen (CH). Mit 40 383 Aufnahmen auf 400 m² zeigten die Einwohner von Schaffhausen, was in

ihrer Stadt und in der näheren Umgebung zu sehen ist.

Das längste Dia stellte ein Team der Fachhochschule Köln unter der Leitung von Prof. Jaroslav Poncar im Frühjahr 1995 her. Die 50u95 m langen Flachreliefs des Tempels von Angkor Vat (Kambodscha) wurden jeweils auf einem einzigen Dia-Filmstreifen aufgenommen. Für dieses Relief von 95 m Länge ergab das ein Dia von 2,39 m im 70-mm-Kinofilmformat. Der Abbildungsmaßstab ist 1:40.

Das größte Farbfoto der Welt ist eine 587,52 m² messende Vergrößerung einer Panorama-Aufnahme des Engadin mit dem Silvaplaner See (CH). Das aus 136 Bahnen à 120 x 3,6 m entstandene 360-Grad-Rundum-Panorama des Fotografen Emil Schulthess wurde vom Fotolabor Stutz Foto-Color-Technik AG, Bremgarten (CH), 1984/85 vergrößert.

Das größte Foto aus Einzelfotos entstand aus 1600 Polaroidaufnahmen der Gäste beim Fest des Art Directors Club am 27. Februar 1993 in Düsseldorf. Die 5,4 x 7,3 cm großen Bilder wurden von Götz Schwan und Heiner Schmitz im Auftrag des Magazins *STERN* mosaikartig zu einem fiktiven Marilyn-Monroe-Titel (nach Andy Warhol) montiert. Das Cover hatte die Maße 3,65 x 2,7 m.

Längstes Negativ: 712,5 x 25,4 cm. Es wurde von Thomas Bleich aus Austin, Texas (USA), am 6. Mai 1992 mit einem 26,7-cm-Objektiv von Turner-Reich und einer *Kodak-10-Cirkut*-Kamera belichtet, als er in Austin 3500 Konzertbesucher auf Film bannte.

Die größte Kamera ist die 27 t schwere *Rolls-Royce*-Kamera von 1956. Sie ist 2,69 m hoch, 2,51 m breit, 14,02 m lang und verfügt über eine 160 cm f 15 *Cooke-Apochromat*-Linse. Sie gehört der britischen BdC Holdings Ltd. und ist einsatzfähig.

Die größte Linse hat eine Brennweite von 8,45 m, einen Durchmesser von 1,372 m, wiegt 215 kg und wurde von der britischen Firma Pilkington-Spezialglas hergestellt. Durch die große Brennweite kann man normalgroße Schriftzüge noch aus einer Entfernung von über 12 m lesen.

Die kleinste Kamera hat Dietrich Cura (* 1933) aus Hamburg (D) 1955 in einen Ring eingebaut. Sie hat einen Durchmesser von 13 mm und ist 8 mm hoch. Bei einer Brennweite von 5 mm sind die Negative 3,5 mm breit. Sie können 15fach vergrößert werden, und unter einer Briefmarke haben 42 Negative Platz.

Die kleinste handelsübliche Fotokamera ist das japanische Fabrikat *Petal*. Sie ist kreisförmig, 1,65 cm dick und hat einen Durchmesser von 2,9 cm und eine Brennweite von 12 mm.

Die kleinste funktionstüchtige Kleinbildkamera baute 1994 in 400 Std. Gerhard Lehner aus Wien (A). Die Miniatur (30 mm hoch, 37 mm breit, 20 mm tief) der *Leica* von 1913 funktioniert wie das große Vorbild.

Fotochronik

der besonderen Art. Vier Jahrzehnte lang fotografierte der Berliner Richard Wagner sich und seine Frau am Heiligabend vor dem Baum. Die Bilder wurden 1996 als Buch veröffentlicht.

Die kleinste funktionstüchtige Balgenkamera wurde 1989 von William Pocklington aus Ascot (GB) gebaut. Die Konstruktion aus Streichhölzern und Messingbeschlag ist gebrauchsfertig – das heißt, auf ein zusammenlegbares Stativ montiert – 150 mm hoch. Ausgeklappt hat der Kamerakörper die Maße 34 x 34 x 50 mm, wenn er zugeklappt ist, lediglich 34 x 34 x 19 mm.

Die schnellste Fotokamera wurde vom Blackett-Laboratorium in London gebaut, um Hochleistungslaser zu erforschen. Sie kann bis zu 33 Mrd. Bilder pro Sekunde registrieren.

Das schnellste Serienmodell ist die *Imacon 675* der Firma Hadland Photonics aus Bovingdon, Hertfordshire (GB), die bis zu 600 Mio. Bilder pro Sekunde aufnehmen kann.

Das lichtstärkste Objektiv wurde von Carl Zeiss, Oberkochen (D), entwickelt. Mit diesem Planar 1:0,7, Brennweite 50 mm, konnten alle Aufnahmen der Apollo-Raumfahrt und Filmaufnahmen von bewegten Szenen bei Kerzenlicht gedreht werden, so etwa in dem Film *Barry Lyndon* vom Regisseur Stanley Kubrick.

Eine 360-Grad-Panorama-Kamera hat Hermann Schlüter aus Bramstedt, Schleswig-Holstein (D), konstruiert. Die rotierende „Rundum"-Kamera kann mit einer Aufnahme 62,5 Prozent des Raumes erfassen.

Das vielseitigste Stativ hat Waldemar Kliewer aus Steinau, Nordrhein-Westfalen (D), entwickelt. Es läßt sich zu 15 verschiedenen Stativen mit insgesamt über 75 Umbaumöglichkeiten umgestalten. Es hat ein Gewicht von 1000 g und eine variable Arbeitshöhe von 18 bis 1190 mm.

Größter Fotoklau: Die Fotografie, von der vermutlich weltweit die meisten Raubkopien existieren, ist das 1963 entstandene Schwarz-Weiß-Foto *Stute mit Fohlen* (schwarze Stute mit weißem Fohlen) des Hamburger *Stern*-Fotografen Peter Thomann. Entdeckt hat er sein Foto als Buchcover, auf Bierdeckeln, bei Ausstellungsplakaten und als Reklame für diverse Gestüte im In- und Ausland.

Das größte Fotoalbum stellte das Braunschweiger Unternehmen deko küchler im Auftrag der *Peiner Allgemeinen Zeitung* und des Werbe-Interessen-Rings Peine, Niedersachsen (D), am 5. Oktober 1991 vor. Das 68 kg schwere Album mit je 2,4 m Höhe und aufgeklappter Breite wurde mit 2643 Urlaubs- und Erinnerungsfotos Peiner Frauen und Männer bebildert.

Erster Hinweis auf ein fotografisches Bild ist ein Brief, den Claude Niepce (1763-1828), einer der Erfinder der Fotografie, am 19. Juli 1822 an seinen Bruder Joseph (1765-1833) geschrieben hat. Er erwähnt darin eine fotografische Platte von Papst Pius VII., die in Gras bei Châlon-sur-Saône (F) entstanden ist.

Die erste Fotografie in Deutschland stellten der Mineraloge Franz von Kobell (1803-75) und der Physiker Carl August von Steinheil (1801-70) her. Am 13. April 1839 präsentierten sie ihre Versuchsergebnisse der Bayerischen Akademie der Wissenschaften in München. Der französische Maler Jacques Daguerre (1787-1851), der weltweit als Erfinder der Fotografie gilt, gab sein Verfahren erst vier Monate später bekannt.

Die früheste Luftaufnahme der Welt wurde 1858 von Gaspard Félix Tournachon aus einer Montgolfiere über dem Örtchen Villacoublay (F) aufgenommen. Berühmt wurde er unter dem Namen Nadar (1820-1910) als Gründer eines fotografischen Ateliers und als erster Fotograf, der seine Arbeiten zu einer Kunstgattung erhob.

Der teuerste Kamerasatz der Welt stammt von der Firma Nikon, Tokio (J). Er besteht aus insgesamt 29 Kameras, 90 Objektiven und 659 Zubehörteilen mit einem Gesamtwert von rund 443 000 DM.

Die erste Kamera in Österreich wurde am 1. August 1841 in Wien von Voigtländer & Sohn vorgestellt.

Gruppenfoto

mit nur einer Person. Martin Liebscher produzierte das längste: Ein Selbstporträt.

Gentechnologie

Die chemische Speicherform der Erbinformationen ist bei allen Lebewesen die Desoxyribonukleinsäure oder DNA. Sie befindet sich bei höheren Lebewesen im Zellkern jeder Zelle, bei Bakterien liegt sie frei in der Zelle vor. Die DNA ist in Abschnitte unterteilt, die Gene genannt werden und präzise Codes für jede Körpereigenschaft enthalten. Aufbau der DNA: Eine verdrillte Strickleiter, wobei vier verschiedene Bausteine (Nukleotide) charakteristische Basenpaare und so die Sprossen der Leiter bilden.

Gene sind Bauanleitungen für Eiweiße (Proteine). Bakterien haben wenige 1000, Tiere und Pflanzen 100 000 bis 200 000 Gene.

▮ Der genetische Code ist die Sprache, in der diese Bauanleitungen geschrieben sind.

Eiweiße (Proteine) sind die Funktionsträger in den Zellen jedes Lebewesens. Sie werden anhand des genetischen Codes aus 20 verschiedenen Aminosäuren aufgebaut und steuern zum Beispiel den Stoffwechsel.

Die DNA einer menschlichen Körperzelle wäre, wenn man die verdrillte Strickleiter auseinanderdrehen würde, 2 m lang. Da eine Zelle jedoch nur etwa 0,01 mm groß ist, liegt das Erbmaterial im Zellkern platzsparend verpackt in Form von 46 Chromosomen vor.

Wichtige Stationen auf dem Weg zur Gentechnik waren u. a. 1944 die Entdeckung der DNA durch Avery, die Entdeckung der dreidimensionalen DNA-Struktur (Doppel-Helix) durch Wilkens, Watson und Crick 1953, die Entschlüsselung des genetischen Codes durch Matthei und Nirenberg 1961-66 und die Entdeckung von Restriktionsenzymen 1970.

Gentechnik ist die Neukombination von Genen im Labor: DNA-Stücke eines Lebewesens werden in die DNA eines anderen eingebaut.

Das erste gentechnische Experiment wurde 1973 durchgeführt, als Maus-DNA auf Bakterien übertragen wurde.

Geklont

wurde das Schaf *Dolly*, das 1997 gesund zur Welt kam. 270mal mußten die Wissenschaftler ihr Experiment wiederholen, bis es gelang.

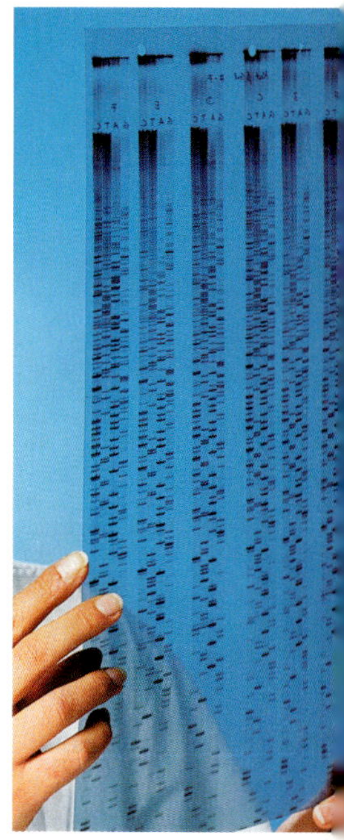

Genetischer

Fingerabdruck. Die Anordnung bestimmter DNA-Stücke ergibt für jede Person ein charakteristisches Muster.

Das Gentechnik-Gesetz regelt in Deutschland das gentechnische Arbeiten zu Forschungs- und Produktionszwecken einschließlich Freisetzungen. Es wurde 1990 verabschiedet und 1993 novelliert.

Das „Haustier" der Gentechnologen ist das auch den Menschen bewohnende Darmbakterium *Escherichia coli.* Für die Verwendung in der Gentechnik wurden spezielle Stämme gezüchtet.

Der Malaria-Erreger *Plasmodium falciparum* besitzt ein Genom mit 30 Mio. Basenpaaren. Am Sanger Centre bei Cambridge (GB) sind 20 000 Bausteine auf einem der 14 Chromosomen des Einzellers sequenziert worden. Die Forscher hoffen, durch Entschlüsseln des Erbgutes neue Strategien gegen die Malaria zu finden.

Das Bakterium *Bacillus subtilis* könnte zu einer Quelle neuer Antibiotika werden. Ein Konsortium von 38 Ländern hat die 4000 Gene untersucht: Einige davon produzieren Proteine mit antibakterieller Wirkung.

Knock-out-Mäuse sind speziell gezüchtete Versuchstiere, die in der Grundlagenforschung zur Klärung menschlicher Krankheiten eingesetzt werden. Es dauert ein Jahr, bis ein neuer Stamm etabliert ist. Die Kosten: ca. 100 000 DM. 1000 Stämme gibt es.

Gentherapie ist eine Behandlungsmethode, bei der leukämiekranken Patienten die defekten Knochenmarkzellen entnommen werden. Diesen Zellen wird eine intaktes Gen eingepflanzt. Die Patienten erhalten die behandelten Zellen zurück.

Das erste kommerzielle Unternehmen im Bereich der Gentechnik war die

1976 gegründete Firma Genentech aus San Francisco, Kalifornien (USA).

Pflanzenzucht mit Gentechnik zielt heute überwiegend auf die Verbesserung der Anbaueigenschaften ab. Vor allem die Widerstandsfähigkeit gegen schädliche Insekten, Pilz-, Bakterien- und Viruskrankheiten und gegen Unkrautvernichter sind von Bedeutung. Auch die Produktqualität wird beeinflußt, z. B. der geringere „Matschfaktor" bei Gen-Tomaten. Es gibt bereits 16 zugelassene, gentechnisch veränderte Pflanzensorten.

Die erste gentechnisch veränderte Nutzpflanze im Handel war die sogenannte *Flavr-Savr-Tomate* 1994 in den USA. Sie besitzt eines ihrer Gene zusätzlich in umgekehrter Orientierung. Dadurch wird das Enzym, das für das Weichwerden der Tomate durch den Abbau der Zellwände zuständig ist, fast nicht mehr gebildet – die Gen-Tomate bleibt länger fest.

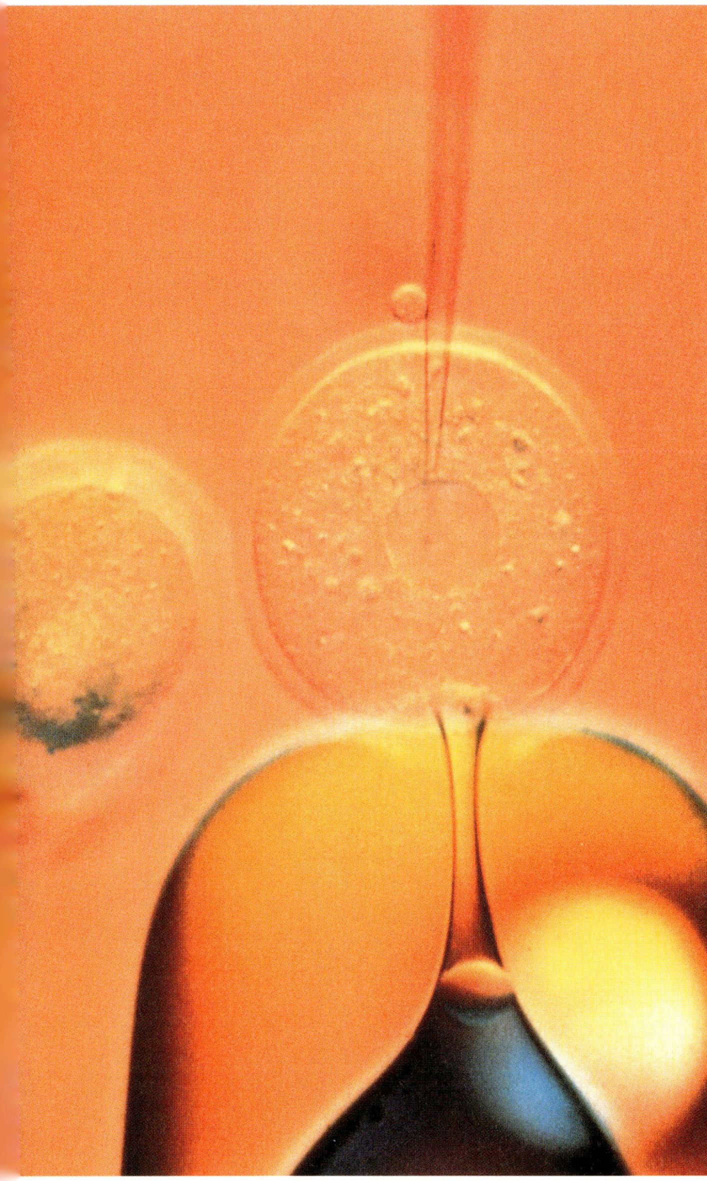

Entwickelt

wurden Mikropipettenröhrchen aus Glas für die intrazellulare Arbeit an lebenden Zellen. Tausendfach dünner als ein Menschenhaar.

Freisetzungen von gentechnisch gezüchteten Pflanzen erfolgten erstmals 1986 in den USA mit Tabak, in Deutschland erst 1989 mit Petunien. Weltweit sind über 2000 Versuche mit mehr als 40 Pflanzenarten durchgeführt worden. Einige sind seit 1994 im Handel: Tomaten, Mais, Raps, Baumwolle, Papaya, Soja und Kürbis.

Der erste kommerzielle Anbau der herbizidresistenten Sojabohne 1996 in den USA hat durchschnittlich zu einem um 25 Prozent reduzierten Einsatz von Unkrautvernichtungsmitteln geführt. Für die Farmer war das so rentabel, daß 1997 statt 2 Prozent im letzten Jahr schon 15 Prozent aller Farmer diese Sojasorte anbauten.

Ein natürliches Abwehrsystem wurde einer Maissorte eingesetzt, und zwar ein Eiweiß eines Bakteriums, das bei Aufnahme durch bestimmte Insekten auf diese tödlich wirkt. Raupen, die an den Maispflanzen fressen, sterben ab. Der Einsatz von Pflanzenschutzmitteln wird dadurch überflüssig.

In der milchverarbeitenden Industrie gehen über 80 Prozent der Produktionsausfälle auf das Konto von Viren, die die zur Sauermilch- und Joghurterzeugung notwendigen Milchsäurebakterien befallen und abtöten. Die gentechnische Entwicklung von virusresistenten Milchsäurebakterien ist weit fortgeschritten.

Gezüchtet:

mehr als 40 Pflanzenarten nach gentechnischem Verfahren, so auch Raps.

Kalorienreduziertes Bier kann seit 1992 für den Verkauf in England auch mit einer gentechnisch veränderten Hefe gebraut werden. Die Hefe baut bestimmte Kohlenhydrate ab, die nicht mehr vergoren werden können und zusätzliche Kalorien liefern. Ein Drittel der Kalorien wird so eingespart. Kommerziell ist das Bier ein Flop: zu geringe Nachfrage.

Die Kennzeichnung von gentechnisch veränderten Lebensmitteln erfolgt EU-weit nach der am 17. Januar 1997 verabschiedeten Novel-Food-Verordnung. Sie sieht die verständliche und einheitliche Kennzeichnung aller neuartigen und gentechnisch veränderten Lebensmittel vor.

Blitzsaubere Wäsche: Enzyme in Waschmitteln stammen heute fast ausschließlich aus gentechnisch optimierten Bakterien. Manche Waschmittel enthalten sogar schon gezielt veränderte Enzyme, die unter den gegebenen Bedingungen wie Temperatur oder pH-Wert besonders gut arbeiten und Verschmutzungen lösen.

Ein Klon ist eine Gruppe völlig erbgleicher Individuen, die durch Zellteilung, Knospung oder Jungfernzeugung entstanden ist. Eineiige Zwillinge sind ein natürlicher Klon.

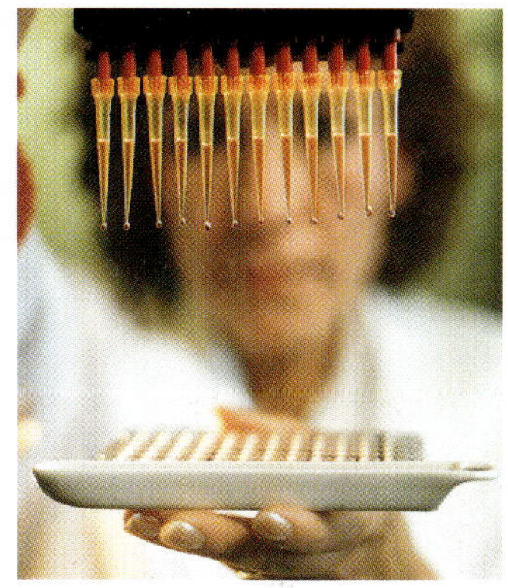

Gentechnisch

hergestellte Proteine. Tropfen für Tropfen. Made by BASF.

Die ersten geklonten Schafe wurden im März 1996 der Öffentlichkeit in Edinburgh (GB) präsentiert. Die damals 9 Monate alten walisischen Bergschafe *Meg* und *Mog* sind aus einer vervielfältigten Zellkultur im Labor am Roslin-Institut in Edinburgh entstanden und absolut identisch.

Das erste aus vollausgereiften Körperzellen geklonte Lebewesen war das Lamm *Dolly*, das 1997 zur Welt kam. Vollausgereifte Körperzellen enthalten die Erbinformation eines erwachsenen Tieres – im Gegensatz zum Klonen mit Keimzellen, wie das bei *Meg* und *Mog* der Fall war. 270mal mußten die Forscher am Roslin-Institut in Edinburgh ihr Experiment wiederholen, bis *Dolly* gesund zur Welt kam.

Karpfen, Forelle und Lachs werden in naher Zukunft die ersten gentechnisch veränderten Tiere sein, die auf den Markt kommen. Ihnen wurden Hormon-Gene anderer Fische eingesetzt, die das Wachstum beschleunigen sollen.

Von Lasern & Pendeln

Foucault,

der französische Physiker, bewies 1850 durch Pendelversuche die Rotation der Erde. Das längste Foucaultsche Pendel ist aus Messing und Blei, 79,474 kg schwer und 98,9 m lang. Das Stahlpendel (links) wiegt 32 kg. Beide hingen im Gasometer in Oberhausen.

Der schnellste Halbleiter: Von einer kleinen elektrischen Spannung wurden Elektronen auf 144 km/s gebracht. Physikern in Rehovot (Israel) ist dies 1997 im Rahmen der Entwicklung des reinsten Kristalls gelungen. Schnellere Halbleiter ermöglichen leistungsfähigere Chips.

Das längste Foucaultsche Pendel mit 98,9 m Länge und 79,474 kg Gewicht wurde am 10. Oktober 1995 von Burkhard Stieglitz aus Wuppertal (D) im Gasometer zu Oberhausen aufgehängt. Anfangs schwang das Pendel 12 m, nach 3 Std. waren noch Pendelausschläge zu sehen, die die Erdrotation erkennen ließen.

Schneller als die Lichtgeschwindigkeit: 1995 haben Gunter Nimtz und Mitarbeiter (Universität Köln) ein Signal – Mozarts 40. Simfonie – über eine Distanz von 12 cm mit dem 4,7fachen der Lichtgeschwindigkeit übertragen – über einen Tunneleffekt, ein Phänomen der Quantenphysik.

Die höchste Temperatur, die auf der Erde erzeugt werden konnte, beträgt 510 000 000 °C. Sie entstand am 27. Mai 1994 im Tokamak-Kernfusions-Testreaktor im Plasmaphysik-Laboratorium der Universität Princeton, New Jersey (USA), mit einem Deuterium-Tritium-Plasma.

Die höchsten Temperaturen in Verbrauchsgütern entstehen in Hochdruckentladungslampen, wie sie beispielsweise in Stadien benutzt werden: Gastemperaturen zwischen 5000 und 6000 °C.

Tiefste Temperatur: Absolute Temperaturen werden vom absoluten Nullpunkt aus gerechnet, der bei 0 K (Kelvin) oder minus 273,15 °C liegt. Der absolute Nullpunkt bei 0 K ist grundsätzlich nicht erreichbar. US-Wissenschaftlern um Eric Cornell vom National Institute of Standards and Technology gelang es 1995, Rubidium-Atome auf 200 Milliardstel Kelvin abzukühlen.

▮ Der Tiefsttemperaturrekord für feste Körper liegt bei drei Millionstel Kelvin, im Frühjahr 1996 aufgestellt von einem Team um Frank Pobell von der Universität Bayreuth (D) mit einem 32 g schweren Stück Platin.

Höchste Supraleitungstemperatur: Im Mai 1993 gelang es im Laboratorium für Festkörperphysik in Zürich (CH), eine Sprungtemperatur von minus 140,7 °C zu erreichen. Bei dieser Temperatur geht der elektrische Widerstand auf Null zurück. Das hierfür verwendete Material ist ein Mischoxid aus Quecksilber, Barium, Calcium und Kupfer ($HgBa_2Ca_{2.3}Cu_2O_{1+x}$).

Die heißeste Flamme läßt sich mit Kohlensubnitrid (C_4N_2) erzeugen, das laut Berechnungen bei dem Druck von einem bar eine Temperatur von 4988 °C erzeugt.

Der hitzebeständigste Werkstoff ist Ultra Hightech Starlite oder NFAAR, erfunden von Maurice Ward (* 1932). Wie im April 1993 bekannt wurde, verträgt das Material zeitweise Plasmatemperaturen von etwa 10 000 °C.

Höchstes Vakuum: Die Japaner K. Odaka und S. Ueda erzeugten im Januar 1991 in einer Kammer aus rostfreiem Stahl ein Vakuum von 7×10^{-11} Pa.

Der höchste Ton mit einer Frequenz von 60 GHz (60 Mrd. Schwingungen/s) wurde von einem Laserstrahl hervorgerufen, der auf einen Saphirkristall traf. Das Experiment fand im Massachusetts Institute of Technology, Cambridge (USA), im September 1964 statt.

Das stärkste Geräusch waren 210 Dezibel oder 400 000 akustische Watt, erzeugt in einem Laboratorium der NASA in Huntsville, Alabama (USA), 1965 auf einem 14,6 m langen Stahl- und Beton-Teststand mit 18 m tiefen Fundamenten.

Den stillsten Raum der Welt mit den Abmessungen 10,67 x 8,5 m hat das Laboratorium des Bell-Telephone-System-Konzerns in Murray Hill (USA). Es ist der echofreieste Raum der Welt. 99,98 Prozent des reflektierten Schalls werden ausgeschaltet.

Das längste Echo in einem Gebäude dauert 15 Sek. Es tritt nach dem Schließen der Tür der Kapelle des Mausoleums in Hamilton, Strathclyde (GB), auf. Das Bauwerk stammt aus dem 19. Jh. (1840-55).

Geringste Viskosität: Das California Institute of Technology (USA) gab am 1. Dezember 1957 bekannt, daß flüssiges Helium II, das nur bei Temperaturen nahe dem absoluten Nullpunkt vorkommt (minus 273,15 °C), keine meßbare Zähflüssigkeit besitzt, mithin als reibungsfreie Flüssigkeit bezeichnet werden kann.

Geringste Reibung: Den kleinsten statischen und dynamischen Reibungskoeffizienten aller Festkörper weist das Schmiermittel Hi-T-Lube, hergestellt von General Magnaplate Co., Linden, New Jersey (USA), mit 0.03 auf.

Der höchste anhaltende Labordruck beträgt 170 GPa. Das meldeten im Juni 1978 Wissenschaftler des geophysikalischen Laboratoriums des

Carnegie-Institut

in Washington mit geophysikalischem Labor: Dort stellten Wissenschaftler fest, daß der höchste anhaltende Labordruck 170 GPa beträgt.

Carl Zeiss

fertigt den Ring-Laser-Kreisel. Das Gerät tauchte 1997 in eine unterirdische Höhle auf Neuseeland ab: zwecks Messung der Erdrotation.

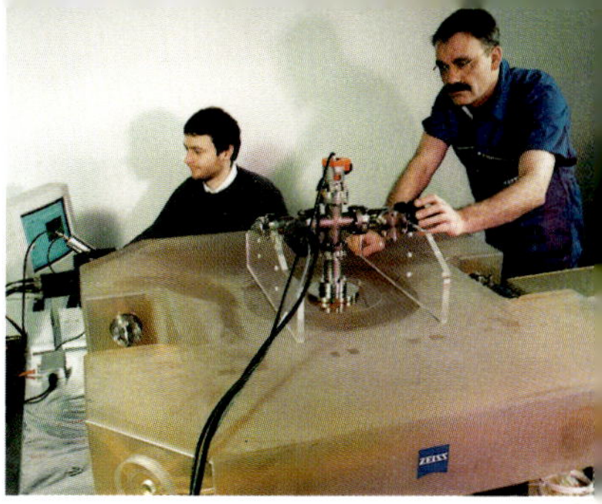

Carnegie-Instituts in Washington (USA). Momentane Drücke von 7000 GPa wurden, wie 1958 aus den USA berichtet, mit Hilfe dynamischer Methoden und Aufschlaggeschwindigkeiten von 29 000 km/h erreicht.

Den dünnsten Draht haben Nanowissenschaftler von der Universität Glasgow, Schottland (GB), entwickelt. Ihre im Februar 1995 hergestellten Nickeldrähte haben einen Durchmesser von 3 Nanometern (3 Millionstel Millimeter).

Der stärkste elektrische Strom wurde im April 1996 von Wissenschaftlern am Oak Ridge National Laboratory (USA) erzeugt. Sie sandten 2 Mio. A/cm^2 durch ein supraleitendes Kabel. In Haushalten gibt es weniger als 1000 A/cm^2.

Die höchste Geschwindigkeit eines festen Gegenstands wurde 1980 mit 150 km/s mit einer Plastikscheibe im Marineforschungslabor von Washington (USA) erzielt.

■ Die höchste Geschwindigkeit für „schwere Geschosse" haben 1994 Physiker im Sandia-Laboratorium, New Mexico (USA), mit 15,8 km/s erzielt.

Die höchste laborerzeugte Stromspannung war 32 ± 1,5 Mio. Volt am 17. Mai 1979 durch die National Electrostatics Corporation in Oak Ridge, Tennessee (USA).

Der schwerste Magnet der Welt hat einen Durchmesser von 60 m, wiegt 36 000 t und gehört zum 10-GeV-Synchrophasotron im Unionsinstitut für Kernforschung von Dubna in Moskau (Rußland).

Die größte wissenschaftliche Radarstation befindet sich in Jicamarca (Peru) und erstreckt sich auf einer Fläche von 84 000 m².

Dünnstes Glas: Unter der Typenbezeichnung *D263* stellt die Deutsche Spezialglas AG in Grünenplan ein Glas her, das minimal nur 0,025 mm, maximal 0,035 mm stark ist. Anwendungsgebiete: die Medizintechnik und Elektronik.

Schärfster Gegenstand und zugleich kleinste Röhre: Die schärfsten künstlich hergestellten Gegenstände sind Mikropipettenröhrchen aus Glas, die bei der intrazellularen Arbeit an lebenden Zellen Verwendung finden. Die Technik wurde von Kenneth T. Brown und Dale G. Flaming von der University of California, San Francisco (USA), entwickelt. Damit gelang 1977 die Herstellung schräg geschliffener Spitzen mit einem Außendurchmesser von 0,02 µmm und einem Innendurchmesser von 0,01 µmm. Letzterer ist 6500mal dünner als ein Menschenhaar.

Das größte geblasene Glasgefäß entstand am 26. September 1992 in Wheaton Village, Milville, New Jersey (USA), durch ein Team unter Steve Tovin. Es ist 2,3 m hoch mit einem Fassungsvermögen von 712 l.

Hi-T-Lube

ist ein Schmiermittel für Zahnräder und Gewinde. Es weist den kleinsten statischen und dynamischen Reibungskoeffizienten aller Festkörper mit 0.03 auf. Made in USA.

Feinster Schnitt: Die 13 Mio. Dollar teure Large Optics Diamond Turning Machine im Lawrence Livermore National Laboratory in Kalifornien (USA) ist seit 1983 in der Lage, ein menschliches Haar 3000mal der Länge nach zu spalten.

Laserstrahlen zum Mond: Die erste Beleuchtung eines anderen Himmelskörpers von der Erde aus gelang am 9. Mai 1962. Dies gelang mit einem optischen Maser (Abkürzung für *microwave amplification by stimulated emission of radiation*) bzw. Laser (Abkürzung für *light amplification by stimulated emission of radiation*). Das System war an einem Teleskop mit 122 cm Öffnung montiert, das vom MIT, Cambridge (USA), betrieben wurde. Es sandte ein Lichtbündel in Richtung Mond aus. Das ausgeleuchtete Gebiet auf dem Mond besaß einen Durchmesser von etwa 6,4 km.

Der leistungsfähigste Laser ist der PETAWATT im Lawrence Livermore Laboratorium, Kalifornien (USA). Am 22. Mai 1996 produzierte er Laserimpulse von $1{,}3 \times 10^{15}$ W Leistung. Fokussiert auf ein sandkorngroßes Target in der kurzen Zeitspanne von 1×10^{-12} Sek., ist die Leistung 1300mal größer als der kombinierte Output aller Kraftwerke in den USA.

Die größte Helligkeit von Laserlicht erreichten mit 10 bis 20 $Watt/cm^2$ Wissenschaftler an der Universität von Michigan (USA) mit einem Impuls eines Argon-Lasers. Der Druck im Plasma des Lasers betrug dabei 1 Mrd. Atmosphären.

Der größte Ring-Laser-Kreisel der Welt zur Messung der Erdrotation wurde im Januar 1997 in einer unterirdischen Höhle auf der Banks-Halbinsel (Neuseeland) aufgestellt. Der Körper des von Carl Zeiss, Oberkochen (D), entwickelten Lasers mißt 1,2 x 1,2 m mit einer Dicke von 180 mm und einer Masse von rund 600 kg.

Die Optik zählt

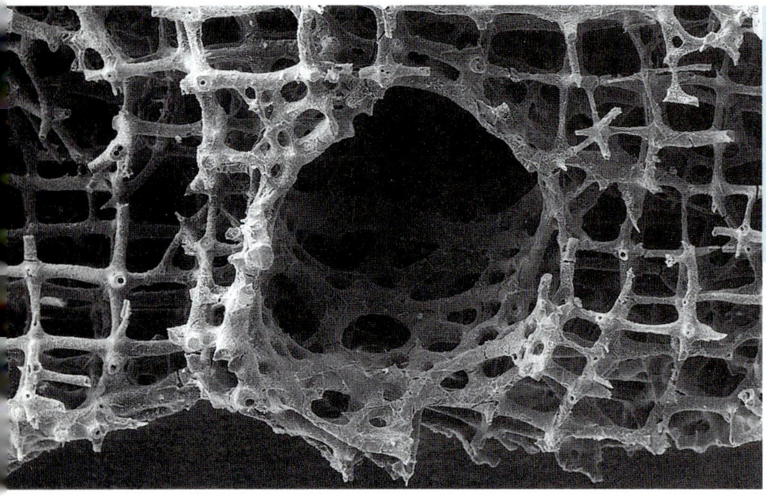

Fossilien

aus dem Oberen Weißen Jura (vor ca. 150 Mio. Jahren) sind die beiden Kieselschwammskelette links und rechts. Fundort: der Eselsberg in Ulm. Gegen Ende des Tertiärs floß die Donau dort, hundert Meter höher als heute. „Nur" 40 Mio. Jahre alt ist die 0,2 mm breite Kieselalge aus Neuseeland (ganz rechts).

Der stärkste Röntgenblitz wurde im Januar 1997 in Albuquerque (USA) mit einer Leistung von 40 Billionen Watt erzeugt. Das entspricht der 30fachen Leistung aller Kraftwerke, die es zur Zeit auf der Erde gibt.

Die dauerhafteste Glühbirne soll es bei der Feuerwehr in Livermore, Süd-Alameda County, Kalifornien (USA), geben. Während eine gewöhnliche Birne 750 bis 1000 Std. hält, brennt diese 5-W-Kohlenfadenlampe schon seit 1901.

Kürzester Lichtblitz: Im April 1988 gelang es Charles V. Shank und seinen Mitarbeitern in den AT&T-Laboratorien in New Jersey (USA), einen Lichtblitz von nur 6 Femtosek. (6×10^{-15} Sek.) Dauer zu erzielen. Der Lichtblitz enthielt drei oder vier Wellenlängen des sichtbaren Lichts.

Das kleinste Loch: Löcher mit Durchmessern von 3,16 Ångström ($3{,}16 \times 10^{-10}$ m) wurden mittels einer chemischen Methode in die Oberfläche von Molybdändisulfid gebohrt. Dies gelang mit einem Quecksilberbohrer im Juli 1992 in München Wolfgang Heckl (Universität München) und John Maddocks (Universität Sheffield).

Die höchste Luftgeschwindigkeit mit der Machzahl 27 wurde in einem Windkanal bei den Boeing-Flugzeugwerken in Seattle (USA) erzielt.

▮ Für Mikrosekunden wurden Werte von 30 Mach (36 735 km/h) in Stoßwellenröhren in der Cornell-Universität, Ithaca (USA), gemessen.

Das kleinste Thermometer hat der Biophysiker Frederich Sachs von der Staatsuniversität von New York in Buffalo (USA) für die Temperaturmessung einzelner lebender Zellen entwickelt. Durchmesser der Spitze: 1 Mikrometer, was einem Fünfzigstel eines Menschenhaares entspricht.

Das größte Barometer hat eine Gesamthöhe von 16,8 m, konstruiert 1994 von Benny Dierckx, Jan Geerts und Marc Gommé im Stedelijk Lyceum Borgerhout (Belgien). Es erreichte eine Normalhöhe von 13,58 m, das entspricht dem Normaldruck von 760 mm Quecksilber.

▮ Das größte dauerhaft installierte Barometer hat eine Gesamthöhe von 13 m, gebaut 1991 von Alan Mills und John Pritchard, Universität Leicester (GB).

Die schnellste Zentrifuge: Die höchste künstlich erzeugte Drehzahl und damit die größte Rotationsgeschwindigkeit sind 7250 km/h, erzielt im Januar 1975 an der Universität Birmingham (GB) bei Experimenten mit einem konischen, 15 cm langen Kohlefaserstab in einem Vakuum.

Das leistungsfähigste Mikroskop ist das Scanner-Tunnelmikroskop, 1981 in den Züricher IBM-Laboratorien entwickelt. Es verfügt über eine 100millionenfache Vergrößerung und kann noch Größen von einem Hundertstel eines Atomdurchmessers (3×10^{-10} m) auflösen.

Das stärkste Ultraschallmikroskop arbeitet durch Abtasten von Objekten mit Schallwellen sehr hoher Frequenz: 500 Mio. bis 1 Mrd. Schwingungen in der Sekunde. Es wurde 1980 entwickelt von der Stanford-Universität Kalifornien (USA).

Das kleinste Mikroskop ist so winzig, daß man ein Mikroskop braucht, um es zu sehen; auf einem Siliziumchip aufgebaut, mißt es nur 200 Mikrometer im Durchmesser. Das von Noel MacDonald, Yang Xu und Scott Miller 1995 an der National Nanofabrication Facility der Cornell-Universität in Ithaca, New York (USA), entwickelte Mikrogerät basiert auf dem Prinzip des Scanner-Tunnelmikroskops und kann 10 000mal leistungsfähiger sein als dieses.

Das kleinste Lichtmikroskop wiegt weniger als 5 g, ist 40 mm lang, 12 mm breit und 4 mm stark. Es wurde 1996 konstruiert und gebaut von J. Greschner aus Berlin (D).

Das kleinste Lineal wurde 1994 von John McCaffrey und Jean-Marc Baribeau am Institut für Mikrostrukturforschung am National Research Council in Kanada entwickelt, um Längen unter einem Elektronenmikroskop zu messen. Zehn Lineale hintereinandergelegt entsprechen dem Durchmesser eines menschlichen Haares.

Das kleinste Mikrofon wurde 1967 von Ibrahim Kavrak von der Universität Istanbul (Türkei) für Druckmessungen in Flüssigkeitsströmungen entwickelt. Es hat einen Frequenzbereich von 10 Hz bis 10 kHz und mißt nur 1,5 x 0,76 mm.

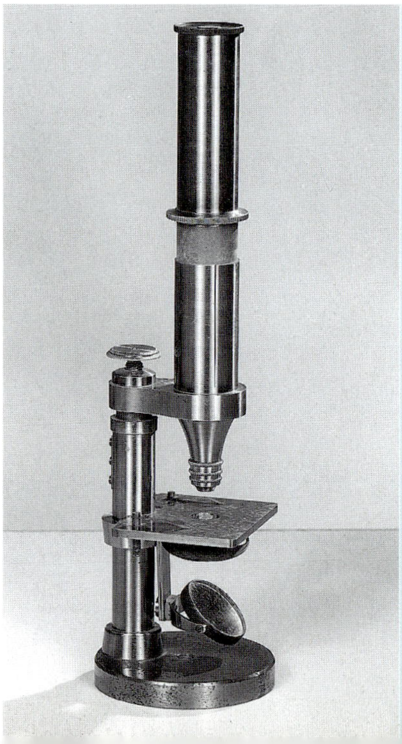

Mikrowelt

ganz groß unter dem Mikroskop. Das Modell links stammt aus der Zeit vor der Jahrhundertwende aus der Werkstatt von Carl Zeiss in Jena. Eines der modernsten ist das Operationsmikroskop MKM mit Navigationshilfen (rechts). Im Optischen Museum von Carl Zeiss in Oberkochen sind rund 2000 optische Instrumente ausgestellt.

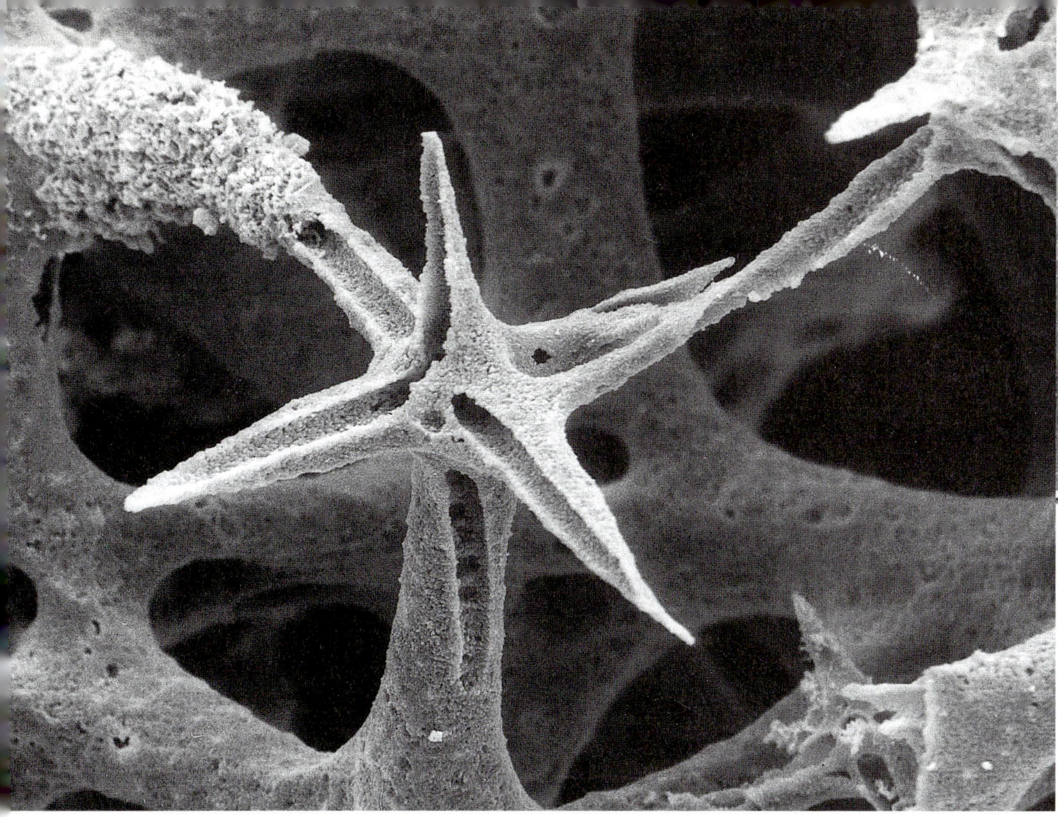

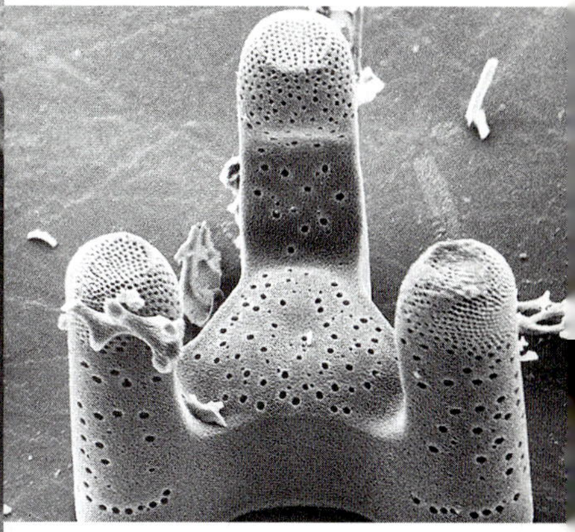

Das kleinste optische Prisma mit Kantenlängen von 0,01 mm, mit dem bloßen Auge kaum erkennbar, wurde 1989 im National Institute of Standards and Technology in Boulder, Colorado (USA), hergestellt.

Die kleinste Pumpe transportiert durch Druckschwankungen Gase und Flüssigkeiten; sie ist 7 x 10 mm groß und wurde 1994 am Kernforschungszentrum Karlsruhe (D) entwickelt. Kernstück ist eine hauchdünne Membran aus Polyimid, ein bis 400 °C hitzebeständiger Kunststoff.

Die exakteste Waage der Welt ist das Sartorius-Modell 4108 aus Göttingen (D). Damit können Gegenstände bis zu 0,5 g mit einer Genauigkeit von 0,01 ng (gleich 0,000 000 001 g) gewogen werden.

Der größte Teilchenbeschleuniger, am 13. November 1989 im Europäischen Kernforschungszentrum CERN in Meyrin bei Genf (CH) in Betrieb genommen, hat seit Sommer 1996 eine deutlich erhöhte Leistung. Die Elektronen und Positronen können jetzt mit Energien bis zu jeweils 80 Mrd. Elektronenvolt (später sogar mit 95 Mrd.) aufeinanderprallen. Mit 27 km Umfang ist der „Große Elektronen-Positronen-Beschleuniger" (LEP) die leistungsfähigste Anlage ihrer Art und damit die größte wissenschaftliche Maschine. Die 3821 Magnete und 128 Beschleunigungsresonatoren, die die Elementarteilchen durch den Ring treiben, sind mit einer Genauigkeit von 1/10 mm angeordnet. Kosten: rund 1,5 Mrd. DM.

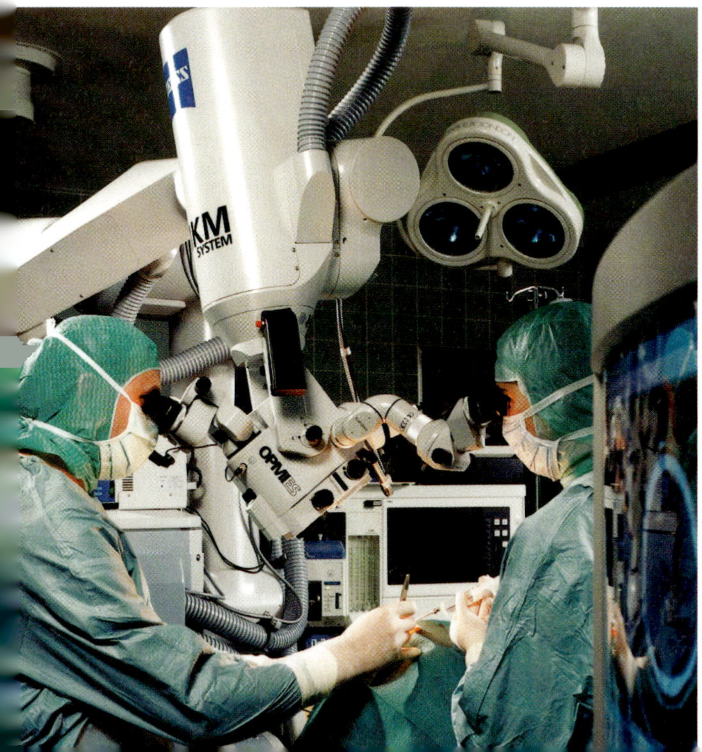

Der mobilste Roboter ist *Nomad.* In sechs Wochen zwischen Juni und August 1997 legte das Fahrzeug von der Größe eines Autos 215 km durch die Atacama-Wüste in Chile ohne Besatzung zurück. Es entdeckte auftragsgemäß einige Meteoriten, meist unter dem Boden. Entwickelt wurde der Roboter von Wissenschaftlern der Carnegie Mellon University in Pittsburgh (USA).

Kleinster Roboter der Welt ist *Monsieur,* von Seiko Epson (Japan) 1992 entwickelt. Das über Licht gesteuerte Gerät ist weniger als 1 cm^3 groß und wiegt nur 1,5 g. Es besteht aus 97 Einzelteilen und kann sich mit 11,3 mm/s über 5 Min. bewegen.

Den kleinsten Radarsender haben Wissenschaftler am britischen Natural Resources Institute entwickelt. Mit dem 3 g schweren Sender lassen sich in Bodennähe Flugbewegungen von Insekten beobachten.

Die schnellste CCD-Videokamera hat Boleslaw Stasicki zusammen mit Gerd E. A. Meier in der Deutschen Forschungsanstalt für Luft- und Raumfahrt in Göttingen (D) entwickelt. Sie kann bis zu 100 000 000 hochaufgelöste Bilder pro Sek. aufnehmen. Gewöhnliche Videokameras laufen mit 25 Bildern pro Sek.

Die schnellste Hochgeschwindigkeitskamera in Deutschland hat das Fraunhofer Institut für Werkstoffphysik und Schichttechnologie in Dresden, Sachsen (D), entwickelt. Sie nimmt 1 Mrd. Bilder pro Sek. auf.

Größte Tiefenbohrung: Das tiefste Bohrloch befindet sich nahe Zapolarny auf der russischen Halbinsel Kola. Im April 1992 erreichte man eine Tiefe von 12 262 m.

Das tiefste Eisbohrloch mit 3035,51 m liegt in Grönland, nach fünf Jahren von US-Experten im Juli 1993 erreicht. 30 km davon entfernt haben europäische Techniker eine Bohrtiefe von 2980 m erzielt. Damit wurden Eisschichten erreicht, die vor 250 000 Jahren entstanden sind. Die gewonnenen Eiskerne dienen dazu, Klimawechsel, Vulkanaktivitäten und Entwicklungen in der Atmosphäre im Verlauf der jüngeren Erdgeschichte zu erforschen.

Die tiefste Bohrung im Meeresboden mit 2111 m gelang 1993 dem Forschungsschiff *JOIDES Resolution* im Äquatorbereich des Ostpazifik.

Die kontinentale Tiefbohrung wurde bei 9101 m am 12. Oktober 1994 in Windischeschenbach (D) eingestellt. Das Vorhaben, das 528 Mio. DM teuer war, lief über insgesamt 1467 Bohrtage. Die Präzision der Bohrung ist weltweit unerreicht: Bis in die Tiefe von 7500 m betrug die Abweichung von der Vertikalen nur 15 m. Weiterer Superlativ: Die eigens konstruierte Bohranlage war die größte der Welt.

Rechenexempel 40

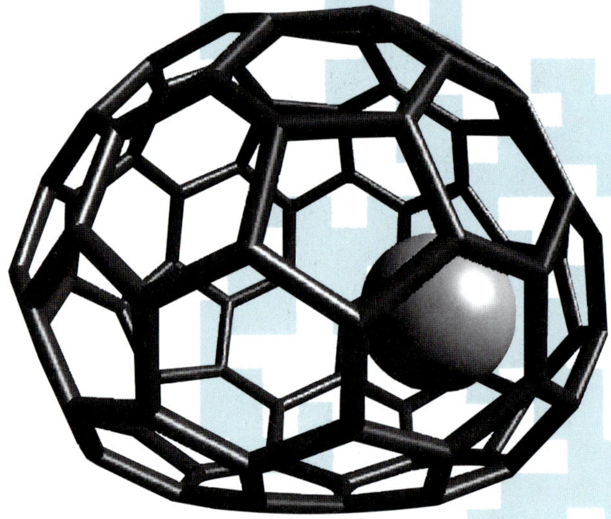

Mathematik

Das größte Fraktal hat die Arbeitsgemeinschaft „Chaos und Fraktale“ der Kooperativen Gesamtschule Leeste in Weyhe, Niedersachsen (D), im Januar 1997 hergestellt: 6561 Basisstrukturen auf Platten mit der Kantenlänge 9,60 x 9,60 m aufgebracht.

Das komplexeste Objekt in der Mathematik: Die sogenannte Mandelbrot-Menge, benannt nach Benoit Mandelbrot, ist ein optisch interessantes Produkt, das aus komplizierter Mathematik, aus der Chaos-Theorie, resultiert. Diese Theorie hat in vielen naturwissenschaftlichen Bereichen wie Flüssigkeitsmechanik, Meteorologie und Astronomie ihren Einzug gehalten. Aber auch die Volkswirtschaft oder die Linguistik profitieren von der Chaos-Theorie.

Das kleinste Präfix einer Zahl ist yoeto (y) und steht für 10^{-24} vor Maßeinheiten.

Das höchste Präfix ist Yotta (Y). Es steht für 10^{24} vor Maßeinheiten. Beide Bezeichnungen leiten sich vom griechischen „octo“ (acht) ab, für die achte Potenz von 10^{-3} bzw. 10^{3}.

Die höchste Zahl, die jemals in einem mathematischen Beweis verwendet wurde, ist ein Grenzwert, der 1977 veröffentlicht wurde und als Grahams-Zahl bekannt ist. Hierbei handelt es sich um eine Größe bei der Betrachtung von zweifarbigen Hyperwürfeln, die nur durch die von Knuth 1976 ausgearbeitete Pfeil-Schreibweise ausgedrückt werden kann.

Die Zahl 10^{100} nennt man Googol, ein Wort, das von dem neunjährigen Neffen des Mathematikers Dr. Edward Kasner (USA, * 1955) vorgeschlagen wurde. 10^{Googol} wird Googolplex genannt. Vielleicht kann man sich einen Begriff von der Größe solcher Zahlen machen, wenn man bedenkt, daß die Zahl der Elektronen im Universum 10^{87} betragen dürfte.

Kleinste und größte Primzahlen: Unter Primzahlen versteht man alle ganzen Zahlen (mit Ausnahme von 1), die nur durch sich selbst bzw. 1 teilbar sind, zum Beispiel 2, 3, 5, 7 oder 11. Die kleinste Primzahl ist 2. Die größte bekannte Primzahl (bekannt als Mersenne-Primzahl) ist $2^{1\,398\,269} - 1$. Sie wurde am 13. November 1996 von Joel Armengaud und George Woltman bekanntgegeben. Sie leiteten ein Team von Mathematikern, die per Internet verbunden waren. Die Zahl besteht aus 420 921 Ziffern und dürfte knapp 34 Seiten des *Guinness Buchs der Rekorde* füllen. Die niedrigste Nicht-Primzahl ist die 4.

Die größten Primzahlzwillinge sind 242 206 083 x 2^{38880} + 1 und 242 206 083 x 2^{38880} – 1. Jede dieser Zahlen weist 11 713 Dezimalstellen auf.

Der am meisten untersuchte Lehrsatz ist der Satz des Pythagoras. In einem 1940 erschienenen Buch *(The Pythagorean Proposition)* sind 370 verschiedene Beweise des klassischen Lehrsatzes enthalten. Einer davon stammt von dem amerikanischen Präsidenten James Garfield (1831-81).

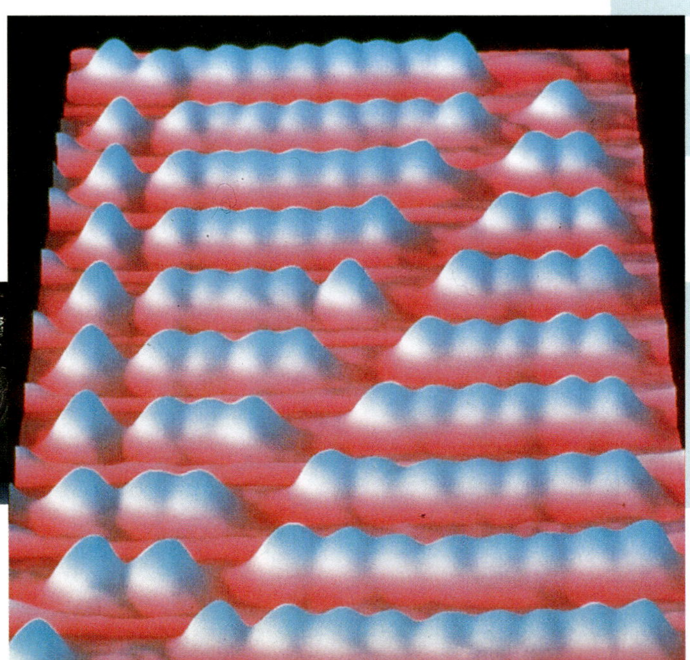

Der längste mathematische Beweis stammt aus der Gruppentheorie. Er erstreckt sich über rund 14 000 Seiten in nahezu 500 Veröffentlichungen. Mehr als 100 Mathematiker waren über einen Zeitraum von 35 Jahren an der Beweisführung beteiligt.

Das schwierigste klassische mathematische Problem, die Fermatsche Vermutung, ist erst 1993 von dem englischen Mathematiker Andrew Wiles gelöst worden. 1908 waren von Paul Wolfskehl 100 000 Goldmark, der größte Preis für die Lösung eines mathematischen Problems, ausgesetzt worden. 1997 hat Wiles den Preis erhalten – 70 000 DM.

Der wissenschaftlich fleißigste Mathematiker war Leonhard Euler (1707-83). In der Schweiz geboren, wirkte er in Petersburg und Berlin und hat etwa 900 Abhandlungen verfaßt. Viele wurden erst nach seinem Tod veröffentlicht. Seit 1910 werden Eulers gesammelte Werke herausgegeben, die am Ende über 75 Bände umfassen dürften.

Das bedeutendste mathematische Wunderkind war Blaise Pascal (1623-62). Der Philosoph und Mathematiker entdeckte mit 16 Jahren das nach ihm benannte Theorem.

Berechnungen für Pi (π): Die genaueste Berechnung stammt von Yasumasa Kanada von der Universität Tokio; er kam im Dezember 1995 in einem 116:38 Std. dauernden Rechenvorgang auf 6 442 450 938 Dezimalstellen.

Abakus

ganz klein: die Zählsteine mit einem Durchmesser von weniger als einem Nanometer. Von IBM in Zürich.

69 201609102 990

lautet der Wert der Feigenbaum-Konstante. Sie stammt aus der Chaos-Theorie und spielt beim Wetter, insbesondere bei turbulenten Strömungen, eine wichtige Rolle.

Moleküle

von der Struktur eines Fußballs: drei Exemplare der Fulleren-Familie. Das C_{82} mit eingeschlossenem Lanthanatom (ganz links). Das C_{70} mit Rugby-Struktur (Mitte) und das Buckminster-Fulleren (rechts).

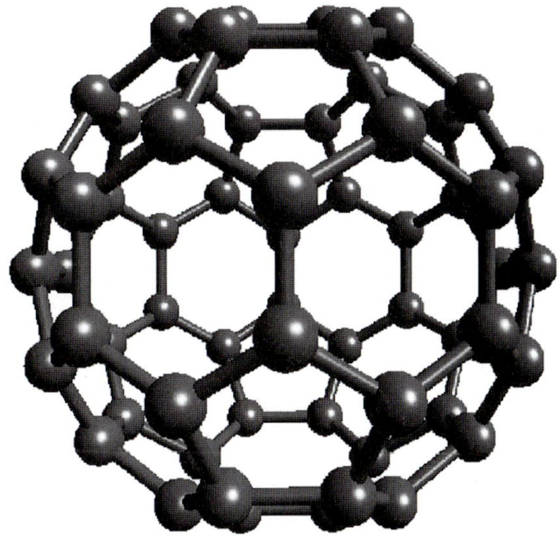

▮ 1853 veröffentlichte William Shanks eine Berechnung von π über 707 Stellen. Erst 1945 stellte man fest, daß die letzten 180 Zahlen sämtlich falsch waren.

▮ 1897 beschloß die erste Kammer des US-Bundesstaats Indiana das Gesetz Nr. 246, nach dem Pi den Zahlenwert 4 erhielt; das war gewiß die ungenaueste Festlegung aller Zeiten.

Das früheste bekannte Gewichtsmaß ist das *Beqa* aus der amratischen Periode der ägyptischen Zivilisation, um 3800 v. Chr. Ein Exemplar wurde in Naqada in Ägypten gefunden. Diese Gewichte sind zylindrisch mit abgerundeten Ecken und wiegen 189 bis 211 g.

Das Längenmaß der megalithischen Steinkreisbaumeister um 3500 v. Chr. in Mitteleuropa scheint 82,90 ± 0,09 cm gewesen zu sein. Dieser Befund wurde 1966 von dem englischen Megalithexperten Alexander Thom (1894-1985) veröffentlicht.

Das längste bekannte Zeitmaß ist das *para* in der Hindu-Chronologie. Es entspricht rund 311 Billionen Jahren.

▮ In der Astronomie bezeichnet man einen Umlauf der Sonne um das Zentrum der Milchstraße als kosmisches Jahr, was 225 Mio. Erdenjahren entspricht.

▮ Vor rund 85 Mio. Jahren rotierte die Erde schneller, so daß das Jahr 370,3 Tage aufwies. Vor 600 Mio. Jahren waren es vermutlich sogar über 425 Tage pro Jahr.

Kürzestes Zeitmaß: Da sich die 24-Stunden-Einteilung eines Tages durch die – dem Einfluß des Mondes unterliegenden – Gezeiten um durchschnittlich eine Millisekunde pro Jh. sprunghaft ändert, wurde die Dauer einer Sekunde neu definiert. Seit 1960 ist sie nicht mehr der 86 400ste Teil eines mittleren Sonnentages, sondern der 31 556 925,9747ste Teil des Sonnenjahres am 0. Januar 1900, 12 Uhr *Ephemeridenzeit* (astronomische Kalenderzeit). 1958 wurde die Sekunde *Ephemeridenzeit* errechnet als das Äquivalent von 9 192 631 770 ± 20 Schwingungen, die dem Übergang eines Cäsiumatoms 133 zwischen den beiden sogenannten Hyper-Feinstrukturniveaus des Grundzustandes entsprechen.

Die größte Tageslängenänderung betrug 10 Millisek. am 8. August 1972. Ursache war der heftigste Sonnensturm, der während der letzten 370 Jahre festgestellt wurde.

Das genaueste physikalische Gerät: Mit dem Cäsium-Frequenzstandard, zum Beispiel in Atomuhren eingesetzt, können 10^{14} Schwingungen auf 8 Schwingungen genau gemessen werden.

▮ Mit einem methanstabilisierten Helium-Neon-Lasersystem liegen die erreichbaren Werte bei 2 auf 10^{13}, für einen Wasserstoff-Maser bei 6 auf 10^{13} Schwingungen.

Der kleinste Zählrahmen (Abakus) der Welt wurde im November 1996 vom IBM Forschungslaboratorium Zürich (CH) vorgestellt. Die Zählsteine, die in stabilen Reihen von 10 Molekülen angeordnet sind, haben einen Durchmesser von weniger als einem Millionstel Millimeter (Nanometer). Diese fußballförmigen Moleküle aus 60 Kohlenstoffatomen können mit der Spitze eines Rastertunnelmikroskops, an deren äußerstem Ende ein einziges Atom sitzt, zum Rechnen hin und her bewegt werden.

Neueste Elemente: Einem internationalen Forscherteam um Sigurd Hofmann von der Darmstädter Gesellschaft für Schwerionenforschung gelang im Jahr 1994 mit dem linearen Teilchenbeschleuniger UNILAC die Synthese der Elemente 110 (Atomgewicht 269) und 111 (Atomgewicht 272). Im Jahr 1996 stellten sie mit Hilfe von UNILAC das Element 112 her. Allen gemeinsam war die geringe Lebensdauer: nämlich gerade mal Bruchteile einer Tausendstel Sekunde.

Fraktal

der Kantenlänge 15 cm. Zu einer Reise in die Welt der unendlichen Strukturen entführt die Arbeitsgemeinschaft „Chaos und Fraktale" der Gesamtschule Leeste in Weyhe, Niedersachsen.

Das erste Atom aus Antimaterie herzustellen, ist im September 1995 einer internationalen Forschergruppe im europäischen Zentrum für Elementarteilchenforschung (Cern) in Genf gelungen. Die Forscher haben insgesamt neun Antiatome nachgewiesen, die aber jeweils nur etwa vierzig Billionstel Sek. überlebten. Ihre Geschwindigkeit reichte fast an diejenige des Lichts heran.

Der reinste Kristall ist 1997 von Physikern des Weizmann-Instituts in Rehovot (Israel) hergestellt worden. Auf 5 Mrd. Kristallatome kommt nur ein störendes Atom.

Hitzebeständigste Substanz: Im April 1993 wurde die Existenz eines komplexen Materials mit der Bezeichnung NFAAR oder Ultra Hightech Starlite bekanntgegeben, das bis zu 10 000 °C aushält. Erfinder ist Maurice Ward (GB).

Mensch & Maschine

Besitzt

fast 75 000 PS. Der Mega-Dieselmotor wiegt 1970 Tonnen. Derzeit der weltgrößte.

Die größte Tunnelbohrmaschine hat einen Durchmesser von 14,2 m und wiegt 2600 t. Die von der Firma Herrenknecht in Schwanau (D) hergestellte, 40 Mio. DM teure Maschine wird den vierten Elbtunnel in Hamburg bohren.

Der älteste Patenterwerber ist Prof. Dr. Dr. Hans List aus Graz (A), der 1995 im Alter von 99 Jahren ein Patent erhalten hat für die Erfindung einer Bremskraftmaschine mit mindestens einem Gaswechselkanal pro Zylinder. Der Erfinder feierte am 30. April 1996 seinen 100. Geburtstag. Eine runde Sache.

Die größte Einzylinder-Dampfmaschine wurde von Matthew Loam aus Cornwall (GB) entworfen und von der Hayle Foundry Company 1849 gebaut. Sie diente zur Bodenentwässerung in Haarlem (NL). Der Zylinder mit einem Durchmesser von 3,65 m konnte mit jedem Hub (Höhe 3,65 m) 61,1 t Wasser entziehen.

Die kleinste Dampfmaschine ist ein Produkt der Mikrotechnologie, 1994 von einem Forscherteam um Jeff Sniegowski von den staatlichen Sandia-Laboratorien in Albuquerque, New Mexico (USA), entwickelt. Sie ist 50 Mikrometer lang und besitzt einen Kolben mit 12 Mikrometer Durchmesser, also nur unter dem Mikroskop zu erkennen. Sie besteht aus Silizium und wird nach Mikrochip-Verfahren hergestellt. Anwendungsgebiete sind Operationstechnik und mikroskopisch genaue Montagearbeiten.

Die größte Drehmaschine ist 40,7 m lang und 433 t schwer, 1987 gebaut von der Hoesch Maschinenfabrik Deutschland AG Dortmund und nach Newcastle (GB) geliefert. Darauf werden Werkstücke mit einem Durchmesser von bis zu 5,1 m und einem Gewicht von 300 t bearbeitet.

Die stärksten Dieselmotoren wurden bei Sulzer in Winterthur (CH) für Containerschiffe der American President Lines konstruiert. Die Einheiten *12RTA84* haben je 12 Zylinder und produzieren bei 95/min 41 920 kW. Das erste Schiff mit diesem Motor, die *President Truman,* wurde 1988 in Dienst gestellt.

Die größte Bohrlänge, die innerhalb eines Monats erreicht werden konnte, war 10 477 m. Dieser Rekord wurde im Juni 1988 aufgestellt, als die Firma Harkins & Company in McMullen County, Texas (USA), vier Bohrungen durchführte.

Die stärksten Kräne operieren an Bord des Halbtauchers *Micoperi 7000* (190 m lang, 89 m breit), seit Dezember 1986 von der Firma Officine Meccaniche Reggiane betrieben. Jeder der beiden Kräne besitzt eine Kapazität von 6895 t.

Der größte Autokran ist der straßenfahrbare Schwerlastkran *AK 1200* mit einer Tragfähigkeit bis 1200 t bei 5 m Ausladung. Der von der Firma Kranbau Gottwald, Düsseldorf (D), 1982 fertiggestellte Gittermastkran kann bei maximal 128 m Ausladung noch 104 t heben.

Der höchste Raupenkran der Welt ist der Liebherr-Schwerlast-Raupenkran Typ *LR 11200* mit einer Hubhöhe von 226 m und 1000 t Traglast. In Kombination verschiedener Ausleger kann ein Gesamtausleger von 227 m Länge montiert werden. Lasten von 50 t können bis in 224 m Arbeitshöhe befördert werden.

Der stärkste fahrbare Raupenkran: Mannesmann Demag Fördertechnik AG, Zweibrücken, Rheinland-Pfalz (D), Gittermastkran Demag *CC 12 600.* Bei einer Hauptauslegerlänge von 114 m und einer Ausladung von 102 m können 175 t gehoben werden, bei 50 m sogar 481 t.

Der größte Schneepflug hat ein 15,3 m langes und 1,24 m hohes Schaufelblatt und eine Reinigungskapazität von 31 m^3. Er wurde 1992 von der Aero Snow Removal Corp. für den Einsatz auf dem John-F.-Kennedy-Flughafen, New York, hergestellt.

Der größte Hochofen der Welt befindet sich in einem Stahlwerk in Cherepovets (Rußland). Der Ofen hat ein Volumen von 5500 m^3.

Der größte Hochofen in Deutschland ist *Schwelgern II* der Thyssen Stahl AG in Duisburg-Hamborn mit einem Fassungsvermögen von 3600 m^3 und einer Tageskapazität von etwa 10 000 t Roheisen.

Das größte Schmiedestück wurde im Oktober 1973 von der Bethlehem Steel Corp. in Pennsylvania (USA) mit einer 204,4 t schweren und 16,76 m langen Generatorwelle für eine Anlage in Japan hergestellt.

Das größte Ventil ist ein von Boving & Co. Ltd., London, für die Versuchsstation des US-Luftwaffenstützpunkts Arnold, Tennessee (USA), hergestelltes Drosselklappenventil mit einem Durchmesser von 9,75 m und einem Gewicht von 170 t.

Die größte Papiermaschine läuft bei den Vereinigten Papierfabriken im finnischen Kaipola. Die Maschine stellt pro Minute 1560 m Zeitungsdruckpapier in 9 m Breite her.

Der größte Preßdruck, der bei der Blechumformung in der Automobilindustrie ausgeübt wird, beträgt 106 000 t. Er wird mit einer Quintus Fluidzellpresse von ABB Metallurgy, geliefert an Mercedes-Benz AG, Sindelfingen, Baden-Württemberg (D), erreicht.

Die höchste Drehleiter mit einer Rettungshöhe von 62 m hat die Firma Carl Metz (Krupp-Konzern) aus Karlsruhe (D) konstruiert. Der 11 000 kg schwere Leitersatz kann in 200 Sek. zu voller Länge ausgefahren werden.

Die kleinste Feuerleiter heißt Kletter-Fix, ist aus faltbaren Aluminiumtritten, wiegt knapp 5 kg, hat die Maße 33 x 10 x 20 cm und paßt in einen Aktenordner. Die Firma D-Secour stellte sie im März 1997 vor.

Die schnellsten Personenaufzüge befinden sich seit Juli 1993 im 296 m hohen, 70stöckigen Yokohama Landmark Tower in Yokohama (Japan), entwickelt und gebaut vom Elektronikunternehmen Mitsubishi. Sie bringen die Passagiere in 40 Sek. vom 2. zum 69. Stockwerk mit 45 km/h.

Die erste Rolltreppe wurde 1896 am Pier von Coney Island in New York in Betrieb genommen.

Die längste Rolltreppenfahrt ist auf der vierteiligen Freiluft-Rolltreppe im Ocean Park in Hongkong möglich. Auf einer Gesamtlänge von 227 m hat sie eine Steighöhe von 115 m.

Der längste Paternoster in Europa fährt im Verlagshaus Axel Springer in Berlin. Er hat 36 Kabinen an zwei 156 m langen Stahlketten und führt über 20 Etagen.

Das längste einteilige Förderband der Welt hat die Firma Cable Belt Ltd. in Westaustralien erstellt. Es ist 29 km lang.

Das längste mehrteilige Förderband mißt 100 km und verbindet die Phosphatminen bei Bucraa mit dem marokkanischen Hafen El Aaiun. Hersteller war 1972 die Firma Krupp, Essen (D). Es besteht aus elf Teilen, die zwischen 9 und 11 km lang sind. Die Fördergeschwindigkeit beträgt 4,5 m/s.

Die längste Förder-Drahtseilbahn gehört der Compagnie Minière de l'Ogooué (COMILOG) und wurde 1959-62 für das Manganbergwerk Moanda in Gabun (Afrika) errichtet: 76 km lang, 858 Türme, 2800 Förderkübel; 155 km Drahtseil laufen über 6000 Spannrollen.
▮ Eine 100 km lange Seilbahn zwischen Teheran und dem Kaspischen Meer ist seit 1996 im Bau. Sie soll um das Jahr 2000 in Betrieb genommen werden.

Das dickste Seil hatte einen Durchmesser von 119 cm und wurde 1858 für das englische Linienschiff *Great Eastern* von John und Edwin Wright, Birmingham (GB), angefertigt. Es bestand aus vier Strängen zu je 3780 Fäden.

Die längsten Drahtseile der Welt wurden in einer Länge von jeweils 24 km von British Ropes Ltd. in Wallsend, Tyne and Wear (GB), hergestellt. Die vier Seile haben einen Durchmesser von 35 mm, wiegen je 108,5 t und wurden für 2000-MW-Starkstromleitungen durch den Ärmelkanal in Auftrag gegeben.

Verarbeitet
etwa 10 000 t Roheisen pro Tag. Der größte Hochofen Deutschlands in Duisburg.

Die größte Schraubenmutter der Welt hat einen Außendurchmesser von 132 cm. Innen mißt sie 63,5 cm. Die von der Firma Pilgrim International in Oldham (GB) gefertigten Muttern haben ein Gewicht von 4,74 t.

Die kleinste Schraube der Welt hat einen Durchmesser von 0,18 mm, eine Länge von 0,67 mm und ein Gewinde mit 0,05 mm. Hergestellt wird sie von der Firma Nivarox-FAR SA aus Saint-Imier (CH) seit Januar 1984, vor allem für die Unruh mechanischer Uhren.

Das kleinste Zahnrad stellte Toshiba (Japan) im März 1993 vor. Durchmesser: 0,3 mm.

Der kleinste Elektromotor der Welt mißt genau 2 mm und wurde in Deutschland von Wolfgang Ehrfeld vom Institut für Mikrotechnik in Mainz entwickelt. Der darin enthaltene Rotor dreht sich mit einer Geschwindigkeit von insgesamt 6000/min.

Die langsamste Maschine führt eine Bewegung von nur einem Milliardstel Millimeter/min aus. Das entspricht etwa 1 m in über 2 Mrd. Jahren. Das Gerät wurde von Nene Instruments in Wellingborough (GB) hergestellt und dient der Kontrolle von Korrosionsprozessen in der Kernenergietechnik.

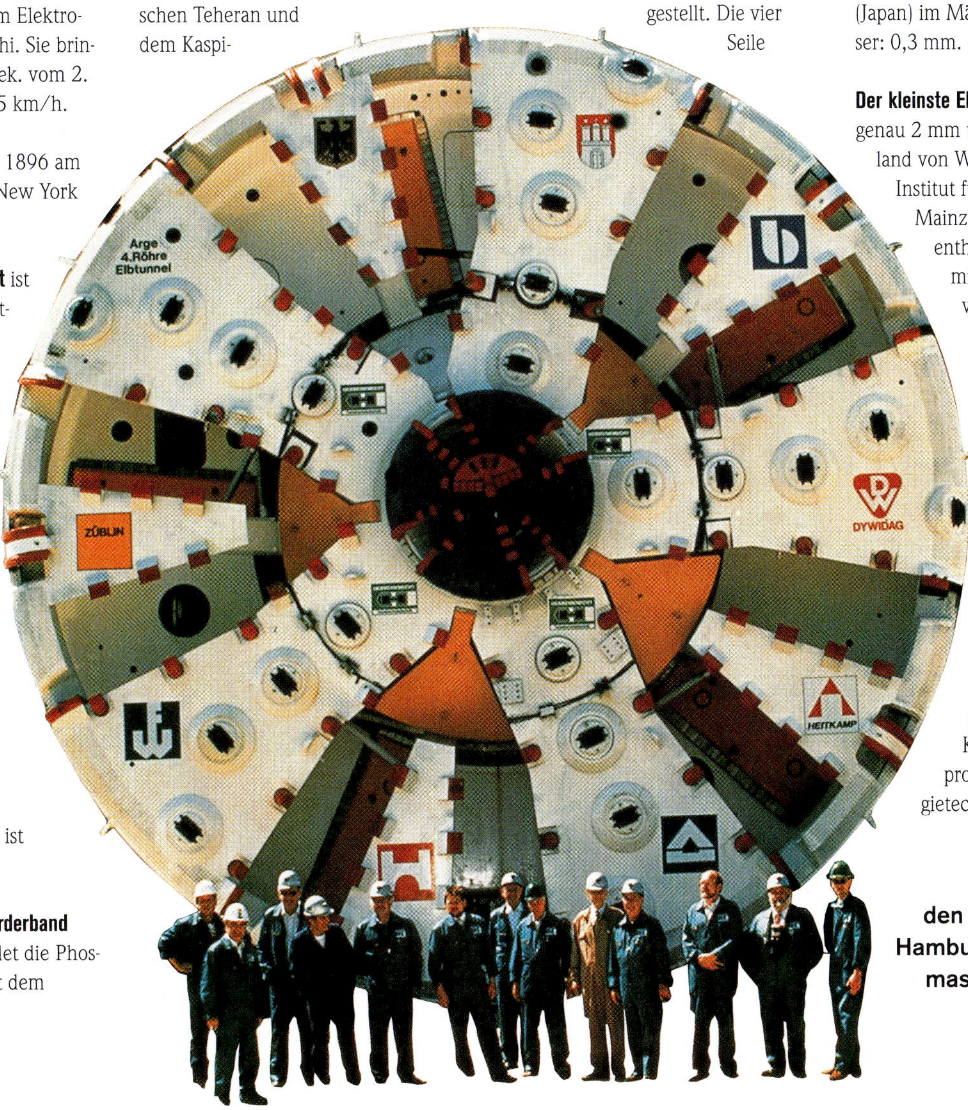

Bohrt
den vierten Elbtunnel in Hamburg: die Tunnelbohrmaschine (40 Mio. DM).

Energiequellen

5,2 Tonnen

Farbe für das Erdgaskraftwerk RWE Energie AG in Meppen. Kunst rund um den Kühlturm. Gekühlt wird auch.

Gas

Der größte Erdgasproduzent ist die Gemeinschaft Unabhängiger Staaten (GUS). 1995 wurden 704 Mrd. m³ gefördert.

Das größte Erdgasdepot: Urengoi (Rußland). Es kann über sechs Pipelines jährlich 200 000 Mio. m³ liefern. Sichere Reserve: 8 000 000 Mio. m³.

Das größte Offshore-Erdgasfeld: Vor der Küste von Murmansk lagern 3 bis 4 Billionen m³ abbauwürdiges Erdgas. Allerdings ist die Gegend über lange Zeit des Jahres mit Eis bedeckt.

Die größten Erdgasverbraucher sind die USA mit rund 550 Mio. m³ pro Jahr.

Die längste Erdgaspipeline ist die Trans-Kanada-Pipeline mit 13 955 km. Durchmesser der Rohre: bis zu 107 cm.

Die längste Erdgas-Unterwasser-Pipeline führt über 425 km von der Union-Oil-Plattform nach Rayong, Thailand; 1981 eröffnet.

Öl

Größter Erdölproduzent der Welt ist Saudi-Arabien. 1995 wurden täglich 7,867 Mio. Barrel produziert.

Das größte Ölfeld, das Ghawarfeld in Saudi-Arabien, mißt 240 x 35 km mit etwa 82 Mrd. Barrel.

Die schwerste Ölplattform ist die im Dezember 1997 in Betrieb genommene *Hibernia*-Bohrinsel auf den Grand Banks, 315 km vor der Küste Neufundlands (Kanada): 600 000 t schwer, ragt sie 150 m aus dem Wasser. Tagesförderleistung: 20 000 m³ Rohöl. Gesamtkosten: 16 Mrd. kanad. Dollar. Das Ölvorkommen soll frühestens in 20 Jahren erschöpft sein.

Die höchste Ölplattform ist die *Ram-Powell,* im Mai 1997 im Golf von Mexiko errichtet. Sie gehört der Shell Oil Company und erhebt sich 980 m vom Meeresboden bis zur Wasseroberfläche.

Die größten Öltanks sind fünf Sammelbehälter in Ju'ay-mah (Saudi-Arabien): 21,94 m hoch, Durchmesser von 117,6 m; sie fassen 1,5 Mio. Barrel.

Die erste beabsichtigte großflächige Ölverschmutzung wurde am 19. Januar 1991 vom irakischen Präsidenten Saddam Hussein angeordnet. 816 000 t Rohöl wurden von verschiedenen Terminals, Bohrinseln und sieben Tankern in den Persischen Golf gepumpt und haben schwere ökologische Schäden verursacht.

Die längste Rohölpipeline führt über 3787,2 km von Edmonton, Alberta (Kanada), über Chicago (USA) nach Montreal (Kanada) mit 82 Pumpstationen. Täglich fließen mehr als 254 000 m³ Öl.

Die teuerste Pipeline liegt in Alaska und verbindet Prudhoe Bay mit Valdez; sie ist 1287 km lang und hat 9 Mrd. Dollar gekostet.

13 320 Megawatt

erzeugt das Itaipu-Kraftwerk am Paraná in Südamerika. Das größte mit 18 Turbinen.

Die größte Erdölraffinerie ist Amoco in Texas City, Texas (USA). Sie produzierte 1996 täglich 433 000 Barrel.

Der größte Erdölverbraucher sind die USA mit 18 Mio. Barrel pro Tag. Das entspricht 25 Prozent des Weltverbrauchs.

Atom

Deutschlands ältestes Kernkraftwerk steht in Obrigheim, Baden-Württemberg. Es ist seit 1968 am Netz und liefert eine Leistung von 357 MW.

Das weltgrößte Atomkraftwerk ist mit zehn Reaktoren und einer Leistung von 8814 MW die Anlage in Fukushima (Japan).

Der größte Reaktor steht seit 1991 in der Anlage CHOOZ-B 1 in Frankreich; Leistung: 1455 MW.

Die meisten Atomkraftwerke befinden sich mit 109 in den USA. Sie produzieren 98 729 MWh Strom, 29,5 Prozent des gesamten Atomstroms auf der Welt.

Die größte Kernkraftmenge in Deutschland produzierte 1994 Isar-2 (Ohu) mit 11,134 Mrd. kWh.

Sonne

Das leistungsstärkste Solarkraftwerk der Welt ist das Harper Lake Site (LSP 8 & 9) in der kalifornischen Mojave-Wüste (USA) mit einer nominellen Kapazität von zweimal je 80 MW. Gesamtfläche: 519 ha.

Die größte gebäudegebundene Solaranlage der Welt befindet sich auf den Dächern des Motorenwerks von Daimler-Benz in Stuttgart (D). Die Gesamtfläche: 5000 m² mit einer Höchstleistung von 435 kW.

Die größte Solar-Gemeinschaftsanlage in Deutschland ist die privat betriebene Regio-Solarstromanlage der Süd-

80 Megawatt

pro Solarstation. Zwei davon gibt's in der kalifornischen Mojave-Wüste (USA). Leistungsstärkstes Solarkraftwerk.

tribüne im Dreisamstadion des SC Freiburg in Freiburg (D). Mit einer installierten Leistung von 93,6 kW wurde die Anlage im September 1995 an das öffentliche Netz der Freiburger Energie- und Wasserversorgung angeschlossen. Der Förderverein Energie- und Solaragentur Regio Freiburg e.V. hat insgesamt 189 Anteilscheine verkauft.

Der größte Sonnenofen ist LUZ. Er steht in der kalifornischen Mojave-Wüste und betreibt die neun größten Solar-Elektrogeneratoren der Welt (SEGS). Hier werden 675 MW erzeugt.

Wind

Die größte herkömmliche Windmühle der Welt steht in Dijkpolder, Maasland (NL). Sie wurde im Jahr 1718 gebaut, und ihre Segel haben die Ausmaße von 29 m.

Die größte Windkraftanlage ist der Boeing-Mod-5B-Windgenerator in Oahu, Hawaii. Die Rotoren haben eine Länge von 97,5 m. Bei Windgeschwindigkeiten von 51,5 km/h erzeugt die 55-Mio.-Dollar-Anlage 3200 kW.

Der größte Windpark in Europa steht in Südspanien an der windreichen Straße von Gibraltar. Auf der Anhöhe von Tarife (Provinz Cadiz) fangen 255 Konverter den Wind ein, um Strom zu erzeugen. Die Anlage an der Scheide zwischen Atlantik und Mittelmeer hat eine elektrische Leistung von 30 MW.

Der größte Windpark in Deutschland befindet sich im ostfriesischen Holtgast (Kreis Wittmund). Er besteht aus 41 Windgeneratoren mit einer Leistung von insgesamt 24,6 MW.

Die älteste Wassermühle der Welt steht in Priston Mill in der Nähe von Bath (GB). Sie wurde erstmals urkundlich im Jahr 931 erwähnt. Angetrieben wird sie durch den Congyre-Bach. Sie ist die einzige noch arbeitende Wassermühle von insgesamt 5700, die im Jahr 1085 in einem Verzeichnis zusammengefaßt wurden.

Kraftwerke

Das größte Kraftwerk ist das Itaipu-Kraftwerk am Paraná (zwischen Brasilien und Paraguay). Es liefert seit 1984 Energie und erzeugt zur Zeit aus 18 Turbinen 13 320 MW. Kosten: 11 Mrd. Dollar (27 Mrd. DM).

Das größte Steinkohlekraftwerk der Welt wurde im Jahr 1995 vom staatlichen südafrikanischen Stromversorger Eskom bei Witbek nahe Johannesburg im größten Kohleabbaugebiet der Welt in Betrieb genommen; es hat eine Leistung von insgesamt 4116 MW.

5000 m²

groß ist die Solaranlage auf den Dächern des Motorenwerks von Daimler-Benz in Stuttgart. Spitzenleistung: 435 kWp.

Die größten mit Braunkohle befeuerten Dampferzeuger erbaute die EVT Energie- und Verfahrenstechnik GmbH aus Stuttgart, Baden-Württemberg (D), bis Sommer 1997 für das Kraftwerk Schwarze Pumpe der VEAG Berlin. Die Dampferzeuger sind jeweils 161,5 m hoch und haben pro Block eine Leistung von 800 MW.

Die größte konventionelle Wärmekraftwerkanlage Deutschlands ist das Kraftwerk Scholven (Gelsenkirchen) mit einer Gesamtleistung von 3700 MW.

Die kleinste Biokraftstoffanlage in Österreich hat die Größe eines Reisekoffers und wurde 1995 von Schülern der Höheren Technischen Bundeslehranstalt Braunau am Inn hergestellt.

Kürzeste Bauzeit einer Gasturbinenanlage: 42 Wochen – am 21. Februar 1995 von der Energieversorgung Oberhausen AG in Auftrag gegeben, am 15. Dezember 1995 in Betrieb genommen mit einer Gesamtleistung von 60 MW. Die Rekordler: Deutsche Babcock Anlagen GmbH, MAN Gutehoffnungshütte AG und Siemens AG.

Die längste Spannweite einer Stromleitung zwischen zwei Masten befindet sich in Grönland. Sie zieht sich mit 5376 m Länge über den Amaralik-Fjord bei Nuuk und wurde 1991/92 von A. S. Betonmast, Oslo, als Teil der 132-kV-Leitung für das 45-MW-Buksefjorden-Wasserkraftwerk installiert. Die Leitung wiegt 38 t.

Die höchste Stromleitung der Welt erstreckt sich über die gesamte Meerenge von Messina. Die Masten sind auf der sizilianischen Seite 205 m hoch und auf der Seite von Kalabrien 224 m und stehen 3627 m weit auseinander.

816 000 Tonnen

Rohöl im Persischen Golf. Am 19. Januar 1991. Auf Befehl von Saddam Hussein.

Die höchste durch Fernleitungen beförderte Stromspannung beträgt 1230 kV, die über 1970 km durch die Pacific Inter-Tie in den USA transportiert werden. Es handelt sich um eine Gleichstrom-Fernleitung.
▮ Eine vom Kraftwerk Ekibastuz (Kasachstan) abgehende Gleichstromleitung soll 1500 kV über 2400 km transportieren.

Der größte Energiezusammenbruch der Welt ereignete sich am 9./10. November 1965 auf dem Gebiet der nordöstlichen Bundesstaaten der USA und in Ontario (Kanada). Rund 30 Mio. Menschen saßen im Dunkeln, 207 200 km² besiedelte Fläche war ohne Strom. In New York gab es für 13:30 Std. keine Elektroenergie.

Die größte Batterie der Welt ist eine 10-MW-Blei-Säure-Batterie in Chino, Kalifornien (USA). Sie hat eine Kapazität von insgesamt 40 MWh. Sie wird als Reserve bei Spitzenverbrauch im regionalen Stromnetz benutzt.

Die kleinste Batterie der Welt haben die beiden Wissenschaftler Reginald Penner und Wenji Li von der Universität von Kalifornien (USA) im Jahr 1992 entwickelt. Sie ist 100mal kleiner als ein rotes Blutkörperchen und kann über einen Zeitraum von 45 Minuten 20 Tausendstel Volt erzeugen.

Zeitzeichen

„Tick Tack“ im Takt: 100mal in der Sekunde. Die mechanische Uhr ist die schnellste der Welt. Schweizer Wertarbeit.

Uhren

Die meisten Uhren in einem Jahr: 1,093 Mrd. Stück 1996 weltweit. Spitzenreiter ist die Schweiz mit einem Umsatz von 7,6 Mrd. DM.

Das genaueste Zeitmeßgerät ist eine Atomuhr von Hewlett-Packard aus Palo Alto, Kalifornien (USA). Die Uhr mit der Bezeichnung *HP 5071A* nutzt die Cäsium-2-Technologie für höchsten Frequenzstandard, der dafür sorgt, daß sie in 1,6 Mio. Jahren nur eine Sekunde vor- oder nachgeht. Sie ist so groß wie ein Personalcomputer.

Die genaueste mechanische Turmuhr ist die *Olsen*-Uhr am Rathaus von Kopenhagen (DK). Die 14 000 Einzelteile funktionieren mit 570 000 verschiedenen Bewegungen: in 300 Jahren auf eine halbe Sekunde genau.

Die größte Sonnenuhr der Welt ist das *Samrat-Yantra* in Jaipur (Indien) mit einem Sonnenzeiger von 27 m Länge und einer vertikalen Höhe von 36 m. Der Schattenstab, polwärts orientiert, ist 387,14 m lang und treppenartig angeordnet. Auf dem halbkreisartigen Zifferblatt bewegt sich der Schatten in 5 Min. rund 30 cm weiter.

Die größte astronomische Uhr ist die in der Kathedrale von St. Pierre in Beauvais (F). Sie besteht aus 90 000 Teilen, ist 12 m hoch und 6 m breit.

Die älteste astronomische Uhr in Europa läuft in der St.-Marien-Kirche von Rostock (D). Sie stammt von 1472. Besonderheiten: der Apostelumgang und das stündliche Glockenspiel.

Die größten Uhren: Über fünf Stockwerke erstreckt sich *Timepiece* mit einem Volumen von über 3700 m³ im Lichthof des International-Square-Gebäudes in Washington (USA). Sie wiegt 2 t, ist von 122 m Neonröhren beleuchtet und geht bis auf die hundertstel Sekunde genau.

▮ Der *Licht-Zeit-Pegel* des Künstlers Horst H. Baumann zeigt auf einer Länge von 153 m mittels 62 Bullaugenleuchten am Düsseldorfer Rheinturm die Zeit im Dezimalsystem an.

▮ Ebenfalls mit Licht spielt die in Berlin-Marzahn zwischen zwei 24stöckigen Bürotürmen eingebettete Glaspyramidenuhr (106 m hoch), die jedoch mit herkömmlichen Zwölferschritten arbeitet. Sie erhält die Zeitsignale von der Atomuhr in Braunschweig.

Das größte Zifferblatt ist mit einem Durchmesser von 31 m das der Blumenuhr im Matsubara Park in Toi (Japan), die 1991 installiert wurde.

Die größte Sanduhr steht seit dem 8. Juni 1996 in der Marktgasse von Bern (CH). Sie ist 6,2 m hoch, 1,7 m breit, genau 1 m tief und wiegt 5 869 kg. Die Durchlaufzeit der 1400 kg Sand wird durch unterschiedliche Zeitintervalle (bis zu einem Jahr) eingestellt.

Die schnellste Uhr der Welt produziert der Uhrenhersteller Minerva (CH). Die mechanische Uhr hat eine Schlagzahl von 360 000 A/h (Halbschwingungen/Std.); sie teilt 1 Sek. in 100 gleiche Teile.

Die kleinsten Armbanduhren der Welt werden von der Firma Jaeger Le Coultre in der Schweiz hergestellt. Sie haben ein Werk mit 15 Steinen und sind etwas mehr als 1,2 cm lang und 0,476 cm breit. Gewicht: 7 g.

Die flachste Armbanduhr ist die *Delirium-IV*-Quarzuhr mit analoger Anzeige von Stunden und Minuten. Das von der Firma ETA SA, Fabriques d'Ébauches in Grenchen (CH), entwickelte Modell ist 0,98 mm hoch.

Die teuerste serienmäßig hergestellte Herrentaschenuhr (ohne Edelsteine) ist wohl die von Patek-Philippe gefertigte Taschenuhr *Heaven at Hand*. Sie wurde 1922 für den amerikanischen Automobilmagnaten James Packard entworfen. Sie enthielt u. a. eine Himmelskarte, die den Nachthimmel beim Blick aus Packards Schlafzimmer zeigte. Im September 1988 kaufte Patek-Philippe das Meisterwerk für 750 000 Pfund zurück.

Der höchste Preis, der je für eine Uhr gezahlt wurde, beträgt 5,2 Mio. DM: am 9. April 1989 in Genf für eine astronomische Taschenuhr, eine

Colossus

kam 1943 kolossal gut an: Der erste elektronische, programmierbare Computer enthielt 1500 Röhren. Er wurde in Bletchley Park (GB) eingesetzt, um die Codes deutscher Verschlüsselungsmaschinen zu knacken. Die Geheimhaltung über *Colossus* wurde erst am 25. Oktober 1975 aufgehoben.

Mensch gegen Maschine 1997: IBM-Schachcomputer besiegt Weltmeister Garri Kasparow.

Patek-Philippe *Calibre 89*, die aus 1728 Einzelteilen besteht.

Den höchsten Preis für eine Armbanduhr erzielte eine Patek-Philippe *Calatrava 1939* am 20. April 1996 – etwa 2,7 Mio. DM.

Computer

Das größte Computermuseum der Welt eröffnete im Oktober 1996 in Paderborn (D). Im 100 Mio. DM teuren Heinz Nixdorf Museums Forum kann man auf 6000 m² die Entwicklung von Informationstechnik in den letzten 5000 Jahren erfahren.

Als Erfinder des Computers gilt der Deutsche Konrad Zuse (1910-95). 1938 hatte Zuse die erste Maschine, die *Z1*, fertig. Sie funktionierte nicht. Erst die dritte, die *Z3* von 1941, ging als erster reibungslos funktionierender Computer der Welt in Betrieb.

Der erste Computer mit gespeichertem Programm war *Mark I* der Universität Manchester (GB), der die Williams-Röhre enthielt, die am 11. Dezember 1946 patentiert wurde. Sein erstes Programm, entwickelt von Professor Tom Kilburn (* 1921), lief am 21. Juni 1948 52 Min. lang.

Der schnellste Speicherchip der Welt umfaßt 1 Megabit und wurde von IBM im Juni 1995 vorgestellt. Der high-speed *CMOS*-Chip (SRAM) erlaubt eine Zugriffszeit von 2 ns (Milliardstel Sek.). In dieser Zeitspanne legt das Licht die Entfernung von ca. 75 cm zurück.

Die höchste magnetische Speicherdichte: IBM hat im Labor 3 GB (3 Mrd. bytes) auf einer Fläche von 6,45 cm² speichern können. Das entspricht dem fünffachen Wert heutiger Magnetspeicher. Die neue Technologie soll in zwei Jahren marktreif sein.

Leistungsstärkster Siliziumchip: Gerd Binning vom IBM-Labor in Rüschlikon (CH) stellte im Juli 1997 einen Schreib- und Lesekopf vor, der aus 25 Nadeln besteht, deren Spitzen nur ein Atom dick sind. Damit bringen die Forscher alle 40 Nanometer (Millionstel Millimeter) ein Bit in Form einer Vertiefung unter. Schon damit liegt die Speicherdichte um mehr als das 1000fache über der herkömmlichen Chiptechnologie. Binnings Team arbeitet an einem Tastkopf namens „Millipede" (Tausendfüßler), der 1000 Nadeln gleichzeitg zum Lesen und Schreiben benutzt.

Die schnellste Datenübertragung ist Physikern aus Japan und USA im März 1996 im Labor gelungen. Sie übermittelten über Glasfaserkabel eine Billion Bits in 1 Sek.; das ist 400mal schneller als die bisher schnellste Übertragungstechnik. Damit könnten 12 Mio. Telefonate über ein Kabel geführt werden.

Der schnellste Supercomputer in Europa ist im August 1997 durch die Verbindung der Computer der städtischen Rechenzentren in Stuttgart (D) und in Pittsburgh (USA) über ein transatlantisches Hochgeschwindigkeitskabel entstanden. Beide Anlagen vom Typ *Cray T3E* bilden einen einzigen Rechner mit 1024 Prozessoren: bis zu 675 Mrd. Operationen pro Sek.

Schnellster Computerchip: Nachdem in den letzten Jahren der Chip *Alpha 21164* von DEC unangefochtener Spitzenreiter war, gab es 1996 ein Kopf-an-Kopf-Rennen. Der *Alpha*-Chip hat in der 400 MHz Version eine Rechenleistung von SPECint95: 11,6 und SPECfp95: 15,9. Diese Daten geben die Messungen mit etablierten Benchmark-Programmen wieder. Der Konkurrenzchip stammt von Hewlett Packard. Der *PA-8000* bietet SPECint95: 11,8 und SPECfp: 20,2.

Der höchstintegrierte Chip: Texas Instruments neu vorgestellter *Timeline*-ASIC wird in 0,18 Technologie hergestellt und kann mit bis zu 125 Mio. Transistoren aufwarten. Das reicht, um 20 Pentiums oder einen PentiumPRO samt 16 MByte dynamischem Speicher dort unterzubringen. Taktraten von 200 MHz sind dabei nur der Anfang. 500 MHz sind angepeilt. Die Beta-Testphase für *Timeline* startete im dritten Quartal 1996.

Den ersten 1-Gigabit-Speicherchip hat Samsung Electronics (Südkorea) im Januar 1997 vorgestellt. Er kann Informationen aufnehmen, die mehr als 8000 Zeitungsseiten, 160 Büchern, 400 Standbildern oder 16 Std. Audiodaten entsprechen.

Die Entwicklung des ersten 4-Gigabit-Speicherchips hat die Firma NEC (Japan) im Februar 1997 angekündigt. Er soll viermal so groß wie ein Daumennagel sein und Daten aufnehmen können, die 16 000 Zeitungsseiten entsprechen. Mit der Marktreife wird nicht vor dem Jahr 2000 gerechnet.

Das größte Software-Unternehmen der Welt ist Microsoft mit 19 641 Mitarbeitern. Gegründet 1975, schaffte ihr Geschäftsführer Bill Gates den Durchbruch mit MS-DOS, dem Betriebssystem des ersten PCs von IBM. 1996 war das Betriebssystem MS-Windows mehr als 100 Mio. Mal weltweit verkauft. Damit ist es das am häufigsten genutzte Betriebssystem der Welt.

Das größte Software-Unternehmen in Deutschland ist die SAP AG mit Sitz in Walldorf, Baden-Württemberg. Im ersten Halbjahr 1997 stieg der Umsatz auf 2,4 Mrd. DM. In Deutschland beschäftigt das Unternehmen 5000 Mitarbeiter, weltweit sind es 11 084.

Der größte Computer der Welt steht im Computermuseum der Stadt Boston, USA. Der Multimedia-PC nimmt den Raum eines Zweifamilienhauses ein, der Pentium Prozessor hat die Ausmaße eines Couchtisches, und die Tastatur kann nur erklettert werden. Rechnen kann dieser Riesencomputer allerdings nicht.

Der kleinste Computer der Welt befindet sich in einem Hörgerät des dänischen Herstellers Octicon. Der digitale Verstärker-Computer rechnet mit 14 Mio. Operationen pro Sekunde; er kann 200 Std. lang arbeiten.

Die größte Datenbank der Welt gehört der Amerikanischen Regierung. Das Wachstum der Earth Observing System Data and Information System (EOSDIS) wird auf ein Tbyte (eine Billion Zeichen) pro Tag geschätzt, wenn sie 1998 ihren Betrieb aufnimmt. Die Datenbank wird Messungen über Veränderungen der Ozeane und des Klimas enthalten.

Ohne Chip lief die erste in Serie hergestellte Rechenmaschine, das Arithmomètre (links). Auch der erste Röhrenrechner im Maßstab 1:1 ist im weltgrößten Computermuseum von Nixdorf zu sehen.

Unter Dächern

Wohnen

Die höchstgelegenen Wohngebäude der Welt gehören zur Festung Bāsisi an der indisch-tibetanischen Grenze am Māna-Pass (31°04'N, 79°24'O). Die Menschen leben dort 5988 m üNN.

Das höchstgelegene Gebäude in Deutschland ist das Münchner Haus des Alpenvereins auf der Zugspitze in einer Höhe von 2962 m.

Das höchstgelegene Haus in Österreich ist die Erzherzog-Johann-Schutzhütte an der Adlersruhe auf dem Großglockner in 3454 m Höhe.

Das höchstgelegene Gebäude in der Schweiz ist die Hochalpine Forschungsstation Jungfraujoch in einer Höhe von 3570 m.

Die nördlichste dauernd bewohnte Behausung ist der Stützpunkt des kanadischen Verteidigungsministeriums in Alert auf Ellesmere Island, Nord-West-Territorium, auf 82°30' nördl. Breite und 62° westl. Länge, der 1950 errichtet wurde.

Betonkuppel

mit Mörtelrezeptur aus dem 18. Jahrhundert. Mitarbeiter der Dyckerhoff AG beim Test.

Speicherstadt

in Hamburg: Lagerplatz für Kaffee, Tee und Gewürze seit 1888. Direkt an der Elbe.

Die südlichste dauernd bewohnte Behausung ist die Amundsen-Scott South Polar Station der Vereinigten Staaten, die 1957 fertiggestellt und 1975 durch einen Neubau ersetzt wurde.

Das größte mit einem Strohdach gedeckte Gebäude Deutschlands steht im Heide-Park Soltau. Die Reetdachfläche beträgt 1730 m².

Der höchste Wohnblock der Welt ist mit 343,5 m das John Hancock Center in Chicago, Illinois (USA). Allerdings beherbergen von den 100 Stockwerken nur die Etagen 44-92 Wohnungen.

■ Der höchste reine Wohnblock ist der Lake Point Tower von Chicago in Illinois (USA). Auf 70 Stockwerken, die 194,88 m emporragen, sind 879 Wohneinheiten untergebracht.

Der höchste Wohnblock in Europa steht in Köln (D). Es ist das 1973 fertiggestellte Colonia-Hochhaus, das mit 147 m Höhe das Uni-Center in Köln um 9 m überragt. Der Wohnturm bietet mit 46 Stockwerken auf 24 000 m² Wohnfläche 352 Mietern Platz.

Die teuerste Eigentumswohnung ist ein dreistöckiges Penthouse an der Fifth Avenue in New York (USA). Der Verkaufspreis für die 1116 m² große Wohnung betrug 51 Mio. Dollar. An Nebenkosten sind monatlich umgerechnet 43 216 DM fällig.

Das erste drehbare Solarhaus baute 1993/94 der Architekt Rolf Disch in Freiburg/Breisgau (D). Das Rundhaus geht mit der Sonne.

Am längsten im selben Haus lebte Virginia Hopkins Phillips, die in Onancock, Virginia (USA), von ihrer Geburt im Jahr 1891 bis kurz nach ihrem 102. Geburtstag 1993 stets dieselben vier Wände um sich hatte.

Das Wohnhaus mit den meisten Räumen heißt Knole und steht bei Sevenoaks in Kent (GB). Es hat 365 Zimmer, für jeden Tag des Jahres ein anderes, und wird von National Trust verwaltet. Das Haus wurde um sieben Innenhöfe gebaut und mißt von der Fassade bis zur Rückseite etwa 120 m. Thomas Bourchier, Erzbischof von Canterbury, hatte das Grundstück 1456 erworben und war der erste Bauherr von Knole. Sir Thomas Sackville, seit 1566 Pächter des Anwesens, gab Knole dann von 1603 bis 1608 sein endgültiges Gesicht.

Das teuerste jemals gebaute Privathaus ist die Hearst Ranch in San Simeon, Kalifornien (USA). William Randolph Hearst (1863-1951), der Zeitungsmagnat, ließ es von 1922 bis 1939 mit einem Kostenaufwand von mehr als 30 Mio. Dollar bauen. Das Haus mit über 100 Räumen, einem 32 m langen geheizten Schwimmbad, einem 25 m langen Konferenzsaal und einer Garage für 25 Limousinen erforderte 60 Hausangestellte.

Die größte freitragende Gipskuppel entstand im Rahmen der „Handwerk '89" auf der Messe Stuttgart-Killesberg am 23. September 1989. Zwölf Stukkateuren der Stukkateur-Innung Stuttgart gelang es in achtstündiger Bauzeit, eine 6,45 m hohe Gewölbe-Kuppel aus 3 t Alabaster-Gips mit einer Armierung aus Sisal-Fasern zu bauen. Das riesige Gewölbe hatte einen Durchmesser von 9,97 m, eine Wandstärke von nur ca. 10 mm am Boden, 3-5 mm an der Spitze und trug sich ohne Stützen selbst. Verglichen mit einem Hühnerei war die Wandstärke der Kuppel um ein mehrfaches dünner.

Größter Harem der Welt ist der Winter-Harem des Großen Serails von Topkapi in Istanbul (Türkei). Er wurde 1589 fertiggestellt und umfaßt 400 Räume. Als Abdul Hamid II. 1909 entthront wurde, war die Zahl des Haremspersonals von 1200 auf 370 Odalisken (Haremssklavinnen) mit 127 Eunuchen geschrumpft.

Das größte Kuppelgewölbe ist der Louisiana Superdome New Orleans (USA). Sein Durchmesser beträgt 207,26 m.

Montagehalle

der Superlative: Boeing baut auf 410 ha Fläche in den USA ihre Jets zusammen.

Industrie

Der größte freistehende Hangar der Welt ist der Hangar 375 *(Big Texas)* auf dem Luftwaffenstützpunkt von San Antonio, Texas (USA). Er hat vier Tore, die eine Breite von 76 m, eine Höhe von 18,3 m und ein Gewicht von 608 t haben. Die Halle mißt 610 x 90 x 27,5 m und ist von einer 17,8 ha großen betonierten Abstellfläche umgeben.

Das geräumigste Gebäude der Welt ist die Montagehalle der Boeing-Werke in Everett, Washington (USA). Im Jahr 1968 verfügte sie bei der Fertigstellung über 5 564 200 m³ Rauminhalt. Durch Erweiterungs- und Umbaumaßnahmen wuchs das Volumen bis auf 13,4 Mio. m³. Das gesamte Gelände umfaßt heutzutage weitläufige 410 ha.

Der größte Lagerhauskomplex der Welt ist die Speicherstadt in Hamburg (D). In dem 1888 in siebenjähriger Bauzeit errichteten Komplex entstanden 300 000 m² Lagerfläche für Kaffee, Tee, Kakaobohnen und Gewürze. Von Mai bis November 1997 Ausstellungsort der „Expedition Titanic".

Der größte Gasometer der Vergangenheit war der in Oberhausen (D), mit einer Höhe von 117,5 m, einem Durchmesser von 68 m und einem Gasvolumen von 350 000 m³.
▪ Den derzeit größten betreibt die Ruhrkohle AG in Essen (D) mit einem Gasvolumen von 325 000 m³.

Zeltdächer

bilden die größte überdachte Fläche der Welt : das Haji-Terminal im Airport von Jedda/Saudi-Arabien mit 1,5 km².

Verglast oder offen

Bürohäuser

Das Wirtschaftsgebäude mit der größten Grundfläche unter einem Dach ist der Blumenmarkt der Kooperative VBA (**V**erenigde **B**loemenveilingen **A**alsmeer) in Aalsmeer (NL). Der Markt erstreckte sich ursprünglich über 343 277 m², wurde inzwischen aber auf 710 000 m² vergrößert.

Das flächenmäßig größte Verwaltungsgebäude ist das Pentagon in Arlington, Virginia (USA). Das Domizil des amerikanischen Verteidigungsministeriums wurde am 15. Januar 1943 fertiggestellt und kostete schätzungsweise 83 Mio. Dollar (damals ca. 332 Mio. DM). Die Außenmauern sind je 281 m lang. Umfang des Gebäudes: etwa 1405 m. Insgesamt haben die fünf Stockwerke eine Bodenfläche von 604 000 m². Die Korridore haben eine Gesamtlänge von 28 km, und es sind 7754 Fenster zu putzen. In dem Riesenbau gehen 23 000 Militär- und Zivilangestellte ihrer Arbeit nach.

Das Bürogebäude mit der größten Mietfläche ist das World Trade Center (Welthandelszentrum) in New York (USA) mit insgesamt 1 114 800 m² in sieben Gebäuden, davon befinden sich je 406 000 m² allein in den beiden Türmen. Der eine Turm ist 420 m hoch und hat eine Aussichtsplattform auf dem Dach. Die Spitze der Fernsehantenne auf dem anderen Turm befindet sich 521 m über dem Straßenniveau, 91 cm höher als die Antenne auf dem Sears Tower. Die Türme verfügen jeder über 99 Fahrstühle und 43 600 Fenster mit einer Glasfläche von 182 880 m². In dem Komplex, der täglich 70 000 Besucher zählt, arbeiten 50 000 Angestellte von 350 Firmen.

Das höchste Bürogebäude der Welt steht seit März 1996 in der malaysischen Hauptstadt Kuala Lumpur. Die Zwillingstürme des staatlichen Mineralölkonzerns sind jeweils 451,9 m hoch.

Das höchste Gebäude Europas ist der Büroturm der Commerzbank mit 298,74 m, zu dem Anfang Juni 1994 im Frankfurter Bankenviertel der Grundstein gelegt wurde. Gekrönt wird das Bauwerk durch eine 40 m hohe Antenne. Als Architekt fungierte Sir Norman Foster aus London. Der Rekordturm hat 45 Bürogeschosse mit 2400 Arbeitsplätzen.

Das größte Bürogebäude Deutschlands gehört seit 1987 der Firma Lurgi GmbH in Frankfurt/Main: sechs Stockwerke auf insgesamt 98 000 m². Im Zentrum des spinnenförmigen Gebäudes ist ein Lichthof mit riesiger Glaskuppel, von dem sieben „Arme" abzweigen.

Das größte Bürogebäude Österreichs ist das Hauptgebäude der UNO-City (Vienna International Center) in Wien. Seine Errichtung kostete 1,2 Mrd. DM. Es hat 24 000 Fenster und 6000 Türen. Die Gesamtfläche der Anlage beträgt 170 000 m², die Büro-Nettonutzfläche hat 80 000 m² und die Gesamtgeschoßfläche 230 000 m². Am 23. August 1979 wurde das 119,5 m hohe Gebäude in Betrieb genommen. Die UNO hat das aus österreichischen Steuergeldern finanzierte Gebäude zu einer symbolischen Jahresmiete von einem Schilling für 99 Jahre gepachtet.

Lockt
zum Einkaufsbummel auf acht Etagen: die Zeilgalerie in Frankfurt am Main.

Beschäftigt
23 000 Angestellte: Das Pentagon in den USA ist das größte Verwaltungsgebäude.

Das höchste Bürogebäude der Schweiz steht in Winterthur und gehört zur Maschinenfabrik Gebrüder Sulzer. Es ist 92 m hoch.

Als teuerstes Bürohaus der Welt gilt das 1986 nach fünfjähriger Bauzeit eröffnete Gebäude der Hongkong and Shanghai Banking Corporation in Hongkong. Es kostete umgerechnet fast 2 Mrd. DM. Mit seinen 52 Stockwerken ist es 178,5 m hoch und verfügt über ein 52 m hohes Atrium. Die Konstruktion besteht fast nur aus Stahl und Glas. 62 Rolltreppen und 23 Lifte durchziehen das Haus. Im Bankgebäude arbeiten 3700 Angestellte, es werden täglich 20 000 Kunden erwartet.

Das größte Rathaus Deutschlands hat die Stadt Essen. Es war Ende 1979 bezugsfertig. 106,3 m ist das Gebäude hoch; 9000 m^3 umbauter Raum, 23 Stockwerke.

Die höchste Einkaufspassage Deutschlands ist die Zeilgalerie in Frankfurt am Main. Auf acht Etagen bieten ca. 60 Geschäfte vor allem Markenkleidung und gastronomische Dienste. 1992 eröffnet, ist sie ein Werk der Architekten Rüdiger Kramm und Axel Strigl, Darmstadt (D). Täglich kommen ca. 30 000 Besucher.

Das höchste Rathaus Deutschlands hat Leipzig. Der Turm dieses Neuen Rathauses und Stadthauses (1899-1912 erbaut) ist 115 m hoch.

Stadien

Das größte Stadion der Welt ist das Strahov-Stadion in Prag (Tschechien). Es wurde 1934 fertiggestellt und hat Raum für 240 000 Zuschauer.

Das größte Fußballstadion der Welt ist das Städtische Stadion Maracaña von Rio de Janeiro (Brasilien) mit einem Normalfassungsraum von 205 000, davon 155 000 Sitzplätzen.

Das größte Stadion in Deutschland ist das Leipziger Zentralstadion mit 95 000 Plätzen.

Das größte Sportstadion in Österreich ist das Praterstadion in Wien. Es besitzt nach der Überdachung von 1986 einen Fassungsraum für 60 000 Fans und Zuschauer.

Das größte Stadion in der Schweiz ist das Sportstadion St. Jakob bei Basel. Es faßt insgesamt 60 000 Zuschauer und hat 51 816 Stehplätze.

Leuchten

mit dem Abendhimmel um die Wette: 72 m hohe Flutlichtmasten auf dem Melbourne Cricket Ground in Australien.

Das größte überdachte Stadion ist das 1968 eröffnete Azteken-Stadion, Mexico City (Mexiko), das bei Fußballspielen 107 000 Menschen Platz bietet. Bei einem Boxkampf wurde jedoch eine Rekordzuschauerzahl von 132 274 erreicht.

Das größte bewegliche Dach hat das Stadion der Baseballmannschaft Toronto Blue Jays in Kanada. Das Sky Dome genannte Stadion wurde im Juni 1989 fertiggestellt und bietet bei Konzerten 67 000, bei Footballspielen 53 000 und bei Baseballspielen 50 600 Menschen Platz.

Die größte Spannweite eines Daches hat das 1971 fertiggestellte Texas-Stadion in Irving, Texas (USA). Sie beträgt in der Hauptachse des elliptischen Stadions 240 m.

Das größte freitragende Stahldach mit 115 m lichter Weite zwischen den Stützen hat die neue Radsporthalle an der Landsberger Allee in Berlin (D). Das Dach wiegt 4000 t und wurde nach Plänen des französischen Architekten Perrault gebaut.

Das größte Tragluftthallendach überspannt das 80 638 Zuschauer fassende, achteckige Silverdome-Stadion in Pontiac, Michigan (USA). Es ist 183 m breit und 235 m lang. Der Luftdruck, der das 4 ha große, lichtdurchlässige Dach aus Fiberglas hält, beträgt 34,4 kPa. Das Hauptgeschoß des Stadions ist 123 x 71 m groß, und das Dach ist 62 m hoch.

Die höchsten Flutlichtmasten sind die sechs, die auf dem Melbourne Cricket Ground im australischen Melbourne stehen. Sie sind 72 m hoch und wiegen 120 t.

Das größte Hallenstadion ist mit 5,26 ha Fläche und einer Höhe von 83,2 m der Superdome von New Orleans (USA), der im Mai 1975 errichtet wurde. Für Versammlungen usw. bietet er 97 365 Sitzplätze, bei Footballspielen 76 791. Logen sind für 35 000 Dollar zu mieten, der Eintrittspreis ist in diesem Betrag nicht enthalten.

Die größte Sporthalle in Deutschland ist die 1952 neu erbaute Westfalenhalle in Dortmund. 23 000 Zuschauer haben in ihr Platz. Mit allen Nebenanlagen wie Tattersall und Boxschule besitzt die Anlage eine Grundfläche von rund 20 000 m^2. Sie verfügt über die größte Hallenkuppel Europas – mit einer 1680 t schweren Stahlkonstruktion.

Die größte Sporthalle in Österreich ist das Wiener Hallenstadion mit einem Fassungsraum für 5600 Zuschauer.

Die größte Sporthalle in der Schweiz hat die Stadt Magglingen. Die Trainings- und Wettkampfhalle faßt 5000 Zuschauer. Die Sportfläche beträgt 44 x 84 m, die lichte Höhe 11 m.

Erstreckt

sich auf 98 000 m^2: das Lurgi-Bürogebäude in Frankfurt am Main.

Brückenschläge

Rundliche
Formen besitzt die Confederation Bridge in Kanada. 44 Bögen, 12,9 km Länge.

Die größte Brücke Europas ist die im Juni 1997 für den Schienenverkehr freigegebene Brücke über den Großen Belt, die mit einer Spannweite von 1624 m die Inseln Seeland und Fünen (Dänemark) verbindet. Die Freigabe für den Autoverkehr soll erst 1998 erfolgen.

Die größte Ziegelbrücke der Welt überspannt im Vogtland (D) das Göltzschtal. In dem 1851 fertiggestellten, 78 m hohen und 574 m langen Bauwerk, das nur für den Eisenbahnverkehr frei ist, wurden 26 Mio. Backsteinziegel vermauert.

Die älteste datierbare Brücke, die heute noch besteht, ist die Einzelbogenbrücke aus Steinplatten über den Fluß Meles in Izmir (dem früheren Smyrna, Türkei), die ca. 850 v. Chr. entstand.

Die älteste Steinbrücke in Deutschland, über die heute noch der Verkehr rollt, ist die Steinerne Brücke in Regensburg. Ihre Bauzeit von 1135 bis 1147 ist urkundlich belegt.

Die älteste Holzbrücke in Europa ist die um 1330 erbaute Kapellbrücke in Luzern (CH). Sie spannt sich über die Reuß, ist 200 m lang und 3,5 m breit.

Das längste Brückenbauwerk der Welt ist der zweite Damm über den Pontchartrainsee (Second Lake Pontchartrain Causeway), der Mandeville mit Metairie, Louisiana (USA), verbindet und am 23. März 1969 fertiggestellt wurde. Er ist 38 422 m lang und damit 69 m länger als der daneben liegende First Causeway, der 1956 eingeweiht wurde.

Die längste über Wasser führende Brücke ist die im Juni 1997 eröffnete Confederation Bridge, die die Insel Prince Edward mit New Brunswick auf dem kanadischen Festland verbindet. Inklusive Anfahrten mißt sie 12,9 km, davon liegen 11 km über dem Wasser.

Die längste freitragende Holzbrücke der Welt mit einer Stützweite von 80 m ist in Remseck (D) über den Neckar gelegt worden. Der Steg aus 300 m³

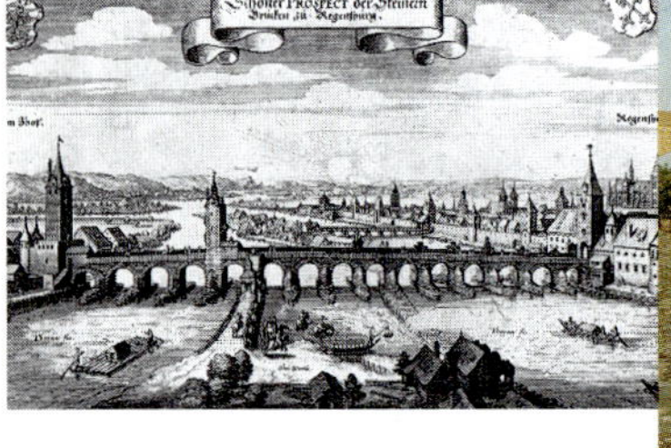

Steinerne
Brücke in Regensburg. Seit dem 12. Jahrhundert sichere Verbindung über die Donau.

Stählerne Konstruktion: Beim Bau der Tsing Ma Bridge in Hongkong wurden 300 000 Tonnen des Hartmetalls verwendet.

Holz und rund 25 t Stahl ist nur für Fußgänger und Radfahrer zugelassen.

Die größte Aluminiumbrücke der Welt wurde 1950 in der Provinz Quebec (Kanada) über den Saguenay River gespannt. Die rund 170 t schwere und 150 m lange Brücke hat eine Spannweite von 90 m und eine Pfeilerhöhe von 15 m. Die vergleichbare Stahlbrücke wäre über 300 t schwer.

Die größte jemals verkaufte „Antiquität" war die London Bridge, die im März 1968 für 1 029 000 Pfund von dem Erdölunternehmen McCulloch aus Los Angeles (USA) erworben wurde. Die insgesamt 10 000 t schweren Teile der Fassade wurden mit einem Kostenaufwand von weiteren 3 Mio. Pfund nach Lake Havasu City, Arizona (USA), geschafft und dort zusammengesetzt, so daß die Brücke am 10. Oktober 1971 zum zweiten Mal eingeweiht werden konnte.

Die größte Auslegerspannweite aller Brücken hat die Quebec-Brücke (Pont de Quebec) über den Sankt-Lorenz-Strom in Kanada, nämlich 549 m zwischen den Pfeilern und 987 m insgesamt. Sie trägt eine Bahnstrecke sowie zwei Straßenbahnen. Der Bau begann 1899, der Betrieb wurde am 3. Dezember 1917 aufgenommen.

Die längste Stahlbetonbrücke in Deutschland (Bogen liegt oberhalb der Fahrbahn) ist die Rheinbrücke in Duisburg-Rheinhausen mit einer Stützweite von 256 m.

Die längste Stahlbetonbrücke in Österreich ist die Tal- und Hängebrücke Kremsbrücke im Verlauf der Tauernautobahn mit einer Länge von 2607 m im Liesertal (Kärnten).

Die größte Steinbogenbrücke der Welt ist die 1901 fertiggestellte, 1161 m lange Rockville-Brücke nördlich von Harrisburg, Pennsylvania (USA). Zum Bau ihrer 48 Pfeiler wurden 196 000 t Steine verwendet.

Die größte Steinbogenbrücke in Deutschland ist mit 500 m Länge und 40 m Höhe die Elstertalbrücke bei Pirk im Vogtland auf der A 72.

Die längste und höchste Hängebrücke in Deutschland ist die Köhlbrandbrücke in Hamburg, die die neuen und die alten Teile des Hafens verbindet. Ihre lichte Höhe beträgt bis zu 53 m. Diese Schrägseil-Hängebrücke ist 3940 m lang, sie wurde von 1970 bis zum 20. September 1974 für 113 Mio. DM errichtet.

Die längste Schrägseilbrücke, die Normandie-Brücke nahe der nordfranzösischen Hafenstadt Le Havre, überspannt seit 1995 auf einer Länge von 2,141 km die Mündung der Seine. Davon sind 856 m freischwebende Autobahnpiste, von 184 nach unten laufenden Stahlseilen an zwei jeweils 214 m hohen Pfeilern getragen.

Die Hängebrücke mit der längsten Spannweite (1410 m zwischen den Hauptpfeilern) ist die Humber Estuary Bridge in England. Ihre Pfeiler sind 162,5 m hoch; sie weichen 36 mm von der Parallele ab, um die Erdkrümmung auszugleichen. Einschließlich der Verlängerung zu den Hessle- und Barton-Ufern erstreckt sich die gesamte Brücke über 2220 m.

Die größte vierspurige Eisenbahnbrücke in Europa wurde im April 1987 in Betrieb genommen. Die 820 m lange Hammer Eisenbahnbrücke zwischen Düsseldorf und Neuss hat eine Spannweite von 250 m und eine Bogenhöhe von 49 m bei einem Gewicht von 9200 t.

Die längste kombinierte Straßen- und Eisenbahnbrücke ist die am 10. April 1988 eröffnete Seto-Ohashi-Brücke aus sechs Doppelstockbrücken, die mit 13,1 km Gesamtlänge Kojima auf Honshu mit Sakaide auf Shikoku (Japan) verbindet.

Die längste Eisenbahnbrücke ist die Huey-P.-Long-Brücke von Metairie in Louisiana (USA). Ihre Bahnstrecke ist 7 km lang bei einem maximalen Pfeilerabstand von 241 m. Sie wurde am 16. Dezember 1935 fertiggestellt.

Der längste Eisenbahn-Viadukt führt die Southern Pacific Railroad 19 km über den Großen Salzsee in Utah (USA). Die Strecke, 1904 eröffnet, war ursprünglich eine Pfahl- und Bockbrücke; 1955-60 entstand dann der Stein-Viadukt.

Die breiteste Brücke der Welt mit langer Stützweite ist die 1932 eröffnete Brücke über den Hafen von Sydney (Australien) mit einer Spannweite von 502,9 m (Breite 48,8 m).

Die höchste Brücke der Welt führt über die Königsschlucht im Arkansas-Stromgebiet in Colorado (USA) und erhebt sich 321 m über dem Flußspiegel. Die Hängebrücke, deren Hauptpfeiler einen Abstand von 268 m haben, wurde 1929 gebaut.

Die höchste Brücke in der Schweiz ist auch gleichzeitig die längste schweizerische Auslegerbrücke. Es ist die Ganterbrücke auf der Nationalstraße Nr. 6, Simplon. Sie führt 150 m über die Talsohle, ihre größte Spannweite beträgt 174 m.

Die größten Brückenspannweiten der Welt

	Brückenname, Land	Eröffnung	Spannweite
1	Akashi Kaikyo Bridge, Japan	1998	1990,8 m
2	Große-Belt-Brücke, Dänemark	1998	1624,0 m
3	Humber Esturial Bridge, GB	1981	1410,0 m
4	Jiangyin Bridge, China	1998	1385,0 m
5	Tsing Ma Bridge, Hongkong	1997	1377,0 m
6	Verrazano Narrows Bridge, USA	1964	1298,4 m
7	Golden Gate Bridge, USA	1937	1280,2 m
8	Höga-Kusten-Brücke, Schweden	1997	1210,0 m
9	Ting Kau Bridge, Hongkong	1998	1177,0 m
10	Mackinac Bridge, USA	1957	1158,2 m

Freischwebende Autobahnpiste hoch über der Seine: die Normandie-Brücke an schrägen Seilen.

Steil nach oben

Großer Belt
von Dänemark. Die 1624 m lange Hängebrücke ist der Renner. Pfeilerhöhe: 254 m.

Säulen

Die höchsten Brückenpfeiler besitzt die 1997 eröffnete Brücke über den Großen Belt, die die dänischen Inseln Seeland – und damit Kopenhagen – und Fünen mit dem Festland verbindet. Zwei Pylone erheben sich 254 m über dem Wasser, hinzu kommen weitere 27 m unter dem Wasser. Gesamthöhe: 281 m. Das Projekt kostet rund fünf Milliarden DM. Neben niederländischen und dänischen Unternehmen war die deutsche Firma Hochtief AG in Essen am Bau der Rekordbrücke beteiligt.

Die höchste Siegessäule soll an die Schlacht von San Jacinto (21. April 1836) erinnern. Sie steht am San-Jacinto-Fluß bei Houston, Texas (USA). Die 1936-39 für 1,5 Mio. Dollar errichtete, sich nach oben verjüngende Säule ist 173 m hoch, 14 m^2 am Fuß und 9 m^2 am Aussichtsturm, den ein 200 t schwerer Stern krönt. Die Säule ist aus Beton, der mit Sandstein verkleidet ist, und wiegt 31 888 t.

Der höchste Obelisk ist das Washington-Denkmal in Washington (USA) zu Ehren des ersten Präsidenten der Vereinigten Staaten. Er steht auf einem 42,89 ha großen Gelände und ragt 169,3 m empor.

Die höchsten tragenden antiken Steinsäulen sind 21 m hoch und befinden sich in der Säulenhalle des Amun-Tempels von Karnak am Nilufer gegenüber Theben. Die Säulen stammen aus der 19. Dynastie unter Ramses II. um 1270 v. Chr.

Der größte Obelisk (abgeleitet vom griechischen *obelós* = Bratspieß oder Spitzsäule) ist der des Königs Thutmosis III., den der römische Kaiser Konstantin 357 n. Chr. im ägyptischen Assuan abreißen und in seine Heimat schaffen ließ, wo er am 3. August 1588 auf der Piazza San Giovanni in Rom aufgestellt wurde. Ursprünglich 36 m hoch, mißt die Spitzsäule heute nur noch 32,81 m.

Gateway
to the West, das größte Denkmal der Welt, öffnet sein Tor zum West Arch in St. Louis, Missouri (USA).

26 000

Tonnen schwer ist der „Alex“ mit Dreh-Café in Berlin. Höchster Sendeturm Deutschlands mit 365 Metern.

Masten

Das höchste Bauwerk aller Zeiten war der verankerte Sendemast von Radio Warschau in Konstantynów, 96 km nordwestlich der polnischen Hauptstadt. Bevor er bei Renovierungsarbeiten am 10. August 1991 umstürzte, war er 646,38 m hoch. Der von Jan Polak konstruierte und 550 t schwere Mast war am 18. Juli 1974 fertiggestellt und am 22. Juli 1974 in Betrieb genommen worden. Er war so hoch, daß jemand, der von seiner Spitze gefallen wäre, vor dem Aufprall auf dem Boden die Endgeschwindigkeit erreicht hätte und nicht mehr schneller geworden wäre.

Das gegenwärtig höchste Bauwerk der Welt ist ein zwischen Fargo und Blanchard in North Dakota (USA) stehender Fernsehsendemast mit 629 m Höhe. Der 500 000 Dollar teure Mast wurde für Channel 11 des Senders KTHI-TV gebaut. Er wurde 1963 in 30 Tagen (2. Oktober bis 1. November) errichtet.

Türme

Der höchste Turm vor dem Zeitalter der Sendemasten ist der Eiffelturm, den Alexandre Gustave Eiffel (1832-1923) für die Pariser Weltausstellung konstruierte und der am 31. März 1889 fertiggestellt wurde. Er war damals 300,51 m hoch, wurde seither durch eine Fernsehantenne auf 320,75 m erhöht und wiegt 7224 t. Bei Sturmböen schwankt der Turm bis zu 12,7 m. Das Stahlgerüst mit 1792 Stufen erforderte eine Bauzeit von zwei Jahren, zwei Monaten und zwei Tagen.

Der höchste Schornstein der Welt ist die 420 m hohe Esse des Kohlekraftwerks Nr. 2 in Ekibastuz (Kasachstan). Der Durchmesser des Schornsteins verengt sich von 44 m am Boden zu 14,2 m am oberen Rand.

Der höchste jemals gesprengte Schornstein gehörte zum Kraftwerk Matla in Kriel (Südafrika). Er war 275 m hoch und wurde am 19. Juli 1981 zerstört.

Der höchste Schornstein in Deutschland ist 302 m hoch, gerechnet vom Fundament bis zur Oberkante. Er ist einer von sechs Schornsteinen der VEBA-Kraftwerke bei Gelsenkirchen – erbaut von Karrena, Düsseldorf.

Der höchste Ziegelsteinturm steht mit 130,6 m Höhe in Landshut, Bayern (D). Es ist der Turm der St.-Martins-Kirche.

Der höchste Turm und zugleich das höchste freistehende (das heißt, ohne Spanndrähte auskommende) Bauwerk ist der 553,34 m hohe und 63 Mio. Dollar teure CN Tower in Toronto (Kanada). Die Arbeiten am Fundament für das 130 000-t-Bauwerk aus nachgespanntem Beton begannen am 12. Februar 1973, die Fertigstellung erfolgte am 2. April 1975. Das Restaurant mit 416 Sitzen dreht sich in einer Höhe von 347 m. Aus seinen Fenstern kann man bis zu den 120 km entfernten Bergen blicken. Blitze treffen den Turm bei einem jährlichen Durchschnitt von ca. 30 Gewittern etwa 200mal.

Der größte transportable Aussichtsturm, gebaut für Volksfeste und Jahrmärkte, mißt 95,77 m. Der vom Bremer Schausteller Friedrich Finnendahl entworfene Turm wiegt 270 t, kann in drei Tagen aufgebaut werden und braucht 120 000 l Wasser für die Standfestigkeit.

Der höchste Sendeturm in Deutschland ist der Fernsehturm auf dem Alexanderplatz in Berlin. Der bei den Berlinern als „Telespargel“ bekannte Sendeturm hat eine Höhe von 365 m, der Schaft ist 250 m hoch, der Antennenträger 118 m lang, die Masse beträgt 26 000 t, die Masse der Kugel 4800 t. In 203,78 m Höhe befindet sich der Aussichtsrundgang für 125 Personen, in 207,53 m Höhe das Telecafé für 200 Personen, das sich einmal pro Stunde um die eigene Achse dreht. Das Café hat einen Durchmesser von 29 m, der Turmfuß von 32 m, Baubeginn war am 4. August 1965, die Inbetriebnahme erfolgte am 3. Oktober 1969.

Das größte Denkmal der Welt ist die am 28. Oktober 1965 fertiggestellte Pforte aus rostfreiem Stahl zum sogenannten West Arch in St. Louis, Missouri (USA). Sie dient zur Erinnerung an den großen Zug nach Westen von 1803 und besteht aus einem einzigen riesigen Bogen mit 192 m Spannweite, ist ebenfalls genau 192 m hoch und kostete 29 Mio. Dollar (damals umgerechnet rund 116 Mio. DM). Der Entwurf stammte von dem 1961 verstorbenen Eero Saarinen.

CN Tower
durchbohrt mit 553,34 m den Himmel über der kanadischen Stadt Toronto. Freistehend.

BAUTEN

Hinterm Deich

Kanäle und Schleusen

Das längste Kanalsystem der Welt hat der im April 1965 eröffnete Wolga-Ostsee-Kanal. Er verläuft über 2300 km von Astrachan wolgaaufwärts über Kuibyschew, Nischni Nowgorod und den Ladogasee nach St. Petersburg (Rußland) und verbindet vier Meere (Ostsee, Eismeer, Kaspisches und Schwarzes Meer).

Die längste künstliche Wasserstraße ist mit 304 km der St.-Lorenz-Seeweg von Montreal (Kanada) zum Ontariosee. Der Seeweg ist für Schiffe mit einer Länge bis zu 222 m, einem Tiefgang bis zu 8 m und Ladungen bis zu 26 400 t befahrbar. Durch ihn wird seit 25. April 1959 eine 3769 km lange Wasserstraße vom Nordatlantik zu den Großen Seen hergestellt.

Der längste Kanal des Altertums war der Große Kanal in China von Beijing nach Hangzhou. Sein Bau wurde 540 v. Chr. begonnen, aber erst 1327 vollendet, als er sich (einschließlich der kanalisierten Flußstrecken) über 1781 km erstreckte. Man schätzt, daß um 600 im Bian-Abschnitt fünf Mio. Menschen an dem Kanal gebaut haben. Heute wird er von Schiffen bis zu einer Größe von 2000 t befahren.

Das längste Binnenschiffahrtssystem in Europa, der Rhein-Main-Donau-Kanal (RMD), ist seit dem 25. September 1992 geflutet. Die Verbindung ermöglicht eine Binnenschiffahrt auf 3500 km langen europäischen Wasserstraßen von Rotterdam bis nach Odessa am Schwarzen Meer. Das 55 m breite, 4 m tiefe und 171 km lange Kernstück des Kanals von Bamberg über Nürnberg nach Kelheim an der Donau hat 16 Schleusen.

2787 Kilometer

erstrecken sich die Uferdämme entlang des legendären Mississippi (USA).

Der größte Kanal für Hochseeschiffe ist der am 16. November 1869 eröffnete Suezkanal (Ägypten), der das Rote Meer mit dem Mittelmeer verbindet. Er ist vom Leuchtturm von Port Said bis Suez 161,9 km lang und 60 m breit. An den Bauarbeiten, die am 25. April 1859 begannen, waren 1,5 Mio. Menschen beteiligt, von denen 120 000 während der Arbeiten ums Leben kamen.

Die größte künstliche Wasserstraße in Deutschland ist der 1905 bis 1938 erbaute Mittellandkanal, der den Binnenhafen Duisburg über den Rhein-Herne-Kanal und den Dortmund-Ems-Kanal mit der Elbe bei Magdeburg auf 465 km Länge verbindet.

1,3 Mrd. Mark

kostete der Bau des größten schwimmenden Sturmfluttores bei Hoek van Holland.

Der größte Stichkanal ist der 1893 eröffnete Kanal von Korinth. Er ist 6,33 km lang, 8 m tief und an der Oberfläche 24,6 m breit. Die größte Tiefe des Durchstichs beträgt 79 m. ▪ Der vom Panamakanal abzweigende Gaillard-Graben hat zwischen Gold Hill und Contractor's Hill eine Tiefe von 82 m und eine Breite von 152 m.

Die größte Schleuse ist die Berendrecht-Seeschleuse. Sie verbindet die Schelde mit dem Hafen von Antwerpen (B). Die im April 1989 in Betrieb genommene Anlage ist 500 m lang, 68 m breit und 13,5 m tief. Jedes ihrer vier Schleusentore wiegt 1500 t.

Die größte Seeschleuse in Deutschland ist die Nordschleuse Bremerhaven. Sie ist 372 m lang und 50 m breit.

Die größte Flußschleuse in Deutschland ist die Doppelschleuse Magdeburg-Rothensee mit 325 m Länge und 25 m Breite. Die Binnenschleuse stellt die Verbindung her zwischen Mittellandkanal und Elbe.

Die größte Flußschleusenanlage ist mit neun Piers und zehn Toren die Themse-Schleuse in Woolwich/London (GB). Die sechs Schleusentore im Hochwasserbereich sind 61 m

breit, die vier Tore im Niedrigwasserbereich 31,5 m.

Das größte Schiffshebewerk in Deutschland ist Scharnebeck am Elbe-Seitenkanal beim niedersächsischen Lüneburg. Die Anfang der siebziger Jahre erbaute Anlage hat eine Normalhubhöhe von 38 m bei einer Troglänge von 100 m. Die beiden Tröge fassen je 5700 t Wasser.

Die größte Hubbrücke in Europa ist die 1963 im Hamburger Freihafen errichtete Kattwyckbrücke. Mit 100 m lichter Weite und 53 m Durchfahrthöhe bietet sie den größten Hamburg anlaufenden Schiffen die Passage. Täglich überqueren 7000 Autos und 30 Güterzüge die bewegliche Brücke.

Dämme und Talsperren

Der längste Staudamm mit 2,335 km Länge und einer Höhe von 185 m entsteht am Mittellauf des Jangtse, Changjiang (China). In 17 Jahren, bis zum Jahr 2013, soll das größte Wasserkraftwerk an den sogenannten Drei Schluchten mit 26 Generatoren installiert sein und jährlich 84,7 Mrd. kW Elektrizität erzeugen. In erster Linie aber soll der Damm den Hochwasserschutz am längsten und wasserreichsten Fluß Chinas sicherstellen.

Das größte schwimmende Sturmflut-Tor dient seit Mai 1997 in Hoek van Holland, dem Vorhafen von Rotterdam (Niederlande), dem Schutz der Hafenanlagen. Es besteht aus zwei Stahltoren, die bei Gefahr den 360 m breiten Fluß absperren können.

Der höchste Staudamm ist mit 300 m der am Wachsch in Tadschikistan errichtete Nurek, der ein Volumen von 58 Mio. m^3 hat. Ein noch höherer ist geplant mit 335 m Höhe: der im Bau befindliche Rogunskaya-Damm ebenfalls am Wachsch. Dessen Kronenlänge wird, bei einem Volumen von 71 Mio. m^3, nur 602 m betragen.

Die höchste Betonmauer der Welt ist der Grande Dixence, der den Schweizer Fluß La Dixence staut. 1961 wurde er für 1,6 Mrd. sfr fertiggestellt. Er ist vom Fuß bis zur Krone 285 m hoch, 695 m lang und enthält insgesamt 5 957 000 m^3 Beton.

Der höchste Staudamm in Österreich ist die Kölnbreinsperre mit 200 m Höhe. Sie ist Teil eines Kraftwerks.

Die höchste Staumauer in Deutschland hat die Rappbode-Talsperre zwischen Rübeland und Wendefurth, Magdeburg. Sie bildet einen Stausee von 109,1 Mio. m^3. Ihre Staumauer hat eine Überlaufhöhe von 87 m.

Der größte Betondamm ist die Grand-Coulee-Talsperre am Columbia-Strom im Staat Washington (USA). Die Dammkrone ist 1272 m lang, die Dammhöhe beträgt 168 m. Er besteht aus 8 092 000 m^3 Beton mit einem Gewicht von rund 19 595 000 t.

Die längsten und massivsten Uferdämme sind die aus dem Jahr 1717 stammenden Dämme des Mississippi, die nach den katastrophalen Überschwemmungen des Jahres 1927 erheblich ausgebaut wurden. Sie erstrecken sich nun über 2787 km längs des Hauptstroms von Cape Girardeau, Missouri, bis zum Golf von Mexiko und bestehen aus mehr als 765 Mio. m^3 aufgeschüttetem Erdreich. Dämme an den Nebenflüssen erstrecken sich über 3200 km.

5 957 000 m^3

Beton bilden die 285 Meter hohe Staumauer für den Fluß La Dixence (CH).

Das dem Volumen nach größte Staubecken, das Menschen je angelegt haben, ist das Bratskoje-Reservoir am Angara in Rußland. Es faßt 169,3 km^3 Wasser. Gesamtfläche: 5470 km^2.

Flächenmäßig der größte Stausee ist der Voltasee in Ghana, den der 1965 fertiggestellte Akosombodamm bildet. 1969 hatte sich der See auf einer Fläche von 8482 km^2 mit einer Küstenlinie von 7250 km gefüllt.

Der größte Stausee in der Schweiz ist der Lac des Dix mit 400 Mio. m^3.

Der größte Stausee in Deutschland ist jener der Saale-Talsperre bei Bleiloch mit 215 Mio. m^3.

Der größte Stausee in Österreich ist der im Bereich der Sameralm gelegene Hauptspeicher Kölnbrein der Kraftwerksgruppe Malta: 200 Mio. m^3.

Das größte Wasserbauwerk entstand mit Investitionen von 10 Mrd. DM an der Südwestküste der Niederlande. Das Deltawerk – als 8. Weltwunder gepriesen – sichert 15 000 km^2 Land. Im Mündungsdelta der Oosterschelde können die zwischen den 30,25 – 38,75 m hohen und bis zu 18 000 t schweren 65 mächtigen Betonpfeilern hängenden Stahltore bei einer drohenden Springflut jederzeit geschlossen werden.

15 000 km^2

Land sichert der Oosterschelde-Damm in den Niederlanden. Bei Springflut gehen die Stahltore zu.

Zweck und Form

Tunnel

Der längste Tunnel ist der New-York-City- und West-Delaware-Wasserversorgungstunnel, der von 1937 bis 1944 gebaut wurde. Sein Durchmesser ist 4,1 m, seine Länge vom Round-out-Reservoir zum Hillview-Reservoir an der Grenze zwischen Yonkers und New York City (USA) beträgt 168,9 km.

Der längste Eisenbahntunnel ist mit 53,85 km der am 13. März 1988 in Betrieb genommene Saikan-Tunnel zwischen den Inseln Honshu und Hokkaido (Japan). Von der Gesamtstrecke liegen 23,3 km bis zu 240 m unter dem Wasserspiegel der Meerenge von Tsugaru.

Der längste Eisenbahntunnel in Deutschland ist seit 1991 der 10 779 m lange Landrückentunnel südlich von Fulda auf der Neubaustrecke Hannover – Würzburg.

Der längste Eisenbahntunnel in Österreich ist seit 1994 der 12 756 m lange Inntaltunnel auf der Umfahrung von Innsbruck, die zwischen Baumkirchen und Gärberbach Inntalstrecke und Brennerbahn direkt verbindet.

Der längste Eisenbahntunnel in der Schweiz ist mit 15 407 m der 1982 eröffnete Furka-Basistunnel (Spurweite 1 m) zwischen Oberwald (Wallis) und Realp (Uri).

Im längsten Bergbahntunnel in der Schweiz überwindet die Jungfraubahn ab Station Eigergletscher auf 7122 m Streckenlänge den Höhenunterschied von 1134 m bis zum Jungfraujoch (3454 m üNN).

Der längste Unterwassertunnel ist der 50,45 km lange Europatunnel unter dem Ärmelkanal zwischen Cheriton bei Folkestone, Kent (GB), und Sangatte bei Calais (F), dessen Röhren von 7,6 m Durchmesser am 6. Mai 1994 für den auf Shuttlezüge verladenen Straßenverkehr sowie für Personen- und Güterzüge freigegeben wurde.

Der längste U-Bahn-Tunnel wurde eigens für die Kaluschskaja-Linie der Moskauer Metro von Medwedkowo zum Bitzewskij-Park erbaut. Die Anfang 1990 fertiggestellte Strecke ist rund 37,9 km lang.

Der tiefste Straßentunnel ist der im Dezember 1994 eingeweihte Hitra-Tunnel in Norwegen, der die Insel Hitra mit dem Festland verbindet. Er ist 5,6 km lang und erreicht eine Tiefe von 264 m uNN.

Der längste Straßentunnel ist mit 16,32 km der St.-Gotthard-Tunnel, der Göschenen im Kanton Uri mit Airolo, Tessin (CH), verbindet.

Der längste Straßentunnel in Österreich ist der 14 km lange Straßentunnel

City-Baustelle

Shanghai. Die größte innerstädtische weltweit. Im Jahr 2010 soll es vorbei sein.

Tanz der Kräne in Berlin am Potsdamer Platz zum Takt der 9. Sinfonie von Beethoven. Daniel Barenboim dirigiert.

durch den Arlberg von St. Anton nach Langen in Vorarlberg.

Der längste und größte Straßentunnel in Deutschland ist mit einer geschlossenen Tunnelstrecke von 2653 m der Elbtunnel in Hamburg.

Der Straßentunnel mit dem größten Durchmesser wurde durch die Insel Yerba Buena, San Francisco (USA), gesprengt. Er ist 23 m breit, 17 m hoch und 165 m lang.

Der längste Bewässerungstunnel ist der 82,9 km lange Orange-Fish-Rivers-Tunnel in Südafrika, 1967-73 gebaut. Bei einer Ummantelung von 23 cm Dicke hat der Tunnel einen Gesamtdurchmesser von 5,33 m.

Die größte Brückentunnelanlage ist der Chesapeake-Bay-Bridge-Tunnel (USA), der über 28,4 km von Eastern Shore auf der Halbinsel Virginia nach Virginia Beach führt. Der längste überbrückte Abschnitt ist 7,34 km lang; der längste Tunnelabschnitt ist der Thimble-Shoal-Channel mit 1,75 km.

Sonderbauten

Die größte innerstädtische Baustelle der Welt ist die Pudong New Area von Shanghai (China), mit einer Fläche von 520 km² und 1,4 Mio. Einwohnern. Im Juni 1997 waren 2660 ausländische Firmen beteiligt. Fertigstellung: im Jahr 2010.

Die höchste Baustelle Europas befindet sich auf dem 2502 m hohen Säntis in der Schweiz. Drei Kräne werden hier auch im Winter betrieben. Hinzu kommen Windgeschwindigkeiten bis zu 220 km/h und durchschnittlich 265 Nebeltage, die den Bau eines Turmes für die Schweizer Telecom erschweren.

Europas größte Baustelle ist derzeit der Potsdamer Platz in Berlin: Allein die Daimler-Benz AG braucht 68 000 m² für die Errichtung sämtlicher Projekte. 35 Mio. DM kostet schon die Baustellenlogistik. Man rechnet mit 6 Mio. t Aushub, 1,7 Mio. m³ Fertigbeton und 2 Mio. t Stückgütern innerhalb von acht Jahren.

Das höchste Baugerüst wurde 1988-92 rund um das New York City Municipal Building von Regional Scaffolding & Hoisting Co. Inc. errichtet. Das 198 m hohe freistehende Gerüst hatte ein Volumen von 135 900 m³.

Die am weitesten sichtbare Lichtquelle befindet sich auf dem Empire State Building, New York City (USA), 332 m über dem Boden. Jede der Vierbogen-Quecksilber-Glühlampen besitzt eine Lichtstärke von 450 Mio. Candela (cd), so daß die Lichter in einer Entfernung von 130 km auf Boden- und See-Ebene und 490 km weit vom Flugzeug aus wahrgenommen werden können. Sie wurden erstmals am 31. März 1956 eingeschaltet.

Die höchsten Lichtsäulen reichen 63,5 m in den Himmel. Das französische Unternehmen Petitjean & Cie aus Troyes hat die vier hochragenden Lichtmasten im Sultan-Qaboos-Sportzentrum von Maskat (Sultanat Oman) errichtet.

Der größte Schneepalast hatte einen Rauminhalt von 103 591,8 m³ und war 30,29 m hoch. Die Replik der Burg von Suwon in Südkorea wurde am 8. Februar 1994 in Asahikawa auf Hokkaido (Japan) enthüllt.

Die größte Siloanlage steht in City of Thunder Bay am Lake Superior in Kanada, 23 Einzelsilos haben ein Fassungsvermögen von 37,4 Mio. hl.

Die größten Tore sind die vier Eingänge des Raumfahrzeugmontagegebäudes (VAB) im Kennedy Space Center in der Nähe von Cape Canaveral in Florida (USA), die 140 m hoch sind.

Die schwerste Tür wiegt 720 t und ist 11,73 m hoch, 11,4 m breit und 2,05 m tief. Die Strahlenschutztür befindet sich im Kernforschungszentrum Toki (Japan). Sie wurde im Dezember 1994 von Itoko Co. Ltd. errichtet.

Der längste Treppenaufgang ist der Betriebsaufgang zur Niesenbahn, einer 2365 m hohen Drahtseilbahn bei Spiez (CH). Er hat 11 674 Stufen, ein Treppengeländer und überwindet 1669 m.

▮ Die 6600 aus Stein gehauenen Tai-Shan-Tempelstufen, die in das chinesische Shantung-Gebirge führen, reichen 1428 m in die Höhe.

Die höchste Wendeltreppe hat 217 Stufen und führt 63,2 m hinauf zum Schornstein Bobila Almirall in Terrassa, Barcelona (E). Sie wurde im Jahr 1956 von Mariano Masana y Ribas gebaut.

Der längste Zaun umgibt die Hauptweideflächen der Schafe in Australien und schützt die Tiere vor Dingos. Der Drahtzaun ist 1,8 m hoch, steckt 30 cm tief im Boden und erstreckt sich über 5531 km.

Haltet den Dingo auf! Ein 5531 km langer Maschendrahtzaun schützt Schafe vor dem wilden Hund.

In luftiger Höhe wird auf dem Säntis in der Schweiz gebaut. Bei Eiseskälte und 265 Nebeltagen. Vom Winde verweht.

Für die Götter

Minarett

aus Marmor. Das höchste steht in Casablanca, Marokko. In der Moschee Hassan II. des Großen gibt es eine 9 ha große Gebetshalle.

Die größte Kirche der Welt ist die Basilika Notre Dame de la Paix in Yamoussoukro (Elfenbeinküste), die 1989 für umgerechnet 300 Mio. DM fertiggestellt worden ist. Sie hat 30 000 m² Fläche und Platz für 7000 Gläubige. Einschließlich des Goldkreuzes ist sie 158 m hoch. Die Fenster mit sakralen Glasmalereien umfassen die Fläche von insgesamt 7430 m².

Eine Schneekirche wurde im Februar 1997 in Finnlands Hauptstadt Helsinki eingeweiht. Die Kirche, die im Maßstab 1:3 der Ulrika-Eleonora-Kirche nachgebaut wurde, ist 12 m hoch und wurde aus rund 500 m³ Schnee von Freiwilligen errichtet. Leider hielt sich das vergängliche Bauwerk nur bis zum Frühjahr.

Das größte romanische Bauwerk in Deutschland ist der 134 m lange Kaiserdom in Speyer, der zwischen 990 und 1106 erbaut wurde. Der Bau mit den vier Türmen, zwei Kuppeln und den Kaisergräbern in der Unterkirche gehört zum Weltkulturerbe der Unesco.

Der größte erhaltene Turmtempel (Zikkurat – das Wort leitet sich von dem Verb *zaquaru*, „hoch bauen" ab) ist der von Ur, dem heutigen Muquaijar (Irak), mit einer Basis von 61 x 45,7 m, drei Terrassen und einem Altar auf der Spitze. Übriggeblieben sind die erste und Teile der zweiten Plattform mit einer Höhe von 18 m. Er war in der Regierungszeit von Urnammu (2047 bis 2029 v. Chr.) gebaut worden.

Den größten Turmtempel (Zikkurat), hat der Elamitenkönig Untaschnapirischa um 1250 v. Chr. in Dur-Untasch (Iran) errichten lassen. Er ist als Zikkurat von Tjoga Zanbil in die Geschichte eingegangen, maß an der Basis 105 x 105 m und verengte sich auf der fünften Plattform in fast 50 m Höhe auf 28 x 28 m. Die rechteckigen Turmtempel waren im alten Mesopotamien aus rohen Ziegelsteinen um einen künstlichen Hügel gebaut worden und stiegen terrassenförmig an.

Der älteste Bau für religiöse Zwecke in Deutschland ist die um 875 erbaute, vollständig erhaltene Torhalle, die sogenannte Königshalle des Benediktinerklosters in Lorsch, Hessen.

Der größte buddhistische Tempel ist der im 8. Jh. erbaute Borobudur-Tempel von Jogjakarta (Indonesien). Er ist 31,5 m hoch und hat 123 m².

Der größte Mormonentempel der Welt ist der Salt Lake City Temple im US-Bundesstaat Utah. Er wurde am 6. April 1893 eingeweiht und bedeckt eine Fläche von 23 505 m².

Der höchstgelegene Tempel ist der Rongbu-Tempel mit neun Kapellen, der zwischen Tingri und Shigatse in Tibet liegt, 40 km vom Mount Everest entfernt, in einer Höhe von ca. 5100 m üNN.

Die größte Kathedrale der Welt ist der gotische Dom St. John the Divine, 1892 begonnen, der Diözese New York mit einer Grundfläche von 11 240 m² und einem umbauten Raum von 476 350 m³. Mit 183,2 m hat die Kathedrale das längste Kirchenschiff der Welt, das Gewölbe ragt 37,8 m hoch.

Die Kathedrale mit der größten Fläche ist Santa María de la Sede in Sevilla (E). Sie wurde im spanisch-gotischen Stil zwischen 1402 und 1519 erbaut, ist 126,2 m lang, 82,6 m breit und im Mittelschiff 30,5 m hoch.

Die größte Kathedrale in Deutschland ist der Dom zu Köln. Mit seinem Bau wurde 1248 begonnen, aber erst 1880 wurde er fertiggestellt. Dieser gotische Dom hat eine überbaute Fläche von 7914 m² (Länge

Kirchturm

in schwindelnden Höhen. 161,53 m mißt das Ulmer Münster. Weltrekord.

144,58 m, breiteste Stelle 86,25 m) und ein Fassungsvermögen von 28 000 Menschen. Seine Türme sind jeweils 157 m hoch.

Die größte Kathedrale in Österreich ist der Stephansdom in Wien. Er wurde 1147 geweiht, im 13. Jh. erneuert, im 14. Jh. ausgebaut. Seine Grundfläche umfaßt 4000 m². Er ist 107,2 m lang und hat ein Fassungsvermögen von 8000 Menschen.

Gotteshäuser für 3 Religionen:

der Emanu-El-Tempel (oben) auf der Fifth Avenue in New York City, die größte Synagoge der Welt. 100 m lang und 40 m breit ist die Große Moschee von Djenne in Mali (unten). Deutschlands größtes romanisches Bauwerk ist der Kaiserdom in Speyer (rechts). Die Königshalle des Benediktinerklosters in Lorsch (links) ist der älteste Bau für religiöse Zwecke.

Die höchstgelegene Kirche in Deutschland ist die Kapelle Maria Heimsuchung auf dem Zugspitzplatt (Wettersteingebirge) in 2700 m Höhe; sie wurde 1981 geweiht.

Die größte Hallenkirche der norddeutschen Backsteingotik steht in Frankfurt/Oder (D). Mit dem Bau der St.-Marien-Kirche war 1253 begonnen worden. Nachdem es mehrere Jahrzehnte als Ruine fristete, wird das Gotteshaus seit 1979 langfristig restauriert.

Die kleinste Kathedrale – Sitz eines Diözesanbischofs – ist die 1983 in Highlandville, Missouri (USA), erbaute Christ Catholic Church. Sie hat eine Fläche von 4,3 x 5,2 m und bietet Platz für 18 Personen.

Die kleinste Kirche ist die Kapelle Santa Isabel de Hungria in Colomares, Malaga (Spanien). Sie ist ein Denkmal für Christoph Kolumbus, mit unregelmäßigem Grundriß und hat eine Bodenfläche von 1,96 m².

Die ältesten Klöster Deutschlands sind die 728 auf der Insel Reichenau im Bodensee durch den hl. Priminius gestiftete Benediktinerabtei und das 764 gegründete Benediktinerkloster in Ottobeuren, Bayern.

Die größte Synagoge der Welt ist der Emanu-El-Tempel in der Fifth Avenue in New York (USA). Der 1929 fertiggestellte Tempel hat eine fast 45,7 m lange Frontseite an der Fifth Avenue und eine 77,1 m lange an der 65th Street. Im Tempel haben 2500 Menschen Platz, insgesamt finden 6000 Anhänger des jüdischen Glaubens Platz in der Anlage.

Die älteste noch erhaltene Synagoge steht in Kapharaum (Israel), dem biblischen Kapernaum, am See Genezareth. Sie wurde dort im 3. Jh. n. Chr. erbaut.

Die größte Moschee der Welt ist die Moschee Shah Faisal bei Islamabad (Pakistan). Der gesamte Komplex nimmt 18,97 ha in Anspruch, die Gebetshalle allein 0,48 ha. Hof und Gebetshalle können 100 000 Gläubige aufnehmen, die angrenzenden Flächen weitere 200 000.

Das größte Gebäude aus Schlammziegeln ist die Große Moschee von Djenne (Mali), die nach Plänen einer Moschee des 11. Jh. gebaut wurde. Sie wurde 1905 errichtet, ist 100 m lang und 40 m breit.

Die größte hinduistische Gebetsstätte ist der Menakshi-Tempel in der südindischen Stadt Madurai. Prunkstück des Tempels (259 x 229 m) in der „Stadt der Feste", die auch als eine der ältesten Städte der Welt gilt, ist die Halle der 1000 Säulen. Überragt wird die Anlage von neun Türmen, deren höchster 60 m mißt.

Die größte sakrale Statue der Welt ist ein 120 m hoher, 35 m breiter und 100 t schwerer Buddha aus Bronze. Das Werk wurde im Januar 1993 in Tokio (Japan) fertiggestellt.

Der größte hinduistische Tempel außerhalb Indiens ist der Shri Swaminaryan Mandir in Neasdon, London (GB), der sich über mehr als 6000 m² erstreckt; eröffnet am 20. August 1995.

Die höchste und älteste Stupa (buddhistischer Kultbau) war mit gut 120 m Höhe die heute weitgehend zerstörte Jetavanarama-Dagoba in der Ruinenstadt Anuradhapura auf Sri Lanka, der Insel im Indischen Ozean.

▮ Die 93,3 m hohe Shwedagon-Pagode in Yangon (Myanmar, früher Birma) erhebt sich auf der Stätte einer 8,2 m hohen Pagode aus dem Jahr 585 v. Chr.

Der größte liegende Buddha ist der Shwethalyaung (55 m lang, 16 m hoch) in Pegu, Myanmar (früher Birma). Ursprünglich im Jahr 994 erbaut, geriet er in Vergessenheit, als die Stadt Pegu 1757 durch ein Erdbeben vollständig zerstört wurde. Erst in unserem Jahrhundert wurde die Buddha-Figur wiederentdeckt und komplett restauriert.

Die längste sakrale Statue ist eine ruhende Buddhafigur, deren Überreste sich bei Bamijan in Afghanistan befinden. Sie soll etwa 305 m lang gewesen sein und aus dem 3. oder 4. Jh. n. Chr. stammen.

Den höchsten Kirchturm der Welt hat mit 161,53 m das Ulmer Münster (D), das 1377 begonnen wurde. Der Turm in der Mitte der Westfassade wurde erst 1890 fertiggestellt. 768 Stufen führen zur obersten Aussichtsgalerie.

Die höchste Kirchturmspitze hat der Tempel der Ersten Methodistenkirche in Chicago, Illinois (USA). Der 22 Stockwerke hohe Wolkenkratzer (1924 errichtet) beherbergt in 100 m Höhe das Pfarramt, in 122 m Höhe eine Himmelskapelle und in 173 m Höhe ein Kreuz.

Stilvoll logieren

König

Ludwig XIV. war Hausherr im Traumschloß von Versailles vor den Toren von Paris.

Burgen und Schlösser

Die älteste Burg der Welt befindet sich in Gomdan im Jemen. Sie stammt aus dem 1. Jh. n. Chr. und verfügt über 20 Stockwerke.

Die älteste deutsche Burg stand in Meersburg am Bodensee. Sie wurde um 930 auf den Fundamenten des Dagobert-Turms errichtet, der aus dem 7. Jh. stammt.
▮ Besser erhalten ist allerdings die Brömserburg bei Rüdesheim am Rhein. Diese Befestigung wurde ca. 970 n. Chr. vom Erzbischof von Mainz erbaut.

Die älteste und größte Befestigung in Österreich ist die Feste Hohensalzburg auf dem 542 m hohen Festungsberg in Salzburg. Sie wurde 1077 errichtet, von 1465 bis 1527 und im 17. Jh. stark erweitert.

Das größte bewohnte Schloß der Welt ist die königliche Residenz Schloß Windsor in Berkshire (GB). Der größte Teil stammt aus dem 12. Jh., hat die Form eines Parallelogramms mit verengtem Mittelteil und mißt 576 x 164 m.

Die größte Burg ist der Prager Hradschin (Tschechien), der aus dem 9. Jh. stammt. Das langgestreckte unregelmäßige Polygon mit einer Achse von 570 m und einem Durchmesser von ca. 128 m steht auf einem Gelände von 7,28 ha.

Die größte erhaltene Burg in Deutschland liegt bei dem bayerischen Ort Burghausen zwischen der Salzach und dem Wöhrsee mit einer Gesamtlänge von 1,2 km.

Die größte deutsche Burgruine ist die Ruine der Burg Lichtenberg bei Kusel, Rheinland-Pfalz. Sie ist 420 m lang und 90 m breit. Die Burg wurde ca. 1210 erbaut.
▮ Wenig später – 1245 – entstand auf den Grundmauern eines Klosters die Burg Rheinfels über Sankt Goar am Rhein, die ebenfalls als älteste Burgruine genannt wird.

Die größte deutsche Festung war im Mittelalter die Feste Rosenberg bei Kronach in Franken, die nie bezwungen wurde, 1980 ihr 850jähriges Bestehen feierte und heute als Jugendherberge und Heimatmuseum genutzt wird.

Festungen und Paläste

Der größte Palast der Welt ist der kaiserliche Palast (Gugong) in der Stadtmitte Pekings (Beijing, chinesisch für nördliche Hauptstadt), dessen Areal ein Rechteck von 960 x 750 m bildet und 72 ha mißt. Der äußere Grundriß entspricht noch dem ursprünglichen Bau, der unter Yongle (1402-24), dem dritten Kaiser der Ming-Dynastie, entstanden ist. Danach kam es jedoch zu ständigen Umbauten, so daß die meisten Gebäude des Palastes innerhalb der Außenmauern aus dem 18. Jh. stammen. Die gesamte Palastanlage besteht aus fünf großen Hallen und 17 verschiedenen Palästen. Einen davon, den Palast der Gesammelten Vornehmheit (Chu xia gong), bewohnte die letzte chinesische Kaiserin bis 1924.

Als stärkste Festung des Abendlandes galten die Schloßbergbefestigungen der Stadt Graz (A). Weder die Türken (15. bis 16. Jh.) noch die Franzosen (1809) konnten sie erstürmen.

Die dicksten Mauern waren mit 27 m die Urnammu-Stadtmauern von Ur (jetzt Muquajjar, Irak), die 2006 v. Chr. von den Elamiten zerstört worden sind.

Kaiser

von China sein ist ein Privileg. Der durfte im größten Palast der Welt in Pekings Verbotener Stadt wohnen Unter 17 verschiedenen Dächern

Kurfürst

August der Starke hatte 1709 mit Planungen für eine Orangerie in Dresden begonnen. Entstanden ist der Zwinger, eines der größten Barockbauwerke der Welt.

Die längste Fensterfront eines Schlosses befindet sich am Schloß von Versailles, 21 km südwestlich von Paris gelegen: 375 Fenster auf der 580 m langen Fassadenseite. Die Anlage, 1682 für Ludwig XIV. fertiggestellt, hatte unter der Leitung von Jules Hardouin-Mansart (1646-1708) mehr als 30 000 Arbeiter beschäftigt.

Die größte Residenz der Gegenwart ist die „Istana Nurul Iman" des Sultans von Brunei in der Hauptstadt Bandar Seri Begawan, im Januar 1984 fertiggestellt. Sie hat 1788 Zimmer und eine Garage für 110 Wagen.

Die längsten und weitesten Gräben der Welt umgaben den Kaiserpalast in Peking und die Stadt selbst. Laut französischer Quelle muß der Palastgraben eine Breite von 49 m und eine Gesamtlänge von 3290 m gehabt haben, während die Gesamtlänge aller Stadtgräben 38 km betrug.

Das älteste Rathaus Deutschlands zu besitzen, diesen Rekord beanspruchen Fritzlar, Duderstadt und Göttingen. Die früheste urkundliche Erwähnung hat zweifelsfrei Fritzlar in Hessen. In seiner Stadtchronik wird ein Vogteihaus bereits 1109 erwähnt. Die Stadt erwarb es 1274 als Rathaus, doch von dem Gebäude ist kaum noch etwas erhalten.Das Rathaus von Duderstadt mit schöner erhaltener Fassade entstand 1302/03. Der Kernbau des Göttinger Rathauses ist zwischen 1264 und 1274 datiert.

Weltkulturerbe: Über 450 Kulturstätten, Naturlandschaften und Gebäude sind von der Unesco als Weltkulturerbe aufgelistet, 19 davon in Deutschland: die Stadt Lübeck, der Aachener Dom, der Dom zu Speyer, die Wallfahrtskirche „Die Wies", die Würzburger Residenz, die Schlösser Augustusburg und Falkenlust in Brühl sowie die Schlösser und der Park von Sanssouci in Potsdam, Römische Baudenkmäler sowie Liebfrauenkirche und der Dom in Trier, die Michaeliskirche und der Dom in Hildesheim, die ehemalige Benediktiner-Abtei Lorsch mit Exkloster Altenmünster,

Sultan

von Brunei lebt in der größten Residenz: 1788 Zimmer und Platz für 110 Autos.

das Bergwerk Rammelsberg und die Altstadt von Goslar, das Kloster Maulbronn, die Altstädte von Bamberg und von Quedlinburg, die Eisenhütte von Völklingen, die Fossillagerstätte Grube Messel (Darmstadt), der Kölner Dom, die Bauhausstätten in Weimar und Dessau sowie die Luthergedenkstätten in Eisleben und Wittenberg.

Von Anfang bis Ende

Kairo

zeigt im Nationalmuseum die Goldmaske des Tutanchamun. Gefunden im Sarg des Königs.

Architektur der Frühzeit

Die ältesten Gebäude sind 21 Hütten, die Feuerstellen oder mit Kieseln ausgelegte Gruben besaßen und Löcher von einstigen Umzäunungspfosten aufweisen. Sie wurden im Oktober 1965 auf dem Terra-Amata-Gelände bei Nizza (F) ausgegraben. Man nimmt an, daß sie aus der Acheuléen-Stufe des Altpaläolithikums (vor ca. 400 000 Jahren) stammen.

Der älteste erhaltene Holzbau ist eine 7000 Jahre alte Brunnenanlage, die bis zum Dezember 1995 bei Kückhoven in der Nähe von Erkelenz, Nordrhein-Westfalen (D), ausgegraben wurde. Die Eichen für den älteren der beiden Brunnenkästen wurden etwa im Jahre 5090 v. Chr. gefällt.

Die ältesten erhaltenen Holzgebäude der Welt sind die Pagode, das Chumanar-Tor und der Tempel von Horyu (Horyu-ji) in Nara (Japan), deren Bau um das Jahr 670 begonnen und 715 abgeschlossen wurde. Das benachbarte Daitbutsuden wurde zwischen 1704 und 1711 erbaut und war ursprünglich 87 x 46,75 x 51 m groß. Heute mißt es 57,3 x 50,4 x 48,6 m. Das verbaute Holz stammte von 1000 Jahre alten Hinoki-Bäumen.

Die größten Trilithen (Steinblöcke in Dreiergruppen) finden sich in Stonehenge, südlich der Ebene von Salisbury (GB). Die einzelnen Steinpfeiler wiegen mehr als 45 t und mußten von schätzungsweise 550 Mann eine Steigung von 9 Grad bergauf geschleppt werden. Die früheste Bauphase wurde mit 2950 v. Chr. errechnet. Ob Stonehenge als Mondkalender, Tempel zur Beobachtung von Luftspiegelungen oder zur Vorhersage von Sonnen- und Mondfinsternissen diente, ist noch umstritten.

Der größte Menhir (Steinsäule) ist der Grand Menhir Brisé in der bretonischen Gemeinde Locmariaquer (F). Er war ursprünglich 18 m hoch und wog rund 300 t, ist heute aber in vier Stücke zerfallen.

Die größte Kuppel des Altertums besitzt das 112 n. Chr. in Rom gebaute Pantheon mit einem Durchmesser von 43,2 m.

Die längste Mauer ist die Große Mauer Chinas, die während der Herrschaft von Kaiser Ch'in Shih-huang-ti (221-10 v. Chr.) begonnen wurde. Sie ist 3460 km lang. Hinzu kommen weitere 3530 km an Abzweigungen und Ausläufern. Die Höhe schwankt zwischen 4,5 und 12 m. Die Mauer ist bis zu 9,8 m stark. Sie verläuft von Schanhaikuan am Golf von Pohai nach Juman-Kuan und Jang-Kuan und wurde bis ins 16. Jh. hinein instand gehalten. Seit 1966 sind etwa 51,5 km der Mauer zerstört worden, und im Juli 1979 wurde ein Stück davon durch Sprengung demoliert, um Platz für eine Talsperre zu schaffen.

Friedhöfe und Gräber

Die älteste bekannte Pyramide der Welt ist die 62 m in die Höhe ragende Stufenpyramide des Djoser in Sakkara (Ägypten), die um das Jahr 2650 v. Chr. von Imhotep erbaut wurde und ursprünglich mit Blöcken aus Tura-Kalkstein belegt war.

Die größte Pyramide der Welt ist die des Quetzalcóatl in Cholula de Rivadabia, 100 km südöstlich von Mexico City (Mexiko). Sie hat eine Höhe von 54 m, und die gesamte Grundfläche mißt nahezu 18,2 ha. Das Gesamtvolumen der Pyramide wurde auf 3,3 Mio. m^3 geschätzt (im Vergleich dazu: die Cheopspyramide hat 2,5 Mio. m^3 mit einer Seitenlänge von 230 m).

Der größte Einzelblock einer Pyramide hat ein Gewicht von 290 t. Er gehört zur Pyramide, die der Pharao Mykerinos (um 2470 v. Chr.) bei Gizeh errichten ließ; sie ist die drittgrößte der Welt.

Sipán,

die wertvollsten Grabkammerfunde wurden in Mainz restauriert.

Mount Li

in China ist das größte Grabmal. Bewacht von 8000 Terrakottakriegern.

Der größte Grabhügel ist jener Kieshügel, der zum Gedächtnis an den Seleukidenkönig Antiochos I. (um 325-261 v. Chr.) auf dem Gipfel des Nemrud Dagi (2494 m) südöstlich von Malatya (Türkei) errichtet wurde. Er ist 59,8 m hoch (3 ha Fläche).

Der größte Grabhügel in Europa ist Silbury Hill, 9,7 km westlich von Marlborough, Wiltshire (GB), dessen 39 m hoher Kegel mit seiner 2 ha großen Basis eine Kalkaufschüttung von schätzungsweise 681 000 t erfordert haben muß. Richard Atkinson, der mit den Ausgrabungen im Jahr 1968 betraut war, wies darauf hin, daß dieser Hügel einen inneren Grabhügel umgibt, der den aus derselben Zeit stammenden Rundgräbern ähnlich ist und aus der Zeit um 2745 (±185) v. Chr. stammt.

Die größte Grabanlage in Ägypten ist das 1995 entdeckte Mausoleum im Tal der Könige von Luxor, das Ramses II., der von 1290 bis 1224 v. Chr. regierte, für seine Söhne errichten ließ. Es ist eine Kollektivkatakombe mit 67 Begräbniskammern.

Das größte Grabmal ist das von Cheng, dem „Ersten Erhabenen Herrscher (Kaiser) der Ch'in", am Berg Li, 40 km östlich von Xianyang (China), aus dem Jahr 221 v. Chr. Die beiden das Grab umgebenden Mauern messen 2173 x 974 und 685 x 578 m. In den Kammern des Grabmals befand sich eine Armee aus schätzungsweise 8000 lebensgroßen Terrakottakriegern. Einzelstücke dieses Weltwunders reisen mit einer Wanderausstellung um die Welt.

Eines der wertvollsten Gräber der Welt ist das Mausoleum von Sipán bei Lambayeque (Peru), 1988 entdeckt. Ein Muchica-Fürst war um 300 n. Chr. unter einer indianischen Pyramide mit 1,2 t Grabschätzen beigesetzt worden, zudem 2 Frauen, 2 Krieger, 1 Kind und 1 Hund.

Der größte Friedhof ist der Piskarevsko-Friedhof in St. Petersburg (Rußland) mit über 470 000 Gräbern – Opfer der deutschen Wehrmacht, die 1941-44 die Stadt belagert hatte. Der 20. Februar 1942 war der Tag, der die meisten Menschenleben forderte: An diesem Tag mußten 10 043 Opfer dort begraben werden.

Der größte Friedhof in Deutschland ist der seit 1877 genutzte Hamburger Friedhof Ohlsdorf mit einem 404 ha großen Areal und 12 Kapellen. Bis zum 31. Dezember 1995 fanden hier 972 020 Begräbnisse und 408 471 Einäscherungen statt.

Der größte Friedhof in Österreich ist der Zentralfriedhof Wien. Auf 200 ha sind hier 2,5 Mio. Verstorbene in 480 000 Gräbern zur letzten Ruhe gebettet. Auf dem angeschlossenen Ehrenfriedhof sind neben anderen Persönlichkeiten Beethoven, Brahms, Mozart, Nestroy sowie alle österreichischen Bundespräsidenten bestattet.

Der höchste Friedhof der Welt ist die 10stöckige Memorial Necrópole Ecumênica in Santos bei São Paulo (Brasilien). Der Friedhof, der seit 1984 in Betrieb ist, erstreckt sich über eine Gesamtfläche von 1,8 ha.

Das größte Krematorium wurde im März 1972 auf dem Nikolo-Archangelskoje-Friedhof im Osten Moskaus (Rußland) fertiggestellt. Zu der Anlage gehören sieben Doppelverbrennungsöfen aus britischer Produktion. Das Krematorium erstreckt sich über 210 ha und verfügt über sechs sogenannte „Hallen des Abschieds".

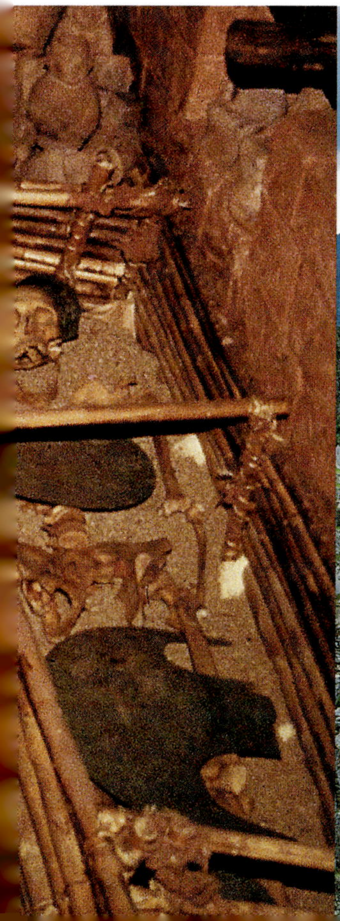

Machu Picchu

war Opferstätte und Lebensraum von 10 000 Inka: Von den Spaniern nie betreten, wurden die Ruinen erst 1911 in Peru entdeckt.

Volle Fahrt voraus

Die Anfänge

Die ersten seetüchtigen Wasserfahrzeuge wurden um 55 000 v. Chr. von Aborigines, den australischen Ureinwohnern, zwischen Neuguinea und Australien in der Torres-Meerenge, damals mindestens 70 km breit, benutzt. Vermutlich haben sie Doppelkanus eingesetzt.

Das älteste erhaltene Boot ist ein 8,2 m langes, 0,76 m breites hölzernes Aalfang-Kanu, das auf der baltischen Insel Fünen bei Tybring entdeckt wurde und aus der Zeit um 4490 v. Chr. stammt.

Das älteste Schiffswrack, gefunden vor Uluburun nahe Kas (Türkei), wurde auf 1316 v. Chr. datiert. Noch ist unklar, ob Artefakte, geborgen vor der Insel Dhókós nahe der griechischen Insel Hydras in der Ägäis im Mai 1975 und auf 2450 (± 250) v. Chr. datiert, ebenfalls aus einem Wrack stammen.

Das erste mit Erfolg betriebene Motorschiff war der Schlepper *Charlotte Dundas*, ein Raddampfer, den William Symington (1763-1831) 1801/02 in Schottland gebaut hatte. Er verwendete eine von James Watt (1736-1819) entwickelte doppelt arbeitende Dampfmaschine.

Das älteste mechanisch betätigte Dampfschiff ist der 48 t schwere Schwimmbagger *Bertha* mit einer Länge von 15,42 m. Er wurde 1844 von I. K. Brunel (1806-59) konstruiert und befindet sich jetzt im Marinemuseum in Exeter (GB).

Das älteste Dampfschiff, das immer noch in Betrieb ist, ist die *Skibladner*, die seit 1856 den Mjösasee in Norwegen befährt. Sie wurde in Motala in Schweden gebaut und bisher nur zweimal generalüberholt.

Das älteste hochseetüchtige Schiff in Betrieb ist die *Doulos* (Diener), 1914 in den USA gebaut und unter dem

Segelte

als erstes Schiff von Hapag-Lloyd bereits im Oktober 1848: die *Deutschland.*

Namen *Medina* in Dienst gestellt. Derzeit wird sie als internationales Ausbildungs- und Gottesdienstschiff genutzt.

Das schwerste Holzschiff war die *Richelieu* mit 101,7 m Länge und 8534 BRT, die am 3. Dezember 1873 in Toulon (F) vom Stapel lief.

Das längste Holzschiff der Neuzeit war die *Rochambeau* mit einer Länge von 115 m. Erbaut von 1867-72.

Gleitet

über die Meere: die *Carnival Destiny*, größtes Passagierschiff mit 3742 Personen.

Segelschiffe

Das älteste mit Rahsegeln betakelte Segelschiff der Welt ist die restaurierte *Ciudad de Inca*, 1858 in der Nähe von Barcelona (Spanien) erbaut. Sie mißt 38,1 m über alles und hat 127 BRT. 1981/82 wurde sie von der China Clipper Society of Maidstone (GB) einsatzfähig restauriert.

Das derzeit größte fahrende Segelschiff ist die 109 m lange *Sedow*, 1921 in Kiel gebaut, jetzt in Rußland zu Ausbildungszwecken genutzt. Daten: 14,6 m breit, Wasserverdrängung 6300 t, 3556 BRT, 4192 m² Segelfläche.

Das längste Segelschiff ist die 187 m lange *Club Med I*, in Frankreich gebaut, mit 5 Aluminiummasten und 2800 m² Segel. Vom Club Mediterannée für 425 Passagiere als Luxuskreuzfahrer in der Karibik eingesetzt, handelt es sich hier um einen Motorsegler mit einer kleinen Segelfläche und leistungsstarken Motoren.

Der einzige Segelschoner mit sieben Masten war die 1902 in Quincy, Massachusetts (USA), gebaute 114,4 m lange *Thomas W. Lawson* mit 5218 BRT; sie ging am 15. Dezember 1907 bei den Scilly-Inseln unter.

Das größte Segelschulschiff Deutschlands ist die Dreimastbark *Gorch Fock* (Heimathafen Kiel): 89,3 m lang, 12 m breit, Segelfläche 1953 m², Stammbesatzung 274 Mann.

Die größte Tagesleistung, die je für ein Handelsschiff unter Segeln berechnet wurde, waren 465 sm (856,16 km) des Clippers *Champion of the Seas* (2722 BRT) der Black-Ball-Linie aus Liverpool (GB) 1854 unter Alexander Newlands. Zwischen den Meßpunkten im südindischen Ozean in heftigem Nordwestwind verstrichen 23:17 Std., das bedeutet eine Geschwindigkeit von 19,97 Knoten (37 km/h).

Als höchste einmastige Yacht gilt die 1994 in den USA gebaute *Zeus*: 45,7 m lang, ihr aus einem Stück gefertigter Mast mißt 52,7 m.

Die größten Segel: Die größten Spieren befanden sich auf dem britischen Schlachtschiff *Temeraire*, am 31. August 1877 in Chatham (GB) fertiggestellt. Fock- und Großrahe maßen 35 m Länge. Das Großsegel maß 1555 m² und wog 2 t, die Gesamtsegelfläche 2322 m². Zum Vergleich: Die Fläche des Fallschirmstoff-Spinnakers von Vanderbilts *Ranger* (1937) betrug 1672 m².

Passagierschiffe

Das größte Passagierschiff ist die *Carnival Destiny* mit 101 000 BRZ und einer Länge von 298 m. 2642 Passagiere und 1100 Besatzungsmitglieder finden Platz. Das im November 1996 in Triest (I) vom Stapel gelaufene Schiff wird für Kreuzfahrten in der Karibik eingesetzt und ist in Panama zuhause.

Das größte in Deutschland gebaute Passagierschiff ist die *Galaxy* der griechisch-amerikanischen Reederei Celebrity Cruises. Das von der Meyer-Werft in Papenburg, Niedersachsen, am 20. November 1996 übergebene Schiff ist 263,9 m lang, 32,2 m breit und hat 77 713 BRT.

Der größte und luxuriöseste Kreuzfahrt-Katamaran ist die 1992 von Finnyards fertiggestellte *Radisson Diamond*. Das 140 Mio. Dollar teure 20 295-BRZ-Schiff mit elf Decks und 177 Kabinen für 354 Personen ist mit 131,2 m Länge und 32,2 m Breite gerade noch panamakanalgängig.

Die größten Tragflächenboote im Passagierverkehr sind die drei 165 t großen *Supramar-PTS-150-MK-III*-Schiffe für jeweils 250 Passagiere; Geschwindigkeit: 40 Knoten (74 km/h). Sie verkehren regelmäßig zwischen Malmö (S) und Kopenhagen (DK).

Frachtschiffe

Das größte Frachtschiff und das größte Schiff überhaupt ist der Öltanker *Jahre Viking* (früher *Happy Giant* und *Seawise Giant*) mit 564 763 t Tragfähigkeit. Der 1976 in Yokosuka (Japan) gebaute Turbinentanker ist 485,45 m lang, hat eine größte Breite von 68,8 m und 24,61 m Tiefgang.

Die größten Ro-Ro-(Roll-on, Roll-off)-Lastschiffe der Welt sind die vier 16 700-t-Schiffe der *El-Rey*-Klasse mit einer Länge von je 176,8 m. Sie gehören der Crowley Maritime Corporation von San Francisco (USA) und verkehren zwischen Florida und Puerto Rico mit Ladungen von bis zu 376 Lkw-Anhängern.

Trägt

6000 Container von je 6,1 m Länge. Das Containerschiff *Regina Maerk*.

Das größte Containerschiff ist die im dänischen Odense gebaute *Regina Maerk*, die Januar 1996 in den Dienst gestellt wurde. Sie hat 81 488 BRZ und kann 6000 TEU (Standard-Container von 6,1 m Länge) aufnehmen.

Das größte in Deutschland gebaute Containerschiff ist die 1995 von der Kieler Werft der Howaldtswerke abgelieferte *APL Thailand* mit 276 m Länge und einem Fassungsvermögen von 4830 Standardcontainern. Mit seiner Breite von 40 m kann es den 32,5 m breiten Panamakanal nicht mehr durchqueren.

Der erste Containertransport per Schiff datiert auf 1955, als das Tankschiff *Ideal X* von Malcom McLean (USA) umgebaut wurde. Er beförderte Container ausschließlich auf Deck. 1961 und 1968 wurden Normgrößen eingeführt.

Befördert

1870 Fahrgäste: Die *Galaxy* (links) ist das größte in Deutschland gebaute Passagierschiff. Der Öltanker *Jahre Viking* trägt bis zu 564 763 t übers Wasser.

Leinen los

Überquerung der Meere

Die Atlantiküberquerung mit dem kleinsten und leichtesten Boot war Hannes Lindemann (* 1922) aus Bonn (D) mit seinem 5,2 x 0,87 m großen und nur 27 kg (mit Gepäck und Segler 300 kg) schweren Faltboot *Liberia III* gelungen, als er 72 Tage nach seiner Abfahrt aus Las Palmas am 30. Dezember 1956 in Philipsburg auf St. Martin eintraf. Womöglich wäre ihm die Alleinfahrt kaum geglaubt worden, wäre er nicht am 36. Tag dem Frachter *Blitar* begegnet.

Die Atlantiküberquerung mit dem schmalsten Boot, einem liberianischen Kru-Kanu-Einbaum von 76 cm Breite bei 7,7 m Länge schaffte Hannes Lindemann (* 1922) aus Bonn (D) 1955/56 von den Kanarischen Inseln nach St. Croix in 64 Tagen.

Die schnellste Atlantiküberquerung per Motorboot: vom 6. bis 9. August 1992 mit dem 68-m-Boot *Destriero* in 2 Tagen, 10:34:47 Std.; Skipper war Cesare Fiorio (I).

Die schnellste Solo-Pazifik-Überquerung per Segelboot: 20 Tage, 9:52:59 Std. Steve Fossett mit der 18,29 m langen *Lakota*; Start am 5. August 1996 in Yokohama (J), Ankunft am 24. August 1996 in San Francisco (USA).

Die schnellste Pazifiküberquerung per Motorschiff von Yokohama (J) nach Long Beach, Kalifornien (USA), 8960 km, dauerte 6 Tage, 1:27 Std.; Containerschiff *Sea-Land-Commerce* (50 315 BRT).

Boote, Fähren und Dampfer

Das größte Fährschiff ist die *Silja Europa* der Papenburger Fährschiffsreederei. Das 59 914 BRZ große, 202 m lange und für 3000 Passagiere, 350 Autos und 60 Eisenbahnwagen ausgelegte Schiff wurde an die Silja Line verchartert.

Das größte Kurzstreckenfährschiff, die *Pride of Burgundi*, wurde am 5. April 1993 auf der Fährstrecke von Dover nach Calais in Dienst gestellt. Die 28 500 BRZ große Fähre ist 179,4 m lang, 27,8 m breit und kann 1140 Passagiere und 600 Pkw befördern.

Die schnellste kombinierte Personen- und Kraftfahrzeugfähre ist der im Herbst 1995 in Dienst gestellte Hochgeschwindigkeits-Fährkatamaran *Stena HSS 1*. Der bei Finnyards gebaute 124 m lange und 40 m breite futuristische Katamaran wird von Stena Sealink auf der Irischen See eingesetzt und erreicht bei 60 000 kW 40 kn. Die Superfähre kann 1500 Passagiere und 375 Pkw aufnehmen.

Das größte kombinierte Eisenbahn-Lastwagen-Passagier-Fährschiff ist 1996 von der Schichau Seebeckwerft in Bremerhaven (D) im Auftrag der Deutschen Fährgesellschaft Ostsee (DFO) gebaut worden, Länge 200 m, Breite 28,2 m, 21 kn schnell. Sie kann bis zu 50 Eisenbahngüterwagen, etwa 50 Lastwagen, 90 Personenwagen und rund 1400 Personen befördern und verkehrt zwischen Rostock und dem schwedischen Trelleborg.

Die größten Eisenbahnfähren werden im Ostseeraum eingesetzt. Als weltgrößte Fähre gilt die *Railship III*, die auf drei Decks mit 15 Gleisen und 1980 m Normalspurgleisen 88 Waggons transportieren kann. Das 1990 in Dienst gestellte Schiff mit einer Länge von 189,7 m und einer Breite von 21,6 m wird von der Railship-Gruppe im Verkehr zwischen Travemünde und dem südfinnischen Hanko eingesetzt.

Das größte Doppelendfährschiff ist die *MF Vestfold* der Reederei Bastofergen. Das im Oslofjord zwischen Horten und Moss eingesetzte 120 m lange und 19 m breite 8383-BRZ-Schiff kann 700 Passagiere und 250 Pkw an Bord nehmen.

Das größte Forschungsschiff der Welt ist die japanische *Mirai* mit einer Länge von 130 m und einem Gewicht von 8600 t.

Das größte Tragflächenboot ist die 64,6 m lange *Plainview* mit 314 BRT, die von der Lockheed Shipbuilding and Construction Co. in Seattle, Washington (USA), am 28. Juni 1965 vom Stapel gelassen wurde. Sie läuft 50 Knoten (92 km/h).

Das weltgrößte Binnenflußschiff ist die in Degendorf gebaute 3220 PS starke, 120,6 m lange und 22,86 m breite *M.S. Mozart*. Das „Fünf-Sterne-Hotel" auf der Donau bietet 239 Passagieren Platz und erreicht 23,05 km/h. Eigner ist die Erste Donau-Dampfschiffahrts-Gesellschaft, Wien (A).

Die größten und stärksten Schlepper sind die *Nikolay Chiker* (SB 131) und die *Fotiy Krylow* (SB 135), 1989 in Auftrag gegeben und von der finnischen Hollming-Werft für die damalige UdSSR gebaut. Bei 25 000 PS Leistung und einem Pollerzug von über 291 t sind sie jeweils 98,8 m lang und 19,45 m breit.

Die Irische See

ist das Fahrwasser des Katamarans *Stena HSS 1*. Superfähre mit 1500 Personen.

Der Pazifik

wurde von Steve Fossett solo per Segelboot überquert: 20 Tage, 9:52:59 Std.

Den Atlantik

im Faltboot bezwang Hannes Lindemann 1956. Sein Rekord steht seit 41 Jahren.

Das längste, speziell als Eisbrecher konstruierte Schiff ist die 140 m lange russische *Rossiya*, 1985 fertiggestellt. Der 25 000-t-Eisbrecher wird atomar angetrieben, seine Motoren erzeugen 75 000 PS (56 250 kW).

Der älteste Schaufelraddampfer in Deutschland ist die 1892 gebaute *Krippen*, früher für die Dresdner *Weiße Flotte*, heute auf dem Main durch Frankfurt unterwegs.

Die größte Yacht ist die saudiarabische königliche Yacht *Abdul Aziz* mit 147 m Länge. Gebaut in Dänemark und am 22. Juni 1984 in Southampton (GB) fertiggestellt, wurde ihr Wert im September 1987 mit über 100 Mio. Dollar (160 Mio. DM) beziffert.

Die größte Privatyacht ist die 122 m lange ehemalige Fähre *Alexander*, die 1986 umgerüstet wurde.

Der stärkste Schwimmbagger ist die 142,7 m lange *Prins der Nederlanden* mit 10 586 BRT. Er kann mit Hilfe von zwei Saugrohren 20 000 t Sand in weniger als 1 Std. aus einer Tiefe von 35 m baggern.

Der tiefste Ankerplatz wurde am 29. Juli 1956 von Jacques-Yves Cousteaus (1910-97) Forschungsschiff *Calypso* mit 7498 m im Romanche-Graben im Mittelatlantik erreicht. Er verwendete dabei ein 8,9 km langes Nylonseil.

Die größte Schiffsschraube der Welt ist eine Drei-Blatt-Schraube von 11 m Durchmesser, bis 17. März 1982 von Kawasaki Ltd. für den 208 739-t-Massengutfrachter *Hoei Maru* hergestellt.

Das größte von Menschenkraft angetriebene Schiff war die *Tessarakonteres*, die um 210 v. Chr. in Alexandrien (Ägypten) für den Pharao Ptolemäus IV. gebaut wurde. 4000 Ruderer sorgten für die Fortbewegung der 128 m langen Trimaran-Galeere. Auf drei Ruderbänken übereinander betätigten bis zu acht Mann eines der 17,5 m langen Ruder.

Das längste Kanu ist das 35,7 m lange, 20 t schwere Maori-Kriegskanu *Nga Toki Matawhaorua* aus Kauri-(Fichten)Holz, das 1940 auf der kleinen Insel Kerikeri (Neuseeland) mit Breitbeilen für eine Besatzung von 70 oder mehr Personen gebaut wurde.

Die schnellsten U-Boote waren die russischen atomgetriebenen der Alpha-Klasse, die eine Spitzengeschwindigkeit von 74 km/h und eine Tauchtiefe von 760 m erreichen konnten. Heute soll nur noch eines als Testfahrzeug existieren.

Das kleinste U-Boot hat William G. Smith aus Bognor Regis (GB) konstruiert. Es ist voll funktionsfähig bei nur 2,95 m Länge, einer Breite von 1,15 m und einer Höhe von 1,42 m. Es kann bis zu 30 m tief tauchen und unter Nutzung von 3-PS-Preßluftzylindern mindestens vier Stunden unter Wasser bleiben.

Das kleinste Höhlen-U-Boot hat sich Jochen Hasenmayer aus Birkenfeld bei Pforzheim (D) auf den Leib bauen lassen. Mit dem Gefährt von 2,50 m Länge, 1 m Höhe und 0,72 m Breite kundschaftet er Höhlen in der Schwäbischen Alb aus.

Das kleinste bemannte Unterseeboot, der *Subastir 2*, ging am 19. September 1987 erstmals auf Tauchstation. Der Schiffbau-Student Carsten Standfuß (* 1965) aus Langen bei Bremerhaven hat das Mini-U-Boot mit 2,98 m Länge und einem Gewicht von 575 kg konstruiert. Es ist ausgerüstet mit vier Steuermotoren, Sonar, Echolot und Funk, gefahren wird der *Subastir 2* liegend – maximale Tauchtiefe: 60 m.

Die Höchstgeschwindigkeit eines von Menschenkraft angetriebenen U-Bootes: 3,445 m/sek, am 30. März 1996 erreicht von William Nicoloff aus Northridge, Kalifornien (USA), in dem von ihm selbst entworfenen und konstruierten Boot.

Indischer Ozean,

das Ziel von Vasco da Gama, der vor 500 Jahren von Lissabon aufbrach. Anlaß für die Expo '98 in der Kapitale.

Untergang & Mythos

Sie war das größte Schiff der Welt, als sie auf ihrer Jungfernfahrt in der sternenklaren und frostkalten Nacht des 14./15. April 1912 vor Neufundland (Kanada) mit einem Eisberg kollidierte. Und sie war das luxuriöseste ihrer Zeit.

Nie zuvor kamen mehr Menschen bei einer Schiffskatastrophe ums Leben – es waren 1495, nur 712 Kinder, Frauen und Männer wurden gerettet. Dabei war der Luxusliner nicht einmal vollbesetzt. Zugelassen war das Prachtschiff für insgesamt 3547 Personen, darunter 944 Besatzungsmitglieder.

Und die *Titanic*, sie lebt doch

Unter den Opfern waren die Ärmsten, sie reisten in der 3. Klasse, Emigranten aus Europa, die in der Neuen Welt nach neuem Glück suchen wollten. Daneben aber reisten und starben auch die Reichsten aus der 1. Klasse:

- der damals reichste Mann der Welt, der 47jährige Colonel John Jacob Astor, Urenkel jenes weltberühmten Pelzhändlers, der auf Grundstücks- und Hotelkäufe spezialisiert war;
- Benjamin Guggenheim, Repräsentant der amerikanischen Bergwerks- und Hüttendynastie;
- Isidor Straus, dem das damals größte Kaufhaus der Welt Macy's gehörte, das auch heute noch das größte ist;
- George Dunton Widener aus Philadelphia, der sein riesiges Vermögen mit dem Bau von Straßenbahnen erwirtschaftet hatte.

Mehr als 3000 Bücher sind schon geschrieben, zwei Dutzend Dokumentations- und Spielfilme gedreht worden. Doch unendlich viele Fragen warten bis heute auf eine Antwort.

Mehr als 70 Jahre hat man nach dem Wrack gesucht, erst 1985 wurde es – in zwei Teile zerbrochen mit einem Abstand von rund 600 Metern zwischen Bug und Heckpartie – im Bereich der Koordinaten 41°44'N, 49°55'W von Robert D. Ballard entdeckt. Auf 3800 m Meerestiefe liegt es in größter Dunkelheit und Kälte.

1997 – 85 Jahre nach dem Untergang – hat die größte *Titanic*-Ausstellung Europas in der Speicherstadt zu Hamburg die Geschichte dieses unfaßbaren Ereignisses zusammengetragen.
Minutiös und lückenlos erfährt der Besucher alles, was die Historiker und Fachleute wissen: Über

- Planung und Bau dieses Wunderwerks von 269 m Länge und 46 328 BRT, mit seinen 3 Mio. Nieten und fast 25 m hohen Schornsteinen, 32 km langen elektrischen Leitungen, 150 Elektromotoren und 10 000 Glühlampen;

▮ die Fracht der 6000 t Kohle, der 7000 Kohlköpfe, 75 t Fleisch, 50 000 Flaschen Wein, Bier und Soda sowie der viel zu vielen frischen Eier;

▮ die 325 Maschinisten und die 60 Köche, das Eichenmobiliar, den Marmor und die Seide, den fast 1000 m^2 großen 1.-Klasse-Speisesaal, der damals der weitaus größte schwimmende Raum gewesen ist, die 3547 Schwimmwesten und die insgesamt 20 Rettungsboote;

▮ die rund 4000 geborgenen Fundstücke vom Meeresboden, Navigationsinstrumente, Maschinentelegrafen, Uniformknöpfe, Teller, Tassen, Töpfe, Bestecke, Flaschen, Karaffen und Gläser bis hin zu den persönlichen Dingen, die die Passagiere auf dieser so abrupt abgebrochenen Reise bei sich hatten: Haarbürsten und Schuhe, Fotoapparate und Zeitschriften, Bücher und Postkarten, Kleingeld und Hosenträger, Rasierklingen und Uhren, Federhalter und Schmuck, Gürtelschnallen und Hutnadeln, Restaurantrechnungen und Tabakbeutel, Spiegel und Puderdöschen.

Aufgetaucht

mit Hilfe der *Nautile*, dem Drei-Mann-Tauchboot, das bis 6000 m Tiefe kommt: Die Klarinette – was hat sie zuletzt gespielt? Silberbesteck – wer hat zuletzt damit gespeist? Handtasche aus Kettengeflecht – wer hat sich zuletzt die Nase gepudert? Das Fernglas – hat es zuletzt den Eisberg gesehen? Der Bowler – wen hat er zuletzt gegrüßt?

Auf hoher See

Unglücke

Das größte Schiffswrack auf dem Meeresgrund ist immer noch die *Energy Determination*, ein VLCC (großer Rohstofffrachter) mit 321 186 t Eigengewicht. Er explodierte am 12. Dezember 1979 in der Straße von Hormus im Persischen Golf. Der Rumpf des ohne Ladung gesunkenen Schiffs war damals 58 Mio. Dollar wert.

Die größte Wrackbergung wurde 1979 von der Firma Smit Tak International durchgeführt, die die Überreste des französischen Tankers *Betelguese* (120 000 t) innerhalb von 20 Monaten aus der Bantry Bay (Irland) entfernte.

Die größte Rettungsaktion zur See war am 8. Mai 1942, als 2735 Menschen vom Flugzeugträger *Lexington* zwischen Australien und Neukaledonien gerettet wurden. Das Schiff sank.
▮ Die größte Rettungsaktion ohne ein einziges Todesopfer war am 7. Juni 1944, als alle 2689 Passagiere der *Susan B. Anthony* vor der Küste der Normandie (Frankreich) trotz Beschuß lebend gerettet werden konnten.

Die meisten Todesopfer: 7700 Menschen starben, als das deutsche Schiff *Wilhelm Gustloff* am 30. Januar 1945 vor Danzig (Polen) von einem sowjetischen *S-13*-U-Boot torpediert wurde.
▮ 1495 Menschen kamen um, nachdem das Kreuzfahrtschiff *Titanic* auf seiner Jungfernfahrt in der Nacht vom 14./15. April 1912 vor Neufundland mit einem Eisberg kollidierte. Nur 712 Menschen wurden gerettet.

Die schwerste Schiffsexplosion fand am 17. Dezember 1917 statt. Der französische Frachter *Mont Blanc*, beladen mit 5000 t Sprengstoff und anderen brennbaren Materialien, kollidierte im Hafen von Halifax, Nova Scotia (Kanada), mit einem anderen Schiff. Die Explosion, die noch in 95 km Entfernung zu spüren war, forderte 1635 Opfer.

912 Menschen starben beim schwersten Fährunglück Europas auf der *Estonia*.

Das schwerste Fährenunglück ereignete sich 21. Dezember 1987, als die *Dona Paz* auf dem Weg von Tacloban nach Manila (Philippinen) mit dem Tanker *Victor* kollidierte. Beide Schiffe gingen in Flammen auf und sanken in Minuten. Offiziell hatte die *Dona Paz* 1550 Passagiere, aber man vermutete, daß sich bis zu 4000 Personen an Bord aufhielten. Alle kamen ums Leben.

Das schwerste Fährenunglück Europas kostete 912 Menschen das Leben, als am 28. September 1994 die *Estonia* in der Ostsee vor Finnland sank.

Beim schwersten Regatta-Unglück kenterten im August 1979 beim 28. Fastnet Race 23 Boote bei Windstärke 11. Dabei starben 19 Menschen.

Tempo

Die höchste Geschwindigkeit, die jemals auf Wasser erreicht wurde, sind geschätzte 300 Knoten (555 km/h), erzielt von Kenneth Peter Warby (* 1939) am 20. November 1977 auf dem Blowering-Stausee in Neusüdwales (Australien) in seinem Gleitboot der offenen Klasse *Spirit of Australia*.

Der offizielle Geschwindigkeitsweltrekord zu Wasser liegt bei 511,11 km/h, aufgestellt von Kenneth Peter Warby auf dem Blowering-Stausee (Australien) am 8. Oktober 1978.

Die offizielle Höchstgeschwindigkeit eines schraubengetriebenen Bootes liegt bei 368,54 km/h, erreicht von Eddie Hill am 5. September 1982 bei Chowchilla, Kalifornien (USA), mit *The Texan*.

Die schnellste Nordseeüberquerung haben der Norderneyer Karl-Hans Sigges und sein vierköpfiges Team am 15. Juli 1994 von Norderney (D) nach Lowestoft (GB) erreicht. Mit der *Bullet*, einem 14,1 m langen Rennboot, Typ *Cigarette 46*, benötigten sie ohne Zwischenstopp 5:50 Std. mit einem Schnitt von 35 Knoten.

Häfen und Wasserwege

Der größte Hafen der Welt ist der von New York und New Jersey (USA) mit einer schiffbaren Wasserfront von 1215 km und einer Wasserfläche von 238 km². Bei 261 Anlegeplätzen und 130 weiteren Piers können 391 Schiffe gleichzeitig anlegen. Die Lagerhäuser bedecken eine Fläche von 170,9 ha.

Der Hafen mit dem größten Umschlag, zugleich der größte künstliche Hafen, ist der Hafen von Rotterdam mit einer Fläche von 100 km² und Kais mit einer Gesamtlänge von 122,3 km. 1996 wurden dort 292 Mio. t Seefracht abgefertigt.

Den größten Containerhafen hat Hongkong mit einem Umschlag von 12 528 692 Standardcontainern (TEU) im Jahr 1995, gefolgt von Singapur und Kaohsiung (Taiwan).

Der größte Hafen in Deutschland ist der Hamburgs mit einer Flächenausdehnung von 8700 ha und rund 60 km Kaimauern sowie etwa 5 km Dalbenplätzen zum Festmachen von rund 300 Seeschiffen.
▮ Im Hamburger Hafen befinden sich auch die größten deutschen Docks: Schwimmdock 11 von Blohm & Voss ist 320 m lang für Schiffe bis ca. 250 000 t Tragfähigkeit sowie Trockendock Elbe 17 – 350 m lang, 59 m breit und 15 m hoch.

Der größte Binnenhafen der Welt ist der Rhein-Ruhr-Hafen in Duisburg (D). Auf 7,4 Mio. m² liegen 19 Hafenbecken mit 740 ha Wasserfläche, ein Freihafen und ein Terminal mit 700 m langen Parallelgleisen für den Schienenverkehr. Nur 250 km vom offenen Meer entfernt, dient er auch als Seehafen.

42 000

Schiffe pro Jahr entern den Port von Hongkong. Größter Containerhafen der Welt.

Die meisten und längsten natürlichen Binnenwasserstraßen hat Finnland mit etwa 50 000 km schiffbaren Seen und Flüssen.

Der längste schiffbare Fluß, zugleich die längste schiffbare natürliche Wasserstraße, ist der Amazonas, den Überseeschiffe bis nach Iquitos (Peru), 3598 km vom Atlantischen Ozean entfernt, hinauffahren können.

Die längsten schiffbaren Flüsse in Deutschland sind die Donau (Gesamtlänge 2850 km, auf deutschem Gebiet 647 km, schiffbar ab Kelheim/Bayern; der Rhein (Gesamtlänge 1320 km, auf deutschem Gebiet 865 km, in dieser Länge schiffbar) und die Elbe (Gesamtlänge 1144 km, davon 761 km auf deutschem Gebiet, zwischen Bad Schandau und Schnackenburg).

Der längste Pier der Welt ist mit 10,93 km der am Persischen Golf gelegene Dammanpier von Saudi-Arabien, gebaut 1948 bis 1950. Bis 1980 entstand dort der König-Abdul-Aziz-Hafen mit 39 Ankerplätzen. Die ursprüngliche Dammstraße wuchs dabei mit dem Hafen auf 12,8 km.

Das größte Dock- oder Schleusentor ist am Okpo-Trockendock Nr. 1 auf der südkoreanischen Insel Koje in Betrieb. Es ist 131 m breit, knapp 14 m hoch und an der Basis 10 m dick.

Die längste Kaimauer in Deutschland ist die Containerkaje im Überseehafengebiet von Bremerhaven. Von 1969 bis 82 wurde bei einer Wassertiefe (Ebbe) von 14,21 m und einer Mauerhöhe von 23,5 m eine Rekordlänge von 2150 m erreicht. Gesamtkosten: 448 Mio. DM.

Schiffbau und Flotten

Die größte Fährschiff-Flotte besitzt Japan mit 186 Schiffen und einer Gesamttonnage von 11 44 768 BRT.

Die größte Fährschiff-Reederei ist die Stena Group (Stena Line, Stena Sealink, Lion-Ferry). Mit 20 Schiffen werden jährlich 36 Mio. Passagiere, 8,5 Mio. Pkw und Lkw auf insgesamt 20 244 Lademetern befördert. Gefolgt wird Stena von P & O (European Ferries, Scottish Ferries, North Sea Ferries).

150

Jahre Hapag-Lloyd. Vom Postschiff 1875 bis zu Deutschlands schönstem Kreuzfahrtschiff *Europa*.

Die größte Reederei Deutschlands und zugleich größtes deutsches Transportunternehmen ist die Hapag-Lloyd AG, Hamburg, mit einem Umsatz (1996) von 4,5 Mrd. DM; am 27. Mai 1997 feierte man das 150jährige Bestehen.
▮ Auch die zweitgrößte Reederei, Hamburg Süd, mit einem Umsatz von 1,7 Mrd. DM (1996) hatte 1997 ihr Jubiläum zu feiern – sie besteht seit 125 Jahren.

Größter Schiffseigner ist die japanische NYK-Gruppe, zu deren Flotte im Januar 1996 Schiffe mit insgesamt 11 273 713 BRZ gehörten.

Die größte Schiffswerft war 1995 Hyundai Heavy Industries Co. Ltd in Südkorea, die 43 Schiffe mit insgesamt 2,27 Mio. BRT baute.

Das größte Trockendock ist mit einer Schiffbau-Kapazität von 1,2 Mio. t das Trockendock *Daewoo Okpo Nr. 1* auf der südkoreanischen Insel Koje: 530 m lang und 131 m breit. Die 14 m hohen und an der Basis 10 m dicken Docktore sind die größten der Welt.

Das größte überdachte Baudock besitzt die Meyer Werft (Jos. L. Meyer GmbH & Co.) in Papenburg an der unteren Ems: 370 m lang, 101,5 m breit, 60 m hoch.

Straßenkreuzer

Die Anfänge

Das erste erfolgreich mit Benzin angetriebene Fahrzeug, der sogenannte *Patent-Motorwagen*, wurde von Karl Benz (1844-1929) aus Karlsruhe gebaut und Ende 1885 in Mannheim zum ersten Mal gefahren. Es handelte sich um ein 265 kg schweres Dreiradauto mit einer Geschwindigkeit von 13 bis 16 km/h. Sein Einzylindermotor mit Kettenantrieb (Bohrung 91,4 mm, Hub 160 mm) leistete 0,85 PS (0,63 kW) bei 400/min und wog 110 kg. Das Patent wurde am 29. Januar 1886 erteilt. Ein Bericht über seine erste, 1 km lange Probefahrt erschien am 4. Juni 1886 in der *Neuen Badischen Landeszeitung* unter der Rubrik „Vermischtes". Das 1885 gebaute Fahrzeug befindet sich noch immer in fahrbereitem Zustand im Deutschen Museum in München, dem es 1906 von Karl Benz zur Eröffnung geschenkt wurde.

Den ersten Viertaktbenzinmotor baute 1876 der Ingenieur Nikolaus August Otto (1832-91) zusammen mit dem Zuckerfabrikanten Eugen Langen (1833-95) – als *Ottomotor* ging er in die Geschichte ein.

Den ersten Kraftwagen mit vier Rädern baute 1886 Gottlieb Daimler (1834-1900). Der Einzylinder-Viertaktmotor (Bohrung 70 mm, Hub 120 mm) leistete bei 600/min 1,1 PS (0,81 kW) und erreichte 18 km/h. 1883 hatte Daimler mit Wilhelm Maybach (1846-1929) eine Versuchswerkstätte gegründet, in der der Verbrennungsmotor entwickelt wurde.

Den ersten betriebsfähigen Dieselmotor der Welt, der 1997 seinen 100jährigen Geburtstag feierte, enwickelte von 1893 bis 1897 die Maschinenfabrik Augsburg, Vorgängerfirma der heutigen MAN München, in Zusammenarbeit mit Rudolf Diesel (1858-1913) und der Firma Fried. Krupp, Essen. Diesel hatte 1892 sein erstes Patent beantragt. Der Motor ist im Deutschen Museum in München ausgestellt.

Den ersten serienmäßig hergestellten luftgekühlten Fahrzeug-Dieselmotor hat 1934 die Firma Fried. Krupp in Essen gebaut.

Der Wagen mit dem hubraumgrößten Motor ist der *Dodge Viper* von Chrysler mit einem 7994 cm³ großen Zehnzylinder, der bei 5150/min 290 kW oder 394 PS leistet. Maximales Drehmoment: 620 Nm bei 3600/min. Der *Viper* beschleunigt in 4,6 Sek. von Null auf 100 km/h, die Spitze beträgt 266 km/h. Er kostet 142 000 DM.

Der kleinste Serien-Fahrzeugmotor, ein Dieselmotor mit 18 cm³, wurde bis 1952 von den Lohmann-Werken in Bielefeld (D) hergestellt – für sogenannte Fahrräder mit Hilfsmotor.

Daimler

verkaufte den ersten Lkw mit Verbrennungsmotor 1896 nach Coventry (GB).

Den kleinsten funktionsfähigen Verbrennungsmotor hat Detlef Abraham (* 1954) aus Hamburg konstruiert. Der Einzylinder-Viertaktmotor hat einen Hub von 4,4 mm bei einem Volumen von 345 mm³. Er wird mit Methanol betrieben und erreicht eine Drehzahl von 13 000/min.

Der erste Lastkraftwagen mit Verbrennungsmotor wurde am 1. Oktober 1896 von Gottlieb Daimler an Frederick R. Simms in Coventry (GB) verkauft. Heute wäre das nur ein Lieferwagen, da ein Lkw erst ab einer Nutzlast von 1,5 t zugelassen wird.

Das erste Serienauto mit einem Dieselmotor war der *Mercedes-Benz 260 D*, der von November 1935 bis April 1940 in 1967 Exemplaren gebaut wurde. Er leistete bei 3000/min 45 PS (33 kW), die Höchstgeschwindigkeit betrug 95 km/h.

Die größte Kilometerleistung mit einem VW-Käfer kann Albert Klein aus Pasadena, Kalifornien (USA), vorweisen: Er brachte es auf 2 595 169 km. Am 29. März 1997 quittierte *Old Faithful* nach einem Unfall den Dienst.

Den ältesten VW-Käfer in Deutschland besitzt Otto Weymann aus Fuldatal (Hessen). Der Brezelkäfer mit getrennter Heckscheibe stammt aus der Nachkriegsproduktion. Laufleistung: 650 000 km.

Diesel

beantragte 1892 ein Patent für seinen sensationellen Motor. Fertig war er 1897.

Die erste Luftbereifung zunächst für Fahrräder, später auch für Kraftfahrzeuge, entwickelte 1888 der schottische Tierarzt John Boyd Dunlop (1840-1921). Allerdings wurde das erste Patent bereits 1845 dem Engländer William Thomson zuerkannt.

Die größten Reifen der Welt werden von der japanischen Firma Bridgestone, Tokio, hergestellt. Sie haben einen Durchmesser von 3,82 m und

GM

mit dem flottesten Elektroauto: Mit 295,832 km/h flog der *Impact* über die Straße.

Mercedes

ließ die schnellste Limousine tunen: Der *W 210 (BRABUS E V12)* erreicht 330 km/h.

MAN

baute den Sechszylinder-Turbodiesel mit 12,8 Liter Hubraum: satte 460 PS.

BRABUS

entwickelte diesen Zwölfzylindermotor mit 582 PS für den *Mercedes W 210*.

werden für überdimensionale Schuttkipper verwendet. Es wird angenommen, daß ein Reifen mit einem Durchmesser von 5,18 m die Grenze des Möglichen erreichen würde.

Der breiteste Reifen in Serienproduktion ist der Bridgestone Expedia S-01 mit der Größe 335/35 ZR 18, unter anderem auf der Hinterachse des *Jaguar XJ 220* verbaut mit einer Breite von 370 mm.

Die größten Reifenschutzketten, die von der Steirischen Kettenfabrik Pengg-Walenta KG (PEWAG) in Graz (A) hergestellt werden, haben einen Durchmesser von 3,6 m und eine Breite von 1,27 m, vor allem bei Erdbewegungsmaschinen eingesetzt.

Tempo

Das erste Raketenauto der Welt steuerte Fritz von Opel 1928 über die Berliner Avus. Höchstgeschwindigkeit: über 250 km/h.

Der offizielle Geschwindigkeitsrekord zu Lande stammt immer noch vom 4. Oktober 1983: 1019,467 km/h von Richard Noble in der Wüste von Nordnevada (USA) mit einem düsenangetriebenen *Thrust 2*. Alle, die schneller waren, fanden keine Anerkennung des Verbandes UASF.

Höchstgeschwindigkeit eines raketengetriebenen Landfahrzeugs auf Rädern: 1016,086 km/h, Vierradfahrzeug *The Blue Flame* am 23. Oktober 1970, gesteuert von Gary Gabelich (* 1940) auf den Bonneville Salt Flats in Utah (USA). Kurzzeitig kam er auf 1046 km/h. Heute ist er im Technik-Museum im schwäbischen Sinsheim zu sehen.

Die höchste Geschwindigkeit (in einer Richtung) für ein Landfahrzeug: 1190,377 km/h (Mach 1,0106), am 17. Dezember 1979 bei der Edwards Air Force Base, Kalifornien (USA), von Stan Barrett (USA) in der *Budweiser Rocket*, einem raketengetriebenen dreirädrigen Wagen.

Die höchste Geschwindigkeit für ein Elektroauto sind 295,832 km/h bei fliegendem Start über einen Kilometer, erreicht von einem GM-*Impact*, der von dem Briten Clive Roberts gefahren wurde, am 11. März 1994 im Testgelände von Fort Stockton, Texas (USA).

Dieselmotor: Ein Prototyp *Volkswagen ARVW* (Aerodynamic-Research-Volkswagen) erreichte am 19. Oktober 1980 im italienischen Nardo 362,07 km/h.

Der schnellste Rennwagen war der *Porsche 917/30 Can-Am* mit einem 12-Zylinder-Boxer-Motor mit 5374 cm³ und 1100 PS (780 kW). In Talladega, Alabama (USA), erreichte Mark Donohue im August 1973 exakt 413,6 km/h.

Rennwagen mit Allradantrieb: Als schnellster erreichte 1986 ein *Audi 200 Turbo quattro* mit etwa 650 PS auf der Rennstrecke von Talladega, Alabama (USA), 332,88 km/h. Am Steuer: Bobby Unser (USA).
▮ Der stärkste Rennwagen mit Allradantrieb wurde gefahren von Walter Röhrl 1987 bei dem Pike's-Peak-Bergrennen in Colorado (USA): ein *Audi Sport-quattro* mit nahezu 700 PS. Röhrl siegte in der damaligen Rekordzeit von 10:47,85 Min. für die 19,9 km Strecke (Start in 2866 m üNN, Ziel in 4301 m üNN).

Dampfwagen: Am 19. August 1985 brach Robert E. Barber den 79 Jahre alten Rekord mit einem *744-Steamin' Demon*, konstruiert von Barber-Nichols in Bonneville Salt Flats, Utah (USA), mit 234 km/h.

Die schnellste straßenzugelassene Limousine der Welt ist der von der Bottroper BRABUS GmbH getunte *Mercedes W 210* (BRABUS E V12) mit 582 PS. Elektronisch gemessene Geschwindigkeit: 330 km/h; in 4,9 Sek. von 0 auf 100 km/h.

Einen Distanzweltrekord über 50 000 km erzielte der *Mercedes-Benz E 2,3-16* im August 1982 in Nardo, Italien. In knapp 202 Std. fuhr der 16-Ventil-Vierzylindermotor eine Durchschnittsgeschwindigkeit von 247,939 km/h.

Die höchste Beschleunigung eines Serienwagens sind 3,07 Sek. von 0 auf 96,5 km/h (= 60 Meilen) eines *Ford RS 200 Evolution*, gefahren von Graham Hathaway am 25. Mai 1994 auf dem Millbrook Proving Ground in Bedshire (GB).

Den Beschleunigungsrekord mit einem Raketenfahrzeug (Heißwasser-Thermo-Rakete), stehender Start, über eine Achtelmeile (201,17 m), erzielte Andy Ochsner aus Brunegg (CH) am 18. Juli 1992 in 3,378 Sek. auf 343,52 km/h mit dem *Waterthunder*, einem Dragster.

Höchstgeschwindigkeit für ein Solar-Straßenfahrzeug: 82,59 km/h, Solarrenner *Spirit of Biel-Bienne III* am 13. August 1994 in Almeria (Spanien).

Die Höchstgeschwindigkeit mit kombinierter Solar-/Batterie-Energie liegt bei 135 km/h. Dieser Rekord wurde am 5. Januar 1991 in Richmond (Australien) vom Fahrer Manfred Hermann im *Solar Star* von Star Micronics erzielt.

Thrust 2

mit Düsenantrieb ist Rekordhalter: Die Spitzengeschwindigkeit von 1019,467 km/h erreichte Richard Noble in Nevada (USA).

Kultobjekt Auto

Eco-Tour Europa:

Gerhard Plattner mit seinem *VW Polo SDI* beim Start in Hammerfest und 6185 km weiter am Ziel unter der spanischen Sonne von Tarifa.

Größe

Das längste Auto ist eine 30,48 m lange Limousine, konstruiert von Jay Ohrberg aus Burbank, Kalifornien (USA), auf 26 Rädern; zur Ausstattung gehören Swimmingpool und Wasserbett. Das Auto ist in einem Stück fahrbar, kann aber auch halbiert werden kann.

Die größten Automobile für den privaten Straßenverkehr waren der *Bugatti Royale, Modell 41*, von dem nur sechs Exemplare von dem Italiener Ettore Bugatti in Molsheim (F) gebaut wurden, die es alle noch gibt. 1927 erstmals produziert, hat dieser Typ einen 8-Zylinder-Motor mit 12,7 l Hubraum. Die Leistung beträgt 300 PS bei 1800/min. Er ist 6,7 m lang. Allein die Motorhaube mißt 2 m in der Länge. Der Preis änderte sich je nach Ausführung, betrug jedoch mindestens 420 000 Dollar – das Vierfache eines *Rolls-Royce*.

Das gegenwärtig stärkste Straßenfahrzeug der Welt ist ein *Jameson-Merlin* mit sechs Rädern. Es hat einen Rolls-Royce-V-12-Merlin-Flugzeugmotor mit 27 000 cm^3 und 1760 PS (1300 kW), der ihn auf 298 km/h bringt.

Sparsamkeit

Sparmobil-Rekord: Ein Sonderfahrzeug fuhr beim Pisaralla Pisimmälle Mileage Marathon in Nokia (Finnland) am 1. September 1996 mit einem Liter Benzin 3443,64 km.

Die längste mit einer Tankfüllung zurückgelegte Distanz schaffte ein modifizierter *Audi 100 TDI* mit 2,5-l-Turbodieselmotor: 4818,4 km ab Rotterdam vom 17.-24. August 1989. Der Tank enthielt 84,667 l Diesel, Fahrzeit 80:05 Std., Durchschnittsgeschwindigkeit 60,2 km/h, Verbrauch 1,76 l auf 100 km.

Die meisten Alpenpässe mit einer Tankfüllung befuhren Gerhard Plattner und Co-Pilot Reinhard Mair am 16./17. Mai 1995. Auf einem 55-km-Rundkurs – Sellajoch (2213 m), Pordoijoch (2239 m), Campolongopaß (1875 m) und Grödnerjoch (2121 m) – bewältigten die beiden Österreicher mit einem serienmäßigen *Audi A6 TDI* in 33:13 Std. 228 096 Höhenmeter.

Das sparsamste Serienauto wurde von Gerhard Plattner 1995 gesteuert: Mit einem *Seat Toledo TDi* verbrauchte er auf einer 1320 km langen Strecke gerade mal 2,75 l auf 100 km bei durchschnittlich 82,5 km/h.
▮ Ein extrem strömungsbegünstigter *VW-Golf-Diesel Formel E* verbrauchte 1981 auf dem Hockenheimring 2,031 l auf 100 km bei reduzierten 50,51 km/h, gefahren von Ferdinand Duckwitz und Hans Pauli.

Serienmäßige Limousine: Gerhard Plattner aus Innsbruck (A) schaffte 1996 mit einem *Audi A8 quattro* die 926 km von Lindau bis Flensburg (D) mit 70,36 l Benzin, das sind nur 7,59 l auf 100 km.

Coast to coast

mit Sparweltmeister Gerha Plattner. Die 4745 km von New York nach San Francis legte er mit einem serienmäßigen *Seat Ibiza TDI* zurück. 2,89 l auf 100 km.

Die sparsamste Europadurchquerung führte Gerhard Plattner (A) vom 16. bis 20. März 1997 auf der Castrol-Transeuropa-Eco-Tour von Hammerfest (Norwegen) nach Tarifa (Spanien). Der serienmäßige *VW Polo SDI* schaffte 6185 km bei 80,376 km/h. Verbrauch: 3,30 l Diesel auf 100 km.

Die sparsamste Durchquerung der USA von Küste zu Küste mit 2,89 l pro 100 km gelang Sparweltmeister Gerhard Plattner aus Innsbruck (A) im Juli 1997 mit einem serienmäßigen *Seat Ibiza TDI*. Die 4745 km von New York nach San Francisco in 50:17 Std. entsprachen einem Schnitt von 94,36 km/h. Kosten: 46,53 Dollar (73 Mark) für 137,58 l Diesel. Ein Busticket hätte mehr als das Doppelte gekostet.

Sparsamste Weltumrundung: Genau 40 273 km legte Gerhard Plattner (A) auf seiner im Oktober 1992 beendeten Tour durch Asien, Australien, Amerika, Afrika und Europa mit einem serienmäßigen *Audi 80 1,9 TDI* zurück. Sein Diesel-Direkteinspritzer benötigte pro 100 km nur 3,78 l – trotz des Schnitts von 85,8 km/h. Die Sparroute führte über Autobahnen, Schotterstrecken, Sandpisten und 14 Pässe.

Preise

Das teuerste Auto der Welt war ein *Lincoln Continental Executive* für den US-Präsidenten, 1968 an den US-Geheimdienst geliefert. Gesamtlänge 6,56 m, Radstand 4,06 m, inkl. 2,03 t Panzerplatten 5443 kg schwer. Gesamtkosten: 500 000 Dollar (damals 2 Mio. DM). Selbst wenn alle 4 Reifen zerschossen würden, könnte er mit 80 km/h weiterfahren.

▮ Carriage House Motor Cars Ltd. New York (USA) stellte 1978 einen 1973er *Rolls-Royce* fertig, mit einem Kostenaufwand von 500 000 Dollar (damals 1 Mio. DM).

▮ Der britische Serienwagen *McLaren F 1* kostet nach Liste umgerechnet 1,4 Mio. DM.

Höchstpreise für Gebrauchtwagen erreichen die *Bugatti-Royale*-Fahrzeuge. 15 Mio. Dollar (24,8 Mio. DM) kostete ein *Bugatti-Sportcoupé Royale Typ 41* (Bj. 1931), gezahlt von Nicholas Harley (GB) am 12. April 1990.

Die größte Oldtimer-Sammlung befand sich im Besitz von William F. Harrah in Reno, Nevada (USA), mit 1700 Fahrzeugen (Schätzwert: mehr als 4 Mio. Dollar, damals 8 Mio. DM). Sie wurde nach seinem Tod größtenteils von der Holiday-Inn-Hotelkette ersteigert.

Das billigste Auto war der 1922er *Red Bud Buckboard* von Briggs and Stratton Co. in Milwaukee, Wisconsin (USA), der 125-150 Dollar kostete. Er hatte einen Radstand von 1,57 m und wog 111 kg.

▮ Die ersten Typen der *King-Midget*-Autos wurden noch bis 1948 im Baukastensystem zur Selbstmontage für nur 100 Dollar verkauft.

Spezielle Rekorde

Die größte Last im Straßenverkehr wog 4960 t: Es war ein Modul von 26 m Breite und 40 m Länge für eine Ölplattform, die im Juli 1986 von 168 Achsen mit 832 Reifen in 6 Std. 80 m weit transportiert wurde. Rollrekordinhaber: die Mammoet Transport B.V. in Amsterdam (NL).

Der längste transportierte Gegenstand war eine 91,21 m lange brückenähnliche Konstruktion für einen Flugzeughangar. Sie wog 62 t und wurde im November 1990 zum Flughafen Stansted (London) befördert. Die Gesamtlänge des Zugs betrug 101,12 m.

„Golden Bugatti“

nannte man ihn in England. Der *Bugatti Royale* ist das größte Automobil (6,7 m) für den privaten Straßenverkehr.

Die längste Bremsspur auf einer öffentlichen Straße wurde am 30. Juni 1960 von einem Auto vom Typ *Jaguar* verursacht, der in der Nähe von Luton, Bedfordshire (GB), in einen Unfall verwickelt wurde: 290 m lang. Er soll mehr als 160 km/h schnell gewesen sein.

▮ Die Bremsspur des von Craig Breedlove gefahrenen düsengetriebenen *Spirit of America* hinterließ am 15. Oktober 1964 auf der Salzebene von Bonneville in Utah (USA) fast 9,6 km – er war außer Kontrolle geraten.

Die größte Steigfähigkeit demonstrierte ein *Unimog U 1450* der Mercedes Benz AG am 9. Mai 1992 auf der IAA Nutzfahrzeuge in Hannover (D). In Vorwärtsfahrt bewältigte das allradgetriebene Seriennutzfahrzeug eine Steigung von 100 Prozent, das sind 45°, freifahrend.

Das längste Abschleppmanöver führte über 8038 km von Ascot nach Widmerpool (GB), durchgeführt von der britischen Automobile Association vom 4. bis 12. Mai 1993. Schlepper war ein Landrover, gezogen wurde ein Nachbau des *Model-T*-Kombi von Ford.

Die meisten Traktoren, die jemals nebeneinander gearbeitet haben, sind jene 322 der Marke Ferguson, die am 6. August 1995 in Colley (Irland) einen einzigen Acker beackerten.

Der Streckenrekord für Go-Karts – 24 Std. auf einem Rundkurs, vierköpfiges Team – ist 1638,3 km auf dem Ersville Kartway in Waterloo (Kanada). Der *Honda*-Go-Kart, angetrieben von einem 5-PS-Motor mit 140 cm^3, wurde am 4./5. September 1983 von Owen Nimmo, Gary Ruddock, Jim Timmis und Danny Upshaw gesteuert.

Der antriebsstärkste Serienwagen ist der *McLaren F 1* mit dem BMW-Zwölfzylindermotor und 627 PS, gefolgt vom *Ferrari F 50*, dessen 4,7-l-Zwölfzylindermotor bei 8500/min 520 PS leistet. Danach folgen der *Bugatti 110 S* und der *Lamborghini Diablo* mit je 492 PS Leistung.

Auf großen Rädern

Busse und Wohnwagen

Den ersten Kraftomnibus baute 1882 der Ingenieur und Fabrikant Werner von Siemens (1816-92) in Berlin: ein Omnibus mit elektrischer Oberleitung, später Obus genannt.

Der größte Omnibus der Welt ist der Flughafen-Doppelstockbus *Neoplan Galaxy Lounge N 980,* 1981 in Stuttgart vorgestellt: 17 m lang, 4,5 m breit, 4,8 m hoch, bietet 342 Passagieren Platz. Das entspricht der Kapazität eines Jumbo-Jets.

Der längste Bus ist der in der Demokratischen Republik Kongo (früher Zaire) verkehrende Gelenkomnibus *DAF Super City Train* mit 110 Sitz- und 140 Stehplätzen im vorderen sowie 60 Sitz- und 40 Stehplätzen im hinteren Teil, also Raum für 350 Passagiere; er ist 32,2 m lang.

Der längste gelenkfreie Bus ist 14,96 m lang, befördert 69 Passagiere und wird von Van Hool in Belgien hergestellt.

Die längste fahrplanmäßige Busstrecke der Welt wird von der Ormeno-Gruppe seit 1978 über 5727 km in 116 Std. zwischen Tumbes (Peru) und Buenos Aires (Argentinien) betrieben.

Taxi-Droschke

mit 24 km/h und beheizbarem Fond. *Victoria* war die erste, 1896 in Stuttgart.

Oldtimer-Traktor:

Seine Nachfolger finden weltweit Absatz: 11,23 Mrd. Dollar.

Rapsöl-Brummi

fährt mit Biodiesel quer durch Europa: bereits 1 111 111 km.

Die längste im Liniendienst bediente Busstrecke geht über 9660 km zwischen Caracas (Venezuela) und Buenos Aires (Argentinien) und wird von Expreso Internacional Ormeno S. A. in Lima (Peru) betrieben. Fahrtdauer: 214 Std.

Die größte Busflotte für den Personenverkehr weltweit besitzt die Stadt São Paulo (Brasilien) mit 11 282 Eindeckerbussen.

■ In Deutschland verfügt die Berliner Verkehrsbetriebe, die BVG, über die meisten Busse. Es handelt sich dabei um 505 Eindecker, 739 Doppeldecker und 277 Gelenkbusse.

Der größte Busbahnhof der Welt: In Tel Aviv (Israel) werden pro Tag 5000 Busse mit 150 000 Reisenden auf sieben Etagen abgefertigt.

Der weltgrößte Caravan hat fünf Stockwerke, ist 12 m hoch, 20 m lang, 12 m breit mit acht Schlafzimmern, jedes mit eigenem Bad, und Garagenplätzen für vier Pkw; angefertigt für Scheich Hamad Bin Hamdan Al Nahyan von Abu Dhabi (Vereinigte Arabische Emirate).

Das größte Wohnmobil in Deutschland, als Sonderfahrzeug im Dezember 1996 für neun Personen zugelassen, ist 18 m lang, 2,5 m breit, 4 m hoch, 24,5 t Leergewicht. Die Besitzer sind Manfred und Georg Esterbauer in Burghausen (D).

Der Geschwindigkeitsrekord für Caravans ist 204,02 km/h für einen Roadstar-Caravan, gezogen von einem *Ford EA Falcon* im April 1991 auf dem Mangalore-Flugplatz von Seymour (Australien), von „Charlie" Kovacs gesteuert.

Fuhrpark

Europas erster Rapsöl-Brummi fährt seit 1990 mit Biodiesel (100 Prozent Rapsölmethylester) für Willi Heineking, Spediteur aus Landesbergen, Niedersachsen (D). Am 17. März 1997 hatte der 360 PS starke MAN-Büssing-Lkw Typ *19360* exakt 1 111 111 km hinter sich.

Das erste Taxi wurde im Frühjahr 1896 in Stuttgart in Dienst gestellt, als der Pferdedroschkenunternehmer Dütz zwei Benzinkraftwagen kaufte und gewerbsmäßig vermietete.

Der längste Road-Train, australische Trucks mit mehreren Anhängern, mißt 55 m: eine Zugmaschine mit sechs Anhängern, 28 Achsen mit insgesamt 110 Rädern, etwa 200 t schwer.

Das schwerste Fahrzeug, das jemals hergestellt wurde, ist der *Marion*-Trecker mit acht Gleisketten für den Transport der *Saturn-V*-Raketen an ihre Abschußrampen in Cape Canaveral, Florida (USA). Ausmaße: 40 x 34,7 m, Kosten: 12,3 Mio. Dollar (damals 49,2 Mio. DM). Das Gewicht mit voller Beladung beträgt 8165 t. Die Scheibenwischer sind mit Blättern von 106 cm Länge die weltgrößten.

Lkw-Rekordgeschwindigkeit: 411,98 km/h in 6,36 Sek. über eine Viertelmeile (stehender Start), Les Shockley aus Galena, Kansas (USA), mit seinem *Jet Truck Shock Wave,*

Hydraulik-Bagger

mit 42-m³-Schaufel macht locker den kleinen Bruder von 1962 platt. Der *RH 400* ist der Größte weltweit.

angetrieben von drei Düsenmotoren mit 36 000 PS, am 4. Juni 1989 auf dem Autodrom von Monterrey (Mexiko).

▮ Rekord für die stehende Meile: Les Shockley am 18. August 1991 in Everett, Washington (USA), mit 605 km/h.

Das längste jemals gebaute Fahrzeug ist der *Arctic Snow Train,* der dem berühmten Seiltänzer Steve McPeak (USA) gehört: 174,3 m lang, 54 Räder, von R.G. Le Tourneau Inc. aus Longview, Texas (USA), für die US-Army gebaut. Bruttogewicht 400 t, Höchstgeschwindigkeit 32 km/h, 4680 PS; es können 29 648 l Treibstoff getankt werden.

Der größte Landmaschinenhersteller der Welt ist die Firma John Deere & Company (USA). 1996 betrug der Umsatz 11,23 Mrd. Dollar. In Deutschland liegt die Firma hinter dem Marktführer Fendt auf Platz zwei.

Der größte Traktor der Welt ist das *Wide Tractive Frame Vehicle* (Breitzug-Gerüst-Fahrzeug) des US-Landwirtschaftsministeriums mit einer Spurweite von 10,05 m. Entwicklungskosten: 459 000 Dollar (1,01 Mio. DM) von Ag West in Sacramento, Kalifornien (USA), 1982 fertiggestellt. Gewicht: 22,22 t.

Der größte Schuttkipper der Welt ist der *Terex Titan 33-19,* der von der amerikanischen General Motors Corp. hergestellt wird und jetzt in British Columbia (Kanada) in der Westar Mine in Betrieb ist. Er hat ein Gesamtgewicht von 548,6 t und ein Fassungsvermögen von 317,5 t. Beim Kippen erreicht er eine Höhe von 17,06 m. Der 16-Zylinder-Motor hat eine Leistung von 3300 PS (2370 kW) und der Treibstofftank einen Inhalt von 5904,6 l.

Der Feuerwehrwagen mit der größten Pumpkapazität ist der 60 t schwere, achträdrige *Oshkosh,* der auf Flughäfen eingesetzt wird. In 150 Sek. versprüht er durch zwei Türme 190 000 l Löschschaum.

Der schnellste Feuerwehrwagen ist der *Jaguar XJ 12-Chubb-Firefighter,* der bei Testfahrten 210,13 km/h erreichte.

Der schnellste serienmäßige Feuerwehrwagen ist 38,4 t schwer, auf einem MAN-Allradfahrgestell. In 21,1 Sek. beschleunigt er von 0 auf 80 km/h und erreicht eine Spitze von 141,3 km/h. Er faßt 13 500 l Wasser und 1620 l Schaummittel.

Feuerwehrtrabant: Durch Umbau eines Trabis entstand im Sommer 1996 das 5,55 m lange und 975 kg schwere Feuerwehrleitfahrzeug der Freiwilligen Feuerwehr Düvier (D) mit sechs Sitzplätzen.

Der größte Krankenwagen der Welt ist das Mobile Feldhospital (MFH) von INTERMED, Hannover (D). Es hat eine Gesamtlänge von 19,095 m, ist 3,34 m breit und 4,5 m hoch. Es wird überwiegend beim jährlichen Pilgerzug zu den heiligen Stätten des Islam eingesetzt.

Das größte Tretauto bauten 1931/32 fünf Erwerbslose aus Aschersleben (D). Der 6,25 m lange, 1,15 m breite und 1,50 m hohe *Möhrenkopp* mit vier Sitz- bzw. Schlafplätzen wurde gebaut von Karl und Otto Jecht, Otto Georges, Karl Fritsch und Theo Suchan. Vom Mai bis Oktober 1932 war das Gefährt auf 3000 km langer Rundreise durch Deutschland – mit 10 km/h im Schnitt. Das ist die größte mit einem Tretauto bewältigte Strecke.

Die Rekordzeit für eine Tretautofahrt vom Marble Arch in London (GB) zum Arc de Triomphe in Paris (F) (383 km) – einschließlich Kanalüberquerung per Fähre – ist 21:24 Std., erzielt von einem sechsköpfigen britischen Team am 30. August 1991.

Kinder-Tretauto-Rekordfahrt: Nach sechs Fahrtagen und 458,8 km von München nach Dresden (D) hatte Manfred Klauda ein Tagespensum von 70-90 km zurückgelegt.

Feuerlösch-Trabi

im Einsatz: 6 Mitglieder der Freiwilligen Feuerwehr Düvier finden Platz in diesem originellen Mobil.

Fahrvergnügen

65 km/h

war Spitze für das erste Zweitaktmotorrad von DKW.

Motorräder

Das erste Motorrad mit Verbrennungsmotor: Maschine mit Holzrahmen, von Gottlieb Daimler (1834-1900) 1885 in Bad Cannstatt, Baden-Württemberg (D), gebaut und erstmals von Wilhelm Maybach (1846-1929) gefahren. Spitzengeschwindigkeit 12 km/h, Leistung 0,5 PS (0,37 kW).

Die erste Motorradfabrik wurde im Jahr 1894 von Heinrich und Wilhelm Hildebrandt und Alois Wolfmüller in München (D) gegründet. Es wurden Maschinen mit wassergekühltem 1488-cm³-Zweizylinder-Viertaktmotor mit etwa 2,5 PS (1,85 kW) gebaut – der Motor mit der höchsten Hubraumleistung für Motorräder, der jemals in Produktion ging.

Das erste Zweitaktmotorrad war das DKW-Reichsfahrtmodell, 1922 in den Zschopauer Motorenwerken, Sachsen (D), in Serie gegangen. 40 kg schwer, 65 km/h schnell. 2000 Stück wurden im ersten Jahr hergestellt.

Die schnellste Serien-Straßenmaschine ist die *1-l TU Atara Y B 6 EL* mit 300 km/h und 151 PS (112 kW).

Das größte Seitenwagen-Motorrad hat Platz für 6 Personen – 4 Sitze auf dem Motorrad (3,75 m lang, 0,65 m breit), 2 im Seitenwagen (2,9 m lang, 1 m breit); konstruiert von Georg Bernrieder aus München: 798 kg schwer, 170 PS, 2,8-l-BMW-Sechszylinder-Automotor, 160 km/h Spitze.

Schnellste Motorradfahrt: Dave Campos erzielte 519,609 km/h auf dem Bonneville-Salzsee in Utah (USA) mit dem 7 m langen, von zwei 1,5-l-Harley-Davidson-Motoren angetriebenen *Easyriders Streamliner* (1990).

Der Weltrekord für 1 km mit stehendem Start gelang Henk Vink (NL) mit 16:68 Sek. auf dem Flugplatz von Elvington (GB) auf seiner 984-cm³-Vierzylinder-Kawasaki.

Der Weltrekord für 402 m mit stehendem Start liegt bei 6,19 Sek., erzielt 1994 von Tony Lang (USA) auf einer Suzuki in Gainsville, Florida (USA). ▮ Höchste Endgeschwindigkeit nach 440 Yards (402 m) mit stehendem Start sind 372,16 km/h, 1994 von Elmer Trett (USA) im Motorsports Park Virginia (USA) erreicht.

Fahrräder

Das längste Fahrrad mit 38,0 m Länge wurde am 17. März 1997 von Dieter Senft aus Kolpin, Brandenburg (D), vorgeführt, ausgestattet mit 76 Hinterrädern (20 Zoll), Allradantrieb, 228 Zahnkränzen, 76 Ketten.

14 000

Sensoren und 207 Kameras warnen Autofahrer vor Staus. Das größte elektronische Verkehrsleitsystem in Tokio.

Das größte Fahrrad baute Dieter Senft 1992: 7,8 m lang, 3,7 m hoch, 150 kg schwer, 3,32 m Raddurchmesser, 150 m Alu-Rohr; eine Radumdrehung schafft 10,5 m Wegstrecke.

Das höchste Fahrrad stellte Velo-Designer Dieter Senft aus Kolpin, Brandenburg (D), im Dezember 1989 vor: Sattelhöhe 8,08 m, 22 Fahrradketten, Lenkerhöhe 8,18 m.

Das kleinste fahrbare Zweirad hat Räder von 1,9 cm Durchmesser und wurde am 25. März 1988 von Konstrukteur Neville Patten (Australien) 4,1 m weit gefahren.

Das längste Tandem (ohne ein drittes Stabilisierungsrad) ist 20,4 m lang, 1100 kg schwer und bietet 35 Radlern Platz; konstruiert von den Pedaalstompers Westmalle (Belgien). Weiter als 60 m kamen sie damit nicht.

Das höchste Tandem bauten Winfried Ruloffs aus Neudorf-Platendorf und

3,81 x 1,22 m

mißt diese von Les Nash von Coventry gebaute 3500-cc-Maschine mit Rover-V-8-Motor. Die längste Großbritanniens.

Otto Troppmann aus Weyhausen, Niedersachsen (D), in 150 Std.: 1,4 m hoch, 3,45 m lang, Raddurchmesser 1,14 m, 240 kg schwer.

Das kleinste Tandem bauten Winfried Ruloffs aus Neudorf-Platendorf und Otto Troppmann aus Weyhausen, Niedersachsen (D): 4 kg schwer, Achsabstand 180 mm, Rahmenhöhe 100 mm, Raddurchmesser 50 mm, vorgestellt am 19. März 1994.

Das längste Dreirad: 7,7 m lang, Platz für 8 Fahrer, von Erich Farr aus Kaltenkirchen, Schleswig-Holstein (D), erstmals gefahren am 11. Juni 1994. Seit 1995 mit Anhänger, neue Gesamtlänge: 8,9 m.

Das höchste fahrbare Einrad war 31,01 m hoch. Steve McPeak lenkte es im Oktober 1980 in Las Vegas (USA) 114,6 m weit. Es war mit einer Leine gesichert.

Das kleinste Einrad ist 20 cm hoch mit einem Raddurchmesser von 20 mm; am 14. Dezember 1995 fuhr der Schwede Peter Rosendahl im Hansa-Theater in Hamburg damit 2,2 m weit.

Das kleinste Hochrad (Stangenrad) mit einer Sattelhöhe von 45 cm und einer Radbreite von nur 12 mm fuhr Andy Safrany (* 1983) aus Eiken (CH) am 22. September 1990 im *Supertreffer* des Schweizer Fernsehens 16 Sek. lang.

Straßen und Wege

Das größte elektronische Verkehrsleitsystem besteht seit 1997 in Tokio (Japan): Rund 14 000 Sensoren und 207 Kameras im Straßennetz geben Informationen über die Verkehrsdichte in die Zentrale auf eine 20 x 5 m große Wandtafel. Mit Unterstützung des von Daimler-Benz entwickelten Intelligent Traffic Guidance System (ITGS) tippt der Autofahrer im Fahrzeug das Fahrtziel ein und erhält 20 Sek. später die optimale Route.

8,9 m

mit Anhänger mißt dieses Dreirad. In die Pedale treten können acht Personen.

Die erste Straße nur für Autos in Deutschland, damit die erste Autobahn, war die 20 km lange Avus (**A**utomobil-**V**erkehrs- und **Ü**bungs**s**traße) in Berlin. Baubeginn 1912, fertiggestellt 1921.

Die meisten Straßenkilometer haben die USA mit 6 284 500 km klassifizierter Straßen.

Die größte Verkehrsdichte der Welt hat Hongkong mit – zuletzt gezählten – 447 000 Kraftfahrzeugen auf insgesamt 1395 km langen Fahrstraßen, das sind pro Fahrzeug 3,12 m Fahrstraße.

Die breiteste Straße ist die 2,4 km lange Monumentalachse in Brasilia, Hauptstadt Brasiliens, mit 250 m Breite und sechs Fahrbahnen.

Die schmalste Straße liegt in der Ortschaft Ripatransone, Marken (I). Der Vicolo della Virilità ist 43 cm breit. ▮ An nur einer Stelle ist in Benediktbeuern bei Bad Tölz (D) die Ägidius-Jais-Straße noch schmaler: 38 cm.

Die kürzeste Straße hat der Ort Bacup (GB): Die Elgin Street am alten Marktplatz mißt nur 5,18 m.

Die längste befahrbare Straße ist der panamerikanische Highway mit 24 140 km von Nordwestalaska bis Santiago (Chile), dann ostwärts nach Buenos Aires (Argentinien) und Endpunkt Brasilia (Brasilien). Es bleiben unbefahrbare Lücken in Panama und im Atratosumpf Kolumbiens.

Die längste Straße mit Namensschild ist die 1896,2 km lange Yonge Street nördlich und westlich von Toronto (Kanada). Sie reicht bis zur Grenze von Minnesota (USA).

Die steilste Straße ist die Baldwin Street in Dunedin (Neuseeland), die einen Gradienten von 1,266 hat.

Die steilste Straße in Europa ist die Anfahrt zum Loibl-Paß, 1398 m, Kärnten (A), zwischen Klagenfurt und Ljubljana (Slowenien). Ihre Steigung betrug bis zu 29 Prozent, sie ist durch einen Tunnel jetzt bis auf 17 Prozent reduziert.

Die steilste Ortsstraße in Deutschland ist die Schriesheimergasse in Schönau: Steigung von 27 Prozent.

Der höchste Pfad befindet sich auf dem Kantschindschanga zwischen Khaleb und Hsin-chi-fu in Tibet. Er ist 13 km lang und führt an zwei Stellen über Höhen von mehr als 6080 m.

Die höchstgelegene Straße führt über das Changlung-Tal in Asai-Chin (verwaltet von der VR China) mit 5889 m üNN. Sie ist Militärbereich.

Der höchste von Kfz anfahrbare Punkt liegt in Chile auf dem Vulkan Aucanquilcha in über 6000 m Höhe üNN.

Der höchste Paß in Europa (ohne Kaukasus) ist der Col de Restefond (2802 m) mit 21 Haarnadelkurven zwischen Jausiers und Saint-Etienne-de-Tinée (F).

6 284 500 km

klassifizierte Straßen in den USA. Fahrspaß der Superlative auf menschenleeren Highways - dream on.

Die höchste Autostraße in Europa: Pico de Veleta, Sierra Nevada, Südspanien, 36 km lang, bis auf eine Höhe von 3469 m.

Der niedrigste Paß: Der Rock-Reef-Paß im Everglades-Nationalpark, Florida (USA), liegt nur 91 cm üNN.

Die tiefstgelegene Straße, die genau 393 m unter Normalnull liegt, führt auf der israelischen Seite am Toten Meer entlang.

Der größte Platz der Welt ist der Platz des himmlischen Friedens (Tian'anmen) in Peking (China); er ist 39,6 ha groß. Er grenzt an die *Verbotene Stadt*, die einstige Palastanlage der chinesischen Kaiser, die größte Palastanlage der Welt.

228

Zahnkränze, 76 Hinterräder, 76 Ketten. Dieter Senft hat das längste Fahrrad (38 m).

Goldenes Lenkrad

Ilse,

unfallfrei seit 70 Jahren – sie fährt offen und geschlossen 1938, 1952 und 1997.

Produktionen

Die größten autoproduzierenden Länder (in Mio. Stück) sind bei Pkw und Lkw die USA mit 12, Japan mit 10,2 und Deutschland mit 4,7.

Der weltgrößte Hersteller von Kfz und Kfz-Teilen, zugleich das größte produzierende Unternehmen, ist General Motors mit Sitz in Detroit, Michigan (USA). Der Konzern beschäftigte zuletzt 709 000 Mitarbeiter bei einer Produktion von 5 543 012 Fahrzeugen.

Die meisten Autos in kürzester Zeit produzierte Fiat. In 42 Monaten seit August 1993 wurden 2 Mio. Wagen vom Typ *Fiat Punto*, dem Auto des Jahres '95, hergestellt.

Die längste deutsche Autoproduktionsserie erreichte das Volkswagenwerk Wolfsburg am 17. Februar 1972 mit der Endmontage des *Käfers* Nr. 15 007 034. Diesen Rekord hatte vorher das amerikanische *Ford-T-Modell (Tin Lizzie)* innegehabt, von dem zwischen den Jahren 1908-23 15 007 033 Stück gebaut worden waren. Heute wird der *Käfer* nur noch in Mexiko produziert. Die Zahl der *Käfer* belief sich Mitte 1997 auf fast 21 300 000 Stück.

Der 17millionste *Golf* fuhr am 13. November 1996 im VW-Werk Wolfsburg vom Band. Täglich werden 3640, davon allein 1650 in Wolfsburg gebaut. Das Fahrzeug kam 1974 auf den Markt. Die erste Million erreichte der *Golf* im Oktober 1976, die zehnte im Oktober 1988 und im Juni 1994 überrundete der *Golf* die *Tin Lizzy* von Ford. Nur vom *Käfer* wurden bis heute mehr, nämlich über 21 Mio. Exemplare gefertigt.

Der größte Kfz-Hersteller Europas ist 1996 der Volkswagen-Konzern in Wolfsburg (D) mit einem Umsatz von 100,123 Mrd. DM bei 260 811 Mitarbeitern.

Das größte Automobilwerk ist das Volkswagenwerk in Wolfsburg (D) mit annähernd 60 000 Beschäftigten und einer Produktionskapazität von 4000 Fahrzeugen täglich. Das gesamte Werk erstreckt sich auf einer Fläche von 760 ha mit 74 km Bahngleisen.

Elisabeth

in voller Fahrt. 1908 kutschierte sie als erste Taxifahrerin mit ihrer Kraftdroschke Nr. 4739 durch Berlins Innenstadt.

709 000

Mitarbeiter produzieren 5,543 Mio. Fahrzeuge bei General Motors (GM) in Detroit (USA). Weltgrößter Kfz-Hersteller.

Punto

am Fließband: 2 Mio. wurden von Fiat in 42 Monaten produziert. Grund zum Feiern.

Golf

ist Trumpf. Mit 17 Mio. auf der Straße fährt er nur dem Käfer nach: Davon gibt's 21 Mio.

Zulassungen

Das älteste zugelassene Fahrzeug in Deutschland ist der Oldtimer *Bergmann* von 1898; Besitzer: Fritz Hochhut aus Frankfurt/Main (D).

Pkw-Neuzulassungen 1996 in Deutschland: *VW Golf* mit 337 550 Wagen vor *Opel Astra* mit 198 384; es folgen *Opel Corsa* mit 157 421, *VW Polo* mit 145 117 und *Audi A4* mit 134 413.

Der vielseitigste Autofahrer der Welt ist der österreichische Motorjournalist Gerhard Plattner. Seinen zahlreichen Rekorden im sparsamen Fahren (Durchquerung Europas 1997 und der USA 1997, Alpenpässe 1995, Weltumrundung 1992) stehen extreme Härteprüfungen gegenüber: 120 000-km-Serien-Pkw-Test 1996/97, schnellste Weltumrundung 1990, Transamericana 1995.

Die erste Kraftfahrerin der Welt war Bertha Benz, Ehefrau des Automobilerfinders Karl Benz in Mannheim (D). Im August 1888 war sie mit ihren beiden Söhnen von Mannheim nach Pforzheim gefahren – ohne Wissen ihres Mannes.

Der erste Führerschein in Deutschland wurde am 1. August 1888 in Mannheim für Karl Friedrich Benz ausgegeben.

Die erste Taxifahrerin, damals noch Taxichauffeurin, war Elisabeth von Papp, die sich 1908 auf den Bock eines offenen *Adler*-Wagens der Kandelhardt Akt. Ges. setzte und mit ihrer Kraftdroschke Nr. 4739 durch Berlin kutschierte.

Der längste unfallfreie Führerscheinbesitz: Ilse Hamberger (* 1907) aus Stephanskirchen-Ziegelberg, Bayern (D), ist seit Erhalt der Fahrerlaubnis 1927 in keinen Verkehrsunfall verwickelt worden. Sie fährt auch noch 1997.

Der älteste Fahrschüler war Maude Tull aus Inglewood, Kalifornien (USA), die mit 91 Jahren erst anfing, Auto zu fahren. Am 5. Februar 1976, im Alter von 104 Jahren, erhielt sie eine neue Fahrerlaubnis.

Die längste Zeit für einen Führerschein brauchte der seit 1971 in Deutschland lebende Türke Durmus Tam (* 1940) aus Neufahrn, Bayern. 16 Jahre und 400 Fahrstunden benötigte er, bis er am 4. September 1990 endlich seinen Führerschein erhielt. Kostenpunkt: rund 20 000 DM.

Der größte Kilometerfresser ist der Testfahrer Weldon C. Kocich der Goodyear Tire and Rubber Co. Er fuhr zwischen dem 5. Februar 1953 und dem 28. Februar 1986 insgesamt 5,05 Mio. km und kam damit auf einen Jahresdurchschnitt von 153 226 km.

Die längste Fahrzeugzulassung auf den gleichen Fahrzeughalter macht Richard Burger aus Monheim, Bayern (D), für sich geltend. Der VW-*Käfer*, den er seit dem 25. August 1952 fährt, war von 1950 bis 1952 im Besitz der britischen Besatzungstruppen.

Einen Weltrekord im Autoverkauf (einzeln verkaufte Fahrzeuge) stellte Larry Merrit aus Sandy Springs, Georgia (USA), auf, der bis März 1990 insgesamt 13 407 Wagen an den Käufer brachte.

■ Joe Girard aus Detroit, Michigan (USA), hält seit 1973 den Jahresrekord mit 1425 verkauften Autos; dabei kam er auf eine Monatsbestleistung von 174 bzw. einen Durchschnittsverkauf von sechs Autos pro Arbeitstag.

Ältester Fahrer war Edward Newsom aus Brighton, East Sussex (GB), der an seinem 105. Geburtstag am 22. Juli 1996 noch munter durch die Gegend fuhr. Sein erstes Auto war das legendäre T-Modell von Ford, das er im Jahre 1914 im Alter von 23 Jahren erwarb. 1997 ist Newsom verstorben.

Die ersten Autokennzeichen bzw. Nummernschilder wurden 1893 von der Pariser Polizei eingeführt.

Edward

konnte auch an seinem 105. Geburtstag nicht vom Steuer lassen. Der britische Gentleman kaufte sein erstes Auto 1914: einen Ford Modell T.

Auf der Schiene

Schweizer

Eisenbahnen feiern Jubiläum: Mit der Limmatbahn (oben) ging man vor 150 Jahren auf die Schiene. Weitere Höhepunkte: die Druckluftlok (rechts) und der *Rote Pfeil*.

Die Anfänge

Die erste Pferdeeisenbahn in Europa fuhr am 1. August 1832 zwischen Linz (A) und Budweis (Tschechien) über eine 128,8 km lange Strecke.

Die erste Pferdeeisenbahn in Deutschland nahm ihren Betrieb am 22. Juni 1865 auf: vom Brandenburger Tor nach Spandau bei Berlin.

Die erste reguläre öffentliche Eisenbahn mit Dampfkraft war die am 27. September 1825 eröffnete Strecke von Shildon nach Stockton in Cleveland (GB). Die 7-t-*Locomotion* konnte bei 24 km/h ein Gewicht von 48 t ziehen. Konstrukteur und zeitweise Lokführer war George Stephenson (1781-1848).

Die erste reguläre dampfgetriebene Passagierlinie wurde am 3. Mai 1830 von Bogshole Farm bis South Street auf der 10,05 km langen Strecke zwischen den Orten Canterbury und Whitstable, Kent (GB), in Betrieb genommen.

Der erste Eisenbahnzug in Deutschland fuhr am 7. Dezember 1835 die 6,4-km-Strecke zwischen Nürnberg und Fürth mit 24 km/h. Die *Ludwigs-Eisenbahn* bestand aus der von Stephenson in Newcastle (GB) gebauten Lokomotive *Adler*, einem Tender und neun Personenwagen mit 200 Fahrgästen.

Die erste in Deutschland gebaute Dampflokomotive, *Saxonia*, wurde 1838 in Dresden hergestellt und auf der Strecke Leipzig–Dresden in Betrieb genommen. Konstrukteur war Johann Andreas Schubert.

Die erste Dampfeisenbahn in Österreich verkehrte ab 1837 als Teil der Nordbahnstrecke zwischen Floridsdorf bei Wien und Wagram.

Die erste Eisenbahn in der Schweiz war 1847 die Limmatbahn (Spanisch-Brötli-Bahn) von Zürich nach Baden.

Den ersten Schlafwagen mit Spezialeinrichtung baute 1858 der amerikanische Industrielle George M. Pullman (1831-97). 1863 folgte der erste *Pullman*-Wagen mit Salonausstattung. 1867 gründete er die erste Schlafwagengesellschaft der Welt.

Die erste Schlafwagenschaffnerin Deutschlands war Angelika Brümmer aus Köln. 1975 wagte die Deutsche Schlafwagen- und Speisewagengesellschaft mbH das „Experiment".

Die größte Dampflokomotive ist die *GMA Garret* vom Typ 4-8-2+2-8-4 der South African Railway, zwischen 1952 und 1954 gebaut; sie ist 187,4 t schwer.

Die stärkste Dampflokomotive der Welt war die *Nr. 700* der Virginia Railroad (USA) mit bis zu 888 kN (90,5 t) Zugkraft. Die 1916 von Baldwin Locomotive Works gebaute Sechszylinderlok mit der Radsatzanordnung 1D-D-D2 bestand aus drei gelenkig verbundenen Teilen.

Das erste Frachtgut bei der deutschen Eisenbahn wurde am 11. Juli 1836 auf der Strecke Nürnberg–Fürth in einem Personenzug befördert: zwei Faß Bier.

Höchste Tragfähigkeit von Güterwagen für Schwertransporte hat mit 850 t ein 36achsiger Tragschnabelwagen mit 336 t Eigengewicht, den Krupp, Essen (D) 1981 für Combustion Engineering (USA) mit 92 m Länge gebaut hat.

Die breiteste Spurweite größerer Eisenbahnnetze beträgt 1676 mm. Sie kommt fast nur im britischen Einflußbereich in Bangladesch, Sri Lanka, Indien und Pakistan, aber auch in Argentinien vor.
▮ Breiteste europäische Spurweite ist die iberische Breitspur Spaniens und Portugals mit 1668 mm.

Die schmalste benutzte Spurbreite beträgt 260 mm auf zwei Strecken in Norfolk (GB): bei den Wells Harbour Railways (über 1,12 km) und den Wells-Walshingham Railways (6,5 km).

Der längste Eisenbahndamm ist der mit Steinen aufgeschüttete Great Salt Lake Railroad Trestle der Südpazifik-Eisenbahnlinie 19 km über den Großen Salzsee in Utah (USA); 1904 in Betrieb genommen, 1955-60 in einen Steindamm umgebaut.

Der längste Eisenbahndamm in Deutschland ist der 1927 fertiggestellte Hindenburgdamm, der die Nordseeinsel Sylt mit Schleswig-Holstein verbindet: 11 km lang.

Tempo

Das schnellste Schienenfahrzeug ist ein unbemannter Raketenschlitten, der 1982 auf einer 15,2-km-Strecke des White Sands Missile Range in New Mexiko (USA) 9851 km/h (Mach 8) erreichte.

Die schnellste Dampflokomotive war mit 201 km/h die *Mallard* (Wildente) der englischen London & North Eastern Railway – Radsatzfolge 2C1 (englisch 4-6-2), Bahnnummer 4468 (später 60 022) – am 31. Juli 1938 mit sieben Wagen von 243 t Gesamtgewicht über 400 m im Gefälle zwischen Grantham und Peterborough (GB).

Die schnellste deutsche Dampflokomotive, die *05 002*, fuhr am 11. Mai 1936 auf der Strecke Hamburg–Berlin zwischen Wittenberge und Nauen auf flacher Strecke mit vier Wagen von 200 t Gesamtgewicht 200,4 km/h.

Die schnellste Lokomotive der Welt mit Drehstromantrieb ist der *EuroSprinter* mit der Bahnnummer 127 001-6, gebaut von Siemens und Krauss-Maffei; sie fuhr am 6. August 1993 auf der Neubaustrecke Würzburg–Fulda 310 km/h; Leistung: 6400 kW (8700 PS).

Den Geschwindigkeitsrekord für unbemannte Schwebefahrzeuge hält mit 517 km/h das japanische Magnetbahn-Versuchsfahrzeug *Maglev ML-500*, aufgestellt am 21. Dezember 1979 auf einer 7-km-Versuchsstrecke in Miyazaki. Mit Passagieren wurden 400,8 km/h erreicht.

Den Geschwindigkeitsweltrekord der Eisenbahnen hält mit 515,3 km/h der französische *TGV Atlantique Nr. 325* seit 18. Mai 1990, erzielt auf der Neubaustrecke Paris–Tours zwischen Vendôme und St. Amand.

Die schnellste fahrplanmäßige Verbindung zwischen zwei Bahnhöfen erreicht der Shinkansen-Zug in Japan zwischen Hiroshima und Kokura mit einem Schnitt von 261,8 km/h.

Schnellster deutscher Zug ist der vierteilige Versuchszug *ICE V* mit 406,9 km/h, erreicht am 1. Mai 1988 auf der Neubaustrecke Würzburg–Fulda zwischen Hohe Wart und Mottgers.

Den Weltrekord für Dieselzugkraft stellten die britischen Eisenbahnen mit einem *Intercity-125* auf. Der Zug fuhr am 1. November 1987 zwischen Darlington und York 238,1 km/h.

Der schnellste Güterzug verkehrt täglich zwischen den französischen Städten Perpignan und Paris; der *Gemüsezug* fährt seit 1971 mit einer Geschwindigkeit von 140 km/h.

Englische

Wertarbeit aus dem Jahre 1938. Die *Mallard* (Wildente) war mit 201 km/h die schnellste Dampflok.

Das schnellste Einschienenfahrzeug war 1959 ein unbemannter, raketengetriebener Schlitten auf der 10,65 km langen Haftschienenstrecke des Raketenversuchsgeländes der US-Luftwaffe in Holloman, New Mexico (USA), mit 4972 km/h (Mach 4,1).

Züge

Die einzige Eisenbahnlok aus China in Europa ist die 152 t schwere *Qian Jin* (Fortschritt) im Technikmuseum Speyer (D). Am 14. August 1996 wurde sie auf einem Tieflader dorthin transportiert. Wegen der verschiedenen Spurkränze war der Schienenweg nicht möglich.

Der schwerste von einer einzigen Lok gezogene Zug hatte ein Gewicht von 15 545 t, bestand aus 250 Güterwagen und war 2,5 km lang. Die Lok war die *Matt H. Shay Nr. 5014*, die von 1914 bis 1929 bei der Erie Railroad (USA) fuhr.

Der längste planmäßig verkehrende Zug fährt seit 1984 von Moskau nach Jaroslaw mit 24 Wagen (1000 Plätze).

Der längste und schwerste Güterzug mit 7,3 km Länge und 69 393 t Gewicht (ohne die Loks) fuhr am 26./27. August 1989 auf der südafrikanischen Sishen-Saldanha-Bahnstrecke 861 km weit mit 660 Waggons, jeder mit bis zu 105 t beladen, einem Tankwagen und einem Dienstanhänger, in Bewegung gesetzt von insgesamt 16 Loks.

Unglücke

Das schwerste Zugunglück geschah am 6. Juni 1981 in Indien; 800 Menschen starben, als ein vollbesetzter Zug von einer Brücke in den Fluß Bagmati stürzte.

Das schwerste U-Bahn-Unglück ereignete sich am 28. Oktober 1995, als bei einem Feuer in der U-Bahn von Baku (Aserbaidschan) 300 Menschen starben.

Chinesische

Lok, die einzige in Europa. Auf einem Tieflader reiste sie an. Zu sehen ist *Qian Jin* im Technikmuseum Speyer.

VERKEHR

Weichenstellungen

Längste

gerade Schienenstrecke der Welt: zwischen roter Erde und Känguruh auf dem fünften Kontinent.

Bahnfahrten

Das größte nationale Eisenbahnnetz haben die USA mit 223 155 km.

Das längste Eisenbahnnetz überzieht Nordamerika mit 335 961 km Strecken (Normalspur 1435 mm); es folgt Europa mit 223 740 km, allerdings kommen hier noch 164 639 km Breitspur- und 13 760 km Schmalspurstrecken hinzu.

Die größte Gleisdichte hat Belgien mit 0,1325 km/km². Die geringste Netzdichte hat Äthiopien mit 0,0008 km/km².

Der am meisten befahrene Eisenbahn-Knotenpunkt der Welt ist Clapham Junction in London (GB) mit rund 2200 Zügen in 24 Std.

Die Bahngesellschaft mit den meisten Passagieren ist mit täglich rund 16,6 Mio. Fahrgästen die East Japan Railway Co. (Japan).

Die längste Strecke ohne fahrplanmäßigen Halt fährt die britische Bahn in ihrem *InterCity Sleeper* von Euston nach Inverness mit 781,5 km zwischen Watford Junction und Perth; man ist 11:01 Std. unterwegs.

Die längste Reisezugverbindung führt auf der Transsibirischen Eisenbahn von Moskau 9297 km nach Wladiwostok (Rußland): 6 Tage, 12:45 Std.

Die längste gerade Schienenstrecke führt bei der Nationalen-Trans-Australien-Eisenbahn von Meilenstein 496 zwischen Nurina und Loongana (Westaustralien) über die Ebene von Nullarbor bis zum Meilenstein 793 zwischen Ooldea und Watson (Südaustralien) über eine pfeilgerade Strecke von 478 km.

Die höchstgelegene Bahnlinie ist die Central Railway der Peruanischen Staatsbahn, die 4818 m üNN in Peru auf einer nur dem Erzverkehr dienenden Nebenlinie der Strecke Lima–La Oroya nahe Galera verläuft.

Am weitesten

gekommen in 24 Stunden ist Jobst-Mathias Spannagel aus Schwäbisch Gmünd (D): Er fuhr 4198,8 km kreuz und quer durch Japan mit Hochgeschwindigkeitszügen.

Die höchstgelegene Eisenbahn Europas ohne Zahnradantrieb führt von St. Moritz (CH) über den Berninapaß nach Tirano (Italien) bis auf 2256 m üNN. Maximale Neigung: 70 Promille.

Die tiefste Bahnstrecke der Welt befährt mit 240 m uNN die Eisenbahn im Saikantunnel (Japan), der die Inseln Honshu und Hokkaido unter der Meerenge von Tsugaro verbindet. Der 1988 eröffnete Eisenbahntunnel ist mit 53,85 km gleichzeitig der längste der Welt.

Die tiefste Bahnlinie in Europa führt mit 127 m uNN durch den Ärmelkanaltunnel, der seit 1994 Großbritannien mit dem Kontinent verbindet. Er ist mit 50,45 km der längste Eisenbahntunnel Europas.

Die steilste Eisenbahnstrecke ist der Katoomba Scenic Railway in den Blue Mountains Australiens: 311 m lang bei einem Gradienten 1 zu 0,82. Eine 220 PS starke Motorwinde zieht den Zug an zwei Stahlkabeln. Die Fahrt dauert 1:40 Min.; jährlich 420 000 Passagiere.

Die meisten Länder in 24 Std. bereisten am 1./2. Mai 1993 Alison und Ian Bailey, John English und David Kellie, die es auf elf Länder brachten. Ihre 24-Std.-Bahnreise begann in Ungarn, führte durch die Slowakei, Tschechien, Österreich, Deutschland, zurück nach Österreich, durch Liechtenstein, die Schweiz, Frankreich, Luxemburg und Belgien in die Niederlande, wo sie 22:10 Std. nach ihrem Start eintrafen.

Alle deutschen Bundesländer durchquerten Mitglieder des Eisenbahnclubs Kenzingen (D) am 15. März 1993 in genau 19:46 Std. mit sechs Zugverbindungen auf 2048 Bahnkilometern.

Alle Bundesländer Österreichs durchfuhren Mitglieder des Eisenbahnclubs Kenzingen (D) 1992 vom Halt Friesach bis Langen/Arlberg in 13:28 Std.

Alle Kantone der Schweiz durchfuhren Mitglieder des Eisenbahnclubs Kenzingen am 14. September 1992 mit 21 Zügen der Schweizerischen Bundesbahnen in 23:44 Std. mit mindestens einem Halt in jedem Kanton. Am Ende betrug die Gesamtstrecke 1478 km.

Alle Regierungsbezirke Polens bereisten am 21. März 1997 fünf Mitglieder des Eisenbahnclubs Kenzingen (D) mit fahrplanmäßigen Zügen der polnischen Staatsbahn in 24 Std.

3146 km

in 50 Stunden fuhren Alexander David und Gerald Glanz aus Hamburg (D) mit dem Wochenendticket der Deutschen Bundesbahn: Der Eisenbahn-Kilometer-Rekord steht seit dem 6. Mai 1996.

Tramprekord auf dem Schienennetz der Deutschen Bundesbahn: Till-Olaf Klingenhäger kam vom 18./19. Juli bis 18. August 1989 auf 74 052 km. Start und Ziel: Stuttgart Hauptbahnhof. In 744 Std. benutzte er 201 D-, E-, EC- und IC-Züge.

Bahnstreckenrekord: John E. Ballenger aus Dunedin, Florida (USA), hat in Nord- und Südamerika 123 090 km Bahnstrecken – ohne eine Strecke mehrfach zu fahren – bereist.

Die längste Eisenbahnreise durch Eurasien vom Atlantik zum Pazifik dauert 12 Tage und 9:30 Std. (ohne Berücksichtigung des Zeitunterschiedes). Von Lissabon (Portugal) über Moskau bis Nachodka (Rußland) über 14 377 km muß man insgesamt dreimal umsteigen.

Bahnhöfe

Der dienstälteste Bahnhof war Liverpool Road Station in Manchester (GB): am 15. September 1830 eröffnet, am 30. September 1975 endgültig geschlossen.

Der größte Bahnhof ist der Grand Central Terminal in New York City (USA), eröffnet im Jahr 1913. Die Gesamtfläche auf zwei Etagen beträgt 19 ha. Es gibt 67 Gleise; pro Tag verkehren im Durchschnitt 550 Züge mit 210 000 Fahrgästen.

Der größte Güterbahnhof und zugleich größte Rangierbahnhof der Welt ist Bailey Yard in North Plate, Nebraska (USA), mit 1153 ha und 418 km Gleisen. Pro Tag werden rund 108 Züge und 8500 Wagen abgefertigt.

Der flächenmäßig größte Bahnhof in Deutschland ist der Rangierbahnhof Maschen, Niedersachsen, mit 280 ha. Seine Kapazität liegt bei 11 000 Wagen in 24 Std. Daten: 300 km Gleise, 825 Weichen, 110 Haupt- und 104 Vorsignale, 677 Rangiersignale.

Der höchstgelegene Bahnhof der Welt ist Condor in Bolivien, 4787 m üNN, an der Meterspurstrecke von Rio Mulato nach Potosi.

Die höchstgelegene Bahnstation in Europa in 3454 m üNN ist das Jungfraujoch, Endpunkt der ab Eigergletscher im Tunnel geführten Jungfraubahn.

Der höchstgelegene IC-Bahnhof in Deutschland ist der Bahnhof Klais in 933 m üNN. Er befindet sich auf der Strecke München–Innsbruck zwischen Garmisch-Partenkirchen und Mittenwald.

Die größten Wartesäle hat der Bahnhof am Chang'an Boulevard in der chinesischen Hauptstadt Peking. Mit Sitz- und Stehmöglichkeiten bietet er insgesamt 14 000 wartenden Menschen Platz.

Der längste Eisenbahn-Bahnsteig befindet sich mit 833 m in Khargpur in Westbengalen (Indien).

U-Bahn

Das ausgedehnteste U-Bahn-Netz der Welt ist die London Underground mit 408 km Strecke; 154 km Tunnel, 267 Bahnhöfe, 16 865 Mitarbeiter. 1995/96 benutzten 784 Mio. Fahrgäste die 547 Züge mit 3985 Waggons.

Das am stärksten genutzte U-Bahn-System der Welt ist die 1935 eröffnete Metro von Moskau (Rußland): Bis zu 3,3 Mrd. Passagiere pro Jahr verkehren in 4143 Waggons auf dem Netz von 255,7 km Länge mit 158 Stationen.

Die erste elektrische U-Bahn baute die deutsche Firma Siemens & Halske 1896 in Budapest (Ungarn).

Der längste U-Bahnsteig ist im State Street Center Subway an der Station The Loop in Chicago (USA): 1066 m lang.

Die meisten Bahnhöfe hat das Netz der Metro in New York City mit 469 Bahnhöfen – davon 277 unterirdische – auf einer Gleisstrecke von 370 km. Rund 7,1 Mio. Fahrgäste fahren hier täglich.

Die meisten U-Bahnen erfahren hat der Berliner Klaus-Martin Kersten: Von den 82 U-Bahnen, Metros und Subways weltweit hat er inzwischen 62 befahren. Jetzt plant er in Berlin ein U-Bahn-Museum.

Steilste

Zugstrecke ist die der *Katoomba Scenic Railway* in Australien: 311 m lang bei einem Gradienten 1 zu 0,82.

Tram

Die erste elektrische Straßenbahn als öffentliches Verkehrsmittel wurde von der Berliner Firma Siemens & Halske am 16. Mai 1881 freigegeben. Die Strecke nach Lichterfelde war 2,3 km lang. Der Antrieb erfolgte mit Hilfe von 180-V-Gleichstrom.

Die längste Straßenbahn fuhr am 16. Juli 1986 quer durch Basel: 108 m lang, bestehend aus sechs Wagen für insgesamt 828 Personen, eine Aktion der Basler Verkehrsbetriebe und Radio Basilisk Betriebs-AG.

Die längste Straßenbahnfahrt erlebten Karl Apweiler aus Düsseldorf (D) und Bernhard Wrede aus Duisburg (D) auf dem Streckennetz des Verkehrsverbundes Rhein-Ruhr (VRR). Am 14. Juli 1984 fuhren sie die aus mehreren aneinanderschließenden Linien bestehende Strecke zwischen Krefeld-Hüls und Witten-Nord von 120,6 km in 7:23 Std. Wartezeit: 1:55 Std.

FAHRPLAN

der

Electrischen Eisenbahn

in Groß-Lichterfelde

zwischen dem Bahnhof der Anhaltischen Eisenbahn und der Haupt-Kadetten-Anstalt.

Vom 16. Mai 1881 ab täglich bis auf Weiteres.

Abfahrt von der Haupt-Kadetten-Anstalt:		Abfahrt vom Bahnhof Gross-Lichterfelde:	
6,00	Morgens.	6,30	Morgens.
7,15	"	7,40	"
7,50	"	8,35	"
9,20	"	12,18	Mittags.
12,28	Mittags.	1,10	Nachmittags.
2,15	Nachmittags.	2,30	"
3,30	"	3,45	"
4,00	"	4,53	"
5,03	"	5,55	"
6,34	"	7,25	Abends.
8,35	Abends.	8,45	"
10,10	"	11,25	"

Fahrzeit für die ganze Strecke 10 Minuten.

Siemens & Halske, Berlin.

Erste

Elektrische 1881 in Berlin. Die Strecke war 2,3 km lang.

In die Luft gehen

Verschluckt

Helikopter in seinem Bauch: Airbus-Frachter *Beluga* bietet 1400 m³ Frachtraum.

Allgemeines

Das größte Fliegertreffen der Welt findet seit 1953 jedes Jahr in Oshkosh, Wisconsin (USA), statt. 1996 trafen sich 40 000 Camper mit 11 000 Flugzeugen sowie rund 800 000 Neugierige auf der Herstellermesse mit 748 Anbietern oder den Flugschauen.

Das größte Triebwerk: Durchmesser 3 m, Leistung 186 500 PS für die *Boeing 777.*

Das Flugzeug mit dem höchsten Standard-Startgewicht ist die *Antonow An-225 Mriyra* (Traum) mit 600 t. Eine Maschine dieses Typs hat am 22. März 1989 eine Nutzlast von 156 300 kg bis auf 12 410 m Höhe auf der Strecke Kiew–Leningrad–Kiew befördert.

Kleinstes zweimotoriges Flugzeug: *Colomban MG 15* mit einer Flügelspannweite von 4,9 m; Länge 3,91 m, zwei 15-PS-Motoren vom Typ JPX PUL, Erstflug am 19. Juli 1973.

Kleinstes jemals geflogenes Flugzeug: *Bumble Bee Two*, entworfen und gebaut von Robert H. Starr, Arizona (USA); Daten: 2,69 m lang, Spannweite 1,68 m, Leergewicht 179,6 kg, Platz für eine Person, max. 306 km/h; einziger Flug am 8. Mai 1988 bis auf 120 m, beim Landen Totalschaden.

Der kleinste geflogene Eindecker: *Baby Bird* von Donald R. Stits. Spannweite 1,91 m, Länge 3,35 m, 114,3 kg schwer, 55-PS-Zweizylinder-Hirth-Motor, max. 177 km/h. Erster Pilot: Harold Nemer am 4. August 1984 in Camarillo, Kalifornien (USA).

Der kleinste Jet: *Silver Bullet* von Bob Bishop (USA); Spannweite 5,2 m, 196 kg schwer, max. 450 km/h.

Das größte Verkehrsflugzeug: der Jumbo Jet – die *Boeing 747-400*, 1989 erstmals in Dienst gestellt. Spannweite 64,9 m, Reichweite 13 340 km, 566 Passagiere.

Das längste zweistrahlige Flugzeug ist das Langstrecken-Verkehrsflugzeug *Boeing 777*: 63,7 m lang, Reichweite 13 584 km, Erstflug Mai 1994.

Das geräumigste Flugzeug ist der Airbus *A300-600ST Beluga* für den Transport von Flugzeugteilen. 1400 m³ Frachtraum, 150 t max. Gewicht, 44,84 m Spannweite, 56,16 m Länge, 37,7 m nutzbare Frachtraumlänge.

Den schwersten zivilen Luftfrachttransport beförderten die ukrainischen Antonow-Werke und die britische Chartergesellschaft Air Foyle 1991 mit einem Gesamtgewicht von 140 t in der *An-124 Ruslan* von Barcelona (E) nach Nouméa (Neukaledonien).

Als schwerstes Einzelfrachtstück wurde am 22. September 1993 ein 136 t schwerer Generator-Core der Firma Siemens von Düsseldorf nach Neu-Delhi (Indien) in einer *An-124 Ruslan* geflogen.

Piloten und Passagiere

Die meisten Transatlantikflüge machte Flugkapitän Charles M. Schimpf von TWA, der den Ozean vom März 1948 bis zu seiner Pensionierung am 1. September 1984 nachweislich 2880mal überquerte; das sind 6,4mal pro Monat.

Die meisten Passagiere in einem Flugzeug waren 1086, als am 24. Mai 1991 mit einer *Boeing 747* der El Al äthiopische Juden von Addis Abeba nach Israel evakuiert wurden.

Der älteste Flugpassagier war Charlotte Hughes aus Redcar, North Yorkshire (GB) mit 115 Jahren. Mit 110 flog sie in der *Concorde* von London nach New York.

Wächst

zum größten Bauprojekt: Hongkongs neuer Airport Chek Lap Kok. 30 Mrd. DM.

Der erfahrenste Mitflieger dürfte Edwin A. Shackleton aus Bristol (GB) sein, der seit März 1943 als Passagier in 603 verschiedenen Luftfahrzeugen mitgeflogen ist, inkl. Hubschrauber, Gleiter, Ultraleichtflugzeug, Gas- und Heißluftballon.

Der älteste Pilot der Welt ist Clarence Cornish (* 10. November 1898) aus Indianapolis, Indiana (USA), der noch mit 96 Jahren am 16. August 1995 seine *Cessna 172* steuerte. Seinen ersten Flug hatte er am 6. Mai 1918 absolviert.
▮ Im Alter von 80 Jahren, 109 Tagen erhielt Hilda Wallace (* 1908) aus West Vancouver (Kanada) am 15. März 1989 ihren Pilotenschein.

Die jüngste Berufspilotin ist die Österreicherin Anneliese Rainer (* 1975) aus Graz: Mit 19 Jahren machte sie den Berufspilotenschein und fliegt seit Januar 1996 als First Officer auf einer *Boeing 737* für Lauda Air.

Die meisten Flugstunden als Pilot hat John Edward Long (* 1915, USA) im Cockpit verbracht: Zwischen Mai 1933 und April 1997 brachte er es auf 62 654 Std. – zusammengerechnet über sieben Jahre.

Den Rekord als Überschallpassagier hält Fred Finn, der zwischen New Jersey (USA) und London (GB) pendelnd 709mal den Atlantik überquerte. Im Mai 1997 hatte er 19 247 750 km in der *Concorde* zurückgelegt.

Ältester Weltumflieger ist Fred Lasby (* 1912), der mit 82 Jahren in seiner einmotorigen *Piper Comanche* die Welt im Alleinflug umrundete. Am 30. Juni 1994 startete er in Fort Myers, Florida (USA), am 20. August war er nach 37 366 km wieder zurück.

Steuert

lächelnd eine *Boeing 737* bei Lauda Air. Anneliese Rainer, mit 20 Jahren jüngste Linienpilotin, fliegt seit 1996.

Flughäfen

Das größte Flughafen-Bauprojekt ist der neue Flughafen von Hongkong auf der künstlich angelegten, 1670 ha großen Insel Chek Lap Kok. Der Wert des Projektes wird mit 30 Mrd. DM beziffert. Der Flughafen, durch die Tsiang-Ma-Brücke mit dem Zentrum Hongkongs verbunden, soll 1998 eröffnet werden.

Der größte Flughafen der Welt ist der für 8,4 Mrd. DM gebaute King Khalid International Airport vor den Toren von Riad (Saudi-Arabien) mit 225 km².

Der größte Flughafen in Europa ist Heathrow Airport (London) mit 1197 ha, von über 95 Fluggesellschaften aus 85 Ländern mit Linienflügen bedient. 1994 wurden 409 400 Flugbewegungen und 51,36 Mio. Fluggäste registriert.
▮ Einen Tagesrekord verzeichnete Heathrow am 6. Juli 1990 mit 1232 Flügen und am 29. Juli 1994 mit 183 000 Passagieren.

Der größte Flughafen in Deutschland ist der Rhein-Main-Flughafen bei Frankfurt/Main mit 1700 ha; er rangiert unter den internationalen Flughäfen an sechster (in Europa nach London-Heathrow an zweiter) Stelle mit 38 761 174 Passagieren vor Charles de Gaulle, Paris (F), mit 28 680 226. Im Luftfrachtverkehr nimmt er in der Welt den zweiten, in Europa den ersten Platz ein.

Der größte Flughafen in Österreich ist Wien-Schwechat, wo 1994 bei 127 401 Starts und Landungen 7 729 844 Fluggäste gezählt wurden.

Der größte Flughafen in der Schweiz ist Zürich-Kloten. Im Jahr 1994 wurden bei 242 498 Starts und Landungen insgesamt 14 573 334 Passagiere abgefertigt. Frachtaufkommen: 415 834 t.

Den stärksten Flugverkehr bewältigt der O'Hara International Airport nahe Chicago mit 67 253 358 Passagieren und 900 207 Flugbewegungen im Jahr 1994. Das bedeutet alle 35 Sek. rund um die Uhr einen Start oder eine Landung.

Den höchsten Tower hat der Flughafen von Denver, Colorada (USA), mit einer Gesamthöhe von 99,7 m.

Empfängt

Reisende aus aller Welt: Der Flughafen von Riad (Saudi-Arabien) ist 225 km² groß.

Airlines

Der größte Verbund von Fluggesellschaften entstand im Mai 1997 mit der Star Alliance. Deutsche Lufthansa, Thai Airways International, United Airlines, Scandinavian Airlines und Air Canada betreuen zusammen rund 174,2 Mio. Passagiere mit Flügen in 106 Länder und 578 Zielorte. Gesamtumsatz: 42,9 Mrd. Dollar (rund 73 Mrd. DM).

Die größte Fluggesellschaft der Welt ist Delta Air Lines (USA). 1995 wurden 86 922 109 Fluggäste befördert.

Die größte Fluggesellschaft nach Einnahmen ist AMR Corporation aus Fort Worth, Texas (USA), mit 22,853 Mrd. Dollar (umgerechnet etwa 38,850 Mrd. DM) im Jahr 1996.

Das verkehrsreichste Flugliniennetz haben die USA, wo 1994 bei Inlandflügen mehr als 481,3 Mio. Passagiere in die Luft gingen.

Die Fluggesellschaft mit dem längsten Streckennetz ist die Lufthansa mit 942 000 km.

Das weltgrößte Luft- und Raumfahrtunternehmen ist Lockheed Martin in Bethesda, Maryland (USA), mit einem Umsatz von 22,8 Mrd. Dollar (umgerechnet 38,76 Mrd. DM) und weltweit 160 000 Beschäftigten (1996).

Die größte Luftfahrzeugproduktion: Cessna Aircraft in Wichita, Kansas (USA), produzierte seit ihrer Firmengründung 1911 über 180 000 Maschinen unterschiedlicher Größe.

Fliegt

noch nicht – aber in der Zukunft mit Erdgas oder Wasserstoff. Das umweltfreundliche *Cyroplane* von Daimler-Benz trägt die Tanks huckepack oben am Rumpf.

Höhenflüge

Free Spirit bewies Steve Fossett, als er mit seinem gleichnamigen Ballon am 20. Januar 1997 in St. Louis, Missouri (USA), startete. Nach 146:50 Std. kam er in Sultanpur (Indien) an. Dauerrekord im Ballonfahren.

Helikopter

Das erste Kipprotor-Flugzeug für den zivilen Luftverkehr wird derzeit bei Bell und Boeing hergestellt. Die *Bell Boeing 609* entsteht für 6 bis 9 Passagiere; Reichweite: 1400 km; Reisegeschwindigkeit: über 500 km/h; besondere Fähigkeit: senkrechtes Starten und Landen an beinahe jedem Ort. Geplanter Erstflug: Juli 1999, Kosten: 10 Mio. Dollar.

Geschwindigkeitsrekord für Hubschrauber nach FAI-Regeln: 400,87 km/h durch John Trevor Eggington und Derek J. Clews am 11. August 1986 mit einem Helikopter von Westland Lynx.

Der größte Hubschrauber: der russische *Mil Mi-12*, angetrieben von vier Turbinenwellenmotoren mit je 6500 PS (4847 kW); Rotordurchmesser: 67 m, Länge: 37 m, Gewicht: 103,3 t. 1971 in Paris gezeigt, nie in Serie gebaut.

Der größte Serienhubschrauber: der russische *Mil Mi-26*, 28 200 kg schwer, 40,025 m lang, Durchmesser des achtblättrigen Hauptrotors: 32 m, Platz für fünf Personen.

Der kleinste Hubschrauber ist der einsitzige ultraleichte *Seremet WS-8*, 1976 in Dänemark gebaut, 53 kg Leergewicht, 35-PS-Motor, Rotordurchmesser 4,5 m.

Der Höhenrekord für Hubschrauber liegt bei 12 442 m, am 21. Juni 1972 mit einer *Aérospatiale AS 315 B Lama*, von Jean Boulet über Istres (F) aufgestellt.

Den längsten Nonstopflug nach FAI-Regeln: Robert Ferry am 6. April 1966 mit einem *Hughes YOH-6A* über 3561,6 km von Culver City, Kalifornien, nach Ormond Beach, Florida (USA).

Schnellste Weltumrundung im Hubschrauber: Ron Bower (USA) in 24 Tagen, 4:19:36 Std. mit einem *Bell 206B-3 JetRanger III*. Start: 28. Juni 1994 in Fort Worth, Texas (USA), Rückkehr: 22. Juli 1994.

Längster Schwebeflug: Doug Daigle, Brian Watts, Dave Meyer und Rod Anderson von Tridair Helicopters und Helistream in Kalifornien (USA) blieben mit einer 1947er *Bell 47 B* im Dezember 1989 für 50:00:50 Std. durchgehend in der Luft.

Den Höhenrekord mit Drehflüglerflugzeugen hält Kenneth H. Wallis (GB). Am 20. Juli 1982 kam er auf dem Flug von Boscombe Down, Wiltshire (GB), auf 5643,7 m Höhe.

Luftschiffe

Erste Fahrt in einem Luftschiff: Henri Giffard (Frankreich) am 24. September 1852 mit seinem mit Leuchtgas gefüllten, 2500 m^3 großen und 43,8 m langen Luftschiff.

▪ Das erste Luftschiff, das nach einer Fahrt wieder an seinen Ausgangspunkt zurückkehren konnte, war die französische *France* am 9. August 1884.

Das größte starre Luftschiff war der 213,9 t schwere deutsche *Graf Zeppelin II (LZ 130)*: 245 m lang, 199 891 m^3 Rauminhalt. Erstflug: 14. September 1938, danach Radar-Erkundungsaufträge über Großbritannien. Im April 1940 wurde er demontiert.

Das größte halbstarre Luftschiff war das *ZPG 3-W* der US-Marine mit einem Volumen von 42 950 m^3, einer Länge von 123 m, einem Durchmesser von 25,9 m und 21 Personen als Besatzung. Der Erstflug erfolgte am 21. Juli 1958; verunglückt im Juni 1960.

Den Strecken- und Dauerrekord von 93,033 km in 3:41:55 Std. erzielte am 20. März 1988 Oscar Lindstrom in einem Heißluft-Luftschiff *Colt AS 56* auf dem Flug von Stockholm nach Tobo (Schweden).

Die meisten Luftschiffpassagiere, 207 Personen, beförderte die *Akron* der US-Marine 1931.

Den Passagierrekord bei einer Atlantiküberquerung stellte das deutsche Luftschiff *Hindenburg* 1937 mit 117 Fluggästen auf. Am 6. Mai 1937 ging es bei der Landung auf dem New Yorker Flugplatz Lakehurst in Flammen auf.

Der längste Flug eines halbstarren Luftschiffes (ohne nachzutanken) dauerte 264:12 Std., von J.R. Hunt mit dem Goodyear *ZPG-2* der US-Marine vom 4.-15. März 1957 durchgeführt über 15 205 km von South Weymouth, Massachusetts, nach Key West, Florida (USA).

Offizieller Streckenrekord: Der deutsche *Graf Zeppelin* flog unter Kapitän Hugo Eckener vom 29. Oktober bis 1. November 1928 6384,5 km weit. ▮ Unbestätigt sind die 7250 km des deutschen Zeppelins *L 59* vom November 1917 nach einem Flug von Yambol (Bulgarien) nach Khartum (Sudan) und zurück.

Der Dauerweltrekord nach FAI-Regeln für Luftschiffe liegt bei 16 Tagen, 15:08:47 Std., gehalten von der *Endeavour*, gestartet am 2. März 1995 mit siebenköpfiger Besatzung.

Zeppelin NT

hatte 1997 Premiere. Mit Sight-Seeing-Kabine für 12 Passagiere; 75 m lang.

Ballons

Der erste Ballon mit einem Menschen an Bord war der 12 m große Heißluftballon, den die Brüder Montgolfier (Jacques-Etienne, 1745-99, und Joseph-Michel, 1740-1810) am 25. April 1783 bei Annonay (Frankreich) auf etwa 300 m Höhe steigen ließen. 900 m weiter landete er wieder.

Menschen im Ballon: Der angeleinte Ballon *Super Maine* von Tom Handcock aus Portland, Maine (USA), mit 73 600 m³ stieg am 19. Februar 1988 mit 61 Passagieren auf 12,25 m Höhe.
▮ Der Holländer Henk Brink fuhr mit 50 Passagieren am 17. August 1988 in 100 m Höhe 25 Min. lang.

Die älteste Ballonfahrerin ist Florence Laine (* 26. Juni 1894), die am 26. September 1996 im Alter von 102 Jahren und 92 Tagen in Cust (Neuseeland) eine Fahrt wagte.

Den Streckenrekord für einen Ballon hält Steve Fossett mit seinem *Free Spirit*, mit dem er vom 13.-20. Januar 1997 von St. Louis, Missouri (USA), bis Sultanpur (Indien) 16 673,81 km in einer Höhe bis zu 7300 m und mit bis zu 160 km/h zurücklegte. Die benötigten 146:50 Std. bedeuten zugleich den Dauerrekord für Ballonfahrten.

Die größte Höhe in der kleinsten Ballonklasse (bis 250 m³) erreichte Günter Schabus aus Klaus (A) mit 5816 m am 13. Oktober 1994 in Semley bei Shaftesbury (GB).

Allein den Atlantik im Ballon überquert hat als erster Joe Kittinger (USA) am 14. September 1984 mit dem 2850 m³ Helium fassenden *Rosie O'Grady* von Caribou, Maine (USA), nach Montenotte (Italien). Er landete nach 86 Std. und 5701 km.

Erste Solo-Pazifiküberquerung im Ballon: Steve Fossett vom 17. bis 21. Februar 1995 in seinem heliumgefüllten Ballon *Cameron R-150* von Seoul (Südkorea) nach Mendham, Saskatchewan (Kanada) über 8748,11 km.

Die größte erreichte Höhe eines unbemannten Ballons waren 51 800 m. Der *Winzen*-Ballon mit 1,35 Mio. m³ war am 27. Oktober 1972 in Chico, Kalifornien (USA), in die Lüfte aufgestiegen.

Den offiziellen Höhenrekord für Ballons erzielten Malcolm D. Ross und Victor E. Prother, gestartet vom Deck des Schiffes *Antietam* am 4. Mai 1961 über dem Golf von Mexiko mit 34 668 m.

Der größte Ballon der Welt hatte ein Volumen von 2 Mio. m³ und war 300 m hoch. Der unbemannte Ballon von Winzen Research Inc. in South St. Paul, Minnesota (USA), kam jedoch nicht in die Höhe und wurde beim Startversuch am 8. Juli 1975 zerstört.

Bell Boeing 609

wird das erste Kipprotor-Flugzeug im zivilen Luftverkehr. Jungfernflug: Juli 1999.

Rund um die Welt

Geschäftsreise

nonstop Japan–USA. Rekordflug mit *Gulfstream V* und BMW-Rolls-Royce-Triebwerk.

Streckenflüge

Die erste Flugüberquerung über den Nordatlantik in West-Ost-Richtung: Albert Cushion Read und seine Besatzung mit dem 84 Knoten (155 km/h) schnellen *Curtiss-Flugboot NC-4* von Trepassey Harbour, Neufundland (Kanada), über die Azoren nach Lissabon (Portugal) vom 16.-27. Mai 1919. Gesamtflugzeit für die 7951 km – Start: Long Island, New York (USA), Ziel: Plymouth (GB) – betrug 53:58 Std.

Der erste Alleinflug über den Atlantik: Charles August Lindbergh (1902-74) am 20./21. Mai 1927 mit seinem 220-PS-Einsitzer *Spirit of St. Louis* von Long Island, New York (USA), nach Le Bourget, Paris (F), in 33:29:29 Std. über eine Strecke von 5810 km. Er gewann den schon 1919 von dem New Yorker Hotelier Raymond Orfög für die Alleinüberquerung von New York nach Paris ausgesetzten Preis von 25 000 Dollar.

Luftfahrtunglück,

das schwerste: am 27. März 1977 auf der Startbahn von Teneriffa. 583 starben.

Der erste Nonstop-Transpazifikflug: Clyde Pangborn und Hugh Herdon vom 3.-5. Oktober 1931 in 41:31 Std. über 7335 km mit dem Bellanca-Kabinenflugzeug *Miss Veedol* von Sabishiro Beach (Japan) nach Wenatchee, Washington (USA).

Der längste Nonstop-Linienflug führt von Hongkong nach Toronto (Kanada) über 13 049 km. Er wird von Cathay Pacific angeboten.

Der zeitlich längste Linienflug, mit United Airlines von Chicago (USA) nach Hongkong, dauert 15:55 Std.

Der längste Nonstopflug eines Zivilflugzeugs führte am 17./18. Juni 1993 Airbus *A 340-200* über 18 545 km von Auckland (Neuseeland) nach Le Bourget, Paris; er dauerte 21:46 Std.

Der längste Nonstopflug eines Geschäftsreiseflugzeugs: *Gulfstream V* mit BMW-Rolls-Royce-*BR710* Triebwerken von Narita, Tokio (Japan), nach Teterboro, New York, über rund 11 000 km am 14. April 1997 in 12:40 Std. mit max. 0,83 Mach (882 km/h), Flughöhe: 15545 m.

Der kürzeste Linienflug wird seit September 1967 von Loganair zwischen den schottischen Orkney-Inseln Westray und Papawestray angeboten. Flugdauer beträgt 2 Min., bei günstigem Wind gelang Captain Andrew D. Alsop schon einmal ein 58-Sek.-Flug. Einchecken dauert 20 Min.

Den kürzesten Linienflug per Jet bieten die Alaska Airlines zwischen San Francisco und Oakland, Kalifornien (USA), täglich mit einer *McDonnell Douglas MD80* über 19,3 km in durchschnittlich 5 Min. an. Laut Flugplan 25 Min.

Die kleinste Fluglinie der Welt: Gerhard J. Platzer aus Zell am Ziller in Tirol (A), betreibt sie offiziell mit einem doppelsitzigen Paragleiter; seit 31. Januar 1994 kann er ganzjährig jeweils einen Passagier auf seinen neun verschiedenen Pizza-Air-Line-Flügen befördern.

Weitenflug mit Menschenkraft: Im Rahmen des sogenannten *Dädalus*-Projekts des Massachusetts Institute of Technology flog Kanellos Kanellopoulos am 23. April 1988 in 3:56 Std. von Kreta zur Insel Santorin (GR). Flugstrecke: 119 km. Die Durchschnittsgeschwindigkeit betrug 30,3 km/h; Spannweite des Fluggeräts: 34,1 m.

Auf einem Flugzeug stehend über den Atlantik: Jaromir Wagner (Tschechien) flog im Oktober 1980 auf einer zweimotorigen *Norman Islander* von Lützellinden, Hessen (D), nach New York (USA).

Die schnellste Weltumrundung unter FAI-Regeln war der Flug einer *Concorde* der Air France am 15./16. August 1995 über 31:27:49 Std. von New York über Toulouse, Dubai, Bangkok, Guam, Honolulu und Acapulco. Piloten waren Michel Dupont und Claude Hetru.

Die erste Weltumrundung ohne Nachtanken: Richard G. Rutan und Jeana Yeager in der Spezialmaschine *Voyager* vom 14. bis 23. Dezember 1986, Startpunkt Edwards Air Force Base (USA). In 9 Tagen, 3:44 Min. legten sie bei 186,11 km/h 40 212,139 km zurück. Mit einer Spannweite von 33,77 m konnte Treibstoff von 3180,4 kg aufgenommen. Das Cockpit maß 1,7 x 0,54 m, die „Kabine" 2,3 x 0,6 m.

Die erste Allein-Polarumrundung führte Elgen M. Long vom 5. November bis 3. Dezember 1971 in 215 Std. mit einer zweimotorigen *Piper PA-31 Navajo* durch: insgesamt 62 597 km.

Schnellste Atlantiküberquerung: Major James V. Sullivan und Major Noel F. Widdifield flogen am 1. September 1974 mit einer *Lockheed SR-71 A Blackbird* in 1:54:56,4 Std. von New York nach London mit einer Durchschnittsgeschwindigkeit von 2908,02 km/h.

Absturz

einer *Boeing 747* der JAL in der Nähe von Tokio am 12. August 1985. 520 Tote.

Tempo

Den offiziellen Fluggeschwindigkeitsrekord stellten Eldon W. Joersz und George T. Morgan jr. am 28. Juli 1976 in einer *Lockheed SR-71 A Blackbird* mit 3529,5 km/h über einen Kurs von 25 km bei Beale, Kalifornien (USA), auf.

Schnellster Doppeldecker war 1941 der italienische *Fiat C. R. 42 B* mit einem 1010-PS-(750-kW-)Daimler-Benz-Motor vom Typ *DB 601 A*: 520 km/h. Nur ein Flugzeug dieser Art wurde gebaut.

Das schnellste Flugzeug mit Kolbenmotor war die *Rare Bear*, eine modifizierte *Grumman F8F Bearcat*, 850,24 km/h über 3 km, 21. August 1989, Lyle Shelton in Las Vegas, Nevada (USA).

Schnellstes propellergetriebenes Flugzeug: die (ehemals sowjetische) *Tu-95/142* (Nato Codename *Bear*) mit 925 km/h (Mach 0,82); die vier Motoren leisten jeweils 14 795 PS (11 033 kW).

Der schnellste Steigflug: Heinz Frick am 15. August 1989 im Flugtestzentrum von Rolls-Royce in Filton, Bristol (GB), in einer *Harrier GR 5* mit Rolls-Royce-Triebwerk *11-61 Pegasus* bei stehendem Start 12 000 m in 2:6,63 Sek.

In kürzester Zeit in höchste Höhen kam der Russe Alexander Fedotow am 17. Mai 1975 in Podmoskowou (Rußland) in einem Flugzeug vom Typ *MiG-25*, als er in 4:11,7 Min. auf 30 500 m kam.

Unglücke

Beim schlimmsten Terroranschlag auf die Luftfahrt am 23. Juni 1985 starben 329 Passagiere an Bord einer Air India *Boeing 747*, als sie nach einer Bombenexplosion vor der Südwestküste Irlands in den Atlantik stürzte.

Die meisten Todesopfer beim Absturz eines einzelnen Flugzeugs forderte am 12. August 1985 der Absturz einer *Boeing 747* der JAL mit 520 Menschen in der Nähe von Tokio (Japan). Die ausgebuchte Maschine verschwand 42 Min. nach dem Start von den Radarschirmen und stürzte in eine dicht bewaldete, mit großen Felsen durchsetzte, steil aufragende Gebirgslandschaft. Wie durch ein Wunder überlebten zwei Kinder, die Mutter eines der beiden Kinder sowie eine Stewardeß der Japan Air Lines.

Das schwerste Luftfahrtunglück ereignete sich am 27. März 1977, als zwei *Boeing 747* der Fluggesellschaften Pan Am und der niederländischen KLM auf der Startbahn des Flughafens Santa Cruz von Teneriffa (Kanarische Inseln) kollidierten. 583 Menschen kamen ums Leben. Während in der KLM-Maschine alle den Tod fanden, konnten aus der Pan-Am-Maschine 51 Menschen gerettet werden. Unter den Opfern waren auch drei Deutsche.

Größtes Hubschrauberunglück: Ein russischer Militärhubschrauber mit 61 Flüchtlingen an Bord wurde am 14. Dezember 1992 in der Nähe von Lata, einer Stadt in Georgien, abgeschossen.

Tanken im Flug: Die *Lockheed SR-71 A Blackbird* wird vom Tanker *KC-135* in der Luft mit Treibstoff versorgt. Die *Blackbird* (siehe auch unten) ist die Schnellste mit 3529,5 km/h.

Teleskope

Weltraumteleskop bei der Wartung: das *Hubble-Space-Telescope* der NASA wurde 1997 modernisiert.

Planetarium in 1600 m Höhe: die Anlage im österreichischen Königsleiten. Ganz oben in Europa.

Größtes Weltraumteleskop: das *Hubble-Space-Telescope* der NASA. Gewicht: 11 360 kg, Spiegel: 2,4 m, Gesamtlänge: 13,1 m; seit 1990 auf einer 610 km hohen Erdumlaufbahn. Kosten: 1,5 Mrd. Dollar. Erste große Reparatur 1993. 1995 gelang der tiefste Blick ins Universum. Im Februar 1997 erneute Reparatur und Modernisierung. Nächste Wartung: 1999.

Das größte Infrarot-Weltraumteleskop ist das europäische Observatorium ISO, das seit November 1995 die Erde umkreist. Im August 1997 stellten Wissenschaftler fest, daß der Vorrat an flüssigem Helium zur Kühlung der Meßinstrumente auf minus 271 °C weit länger ausreicht als geplant – vermutlich bis April 1998.

Das größte Spiegelteleskop ist der Keck-Reflektor, der auf dem Mauna Kea, Hawaii (USA), im Frühjahr 1993 seinen Betrieb aufgenommen hat. Spiegeldurchmesser: 10 m.

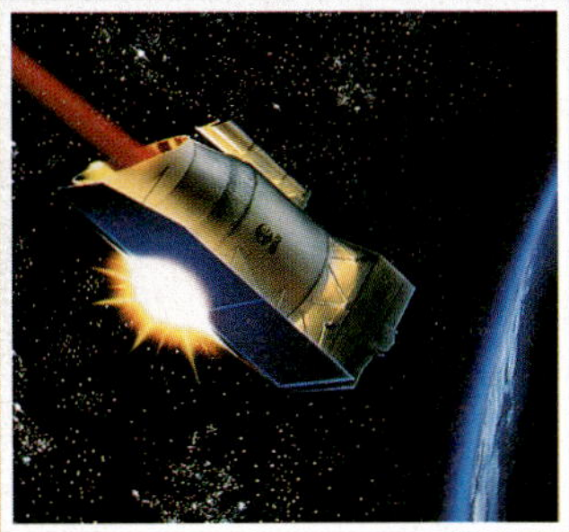

ISO

ist das größte Infrarot-Weltraumteleskop. Umkreist die Erde seit 1995.

Sternwarte

auf dem Jungfraujoch: die höchste der Schweiz (3571 m).

Das leistungsfähigste Ein-Spiegelteleskop ist das *Hale*-Teleskop auf dem Mount Palomar, Kalifornien (USA), mit seinem 5,08 m großen Spiegel.

Der glatteste Spiegel ist der 83-cm-Spiegel des deutschen Röntgenteleskops *Rosat* (seit 1990 im All) von Carl Zeiss, Oberkochen. Mittlere Mikrorauhigkeit: 0,0000003 mm, gemessen mit Röntgenstrahlen.

Der größte Teleskopspiegel der Welt aus einem Stück entstand im Januar 1997 in Tucson, Arizona (USA). Der 8,4-m-Spiegel soll mit einem identischen Zwilling die Augen des *Large Binocular Telescope* auf dem Mt. Graham in Arizona bilden. Im Juni 1997 mußte nachgearbeitet werden, weil er an einigen Stellen zu dünn geraten war.

Die schärfsten Himmelsfotos und zugleich die höchste denkbare Bildauflösung erreicht das 3,5-m-Teleskop des Heidelberger Max-Planck-Instituts (MPI) für Astronomie auf dem Calar Alto (Südspanien). Dieser technologische Weltrekord in der astro-physikalischen Forschung gelang in Zusammenarbeit mit dem Garchinger MPI für Extraterrestrische Physik im Oktober 1996 durch eine Optik, die künstliche, von Lasern erzeugte „Leitsterne" verwendet. So werden Aufnahmen mit einer Auflösung bis zu 0,1 Bogensekunden möglich. Dieser Wert läßt sich wegen Beugung der Lichtstrahlen nicht mehr unterbieten.

Das größte Teleskop des Jahrhunderts wird das *VLT (Very Large Telescope)* sein, geplant von der Europäischen Südsternwarte ESO. Vier 8,2-m-Teleskope werden – verkoppelt – soviel Licht wie ein 16-m-Spiegel sammeln. Vollständig soll das *VLT* nördlich des La-Silla-Observatoriums (Nordchile) 2001 in Betrieb gehen. Anfang 1997 wurde das Computersystem „*VLT* Data Flow System" mit Erfolg in Garching erprobt.

Das erste Mehrfachspiegelteleskop, das *Multi-Mirror-Telescope (MMT)* des Whipple-Observatoriums auf dem Mount Hopkins, Arizona (USA), besteht aus sechs Spiegeln von je 183 cm Durchmesser.

Das größte Infrarot-Teleskop wurde von Großbritannien auf dem Mauna Kea, Hawaii (USA), errichtet. Spiegeldurchmesser: 3,74 m.

Erstes Teleskop mit aktiver Optik ist das *NTT*, das Neue-Technologie-Teleskop der Europäischen Südsternwarte auf La Silla in der chilenischen Atacama-Wüste: 75 steuerbare Stützen halten den sehr dünnen 3,6-m-Spiegel ständig in der „richtigen Form".

Größter Refraktor: Mit einem Objektivdurchmesser von 101,6 cm ist der Refraktor des Yerkes-Observatoriums in Williams Bay, Wisconsin (USA), das größte Linsenfernrohr der Welt. Das 18,9 m lange Fernrohr ist seit 1897 in Betrieb.

Das längste Linsenfernrohr ist der Refraktor der Archenhold-Sternwarte in Berlin-Treptow. Das 1896 errichtete Fernrohr ist 21 m lang, hat einen Objektivdurchmesser von 68 cm und ist 130 t schwer.

Das größte Parabolradioteleskop der Welt ist die Anlage für die Ionosphäre, die in eine Bodenmulde in Arecibo (Puerto Rico) gebaut und 1963 fertiggestellt wurde. Die Parabolantenne hat einen Durchmesser von 305 m und bedeckt eine Fläche von 7,48 ha.

Parabolantenne

mit 305 m Durchmesser. Größtes Parabolradioteleskop der Welt in Puerto Rico.

Das größte vollbewegliche Radioteleskop gehört dem Max-Planck-Institut in Bonn (D). Es ist im Effelsberger Tal (Eifel) seit 1971 in Betrieb. Die schwenkbare Parabolantenne hat einen Durchmesser von 100 m. Radiostrahlung bis zu 7mm Wellenlänge kann empfangen werden.

Die größte radioastronomische Anlage ist das *Australia Telescope* – aus der Kombination der Antennen von Parkes (64 m), Siding Spring (22 m) und Culgoora (22 m). Die Anlagen wurden elektronisch auch mit den japanischen Radioteleskopen in Usuada und Kashima sowie mit dem geostationären Satelliten *TDRS* verkoppelt. So entstand ein Radioteleskop mit der effektiven Größe von 2,16 Erddurchmessern, 27 523 km.

Das *VLA (Very Large Array)* in Socorro, New Mexico (USA), ist eine y-förmige Anordnung von 27 Parabolantennen mit je 25 m Durchmesser, seit 1980 in Betrieb. Jeder Arm des Ypsilons ist 21 km lang. Da die Antennen fahrbar sind, kann die „Größe" der Anlage verändert werden.

Die höchstgelegene Sternwarte der Welt liegt auf dem Chacaltaya in Bolivien auf 5200 m Höhe - seit 1992 in Betrieb.

Deutschlands höchste Sternwarte: Sonnenwarte auf dem Wendelstein, Bayern, 1845 m üNN.

Österreichs höchste Sternwarte: das Sonnenobservatorium auf der Kanzelhöhe in Kärnten: 1903 m üNN.

Die höchste Sternwarte der Schweiz steht seit 1936 auf dem Jungfraujoch: 3571 m üNN.

Das höchstgelegene Planetarium in Europa: Königsleiten (A), auf 1600 m Höhe; Projektionskuppel 7 m Durchmesser; seit Juni 1997 in Betrieb.

Das größte Planetarium der Welt: seit 1994 im Wissenschaftsmuseum Ehime in Niihama (Japan); Kuppeldurchmesser: 30 m. 300 Besucherplätze; Kosten: rund 2,9 Mrd. DM.

Sonden & Transporte

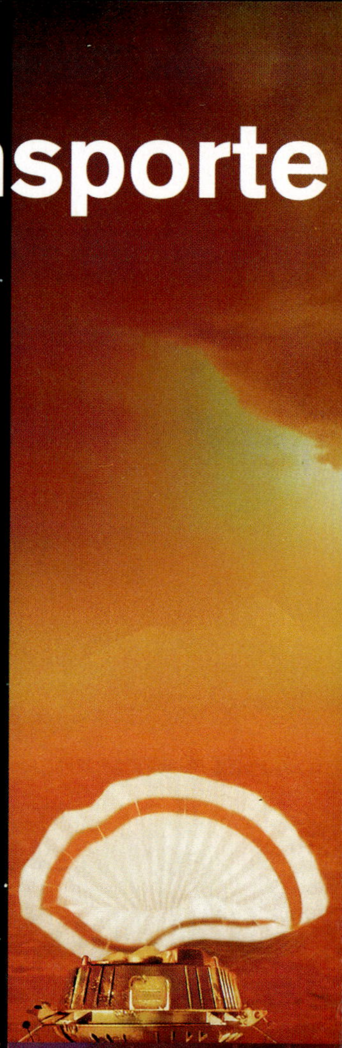

Raumschiff Cassini

(links oben) im Anflug auf den „Herrn der Ringe" – eine Vision, die 2004 Wirklichkeit werden soll: Nach sieben Jahren Flug setzt *Cassini* die Tochtersonde *Huygens* frei. Der Start am 15. Oktober 1997 verlief erfolgreich.

Das teuerste Unternehmen der unbemannten Raumfahrt ist die *Cassini/ Huygens*-Mission, zugleich die letzte der ganz großen Planetenmissionen. Sie gilt der Erforschung des Saturns und seiner zahlreichen Monde: 3,2 Mrd. Dollar (5,5 Mrd. DM) teilen sich NASA und die europäische ESA. Nach erfolgreichem Start am 15. Oktober 1997 könnte *Cassini* seine Arbeit planmäßig 2004 aufnehmen. Das Ende der Mission ist für 2008 vorgesehen.

Ein gigantischer Koloß stand im Oktober 1997 mit der leistungsstärksten US-Trägerrakete *Titan-4B* (Erstflug Februar 1997) und der *Hygens*-Kapsel auf der Startrampe in Cape Canaveral: insgesamt 942 t, davon 840 t Treibstoff, um etwas zu starten, das nur 1/150 dieser Masse hat.

Die erfolgreichste Transportrakete ist die europäische *Ariane*. Die Betreibergesellschaft Arianespace SA in Evry bei Paris (F) feierte am 24. September 1997 ihren 100. Start, als der Kommunikationssatellit *Intelsat 803* von Kourou (Französisch-Guyana) aus ins All befördert wurde.

▪ Die Europäer beherrschten 1997 mit ihren *Ariane*-Raketen bei einem Umsatz von 1,8 Mrd. DM die Hälfte des Weltmarktes – auch wenn die *Ariane 5* vorerst ein Mißerfolg blieb.

Der erste künstliche Satellit wurde in der Nacht des 4. Oktober 1957 vom Kosmodrom Baikonur (Kasachstan) mit 28 565 km/h erfolgreich in die Umlaufbahn gebracht. *Sputnik 1* wog 83,6 kg bei einem Durchmesser von 58 cm. Seine Lebensdauer betrug vermutlich 92 Tage.

Das erste Räderfahrzeug auf dem Mond war *Lunochod 1*, das am 17. November 1970 seine von der Erde gesteuerten Reisen begann. Es bewegte sich insgesamt 10,54 km auf Gefällen bis zu 30 Grad im Mare Imbrium und war bis 4. Oktober 1971 in Betrieb.

Das größte Raumfahrzeug: *Explorer 43*, gestartet am 10. Juni 1973; es maß mit ausgefahrenen Antennen 450 m.

Höchste Nutzlast: *Skylab 1* (gestartet am 14. Mai 1973) wog 74 783 kg. Die Raumstation trat am 11. Juli 1979 um 16:32 Uhr GMT bei ihrem 34 981. Umlauf über der westaustralischen Küste in die dichteren Schichten der Erdatmosphäre ein. Große Stücke von *Skylab 1* wurden 12 km südlich von Rawlinna gefunden und nach Hongkong verkauft.

Die höchste Entweichgeschwindigkeit von der Erde wurde von der europäischen Raumsonde *Ulysses* mit 54 614 km/h erreicht. Die Raumsonde wurde am 7. Oktober 1990 von der Raumfähre *Discovery* im All ausgesetzt.

Die Erforschung des Saturn

und seiner Monde ist Ziel der Mission. Die Montage zeigt drei Abwurf-Phasen der *Huygens*-Sonde von *Cassini.* Der Vorgang dauert drei Wochen.

Die Ariane

ist die erfolgreichste Transportrakete der Welt. *Ariane 5* übt allerdings noch.

Das erste Raumfahrzeug mit der Dritten Kosmischen Geschwindigkeit – sie genügt, um aus dem Sonnensystem zu entweichen – war die amerikanische Jupiter-Sonde *Pioneer 10.* Sie verließ den Erdorbit am 2. März 1972 mit einer Geschwindigkeit von 51 682 km/h.

Größte Annäherung an die Sonne: Die beiden deutsch-amerikanischen Sonnensonden *Helios A* und *B* sind dem Tagesgestirn bis auf 44,5 Mio. km *(Helios A)* und 43,5 Mio. km *(Helios B)* nahe gekommen, näher als jedes andere von Menschenhand gefertigte Raumfahrzeug und näher als der Planet Merkur, der die Sonne in einer mittleren Entfernung von 57,8 Mio. km umkreist. *Helios A* und *B* wurden am 10. Dezember 1974 bzw. 15. Januar 1976 von Cape Canaveral aus gestartet und in Umlaufbahnen um die Sonne gelenkt. *Helios B* arbeitete 5 Jahre lang, *Helios A* wurde Anfang 1986 abgeschaltet.

Satellitenstart vom Flugzeug: Erstmals in der Raumfahrtgeschichte wurde am 6. April 1990 eine Rakete mit einem Satelliten von einem Flugzeug aus gestartet. Ein *B-52*-Bomber trug die 15 m lange und 18 t schwere dreistufige *Pegasus*-Rakete, die unter der rechten Tragfläche montiert war, auf 14 000 m Höhe. Hier wurde die Rakete ausgeklinkt. Nach 5 Sek. freiem Fall zündeten die Triebwerke.

Die Huygens-Sonde

mit 345 kg Gewicht am Fallschirm. Wenn alles gelingt, wird sie weich auf Titan, dem zweitgrößten Planetenmond des Sonnensystems, landen.

Das erste wiederverwendbare bemannte Raumfahrzeug: US-Shuttle *Columbia,* im März 1994 zum 16. Mal in die Erdumlaufbahn gestartet.

Die höchste registrierte Geschwindigkeit erreichten mit ca. 252 800 km/h während der Sonnenannäherung die Sonnensonden *Helios A* und *B,* gestartet im Dezember 1974 bzw. Januar 1976.

Die von der Erde entfernteste Raumsonde ist die Sonde *Pioneer 10.* Am 31. März 1997 wurde sie – in einer Entfernung von 9,6 Mrd. km von der Erde unterwegs – offiziell abgeschaltet, „weil die NASA es sich nicht länger leisten kann, die Daten ständig aufzufangen und auszuwerten". Die Raumsonde war am 2. März 1972 gestartet worden und war die erste überhaupt, die durch den Asteroiden-Gürtel reiste und 1983 das Sonnensystem verließ.

▮ US-Wissenschaftler wollen dennoch ab und zu wieder mit ihr Kontakt aufnehmen. Mit den 70-m-Antennen des Deep Space Network der NASA wird ein Signal von nicht mehr als dem zehnmilliardsten Teil eines Billionstel Watts registriert. 9:10 Std. war ein Signal von der Sonde zur Erde unterwegs.

Die erste Bestattung im All erhielten 24 Weltraumpioniere und -enthusiasten, darunter *Star-Trek*-Erfinder Gene Roddenberry, am 24. April 1997. Für etwa 7000 DM pro „Urne" wurde die Asche in lippenstiftgroßen Kapseln mit einer spanischen *Pegasus*-Rakete ins All befördert. Dort werden die Kapseln zwischen 18 Monaten und 10 Jahren verweilen.

US-Modell

eines Satelliten von 1952. *Sputnik I* hatte die Nase vorn.

Missionen ins All

Moonwalk:

der erste Mensch auf dem Mond. Am 21. Juli 1969 setzte Neil Armstrong seinen Fuß auf den Erdtrabanten.

Menschen im All: Zum Stichtag 1. April 1997 waren 357 Menschen im All gewesen, davon 32 Frauen.

Der erste erfolgreiche bemannte Raumflug begann am 12. April 1961 um 9:07 Uhr (Moskauer Zeit) oder 7:07 Uhr MEZ. Kosmonaut Jurij Aleksejewitsch Gagarin (1934-68) vollbrachte in 89:34 Min. eine Erdumrundung in dem 4,72 t schweren Raumfahrzeug *Wostok 1*. Höchstgeschwindigkeit: 28 260 km/h, Maximalhöhe: 327 km, Flugstrecke: 40 868,6 km.

Erste bemannte Mondlandung: Neil Alden Armstrong (* 1930, USA), Kommandant der *Apollo-11*-Mission, setzte als erster Mensch am 21. Juli 1969 um 2:56:15 Uhr GMT seinen Fuß auf den Boden des Mare Tranquillitatis. Ihm folgte Edwin Eugene „Buzz" Aldrin jr. (* 1930, USA). Das Mutterschiff *Columbia* wurde von Michael Collins (* 1930, Rom) geführt. Die Mondfähre *Eagle* war am 20. Juli um 20:17 Uhr GMT gelandet. Der Rückstart erfolgte am 21. Juli um 17:54 Uhr GMT nach einem Aufenthalt von 21:36 Std.

Den längsten bemannten Raumflug hat der Kosmonaut Waleri Poljakow (* 1942) mit 437 Tagen, 17:58:16 Std. absolviert. Mit *Sojus TM18* war er am 8. Januar 1994 zur Orbitalstation *Mir* gestartet und am 22. März 1995 mit *Sojus TM20* zur Erde zurückgekehrt.
■ Waleri Poljakow ist mit 678 Tagen, 16:33:16 Std. auch der Kosmonaut mit den größten Weltraumerfahrungen, da er bereits 1988/89 an einem Flug teilgenommen hatte.

Der kürzeste bemannte Raumflug war die Mission von Alan Bartlett Shepard (* 1923) in einer *Mercury*-Kapsel, die am 5. Mai 1961 mit einer *Redstone*-Trägerrakete gestartet wurde. Der Flug dauerte nur 15:28 Min.

Die erste Frau im Weltraum war Leutnant (jetzt Oberstleutnant) Valentina Wladimirowna Tereschkowa (* 6. März 1937), die am 16. Juni 1963 mit *Wostok 6* vom Kosmodrom Baikonur (Kasachstan) gestartet wurde und am 19. Juni nach einem Flug von zwei Tagen, 22:42 Std. landete, währenddessen sie über 48 Erdumkreisungen absolvierte (fast 2 Mio. km).

Den längsten Raumflug einer Frau absolvierte Shannon Lucid (USA) an Bord der *Mir*. Start: 22. März 1996 mit dem Space Shuttle *Atlantis*, Landung: 26. September 1996 – insgesamt 188 Tage und 5 Std.

Der größte Unfall in der bemannten Raumfahrt ereignete sich am 28. Januar 1986, als die Raumfähre Challenger 73 Sek. nach dem Start in 14 326 m Höhe explodierte. Die gesamte Besatzung, zwei Frauen und fünf Männer, kam bei der Katastrophe ums Leben.

Den ersten Weltraumspaziergang unternahm der Kosmonaut Aleksej A. Leonow (* 20. Mai 1934) am 18. März 1965. Gesichert durch eine Verbin-

Sojourner,

das erste Planetenfahrzeug der Geschichte, vor seiner Reise und während der Arbeit. Seine Mission: Untersuchung des Marsbodens. Erfolgreich verlaufen.

dungsleine verließ er das Raumschiff *Voskhod 2* für 17 Min.

Die erste Frau im freien Weltraum war die Russin Swetlana Sawitzkaja am 25. Juli 1985 während der Mission *Sojus T12/Saljut 7.*

Die größte Anzahl von Weltraumausstiegen eines Raumfahrerteams ist 8, ausgeführt von Leonid Kizim und Wladimir Solowjow bei zwei Missionen in den Jahren 1984 und 1986.

Der längste Ausstieg im All überhaupt gelang einer Frau: Kathryn Thornton mit 7:45 Std. während des *STS-49*-Fluges am 14. Mai 1992.

Der längste Ausstieg auf der Mondoberfläche wurde bei der *Apollo-17*-Mission von Eugene Cernan und Jack Schmitt mit einer Gesamtdauer von 7:27 Std. absolviert.

Die größte Geschwindigkeit, mit der sich Menschen jemals bewegten, betrug 39 897 km/h. Sie wurde am 26. Mai 1969 bei Eintritt der Landekapsel von *Apollo 10* in die Erdatmosphäre in 122 km Höhe erreicht. Dabei waren T. P. Stafford, J. W. Young und E. A. Cernan.

Der älteste Astronaut war der Amerikaner Vance DeVoe Brand (* 1931), der bei seinem Raumflug mit der *Columbia (STS 58)* am 2. Dezember 1990 59 Jahre alt war.

Die älteste Astronautin war Shannon Lucid, die bei ihrem Flug mit der Raumfähre *Columbia (STS 58)* am 18. Oktober 1989 genau 50 Jahre alt war.

Der jüngste Astronaut war Major (später Oberst) German Stepanowitsch Titow (* 11. September 1935), der 25 Jahre und 329 Tage alt war, als er am 6. August 1961 mit *Wostok 2* in den Erdorbit startete.

Die meisten Raumflüge: Sechsmal mit verschiedenen Raumfahrzeugen war Captain John W. Young (* 1930, USA) im All. Nach seinem letzten Flug als Commander der *Spacelab*-Mission mit der *Columbia* am 8. Dezember 1983 konnte Young auf 34 Tage, 19:42:13 Std. im All zurückblicken.

▮ Auf sechs *Space-Shuttle*-Missionen brachte es Story Musgrave mit einer Gesamtdauer von 53 Tagen.

▮ Bei den Frauen hält Shannon Lucid mit fünf Flügen den Rekord.

Der längste Flug einer Raumfähre dauerte 17 Tage, 15:53:26 Std.: 21. Mission der US-Raumfähre *Columbia*, gestartet am 19. November 1996.

Dauerrekord auf dem Mond: Die Mannschaft von *Apollo 17* sammelte eine Rekordmasse von 114,8 kg Gestein und Staub während ihrer 22:05 Std. auf der Mondoberfläche. Es waren Captain Eugene A. Cernan (* 1934) und Harrison H. (Jack) Schmitt (* 1935), der als zwölfter Mann den Mond betrat. Die Mannschaft befand sich während dieser längsten Mondmission, die insgesamt 12 Tage, 13:51 Std. dauerte, in der Zeit vom 7. bis 19. Dezember 1972 74:59 Std. auf der Mondoberfläche.

Der erste Autofahrer auf dem Mond war US-Astronaut David Scott am 31. August 1971 mit einem 35-kg-Rover mit 1 PS und 8 km/h.

Am längsten auf einem anderen Planeten arbeitete *Viking 1.* Das automatische Forschungslaboratorium wurde am 20. Juli 1976 auf der Marsoberfläche abgesetzt und lieferte rund 56 000 Fotos, Wetterdaten, chemische Analysen des Marsbodens und andere Informationen.

Zu einem der spektakulärsten Erfolge in der Planetenerforschung wurde 1997 die Mission *Mars Pathfinder.* Statt mit Bremsraketen wie bei den *Apollo*-Landungen auf dem Mond aufzusetzen, stürzte er – eingepackt in riesige Airbags – auf den Mars. Bei Kosten von 267 Mio. Dollar, übertrafen die Erfolge alle Erwartungen.

▮ Nach der Bilderbuchlandung am 4. Juli 1997, pünktlich zum Unabhängigkeitstag der USA, hat das Marsfahrzeug *Sojourner*, das erste Planetenfahrzeug der Geschichte, seine nominelle Lebensdauer von einer Woche auf gut elf Wochen gesteigert; erst am 16. September 1997 meldete die NASA die vollständige Entladung der Batterie des kleinen Mars-Rovers.

▮ Bis dahin hat es sich in alle Richtungen bewegen können. Die Instrumente lieferten sämtliche Wetterdaten (Temperatur, Wind, Luftdruck), und mittels APX-Spektrometer (entwickelt vom Mainzer MPI für Chemie) wurde die Zusammensetzung des Marsbodens untersucht.

▮ Der Ansturm auf das NASA-Angebot im Internet war ein eigener Rekord: http://mpfwww.jpl.nasa.gov verwies auf 20 „Mirrors", die gemeinsam eine Last von einigen Dutzend Mio. Hits pro Tag verkraften können. Ergebnis: In den ersten drei Tagen kamen rund 100 Mio. Hits zustande, rund eine halbe Milliarde in den folgenden drei Wochen.

Die neueste Kreation aus der Raumfahrt-Couture stellte Daimler-Benz Aerospace 1996 vor: eine „Unterdruckhose", die den Körper im All gegen die Schwerelosigkeit auf Trab hält. Die „Hose" ist eher eine Tonne, in der die Astronauten ab dem Bauchnabel verschwinden. 1998 wird sie erstmals während der *Neurolab-Shuttle*-Mission getragen werden.

Hotels im All und auf dem Mond wird es nach den im September 1996 bekannt gewordenen Plänen des japanischen Bauunternehmens Shimizu bald geben. Auf 10 Mio. Yen (etwa 138 000 DM) werden die Reisekosten geschätzt.

Universum

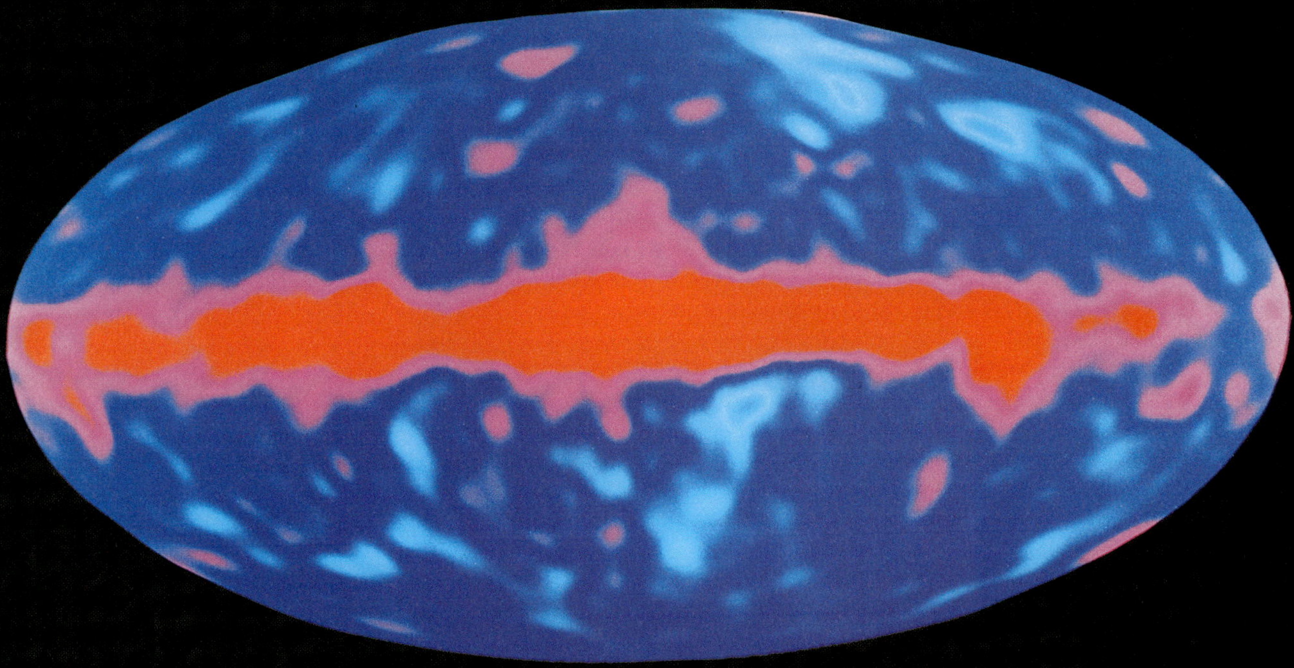

Cobe-Bilder

zeigen unterschiedliche kosmische Strahlungen. Rot gefärbt ist unsere Galaxie.

Der tiefste Blick ins Universum gelang mit dem *Hubble*-Teleskop im Dezember 1995. Mit 342 Aufnahmen über zehn Tage hinweg wurde eine Region im Großen Bären abgebildet. Dieser Himmelsabschnitt, nur 1/30 der Vollmondfläche groß, sieht in irdischen Teleskopen langweilig aus. Die Aufnahme mit dem Weltraumteleskop zeigt aber fast 2000 Galaxien, vielfältig in Formen und Farben. Der Blick dürfte über 10 Mrd. Jahre weit in die Vergangenheit zurückreichen, so daß Galaxien zu sehen sind, kaum älter als 2 Mrd. Jahre.

Das Universum ist die Gesamtheit von Raum, Materie und Strahlung. Eine Möglichkeit, seine Größe zu begreifen, erhält man durch die Vorstellung, man bewege sich von der Erde durch das Sonnensystem und unser eigenes Milchstraßensystem zu den entferntesten außergalaktischen Nebeln und Quasaren. Das Sonnensystem bewegt sich in 237 Mio. Jahren einmal um das Milchstraßenzentrum mit etwa 792 000 km/h. Bezogen auf die Nachbarsterne beträgt die Geschwindigkeit 72 000 km/h.

Das Alter des Universums liegt nach Untersuchungen mit dem *Hubble*-Weltraumteleskop aus dem Jahre 1995 bei 9 bis 12 Mrd. Jahren. Diese kurze Zeitskala steht im Widerspruch zu anderen Erkenntnissen, etwa zum Alter der ältesten Sterne in unserer Milchstraße. Realistischer scheint ein Alterswert für das Weltall zwischen 14 und 15 Mrd. zu sein.

Lichtjahr ist die Entfernung, die Licht (299 792,458 km/s oder im Vakuum 1 079 252 848,8 km/h) in einem tropischen Jahr (365,24219878 mittlere Sonnentage), bezogen auf das Jahr 1900, beginnend Januar 0, 12 Uhr Ephemeridenzeit, durchmißt: Das sind 9 460 528 405 000 km.

Große Strukturen im Kosmos: Die Milchstraße ist nur eine von etwa 10 Mrd. Galaxien. Sie gehört zur sogenannten lokalen Gruppe, die sich mit 600 km/s in eine bestimmte Richtung bewegt.

▮ Im August 1989 entdeckten John Huchra und Margaret Geller (USA) eine große Galaxien-Anhäufung, die „große Mauer". Über ein Areal von 200 x 800 Mio. Lichtjahren, etwa 23 Mio. Lichtjahre tief, erstrecken sich mehrere tausend Galaxien, die große Leerräume einschließen.

▮ Im Juni 1994 entdeckten Georges Paturel und sein französisches Team ein kokonförmiges Galaxiengebilde mit einem Durchmesser von 650 Mio. Lichtjahren, das den lokalen Superhaufen umgibt.

Die bisher größte Galaxie entdeckten 1990 Juan M. Uson, Stephen P. Boughn und Jeffrey R. Kuhn (USA): das Hauptobjekt des Galaxienhaufens Abell 2029 im Sternbild Jungfrau. Der Durchmesser dieses 1,07 Mrd. Lichtjahre entfernten Milchstraßensystems beträgt 5,6 Mio. Lichtjahre, was etwa der 80fachen Größe unserer Galaxie entspricht. Der Strahlungsausstoß entspricht dem von 2 Billionen Sonnen.

Die leuchtkräftigste Galaxie ist IRAS FSC 1 021 4 + 4724 mit einer Helligkeit, die 4,7 x 10^{14}mal höher ist als die unserer Sonne. Ihre Rotverschiebung von z = 2,282 entspricht einer Entfernung von 11,6 Mrd. Lichtjahren von der Erde.

Die entfernteste Galaxie ist die Radiogalaxie 8C 1435 + 635, die im Mai 1994 entdeckt wurde. Sie hat eine Rotverschiebung von z = 4,25, was einer Entfernung von 13 Mrd. Lichtjahren entspricht.

▮ Noch ist nicht ganz klar, ob eine Galaxie mit einer Rotverschiebung von 4,38, entsprechend 13,1 Mrd. Lichtjahren, den noch weiter entfernten Quasar BRI 1202-0725 mit einer Rotverschiebung von 4,68 verdeckt.

Die entferntesten Objekte: Den Rotverschiebungsrekord hält der Quasar PC 1247 + 3406 mit 4,897. Dieser Wert wurde 1991 von Donald P. Schneider, Maarten Schmidt und James E. Gunn bekanntgegeben. Wir sehen den Quasar in einem Zustand, als das Weltall 7 Prozent des heutigen Alters hatte.

Das entfernteste mit bloßem Auge sichtbare kosmische Objekt ist die große Galaxie im Sternbild Andromeda (Helligkeit $3^{m}.47$), Messier 31 genannt, erstmals von Simon Marius (1570-1624) im Jahre 1612 beobachtet. Sie ist ein rotierender Spiralnebel,

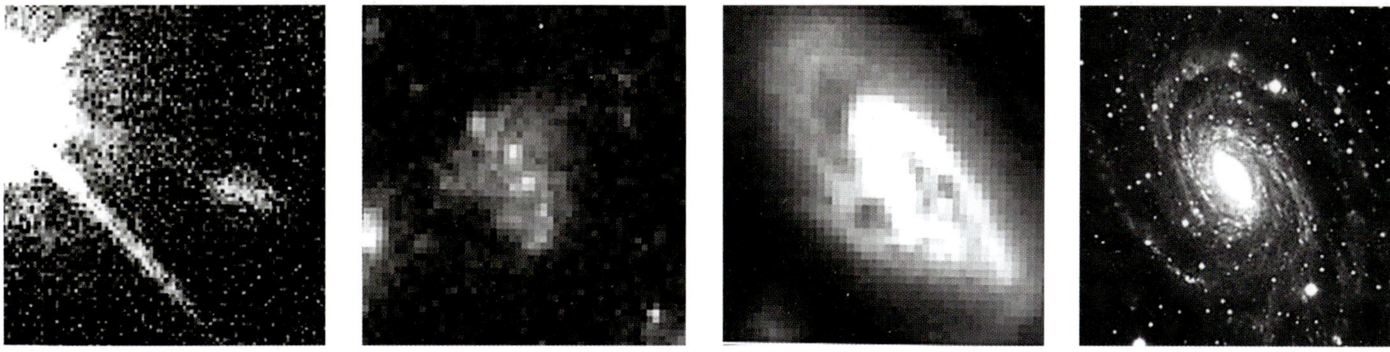

Spiralgalaxien

in ihrer Entwicklung. Von links: nach 2, 6, 9 und heute 14 Mrd. Jahren. Vom *Hubble*-Teleskop eingefangen.

der 2,309 Mio. Lichtjahre, das entspricht 2,18 x 10^{19} km, entfernt ist und sich auf uns zubewegt.

▮ Selten ist auch Messier 33, ein Spiralnebel im Dreieck ($5^m.79$), zu erkennen – das Objekt ist 2,35 Mio. Lichtjahre entfernt –, und der Spiralnebel im Dreieck (Helligkeit $5^m.79$), 2,51 Mio. Lichtjahre entfernt.

Quasare: Im November 1962 wurde die Existenz quasistellarer Radioquellen (Quasare oder QSOs) von Maarten Schmidt (* 1929, NL) mit der Entdeckung des Objekts 3C-273 festgestellt. Für Himmelsobjekte von solcher Entfernung und relativ geringem Durchmesser haben Quasare eine ungeheuer hohe Leuchtkraft.

Den leuchtkräftigsten Quasar gaben im Juli 1991 Astronomen der Hamburger Sternwarte bekannt. Der Quasar HS 1946 + 7658 besitzt zumindest das 1,5 x 10^{15}fache der Sonnenleuchtkraft. Er weist eine Rotverschiebung von 3,02 auf und ist somit 12,4 Mrd. Lichtjahre entfernt.

Der erste Doppelquasar, katalogisiert als 0957 + 561, wurde im Mai 1980 aufgefunden. Inzwischen sind über 7500 Quasare bekannt.

Der größte Energieausbruch in einem Quasar wurde am 13. November 1989 von einem amerikanisch-japanischen Astronomenteam beobachtet. Das 2 Mrd. Lichtjahre entfernte Objekt PKS 0558-504 erhöhte innerhalb von 3 Min. seinen Energieausstoß um 66 Prozent. Das entspricht der gesamten Energie, die die Sonne in 340 000 Jahren freisetzt.

Der am schnellsten rotierende Pulsar – das sind pulsierende Radioquellen, erstmals 1967 beobachtet – ist das Objekt PSR B1937 + 21_4, entdeckt im November 1982. Er steht im Sternbild Vulpecula und ist 11 700 Lichtjahre entfernt. Seine Pulsperiode beträgt 1,5578064916 Sek., was 641,9282532/min entspricht.

Den sichersten Beweis für den Urknall lieferte der US-Satellit *Cobe*.-Daten zeigen, daß die kosmische Hintergrundstrahlung, das „Echo des Urknalls“, –270,424 °C mißt. Seit 1992 weiß man von winzigsten Temperaturunterschieden in einzelnen Gebieten; das sind Hinweise auf Keimzellen für die Bildung von Galaxien früh nach dem Urknall.

Sternengeburt

in Messier 33: *Hubble* blickt tief in die Spiralgalaxie (links). Zum Leuchten angeregt wird der vergrößerte Nebel NGC 604 von über 200 heißen Sternen.

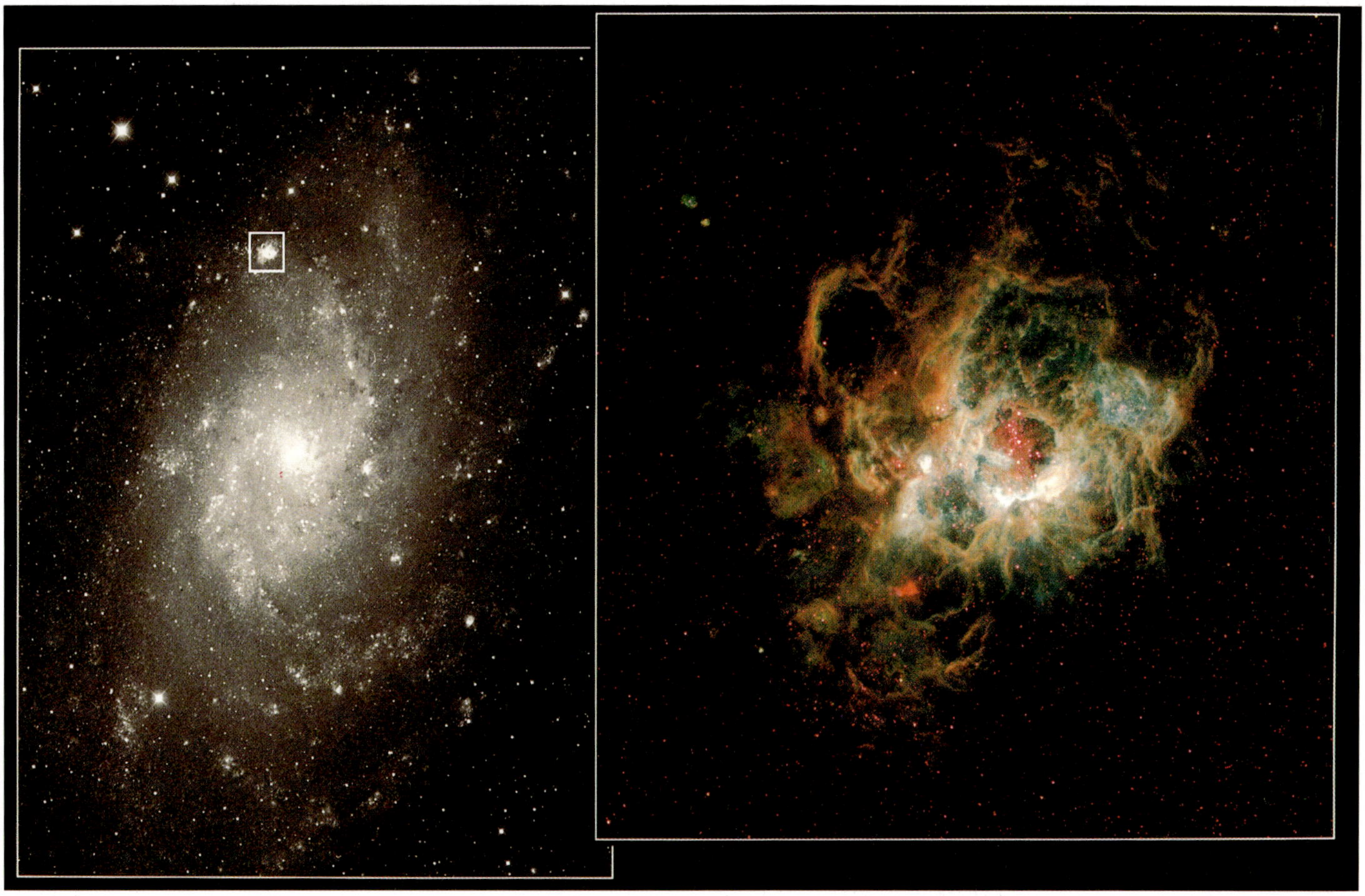

Sterne

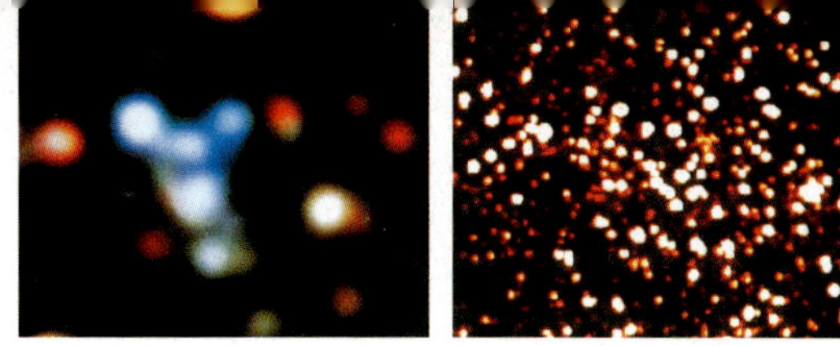

Schwarzes Loch:

Was früher (links) nicht zu sehen war, konnte 1996 mit neuer Technik nachgewiesen werden.

„Wanderer zwischen den Welten“: Erstmals ist es 1996 gelungen, gleichsam „freie“ Sterne in einem Abstand von mehr als 300 000 Lichtjahren zur nächsten Galaxie mit dem *Hubble*-Teleskop nachzuweisen. Sie finden sich etwa 60 Mio. Lichtjahre von unserer Milchstraße entfernt. Harry Ferguson vom Space Telescope Science Institute berechnet die Gesamtzahl auf etwa eine Billion Sterne.

Genaueste Sternpositionen und Helligkeitsangaben von 118 218 Sternen sind das Ergebnis des europäischen Astrometrie-Satelliten *Hipparcos*. Mit zuvor unerreichter Präzision hat der Satellit in vier Jahren mehrere Billionen Informationsbits gesammelt, deren Auswertung drei Jahre dauerte. Ungenauigkeit: 3,6millionstel Grad, das ist ziemlich genau die Größe eines Menschen auf dem Mond in 380 000 km Entfernung. Seit April 1997 steht der „Hipparcos-Katalog“ allen Astronomen zur Verfügung.

Der größte Stern ist der rote Überriese Alpha Orionis, Beteigeuze. Der obere linke Stern im Sternbild Orion, die Schulter, ist 310 Lichtjahre entfernt und hat einen Durchmesser von annähernd 700 Mio. km. Das entspricht ungefähr dem Fünffachen des Abstandes Erde–Sonne. 1978 stellte man fest, daß er eine dünne Kalium-„Hülle“ von 850 Mrd. km Durchmesser besitzt. Diese Ausdehnung entspricht rund dem 1100fachen Sterndurchmesser. Das Licht, das wir heute von Beteigeuze sehen, wurde im Jahr 1685 ausgestrahlt.

Der massereichste aller bekannten Sterne, der veränderliche Stern Eta Carinae, rund 9100 Lichtjahre entfernt, umgeben vom „Homunculus“-Nebel, dürfte etwa 150-200mal so schwer wie unsere Sonne sein.

Der masseärmste Stern ist der Partner des Millisekunden-Pulsars PSR B 1957+20. Es handelt sich um einen Weißen Zwerg, der durch die Einwirkung des schnell rotierenden Neutronensterns „verdampft“, so daß von ihm nur 0,02 Sonnenmassen übrig sind. Das entspricht der 20fachen Masse des Planeten Jupiter. Das Objekt wurde 1988 entdeckt.

Sternbilder

im Planetarium Königsleiten (A): Schütze, Steinbock, Wassermann und Fische (von rechts).

Die Milchstraße,

eine von 10 Mrd. Galaxien; mit einem sichtbaren Durchmesser von 75 000 Mio. Lichtjahren.

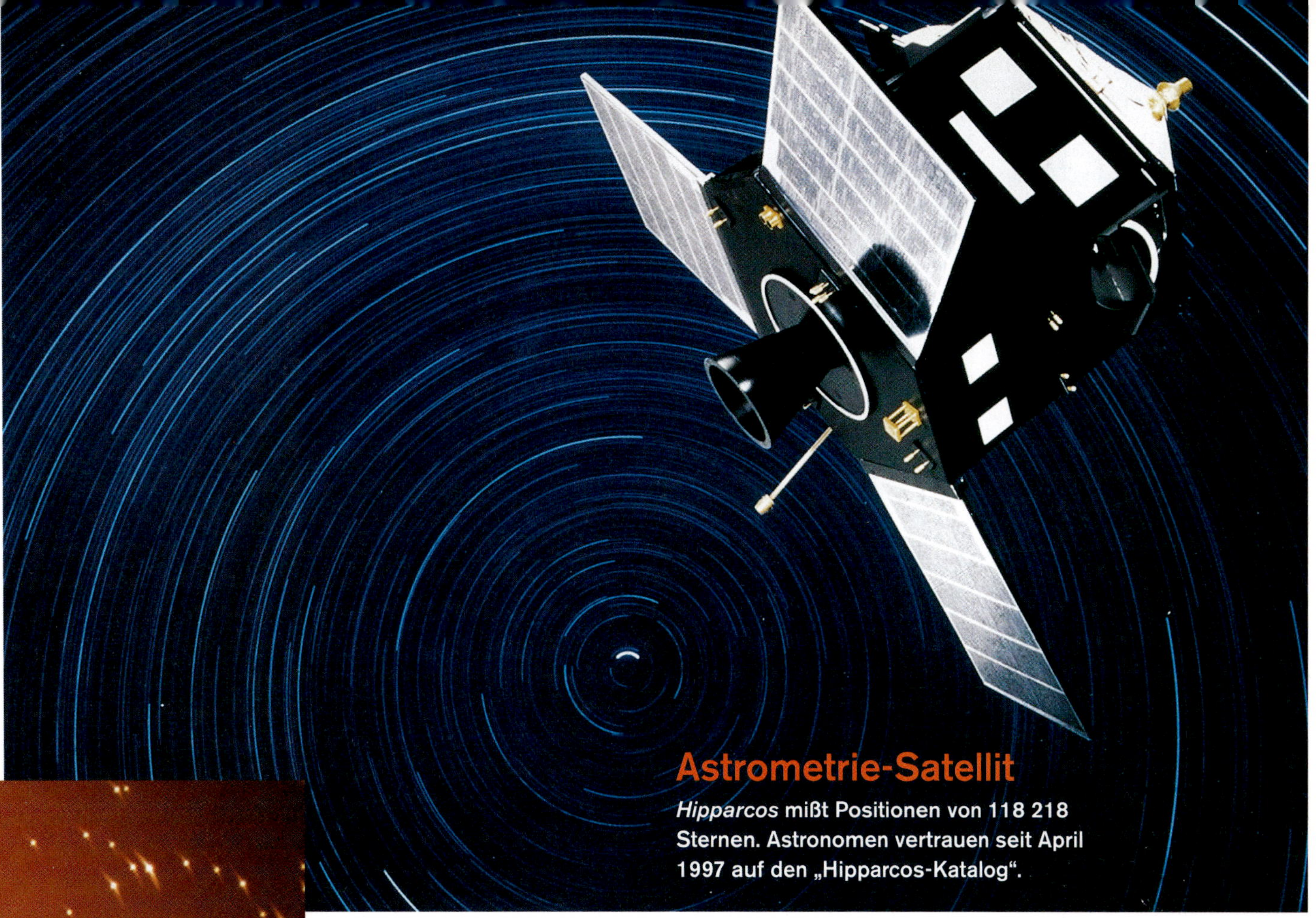

Astrometrie-Satellit

Hipparcos mißt Positionen von 118 218 Sternen. Astronomen vertrauen seit April 1997 auf den „Hipparcos-Katalog".

Die kleinsten Sterne sind Neutronensterne, deren Durchmesser zwischen 10 und 30 km liegen.

Der lichtschwächste Stern und einer der kühlsten ist Gliese 229 B. Er wurde 1994 mit dem 1,52-m-Teleskop auf dem Mount Palomar, Kalifornien (USA), entdeckt und gehört zu den sogenannten Braunen Zwergen. Entfernung zur Erde: 18,6 Lichtjahre. Der Stern ist 500 000mal lichtschwächer als die Sonne, und seine visuelle Helligkeit beträgt nur ein 500millionstel der Sonne.

Der hellste Stern unter den 5776 mit dem bloßen Auge sichtbaren Sternen ist Sirius A (Sternbild Großer Hund). Er hat eine scheinbare Helligkeit von -1^{m}.46, ist 8,64 Lichtjahre entfernt und hat die 26fache Leuchtkraft der Sonne. Durchmesser: 2,33 Mio. km, Masse: 4,26 x 10^{27} t; 2,14mal massereicher und 24mal heller als die Sonne.

Der nächste Stern, nimmt man die Sonne aus, ist der sehr schwache Proxima Centauri, entdeckt 1915, der 4,225 Lichtjahre entfernt ist.

Der entfernteste Stern in der Galaxis ist etwa 63 000 Lichtjahre entfernt.

Der nächste mit bloßem Auge sichtbare Stern ist Alpha Centauri oder Rigel Centaurus auf der südlichen Hemisphäre (4,35 Lichtjahre entfernt) mit einer Helligkeit von -0^{m}.29. Der Doppelstern wurde 1752 von dem Astronomen Nicolas L. de Lacaille (1713-62) entdeckt.

Die Milchstraße ist nur eine von etwa 10 Mrd. Galaxien. Sichtbarer Durchmesser: 75 000 Mio. Lichtjahre, nachweisbar ist sie deutlich über 200 000 Mio. Lichtjahre. Ihre Masse beträgt etwa 4 x 10^{11} Sonnenmassen. Die Sonne ist gegenwärtig rund 26 000 Lichtjahre vom Zentrum entfernt.

Hellster Sterne ist derzeit der veränderliche Eta Carinae mit 6,5 Mio.mal höherer Leuchtkraft als die Sonne.
▮ Der visuell hellste Stern ist der Überriese Cygnus OB2 Nr. 12, der rund 5900 Lichtjahre entfernt ist. Er besitzt eine absolute Helligkeit von -9^{m}.9 und ist damit rund 810 000mal heller als die Sonne.

Das größte Sternbild (Konstellationen) ist die Wasserschlange, die sich über 1302,844 Grad^2 oder 6,3 Prozent der Hemisphäre erstreckt und mindestens 68 mit bloßem Auge sichtbare Sterne enthält.

Das Sternbild mit den meisten sichtbaren Sternen, nämlich mindestens 94, ist Centaur, größenmäßig an 9. Stelle.

Das kleinste Sternbild ist das Kreuz des Südens mit einem Gebiet von nur 68,477 Grad^2, verglichen mit 41 252,96 Grad^2 des gesamten Himmels, entsprechend 0,16 Prozent.

Tierkreis-Sternbilder: Das größte ist die Jungfrau; Fläche: 1294 Grad^2.
▮ Kleinstes: der Steinbock, 414 Grad^2.
▮ Die meisten hellen Sterne hat der Stier: bis zur 6. Größe 125 Objekte.

Ein Schwarzes Loch wurde 1996 erstmals überzeugend nachgewiesen. So nahe wie nie zuvor, bis auf knapp drei hundertstel Lichtjahre Abstand zum Zentrum der Milchstraße, haben Wissenschaftler des MPI für extraterrestrische Physik in Garching bei München (D) die Bewegungen von Sternen gemessen und daraus die im Zentrum konzentrierte Masse berechnet. Aus 2,5 Mio. Sonnenmassen auf engstem Raum läßt sich schließen: Im Mittelpunkt unserer Galaxie sitzt ein massives Schwarzes Loch.
▮ Die Beobachtungen wurden mit einer neuesten *Sharp*-Infrarotkamera im NTT der Europäischen Südsternwarte auf La Silla (Chile) gemacht.

Sonnensystem

Sonne

Die Sonne umkreist das galaktische Zentrum auf elliptischer Bahn mit der Exzentrizität von 0,07. Mittlere Geschwindigkeit: 792 000 km/h. Der tatsächliche Wert zur Zeit ist jedoch um 97 200 km/h höher und liegt bei 889 299 km/h. Für einen Umlauf benötigt die Sonne 237 Mio. Jahre.

Umfang der elliptischen Erdumlaufbahn der Sonne: 939 886 500 km.
- Mittlere Umlaufgeschwindigkeit: 107 210 km/h mit den Extremwerten 105 450 und 109 030 km/h.
- Durchschnittsentfernung der Erde: 149 598 023 km.
- Siderische scheinbare Umlaufzeit: 365,256366 Tage.
- Größte Annäherung zur Sonne *(Perihel)*: 147 098 200 km, weiteste *(Aphel)*: 152 097 900 km.

Temperaturen und Dimensionen: Die Sonne wird astronomisch als gelber Zwergstern des Spektraltyps G2V klassifiziert. Masse: 1,9889 x 10^{27} t; sie ist 332 946,04mal schwerer als die Erde. 99,867 Prozent der Gesamtmasse des Sonnensystems stecken in unserem Zentralgestirn.
- Durchmesser: 1 392 140 km; mittlere Dichte: 1,408 g/cm^3.
- Im Mittelpunkt der Sonne herrscht ein Druck von 25,4 PPa und eine Temperatur von 15,4 Mio. K.
- Im Zentrum werden knapp 5 Mio. t Masse pro Sek. in Energie umgewandelt, die einem Betrag von rund 3,85 x 10^{26} W entspricht, ausreichend für 10 Mrd. Jahre, wovon etwa die Hälfte bereits um ist.

Mond

Der Mond ist der nächste kosmische Nachbar und einzige natürliche Satellit der Erde. Mittlerer Durchmesser: 3475,1 km. Masse: 7,348 x 10^{19} t oder 0,0123 Erdmassen. Mittlere Dichte: 3,344 g/cm^3.
- Von Zentrum Erde zu Zentrum Mond gemessen, ist der mittlere Abstand 384 399,1 km, von Oberfläche zu Oberfläche 376 285 km.
- Eine Erdumkreisung dauert 27,321661 Tage; mittlere Bahngeschwindigkeit: 3683 km/h.
- Steht die Sonne hoch, erreicht der Mondäquator 117 °C, also 17 °C über dem Siedepunkt von Wasser, bei Sonnenuntergang 14 °C, nachts sinkt die Temperatur auf minus 163 °C.

Die größte Entfernung des Mondes von der Erde wurde mit 406 711 km am 2. März 1984 erreicht.

Das größte Einschlagbecken ist die auf der Rückseite des Erdtrabanten gelegene Südpol-Aitken-Region mit einem Durchmesser von 2500 km und einer mittleren Tiefe von 12 000 m unter ihrem Rand. Es ist der größte Krater im Sonnensystem.

Finsternisse

Letzte Totalfinsternisse in Mitteleuropa: 15. Februar 1961 (Sonne) und 27. September 1996 (Mond).

Nächste totale Sonnenfinsternis in Mitteleuropa: 11. August 1999.

Längstmögliche Dauer einer Sonnenfinsternis: 7:31 Min. Die längste tatsächlich gemessene fand am 20. Juni 1955 statt (7:08 Min.), beobachtet von den Philippinen aus.

Die längste totale Mondfinsternis dauert 104 Min. Sie ist zahlreiche Male aufgetreten.

Die meisten Finsternisse in einem Jahr sind sieben. 1935 gab es fünf Sonnen- und zwei Mondfinsternisse; 1982 waren es vier Sonnen- und drei Mondfinsternisse.

Planeten

Ein „neuester Planetoid“, das sind Kleinplaneten, die die Sonne umkreisen, ist Ende 1996 von US-Wissenschaftlern jenseits des Pluto in der Randzone unseres Planetensystems, dem Kuiper-Gürtel, entdeckt worden. Durchmesser: fast 500 km; seine stark elliptische Bahn um die Sonne führt 1996 TL66, so sein vorläufiger Name, bis auf 5 Mrd. km an die Sonne heran, aber auch 20 Mrd. km von ihr weg. Ein Mitglied des Sonnensystems auf einer solchen Ellipsenbahn, auf der es 800 Jahre für eine Sonnenumkreisung benötigt, war noch nie zuvor entdeckt worden.

Größter Planet unter den neun Hauptplaneten ist Jupiter mit einem Äquatordurchmesser von 142 984 km und einem Polardurchmesser von 133 708 km. Seine Masse entspricht dem 317,828fachen und sein Volumen dem 1318,7fachen der Erde.
- Er hat die kürzeste Umdrehungsperiode mit einem Jupitertag von nur 9:50:30,003 Std. in der Äquatorzone.

Der kälteste und äußerste Planet ist vermutlich der am weitesten von der Sonne entfernte Pluto mit seinem

Auf dem Mond

ist der mächtigste Krater 12 km tief. Auf der Rückseite. Wir sehen ihn nicht.

Auf Jupiters Io

beobachtet die NASA-Sonde *Galileo* im August 1996 einen neuen blaugefärbten Vulkanausbruch. Er reicht bis zu 100 km weit ins All.

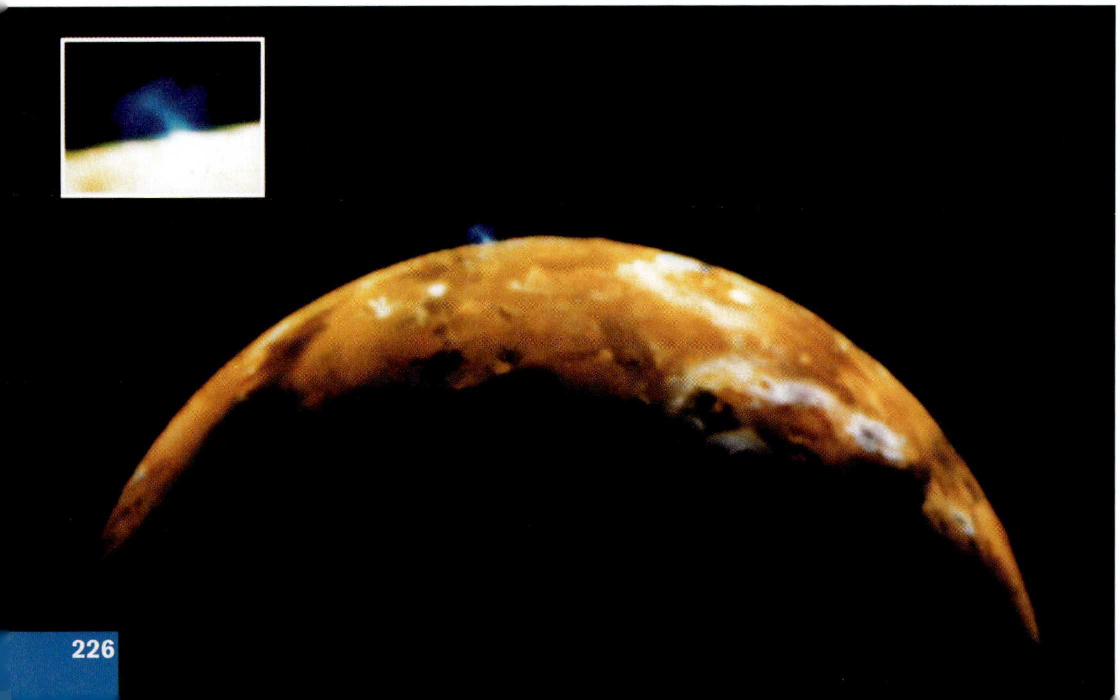

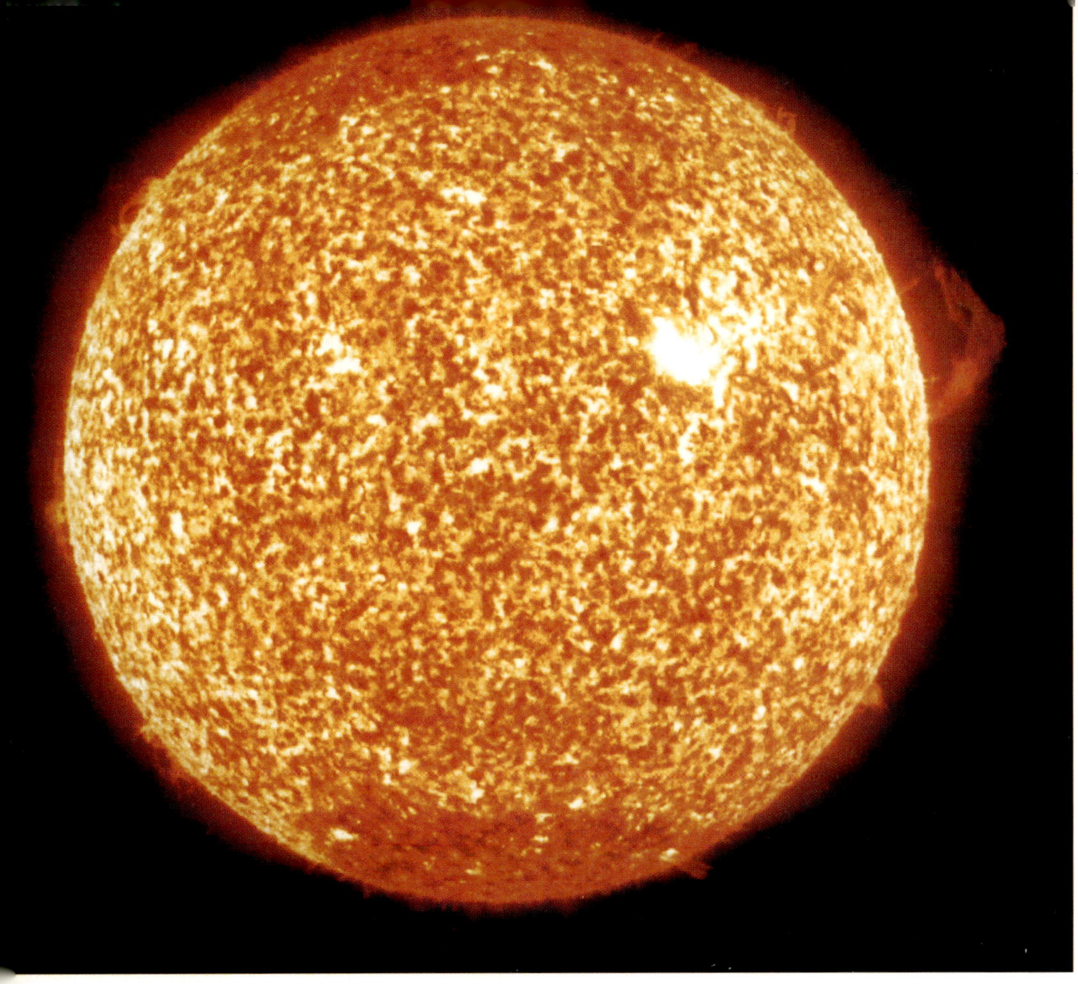

Auf der Sonne

erkennt der ESA-Sonnenforschungssatellit *SOHO* im November 1996 Protuberanzen von 25 000 km/h.

Mond Charon. Aufgrund seiner exzentrischen Umlaufbahn bewegt sich Pluto zwischen dem 23. Januar 1979 und dem 15. März 1999 in größerer Sonnennähe als Neptun. Man vermutet für die Oberflächentemperatur des Pluto minus 235 °C.

Die niedrigste gemessene Oberflächentemperatur eines Mitglieds des Sonnensystems: minus 235 °C auf dem Neptunmond Triton.

Der heißeste Planet ist Venus mit der Oberflächentemperatur von 462 °C, gemessen von sowjetischen *Venera*- und amerikanischen *Pioneer*-Sonden.

Der schnellste Planet ist Merkur, der die Sonne in einer Durchschnittsentfernung von 57 909 200 km umkreist. Umlaufperiode: 87,9686 Tage mit 172 248 km/h.

Der hellste Planet der von der Erde aus mit bloßem Auge sichtbaren fünf Planeten ist die Venus, mit einer Helligkeit von $-4^{m}.4$ (Uranus ist mit $5^{m}.5$ kaum sichtbar). Der schwächste ist Pluto mit einer Helligkeit von $15^{m}.0$.

Der dichteste Planet: die Erde hat eine mittlere Dichte von 5,516 g/cm^3.
▮ Saturn besitzt nur eine mittlere Dichte von 0,685 g/cm^3.

Der Erde nächster Planet ist die Venus. Größte Nähe: etwa 38 Mio. km innerhalb der Erdumlaufbahn. (Zum Vergleich: Der zweitnächste Nachbarplanet der Erde ist Mars mit der größten Annäherung von 55,6 Mio. km außerhalb der Erdumlaufbahn.)

Die stärksten Winde des Sonnensystems wehen auf dem Neptun. Auswertungen von *Voyager-2*-Bildern vom August 1989 haben Stürme mit Sbis zu 2400 km/h erkennen lassen.

Größte Detailgenauigkeit in der Kartierung des Mars, vergleichbar Satellitenaufnahmen der Erde, wird die Sonde *Global Surveyor* ab März 1998 liefern. Am 12. September 1997 ist sie nach knapp einjährigem Flug erfolgreich in einen elliptischen Kurs um den Mars eingetreten.

Satelliten

Der Planet mit den meisten Satelliten ist Saturn mit mindestens 18.
▮ Die Zahl der Satelliten im Sonnensystem liegt bei mindestens 61.
▮ Von den neun großen Planeten haben alle bis auf Venus und Merkur natürliche Satelliten. Erde und Pluto sind die einzigen Planeten mit jeweils nur einem Satelliten.
▮ Die Entfernungen zu ihren Mutterplaneten variieren zwischen 9377 km (Phobos zum Marszentrum) und 23 700 000 km (Jupiters äußerster Satellit Sinope zum Jupiterzentrum).
▮ Saturn könnte weitere Monde besitzen. So läßt sich aus den Beobachtungen mit dem *Hubble*-Teleskop 1995 auf einen neuen Mond schließen. Die Existenz weiterer Objekte ist noch offen.

Der größte Satellit: Ganymed mit 5268 km Durchmesser.

Der massereichste Satellit: Ganymed, 2,017mal schwerer als unser Mond.

Der kleinste Satellit: Leda mit weniger als 14,5 km Durchmesser.
▮ Gemessener Wert für den unregelmäßig geformten Marsmond Deimos: 12,5 km mittlerer Durchmesser.

Der erste Mond eines kleinen Planeten wurde im Februar 1994 auf Bildern der US-Sonde *Galileo* entdeckt, die im August 1993 beim Vorbeiflug am Planetoiden 243 Ida gewonnen wurden. Der Satellit, etwa 1,5 km groß, umkreist Ida in etwa 100 km Abstand. Er hat den Namen Dactyl erhalten.

In die Sonne

sollte man nur mit solchen Spezialbrillen blicken. Indische Kinder wissen das.

Kosmische Geschosse

Kometen

Als Kometen des Jahrzehnts haben Millionen von Menschen den Kometen Hale-Bopp im März und April 1997 beobachten können. Erstmals wurde bei Hale-Bopp ein Schweif aus neutralen Natriumatomen fotografiert; wie er zustande kommt, ist ungeklärt.

Zwei „neue" Kometen in drei Tagen entdeckt hat Joe Montani vom Lunar and Planetary Laboratory der NASA zwischen dem 9. und 12. April 1997.
▮ Noch erfolgreicher: Jean Louis Pons, 1818 von Marseille (F) aus, und Joel Metcalf, 1919 von Taunton, Massachusetts (USA), aus: Sie entdeckten in zwei Tagen zwei Kometen.
▮ Unübertroffen bleibt der japanische Astronom Hiroaki Mori, der am 5. Oktober 1975 innerhalb von 90 Min. zwei Kometen entdeckte.

Die meisten Kometen im 20. Jh. entdeckt hat Carolyn Shoemaker (USA): 32 Kometen, über 800 Asteroiden.
▮ Den Entdeckungsrekord hält Jean-Louis Pons (1761-1831, F) mit 37 Kometen zwischen 1803 und 1827.

Der erste Komet, dessen Einschlag auf einem Planeten beobachtet wurde, ist das Objekt 1993e Shoemaker-Levy. Am 24. März 1993 wurde der Komet in einer Umlaufbahn um Jupiter entdeckt. Innerhalb weniger Tage zerfiel der Kern unter den Augen der Astronomen in 21 Teile, die zwischen dem 18. und dem 23. Juli 1994 in die Jupiteratmosphäre eintauchten.

Als größter Komet gilt 2060 Chiron, 1977 von Charles T. Kowal entdeckt. Durchmesser: 182 km. Chiron bewegt sich auf einer elliptischen Bahn zwischen Saturn und Uranus; Annäherung an die Sonne: nur bis auf 1,273 Mrd. km, daher keine kometentypischen Auswirkungen.

Der Komet mit der kürzesten Umlaufzeit von 1198 Tagen (3,28 Jahren) um die Sonne ist der schwächer werdende Enckesche Komet, erstmals 1786 beobachtet. Er nähert sich der Sonne bis auf 49,5 Mio. km und ist bis zu 254 000 km/h schnell.

Die am häufigsten beobachteten Kometen sind Schwassmann-Wachmann I, Kopff und Oterma, jedes Jahr zwischen Mars und Jupiter zu sehen.

Die längste beobachtete Kometenperiode beträgt 156 Jahre. Das ist die Umlaufzeit des Kometen Herschel-Rigollet, 1788 entdeckt und 1939 wieder aufgetaucht.
▮ Längste berechnete Periode ist die des Kometen McNaught-Russel von 1993. Umlaufzeit: etwa 1550 Jahre.

Deep Space 1 ist die erste Raumsonde der NASA, die ihren Weg zum Asteroiden McAuliffe und zum Kometen West-Kohoutek-Ikemura durch autonome Navigation - nur mit Hilfe der Bilder ihrer Kamera - finden soll. Starttermin: 1. Juli 1998.

Kosmische Geschosse aus dem All zur Erde sind erstmals durch Bilder des US-Satelliten *Polar* am 31. Dezember 1996 sichtbar geworden. Man vermutet täglich einige tausend dieser oft hausgroßen „schmutzigen Schneebälle" mit hohem Wassergehalt, die Kometen ähneln.

Startet

am 1. Juli 1998 zum Asteroiden McAuliffe und besucht den Kometen West-Kohoutek-Ikemura: Sonde *Deep Space 1*.

Zieht vorbei

mit hellem Schweif: Komet Hale-Bopp, hier am 10. März 1997, begeisterte Millionen weltweit. Jetzt erwarten viele den nächster

Asteroiden

Asteroiden gibt es etwa 45 000.
- Derzeit sind von über 7200 Objekten die Bahnen genau bekannt.
- Obwohl sich die meisten kleinen Planeten zwischen Mars und Jupiter bewegen, sind sehr unterschiedliche Entfernungen zu verzeichnen: Der mittlere Sonnenabstand des Objekts 1954XA beträgt nur 116,3 Mio. km (jenseits der Venusbahn). Dieser Asteroid ist inzwischen verschwunden. Das andere Extrem: 5145 Pholus (entdeckt 1992) mit einem mittleren Sonnenabstand von 3061 Mio. km (knapp jenseits der Uranusbahn).

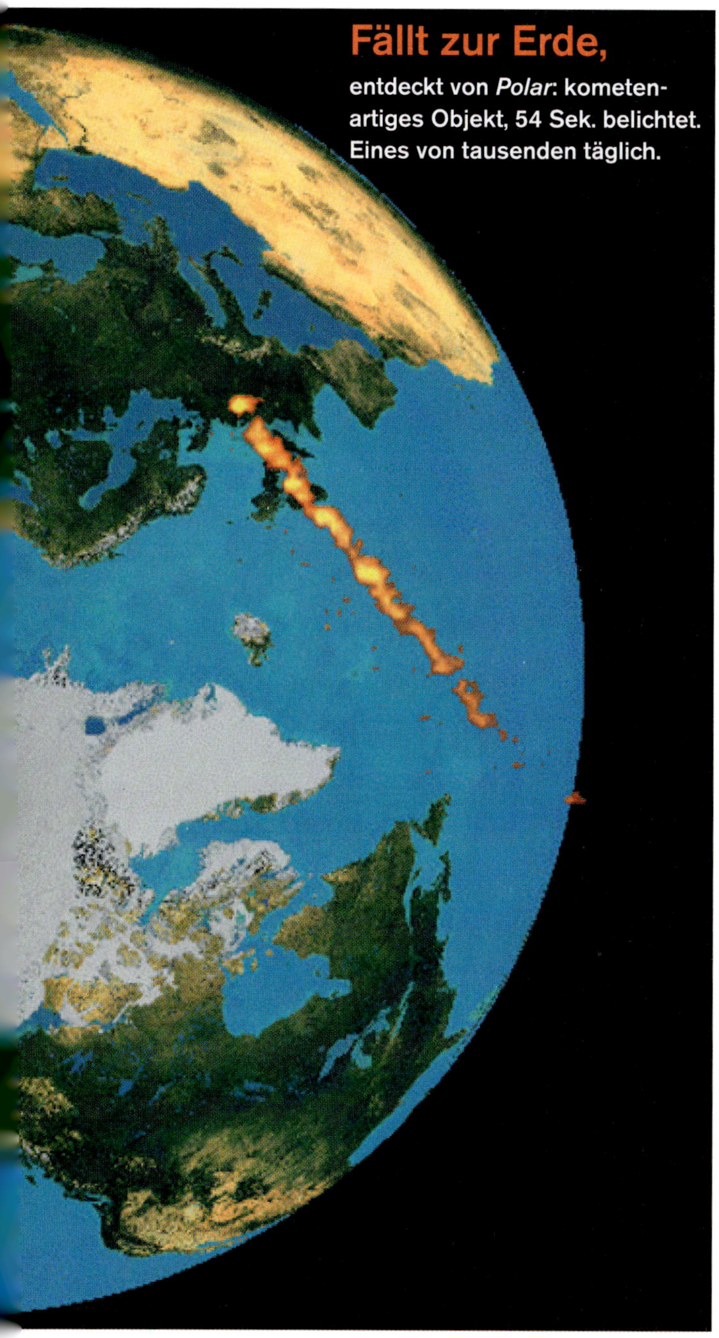

Fällt zur Erde,

entdeckt von *Polar*: kometenartiges Objekt, 54 Sek. belichtet. Eines von tausenden täglich.

Die größte Annäherung eines Asteroiden an die Erde: Am 15. Dezember 1994 zog das Objekt 1994 XM_1 in nur 100 000 km Abstand vorbei.

Der größte Asteroid: Ceres mit einem mittleren Durchmesser von 933 km. Äquatorialer Durchmesser: 959 km, polarer: 907 km; als erster Asteroid von G. Piazzi am 1. Januar 1801 von Palermo, Sizilien (I), aus entdeckt.

Der kleinste bekannte Asteroid ist das am 20. Mai 1993 entdeckte Objekt 1993 KA_2; Durchmesser: knapp 5 m.

Der einzige mit bloßem Auge sichtbare Asteroid ist Vesta; Durchmesser: 520 km; Helligkeit: maximal $5.^m0$; entdeckt 1807 vom deutschen Astronomen Heinrich Wilhelm Olbers.

Größter bisher untersuchter Kleinplanet ist der Asteroid Mathilde. Am 27. Juni 1997 wurden sensationelle Bilder von der Raumsonde *NEAR* (***N**ear-**E**arth **A**steroid **R**endezvous*) aus 1200 km Distanz aufgenommen. Sie zeigen den 59 x 47 km großen Asteroiden gestochen scharf, übersät mit 30-500 m tiefen Kratern.

Die am weitesten entfernten Asteroiden befinden sich im Kuiper-Gürtel-Objekt 1995 WY2 (entdeckt am 18. November 1995); mittlerer Sonnenabstand: 7,114 Mrd. km.

Meteoriten

16 000 Meteoriten wurden zwischen 1969 und 1997 allein in zwei Gebieten der Antarktis entdeckt. Forscher der Carnegie Mellon University in Pittsburgh (USA) haben 1997 einen Roboter zum Aufspüren und Sammeln solcher Meteoriten entwickelt.

Die einzige bekannte Person, die von einem Meteoriten getroffen wurde, ist Ann Hodges aus Sylacauga, Alabama (USA). Am 30. November 1954 durchschlug ein 4 kg schwerer Steinmeteorit das Dach ihres Hauses und verletzte sie.

Der größte Meteorit wurde 1920 bei Hoba West nahe Grootfontein (Namibia) gefunden. Er ist 2,7 m lang, 2,4 m breit und wiegt etwa 59 t.

Krater: Man kann abschätzen, daß in den letzten 600 Mio. Jahren etwa 2000 Asteroiden mit der Erde kollidiert sind. 102 Überreste von Einschlagkratern, Astrobleme genannt, konnten bisher identifiziert werden.

Der größte gut erhaltene Meteoritenkrater ist der Coon Butte oder Barringerkrater, 1891 nahe des Cañons Diablo in Nordarizona (USA) entdeckt. Durchmesser: 1265 m, jetzige Tiefe: etwa 175 m tief, umgeben von einem 40-48 m hohen Wall. Vermutlich schlug ein Eisen-Nickel-Körper mit einem Durchmesser von 60 bis 80 m und etwa 2 Mio. t Gewicht diesen Krater um 25 000 v. Chr.

Größter Meteoritenkrater in Deutschland ist das Nördlinger Ries in Bayern. Vor 14,7 Mio. Jahren entstanden, hat es einen Durchmesser von rund 25 km und eine Tiefe von 600 m.

Der größte bekannte Meteorit in der Schweiz wiegt 76,5 kg und traf am ersten Weihnachtstag 1926 bei Ulmiz auf die Erde.

Die hellste Feuerkugel, die bisher mit Weltraumtechniken entdeckt werden konnte, tauchte am 1. Februar 1994 über dem Pazifik, 300 km südöstlich der kleinen Insel Kusaie auf. Mit einer Helligkeit von -25^m machte sie der Sonne Konkurrenz. Vermutlich war es ein Objekt von etwa 7 m Größe und 400 t Masse, das in 20 km Höhe explodierte.

Fototermin Juli '97

der Sonde *NEAR* (links) bei Mathilde, größter und kraterreichster Asteroid. Daneben die kleineren Gaspra und Ida.

Wind und Wetter

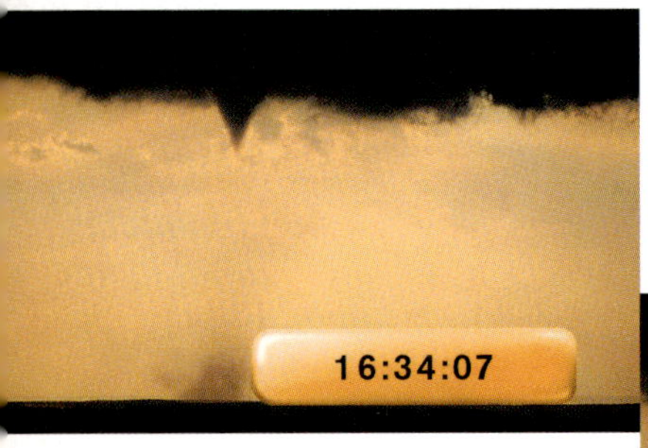

Superschnell

jagen Tornados über die Erdoberfläche hinweg. Die höchste Geschwindigkeit wurde bei Wichita Falls im US-Bundesstaat Texas gemessen: 450 km/h. In nur wenigen Minuten baut sich der Wirbelsturm auf.

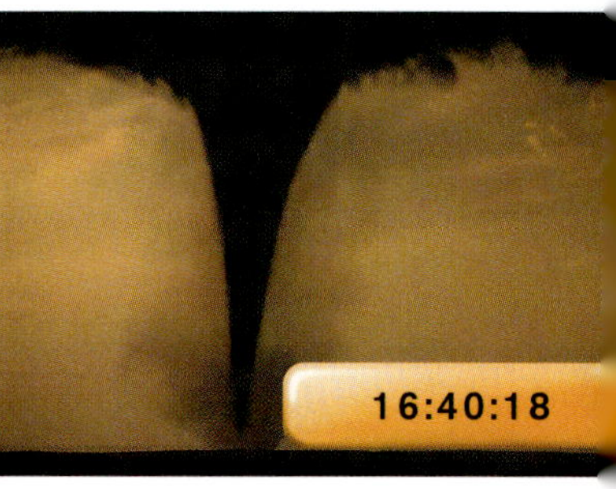

Temperaturen

Die höchstgelegene Wetterwarte Europas steht am Jungfraujoch im Berner Oberland/Schweiz (46°33'N, 7°59'O und 3576 m üNN).

Deutschlands höchste Wetterwarte steht auf der Zugspitze (2962 m) im Wettersteingebirge (Bayerische Kalkalpen).

Die größten Temperaturunterschiede gibt es im Gebiet des sibirischen „kalten Pols" im Osten Rußlands. In Werchojansk (67°33'N, 133°23'O) schwanken sie zwischen minus 68 °C (nicht offiziell) und 37 °C. Spanne: 105 °C.

Der größte Temperatursturz an einem Tag betrug 56 °C (von 7 °C auf – 49 °C) und wurde vom 23. zum 24. Januar 1916 in Browning (USA) gemessen.

Der sensationellste Temperaturanstieg betrug 27,2 °C und wurde in Spearfish (USA) verzeichnet, wo am 22. Januar 1943 die Temperatur innerhalb von 2 Min. von minus 20 °C auf 7 °C stieg. Die Veränderung geschah morgens zwischen 7.30 Uhr und 7.32 Uhr.

Den meisten Sonnenschein gibt es in Yuma, Arizona (USA), wo der Himmel in durchschnittlich 91 Prozent der möglichen Sonnenstunden (4055 von 4456 möglichen) klar ist. Die längste ununterbrochene Schönwetterperiode, 768 sonnige Tage am Stück, erlebte St. Petersburg, Kalifornien (USA), vom 9. Februar 1967 bis zum 17. März 1969.

Die tiefste jemals gemessene Temperatur in der Atmosphäre beträgt – 173 °C in einer Höhe von ca. 90 km. Sie wurde mit Raketenmessungen in der Region der leuchtenden Nachtwolken ermittelt.

Die dickste Eisschicht auf der Erde ist 4776 m stark. Amerikanische Antarktisforscher haben sie am 4. Januar 1975 vom Flugzeug aus gemessen – per Funk-Echolotung, 400 km vor der Küste in Wilkes Land (69°9'38''S, 135°20'25''O).

Langjährige Wetterrekorde

Das wärmste Jahr dieses Jahrhunderts war 1995. Bei Messungen ermittelten britische Wissenschaftler 14,48° Celsius und amerikanische 15,38° Celsius als Durchschnittstemperaturen. Die Periode von 1990 bis 1995 wird als die bisher wärmste Halbdekade in die Statistik eingehen.

Ein Rekordtief der Ozonwerte war 1993 über dem Südpol zu beobachten, als zwischen dem 9. und 14. Oktober ein Durchschnittswert von 91 Dobson-Einheiten (DE) gemessen wurde. Für den Schutz der Erde vor der ultravioletten Strahlung der Sonne und die Erhaltung der Biosysteme, so wie wir sie kennen, werden 300 DE als notwendig erachtet.

Höchste Temperatur im Schatten: 58 °C Al'Aziziyah (Libyen), Höhe 111 m, 13. September 1922.

Niedrigste Temperatur: – 89,2 °C Wostok, Antarktis, 21. Juli 1983. Wostok liegt 3420 m üNN.

Kältester ständig bewohnter Ort: das 700 m hoch gelegene sibirische Dorf Oimjakon mit 4000 Einwohnern (63°16'N, 143°15'O) in Rußland, wo 1933 die Temperatur auf – 68 °C fiel.

Die größte Regenmenge in 24 Std. fiel mit 1870 mm in Cilaos (Höhe 1200 m), Réunion, Indischer Ozean, 15./16. März 1952.

Größte Regenmenge (Kalendermonat): 9300 mm, Cherrapunji, Meghalaya (Indien), Juli 1861.

Größte Regenmenge (12 Monate): 26 461 mm, Cherrapunji, Meghalaya (Indien), 1. August 1860 bis 31. Juli 1861.

Luftdruck (höchster): 1083,8 mb, Agata, Sibirien (Rußland), Höhe: 262 m üNN, 31. Dezember 1968.

Luftdruck (niedrigster): 870 mb, 480 km westlich von Guam, Pazifik (16°44'N, 137°46'O), 12. Oktober 1979 im Taifun Tip.

Höchste Oberflächenwindgeschwindigkeit: 371 km/h, Mt. Washington (1916 m), New Hampshire (USA), 12. April 1934.

Tornado: Die höchste gemessene Geschwindigkeit ist 450 km/h am 2. April 1958 bei Wichita Falls, Texas (USA).

▮ Die höchste Anzahl an Tornados, die jemals während 24 Stunden

Schneeballgroß

sind diese Hagelkörner, die in Fort Collins, Colorado (USA), fielen. Bis zu 170 km/h.

gezählt wurde, sind 148. Sie zogen am 3./4. April 1974 über den Süden und Mittelwesten der USA hinweg.

Wärmste Stelle (Jahresdurchschnitt): Dallol in Äthiopien, 34 °C (1960-66). Im Death Valley (USA) wurden an 43 aufeinanderfolgenden Tagen Temperaturen von mehr als 49 °C gemessen, und zwar vom 6. Juli bis 17. August 1917. In Marble Bar (Australien) (max. 49,2 °C) wurden 160 Tage hintereinander Höchsttemperaturen von über 37,8 °C gemessen, und zwar vom 30. Oktober 1923 bis 8. April 1924. In Wyndham (Australien) kletterte 1946 das Thermometer an 333 Tagen über 32,2 °C.

Kälteste Stelle (Jahresdurchschnitt): Polus Nedostupnosti, Kältepol (78°S, 96°O) Antarktis, – 58 °C.

Trockenste Stelle (Jahresdurchschnitt): An der chilenischen Pazifikküste zwischen Arica und Antofagasta fällt weniger als 0,1 mm Regen pro Jahr.

Feuchteste Stelle (Jahresdurchschnitt): Mawsynram, Megha Laya (Indien), mit 11 873 mm Regen pro Jahr.

Längste Trockenheit: ca. 400 Jahre bis 1971, Desierto de Atacama (Chile). Einige Male im Jahrhundert streifte ein Gewitter die Gegend.

Die meisten Gewitter im Jahr: 251 Tage, Tororo (Uganda), Jahresdurchschnitt 1967-76. Zwischen 35°N und 35°S gibt es alle 12 Nachtstunden 3200 Gewitter, man hört sie in 29 km Entfernung.

Meiste Regentage (Jahr): Mt. Wai-'ale-'ale (1569 m hoch), Kauai (Hawaii) – bis 350 Tage im Jahr.

Wind

Die windigste Region der Welt ist die Commonwealth Bay (Antarktis). Stürme erreichen dort eine Geschwindigkeit von 320 km/h.

Windrekord in Deutschland: Ein über dem Brockengipfel (Harz) tobender Orkan erreichte am 24. November 1984 Spitzengeschwindigkeiten von 263 km/h und richtete schwerste Verwüstungen an.

Der zerstörerischste Hurrikan war der Hurrikan *Gilbert*, der über 350 Menschen tötete, insgesamt 750 000 obdachlos machte und verheerende Schäden in Höhe von mindestens 10 Mrd. Dollar (etwa 17 Mrd. DM) verursachte, als er vom 12. bis 19. September 1988 sowohl in der Karibik als auch in Mexiko und Texas (USA) wütete.

Wolken

Die höchste Normalwolkenbildung ist Zirrus mit einer Durchschnittshöhe von 9000 m. Aber die seltenen Perlmutterwolken erreichen manchmal Höhen von fast 24 500 m. Zirruswolken bestehen aus Eiskristallen von – 40 °C und kälter.

Die niedrigsten Wolken sind Stratus- oder Schichtwolken in Höhen unter 460 m.

Die größte Steighöhe hat der Kumulonimbus, der in den Tropen in Höhen von fast 20 000 m beobachtet worden ist.

Regen und Schnee

Der dauerhafteste Regenbogen war am 14. März 1994 zwischen 9 und 15 Uhr sechs Stunden lang über Sheffield, South Yorkshire (GB), zu sehen.

Hagelkörner: Die Aufschlaggeschwindigkeit von Hagelkörnern hängt von ihrer Größe ab. Bei einem 1-cm-Korn liegt sie bei etwa 50 km/h, bei einem 5-cm-Korn bereits bei 110 km/h und bei einem 14-cm-Korn sogar bei 170 km/h.

▪ Diese Fallgeschwindigkeit, die durch gleichzeitige Gewitterböen noch erhöht werden kann, entwickelt beim Aufschlag eine Wucht, durch die auch Menschen erschlagen werden können.

Die schwersten Hagelkörner waren 1000 g schwer. Sie fielen im Gopalgan-Distrikt (Bangladesch). Bei diesem Hagelsturm am 14. April 1986 sollen 92 Menschen ums Leben gekommen sein.

Die größten Schneefälle: Über eine Langzeitperiode von zwölf Monaten vom 19. Februar 1971 bis 18. Februar 1972 ist in Paradise am Mt. Rainier, Washington (USA), die Rekordmenge von 31 103 mm Schnee gefallen.

▪ Der Rekord für einen einzelnen Schneesturm liegt bei einem Niederschlag von 4800 mm, der am Mt. Shasta Ski Bowl, Kalifornien (USA), vom 13. bis 19. Februar 1959 gefallen war.

▪ Die größte Schneemenge innerhalb von 24 Std. wurde am Silver Lake, Colorado (USA), vom 14. auf den 15. April 1921 mit insgesamt 1930 mm gemessen.

▪ Die größte Schneehöhe über Grund konnte in Tamarac, Kalifornien (USA), im März 1911 mit 11,46 m registriert werden.

Stürmisch

waren beide Ereignisse: der größte Schneefall aller Zeiten (31 103 mm) auf dem Mount Rainier in den USA (links). Es schneite von Februar 1971 bis Februar 1972. Als der Hurrikan *Gilbert* über die Karibik und Texas 1988 hinwegfegte, wurden sogar Schiffe versetzt (rechts). 350 Menschen starben.

Auf Wasser gebaut

Flüsse

Der größte Fluß ist der Amazonas. Zählt man die am weitesten entfernte Mündung hinzu, ergibt sich eine Länge von etwa 6750 km. Je nach Strömung fließen an der Mündung 200 000 bis 300 000 m^3 Wasser pro Sek. in den Atlantik – das 60fache an Wasser des etwa gleichlangen Nil.

Oder, Neiße

und Weichsel traten im Juli 1997 über die Ufer. 12,2 Mrd. DM Schaden, 11 Mio. Sandsäcke im Einsatz.

▮ In Polen werden die Schäden auf bis zu 6 Mrd. DM geschätzt. 26 der 49 Landesbezirke waren betroffen, insgesamt 6500 km^2, mehr als das Doppelte des Saarlandes. 54 Menschen starben. Über 1300 Ortschaften wurden überflutet, 162 500 Menschen evakuiert. Mehr als 1000 km Deiche wurden zerstört.

▮ In Tschechien waren 572 Gemeinden direkt betroffen. 46 Menschen starben, vier werden vermißt. 22 500 Häuser stürzten ein oder wurden unbewohnbar, 350 Schulen verwüstet. Ein gutes Drittel des Staatsgebiets war betroffen, der Gesamtschaden beträgt ca. 5,2 Mrd. DM.

Der längste Fluß in Europa ist die Wolga mit einer Gesamtlänge von 3530 km.

▮ Zweitgrößter Strom in Europa ist die Donau. Von ihren 2850 km Gesamtlänge liegen 350 km in Österreich, auf 647 km fließt die Donau durch Deutschland.

Der längste Fluß in Deutschland ist der Rhein. Von seinen insgesamt 1320 km verlaufen 867 km durch deutsches Gebiet.

Der längste Fluß in Österreich ist die Donau, die auf 350 km das Land durchquert.

Der längste Fluß der Schweiz ist der Rhein. Der mächtige Strom fließt 375 km durch die Schweiz.

Die längste Flußmündung hat der Ob in Nordrußland mit einer Länge von 885 km und einer Breite von 80 km.

Das größte Delta bilden der Ganges und der Brahmaputra in Bangladesch (ehemals Ostpakistan) und Westbengalen (Indien). Es erstreckt sich über ein Gebiet von 75 000 km^2.

Fluß unter dem Meeresspiegel: 1952 wurde ein 300 km breiter submariner Fluß – der Cromwellstrom – entdeckt, der in östlicher Richtung 90 m unter der Oberfläche des Pazifik 6500 km den Äquator entlangfließt, wobei Tiefen bis zu 400 m erreicht werden können. Seine Wassermenge ist tausendmal so groß wie die des Mississippi.

Unterirdischer Fluß: Durch Radioisotopen wurde ein Kryptofluß unter dem Nil ermittelt, dessen jährlicher Wassertransport sich auf 50 Mrd. m^3 beläuft. Das ist das sechsfache des Nil.

Das größte Sumpfgebiet ist der Grand Pantanal in den brasilianischen Bundesstaaten Mato Grosso und Mato Grosso do Sul. Es umfaßt eine Fläche von 109 000 km^2.

Die Jahrhundertflut 1997 entlang der Oder, Neiße und Weichsel hat in der zweiten Julihälfte und Anfang August die Menschen in Polen, Tschechien und Brandenburg in Atem gehalten. Die Bilanzen sind verheerend:

▮ In Brandenburg standen 50 km^2 unter Wasser. 6483 Menschen verließen ihre Häuser, 17 Ortschaften wurden evakuiert. Die Schäden werden auf rund 1 Mrd. DM geschätzt.

▮ An Helfern waren allein in Brandenburg 30 000 Bundeswehrsoldaten und weitere Helfer von THW, Grenzschutz, Polizei, DRK, Feuerwehr sowie Freiwillige im Einsatz.

■ An Material: 1600 Lastwagen, 370 Spezialpumpen, 85 Boote, 78 Hubschrauber; von 11 Mio. Sandsäcken wurden 8,86 Mio. zur Abdichtung und Sicherung der Deiche verbaut, 177 200 t Kies und Sand in die Säcke gefüllt. Dazu kamen 5 km Folie, 66 000 m² Flies und 200 000 Reisigbündel. 120 000 warme Mahlzeiten und 150 000 l Getränke wurden ausgegeben.

Seen

Der größte Binnensee der Welt ist das Kaspische Meer mit den Anrainern Aserbeidschan, Rußland, Turkmenistan und Iran. Es ist 1225 km lang und 371 800 km² groß. Das Kaspische Meer ist bis zu 1025 m tief und liegt 28,5 m uNN. Es enthält schätzungsweise 89 600 km³ Salzwasser.

Die größte Schrumpfung eines Binnengewässers: Der Aralsee ist seit 1957 um die Hälfte auf 12 m gesunken, das Ufer hat sich an einigen Stellen um 90 km zurückverlagert. Insgesamt ist die Seeoberfläche um 60 Prozent kleiner geworden. Bei fortschreitender Verlandung könnte er im Jahr 2010 nur noch Steppe sein.

Den größten Flächeninhalt eines Süßwassersees, nämlich 82 350 km², hat der Lake Superior (Oberer See) in Nordamerika. 54 600 km² seiner Fläche gehören zu den USA, 27 750 km² zu Kanada. Der See liegt 180 m üNN und ist bis 393 m tief.

Den größten Rauminhalt eines Süßwassersees hat der Baikalsee (Rußland). Seine Wassermenge wird auf 23 000 km³ geschätzt.

Der größte See in Deutschland ist mit 571,5 km² der Bodensee, 254 m tief. Nur 319 km² des Sees gehören zu Deutschland. Der österreichische Anteil beträgt 51 km², der der Schweiz 168,5 km².

Der größte See in Österreich ist der Neusiedler See, obwohl von dessen 320 km² ein kleiner Teil auf ungarischem Gebiet liegt.

Der größte See in der Schweiz ist der weltberühmte Genfer See. Von seinen 581,5 km² liegen 234 km² auf französischem Staatsgebiet. Dort heißt er Lac Léman.

Der tiefste See ist der sibirische Baikalsee (Rußland). Er ist 620 km lang und 32 bis 74 km breit. Nach Messungen aus dem Jahr 1974 ist der Olkhon-Spalt des Sees 1637 m tief, also 1181 m uNN.

Der tiefste deutsche See ist der Bodensee, denn seine tiefste Stelle (254 m) liegt auf deutschem Gebiet.

Der tiefste österreichische See ist mit bis zu 191 m der oberösterreichische Traunsee am Fuß des Traunsteins im Salzkammergut.

Der tiefste ganz zur Schweiz gehörende See ist der Brienzer See mit 261 m Tiefe im Kanton Bern.

Der höchstgelegene See ist namenlos und liegt in Tibet 34°16'N, 85°43'O auf einer Höhe von 5800 m. Er hat eine Länge von 8 km und eine maximale Breite von 5 km. Nördlich von ihm liegt Burog Co, der höchste namentliche See der Welt, auf einer Höhe von 5600 m. Er ist 17,7 km lang und maximal 8 km breit.

Der höchstgelegene deutsche See ist der Rappensee im Hochallgäu auf einer Höhe von 2046 m.

Der höchstgelegene See Österreichs ist der Rötenkarsee in den Stubaier Alpen. Er liegt auf 2930 m.

Der höchstgelegene See der Schweiz ist der Lai da Rims im Unterengadin in 2834 m Höhe.

Die größte Lagune, die Lagoa dos Patos, nahe der Küste bei Rio Grande del Sol (Brasilien) gelegen, ist 280 km lang und erstreckt sich über 9850 km². Vom Atlantik ist die Lagune durch Sandgebiete getrennt, die eine Breite von 70 km erreichen.

See auf einem See: Der größte See auf einem See ist der Manitousee (106,42 km²) auf Manitoulin, der größten Binneninsel der Welt (2766 km²), im kanadischen Teil des Huronsees, in dem noch einige weitere Inseln liegen.

Der größte unterirdische See soll der See in der Drachenhauchloch-Höhle bei Grootfontein (Namibia) sein, der 66 m unter der Erde liegt, bis zu 84 m tief ist und 2,61 ha mißt. Er wurde 1986 entdeckt und erst im April 1991 erkundet.

Ganges-Delta: das gewaltigste mit 75 000 km².

82 350

Quadratkilometer mißt der Flächeninhalt des Lake Superior in Nordamerika. Größter Süßwassersee.

Pantanal: weitläufigstes Sumpfgebiet der Erde.

Aralsee: größte Schrumpfung. Steppe im Jahr 2010.

Inseln und Höhlen

Insel aus Eis:

Mit 2 175 600 km² Fläche ist Grönland die größte Insel der Welt. Die Inlandeismasse ist bis zu 3500 Meter mächtig.

Roter Sandstein

bildet die längste Naturbrücke: Der Landscape Arch im Arches-Nationalpark in Utah (USA) mißt 94,5 m.

Eilande

Die größte Insel, wenn man Australien nicht als Insel, sondern als kontinentale Landmasse betrachtet, ist Grönland mit ca. 2 175 600 km². Allerdings besteht Grönland aus mehreren von einer Eisdecke (durchschnittlich 1500 m, maximal ca. 3400 m mächtig) bedeckten Inseln, ohne die es nur 1 680 000 km² groß wäre.

Die größte Sandinsel ist die vor der Küste von Queensland (Australien) gelegene Frazer-Insel mit einer 120 km langen Sanddüne.

Die größte deutsche Insel ist Rügen in der Ostsee: 926,4 km².

Die größte Halbinsel der Welt ist Arabien mit einer Fläche von 3 250 000 km².

Die größte Insel im Süßwasser ist die Ilha de Marajo (48 000 km²) in der Amazonasmündung in Brasilien. Die größte Binneninsel (das heißt, zwischen Flüssen liegendes Land) ist die Ilha do Bananal in Brasilien mit 20 000 km².

Die entlegenste unbewohnte Insel ist die Bouvetinsel im Südatlantik. Sie wurde am 1. Januar 1739 von J. B. C. Bouvet de Lozier entdeckt und zum ersten Mal am 16. Dezember 1825 von Kapitän George Norris betreten. Sie liegt 54°26'S, 3°24'O. Dieses norwegische Schutzgebiet ist ca. 1700 km vom Festland, der unbewohnten Küste von Queen-Maud-Land, entfernt.

Die größte Insel in einem See ist Manitoulin mit einer Fläche von 2766 km² im kanadischen Gebiet des Huronsees (Ontario).

Die größte deutsche Binnenlandinsel ist Reichenau im Bodensee, Baden-Württemberg, mit 4,5 km².

Österreichs größte Insel ist die 5,25 ha große Apetlonen-Schilf-Insel im Neusiedler See.

Die größte Schweizer Insel ist die Ile de St. Pierre im Bieler See. Da der Seespiegel ständig sinkt, vergrößert sich die Insel von Jahr zu Jahr. 1978 betrug ihre Fläche 89 ha.

Die höchste aus dem Meer ragende Felsspitze ist Ball's Pyramid in der Nähe der Lord-Howe-Insel im Pazifik. Sie ist 561 m hoch, ihre Basisachse ist aber nur 200 m lang. Sie wurde 1965 zum ersten Mal erklommen.

Den nördlichsten Landzipfel entdeckte Uffe Petersen vom dänischen Geodätischen Institut am 28. Juli 1978: die Mini-Insel Odaaq (30 m Durchmesser), die 1,36 km nördlich von der grönländischen Kaffeeklubinsel liegt. Die Position der Insel Odaaq: 83°40'32,5''N, 30°40'10,1''W. Vom Nordpol ist sie 706,4 km entfernt.

Südlichstes Land: Im Gegensatz zum Nordpol befindet sich der Südpol auf Festland. Die Amundsen-Scott-Südpolarstation wurde dort 1957 in einer Höhe von 2855 m erbaut. Zusammen mit der Eisdecke treibt sie entlang dem 40. westlichen Längengrad 10 m pro Jahr vom geographischen Pol fort. Sie wurde 1975 durch ein neues Gebäude ersetzt.

Der größte Archipel ist der 5600 km lange, sichelförmige, aus über 17 000 Inseln bestehende Malaiische Archipel, der Indonesien bildet.

Das Atoll mit der größten Landoberfläche ist das Christmas-Atoll in den Line-Inseln im Zentralpazifik. Sein Flächeninhalt beträgt 649 km², davon 321 km² Land, und seine Hauptsiedlungen, London und Paris, sind 4 km voneinander entfernt.

Die jüngste Insel ist noch ohne Namen. In der Ha'apai-Gruppe von

Totes Meer:

Seine Küste ist die tiefste freiliegende Senke an Land. Sie liegt 400 m unter dem Meeresspiegel.

Tonga auf halber Strecke zwischen den Inseln Kao und Late gelegen, wurde sie durch unterseeische vulkanische Aktivitäten geformt, die erstmals am 6. Juni 1995 auftraten. Die Insel ist 5 ha groß und erhebt sich 40 m aus dem Meer.

Das längste Riff ist das Great Barrier Reef gegenüber von Queensland (Australien). Es ist 2027 km lang. Zwischen 1959 und 1971 und erneut zwischen 1979 und 1991 wurde ein großes Gebiet zwischen Cooktown und Proserpine durch die Überpopulation einer Seesternart namens *Acanthaster planci* (Dornenkronenseesteren) zerstört. Diese Zerstörung begann von neuem 1995.

Vertiefungen

Die tiefste Senke ist der Felsgrund des antarktischen Bentleygrabens, eines Subgletschers. Er liegt 2538 m unter dem Meeresspiegel.

Die größte submarine Senke ist ein großes Gebiet des Meeresbodens im Nordwestpazifik mit einer durchschnittlichen Tiefe von 4600 m.

Die tiefste freiliegende Senke an Land ist die Küste des Toten Meeres, die 400 m unter dem Meeresspiegel liegt. Der tiefste Punkt auf dem Grund dieses Sees ist 728 m unter seinem Wasserspiegel. Die Seeoberfläche sinkt seit 1948 jährlich um 0,35 m ab.

Der tiefste Punkt in Deutschland liegt in der Gemeinde Neuendorf bei Wilster, im Marschengebiet Schleswig-Holsteins. Die tiefste Landstelle beträgt 3,54 m uNN.

Österreichs tiefster Punkt befindet sich im Neusiedler See, dessen tiefste Stelle 113 m uNN liegt.

Der tiefstgelegene Punkt in der Schweiz ist das Ufer des Lago Maggiore (Kanton Tessin) mit 193 m uNN.

Grotten

Das längste Höhlensystem ist der Mammuthöhlen-Nationalpark in Kentucky (USA). Die Höhlen wurden 1799 entdeckt. Expeditionen verschiedener Höhlenforschergruppen haben Verbindungen der Höhlen

Schatzkammer in der Unterwelt:
Der längste freihängende Stalaktit (12 m) in der Höhle Gruta do Janelão in Brasilien (oben). Die höchsten Stalagmiten in Deutschland: 4 m in der Erdmannshöhle bei Hasel in Baden-Württemberg (unten). In Malaysia liegt die größte Höhlenkammer. Sie ist 700 m lang und 300 m breit (Mitte).

zwischen dem Flint-, dem Mammuthöhlen- und dem Toohey-Ridges-System entdeckt und hergestellt. Der erforschte und kartographierte Höhlenverbund hat inzwischen eine Gesamtlänge von 560 km.

Die größte Höhlenkammer, Lubang Nasib Bagus, befindet sich im Gunung-Mulu-Nationalpark von Sarawak (Malaysia). Sie ist 700 m lang, im Durchschnitt 300 m breit und an ihrer niedrigsten Stelle 70 m hoch. Die britisch-malaysische Mulu-Expedition hat die riesige Höhlenkammer 1980 entdeckt. In ihr könnten mühelos 7500 Busse abgestellt werden. Die Höhe einer Höhle in Nordoman erreicht 120 m.

Die tiefste Höhle: Die Réseau Jean Bernard in den französischen Alpen ist bis in eine Tiefe von 1602 m erforscht.

Unterwasserhöhle: Das längste erkundete Objekt ist das Sistema Ejido Jacinto Pat in Quintana Roo (Mexiko). In diversen Passagen wurde eine Strecke von über 56,9 km erforscht.

Die größten Meereshöhlen sind die Sea Lion Caves, die Seelöwen-Höhlen in der Nähe von Florence, Oregon (USA). In einer von Wellen geformten, 400 m langen Passage befindet sich eine 95 m lange, 50 m breite und 15 m hohe Kammer.

Die größte Tauchtiefe in einer Grotte erreichte Jim Bowden (USA) im April 1994 mit 282 m in der Zacaton-Grotte in Mexiko.

Die größte der ca. 4000 deutschen Höhlen ist die Salzgrabenhöhle in Berchtesgaden, Bayern.

Die längste Höhle in Österreich ist die Hirlatzhöhle bei Hallstatt im Salzkammergut. Bis zum Jahr 1997 haben die Höhlenforscher des Vereins Hallstatt-Obertraun bereits 82 km vermessen.

Die Schweizer Höhle mit dem längsten Gangsystem ist das Hölloch (Kanton Schwyz), dessen 151 km lange Gänge eine Höhendifferenz von 878 m aufweisen.

Die längste Lava-Höhle ist die Kazumura-Höhle auf Hawaii (USA) mit einer Länge von 59,3 km.

Eiswüste & Sandmeer

Längste Reise

per Schlitten am südlichen Polarkreis: Die Internationale Antarktis-Expedition schaffte mit 40 Hunden 6040 km.

Expeditionen zu den Polen

Die ersten am Nordpol: Die Arktisforscher Frederick Albert Cook (1865-1940) und Robert Edwin Peary (1856-1920) erhoben beide den Anspruch, den Nordpol erreicht zu haben, doch mangelt es in beiden Fällen an eindeutigen Beweisen. Die ersten Menschen, die unbestritten am Nordpol standen – genau auf dem Breitengrad 90° 00' 00'' N (300 m) –, waren die Russen Pavel Afanasjewitsch Geordijenko, Pavel Kononowitsch Senko, Michail Michailowitsch Somov und Michail Jemeljenowitsch Ostrekin am 23. April 1948 (mit dem Flugzeug).

Die erste Nordpol-Eroberung mit Motorschlitten: Der Amerikaner Ralph Plaistedt, begleitet von Walter Pederson, Gerald Pitzl und Jean Luc Bombardier, erreichte am 19. April 1968 nach 42tägiger Fahrt den Pol.

Die erste Nordpol-Eroberung mit Hundeschlitten: Als erster im Alleingang erreichte Naomi Uemura (1941-84) am 1. Mai 1978 über das Eis des Nordpolarmeeres den Nordpol. Seit seinem Aufbruch am 7. März von Ellesmere Island (Nordkanada) hatte er mit seinem von 17 Hunden gezogenen Schlitten rund 725 km zurückgelegt.

Die erste Nordpol-Eroberung auf Skiern: Sieben Mitglieder einer von Dmitri Schparo geleiteten sowjetischen Expedition kamen am 31. Mai 1979 nach 77 Tagen und über 1500 km ans Ziel.

Die erste Nordpol-Eroberung mit einem Motorrad: Shinji Kazama aus Tokio (J) am 20. April 1987 auf einer 200-cm^3-Maschine. Er war ganze 44 Tage unterwegs.

Die erste alleinige Nordpol-Eroberung ohne Hilfsmittel: Jean-Louis Etienner benötigte 63 Tage. Am 11. Mai 1986 war er am Ziel.

Die erste Frau am Nordpol war die Kanadierin Fran Phipps, 5. April 1971.

Der erste Österreicher an beiden Polen ist Johannes Kern aus Graz. Am 4. August 1991 war er zusammen mit seiner Frau Agnes Kern am Nordpol. Den Südpol schaffte er am 8. Januar 1994 im Alleingang.

Die erste Überquerung des arktischen Meereises gelang der britischen Transarktis-Expedition unter Leitung von Wally Herbert, die Point Barrow (Alaska) am 21. Februar 1968 verließ und nach 4699 km zu Fuß und mit Schlitten sowie 1100 km auf Treibeis am 29. Mai 1969 nordöstlich von Spitzbergen eintraf.

Die ersten Annäherungen an den Südpol: Die ersten Schiffe, die den südlichen Polarkreis (66°33'S) überquerten, waren die *Resolution* unter dem britischen Kapitän James Cook (1728-79) sowie die *Adventure* unter Tobias Furneaux am 17. Januar 1773 auf 39°O.
■ Der erste Mensch, der das Schelfeis der Antarktis gesichtet hatte, war Fabian Gottlieb Benjamin von Bellingshausen am 27. Januar 1820 mit dem Segelschiff *Wostok*.

Die ersten Menschen am Südpol waren am 14. Dezember 1911 um 11 Uhr eine norwegische Expedition mit Roald Amundsen (1872-1928) – vier Wochen vor dem Briten F. Scott – nach einem 53tägigen Marsch mit Hundeschlitten von der Walfischbai aus. Spätere Berechnungen ergaben, daß die Mitglieder der Amundsen-Expedition den exakten Pol um etwa 400 bis 600 m verpaßt hatten.

Die ersten Frauen am Südpol waren am 11. November 1969 die Ameri-

kanerinnen Lois Jones, Eileen McSaveney, Jean Pearson und Terry Lee Tickhill sowie Kay Lindsay (Australien) und Pam Young (Neuseeland). Sie trafen auf dem Luftweg ein.

Die erste Frau auf dem Südpolarkontinent war am 20. Februar 1935 Karoline Mikkelsen.

Der erste Mensch, der allein den Südpol erreichte, war der 29jährige Norweger Erling Kagge am 7. Januar 1993 nach 50tägigem Marsch über mehr als 1400 km.

Den längsten nicht unterstützten Marsch durch die Antarktis bewältigten Sir Ranulph Fiennes und Michael Stroud. Sie waren am 9. November 1992 von der Gould-Bucht aufgebrochen, hatten am 16. Januar 1993 den Südpol erreicht und gaben schließlich am 11. Februar auf dem Ross-Eisschelf auf. Sie hatten in 94 Tagen 2170 km zurückgelegt.

Die ersten Menschen, die beide Pole gesehen haben, waren Roald E. Amundsen und Oskar Wisting. Am 14. Dezember 1911 hatten sie den Südpol erreicht, am 12. Mai 1926 flogen sie an Bord des Luftschiffs *Norse* über den Nordpol.

Der erste Mensch an beiden Polen war der Amerikaner Albert Paddock Crary. Den Nordpol erreichte er am 3. Mai 1952 mit einem Flugzeug, den Südpol am 12. Februar 1961 mit einer Expedition.

Der älteste Mensch an beiden Polen war der Brite Will Lacy (* 1907), der am 9. April 1990 im Alter von 82 Jahren den Nordpol betrat und am 20. Dezember 1991, im Alter von 84 Jahren, den Südpol.

Jüngster Mensch

an beiden Polen war Robert Schumann (* 1982), Sohn einer Engländerin und eines Deutschen. 1992 am Nordpol; 1993 am Südpol per Bike.

Der jüngste Mensch an beiden Polen war Robert Schumann (* 7. März 1982) aus London, Sohn einer Engländerin und eines Deutschen, der am 6. April 1992 den Nordpol, am 29. Dezember 1993 den Südpol erreichte. Er kam zu beiden Polen mit dem Flugzeug, zum Südpol rollte er mit seinem Mountain-Bike.

Der erste Mensch, der beide Pole zu Fuß erreichte, war der Brite Robert Swan (* 1956). Zuerst kam er am 11. Januar 1986 mit einer Expedition zum Südpol. Mit sieben Eiswanderern erreichte er am 14. Mai 1989 den Nordpol.

▮ Erstmals innerhalb eines Jahres schaffte dies 1995 der polnische Abenteurer Marek Kaminski.

Die erste Erdumkreisung über die Pole: Sir Ranulph Fiennes und Charles Burton brachen am 2. September 1979 nahe Greenwich (GB) auf und reisten entlang des Nullmeridian über den Südpol (15. Dezember 1980) und den Nordpol (10. April 1982) und kamen am 29. August 1982 nach 56 000 km Fahrt wieder in Greenwich an.

Die erste Landüberquerung des antarktischen Kontinents wurde am 2. März 1958 nach 99tägigem Marsch über 3473 km vollendet. Die 12köpfige Forschergruppe wurde geleitet von dem Briten Sir Vivian Fuchs (* 1908).

▮ Eine 4185 km lange Strecke quer durch die Antarktis wurde von Sir Ranulph Fiennes, Oliver Shepard und Charles Burton vom 26. Oktober 1980 bis 11. Januar 1981 in 66 Tagen auf Schneemobilen absolviert.

Die längste polare Schlittenreise war die der Internationalen Antarktis-Expedition (sechs Teilnehmer, über 40 Hunde), die zwischen dem 27. Juli 1989 (Seal Nunataks) und dem 3. März 1990 (Mirnyy) in 220 Tagen gut 6040 km zurücklegte.

Wüsten

Die größte Wüste: Unter den Wüsten der Erde – fast ein Achtel des Festlandgebietes der Welt ist trocken und hat weniger als 25 cm Regen im Jahr – ist die Sahara in Nordafrika die größte. An ihrer längsten Stelle mißt sie 5150 km von Ost nach West. Von Nord nach Süd mißt sie zwischen 1280 und 2250 km, und ihr Flächeninhalt beträgt 9 269 000 km². Ihre tiefste Stelle, in der Quattârasenke in Ägypten, liegt 132 m uNN; an ihrer höchsten Stelle, dem Berg Emi Koussi im Tschad, hat sie eine Höhe von 3415 m. Die Tagestemperaturspanne kann mehr als 45 °C betragen.

Die höchsten Sanddünen wurden in Zentralalgerien im Sandmeer Isaouane-N-Tifernine in der Sahara (26°42'N, 6°43'O) gemessen. Ihre Wellen: 5 km lang und 465 m hoch.

Die Wüsten dehnen sich aus: In den nächsten zwei Jahrzehnten werden die Wüsten auf der ganzen Welt um ein Areal wachsen, das der Gesamtfläche Alaskas entspricht. Nach den Angaben der Welternährungsorganisation der UNO, der FAO, leben in den von der Verwüstung bedrohten Gebieten rund 900 Mio. Menschen, von denen 135 Mio. in diesen 20 Jahren abwandern werden.

Höchste Dünen

wurden in der algerischen Sahara gemessen: 465 m. Lang sind sie bis zu 5 km.

Der Berg ruft

80 km/h
erreicht eine Lawine im Durchschnitt. Die schnellste raste mit 400 km/h zu Tal.

Höchster Gipfel: Seit Ende der 80er Jahre scheint die Höhe des höchsten Berges der Welt genau bekannt zu sein. Doch noch immer wird der Mt. Everest neu vermessen. So hat man 1993 auf dem Gipfel des Berges einen Laserreflektor aufgestellt und von einem tiefer gelegenen Basispunkt mittels eines Lasersignals die Entfernung bestimmt. Die Distanz und der Höhenwinkel wurden an Meßpunkte in Indien und Nepal gekoppelt und so die Gipfelhöhe über dem mittleren Spiegel ermittelt. Parallel dazu wurde erstmals mit Hilfe des GPS-Navigationssatelliten-Systems und einer anderen Referenzhöhe, dem Ellipsoid des geodätischen Weltsystems, der Berg vermessen. Das Ergebnis: Der Mt. Everest ist knapp 2 m niedriger als ursprünglich angenommen und damit „nur" 8861 m hoch.

8861 m
ist der Mount Everest hoch. Laser haben den höchsten Gipfel neu vermessen.

Am weitesten vom Mittelpunkt der Erde entfernt ist die Spitze des Chimborasso (6267 m) in den Anden (Ecuador). Er erhebt sich 158 km südlich des Äquators und übertrifft, absolut gesehen, die Gipfelhöhe des Mt. Everest um 2150 m.

Der höchste Berg auf dem Äquator ist der Vulkan Cayambe (5790 m) in Ecuador, 77°58'W. Ein Gipfelbezwinger würde sich – bedingt durch die Erdrotation – mit 1671 km/h relativ zum Erdmittelpunkt bewegen.

Der höchste Inselberg ist der Puncak Jaya, ehemals Puncak Sukarno, ehemals Carstensz Pyramide, in Irian Jaya (Indonesien, vormals Niederländisch-Neuguinea). Gegenüber der bisher angenommenen Höhe von 5030 m ergaben die Messungen einer australischen Gruppe von Wissenschaftlern 1973 einen Wert von 4884 m. Der ebenfalls in Irian Jaya gelegene Berg Ngga Pulu, jetzt 4861 m, war 1936 vor dem Abschmelzen der Schneekappe etwa 4910 m hoch.

Der größte von seiner submarinen Basis bis zur Spitze gemessene Berg ist der Mauna Kea (Weißer Berg) im Hawaiischen Graben auf der Insel Hawaii. Seine Gesamthöhe beträgt 10 205 m, wovon sich 4205 m üNN befinden.

Höchster Berg in Deutschland ist die 2962 m hohe Zugspitze im Wettersteingebirge. Zum ersten Mal wurde die Zugspitze am 27. August 1820 erstiegen.

Höchster Berg in Österreich ist der Großglockner in den Hohen Tauern. Der 3797 m hohe Berg wurde am 28. Juli 1800 zum ersten Mal erstiegen.

Höchster Berg in der Schweiz ist die 4634 m hohe Dufourspitze der Monte-Rosa-Gruppe in den Walliser Alpen. Sie wurde am 1. August 1855 erstmals bestiegen.

Das höchste Gebirge ist der Himalaja-Karakorum mit 96 von den 109 Gipfeln der Welt, die über 7315 m hoch sind.

Das ausgedehnteste Gebirge ist der untermeerische Mittelatlantische Rücken, der sich über 65 000 km von der Arktis bis zum Atlantischen Ozean um Afrika, Asien und Australien herumzieht und dann unter dem Pazifik bis zur Westküste Nordamerikas erstreckt. Seine größte Höhe beträgt 4200 m über dem Tiefseeboden.

Das längste Festlandsgebirge sind die Anden mit etwa 7600 km Länge. Sie erstrecken sich zwischen Karibischem Meer und Kap Hoorn und sind 200 bis 800 km breit. Das Klima wechselt, der Längserstreckung entsprechend, vom feuchtkühlen Klima der Subantarktis über das subtropische Trockenklima zum immerfeuchten Äquatorialklima.

Der am weitesten sichtbare Berg ist der Vatnajökull (2118 m) in Island. Ihn kann man von den 550 km entfernten Färöern aus erkennen. Der Mt. McKinley in Alaska (6194 m) ist vom 370 km entfernten Mt. Sanford (4949 m) zu sehen.

Das ausgedehnteste Hochplateau ist das tibetanische Plateau in Zentralasien. Seine mittlere Höhe ist 4900 m und sein Flächeninhalt 1 850 000 km^2.

Die steilste Felsenwand ist die 975 m breite NW-Seite von Half Dome, Yosemite (USA). Sie ist 670 m hoch, weicht aber nirgends um mehr als 7 Grad von der Vertikalen ab. Sie wurde zum ersten Mal im Juli 1957 von Royal Robbins, Jerry Gallwas und Mike Sherrick erklettert (Klasse VI).

Höchste Haliten: An den nördlichen Ufern des Golfes von Mexiko entlang gibt es über eine Entfernung von 1160 km 330 unterirdische Salz-„Berge", von denen einige über 18 300 m vom Grundgestein emporragen und als niedrige Salzkuppeln sichtbar sind. Sie wurden 1862 entdeckt.

Gletscher

Die vereiste Fläche der Festlandoberfläche der Erde liegt, so wird angenommen, bei ca. 9,5 Prozent oder 13,6 Mio. km^2. 86 Prozent der Eisflächen entfallen auf die Antarktis, 11 Prozent auf Grönland. Die nördlichste Stelle auf der südlichen Halbkugel, an der das Meer noch regelmäßig vereist, ist der südliche Atlantik in der Höhe des 54. südlichen Breitengrades. Die südlichste Stelle auf der nördlichen Halbkugel, an der das Meer jährlich vereist, ist die Bohai-Bucht an der Küste Chinas bei 37°48' nördlicher Breite. Das liegt etwa auf der Höhe von Athen (Griechenland).

Der längste bekannte Gletscher ist der von der Besatzung eines australischen Flugzeugs 1956/57 im australischen Südpolgebiet entdeckte Lambertgletscher. Er ist bis zu 64 km breit und hat zusammen mit seinem oberen Abschnitt, dem Mellorgletscher, eine Mindestlänge von 402 km. Mit dem Ausläufer des Fishergletschers und seewärts mit dem Amery-Eisschelf bildet der Lambertgletscher eine mindestens 700 km lange Eisfläche.

13,6 Mio. km² der Erdoberfläche sind von Gletschern überzogen. 86% der Eisflächen entfallen auf die Antarktis.

Die längsten Talgletscher auf der Nordhalbkugel findet man in Alaska: Der Hubbard-Gletscher erstreckt sich über 147 km von den St.-Elias-Bergen talwärts bis zum Pazifik an der Yakutat-Bucht.

Der längste Gletscher im Himalaja ist der 75,5 km lange Siachen im Karakorumgebirge, obgleich der Hispar und der Biafo zusammen eine 122 km lange Eisfläche bilden.

Die größte Gletscherschmelze erlebte der Vatnajökull, Island, nachdem im Oktober 1996 eine unterirdische Vulkaneruption den Grimsvotn-See mit Schmelzwasser angefüllt hatte. Aus dem See floß das geschmolzene Eis von Europas größtem Gletscher mit einer geschätzten Geschwindigkeit von 45 000 m³/s ab.

Der sich am schnellsten bewegende Gletscher ist mit einer Fließgeschwindigkeit von etwa 20 m pro Tag der Columbiagletscher zwischen Anchorage und Valdez, Alaska (USA).

Der längste Alpengletscher ist der Aletschgletscher in den Berner Alpen zwischen dem Aletschhorn, der Jungfrau und dem Finsteraarhorn (CH). Er ist 22 km lang und bedeckt eine Fläche von 86,8 km².

Der größte Gletscher in Deutschland ist der Plattferner auf der Zugspitze. Er ist 0,9 km lang und bedeckt eine Fläche von ca. 0,8 km².

Der größte Gletscher in Österreich ist die Pasterze in den Hohen Tauern am Großglockner (Land Salzburg). Der Gletscher hat eine Gesamtlänge von 8,6 km und bedeckt eine Fläche von 19,4 km².

Die größten Lawinen gehen im Himalaja nieder, werden allerdings kaum von jemandem beobachtet.
▮ Schätzungsweise 2,8 Mrd. m³ Schnee hat am 18. Mai 1979 eine Lawine am Mt. St. Helens in Washington (USA) in Bewegung gesetzt. Die Riesenlawine raste mit 400 km/h zu Tal.

Die größte Lawinenkatastrophe in Deutschland ereignete sich am 15. Mai 1965 auf der Zugspitze, als sich an einem sonnenreichen Tag eine 500 m breite Lawine löste und über die Terrasse des Schneefernerhauses donnerte. 10 Menschen kamen dabei ums Leben.

Schluchten

Die größte Festlandschlucht ist der Grand Cañon des Colorado im Nordteil von Zentralarizona (USA). Er erstreckt sich über 446 km von der Marble Gorge zu den Grand Wash Cliffs. Seine mittlere Breite beträgt 16 km. Er ist bis zu 1600 m tief.

Das tiefste Tal ist das Yarlung-Zangbo-Tal, das 5075 m tief ist und sich im östlichen Tibet erstreckt. Die Gipfel des Namche Barwa (7753 m) und Jala Peri (7282 m) sind 21 km voneinander entfernt. Zwischen ihnen zieht sich in 2440 m Höhe der Yarlung-Zangbo-Strom dahin.

Der tiefste submarine Abgrund liegt 40 km südlich von Esperance (Australien). Er ist 1800 m tief und 32 km breit.

Die tiefste Schlucht in Deutschland ist die Breitachklamm bei Oberstdorf in den Allgäuer Hochalpen. Sie hat eine Tiefe von mehr als 100 m.

Die tiefste Schlucht in Österreich ist wahrscheinlich die Lichtensteinklamm bei St. Johann im Pongau (Land Salzburg). Sie schneidet bis zu 280 m tief ins Tal.

Als tiefste Schlucht in der Schweiz wird die Via Mala bezeichnet, die der Hinterrhein südlich Thusis im Kanton Graubünden bildet. Der 1473 gebaute Weg ist etwa 6 km lang und hat – je nach Bezugspunkten – einen Tiefen-Mittelwert von etwa 700 m. Der Schluchtboden liegt 850 m üNN, die Schluchtränder 1400 bis 1700 m üNN. Die anschließenden Höhenzüge sind etwa 2000 m hoch.

Flammendes Inferno

Rollender Lavastrom des Kilauea-Vulkans auf der hawaiischen Insel Kauai. Bis zu 1300° Celsius heiß.

Erdbeben und Erdrutsche

Die Zahl der Erdbeben: Pro Jahr werden schätzungsweise 500 000 seismische oder mikroseismische Störungen registriert. 100 000 davon sind fühlbar, etwa 1000 richten Schaden an. Die tiefsten bekannten Hypozentren lagen 720 km tief im Erdinnern Indonesiens (1933/34 und 1943).

Die Richter-Skala aus dem Jahre 1954 geht auf den amerikanischen Seismologen Dr. Charles Richter (1900-85) zurück. Im Bereich schwerster Beben mit Intensitäten von über 8,0 ist die Richter-Skala nicht mehr genau genug. Hier wird oft ein verbessertes System benutzt, das 1977 von Hiroo Kanamori eingeführt worden ist. Das stärkste Beben auf dieser Skala war der verheerende Lebu-Schock, südlich von Concepción in Chile am 22. Mai 1980 mit einer Intensität von 9,5. Auf der Richter-Skala rangiert dieses Beben mit 8,3 nur an vierter Stelle.

Die meisten Menschen obdachlos machte ein Beben am 4. Februar 1976 in Guatemala. Über 1 Mio. Einwohner verloren ihre Wohnungen bei einem gigantischen Erdbeben entlang der Montagua-Verwerfung.

Die meisten Todesopfer dürfte das Erdbeben in den chinesischen Provinzen Shaanxi, Shanxi und Henan am 2. Februar 1556 (GMT = Greenwich Mean Time/Weltzeit) neuer Rechnung (23. Januar des gleichen Jahres nach alter Rechnung) gefordert haben, bei dem rund 830 000 Menschen ums Leben kamen.

Den größten Sachschaden verursachte das Erdbeben in der Kanto-Ebene (Stärke 8,2 auf der Richter-Skala, Epizentrum 35°15'N, 139°30'O) in Japan am 1. September 1923 (GMT). An einer Stelle in der Sagami Bay senkte sich der Meeresspiegel um 400 m. Nach Angaben der Behörden betrug die Zahl der Toten und Vermißten in dem Dai-Shinsai oder großen Erdbeben und den dadurch hervorgerufenen Bränden 142 807. In Tokio und Yokohama wurden 575 000 Häuser zerstört, und der Schaden wurde auf heute 58 Mrd. DM geschätzt.

Erdbeben in Deutschland: Seit 1350 sind hier neun Menschen durch Erdbeben ums Leben gekommen. Eines der heftigsten Beben war das vom 18. Februar 1756 (GMT) bei Düren in der Gegend von Aachen in Nordrhein-Westfalen mit der Stärke 8 auf der internationalen zwölfteiligen Intensitätsskala, die sich an der Schadenswirkung orientiert. Die Skala stammt von G. Mercalli (1850-1914).

Das stärkste Erdbeben in Österreich war jenes von Villach am 25. Januar 1348 (GMT) mit der Intensität 9. Mehr als 1000 Menschen kamen ums Leben.

Das folgenschwerste Erdbeben in der Schweiz ereignete sich am 18. Oktober 1356 (GMT) in Basel. Die Intensität dieses Bebens, bei dem 300 Personen den Tod fanden, hatte den Wert 9 auf der Mercalli-Skala.

Der älteste Seismograph der Welt steht in Göttingen, Niedersachsen (D). Mit ihm werden seit 1902 Tag für Tag leichte und schwere Erdstöße in allen Kontinenten aufgezeichnet. Der im Hainberg oberhalb Göttingens installierte Seismograph war der Prototyp für über 100 gleichartige Geräte, die in der ganzen Welt aufgestellt wurden.

Erdrutsche: Am 31. Mai 1970 tötete ein einziger Erdrutsch des Mt. Huascaron, Peru, während eines Erdbebens über 18 000 Einwohner der Stadt Yungay.

▪ Eine Serie von Erdrutschen, ausgelöst durch ein Erdbeben in Gansu, China, am 16. Dezember 1920, kostete 180 000 Menschen das Leben.

Der größte Sachschaden bei Erdrutschen: 138 Mio. Dollar, verursacht durch eine Serie von Schlammlawinen im Süden Kaliforniens (USA), nachdem es vom 18. bis 26. Januar 1969 geregnet und gestürmt hatte.

Der schnellste Erdrutsch wurde am 18. Mai 1980 durch den Ausbruch des Vulkans Mt. St. Helens (USA) ausgelöst. Die Geschwindigkeit betrug 402,3 km/h.

Vulkane und Geysire

1343 tätige Vulkane sind auf der Erde bekannt. Davon sind zahlreiche Objekte submarine Vulkane. Die größte Konzentration aktiver Objekte findet sich entlang des Feuerrings um den Pazifik: von Alaska bis nach Chile und auf der anderen

Eingestürzt sind nicht nur Brücken und Gebäude beim Erdbeben in Kobe (Japan) am 17. Januar 1995. Viele Menschen starben im Feuer. In Nagakatu gab es kein Wasser.

Seite von der russischen Ostküste Asiens bis nach Neuseeland. Entlang dieses Rings sitzen etwa 75 Prozent der aktiven Vulkane.

Die größte Explosion in historischer Zeit ereignete sich gegen 10 Uhr Lokalzeit (oder 3 Uhr GMT) am 27. August 1883 bei einem Ausbruch des Krakatau, einer damals 47 km² großen Insel in der Sundastraße zwischen Sumatra und Java in Indonesien. 163 Dörfer wurden vernichtet, und 36 380 Menschen kamen in der durch den Ausbruch ausgelösten Flut ums Leben. Bimsstein wurde 55 km in die Höhe geschleudert, und noch 10 Tage später fiel mehr als 5000 km von der Insel entfernt Staubregen.

Der vermutlich stärkste Vulkanausbruch war die Taupo-Eruption in Neuseeland etwa 130 n. Chr. Dabei wurden ca. 30 000 Mio. t Bimsstein mit etwa 700 km/h herausgeschleudert. Nur 20 Prozent der Steine gingen weniger als 200 km vom Krater entfernt nieder. Insgesamt bedeckten sie 16 000 km².

Das größte Lavavolumen ergoß sich beim Ausbruch des Vulkans Tambora auf der Insel Sumbawa (Indonesien) vom 5. bis 10. April 1815. Die Gesamtmenge an ausgeworfenem Material wird auf 150 bis 180 km³ geschätzt. Zum Vergleich: Die entsprechende Menge beim Krakatau-Ereignis betrug etwa 20 km³. Der Innendruck, der den Ausbruch des Tambora auslöste, wird auf 3270 kg/cm² geschätzt. Durch den Ausbruch und seine Folgen kamen nach zeitgenössischen Berichten 90 000 Menschen ums Leben.

Der längste Lavastrom in historischer Zeit, *pahoehoe* genannt (Erstarrung in der Form eines gedrehten Stranges), ergoß sich 1783 beim Ausbruch des Laki (Island). Er erreichte eine Länge von 65 bis 70 km.

Der höchste ruhende Vulkan ist der Llullaillaco mit 6723 m an der Grenze zwischen Chile und Argentinien in Südamerika.

Tätiger Vulkan: Als 1991 auf den Philippinen der Pinatubo ausbrach, wurde die ganze Welt Zeuge der Zerstörungskraft von Vulkaneruptionen. Insgesamt wurden 9 km³ Asche und Lava freigesetzt – allerdings war es kein Jahrhundertereignis. Diesen Rekord hält der Novarupta in Alaska.

Der höchste tätige Vulkan ist der Ojos del Salado mit seinen Fumarolen. Er ist 6887 m hoch und liegt an der Grenze zwischen Chile und Argentinien.

Der aktivste Vulkan ist der Kilauea auf Hawaii (USA), der seit 1983 ununterbrochen Lava ausspeit, im Durchschnitt 5 m³/s.

Der größte aktive Vulkan ist der Mauna Loa (4170 m) auf Hawaii. Seine elliptische Basis ist 120 x 50 km groß. Der Lavafluß erstreckt sich auf ein Gebiet von über 5125 km². Das Gesamtvolumen des Vulkans beträgt etwa 42 500 km³, wobei 84,2 Prozent unter Wasser liegen. Der Krater an der Spitze, Mokuaweoweo, ist 150 bis 180 m tief und nimmt eine Fläche von 10,5 km² ein. Seit 1832 hat man im Durchschnitt alle 3,5 Jahre einen Ausbruch beobachtet. Das letzte große Ereignis fand im April 1984 statt.

Der nördlichste Vulkan ist der Beeren-Berg (2276 m) auf der zu Norwegen gehörenden Insel Jan Mayen (71°05'N) in der Grönlandsee. Er brach am 20. September 1970 aus, und die 39 Bewohner der Insel, allesamt Walfänger, mußten evakuiert werden.

Sprudelnde

heiße Quellen. In einer unterirdischen Höhle wird das Wasser des Geysirs erhitzt. Höchste Fontäne: 460 m.

Der südlichste unter den tätigen Vulkanen ist der Mt. Erebus (3794 m) 77°35'S auf Ross Island in der Antarktis. Er wurde am 28. Januar 1841 bei der Expedition von Captain James Clark Ross (1800-62) entdeckt und erstmalig am 10. März 1908 bestiegen.

Der größte vulkanische Krater (auch Caldera genannt) ist der Toba-See im Norden Sumatras (Indonesien) mit einem Flächeninhalt von 1775 km².

Die höchste Wasserfontäne von über 460 m stieß der Waimangu-Geysir (Maori: Schwarzes Wasser) in Neuseeland 1903 aus. Im August 1903 kamen vier Menschen bei gewaltigen Wassereruptionen ums Leben. Sie standen 27 m vom Geysir entfernt. Ihre Körper wurden 800 m weit geschleudert. Seit 1904 ist der Geysir nicht mehr aktiv.

Der höchste noch aktive Geysir ist der Service Steamboat Geysir im Yellowstone National Park (USA). In den 60er Jahren kam es alle 4 bis 10 Tage zum Ausstoß. In den 80er Jahren konnte man Intervalle zwischen 19 Tagen und vier Jahren beobachten. Die Fontänenhöhen lagen zwischen 60 und 115 m.

Naturphänomene

Kalben

ist das Abbrechen von vorgeschobenen Gletscherenden. Danach schwimmen sie als Eisberge im Meer. Bis 50 m hoch.

Tsunamis

sind bis zu 790 km/h schnelle Meereswellen.

Land

Der größte Erdumfang beträgt am Äquator 40 075,012 km, an jedem Meridian sind es 40 007,858 km. Die Erdoberfläche umfaßt schätzungsweise 510 065 600 km^2. Eine ganze Axialdrehung – also ein echter Sterntag – dauert 23:56:04,0989 Std. mittlerer Zeit.

Die Erdmasse beträgt 5,974 x 10^{21} t, und ihr spezifisches Gewicht ist 5,515mal so groß wie das des Wassers. Ihr Rauminhalt beträgt 1 083 207 000 000 km^3.

Das Alter der Erde wird auf 4540 ± 40 Mio. Jahre geschätzt. Zwar existiert auf der Erdoberfläche kein Gestein dieses Alters mehr, doch aus der Analyse von Mondmaterial und Meteoriten läßt sich dieser Wert recht genau ableiten.

Der größte Gesteinskomplex ist der berühmte Ayers Rock (Australien), Uluru von den Einheimischen genannt, ein Monolith aus roter kambrischer Arkose, der sich 348 m in die Höhe reckt, 2,5 km lang und 1,6 km breit ist.

▮ Rund 61 355 t wiegt nach Schätzungen aus dem Jahr 1940 La Gran Piedra, ein Felsbrocken aus Vulkangestein in der Sierra Maestra (Kuba).

Meere

Die vom Meer bedeckte Erdoberfläche, die Hydrosphäre, beträgt 362 033 000 km^2 oder 70,98 Prozent der Gesamtoberfläche. Die mittlere Tiefe der Hydrosphäre wurde bis vor wenigen Jahren auf 3795 m geschätzt, aber neuere Messungen haben zu niedrigeren Werten (3729 m) geführt. Das Gesamtgewicht des Wassers liegt bei etwa 1,41 x 10^{18} t oder 0,024 Prozent des Gesamtgewichts der Erde. Das Wasservolumen der Ozeane wird auf 1 349 900 000 km^3 geschätzt, das Süßwasser hingegen nur auf 35 000 000 km^3.

Der größte Ozean ist der Pazifik. Unter Ausschluß der anhängenden Gewässer nimmt der Pazifische Ozean 49,5 Prozent der irdischen Ozeanflächen in Anspruch und bedeckt eine Fläche von 166 241 700 km^2. Seine mittlere Tiefe beträgt 3940 m.

Der kleinste Ozean ist der Arktische Ozean mit einer Fläche von 13 223 700 km^2. Seine mittlere Tiefe beträgt 1038 m.

Der längste transkontinentale Wasserweg erstreckt sich über 10 682 km. Er verbindet den Beaufortsee in Nordkanada mit dem Golf von Mexiko und beginnt in Tuktoyaktuk am Mackenzie-Strom. Er endet am Port Eads im Mississippidelta. Die Verbindung wurde 1976 endgültig durch die Herstellung des South-Bay-Diversion-Kanals ermöglicht, der die Flußsysteme des Churchill und des Nelson verknüpft.

Die größte Meerestiefe wurde 1951 400 km westlich von Guam im Marianengraben im Pazifik von dem britischen Vermessungsschiff *Challenger* ermittelt: 10 863 m. Bei späteren Untersuchungen ergab sich eine etwas größere Tiefe von 11 034 m, wie sie schon vom sowjetischen Forschungsschiff *Vityaz* 1957 gemessen wurde.

▮ Am 23. Januar 1960 hatte die bemannte Tiefsee-Tauchkugel *Trieste* eine Tiefe von 10 916 m erreicht. Die neuesten Daten (1995) des japanischen Vermessungsschiffes *Kaiko* haben eine Tiefe von 10 911 m ergeben.

Die größte See ist die Südchinesische See mit 2 974 600 km^2.

Die größte Meeresbucht, gemessen nach der Länge der Küstenlinie, ist die Hudsonbay im nördlichen Kanada mit 12 268 km und einer Fläche von 1 233 000 km^2.

▮ Die Fläche der Bucht von Bengalen beträgt 2 172 000 km^2.

Der größte Golf ist der Golf von Mexiko mit einem Flächeninhalt von 1 544 000 km^2 und einer 5000 km langen Küstenlinie, die von Cape Sable, Florida (USA), bis Cabo Catoche (Mexiko) reicht.

Der längste Fjord ist der Nordwestfjordarm des Scoresby-Sund in Ostgrönland, der 313 km vom Meer ins Land hineinreicht. Der längste norwegische Fjord ist der Sognefjord, der 204 km landeinwärts von Sogneoksen bis zur Spitze des Lusterfjordarmes bei Skjolden reicht. Seine Breitenextreme liegen bei 2,4 und 5,1 km. Seine maximale Tiefe beträgt 1308 m.

Der landfernste Punkt liegt im Südpazifik ca. 47°30'S und 120°'W. Er ist etwa 2575 km vom nächsten Flecken Land, nämlich der Pitcairninsel, der Ducieninsel und der Peter-I.-Insel in der Antarktis, entfernt. Die diesen Punkt umgebende Wasserfläche hat eine Ausdehnung von 20 826 800 km², größer als die Fläche Rußlands.

Die längste Seereise, die man machen kann, ist 31 960 km lang. Sie beginnt an einem Punkt westlich von Karatschi (Pakistan) und führt durch die Straße von Mosambik, die Drakestraße und das Beringmeer zu einem Punkt nördlich von Uka'-Kamtschatka.

Die Wassertemperatur an der Meeresoberfläche reicht von – 2 °C im Weißen Meer bis 36 °C im Sommer an den seichten Stellen im Persischen Golf. Die Normaltemperatur des Roten Meeres ist 22 °C. Durch die Brennglaswirkung von Eis auf die Sonnenstrahlung können an der Wasseroberfläche in Polarmeeren Temperaturen bis knapp 27 °C auftreten.

Die höchste Temperatur, die im Meer gemessen wurde, betrug 404 °C. Ermittelt wurde sie 1985 von einem Forschungsunterseeboot 480 km von der Westküste der USA im Rahmen einer Expedition unter Jack Diamond, Oregon State University (USA). Die Temperatur wurde in einzelnen Wasserproben dieser geothermischen Quelle gemessen. Der hohe Druck verhinderte ein Verdampfen des aufsteigenden Wassers.

Die längste Meerenge ist der Tatarensund zwischen der Insel Sachalin und dem russischen Festland, der das Japanische Meer mit dem Ochotskischen Meer verbindet. Diese Strecke ist 800 km lang, also kaum länger als die Straße von Malakka.

Die breiteste Meerenge ist die Davisstraße zwischen Grönland und Baffinland (Kanada) mit einer Mindestweite von 338 km.

Die engste schiffbare Meerenge befindet sich zwischen den Inseln Shodoshima und Mae in der Straße von Dofuchi. Eine Brücke, die die beiden Inseln miteinander verbindet, mißt gerade 9,93 m.

Strömungen

Die größte Meeresströmung ist der antarktische Zirkumpolarstrom oder die Westwindtrift. Messungen in der Drakestraße zwischen Südamerika und der Antarktis ergaben 1982 einen Strömungsfluß von 130 000 000 m³/s. 1990 wurden Computermodelle veröffentlicht, die einen Strömungsfluß von 195 000 000 m³/s erwarten lassen. Seine Breite liegt zwischen 300 und 2000 km, und seine Oberflächenströmung beträgt 0,75 km/h.

Die stärkste Meeresströmung weist mit 12,8 km/h der Somalistrom im Indischen Ozean vor der ostafrikanischen Küste auf.

Die stärkste Strömung haben die Nakwakto Rapids in Slingsby Channel (Kanada) (51°06'N, 127°30'W), wo die Strömungsgeschwindigkeit 16 Knoten (30 km/h) erreichen kann.

Das größte Gebiet mit ruhigem Wasser stellt die Sargassosee im nördlichen Atlantik dar. Die Oberfläche des etwa 6 Mio. km² großen Gebiets wird weitgehend von Beerentang bedeckt, der sich oft in langen parallelen Streifen anordnet.

Die stärksten Gezeiten gibt es in Kanada in der Bay of Fundy, die zwischen Neuschottland, Maine (dem nordöstlichsten Staat der USA) und der kanadischen Provinz New Brunswick liegt. Burncoat Head im Minasbecken in Neuschottland hat mit 16 m den höchsten mittleren Frühjahrs-Tidenhub in der Welt. Ein Tidenhub von 16,6 m bei Springfluten wurde 1953 im Leafbecken in der Ungara-Bay, Quebec (Kanada), gemessen. Tahiti im Mittelpazifik kennt keinen Tidenhub.

Der größte Tidenhub an der deutschen Nordseeküste wurde 1978 mit 4,17 m an der großen Weserbrücke in Bremen ermittelt.

Wellen

Die höchste gemessene Welle, die wetter- oder klimabedingt entstand, wurde von US-Marineleutnant Frederic Margraff gemessen, als er mit dem Schiff *Ramapo* auf dem Weg von Manila (Philippinen) nach San Diego, Kalifornien (USA), in der Nacht vom 6. zum 7. Februar 1933 durch einen Hurrikan fuhr, der mit einer Geschwindigkeit von 126 km/h daherraste. Er errechnete für die Welle vom Wellental bis zum Scheitel eine Höhe von 34 m.

Riesenwelle durch Erdrutsch: Am 9. Juli 1958 löste ein Erdrutsch in der fjordartigen Lituya Bay, Alaska (USA), eine 524 m hohe Welle mit einer Geschwindigkeit von 160 km/h aus.

Tsunamis: Die höchste Höhe, die man für Tsunamis (durch Erdbeben erzeugte Oberflächenwellen des Meeres) schätzte, betrug 85 m und erschien bei Ischigaki (Japan), einer der Riukiuinseln, am 24. April 1771. Diese Erdbebenwelle schleuderte einen 750 t schweren Korallenblock über 2,5 km weit. Tsunamis können eine Geschwindigkeit von 790 km/h erreichen.

Eisberge

Der größte Eisberg war ein antarktischer Tafelberg von mehr als 31 000 km² (335 km x 97 km, also größer als Belgien), der am 12. November 1956 von dem US-Schiff *Glacier* 240 km westlich von der Scott-Insel im südlichen Pazifik gesichtet wurde.

Der höchste je gesichtete Eisberg hatte eine Höhe über Wasser von 167 m und wurde vom Deck des US-Eisbrechers *East Wind* aus 1958 nahe der Westküste von Grönland fotografiert.

Monolith
aus kambrischer Arkose: der Ayers Rock in Australien.

Plattentrennung
am Mittelatlantischen Rücken: Die Laki-Spalte auf Island ist Beispiel für die dort herrschenden tektonischen Kräfte.

Wie gedruckt

Höchster und breitester Zeitschriftentitel: 120 qm². Das 40 kg schwere Cover von *Petra*.

Verlage

Rekordumsatz auf dem Buchmarkt: Trotz der Konkurrenz der elektronischen Medien steigerte sich der Buchumsatz 1996 auf 17,2 Mrd. DM (inklusive Fach- und wissenschaftliche Zeitungen). Es wurden 71 515 Titel publiziert, darunter 9622 Belletristik- und 4602 Kinder- und Jugendtitel.

Der größte Medienkonzern der Welt ist 1996 aus dem Zusammenschluß der US-Fernsehgruppe Turner Broadcasting System (TBS) und dem führenden US-Multimedia-Unternehmen Time Warner entstanden. Gemeinsamer Jahresumsatz: mehr als 21 Mrd. Dollar (etwa 31,5 Mrd. DM). Platz drei: Bertelsmann, Gütersloh, mit 21,589 Mrd. DM im Jahr 1996.

Der größte deutschsprachige Buchverlag war 1996 mit einem Umsatz von 978 Mio. DM Bertelsmann Buch in München mit 30 Einzelverlagen.

Der größte deutsche Zeitungs- und Zeitschriftenverlag war 1996 Gruner + Jahr (Hamburg) mit 4580 Mio. DM und 12 594 Mitarbeitern, knapp dahinter der Axel Springer Verlag (Berlin) mit 4419,6 Mio. DM Umsatz und 12 346 Mitarbeitern.

Die größte Druckerei unter einem Dach ist die der amerikanischen Regierung in Washington. Auf 13,92 ha werden 1464 Druckaufträge pro Tag erledigt.

Den größten Druckauftrag vergab die Deutsche Bundespost für das neue Postleitzahlenbuch des vereinten Deutschlands, das am 1. Juli 1993 in einer Auflage von 42 300 000 Exemplaren erschien (59 220 t Papier).

Die Buchhandlung mit den meisten Titeln und den längsten Regalen (rund 48 km) ist W. & G. Foyle, London (GB). Das Geschäft ist 7044 m² groß.

Die Buchhandlung mit der größten Verkaufsfläche ist mit 14 330 m² die Fa. Barnes & Noble Bookstore in der Fifth Avenue, New York (USA).

Älteste

Tageszeitung Deutschlands: *Hildesheimer Allgemeine Zeitung*, ehemals *Hildesheimer Relations-Courier* von 1705.

Zeitungen

Die älteste noch existierende Zeitung ist das schwedische Journal *Post och Inrikes Tidningar,* 1645 gegründet, herausgegeben von der Königlichen Schwedischen Akademie für Literatur.

Die älteste noch erscheinende Tageszeitung in Deutschland ist die 1705 gegründete *Hildesheimer Allgemeine Zeitung* mit einer Auflage von 50 496 Exemplaren (Stand Januar 1997).

Die dickste Einzelausgabe einer Zeitung war die 1612 Seiten starke Sonntagsausgabe der *New York Times* vom 14. September 1987. Sie wog 5,4 kg.

Die kleinste Zeitung heißt *Bireswar Smriti* und erscheint seit 1991 monatlich in Indien. Sie mißt nur 5 x 4 cm.

Die größte Zeitung war die am 14. Juni 1993 erschienene Ausgabe der in Gent (B) publizierten Tageszeitung *Het Volk.* Sie hatte 142 x 99,5 cm große Seiten und wurde in 50 000 Exemplaren verkauft.

Die nördlichste Zeitung, das Lokalblatt *Svalbardposten,* erscheint wöchentlich in Spitzbergen (Norwegen) mit einer Auflage von 2500 Stück.

Die schnellste Tageszeitung der Welt wird seit Juli 1997 in 30 deutschen ICE-Zügen in einer Auflage von 30 000 Exemplaren produziert.

Das begehrteste Informationsmedium in Deutschland war laut dem Bund Deutscher Zeitungsverleger auch 1997 die Zeitung. Täglich lesen rund 50,6 Mio. Deutsche Zeitung.

Größte

Bodenzeitung auf 2-x-2-m-Transparenten in Linz (A).

Die eifrigsten Zeitungsleser sind die Schweden mit 580 verkauften Exemplaren pro 1000 Einwohner.

Die auflagenstärkste aller gegenwärtig erscheinenden Zeitungen ist *Yomiuri Shimbun.* Die Morgen- und Abendausgabe der japanischen Zeitung erreichten 1996 zusammen eine höchste Tagesauflage von 14 565 474 Stück.

Die auflagenstärkste Tageszeitung in Deutschland ist *Bild* aus dem Axel Springer Verlag, Berlin, mit einer verkauften Tagesauflage von 4,412 Mio. (Stand Januar 1997).

Die auflagenstärkste überregionale Tageszeitung in Deutschland ist (Stand Januar 1997) die *Süddeutsche Zeitung* aus dem Süddeutschen Verlag in München. Tagesverkauf: 401 075 Exemplare.

Die auflagenstärkste Tageszeitung in Österreich ist die *Neue Kronen Zeitung* aus Wien mit einer Auflage von 1 025 000 Exemplaren.

Die größte Tageszeitung in der Schweiz ist *Blick* mit einer Auflage von 500 000 Exemplaren (Stand 1996).

Die größte Wochenzeitung in Deutschland ist *Die Zeit,* Hamburg, mit einer Durchschnittsverkaufsauflage von 461 363 Exemplaren im Januar 1997.

Die größte Regionalzeitung in Deutschland ist mit einer Auflage von 1 140 194 Exemplaren die *Westdeutsche Allgemeine Zeitung* in Essen.

Eifrigster Leserbriefschreiber an die Londoner *Times* ist David Green aus Castle Morris (GB). Bis zum 17. April 1997 hat das Blatt 140 Beiträge veröffentlicht. Der kürzeste: „Sir, Yes."

Der längste Leserbrief an eine Zeitung wurde auf einer Papierrolle von 326 m Länge von Lesern des *Nordbayerischen Kuriers* in Bayreuth (D) vom 21. bis 28. September 1996 geschrieben und anschließend häppchenweise abgedruckt.

Längster

Leserbrief: 326 m an den *Nordbayerischen Kurier.*

Die auflagenstärkste Sonntagszeitung in Deutschland ist *Bild am Sonntag* mit 2,476 Mio. Exemplaren (Stand 1. Quartal 1997).

Die größte Bodenzeitung, das sind 2 x 2 m große Transparente mit Passantenmeinungen, präsentierte die Gewerkschaftsjugend Oberösterreich am 29. November 1996 in Linz (A) auf einer Fläche von 480 m². Antworten zum Thema Jugendarbeitslosigkeit aus 80 verschiedenen Orten.

Zeitschriften

Die größte Programmzeitschrift in Deutschland ist *TV Movie* aus dem Bauer-Verlag: Wochenauflage von 2,754 Mio. (Stand Januar 1997).

Die größte deutsche Illustrierte ist der *Stern* (Verlag Gruner + Jahr, Hamburg) mit wöchentlich 1,192 Mio. Exemplaren (Stand Januar 1997).

Die größte deutsche Jugendzeitschrift ist *Bravo* (Bauer-Verlag, Hamburg/München) mit einer Wochenverkaufsauflage von rund 1,404 Mio. Exemplaren (Stand Januar 1997).

Die größte deutsche Frauenzeitschrift ist *Bild der Frau* aus dem Axel Springer Verlag mit einer wöchentlichen Verkaufsauflage von 1,909 Mio. Exemplaren (Stand Januar 1997).

Die auflagenstärkste Monatszeitschrift in Europa ist die Mitgliederzeitschrift *Motorwelt* des Allgemeinen Deutschen Automobil-Clubs (ADAC) mit 12,378 Mio. Exemplaren (Stand Juli 1997). Kostenlos für Clubmitglieder.

Die auflagenstärkste mehrsprachige Monatszeitschrift der Welt ist mit 47 internationalen Ausgaben *Reader's Digest* (gegründet 1922). Die monatliche Gesamtauflage beträgt 27 Mio. Exemplare und erscheint in 18 Sprachen. Die deutsche Ausgabe erscheint unter dem Titel *Das Beste* (1,4 Mio. Exemplare, Stand 1997).

Die auflagenstärkste Zeitschrift der Welt ist die farbige US-Sonntagszeitungsbeilage *Parade* in 340 Zeitungen: Auflage 37,166 Mio. Stück.

Größtes Zeitschriftentitelblatt: *Petra,* November 1996, 120 m², Hamburg, Fassade des Jahreszeiten-Verlages.

Voll elektronisch

Showmasterin

Lotti Huber ist die älteste. Mit 84 Jahren bekam das Multitalent eine eigene Show.

Rundfunk

Der stärkste Rundfunksender der Welt ist der russische Langwellensender in Taldom nahe Moskau mit einer Sendeleistung von 2500 kW (Stand 1997).

Der stärkste Rundfunksender Deutschlands ist der Langwellensender von Europe No. 1 in Felsberg-Berus bei Saarlouis, Saarland, mit einer Leistung von 2000 kW.

Der stärkste Rundfunksender der Schweiz befindet sich in Sottens bei Lausanne, ein Mittelwellensender mit 600 kW.

Die höchste Rundfunksendeleistung Österreichs erreichen zwei Mittelwellensender auf dem Bisamberg bei Wien mit 600 kW.

Der größte Rundfunkkonzern in Europa ist die CLT-Ufa, eine Muttergesellschaft der RTL-Gruppe, die aus der luxemburgischen CLT und der Bertelsmann-Tochtergesellschaft Ufa 1996 entstanden ist.

Die meisten Rundfunksender gibt es in den USA. Am 31. April 1996 waren dort 12 069 lizensierte Sender registriert, die auf Mittelwelle und auf Ultrakurzwelle senden.

Das größte Echo auf eine Hörfunksendung wurde vom 21. bis 27. Juni 1993 in Osaka (Japan) erzielt, als im Rahmen einer Telefonlotterie 8 091 309 Menschen beim Sender FM Osaka 85,1 anriefen. Als Preis winkten 100 000 Yen, und die Zuhörer hatten täglich 10 Std. lang jeweils 20 Min. pro Stunde Zeit, ihn zu gewinnen. Der Tag mit den meisten Anrufen war der 23. Juni, als in den zur Verfügung stehenden 3:20 Std. 1 540 793 Male das Telefon klingelte.

Die längste Hörer-Wunsch-Sendung lief vom 21. Februar, 14 Uhr, bis zum 2. März 1996, 14 Uhr, im Coburger Radio Eins. Uli Löbner und Jürgen Ibacher spielten in den 240 Stunden 2882 Wunschtitel.

Der größte Abräumer bei Radio-Quizsendungen ist Hans-Jürgen Bielawny aus Doberlug-Kirchhain, Brandenburg (D). In der Zeit vom 1. Mai 1994 bis 24. März 1997 nahm er bei 38 Radiosendern an Quizspielen teil und gewann dabei 476mal. Zusammen kamen so 600 CDs, 17 Reisen, 10 g Gold, 2 Radios, 1 Mountainbike und eine Unmenge an T-Shirts, Büchern, Freikarten, Videos, Schachspielen, Spielen, Telefonkarten sowie hin und wieder auch Bargeld.

Das Rekordpublikum bei einer Radiosendung der BBC waren 30 Mio., die sich am 6. Juni 1950 die Übertragung des Boxkampfes zwischen Lee Savold (USA) und Bruce Woodcock (GB) anhörten. Der jetzt in 41 Sprachen ausgestrahlte Radiodienst der BBC wurde 1995, wie Umfragen in 100 Ländern ergaben, von 140 Mio. Menschen regelmäßig gehört.

Fernsehen

Den höchsten Preis für Film- und Serienrechte in Deutschland entrichtete im Sommer 1996 RTL, als der Sender für 2,25 Mrd. DM von der US-amerikanischen MCA Television Group die Rechte an allen TV-Produktionen erwarb, die MCA bis zum Jahre 2006 produzieren wird.

Die längste Sendung in der Fernsehgeschichte: Der französischsprachige, staatliche schweizerische Sender Suisse 4 übertrug die Olympischen Spiele 1996 aus Atlanta rund um die Uhr für 16 Tage, 22 Stunden und 45 Minuten (vom 19. Juli bis 5. August 1996).

Die längste Live-Sendung in Deutschland wurde am 3. Mai 1996 vom WDR ausgestrahlt. Insgesamt 460 Min. konnten die Zuschauer bei der Sendung *Kopfball* mitraten und gewinnen.

Die teuersten Fernsehrechte: 8 Mio. Dollar soll 1991 eine amerikanisch-europäische Investorengruppe unter Führung von CBS für die TV-Rechte an Alexandra Ripleys *Scarlett,* der Fortschreibung von Margaret Mitchells *Vom Winde verweht,* bezahlt haben. Das wurde im November 1991 berichtet. Die achtstündige Verfilmung lief 1993 in Fortsetzungen über die Bildschirme.

Die meisten Zuschauer einer einzelnen Sendung zog die Übertragung der Trauerfeierlichkeiten für Diana, Prinzessin von Wales, am 6. September 1997 an: 2,5 Mrd.

Älteste Showmasterin ist Lotti Huber (* 1912) aus Berlin (D). Mit 84 Jahren bekam die Schauspielerin und Sängerin ihre erste eigene Fernseh-

Live-Sendung

460 Minuten lang – Rekord. Raten und gewinnen bei *Kopfball* im WDR.

Kuba Komet

heißt dieses TV-Modell aus dem Jahr 1962. Versteigert für 15 600 Mark – einmalig.

Videotafel

der Superlative: 850 Schirme bedecken eine Fläche von 162 m². Im Futuroscope-Park.

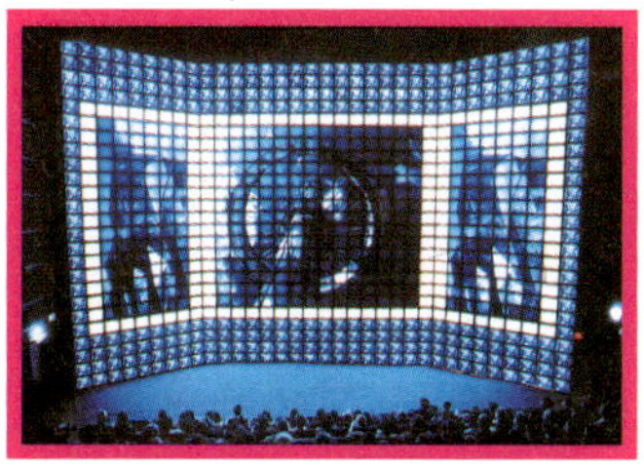

Abräumer

vom Dienst: Hans-Jürgen Bielawny gewann 476mal bei Rundfunk-Quizsendungen.

show, die am 26. Dezember 1996 um 22.15 Uhr erstmals beim Westdeutschen Rundfunk ausgestrahlt wurde.

Die längste Zeit als Moderator einer Magazinsendung hat Dieter Zilligen vorzuweisen, der 30 Jahre lang auf N3 das *Bücherjournal* moderiert hat. Nach fast 700 Sendungen ging er im Mai 1997 in Ruhestand.

Die meisten Filmwiederholungen in Deutschland konnte in der Zeit vom 4. Januar 1953 bis zum 5. Juli 1996 der Klassiker *Casablanca* für sich verbuchen. Insgesamt wurde der 1942 gedrehte Streifen 37mal wiederholt. Knapp dahinter mit 35 Wiederholungen liegt der *Malteser Falke* (1941), mit 31 Ausstrahlungen auf Platz 3 liegt *Tote schlafen fest* (1946).

Die dauerhafteste Fernsehserie der Welt ist *Meet the Press* (Begegnung mit der Presse) der amerikanischen Fernsehgesellschaft NBC, die am 6. November 1947 startete und seit dem 12. September 1948 allwöchentlich ausgestrahlt wird. Bis zum 17. April 1995 sind 2391 Sendungen ausgestrahlt worden.

Die meistgesehene Fernsehserie ist die *Muppet Show*. Bis August 1989 erreichte sie schätzungsweise 235 Mio. Zuschauer in 106 Ländern.

Die längste deutsche Fernsehserie ist die *Lindenstraße* im 1. Programm der ARD. Bis zu 10,4 Mio. Zuschauer sehen seit 1985 Sonntag für Sonntag die neueste Folge – und ein Ende ist vorerst nicht abzusehen.

Die teuerste Produktion in der Fernsehgeschichte war die 14teilige Serie *War and Rememberance* des amerikanischen Fernsehsenders ABC, die im November 1988 und März 1989 in zwei Staffeln ausgestrahlt und 1989 als beste Miniserie mit dem Emmy Award ausgezeichnet wurde. Die dreijährigen Dreharbeiten kosteten 110 Mio. Dollar (208 Mio. DM).

Die meisten jemals von einer Fernsehserie verkauften Episoden waren 1144 Folgen von *Coronation Street*. Die britische TV-Gesellschaft Granada verkaufte sie am 31. Mai 1971 an das kanadische Programm CBKST. Würde man alle 1144 Episoden hintereinander abspielen, müßte man 20 Tage, 15:44 Std. in die Röhre gucken.

Den größten Fernsehvertrag schloß 1994 die Moderatorin Oprah Winfrey (* 1954) im Namen ihrer Firma (Harpo) mit der King World Corporation ab. Er soll Harpo bis zum 31. Dezember 2000 insgesamt 300 Mio. Pfund zusichern.

Höchstbezahlter Fernsehunterhaltungskünstler ist der amerikanische Komiker Bill Cosby, der in zwei Jahren – 1990/91 – 115 Mio. Dollar verdient haben soll.

Der fleißigste TV-Produzent der Welt ist Aaron Spelling (* 1928). Seine TV-Serien mit 1770 Episoden ergeben eine Sendedauer von 2250 Std. Dazu hat er noch Fernsehspiele mit einer Gesamtlänge von 207:30 Std. und acht Dokumentarstreifen produziert. Unter dem Strich stehen 2467 Sendestunden oder 3688 Filmkilometer. Um Spellings gesammelte Fernsehwerke zu sehen, müßte man dreieinhalb Monate ununterbrochen vor dem Fernseher sitzen. Der Durchschnittsamerikaner verbringt aber nur 6 Std. pro Tag vor dem Fernseher. Folglich reichen Spellings Filme für insgesamt 374 TV-Tage.

Höchstbezahlte Entertainerin ist Dolly Parton mit einer Gage bis zu 400 000 Dollar (etwa 678 200 DM) pro Live-Auftritt. Johnny Carson strich für seine – vom Fernsehen nicht übertragene – Galavorstellung zum 100jährigen Jubiläum von Sears Roebuck im Oktober 1984 sogar 1 Mio. Dollar (damals etwa 2,5 Mio. DM) ein.

Als dienstältester TV-Kommissar gilt Oberinspektor *Derrick*. Seit dem 30. Juli 1973 spielt Horst Tappert aus Gräfelfing, Bayern (D), den TV-Ermittler. Am 18. August 1995 lief die 250. Folge. In 93 Ländern ist der Verkaufsschlager Nummer eins der deutschen Fernsehproduktionen zu sehen.

Die teuerste Werbezeit im Fernsehen kostete pro Minute 2,2 Mio. Dollar. So viel verlangte der Fernsehsender NBC am 28. Januar 1996 für die Werbeeinblendungen während der Übertragung des 30. Super Bowl (Endspiel im American Football).

Das meistverkaufte Video ist der Disney-Zeichentrickfilm *Der König der Löwen*, von dem bis August 1997 weltweit über 55 Mio. Kassetten abgesetzt wurden.

Die größte Videowand der Welt befindet sich im Futuroscope-Vergnügungspark in der Nähe von Poitiers (F). 850 Videoschirme bedecken eine Fläche von 162 m².

Werbespots,

die teuer zu stehen kamen: pro Minute 2,2 Mio. Dollar für Reklame beim 30. Super Bowl.

Total vernetzt

Internet-Anschluß: Ende 1997 haben 82 Mio. Personalcomputer einen eigenen Zugang zum Internet, was einer Zunahme von 71 Prozent innerhalb eines Jahres entspricht. Viele Unternehmen stellen ihren Mitarbeitern die Anschlüsse für computergestützte Heimarbeit zur Verfügung.

▮ Laut der amerikanischen Marktforschungsfirma Dataquest wird es 2001 bereits 268 Mio. PC mit Internet-Zugang geben, der Markt für Internet-Software und -Dienstleistungen wird von heute 12,2 Mrd. Dollar dann auf geschätzte 32,2 Mrd. Dollar steigen.

Der meistverbreitete Internet-Browser, das Programm zum Zugang in das Internet und das World Wide Web, stammt von Netscape. Mit einem Marktanteil von 80 Prozent ist Netscapes *Navigator* bisher über 40 Mio. Mal verkauft bzw. kostenlos über das Internet abgerufen worden (Stand Juni 1996). Konkurrent ist Microsoft mit dem Programm *Explorer.*

Das preisgünstigste Ferngespräch kann über Internet geführt werden. Mittels spezieller Software läßt sich Sprache in beiden Richtungen und in Echtzeit durch das Internet übertragen. So kann man mit einem Gesprächspartner überall auf der Welt zum Ortstarif telefonieren, da nur die Ortsgebühren zum Internet-Provider anfallen. Im Juni 1996 nutzten dies bereits über 500 000 Menschen. Bis zum Jahrtausendwechsel werden über 16 Mio. Teilnehmer erwartet.

Schnellster Internet-Zugang: Der normale Zugang über das Telefonnetz erfolgt mit ca. 14 400 bits/s (14,4 kbps), mit ISDN bei 64 kbps. Die US-Tochter von AT&T, Paradyne, hat mit RADSL den weltweit schnellsten Zugang für das Telefonnetz vorgestellt: maximal 7 Mbps (7 Mio. bits/s). Das Übertragen einer Grafik dauert statt bisher 10 Min. (bei 14,4 kbps) mit RADSL nur noch 1,5 Sek. Die Bibel könnte in weniger als 20 Sek. übermittelt werden.

Virtuelle Welt

per Computeranimation von IBM: *Starspeeder* auf dem Weg in ein intergalaktisches Abenteuer. Zu erleben in Euro Disneyland bei Paris.

Die schnellste Briefpost der Welt ist die e-mail per Internet: 91 Prozent aller e-mails erreichen ihr Ziel innerhalb von 5 Min., weitere 5 Prozent innerhalb von 30 Min., 1 Prozent innerhalb von 1 Std. Weniger als 0,3 Prozent kommen nach über 12 Std. an, die langsamste Nachricht benötigt 27 Std.

Das größte Internet-Café bot vom 7. bis 9. April 1997 auf einem alten Raddampfer im Rhein bei Bonn (D) 110 Einzelplatzanlagen, von denen aus im Internet gesurft werden konnte.

Das erste Internet-Interview eines Bundespräsidenten führte Roman Herzog auf der 41. Internationalen Funkausstellung (IFA) 1997 in Berlin. Beim Online-Chat, der Unterhaltung über die Computer-Tastatur, beantwortete er Fragen zum Stand der Wiedervereinigung, zur Lage der deutschen Wirtschaft und natürlich zu seinem Privatleben.

Die meistbesuchte Internet-site war die der NASA (www.jpl.nasa.gov) während der Mars-Mission *Pathfinder* im Juli 1997: 100 Mio. Hits in drei Tagen.

▮ An zweiter Stelle liegt der Nachrichtensender CNN (www.cnn.com) mit 5 Mio. Hits pro Std. während der letzten US-Präsidentschaftswahlen (insgesamt 50 Mio. Hits). Ein „Hit" wird allerdings als das Abrufen nur einer Information gezählt, und eine Website besteht oft aus mehreren hundert verschiedenen Seiten.

Der meistbesuchte Web-Server, eine Art Nachrichtendienst für Web-Sites, ist Yahoo (www.yahoo.com) mit mehr als 20 Mio. Hits (Aufrufe) pro Tag im Dezember 1996.

Die größte CD-ROM-Bibliothek besitzt die BASF in Ludwigshafen (D). In einer Patentschriftensammlung findet sich eine CD-ROM-Bibliothek, die über 3000 CD-ROMs enthält und jährlich um etwa 400 CD-ROMs wächst. Sie enthält Patentanmeldungen und erteilte Patente der Patentämter der USA, Europas, Deutschlands und der Weltorganisation für geistiges Eigentum.

Die größte Bildungsdatenbank: 317 000 Einträge finden sich in der Internet-Datenbank KURS DIREKT der Bundesanstalt für Arbeit, die das Institut der deutschen Wirtschaft Köln (D) anbietet.

Das größte Firmenwerbezeichen ist das des Chemiekonzerns Bayer in Leverkusen (D). Es zeigt den Schriftzug Bayer als Kreuz in einem Kreis von 51 m Durchmesser, zwischen zwei 120 m hohen Masten aufgehängt und von 1712 Glühlampen erhellt. Größe der Buchstaben: 7 m.

Die größte Vermarktungskampagne erfuhr der Film *Batman*. Warner Bros. vergaben 160 Lizenzen, als der Streifen 1989 anlief. Die Einnahmen daraus wurden mit geschätzten 50 Mio. Dollar angegeben, was den Film zur erfolgreichsten Merchandising-Aktion überhaupt machte.

Die höchste Reklame steht mit dem Logo I auf der Spitze des First Interstate World Centre in Los Angeles, Kalifornien (USA), einem 73 Stockwerke bzw. 310 m hohen Gebäude.

Die größte Reklametafel an einem Gebäude maß 4402 m² und warb für die Fluggesellschaft Gulf Air. Sie war im Mai und Juni 1995 in Cheswick, nahe London, angebracht.

Das größte Werbeplakat in Deutschland hing vom 31. Mai bis 15. Oktober 1997 am Gasometer in Oberhausen für die Ausstellung „Der Traum vom Sehen". Daten: 58,4 hoch, 62,37 m breit, 3642,408 m² Fläche, 672 kg schwer. Rekordverdächtig auch das Material: 1,7 km Stahlseile, 3248 Ösen, nur 8 l Airbrush-Farbe.

Die größte und höchste freistehende Reklametafel steht vor dem Hilton-Casino-Hotel in Las Vegas, Nevada (USA), seit Dezember 1993. Die zweiseitige Reklametafel hat eine Gesamtfläche von 7648,5 m² und ist 110,3 m hoch, gebaut von der Firma John Renton Young Lighting and Sign.

Das größte Reklamegemälde initiierte die Firma Benetton, indem sie 10 000 Einzelbilder, gemalt von 20 000 Menschen in Europa, zu einem einzigen von 1000 m² zusammenfügte und am 4. Oktober 1995 am Gasometer von Oberhausen (D) anbrachte.

Das längste Werbetransparent maß 7,99 km und wurde am 15. November 1995 in Südkorea im Rahmen einer Werbekampagne für das an den Südostasien-Spielen teilnehmende südkoreanische Team vorgestellt. Träger der Aktion: Nestlé, das nationale Erziehungsministerium sowie der Sportverband.

Die längste Neonreklame der Welt ziert die Great Mississippi River Bridge in Memphis, Tennessee (USA): Insgesamt 200 Starkstromlampen bilden über eine Länge von 550 m den Buchstaben M.

Die größte Neonreklame mißt 111,4 x 19,05 m und wirbt für 999, eine traditionelle chinesische Medizin der pharmazeutischen Fabrik Nanfang. Sie wurde zwischen November 1992 und April 1993 auf Hongkong Island errichtet und besteht aus 13,14 km Neonröhren.

Die größte Leuchtreklame ist am Hilton Hotel in Las Vegas, Nevada (USA), angebracht. Sie ist 60 m lang, 32 m hoch und hat 16 000 Halogenstrahler. Sie wurde von der israelischen Firma Abudi Signs Industry hergestellt.

110

Computer beim größten Internet-Café 1997 in Bonn. Surfen bis zum Abwinken.

1712

Glühlampen erleuchten das Bayer-Kreuz in Leverkusen. Größtes Firmenwerbezeichen.

50 Mio. Dollar

Einnahmen aus der größten PR-Kampagne: *Batman* auf Tassen, T-Shirts und im Kino.

Musik-Cocktails

Schrille Girls

im Dreierpack: Tic Tac Toe heizen den deutschen Fans ein. Erfolgreichste Band hierzulande.

Konzerte

Die größte Techno-Fete fand am 12. Juli 1997 in Berlin statt. Über eine Mio. – so zählten die Veranstalter – oder „nur" 350 000 – so schätzte die Polizei – feierten die *Love Parade,* die damit zum neunten Male stattfand.

▮ In Zürich waren bei der sechsten *Street Parade* am 16. August 1997 ebenfalls Hunderttausende Raver geschätzt worden. Exakte Zahl der verteilten Ohrpfropfen: 200 000.

Das größte Rockkonzert fand am Silvesterabend 1993 in Rio de Janeiro statt. Zwischen 2,5 und 3 Mio. Zuhörer erlebten den englischen Rocksänger Rod Stewart bei freiem Eintritt.

Die meisten zahlenden Zuhörer bei einem Solokonzert wurden am 21. April 1990 im Maracaña-Stadion von Rio de Janeiro (Brasilien) gezählt: 180 000 waren gekommen, um Paul McCartney (* 1942) zu hören.

▮ Für das Konzert, das Tina Turner (* 1939) im Jahr 1988 am selben Ort gegeben hatte, wurde ebenfalls eine Fanzahl von 180 000 angegeben.

Die meisten Zuhörer eines Solokonzerts in Deutschland: Am 20. Mai 1991 hörten bei einem Open-air-Auftritt von Herbert Grönemeyer in Ahrensfelde (D) bis zu 140 000 Fans zu; nur etwa 80 000 Eintrittskarten wurden verkauft.

Größter Publikumsmagnet als Gruppe war A-ha. Zu ihrem Konzert beim Festival *Rock in Rio* im April 1990 kamen rund 195 000 Zuschauer ins Maracaña-Stadion von Rio de Janeiro (Brasilien).

Die erfolgreichste Konzerttournee war *Steel Wheels* der Rolling Stones 1989 durch 30 Städte in Nordamerika mit 3,2 Mio. Zuhörern. Die Tour erbrachte 310 Mio. Dollar.

Die stärkste Soundanlage wurde am 20. August 1988 beim *Monsters-of-Rock*-Festival in Castle Donington Park (GB) aufgebaut: 523 000 Watt. Die Lautstärke am Mischpult erreichte bis zu 124 Dezibel beim Auftritt der Metal-Band Iron Maiden.

Musiker

Die erfolgreichste deutsche Band ist mit 800 000 verkauften CDs im Jahr 1996 die Mädchengruppe Tic Tac Toe mit ihrem gleichnamigen Debütalbum.

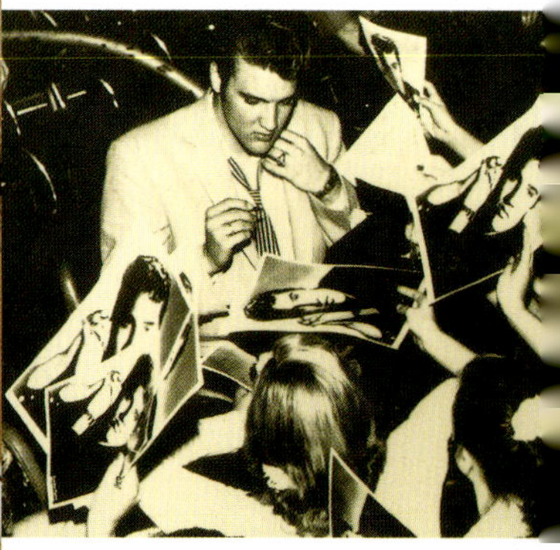

Die erfolgreichsten Schallplattensolisten sind Elvis Aron Presley (1935-77) und Harry Lillis (alias Bing) Crosby jr. (1904-77). Elvis Presley brachte seit 1956 in England 109 und in den USA 149 Singles sowie über 100 Langspielplatten in die Hitparaden. Er hält, zusammen mit den Beatles, nicht nur den Rekord für die meisten Nummer-Eins-Hits, nämlich 17, sondern war auch mit insgesamt 1145 Wochen am längsten in den englischen Charts vertreten.

▮ Bing Crosby hat mit 2600 Singles und 125 Langspielplatten mehr Aufnahmen gemacht als Elvis Presley. Die Handelskammer von Hollywood, Kalifornien (USA), überreichte ihm am 9. Juni 1960 eine Platin-Schallplatte für 200 Mio. verkaufte Tonträger, und am 15. September 1970 erhielt er eine zweite Platin-Platte, als Decca den Verkauf von angeblich 300,65 Mio. seiner Schallplatten bekanntgab.

Die erfolgreichsten Liedermacher sind John Lennon (1940-80) und Paul McCartney (* 1942). In den USA landeten McCartney-Songs 32mal auf Platz 1 der Hitliste, Lennon stand sechsmal weniger ganz oben.

Die erfolgreichste Sängerin ist der Popstar Madonna (* 16. August 1958).

Ihre LP *True Blue* wurde mehr als 11 Mio. Mal verkauft und war die Nr. 1 in 28 Ländern.

Die erfolgreichste Gruppe waren die Beatles, George Harrison (* 25. Februar 1943), John Winston Lennon (1940-80), James Paul McCartney (* 18. Juni 1942) und Richard Starkey alias Ringo Starr (* 7. Juli 1940). Nach Schätzungen von EMI sind bis heute mehr als 1 Mrd. Platten und Kassetten verkauft worden.

Der höchste Neueinstieg in die Billboard Hot 100 gelang Michael Jacksons doppelter A-Seiten-Single *Scream/Childhood* 1995. Auf Anhieb erreichte sie Platz 5 und übertraf damit den Beatles-Hit *Let It Be*, der 1970 bei Platz 6 in die Charts einstieg.

Die am häufigsten aufgenommenen Songs mit mehr als 1000 Versionen sind *Yesterday* von Paul McCartney und John Lennon mit 1600 Versionen zwischen 1965 und 1986, *Tie a Yellow Ribbon Round the Old Oak Tree* von Irwin Levine und L. Russell Brown mit mehr als 1200 Aufnahmen von 1973 bis 1985 und *My Way* nach der Musik von Jacques Revaux, dem verstorbenen Claude François und mit dem englischen Text von Paul Anka (* 30. Juli 1941 in Ottawa, Kanada).

Die erfolgreichste Schallplattensängerin in Europa ist Caterina Valente (* 1931): insgesamt 1500 Schlager, Lieder und Chansons auf 390 Singles und 383 Langspielplatten und weit über 1000 Fernsehauftritte.

Die erfolgreichsten Interpreten volkstümlicher Musik sind Slavko Avsenik (* 1929) und seine Original Oberkrainer aus dem ehemaligen Jugoslawien. Sie erspielten 30 Goldene, 1 Platin- und 1 Diamantene Schallplatte.

Die US-Charts für Singles wurden erstmals am 20. Juli 1940 in der Musikzeitschrift *Billboard* veröffentlicht.

- Die größte Chart-Dominanz hatten die Beatles am 4. April 1964, als sie die Top 5 der Hot 100's belegten, sowie weitere sieben Titel in den Charts hatten.
- Erfolgreichste Debütantin war Mariah Carey, die ihre fünf ersten Singles in die Charts bringen konnte.
- Die meisten Wochen auf Platz 1 war 1947 *Near You* von Francis Craig (17 Wochen). Nach 1955 war der längste Nummer-1-Hit *I Will Always Love You* von Whitney Houston (14 Wochen) im Jahr 1992.
- Die meisten Wochen in den Charts war zwischen 1942 und 1962 *White Christmas* von Bing Crosby.
- Die meisten aufeinanderfolgenden Wochen in den Charts war ab August 1995 an 55 Wochen lang *Missing* von Everything But The Girl.
- Am häufigsten an der Spitze der Hitliste standen die Beatles (20mal).
- Die meisten Titel unter Billboard's Hot 100 landete Elvis Presley mit 149 zwischen 1956 und Mai 90.

Die US-Charts für Alben wurden am 15. März 1945 von *Billboard* zum ersten Mal veröffentlicht.

- Am häufigsten auf Platz 1 waren als Gruppe die Beatles (17mal).
- Die meisten Nummer-1-Alben als Solo-Künstler hatte Elvis Presley (9).
- Auf vier Nummer-1-Alben in einem Jahr kam die Band Monkees im Jahr 1967.
- Die meisten Alben auf Platz 1 (6) und die meisten Hit-Alben (43 zwischen 1963 und Oktober 1994) hatte Barbra Streisand.
- Die meisten Wochen in den Charts war mit über 1000 *Dark Side of the Moon* von Pink Floyd, davon 741 in den Top 200.
- Der höchste Neueinstieg in die Charts gelang im Mai 1997 auf Platz 5 den Spice Girls mit ihrem Debütalbum *Say You'll Be There.*

Scharfe Mädels

der Popszene: Die Spice Girls aus England sind ganz oben in den Charts.

Ältester Künstler der US-Charts: Louis Armstrong mit 63 Jahren, als das Album *Hello Dolly!* im Jahr 1964 Platz 1 belegte.

Jüngster Künstler der US-Charts war mit 13 Jahren Stevie Wonder mit seinem Album *Little Stevie Wonder.*

Den höchstdotierten Vertrag mit einer Plattenfirma schloß US-Superstar Janet Jackson 1996 mit Virgin Records ab. Für 80 Mio. Dollar (etwa 115 Mio. DM) hat sie sich verpflichtet, vier Alben abzuliefern. Sie bekam einen Vorschuß von 35 Mio. Dollar.

Den längsten Plattenvertrag: Der Geiger Yehudi Menuhin unterschrieb einen Vertrag mit der Gramophone Company Ltd. (heute EMI) am 24. März 1931. Er ist dort seitdem ununterbrochen unter Vertrag.

Den höchstdotierten Werbevertrag hat Michael Jackson (* 29. August 1958) erhalten. 1991 soll Sony dem Popstar umgerechnet etwa 1,5 Mrd. DM in 15 Jahren zugesichert haben – für Musikserien, TV- und Filmprojekte.

Eine Supergage von 1,5 Mio. Dollar (damals 3,63 Mio. DM) strich der Popsänger David Bowie für einen einzigen Auftritt ein – am 26. Mai 1983 beim US-Festival im Glen Helen Regional Park von Kalifornien.

Schnellster Rapper ist Rebel X.D. aus Chicago, der 1992 bei Studioaufnahmen in 54,9 Sek. 674 Silben schaffte.

Potpourri der Superstars:

Tina Turner (ganz links) gab 1988 das meistbesuchte Solokonzert; Elvis (links) war der erfolgreichste Schallplattensolist, und Everything But The Girl (rechts) führten mit *Missing* 55 Wochen die Charts an. Yehudi Menuhin (ganz rechts) mit längstem Plattenvertrag: seit 1931.

Gold und Platin

Sarah Brightman und Andrea Bocelli: 2,7 Mio. Mal *Time to say Goodbye.* Rekord-Single.

Bo Katzman Chor aus der Schweiz, größter Gospelchor Europas. Goldene Scheiben für *White Nights*.

Produktion und Verkauf

Die größte Musikmesse findet in Frankfurt/Main (D) statt. Vom 26. Februar bis zum 2. März 1997 zeigten 1871 Aussteller aus 45 Ländern auf 110 000 m² Neuheiten der Branche.

Die größte Messe für Popmusik ist die *Popkomm.* in Köln, auf der sich 1997 668 Aussteller aus 23 Ländern 15 203 Fachbesuchern präsentierten.

Der größte Tonträgermarkt sind die USA mit einem Jahresumsatz 1996 von 12,298 Mrd. Dollar (etwa 20,907 Mrd. DM) und 616 Mio. verkauften Exemplaren, gefolgt von Japan mit 6,762 Mrd. Dollar (etwa 11,495 Mrd. DM) und Deutschland mit 3,179 Mrd. Dollar (umgerechnet etwa 5,404 Mrd. DM).

Die Anzahl der in Deutschland verkauften Tonträger belief sich 1996 auf 260,2 Mio. Marktführer am deutschen Tonträgermarkt ist das niederländische Unternehmen Polygram.

Das weltgrößte Schallplattengeschäft eröffnete die Firma HMV am 24. Oktober 1986 in der Oxford Street 150 in London (GB). Die Ladenfläche ist 3407,9 m² groß.

Die erste Goldene Schallplatte, die anfangs für jeweils 1 Mio. verkaufter Platten vergeben wurde, heimsten Darbietungen des Tenors Enrico Caruso (1873-1921) der Arie *Vesti la giubba* aus der Oper *Bajazzo* von Ruggiero Leoncavallo (1858-1919) ein, von der die erste Version mit Klavierbegleitung am 12. November 1902 aufgenommen wurde.

Die erste Single, die millionenfach verkauft wurde, war *Carry Me Back to Old Virginny* der Firma Victor von Alma Gluck und zwar als 30,48 cm einseitig bespielte Platte.

Die erste tatsächlich Goldene Schallplatte hat R.C.A. Victor für den amerikanischen Posaunisten und Bandleader Alton „Glenn" Miller (1904-44) aus Clarinda, Iowa (USA), und seinen *Chattanooga Choo Choo* am 10. Februar 1942 geprägt.

Die meisten Goldenen Schallplatten für eine einzige Produktion erhielt mit 265 Stück der Bo Katzman Chor, größter Gospelchor Europas, für 30 000 verkaufte Platten in der Schweiz. Jedem mitwirkenden Sänger, Musiker und Techniker wurde am 21. November 1996 eine Goldene Schallplatte für das Erfolgsalbum *White Nights* überreicht.

Schallplatten in Gold und Platin in den USA: Goldene Schallplatten sowie Platin- oder Superplatinplatten werden in den USA seit dem 14. März 1958 von der Vereinigung der amerikanischen Plattenindustrie (RIAA) vergeben.

Goldene Schallplatten:
- Solist: Elvis Presley, 60.
- Solistin: Barbra Streisand, 43.
- Gruppe: Rolling Stones, 39.

Die meisten Platinplatten:
- Solist: Elvis Presley, 54.
- Solistin: Barbra Streisand, 23.
- Gruppe: Beatles, 33.

Die meisten Superplatinplatten:
- Solist: Billy Joel, 11.
- Gruppe: Beatles, 13.

Die erste Goldene Schallplatte für einen deutschsprachigen Interpreten ging an Freddy Quinn (* 1931), der auch für ein einziges Lied gleich dreimal mit dieser Trophäe ausgezeichnet wurde. Er erhielt für das Lied *Heimweh* im Jahr 1956 zwei und 1958 eine dritte Goldene. Mit insgesamt 17 Goldenen Schallplatten und weiteren 40 Auszeichnungen dürfte er der höchstdekorierte deutsche Unterhaltungskünstler sein.

Die erste deutsche Millionen-Schallplattenproduktion war *Lili Marleen,* gesungen von Lale Andersen (1910-72), komponiert 1938 von Norbert Schultze (* 1911) auf einen Text von Hans Leip, im März 1939 aufgenommen.

Die meistverkaufte Single der Welt ist *White Christmas* von Irving Berlin (eigentlich Israel Baline, 1888-1989) in der Bing-Crosby-Aufnahme vom 29. Mai 1942: mehr als 30 Mio.

Die meistverkaufte Single in Deutschland ist *Time To Say Goodbye* des Duos Sarah Brightman und Andrea Bocelli. Der Hit, der dem Boxer Henry Maske gewidmet ist, verkaufte sich seit seinem Erscheinen am 15. November 1996 über 2,7 Mio. Mal.

Die höchste Verkaufszahl für eine Popsingle – die allerdings nicht offiziell bestätigte Menge von 25 Mio. – nimmt *Rock Around the Clock* für sich in Anspruch, am 12. April 1954 von Bill Haley und seinen Comets aufgenommen.

Das meistverkaufte Album aller Zeiten ist *Thriller* von Michael Jackson (* 1958), von dem bislang weltweit über 48 Mio. Exemplare verkauft wurden.

Das meistverkaufte Album einer Gruppe ist *Their Greatest Hits 1971-75* der Eagles. Es wurden mehr als 25 Mio. Exemplare weltweit verkauft.

Das meistverkaufte Debütalbum ist *Jagged Little Pill* der kanadischen Sängerin Alanis Morissette, von dem weltweit über 27 Mio. Exemplare verkauft wurden.

Die meistverkaufte Filmmusik ist der Soundtrack des US-Films *Saturday*

Zeche Hugo

in Gelsenkirchen: 20 Bergleute spielten *Wir im Revier* ein. Keine CD geht tiefer.

Michael

Jackson braucht sich nicht zu verstecken: *Thriller* ist meistverkauftes Album aller Zeiten.

Wolfgang

Petry nimmt's gelassen: *Die längste Single der Welt* (30:16 Min.) brachte ihm Gold und Platin.

Night Fever (deutscher Titel: *Nur Samstag Nacht),* der über 30 Mio. Mal verkauft wurde.

Die längste Single der Welt heißt *Die längste Single der Welt,* stammt von Wolfgang Petry und dauert 30:16 Min. Veröffentlicht im November 1996 vom Gothic Musikverlag in Hennef (D), erhielt sie Gold und Platin und war Echo-Gewinner 1997.

Die meisten Fassungen seines eigenen Songs eingespielt auf CD hat Frank Zander mit 722. Seine „erste ganz persönliche Geburtstags-CD“ hat er zwischen Januar und September 1997 mit 722 verschiedenen Vornamen besungen. Handgebrannt aus Berlin.

Die am tiefsten eingespielte CD ist 20 Bergleuten unter Leitung von Detlef Lauster auf Zeche Hugo in Gelsenkirchen, Nordrhein-Westfalen (D), am 2. April 1997 gelungen, als sie den Song *Wir im Revier* in einer Tiefe von 758 m unter Tage einspielten. Tiefer als die Kumpel hat noch keiner gesungen.

Die meisten Grammys als Einzelperson erhielt der ungarisch-britische Dirigent Sir Georg Solti (1912-97): Es waren 41 Stück.

- Die meisten geteilten Preise, nämlich 46, gingen an Soltis langjähriges Orchester, das Chicagoer Sinfonieorchester.
- Der Popmusiker mit den meisten Grammys ist Stevie Wonder, der den Preis 17mal erhielt.
- Die Popgruppe mit den meisten Grammys war 5th Dimension mit 8 Preisen.
- Die meisten Auszeichnungen in einem Jahr, 8 Preise, heimste 1984 Michael Jackson ein.

Das größte, einem einzigen Komponisten gewidmete Veröffentlichungsprojekt ist die Gesamtausgabe aller Werke Wolfgang Amadeus Mozarts (1756-91). Auf 180 CDs von Philips Classics erschienen mehr als 650 Kompositionen.

Das umfangreichste geschlossene Aufnahmeprojekt in der Geschichte der Schallplatte sind Texte des englischen Dichters William Shakespeare auf 137 LPs.

Die kleinste abspielbare Schallplatte hat der Berliner Peter Lardong entwickelt: Sie ist um 1 mm kleiner als ein Pfennigstück und kann auf dem eigens gebauten kleinsten Plattenspieler (5 x 7 x 3 cm) abgespielt werden. Dann ist zu hören: „Ich bin der sprechende Knopf. Näh mich bitte an die Jacke ran.“

Die teuerste HiFi-Anlage der Welt wurde von der Zeitschrift *Audio,* Stuttgart (D), am 27. Februar 1997 vorgestellt. Der Gesamtwert der zu diesem Gipfeltreffen zusammengetragenen Einzelteile beträgt 1 244 700 DM, allein die vier Lautsprechersysteme haben einen Wert von 260 000 DM. Dagegen fällt der CD-Spieler mit 30 000 DM noch preiswert aus.

Die größte Schallplattensammlung ist die der BBC (British Broadcasting Corporation) in London: 1,3 Mio. Tonträger mit mehr als 800 000 Kompositionen von 125 000 Komponisten in 2,7 Mio. Interpretationen von 350 000 Interpreten.

Die umfangreichste private Schallplattensammlung besitzt Stan Kilarr (* 1915) in Klamath Falls, Oregon (USA), mit rund 500 000 Aufnahmen.

Frank

Zander mag Frieda ganz besonders. Aber auch Sonja, Robert und Iris. 722 Versionen seiner „ersten ganz persönlichen Geburtstags-CD“.

Von der Rolle

Kassenrekord: Kassenfüller Nr. 1 ist der Universal-Film *Jurassic Park* (USA 1993), der bis zum Juli 1997 eine Summe von 916 Mio. Dollar einspielte. Insgesamt sahen ihn weltweit 229 Mio. Zuschauer. Und:

- Er brachte den 2404 US-Kinos, in denen er vom 11. bis 13. Juni 1993 anlief, mit 50 159 460 Dollar die höchsten Einnahmen, die jemals an einem Premierenwochenende erzielt wurden.
- Er kam am 12. Juni 1993 mit 18 Mio. Dollar auf die höchste Tageskasse aller Zeiten.

Filmstartrekord: *Independence Day* von Roland Emmerich erzielte in den USA 1996 in der ersten Woche 100 Mio. Dollar, nach zwei Wochen 200 Mio. Dollar.

- Diesen Erfolg hat *The Lost World (Vergessene Welt)* von Steven Spielberg 1997 eingestellt.

Die meisten Kinobesucher in Deutschland seit über 20 Jahren wurden 1996 registriert. Insgesamt 132,9 Mio. Menschen besuchten die 2003 Kinos und bescherten einen Umsatz von 1,314 Mrd. DM.

Deutsche Besucher-Millionäre: Der deutsche Film feiert Triumphe wie lange nicht. In der ersten Jahreshälfte 1997 melden sich fünf deutsche Senkrechtstarter mit Millionenpublikum (Stand September 1997):

- *Knockin' on Heaven's Door* mit Til Schweiger steht mit 3,466 Mio. Besuchern auf Platz 1.
- Es folgt *Rossini* (Regie: Helmut Dietl, Darsteller: Götz George, Mario Adorf, Heiner Lauterbach, Gudrun Landgrebe, Veronica Ferres) mit 3,208 Mio. Besuchern.
- Dritter Platz für *Kleines Arschloch* von Michael Schaack und Hanno Huth nach den Comics von Walter Moers mit 3,031 Mio. Besuchern.
- Plätze vier und fünf: *Jenseits der Stille* mit 1,713 Mio. und *Fräulein Smillas Gespür für Schnee* mit 1,686 Mio. Besuchern.

Einen Rekordmarktanteil hat der deutsche Film unter den deutschen Kinobesuchern in der 1. Jahreshälfte 1997 mit 23,82 Prozent erzielt; 76,18 Prozent ausländische Filme haben das deutsche Publikum angezogen.

Erfolgreichster deutscher Gegenwartsfilm: *Otto – der Film*, von und mit dem ostfriesischen Komiker Otto Waalkes. Am 19. Juli 1985 lief der Film an und wurde bis Februar 1986 in rund 750 deutschen Kinos gezeigt. Gesamtzuschauerzahl: 9,5 Mio. Umsatz: 65 Mio. DM.

Das größte Kinopublikum gibt es in China, wo die Kinos 1991 eine Besucherzahl von 14 Mrd. verbuchen konnten. Das Rekordjahr war 1988, als 21,8 Mrd. Menschen in die Kinos strömten.

Die meisten Filme gesehen hat vermutlich Gwilym Hughes aus Dolgellau, Gwynedd (GB) – bis zum 28. Februar 1997 waren es 22 990. Seine Kinoleidenschaft hatte 1953 während eines Klinikaufenthaltes begonnen.

Das größte Verlustgeschäft war *Cutthroat Islands* (USA 1995) mit Geena Davis unter der Regie ihres Ehemannes Renny Harlin. Kosten: 100 Mio. Dollar. Das Einspielergebnis nach einem Wochenende: 2,3 Mio. Dollar, bis Mai 1996 war es auf 11 Mio. Dollar gestiegen.

Der beliebteste Liebesfilm ist nach einer Umfrage in den USA im Jahre 1996 *Pretty Woman* mit Julia Roberts und Richard Gere in den Hauptrollen. Auf den Plätzen folgen: *Schlaflos in Seattle, Casablanca, Während du schliefst* und *Love Story*.

Der größte Kinokomplex ist Kinepolis in Brüssel (Belgien), das 1988 eröffnet wurde. Es hat 26 Kinos mit 6000 Sitzplätzen.

360°

reicht der Blick im ersten Rundkino der Welt im Futuroscope-Park in Frankreich. Mit neun Projektoren und neun Monitoren.

3,466 Mio.

Fans stürmten die Kinos bei *Knockin' on Heaven's Door*. Der deutsche Spitzenfilm.

100 Mio. Dollar

Einnahmen 1996 in der ersten Woche nach Start von *Independence Day* (links). 200 Mio. Dollar 1997 nach zwei Wochen für *Vergessene Welt* (unten).

Das größte Kino der Welt ist die Radio City Music Hall in New York (USA), die am 27. Dezember 1932 eröffnet wurde. Ursprünglich gab es dort 5945 Plätze, heute sind es 5910 Sitzmöglichkeiten.

Das größte Filmtheater in Deutschland ist die Lichtburg in Essen (D) mit 1662 Plätzen.

Das größte Kino in Österreich ist das Thalia in Graz (Steiermark), das seit 1956 besteht und heute 904 Sitzplätze hat.

Das größte Kino in der Schweiz ist das Metropol in Lausanne (Kanton Waadt) mit 1400 Sitzplätzen.

Das erste 360°-Kino besitzt mit neun Bildschirmen eine Projektionsfläche von 272 m² im Futuroscope-Vergnügungspark nahe Poitiers (F). Neun Projektoren werden elektronisch synchronisiert.

Das größte Autokino der Welt hat Platz für 5000 Wagen mit Kinoliebhabern. Es befindet sich in Lynn im US-Bundesstaat Massachusetts.

Mit einem Film 18 Säle bespielt: Am 16. April 1996 zeigte die UCI Kinowelt Ruhr Park (D) um17 Uhr in allen 18 Sälen mit *Toy Story* den gleichen Film, indem die Filmvorführer eine einzige Kopie des Films nacheinander durch sämtliche Projektoren laufen ließ. Dadurch begann allerdings die Vorführung im 18. Saal 14 Minuten nach der im ersten Saal.

Die längste ununterbrochene Kinovorführung fand als B-Movie-Marathon vom 29. bis 31. Mai 1983 im Variety Arts Center in Hollywood (USA) statt. Für 15 Dollar konnte man 50 Std. lang Low-Budget-Produktionen sehen.

Die größte Kinoleinwand besitzt das Panasonic IMAX Theater in Darling Harbour, Sydney (Australien). Sie mißt 35,72 x 29,57 m. Das Kino wurde 1996 eröffnet und bietet 540 Zuschauern Platz.

Die größte Kinoleinwand in Österreich stand am 9. September 1995 in Gaschurn, Hochmontafon, als der Film *Schlafes Bruder* auf einer Leinwand von 35x15 m projiziert wurde.

3,208 Mio.

waren bei der deutschen Produktion *Rossini* nicht mehr zu halten. Platz zwei.

3,031 Mio.

Besucher machten *Kleines Arschloch* zum drittplazierten deutschen Film 1997.

1,713 Mio.

sahen *Jenseits der Stille* auf der Kinoleinwand. Nummer vier der Rangliste.

1,686 Mio.

erwärmten sich für *Fräulein Smillas Gespür für Schnee.* Fünfter Besucher-Millionär.

Auf der Leinwand

Stürzt sich professionell in die Tiefe: Stuntman bei einer Show in den Babelsberger Filmstudios.

Die bestbezahlte Filmrolle in der Kinogeschichte hat Jack Nicholson bekommen. Für den Joker in dem 50 Mio. Dollar teuren *Batman* konnte er bis zu 60 Mio. Dollar erwarten, weil er statt einer Gage eine Gewinnbeteiligung ausgehandelt hatte.

Höchstbezahlter Kinderstar war Macauley Culkin (* 28. August 1980), der als 11jähriger nach seinem Erfolg in *Kevin allein zu Haus* (1990) 1 Mio. Dollar für *My Girl* (1991) erhielt. Daraufhin durfte er sich über einen 5-Mio.-Dollar-Vertrag (plus 5 Prozent aus dem Kartenerlös) für den Film *Kevin allein in New York* (1992) freuen. Seine Gage für die Hauptrolle in *Richie Rich* (USA 1994) soll bei 8 Mio. Dollar gelegen haben.

Die längste vertragliche Bindung bei Radio und Fernsehen kann der US-Entertainer Bob Hope vorweisen. Am 23. November 1996 vollendete er das sechzigste Jahr seines Radiovertrages.

Die erste professionelle Stuntfrau war die Kunstreiterin Helen Gibson, die die Schauspielerin Helen Holmes 1914 in 26 Episoden der Serie *Helen in Gefahr* doubelte.

Die höchste Gage für einen Stuntman waren 150 000 Dollar. Für diesen Preis machte Dar Robinson im November 1979 einen 335-Meter-Sprung vom CN-Turm in Toronto (Kanada) für den Film *Höhepunkt*. Sein Fallschirm öffnete sich erst 91 m über dem Boden.

Den tiefsten Sprung eines Stuntmans ohne Fallschirm absolvierte A. J. Bakunus 1978 in *Um Kopf und Kragen*, als er Burt Reynolds doubelte. Nach 70,71 m landete er in einer Luftmatratze.

Den weitesten Sprung mit einem Auto absolvierte Stuntman Gary Davis 1981 in *Ein ausgekochtes Schlitzohr ist wieder auf Achse*. Mit 128 km/h raste er über eine Rampe, die ihm einen Sprung von 49,6 m ermöglichte.

Mehr Stuntmen als Schauspieler: In Clint Eastwoods *Rookie – Der Anfänger* (USA 1990) waren 87 Stuntmen beschäftigt, aber nur 37 Schauspieler mit Sprechrollen.

Der erste computeranimierte Trickfilm in Spielfilmlänge ist *Toy Story* (USA 1995) von John Lasseter, produziert für die Walt Disney Company.

Die meisten Statisten bot der britische Regisseur Sir Richard Attenborough für seinen Film *Gandhi* (1982) auf: Bei der großen Begräbnisszene waren es rund 300 000.

Die meisten Hauptrollen spielte John Wayne (1907-79): in 142 seiner 153 Spielfilme.

Die längste Filmkarriere erlebte der deutsche Schauspieler Curt Bois (1901-92), der als Achtjähriger in *Der fidele Bauer* sein Debüt gegeben hatte und 1986/87 seinen letzten Film drehte *(Der Himmel über Berlin)*.

Die längste Karriere als Regisseur hatte King Vidor (1894-1982) aufzuweisen. Er stand 67 Jahre lang hinter der Kamera, bevor er 1980 mit dem Dokumentarfilm *Die Metapher* seinen letzten Film drehte.

Der älteste Regisseur war der in Holland geborene Joris Ivens (1898-1989), der im Alter von 89 Jahren bei der französisch-italienischen Koproduktion *Der Wind* (F/I 1988) Regie führte – 60 Jahre nach seinem Regiedebüt in *Die Brücke* (NL 1928).

Ältester Regisseur Hollywoods war George Cukor, der mit 81 Jahren 1981 seinen fünfzigsten Film *Reich und berühmt* inszenierte.

Am häufigsten das Kostüm gewechselt hat Madonna in *Evita* (USA 1996). 85mal verwandelte sie sich mit Hilfe von 39 Hüten, 45 Paar Schuhen, 56 Paar Ohrringen und 42 Perücken in die Hauptfigur Eva Perón.

Die größte Besetzung mit Schauspielerinnen bestand aus den 135 Sprechrollen in *Frauen* (USA 1939). Die Hauptrollen spielten Joan Crawford, Norma Shearer, Rosalind Russell, Paulette Goddard und Joan Fontaine.

Die größte Altersspanne verkörperte Dustin Hoffman in *Little Big Man* (USA 1970). Er war selbst 33 Jahre alt und spielte einen Mann im Alter von 17 bis 121 Jahren.

Die erste Nackte auf der Leinwand war Audrey Munson in George Foster

Unterhält auf allen Kanälen: Entertainer Bob Hope ist seit 60 Jahren beim Rundfunk unter Vertrag.

Platts *Inspiration* (USA 1915). Der Film erzählt von einer unerfahrenen Frau vom Lande, die Aktmodell bei einem Bildhauer wird und sich in ihn verliebt.

Der erste nackte Mann (Frontalansicht) auf der Leinwand huschte in *Dantes Inferno* (Italien 1912) durchs Bild. Weniger beiläufig erschien ein Mann im Adamskostüm erst 1975 in Ken Russells *Liebende Frauen* (Großbritannien).

Der erste Leinwandkuß: Mary Irwin und John Rice in einer Nahaufnahme des Films *Die Witwe Jones* (USA 1896).

Den ersten Zungenkuß in einem Hollywoodfilm gab es zwischen Natalie Wood und Warren Beatty in *Fieber im Blut* (USA 1961).

Den längsten Kuß in einem Spielfilm tauschten Jane Wyman, erste Frau des späteren US-Präsidenten Ronald Reagan, und Regis Toomey in *Schrecken der 2. Kompanie* (USA 1940). Er dauerte 3 Min. und 5 Sek.

▮ Das ist allerdings nichts gegen die Fertigkeit im Küssen von Naomi Levine in Andy Warhols *Kiss* (USA 1963). In dem 50 Minuten langen Experimentalfilm macht sie nichts anderes als das.

Die meisten Oscars bekam Walt Disney (1901-66), „Vater der Mickymaus", nämlich 20 Statuetten und 12 andere Plaketten und Urkunden, darunter einige posthum, verliehen.

Die einzige vierfache Oscar-Gewinnerin als Hauptdarstellerin ist Katharine Hepburn (* 12. Mai 1907). Sie wurde für die Filme *Morning Glory* (1932/33), *Guess Who's Coming to Dinner* (Rat mal, wer zum Essen kommt, 1967), *The Lion in Winter* (Der Löwe im Winter, 1968) und *On Golden Pond* (Am goldenen See, 1981) ausgezeichnet. Insgesamt wurde sie zwölfmal nominiert.

Die meisten Oscars erhielt Edith Head (1907-1981). Sie wurde für ihre Kostümentwürfe achtmal mit einem Oscar bedacht.

Die meisten Oscar-Nominierungen erhielt der Film *All About Eve* (Alles über Eva) 1950 mit vierzehn. Er gewann sechs Auszeichnungen.

▮ Die meisten Nominierungen, ohne je einen Oscar zu gewinnen, hatte mit insgesamt sechs Richard Burton.

Die meisten Oscar-Nominierungen in Folge gingen mit 6 für die *Wallace-und-Gromit*-Abenteuer zwischen 1991 und 1997 an Aardman Animation in Bristol (GB) in der Kategorie Bester Kurz-Animationsfilm.

Jüngste Oscar-Gewinnerin unter Wettbewerbsbedingungen war Tatum O'Neal (* 5. November 1963), die 10 Jahre alt war, als sie 1974 den Preis für die beste Nebenrolle – in *Paper Moon* (1973) – erhielt.

▮ Shirley Temple (* 23. April 1928) wurde für Filmrollen, die sie 1934 als 6jährige gespielt hat, mit einem Sonderpreis ausgezeichnet.

Älteste Oscar-Preisträger waren mit jeweils 80 Jahren George Burns und Jessica Tandy. Der am 20. Januar 1896 geborene Burns erhielt ihn 1976 für *The Sunshine Boys*. Die am 7. Juni 1909 geborene Jessica Tandy wurde 1990 mit dem Oscar für *Miss Daisy und ihr Chauffeur* bedacht.

Die meisten Oscar-Auszeichnungen erhielt der Film *Ben Hur* (1959), nämlich elf, gefolgt von *Vom Winde verweht* (1939) und *West Side Story* (1961) mit jeweils zehn.

Die höchstdekorierten Künstler sind Helen Hayes (* 1900), Richard Rogers und Rita Moreno (* 1931). Nur sie haben den Oscar und den Tony, Grammy und Emmy dazu gewonnen. Barbra Streisand (* 24. April 1942 in Brooklyn, New York) erhielt einen Oscar sowie Grammy- und Emmy-Preise und außerdem noch den Tony-Sonderpreis „Star des Jahrzehnts".

Der erste deutsche Oscar-Preisträger war 1928 Emil Jannings (1886-1950). Er erhielt den Preis als bester Hauptdarsteller für die Filme *Sein letzter Befehl* (1927, Regie Joseph von Sternberg) und *Der Weg allen Fleisches* (1927, Regie Victor Fleming).

Danksagung der Oscar-Gewinner: Die längste fand 1984 statt und dauerte 3:40 Std. Die Gewinner benötigten durchschnittlich 99 Sekunden, um 7,8 Menschen zu danken.

▮ Die längste Namensliste verlas Olivia de Havilland, als sie den Oscar für *Mutterherz* (USA 1946) entgegennahm: Dank an 27 Personen.

▮ Die längste Rede hielt mit 5:30 Min. Greer Garson als Dankeschön für den Oscar für *Mrs Miniver* (USA 1942).

Älteste Leinwand- oder Bildschirmdarstellerin aller Zeiten war Jeanne Louise Calment (1875-1997), die 1990 im Alter von 114 Jahren in dem kanadischen Film *Vincent und ich* sich selbst spielte.

Jüngster Filmregisseur eines professionell gemachten Filmprojekts war Sydney Ling (* 1959), der 1972 im Alter von 13 Jahren seinen ersten abendfüllenden Spielfilm drehte.

Aufge(ma)donnert war die Pop-Göttin als Evita: Im gleichnamigen Film änderte Madonna 85mal ihr Outfit.

Animieren zum Lachen: Wallace und Gromit. 6mal in Folge für den Oscar nominiert.

Am Filmhimmel

Im Dunkeln

saßen 2279 Fans mit Blues-Brothers-Sonnenbrillen bei der Lübecker Beat- und Rocknacht *BeatAge* 1996.

Teuerster Film: Der Universal-Film *Waterworld* (USA 1995) von Regisseur Kevin Reynolds mit Kevin Costner und Dennis Hopper in den Hauptrollen verschlang 160 Mio. Dollar.
▮ An den realen Kosten gemessen, war *Cleopatra* (USA 1963) der teuerste Film. Sein Budget von 44 Mio. Dollar entspricht heute, unter Berücksichtigung der Inflation, einem Wert von über 200 Mio. Dollar.

Teuerster Film Europas: *Das fünfte Element* (F 1997) mit Bruce Willis: 90 Mio. Dollar. Buch und Regie: Luc Besson, Kostüme: Jean-Paul Gaultier.

Teuerster deutscher Film ist *Die unendliche Geschichte* nach Michael Ende (1929-95) mit 60 Mio. DM. Produzent: Bernd Eichinger, Regisseur: Wolfgang Petersen.

Die durchschnittlichen Produktionskosten (bis zum Negativ) der von den großen Hollywoodstudios hergestellten Filme lagen 1996 bei 36,4 Mio. Dollar je Film.

Der höchste Preis für Filmrechte beträgt 9,5 Mio. Dollar (etwa 18,5 Mio. DM). Columbia bezahlte diesen Betrag am 20. Januar 1978 für *Annie,* das Broadway-Musical von Charles Strouse, mit Andrea McCarlie, Dorothy Loudon und Reid Shelton. Am 20. Juli 1993 unterschrieb New Line einen Vertrag über 4 Mio. Dollar, zuzüglich Gewinnbeteiligung, für den Psychothriller *The Long Kiss Goodnight* (USA 1996, *Tödliche Weihnachten*) der 32jährigen Autorin Shane Black.

Das beste Verhältnis von Budget und Einnahmen hatte der australische Spielfilm *Mad Max* (1980) mit 1:285. Die 350 000 Dollar teure Produktion spielte in den ersten beiden Jahren 100 Mio. Dollar ein.

Das teuerste Originaldrehbuch: 1990 zahlte Carolco Pictures 2 Mio. Dollar an den Drehbuchautor Ronald Bass für eine Adaption des Thrillers von T. R. Wright *Manhattan Ghost Story.* Bass hatte 1988 einen Oscar für *Rain Man* gewonnen.

Das billigste Drehbuch kostete 10 Dollar, die Preston Sturges für *Der Große McGinty* (USA 1940) von Paramount bekam. Sturges war Drehbuchautor, der Regie führen wollte, und Paramount wollte ihm diese Chance geben, wenn er im Gegenzug ein Drehbuch für ein nominelles Honorar schreiben würde.

Die schnellste Filmproduktion war der Spielfilm *Mohabbat Ka-Mashiba,* der 1990 von einem 90köpfigen Team in nur 48 Std. gedreht wurde. Drehbuchautor, Produzent und Regisseur in einer Person war M. Maroof aus Lucknow (Indien).

Die meisten Kurzfilme hat seit 1963 der Schlosser Henryk Lehnert aus Oswiecim (Polen) gedreht und produziert. Mit seinen 258 Filmen gewann er 218 Preise, davon 42 internationale und sogar einen der UNESCO.

Der längste Spielfilm: *Das Heilmittel gegen Schlaflosigkeit* (USA 1987) dauert 85 Std. Die längste Zeit ist zu sehen und zu hören, wie der Dichter L. D. Groban ein von ihm verfaßtes, 4030 Seiten langes Gedicht vorträgt. Na denn, gute Nacht!

Der längste deutsche Kinofilm: Rainer Werner Fassbinders *Berlin Alexanderplatz* dauert insgesamt 15:21 Std. Am 6./7. August 1983 wurde der Film in voller Länge im Vista-Kino in Hollywood, Kalifornien (USA), mit einer Pause von 2 Std. gezeigt.

Die Geschichte mit den meisten Neuverfilmungen (Remakes) ist *Cinderella.* Erstmals 1898 als *Cinderella und die Fee* verfilmt, zählt man bislang 95 Neuverfilmungen, darunter Zeichentrickfilme, modernisierte Fassungen, Ballett- und Opernfilme, pornographische und parodistische Versionen. Der danach am meisten verfilmte Stoff ist Shakespeares *Hamlet* mit 74 unterschiedlichen Versionen.

Der meistdargestellte Kinoheld ist Sherlock Holmes, den Sir Arthur Conan Doyle (1859-1930) erfunden hat. Seit 1900 wurde der Detektiv in über 211 Filmen von 75 verschiedenen Schauspielern dargestellt.

Die am häufigsten dargestellte Figur in Horrorfilmen ist Graf Dracula, der von dem irischen Schriftsteller Bram Stok-

In seinem Element

ist US-Star Bruce Willis in *Das fünfte Element,* Europas teuerster Produktion. Kostüme Jean-Paul Gaultier.

Bitte mit Sahne:

3000 Torten flogen in dieser Schlacht in dem Stummfilm *Der Krieg des Jahrhunderts* (1927) mit Laurel und Hardy.

Tierisch gut:

8552 Vier- und Zweibeiner spielten mit *In achtzig Tagen um die Welt.* Auch vier Strauße.

er (1847-1912) dem rumänischen Fürsten Vlad Tepes (15. Jh.) nachempfunden wurde. Die Zahl der Darstellungen ist widersprüchlich: Das *Guinness Buch Film* kennt rund 160, die Historiker Florescu und McNally sprechen von mehr als 200 und das *Lexikon der utopischen Literatur* sogar von über 400. Da kann der zweitplazierte Frankenstein mit 117 Verfilmungen nicht mehr mithalten.

Die größte Anzahl verschiedener Tiere in einem Film betrug 8552 in *In achtzig Tagen um die Welt* (USA 1956). 3800 Schafe, 2448 Büffel, 950 Esel, 800 Pferde, 512 Affen, 17 Rinder, 15 Elefanten, 6 Stinktiere und 4 Strauße spielten mit.

Der einzige Film in Gebärdensprache ist Peter Wechsburgs *Deafula* (USA 1975), ein Horrorfilm über Draculas illegitimen Sohn.

Die kleinste Kulisse wurde gebaut für *Bill und Coo* (USA 1947), der komplett in einer Modellstadt gedreht wurde, die auf einem 9,14 x 4,57 m großen Tisch Platz hatte. Die Darsteller waren „Unzertrennliche", eine kleine Papageienart.

Die längste Kinoserie sind die in Hongkong gedrehten 103 Filme über Huang Fei-Hong, einen Meister der Kampfkunst aus dem 19. Jh. Der erste Film, *The True Story of Huang Fei-Hong,* wurde 1949 gedreht und der vorläufig letzte, *Once upon a Time in China 5,* 1995.

Die erfolgreichste Spielfilmreihe sind die 19 James-Bond-Filme von *James Bond – 007 jagt Dr. No* (GB 1962) mit Sean Connery (* 1930) in der Hauptrolle bis zu *James Bond 007 – Goldeneye* (USA 1995) mit Pierce Brosnan (* 1949). Die Filme haben bis heute weltweit mehr als 1 Mrd. Dollar eingespielt.

Die größten Filmstudios der Welt befinden sich in der Universal City von Hollywood (USA). Zu ihnen gehören neben einem riesigen Freigelände 561 Gebäude, darunter 34 Aufnahmestudios für Farbtonfilme.

Den größten Requisitenfundus in Europa besitzen die Babelsberger Filmstudios in der ehemaligen Ufa-Stadt bei Potsdam (D) mit über 1 Mio. Stück (150 000 Kostüme, 50 000 Uniformen, 500 000 Kleinrequisiten – zum Beispiel Geschirr –, 12 000 elektrische Geräte, 50 000 Möbelstücke).

Einziger Spielfilm, der ohne Kameras hergestellt wurde, ist die Animations-Produktion *Ere Ereve Baleibu Icik Subua Arvaren* (Spanien 1970). Die Bilder malte der spanische Künstler José Antonio Sistiaga direkt auf Filmmaterial.

Der größte Studioschauplatz wurde 1976 für den James-Bond-Film *Der Spion, der mich liebte* gebaut. In den Pinewood Studios von Buckinghamshire (GB) war ein 102 x 42 x 12 m großes Becken mit 4,54 Mio. l Wasser gefüllt. Darin lagen ein maßstabsgetreuer 600 000-Tonnen-Öltanker und drei Atom-U-Boote.

Die größte Anzahl von Retakes, Wiederholungen einer einzelnen Szene, war 342 in Charlie Chaplins *Lichter der Großstadt* (USA 1931).

Kostümzwang

in den Babelsberger Studios: 150 000 Roben im größten Requisitenfundus Europas.

Das teuerste Kostüm war der Zobelmantel, den Constance Bennett in *Madame X* (USA 1965) trug. Er war damals etwa 50 000 Dollar wert.

▮ Das teuerste, nur für einen Film geschneiderte Kostüm bestand aus einem von Edith Head entworfenen Pailletten-Tanzkleid mit dazugehörendem Nerz, das Ginger Rogers in *Lady in the Dark* (USA 1944) trug. Es kostete Paramount damals ganze 35 000 Dollar.

▮ Die roten Schuhe, die Judy Garland in *The Wizard of Oz* trug, wurden am 2. Juni 1988 auf einer Auktion bei Christie's in New York von einem Käufer für 165 000 Dollar erstanden.

Auf dem Laufsteg

Der größte Bekleidungshersteller Europas ist Levi Strauss Europe in Belgien mit 2,553 Mrd. DM Umsatz 1996. Es folgen die Triumph-Gruppe in Deutschland mit 2,356 Mrd. DM und Benetton in Italien mit angegebenen 1,776 Mrd. DM.

Die größte deutsche Textileinzelhandelskette ist der Metro-Konzern in Köln mit 8,38 Mrd. DM Umsatz, gefolgt von Karstadt mit rund 8,2 Mrd. DM. Auf dem dritten Platz lag die Firma C&A mit insgesamt 7,4 Mrd. DM.

Die ersten Jeans erfand der nach Kalifornien ausgewanderte Deutsche Levi Strauss 1850, als er aus weißem Segeltuch strapazierfähige Arbeitshosen für die Goldgräber anfertigte. Rund 10 Jahre später gründete er eine Hosenmanufaktur. Ab 1880, als man den blauen Farbstoff Indigo chemisch herstellen konnte, bekamen Jeans ihre charakteristische Farbe. Schon 1873 hatte sich Strauss den Hosenschnitt mit Doppelnähten, Kupfernieten und Hüftsattel patentieren lassen.

Die ersten Jeans in Deutschland stellte 1949 die Firma Mustang her, doch erst nach 1965 hatten Jeans ihren modischen Durchbruch.

Der weltweit größte Hersteller von Jeans ist Levi's mit einem Jahresumsatz von rund 4 Mrd. Dollar.

Das erste T-Shirt mit Werbeaufdruck wurde 1939 in Hollywood anläßlich der Premiere des Films *Wizard of Oz* produziert, allerdings nur in kleiner Stückzahl.

Die erste große Werbekampagne mit T-Shirts initiierte der amerikanische Bierproduzent Budweiser 1965.

Die ersten Promotion-T-Shirts für Rock-Konzerte brachte die US-Rockgruppe Grateful Dead 1972 in San Francisco (USA) auf den Markt.

Supermodel Kate Moss gehört zu den Topverdienern der Szene.

Der erste Smoking wurde in den USA am 1. Juni 1886 getragen, bei der Eröffnungsfeier des Erholungsortes Tuxedo Park nahe New York. Deshalb wird das Jackett in den USA bis heute „tuxedo" genannt.

Der erste Smoking in Europa wurde 1889 von Lord Sutherland getragen. In Großbritannien wird er Dinner-Jacket genannt.

Der größte Bekleidungskonzern ist Vanity Fair. Das multinationale Unternehmen wurde 1889 in den USA als Vanity Fair Mills gegründet. Zu dem Konzern, der 1994 einen Jahresumsatz von 4 971 713 000 Dollar erzielte, gehören unter anderem die Firmen Lee, Wrangler und Girbaud.

Die erfolgreichste Designerin ist Liz Clairborne (* 1929). 1986 wurde sie als erste Frau zu den 500 erfolgreichsten US-Unternehmen gezählt. Das Unternehmen mit mehr als 3000 Angestellten macht einen Jahresumsatz von über 2 Mrd. Dollar.

Der wertvollste Bikini bestand aus Platin im Wert von 220 000 DM. Der aus Österreich stammende amerikanische Modeschöpfer Rudi Gernreich entwarf ihn 1964 für die Schönheitskönigin Beverly Isherwood.

Das BH-Modell, das am längsten im Handel war, ist der „Chansonette"-BH der US-Firma Maidenform. Von 1949 bis 1978 wurde der rundgesteppte Büstenhalter aus Kunstseide in über 100 Ländern 90 Mio. Mal verkauft.

Das exklusivste Wäschegeschäft ist die Dessous-Maßschneiderei von Poupie Cadolle in der Rue Cambon, Paris (F). Die Preise für einen maßgeschneiderten Büstenhalter, für den mindestens zwei Anproben nötig sind, beginnen bei rund 1000 DM. Jeanne Moreau, Brigitte Bardot und Cathérine Deneuve ließen hier ihre Filmdessous anfertigen. Weltweit gibt es daneben nur noch eine weitere Dessous-Maßschneiderei, Rigby & Peller in London (GB). Hier ist ein BH ab umgerechnet 500 DM zu haben.

Designer Paco Rabanne ist 1997 zu Gast auf dem längsten Laufsteg in Berlin: 1001 m.

Die beliebteste Männerunterhose in Deutschland ist der klassische Eingriffslip aus Feinripptrikot. Nach einer Umfrage von 1994 bevorzugen 59 Prozent aller Männer dieses Modell.

Die erste Modelagentur war Powers Girls. Der arbeitslose Schauspieler John Robert Powers gründete die Agentur 1923 in New York (USA).

Das berühmteste Modefoto schoß der US-Fotograf Richard Avedon. In Paris fotografierte er 1955 das Model Dovima. Sie gilt als das erfolgreichste Model der fünfziger Jahre.

Der erste Laufsteg wurde 1914 bei einer Handelsausstellung in Chicago (USA) aufgebaut.

Der längste Laufsteg maß 1001 m auf dem Kurfürstendamm in Berlin am 30. August 1997, organisiert vom Mode-Center-Berlin. 100 000 Besucher sahen 820 Models aus 12 Nationen, 1500 Outfits von 60 internationalen Designern. 120 Friseure und 80 Visagisten waren im Einsatz, unterstützt von 200 Scheinwerfern.

Die berühmteste Modelagentur ist Ford Models. 1946 in New York von dem Ehepaar Eileen Otte und Gerard William „Jerry" Ford gegründet, besteht die Agentur noch heute mit Filialen in Paris, Miami und Brasilien.

Die wirtschaftlich erfolgreichste Modelagentur ist die 1977 von John Casablancas gegründete US-Firma Elite-Models mit einem Jahresumsatz von 70 Mio. Dollar.

Der größte Model-Wettbewerb der Welt ist *Look-of-the-Year,* veranstaltet von Elite-Models, in Deutschland von der Agentur Metropolitan betreut.

Das bestbezahlte Model ist das bestgehütete Geheimnis der Branche. Claudia Schiffer soll es nicht mehr sein. Dafür sind Kate Moss, Linda Evangelista und Christy Turlington an der Spitze. Entschieden wird die Summe der Einkünfte nicht auf dem Laufsteg, sondern über Werbeverträge. So hat Amber Valetta Ende 1996 einen Exklusivvertrag mit Elizabeth Arden geschlossen, während dem sie keinerlei Laufsteg-Läufe absolvieren darf.

Der erste Model-Millionär ist der Schwede Marcus Schenkenberg, der für sein Gesicht und seinen Körper rund 1,6 Mio. DM im Jahr verdient.

Der feinste Nylonfaden mißt 6 Denier, wird für Strümpfe hergestellt und wurde im Februar 1956 auf der Nylonmesse in London vorgestellt. ▮ Das feinste normalerweise erhältliche Nylon mißt 9 Denier. Zum Vergleich: Ein menschliches Haar mißt im Durchschnitt 50 Denier.

Das feinste Baumwollgarn stellt die Spinnerei Spoerry & Co. AG in Flums (CH) her. Das Garn hat eine Feinheit von Nm 500 ± 3 Prozent und wiegt nur 2 g pro 1000 m.

Das älteste Gewebe ist im Südosten der Türkei entdeckt und auf ca. 7000 v. Chr. datiert worden. Das halb versteinerte Stoffstück, vermutlich Leinen, mißt 76 x 38 mm.

Die teuerste Kleidung – weiße Raumanzüge für den Aufenthalt im All, die seit 1982 von Astronauten getragen werden – kostet 3,4 Mio. Dollar (5,76 Mio. DM) pro Stück.

Das teuerste Tuch ist Shatoosh oder Shatusa, das aus braungrauem Kehlhaar der Indischen Ziege gewirkt wird. Bei Neiman-Marcus in Dallas (USA) kostete das Yard (91,4 cm) 1000 Dollar.

Der größte Herrenausstatter – ausschließlich Herrenanzüge und Accessoires – ist Menswear in Glasgow (GB). Wöchentlich werden mehr als 2000 Anzüge an den Mann gebracht. Das Geschäft mißt 2600 m², stets sind über 14 000 Anzüge anprobebereit.

Der größte Bekleidungshersteller in Deutschland ist der Adidas-Konzern in Herzogenaurach (Bayern). Gesamtnettoumsatz inkl. Sportartikeln: 3,1 Mrd. DM im 1. Halbjahr 1997.

Das teuerste Kleid ist ein von Hélène Gainville in Paris kreiertes Brautkleid mit Edelsteinen von Alexander Reza. Es soll umgerechnet 12 379 841 DM wert sein.

Der größte handbemalte Fächer aus Stoff und Holz ist 2,9 m hoch und auseinandergefaltet 5,5 m breit. Er wurde 1994 von Brajesh Shrivastava aus Bhopal (Indien) angefertigt.

Der erste Nagellack, so wie er auch heute noch gebräulich ist, wurde 1916 erfunden. Das Verzieren der Fingernägel hat eine 5000 Jahre alte Tradition, die in China und Ägypten ihren Ursprung hat.

Das teuerste Parfüm: 1984 bot die Firma Jövan, Chicago (USA), das Parfüm *Andron* an, das den Sexual-Lockstoff Androstenol enthält und 2750 Dollar pro Unze (31 g) kostete.

Hochfrisurenrekord: Starfriseur Michael Rosinski am 18. Juli 1997 in Potsdam (D) in der Talkshow *Vera am Mittag*: 29 langhaarigen Schönen steckte er in 2:10 Min. eine ansehnliche Hochfrisur.

Frisuren: 49mal Waschen, Schneiden, Fönen hieß es für Arno Florack aus Mönchengladbach (D) am 13. Juni 1996 über 24 Std.

Die meisten Haarschnitte in einer Stunde, insgesamt 18, schaffte Trevor Mitchell am 27. Oktober 1996 im Wembley Conference Centre in London (GB).

Die größte aus Menschenhaar angefertigte Perücke wurde 1975 von der Firma Bergmann, New York (USA), hergestellt: 4,57 m lang.

Coiffeur Michael Rosinski hat eine Schwäche für Hochfrisuren.

SPORT

Business

Allgemein

Die Top-Verdiener des Sports weltweit 1996 (in Dollar): Mike Tyson (USA), Boxen, 75 Mio. für drei WM-Kämpfe. Da er nur 39:16 Minuten im Ring stand, ergibt sich ein Verdienst von 31 833 Dollar pro Sekunde oder 1,91 Mio. Dollar pro Min. Auf den Plätzen folgen: Michael Jordan (USA), Basketball, 52,6 Mio., und Michael Schumacher (D), Motorsport, 33 Mio. Dollar.

Deutschlands Großverdiener im Sport 1996: Michael Schumacher, Motorsport, 50 Mio. DM; Boris Becker, Tennis, 17 Mio. DM; Steffi Graf, Tennis, 16 Mio. DM (gleichzeitig bestverdienende Frau im Weltsport 1996).

Der größte Sportartikelkonzern der Welt ist die US-Firma Nike mit insgesamt 13,8 Mrd. DM Umsatz 1996. Auf Platz zwei liegt das deutsche Unternehmen Adidas, das im September 1997 mit dem französischen Konzern Salomon fusionierte, mit 6,2 Mrd. DM, auf Platz drei mit 5,2 Mrd. DM Umsatz Reebok.

Das größte Geschäft in der Sportgeschichte wurde im Juli 1997 zwischen dem amerikanischen Automobilkonzern General Motors (GM), dem Nationalen Olympischen Komitee der Vereinigten Staaten (USOC) und dem Fernsehsender NBC abgeschlossen. Der Zehnjahresvertrag ist zunächst mit 500 Mio. Dollar, mittelfristig sogar mit 1 Mrd. Dollar dotiert und endet nach den Sommerspielen 2008.

Verdienste in den US-Profiligen: Mit 2,2 Mio. Dollar Durchschnittsgehalt in der vergangenen Saison sind alle Spieler der Basketball-Liga NBA zweifache Dollar-Millionäre.

Den höchstdotierten Einjahresvertrag eines Teamsportlers mit seinem Verein erhielt für die Saison 1996/97 mit 25 Mio. Dollar Basketballer Michael Jordan von den Chicago Bulls. Dabei sind seine Einnahmen aus der Werbung nicht berücksichtigt.

28. Mai | 5% Hypothekenpfandbrief Em. 4145 | 28. Mai 2002 | WKN 334145 | DM 2000,-

DIE WESTHYP

Mündelsicher | Emission 4145 | Nr. 00000

5% Hypothekenpfandbrief über 2000 DM

Die Westfälische Hypothekenbank Aktiengesellschaft schuldet dem Inhaber dieses Hypothekenpfandbriefes Zweitausend Deutsche Mark. Der Pfandbrief wird mit 5% jährlich verzinst. Die Zinsen werden zum 28. Mai eines jeden Jahres nachträglich gezahlt. Die Verzinsung endet am Tage vor der Fälligkeit. Wird jedoch eine Leistung nach § 193 BGB bewirkt, werden Karenztage nicht verzinst. Der Inhaber und die Bank können diesen Pfandbrief nicht kündigen. Die Rückzahlung erfolgt in einer Summe zum 28. Mai 2002; sie wird im Bundesanzeiger bekanntgegeben. Die Einlösung der fälligen Stücke erfolgt wie die Einlösung der Zinsscheine an der Kasse der Bank über sämtliche Kreditinstitute.

Dortmund, im Mai 1997

WESTFÄLISCHE HYPOTHEKENBANK AKTIENGESELLSCHAFT

Aufsichtsrat | Vorstand

Für diesen Pfandbrief ist die vorschriftsmäßige Deckung vorhanden und in das Deckungsregister eingetragen.

Kontrollunterschrift | Der staatlich bestellte Treuhänder

Zur erfolgreichen Teilnahme am europäischen Wettbewerb der Landesmeister.

BVB 09

20 000 000 DM

Emissionsvolumen: Dortmunder Pfandbrief zu Ehren von Borussias Champions-League-Erfolg 1997.

100 000 Dollar

pro Saison: Tennisstar Billie Jean King. 1968 erste Spitzengage für eine Sportlerin.

Erstmals Prämien für die drei Erstplazierten gab es bei den Leichtathletik-Weltmeisterschaften 1997 in Athen. Insgesamt standen 5 Mio. Dollar Preisgeld zur Verfügung.

Ohrliebhaber: Umgerechnet 32 400 DM zahlte ein Amerikaner für das Stückchen Ohr, das Boxer Mike Tyson seinem Gegner Evander Holyfield abgebissen hatte.

Quotenbringer Henry Maske: Der Preis für einen 30-Sek.-Werbespot stieg von 26 000 DM für den Kampf gegen den Amerikaner Charles Williams (20. März 1993) auf 225 000 DM für den Kampf gegen Virgil Hill (USA) am 23. November 1996.

Fußball

Fußball als Wirtschaftsfaktor: Laut FIFA werden jährlich 200 Mrd. Dollar (340 Mrd. DM) direkt und indirekt mit der Ware Fußball umgesetzt. In Deutschland finden jedes Wochenende 90 000 Fußballspiele statt.

Verdienste in der Fußball-Bundesliga: 86 Spieler mit einem Jahresgehalt von jeweils mehr als 1 Mio. DM gab es in der Saison 1996/97. Spitzenverdiener waren Matthias Sammer (6,5 Mio. DM) und Andreas Möller (6,1 Mio. DM).

13 800 000 000

Mark Umsatz: US-Firma Nike ist die Nummer 1 unter den Sportartikelkonzernen. Auf Platz 2 jetzt Adidas/Salomon.

Einen Rekordumsatz von insgesamt 147,3 Mio. DM erzielte der FC Bayern München im Geschäftsjahr 1996/97 (Vorjahr 123,9 Mio. DM).

Der teuerste Transfer im Profi-Fußball wurde in der Saison 1996/97 vollzogen, als der Brasilianer Ronaldo für 35 Mio. DM zum FC Barcelona wechselte.
▮ Insgesamt wurden in Spaniens „Primera Division" umgerechnet 324 Mio. DM für Transfers ausgegeben, fast viermal soviel wie in der deutschen Bundesliga.
▮ Der Top-Transfer in der Bundesliga vor der Saison 1997/98 war der von Giovane Elber vom VfB Stuttgart zum FC Bayern München: 12,5 Mio. DM.

Der teuerste Spieler der Welt ist der 24jährige brasilianische Verteidiger Roberto Carlos. Sein Verein Real Madrid hat seine Ablösesumme auf 14 Mrd. Peseten, umgerechnet 170 Mio. DM, festgelegt.

Golf

Das meiste Geld auf der US-PGA-Tour gewann der australische Profi Greg Norman, der von 1976 bis 1997 insgesamt 10 605 907 Dollar (etwa 18 Mio. DM) einspielte.
▮ Den Rekord in einer Saison hält Tom Lehman (USA) mit 1 780 159 Dollar (etwa 3 Mio. DM) für 1996.
▮ Frauen: Betsy King (* 1995, USA) mit 5 730 407 Dollar (etwa 9,7 Mio. DM) bis 1997.
▮ Den Saisonrekord hält die Schwedin Annika Sörenstam, die 1995 auf 1 043 121 Dollar Preisgelder kam.

Rekordverdiener auf der europäischen Profitour ist der Deutsche Bernhard Langer (* 1957), der von 1976 bis 1997 etwa 12 Mio. DM einspielte.

Tennis

TV-Spitzenreiter 1996 (75 deutsche Programme): Boris Becker, 222 Std.; Pete Sampras, 131 Std.; Thomas Muster, 123 Std.; Andre Agassi, 110 Std.; Goran Ivanisevic, 101 Std.
▮ Frauen: Steffi Graf, 181 Std.; Anke Huber, 78 Std.; Arantxa Sanchez-Vicario, 72 Std.; Monica Seles, 63 Std.; Martina Hingis, 54 Std.

Die höchste TV-Präsenz als Nicht-Tennisspieler: Henry Maske mit 36 Std. und Franziska van Almsick mit 7 Std.

Die größte Siegprämie im Tennis erhielt Pete Sampras (* 1971, USA) am 16. Dezember 1990 für seinen Sieg im Grand Slam Cup in München: 2 Mio. Dollar (3,4 Mio. DM).

Spitzenverdiener im Tennis: Pete Sampras (* 1971, USA), 25 562 347 Dollar (etwa 43 Mio. DM) bis Ende 1996. Mit 5 415 066 Dollar (etwa 9 Mio. DM) 1995 hält er auch den Saisonrekord. Boris Becker (* 1967, D) belegt mit 23 841 402 Dollar (etwa 40 Mio. DM) Ende 1996 Platz 2.
▮ Frauen: Martina Navratilova (* 1956, USA), insgesamt 20 344 061 Dollar (34,5 Mio. DM), 1975-94; Steffi Graf (* 1969, D), insgesamt 20 076 569 Dollar (etwa 34,1 Mio. DM), 1982-97.
▮ Saisonrekord hält seit 1994 Arantxa Sanchez-Vicario (* 1971, E) mit 2 943 665 Dollar (etwa 5 Mio. DM).

10 605 907

Dollar kassierte Golfer Greg Norman in 21 Jahren seiner Karriere. Rekordsumme.

Trikotsponsoren in der Fußball-Bundesliga

Verein	Sponsor	Etat 1997/98 in Mio. DM	Etat 1996/97 in Mio. DM
Borussia Dortmund	S. Oliver	12,0	4,2
VfB Stuttgart	Göttinger Gruppe	6,7	2,5
Bayern München	Opel	6,0	6,0
Bayer Leverkusen	Aspirin	6,0	6,0
Mönchengladbach	Belinea	4,5	2,2
Schalke 04	Veltins	4,0	2,1
1860 München	Löwenbräu	4,0	2,0
Werder Bremen	o.tel.o	4,0	2,7
Karlsruher SC	Ehrmann	4,0	1,5
Hertha BSC	Continentale	4,0	-
VfL Bochum	Faber	3,5	2,3
Arminia Bielefeld	Gerry Weber	3,0	2,0
1. FC Köln	Ford	3,0	3,0
VfL Wolfsburg	VW	3,0	-
Hamburger SV	Hyundai	2,8	2,5
Kaiserslautern	Bahlsen	2,5	-
MSV Duisburg	Götzen	2,3	2,2
Hansa Rostock	Roy Robson	3,0	3,6

4 665 000

Dollar Preisgelder als Jockey 1995: „Frankie" Dettori.

Rekorddotierungen: US-Open 1997, 11,82 Mio. Dollar (20 Mio. DM).
▮ Wimbledon 1997, umgerechnet etwa 19 277 900 DM.

Das Preisgeld der WTA-Tour der Damen stieg von 12,5 Mio. Dollar 1985 auf 38 Mio. Dollar 1997.

Pferdesport

Der bestverdienende Jockey ist Christopher John McCarron (* 1955, USA) mit insgesamt 204 Mio. Dollar (346,8 Mio. DM), 1974-97.

Das höchstdotierte Rennen ist mit insgesamt 4 Mio. Dollar (6,8 Mio. DM) der Dubai World Cup. Der Sieger erhält davon 2,4 Mio. Dollar (4,08 Mio. DM). Am 3. April 1997 gewann *Singspiel* (* 1992), der mit 3 332 892 Pfund (etwa 7,8 Mio. DM) gewinnreichste britische Galopper.

Das höchste Preisgeld für einen Galopper erhielt beim Grand National mit 178 146 Pfund (etwa 418 643 DM) der neuseeländische Hengst *Lord Gyllene* unter Jockey Tony Robbin am 7. April 1997.

Deutschlands gewinnreichste Galopper (Stand Mai 1997): *Lando* (* 1990), 5 657 528 DM; *Platini* (* 1989), 2 307 187 DM; *Monsun* (* 1990), 2 088 594 DM.

Das gewinnreichste Pferd: *Cigar* (* 1991), bis Ende 1996 insgesamt 9 999 815 Dollar (etwa 17 Mio. DM) Gewinn, 1996 Jahresrekord von 4,91 Mio. Dollar (8,347 Mio. DM).
▮ Die erfolgreichste Stute ist *Hokuta-Vega*, Japan (* 1990), 8,3 Mio. Dollar (14 Mio. DM) von 1993 bis 1997.

Den Preisgeldrekord eines deutschen Springpferdes hält *Deister*, der mit seinem Reiter Paul Schockemöhle insgesamt 1,4 Mio. DM ersprang.

Rund um die Uhr

Allgemein

Eine Rekord-Mitgliederzahl von 26,3 Mio. Menschen hat der Deutsche Sportbund (DSB) Ende 1996 erreicht. Damit sind 32,2 Prozent der Bevölkerung in 85 938 Vereinen registriert.

Die größten deutschen Sportvereine (Stand Mai 1997): FC Bayern München, 44 473 Mitglieder; Post-Sportverein Nürnberg, 16 631; TSV 1860 München, 16 354; FC Schalke 04, 15 104; Sportspaß Hamburg, 12 539.

Die beliebteste Sportart der Deutschen ist Fußball mit insgesamt 6 128 685 aktiven Mitgliedern. Es folgen Turnen mit 4 646 068 und Tennis mit 2 292 659.

Mehr Frauen als Männer sind in folgenden deutschen Sportverbänden Mitglieder: Turnerbund (3 235 708 Frauen, 1 410 360 Männer), Reiterliche Vereinigung (460 041 Frauen, 234 332 Männer), Schwimmverband (316 356 Frauen, 314 627 Männer), Tanzsportverband (148 112 Frauen, 99 046 Männer), Rollsport-Bund (13 247 Frauen, 8999 Männer) und Sportakrobatik-Bund (6043 Frauen, 2356 Männer).

Die jüngste Weltmeisterin ist Fu Mingxia (* 1978, China), die mit zwölf Jahren und 141 Tagen das Turmspringen bei den Schwimm-WM in Perth (Australien) am 4. Januar 1991 gewann.

Der älteste Weltrekordler: John Flanagan (1868-1938, USA), Hammerwurfweltrekord über 56,18 m, 24. Juli 1909 mit 41 Jahren und 196 Tagen.

Die meisten Weltrekorde stellte der russische Gewichtheber Wassili Alexejew (* 1942) im Schwergewicht mit insgesamt 80 Weltrekorden zwischen dem 24. Januar 1970 und dem 1. November 1977 auf. Aufgrund dieser sensationellen Zahl wurde er deshalb mit dem Titel „stärkster Mann der Welt" bedacht.

Makkabiade: Bei der 15. Olympiade der sporttreibenden Juden aus der ganzen Welt gab es im Sommer 1997 mit 5800 Aktiven aus 56 Ländern eine neue Rekordbeteiligung. Insgesamt 40 Disziplinen standen auf dem Programm. Aus Deutschland waren 90 Teilnehmern vertreten war.

Die Lieblingssportart der US-Amerikaner ist laut einer Umfrage American Football, den 30 Prozent der Befragten angaben. Danach folgen Basketball (17 Prozent) und Baseball (14 Prozent).

Lieblingssport

der US-Amerikaner ist American Football (links). Hinter Basketball rangiert Baseball erst auf Platz drei.

Nach oben

geht die Mitgliederzahl im Deutschen Sportbund: 26,3 Mio. Mitglieder Anfang 1997. Guter Grund für Feste.

24-Stunden-Rekorde

Bahnengolf (Miniaturgolf): 144 Runden, 9247 Schläge, Andreas Gropp, Annabel Hartmann, Gunther Wegner, Bad Oldesloe (D), 30. Juni/1. Juli 1990.

Basketball: 20 371 von 22 049 Freiwürfen (92,39 Prozent) im Korb, Fred Newman (USA), 29./30. September 1990.

Bogenschießen: 76 158 Ringe, Simon Tarplee, David Hathaway, Evesham (GB), 1. April 1991.
▮ 25 996 Ringe, Paula Haslinger, Mariele Mertinko, Daniela Strohwald, Stein/St. Georgen, 1./2. Juli 1989.
▮ 24 745 Ringe, Roland Lahner, Ludwig Wexlberger, Stefan Mertinko, Stein/St. Georgen, 1./2. Juli 1989.

Bowling: 240 809 Pins, Sechser-Team, Bushbury (GB), 21./22. Oktober 1994.
▮ Gleichzeitig bestes Einzelergebnis: 50 500 Pins, Dean Steeles.

Eisschnellaufen: 546,650 km, Martinus Kuiper (NL), Alkmar, 12./13. Dezember 1988.

Gewichtheben (Bankdrücken): 720 000 kg, Horst Kempke, 60-kg-Hantel (12 000 Wiederholungen), Burgdorf (D), 23./24. März 1989.
▮ 253 500 kg, Petra Mayer, 25-kg-Hantel (10 140 Wiederholungen), Albstadt-Ebingen, Baden-Württemberg (D), 27./28. Dezember 1994.

Golf: 201 Löcher, Dieter Cabus, Maximilian Weiss, Ulm (D), 3. Juli 1983.

Einerkajak: 252,900 km, Zdzislaw Szubski (PL), Wistrula-Fluß, 11./12. September 1987.
▮ 220,690 km, Marinda Hartzenberg, Logan-Bucht, Bloemfontain (Südafrika), 31. Dezember 1990/1. Januar 1991.

Zweierkajak: 269,2 km, Jürgen Krüger, Tengen (D), Jörg Schwarzer, Schaffhausen (CH), Rhein, 2./3. August 1996.

Kegeln (Bohle): 186 155 Holz, Weser-Team Bremen, zwei Doppelbahnen, 1./2. Oktober 1983.
▮ 97 841 Holz, Quartett Hilchenbach-Müsen, Doppelbahn, 27./28. Mai 1987.
▮ 74 449 Holz bei 14 508 Schüben, Hildegard Griesser, Brigitte Peisl, Irmgard Riegler, Lore Schaflechner, Heide Szumovky, Stefanie Zechner, drei vollautomatische Kegelbahnen, Neumarkt (A), 14./15. Oktober 1994.

Leichtathletik (Laufen): 286,463 km, Yiannis Kouros (GR), New York (USA) am 28./29. September 1985.
▮ 243,659 km, Sigrid Lomsky (D), Basel am 1./2. Mai 1993.
▮ 417,870 km, Zehnerstaffel des NWZ Dream Teams, Göppingen (D), 27./28. Juni 1994.

Leichtathletik (Gehen): 228,930 km, Jesse Castafieda (USA), New Mexico, 18./19. September 1976.
▮ 220,300 km, Annie van der Meer (NL) in Rouen (F), 1. Mai 1984.

Rad (Straße): 930,93 km, Hansruedi Keller (CH), und 811,87 km, Verena Kälin (CH), beide in Schötz (CH), 3./4. August 1996.

Rad (Bahn): 830,790 km, Michael L. Secrest (USA), Montreal (Kanada), 13./14. März 1985.

Rad (Trainingsrolle): 2 Personen im Stundenwechsel auf Straßenrennrad; 1629 km (67,88 km/h); Georg Stumpf, Rheinfelden, Oliver Moritz, Lörrach (D), 12./13. April 1997.

Rad (Liegerad): Thomas Klein, Groß-Urnstadt (D), 859,32 km in Schötz (CH), 3./4. August 1996.

Rudern: Zweier mit Steuermann, Thorsten Jonischkeit, Michael Keller, Frank Meinhold (D), 241 km auf drei verschiedenen Rundkurse, 15./16. Juni 1996.

Schießen (Luftpistole): 238 938 Ringe, stehend freihändig, 10-m-Distanz, Harry Arend, Ralf Fuhrman, Jochen Frevert, Petra Harlos, Jürgen Spittmann, Dirk Theopold, Schützenhaus Lemgo (D), 21./22. Mai 1993.

Schießen (Luftgewehr): 223 113 Ringe, stehend freihändig, 10-m-Distanz, Sextett der St. Matthias Schützenbruderschaft Helenabrunn, Viersen (D), 13./14. März 1993.

Schwimmen (8er-Mannschaft, 25-m-Becken): 142,6 km, Landesschwimmverband Tirol (A), in Triesen, Liechtenstein, 18./19. November 1995.

Schwimmen (50-m-Pool): 96,7 km, Evan Barry (Australien) in Brisbane, 19./20. Dezember 1987.
▮ 93,625 km, Suzy Maroney (Australien), Sydney, 21./22. April 1995.
▮ 73,3 km, Christof Wandratsch (D), 19./20. Dezember 1992.
▮ 61,5 km, Ute Klaus, Siegen (D), 17./18. Oktober 1986.

Schwimmen (unter Wasser): Paul Cryne (GB), Amir S. Awami (Katar), 78,92 km, 21./22. Februar 1987.

Streckentauchen: 50,9 km, Andreas Schmidt, Ludwigsau-Friedlos (D), mit Preßluftgerät, 12./13. Oktober 1991.

Segeln: 936 km, Trimaran *Fleury-Michn VIII* (Philippe Poupon) Atlantik-Überquerung, 17./18. Juni 1987.

Trainingsrolle:

Georg Stumpf (oben) und Oliver Moritz strampelten 1629 km in 24 Std. im Wechsel auf einem Straßenrennrad.

Olympische Spiele

Sommerspiele

Die meisten Goldmedaillen mit je neun gewannen die Turnerin Larissa Latynina (* 1934, UdSSR), der Langstreckenläufer Paavo Nurmi (1897-1973, SF) und der Schwimmer Mark Spitz (* 1950, USA), davon allein sieben – einschließlich dreier Staffelwettbewerbe – 1972 in München.

Die vielseitigste Olympia-Athletin ist Christa Luding-Rothenburger (* 1959, DDR), die innerhalb eines Jahres drei olympische Medaillen bei Winter- und Sommerspielen gewann. In Calgary 1988 wurde sie Siegerin im 1000-m- und Zweite im 500-m-Eisschnellaufen; in Seoul gewann sie Silber im Radsprint auf der Bahn.

Der vielseitigste Olympia-Athlet, der sowohl bei den Winterspielen als auch bei den Sommerspielen eine Goldmedaille holte, war Edward F. Eagan (1896-1967, USA). 1920 stand er als Boxer (Halbschwergewicht) auf dem Siegertreppchen, 1932 saß er im erfolgreichen Viererbob der USA.

Die meisten Medaillen überhaupt gewann mit 18 Larissa Latynina (UdSSR). Sie kam zwischen 1956 und 1964 auf neun goldene, fünf silberne und vier bronzene.
▮ Auf 15 Medaillen brachte es der sowjetische Turner Nikolai Andrianow (7-5-3).

Die meisten Medaillen bei einer Veranstaltung erkämpfte der sowjetische Turner Alexander Ditjatin mit acht (3-4-1) bei den Spielen 1980 in Moskau.

Olympisch war sie einmalig: Christa Luding-Rothenburger, Medaillengewinnerin in Winter und Sommer.

Frauen erstmals bei Olympia (Männer-Premieren in Klammern)

1896:	Noch nicht vertreten.
1900:	Golf (1900), Schießen (1896), Segeln (1900), Tennis (1896).
1904:	Bogenschießen (1900).
1912:	Schwimmen (1896).
1924:	Fechten (1896).
1928:	Leichtathletik (1896), Turnen (1896).
1948:	Kanusport (1936).
1952:	Reiten (1900).
1964:	Volleyball (1964).
1976:	Basketball (1904), Handball (1972, Feldhandball 1936), Rudern (1900).
1980:	Hockey (1908).
1984:	Radsport (1896).
1988:	Tischtennis (1988).
1992:	Badminton (1992), Judo (1964), Tennis (1992).
1996:	Fußball (1900), Softball (Baseball 1992), Beach-Volleyball (1996).

Erfolgreichster deutscher Teilnehmer ist der Dressurreiter Dr. Reiner Klimke (* 1936), der es auf sechs Gold- und zwei Bronzemedaillen brachte.
▮ Erfolgreichste deutsche Teilnehmerin ist die Schwimmerin Kristin Otto, die 1988 in Seoul sechsmal Gold errang.

Die meisten Medaillen der Schweiz gewann der Turner Georges Miez, der zwischen 1924 und 1936 vier goldene, drei silberne und eine bronzene Medaillen holte.

Der älteste Goldmedaillengewinner und zugleich älteste Teilnehmer war Oscar Gomer Swahn (1847-1927, S). Mit 64 Jahren und 258 Tagen wurde er 1912 in Stockholm mit der Mannschaft Olympiasieger im Schießen auf den Laufenden Hirsch, mit 72 Jahren und 280 Tagen ging er 1920 in Antwerpen noch einmal an den Start und erkämpfte Silber. Sogar für 1924 in Paris hatte sich Swahn qualifiziert, sagte aber wegen Krankheit ab.

Die älteste Goldmedaillengewinnerin ist die Britin Sybill Newall, die 1908 in London das Bogenschießen mit 53 Jahren und 277 Tagen gewann.

Die älteste Teilnehmerin war die Reiterin Lorna Johnstone (1902-90, GB), die mit 70 Jahren und fünf Tagen bei den Spielen 1972 in München noch Zwölfte in der Dressur-Einzelwertung wurde.

Die meisten Teilnahmen mit insgesamt zehn hat der Segler Hubert Raudaschl (A) aufzuweisen. Bereits 1960 war er als Ersatzmann in Rom dabei, danach folgten neun aktive Teilnahmen, zuletzt in Atlanta 1996.
▮ Die Frau mit den meisten olympischen Starts ist die Fechterin Kerstin Palm (S), die zwischen 1964 und 1988 siebenmal dabei war.

Viermal in Folge die Goldmedaille im gleichen Wettbewerb errangen sowohl der Diskuswerfer Alfred A. Oerter (* 1936, USA) 1956-68 als auch der Weitspringer Carl Lewis (* 1961, USA) 1984-96.

▮ Zu vier Siegen in Serie brachte es auch der dänische Segler Paul B. Elvström, der 1948 in der Leuchtkäferklasse, 1952 in der Olympiajolle sowie 1956, 1960 im Finn-Dinghy erfolgreich war.

Die Gay Games sind die Olympischen Spiele der weiblichen und männlichen Homosexuellen. Bei der Premiere 1982 in San Francisco (USA) starteten 1300 Sportler aus 12 Nationen in 14 Sportarten. 1994 gab es beim Eiskunstlaufen erstmals gleichgeschlechtliche Paare. Die V. Gay Games werden im August 1998 in Amsterdam (NL) stattfinden.

Die meisten Goldmedaillen als Einzelwettkämpfer bei einer Veranstaltung kommen auf Eric Heiden (* 1958, USA), der bei den Winterspielen 1980 in Lake Placid (USA) alle fünf Eisschnellauf-Konkurrenzen für sich entschied.

▮ Der russische Turner Witali Scherbo gewann bei den Sommerspielen 1992 in Barcelona (E) den Mehrkampf sowie vier Geräte-Finals und holte außerdem Gold mit der GUS-Mannschaft.

Winterspiele

Der älteste Olympiasieger war der amerikanische Bobfahrer Jay O'Brian mit 48 Jahren und 357 Tagen 1932 in Lake Placid (USA). In dem Viererschlitten saßen auch Edward F. Eagan, der 1920 Olympiasieger im Boxen wurde, und der erst 16jährige William Fiske, der jüngste Bobfahrer aller Zeiten.

Die älteste Olympiasiegerin war Raissa Smetanina (Rußland), die mit 39 Jahren und 354 Tagen der erfolgreichen 4-x-5-km-Skilanglaufstaffel 1992 in Albertville angehörte.

Der jüngste Olympiasieger war der Finne Toni Nieminen, der mit 16 Jahren und 259 Tagen das Skispringen auf der großen Schanze und mit der Mannschaft 1992 in Albertville gewann.

Die jüngste Olympiasiegerin war Kim Yoon-Mi, die mit 13 Jahren und 85 Tagen der erfolgreichen südkoreanischen 3000-m-Shorttrack-Staffel, einer Spezialdisziplin des Eisschnellaufens, in Lillehammer 1994 angehörte.

Erstmals fanden 1994 die Winterspiele nicht im gleichen Jahr wie die Sommerspiele statt. Das IOC änderte den olympischen Rhythmus, damit den Ereignissen bessere Aufmerksamkeit zuteil wird, was auch auf die Vermarktung zutrifft.

TOP 10 der erfolgreichsten Teilnehmer aller Winterspiele

1.	Ljubow Jegorowa (Rußland), 1992/1994, Skilanglauf, 6, 3, 0
2.	Lidija Skoblikowa (UdSSR), 1960/1964, Eisschnellauf, 6, 0, 0
3.	Björn Dählie (N), 1992/1994, Skilanglauf, 5, 3, 0
4.	Clas Thunberg (SF), 1924/1928, Eisschnellauf, 5, 1, 1
5.	Bonnie Blair (USA), 1988/1994, Eisschnellauf, 5, 0, 1
6.	Eric Heiden (USA), 1980, Eisschnellauf, 5, 0, 0
7.	Raissa Smetanina (UdSSR/GUS), 1976-1992, Skilanglauf, 4, 5, 1
8.	Sixten Jernberg (S), 1956-1964, Skilanglauf, 4, 3, 2
9.	Galina Kulakowa (UdSSR), 1968-1980, Skilanglauf, 4, 2, 2
10.	Ivar Ballangrud (N), 1928-1936, Eisschnellauf, 4, 2, 1

Die meisten Teilnahmen bei den olympischen Winterspielen: Zum sechsten Mal dabei waren 1994 die finnische Ski-Langläuferin Marja-Liisa Kirvesniemi-Hämäläinen, die 1984 in Sarajevo insgesamt drei Goldmedaillen errang, sowie der österreichische Biathlet Alfred Eder. Zuvor waren sie schon 1976, 1980, 1984, 1988 und 1992 angetreten.

▮ Ebenfalls auf insgesamt sechs Winterolympia-Teilnahmen brachten es sowohl der schwedische Bobfahrer Carl-Erik Eriksson (1964-84) als auch der australische Eisschnelläufer Colin Coates (1968-88).

Die erfolgreichste Athletin aller Winterspiele ist die russische Skilangläuferin Ljubow Jegorowa (* 1966), die auf insgesamt sechs goldene und drei silberne Medaillen kam. Sie gewann die Goldmedaillen im Jahr 1994 über die 5 km (klassisch), 10 km (Freistil) und auch mit der Staffel und im Jahr 1992 über 10 und 15 km sowie ebenfalls mit der Staffel.

▮ Die meisten Medaillen überhaupt holte jedoch die Skilangläuferin Raissa Smetanina (UdSSR/Rußland), die während ihrer langen Karriere zehn Medaillen (4-5-1) zwischen 1976 und 1992 für sich sichern konnte.

▮ Bei den Männern rückte der Norweger Björn Dählie an die erste Stelle, der ebenfalls im Ski-Langlauf zu fünf Gold- und drei Silbermedaillen kam. Er gewann 1992 die 15 und 50 km Freistil sowie mit der Staffel, 1994 die 10 km klassisch und 15 km Freistil.

▮ Auf insgesamt neun Medaillen war der Schwede Sixten Jernberg (4-3-2) zwischen 1956 und 1964 gekommen.

1998

empfängt Nagano (Japan) die olympischen Wintersportler: Eisschnelläuferin Gunda Niemann weist den Weg.

18 060 km

legte die Olympische Fackel 1988 auf ihrem Weg von Olympia nach Calgary zurück. Die bisher weiteste Strecke.

Leichtathletik WM '97

Herr der Lüfte und einziger Stabhochsprung-Weltmeister: Der 33jährige Ukrainer Sergej Bubka ist in der Welt des Sports so etwas wie die „rote Mauritius" bei den Philatelisten – eine Einzelausgabe, die immer teurer wird. Sechsmal fanden Leichtathletik-Weltmeisterschaften statt, sechsmal hieß der Champion im Stabhochsprung Sergej Bubka.

▮ 1983 in Helsinki ging der 19jährige als Außenseiter in den Wettbewerb, doch der „junge Hüpfer" düpierte die Favoriten und sitzt seitdem dauerhaft auf dem Thron der Disziplin.

▮ Bubka, heute mit Frau und den beiden Söhnen meist in Monte Carlo lebend und nur zu kurzen Stippvisiten daheim in Donezk, sprang als erster Athlet der Welt über sechs Meter (1985), wiederholte dieses Kunststück, inklusive der WM in Athen, bei der er mit 6,01 m gewann, seitdem 43mal.

▮ Sein Weltrekord im Freien steht heute bei 6,14 m, der in der Halle kann sogar noch einen Zentimeter mehr aufweisen.

▮ Im Vorjahr bei den Olympischen Spielen in Atlanta fehlte Bubka, der Körper forderte mit Verschleiß und Verletzungen Tribut für die Dauerkarriere. Lange überlegte er, ob er in Athen starten sollte, dann siegte der Ehrgeiz, und der „Herr der Lüfte" bekundete forsch: „Ich fahre hin, um zu gewinnen." Die Konkurrenten lächelten mitleidig, denn Bubka war nicht auf der Jahresweltbestenliste. „Er hat Gewaltiges für den Stabhochsprung geleistet, aber jetzt ist seine Magie dahin", vermutete der deutsche Rekordhalter Tim Lobinger, der sich am Ende als WM-Vierter korrigieren mußte. Bubkas Magie ist faszinierender denn je – und so blieben die Reaktionen seiner Kontrahenten zurückhaltend, als der Champion verkündete: „Ich bin zum Sportler geboren. Jetzt will ich bei der WM in Sevilla und bei Olympia 2000 in Sydney starten."

„Magier"
Sergej Bubka: Seine 6 wird zur Legende.

Sieger-Duo
im 100-m-Lauf: Maurice Green ist mit 9,86 Sek. der schnellste Mann. Die schnellste Frau, die Amerikanerin Marion Jones, schaffte 100 m in 10,83 Sek. Sensationell.

6. Leichtathletik-Weltmeisterschaften 1. bis 10. August 1997 in Athen: Die Champions

Frauen
100 m: Marion Jones (USA) 10,83 Sek.
200 m: Ahanna Pintussevich (Ukraine UA) 22,32 Sek.
400 m: Catherine Freeman (AUS) 49,77 Sek.
800 m: Ana-F. Quirot (Kuba C) 1:57,14 Min.
1500 m: Carla Sacramento (Portugal P) 4:04,24 Min.
5000 m: Gabriela Szabo (RO) 14:57,68 Min.
10 000 m: Sally Barsoio (EAK) 31:32,92 Min.
Marathon: Hiromi Suzuki (J) 2:29:48 Std.
100 m Hürden: Ludmila Enquist (S) 12,50 Sek.
400 m Hürden: Nezha Bidouane (MA) 52,97 Sek.
4 x 100 m: USA (Gaines, Jones, Miller, Devers) 41,47 Sek.
4 x 400 m: Deutschland (Feller, Rohländer, Rücker, Breuer) 3:20,92 Min.
10 000 m Bahngehen: Annarita Sidoti (I) 42:55,49 Min.
Hochsprung: Hanne Haugland (N) 1,99 m
Weitsprung: Ludmila Galkina (RUS) 7,05 m
Dreisprung: Sarka Kasparkova (CZ) 15,20 m
Kugelstoßen: Astrid Kumbernuss (D) 20,71 m
Diskus: Beatrice Faumina (NZ) 66,82 m
Speerwurf: Trine Hattestad (N) 68,78 m
Siebenkampf: Sabine Braun (D) 6739 Punkte

Männer
100 m: Maurice Green (USA) 9,86 Sek.
200 m: Ato Boldon (Trinidad TT) 20,04 Sek.
400 m: Michael Johnson (USA) 44,12 Sek.
800 m: Wilson Kipketer (DK) 1:43,38 Min.
1500 m: Hicham El Guerrouj (Marokko MA) 3:35,83 Min.
5000 m: Daniel Komen (Kenia EAK) 13:07,38 Min.
10 000 m: Haile Gebrselassie (Äthiopien ETH) 27:24,58 Min.
Marathon: Abel Anton (E) 2:13:16 Std.
110 m Hürden: Allen Johnson (USA) 12,93 Sek.
400 m Hürden: Stephane Diagana (F) 47,70 Sek.
3000 m Hindernis: Wilson P. Kipketer (EAK) 8:05,84 Min.
4 x 100 m: Kanada (Esmie, Gilbert, Surin, Bailey) 37,86 Sek.
4 x 400 m: USA (Young, Pettigrew, Jones, Washington) 2:56,47 Min.
20 km Gehen: Daniel Garcia (MEX) 1:21:43 Std.
50 km Gehen: Robert Korzeniowski (PL) 3:44:46 Std.
Hochsprung: Javier Sotomayor (C) 2,37 m
Stabhochsprung: Sergej Bubka (UA) 6,01 m
Weitsprung: Ivan Pedroso (C) 8,42 m
Dreisprung: Yoelvis Quesada (C) 17,85 m
Kugelstoßen: John Godina (USA) 21,44 m
Diskus: Lars Riedel (D) 68,54 m
Hammerwurf: Heinz Weis (D) 81,78 m
Speerwurf: Marius Corbett (Südafrika ZA) 88,40 m
Zehnkampf: Tomas Dvorak (CZ) 8873 Punkte

Die erste WM ohne Weltrekord war die von Athen, obwohl für eine neue Bestmarke eine Prämie von 50 000 Dollar geboten wurde.

Einzige doppelte Titelträgerin der WM wurde Marion Jones über 100 m sowie mit der siegreichen 4 x 100-m-Staffel der USA.

Erster des Dopings überführter Leichtathletik-Weltmeister in der Geschichte wurde Kugelstoßer Alexander Bagatsch (Ukraine). Er wurde disqualifiziert. Gold und die 60 000 Dollar Siegprämie gingen an John Godina (USA), der Deutsche Oliver-Sven Buder rückte auf Platz zwei vor.
▮ Insgesamt wurden in Athen fünf positive Dopingfälle registriert, mit der Russin Olimpiada Iwanowa, Zweite im 10 000-m-Bahngehen, eine weitere Medaillengewinnerin.

Golden Girls:

Die 4 x 400-m-Staffel Anke Feller, Anja Rücker, Grit Breuer und Uta Rohländer. Schlußläuferin Grit (unten) kann den Sieg kaum fassen.

Deutschlands Leichtathletik ist an zweiter Stelle in der Welt: Bei den Erfolgen galt allerdings, daß sie nicht unbedingt ein Wechsel auf die sportliche Zukunft sein müssen. Denn das Motto hieß: Oldies but Goldies. Diskus-Champion Lars Riedel (zum vierten Mal in Folge!) ist 30, Hammerwurf-Weltmeister Heinz Weis sogar 34, Gold-Siebenkämpferin Sabine Braun bringt es auf 32 Lenze – und nur Kugelstoßerin Astrid Kumbernuss nimmt sich im Kreis der deutschen Einzelweltmeister mit 27 Jahren wie ein Nesthäkchen aus. Den fünften Titel für die DLV-Mannschaft gewann überraschend die 4 x 400-m-Staffel der Frauen, in der Schlußläuferin Grit Breuer – von 1992 bis 1995 wegen der Verwicklung in Doping-Fälle gesperrt – mit einer grandiosen Schlußrunde Weltspitze bestätigte. Gemeinsam mit der 25jährigen Ex-Neubrandenburgerin liefen Anke Feller (26), Uta Rohländer (28) und Anja Rücker, die am 20. Dezember 1997 25 Jahre alt wird, im Gold-Quartett. Letztere ist damit die jüngste deutsche Leichtathletik-Weltmeisterin des Jahres 1997.

Champion

Astrid Kumbernuss holt sich den WM-Titel im Kugelstoßen.

„Oldie"

Lars Riedel siegt auch mit 30: 4mal in Folge Diskus-Weltmeister. Oldie but Goldie.

Athen in Zahlen: In 205 Ländern mit insgesamt 3,163 Mrd. Zuschauern wurde die WM vom Fernsehen übertragen. An sportlichem Zubehör wurden benötigt: je 100 Speere für Männer und Frauen, je 80 Disken für Männer und Frauen, je 50 Kugeln zum Kugelstoßen, 50 Hammerwurfgeräte, 500 Hürden, je 70 Latten für Hoch- und Stabhochsprung, 20 Startpistolen mit 5000 Schuß Munition. 350 bis 400 Dopingkontrollen. Journalisten verbrauchten 22 t Papier, etwa 4,5 Mio. Seiten. Fotografen verknipsten 20 000 Filme, also etwa 30 km Filmmaterial. Für die Sicherheit waren 8000 Polizisten zuständig.

Der Medaillenspiegel von Athen 1997

Land	Gold	Silber	Bronze
USA	7	3	8
Deutschland	5	1	4
Kuba	4	1	1
Kenia	3	2	2
Ukraine	2	4	1
Marokko	2	1	1
Tschechien	2	-	-
Norwegen	2	-	-
Rußland	1	4	3
Spanien	1	3	1
Portugal	1	2	1
Australien	1	1	2
Italien	1	1	1
Rumänien	1	1	1
Kanada	1	1	-
Polen	1	1	-
Südafrika	1	1	-
Frankreich	1	-	1
Japan	1	-	1
Mexiko	1	-	1
Dänemark	1	-	-
Äthiopien	1	-	-
Neuseeland	1	-	-
Schweden	1	-	-
Trinidad & Tobago	1	-	-

Deutsche Athleten in Athen

Frauen

100 m: Melanie Paschke 11,19 Sek. (Platz 6)
400 m: Grit Breuer 50,06 Sek. (Platz 4)
Marathon: Iris Biba 2:35:28 Std. (Platz 6)
Sonja Oberem 2:35:28 Std. (Platz 7)
Manuela Veith 2:48:45 Std. (Platz 32)
4 x 100 m: Deutschland (Paschke, Möller, Rockmeier, Philipp) 42,44 Sek. (Platz 4)
4 x 400 m: Deutschland (Feller, Rohländer, Rücker, Breuer) 3:20,92 Min. (Platz 1)
Hochsprung: Alina Astafei 1,93 m (Platz 7)
Heike Balck 1,90 m (Platz 10)
Weitsprung: Heike Drechsler 6,89 m (Platz 4)
Susan Tiedtke-Green 6,78 m (Platz 6)
Dreisprung: Petra Lobinger 13,86 m (Platz 10)
Kugelstoßen: Astrid Kumbernuss 20,71 m (Platz 1)
Stephanie Storp 19,22 m (Platz 3)
Nadine Kleinert 18,42 m (Platz 7)
Speerwurf: Tanja Damaske 67,12 m (Platz 3)
Siebenkampf: Sabine Braun 6739 Punkte (Platz 1)
Mona Steigauf 6406 Punkte (Platz 6)
Peggy Beer 6259 Punkte (Platz 9)

Männer

1500 m: Rüdiger Stenzel 3:38,82 Min. (Platz 10)
5000 m: Dieter Baumann 13:17,64 Min. (Platz 5)
10 000 m: Carsten Eich 28:59,34 Min. (Platz 16)
Marathon: Stephane Franke 2:23:53 Std. (Platz 31)
110 m Hürden: Florian Schwarthoff 13,20 Sek. (Platz 4)
3000 m Hindernis: Mark Ostendarp 8:18,49 Min. (Platz 9)
20 km Gehen: Robert Ihly 1:24:12 Std. (Platz 11)
50 km Gehen: Axel Noack 3:59:29 Std. (Platz 16)
Peter Zanner 4:07:38 Std. (Platz 24)
Hochsprung: Martin Buß 2,28 m (Platz 9)
Stabhochsprung: Tim Lobinger 5,80 m (Platz 4)
Dreisprung: Charles Friedek 16,86 m (Platz 11)
Kugelstoßen: Oliver-Sven Buder 21,24 m (Platz 2)
Michael Mertens 19,91 m (Platz 8)
Diskus: Lars Riedel 68,54 m (Platz 1)
Jürgen Schult 66,14 m (Platz 3)
Andreas Seelig 64,48 m (Platz 6)
Hammerwurf: Heinz Weis 81,78 m (Platz 1)
Karsten Kobs 76,12 m (Platz 9)
Speerwurf: Boris Henry 84,54 m (Platz 6)
Zehnkampf: Frank Busemann 8652 Punkte (Platz 3)
Stefan Schmid 8360 Punkte (Platz 7)
Klaus Isekenmeier 8180 Punkte (Platz 10)

Leichtathletik

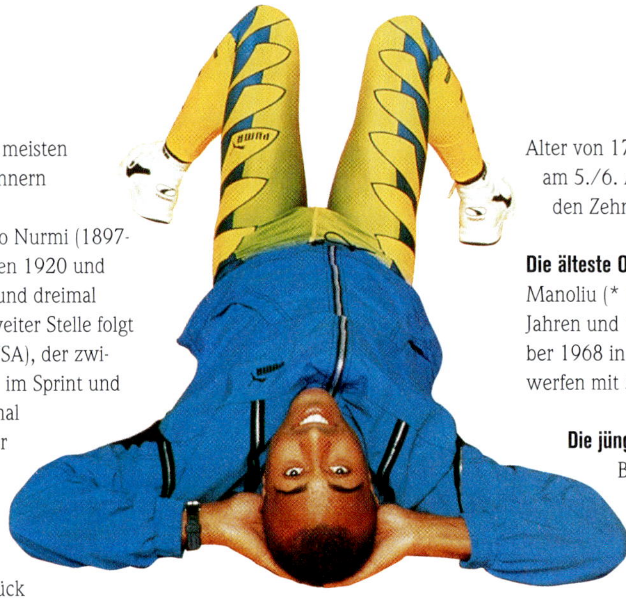

Olympische Spiele: Die meisten Medaillen bei den Männern errang mit zwölf der Langstreckenstar Paavo Nurmi (1897-1973, SF), der zwischen 1920 und 1928 neunmal siegte und dreimal Zweiter wurde. An zweiter Stelle folgt Carl Lewis (* 1961, USA), der zwischen 1984 und 1996 im Sprint und Weitsprung auf neunmal Gold und einmal Silber kam.

Die meisten Medaillen bei den Frauen gewann mit sieben Stück Shirley de la Hunty geb. Strickland (* 1925, AUS) mit dreimal Gold, einmal Silber und dreimal Bronze bei den Spielen von 1948, 1952 und 1956. Ein kürzlich entdecktes Zielbild zeigt, daß sie beim 200-m-Lauf von 1948 als Dritte und nicht als Vierte durchs Ziel ging.

- Irena Szewinska (* 1946, PL) gewann bei den Spielen von 1964, 1968, 1972 und 1976 drei Gold-, zwei Silber- und zwei Bronzemedaillen und ist die einzige Athletin, die bei vier Spielen nacheinander eine Medaille holte.
- Sprinterin Merlene Ottey (* 1960, Jamaika) gewann ebenfalls sieben Medaillen – zwei silberne, fünf bronzene – bei den Spielen 1980, 1984, 1992, 1996.

Colin

Jacksons Weltrekord mit 12,91 Sek. über die 110 m Hürden haben Bestand.

Ältester Olympiasieger im 100-m-Sprint wurde mit 32 Jahren Linford Christie in Barcelona.

Der älteste Olympiasieger war der aus Irland stammende Patrick J. McDonald (1878-1954, USA), der mit 42 Jahren und 26 Tagen am 21. August 1920 in Antwerpen (B) das 25,4-kg-Gewichtwerfen für sich entschied.

Der jüngste Olympiasieger war Robert „Bob" Mathias (* 1930, USA), der im Alter von 17 Jahren und 263 Tagen am 5./6. August 1948 in London den Zehnkampf gewann.

Die älteste Olympiasiegerin war Lia Manoliu (* 1932, RO), die mit 36 Jahren und 176 Tagen am 18. Oktober 1968 in Mexico City das Diskuswerfen mit 58,28 m gewann.

Die jüngste Olympiasiegerin war Barbara Pearl Jones (* 1937, USA), die im Alter von 15 Jahren und 123 Tagen am 27. Juli 1952 in Helsinki zur Siegerstaffel über 4 x 100 m gehörte.

Europacup, eingeführt 1965: Rekordsieger des Mannschaftswettbewerbs der Männer ist die UdSSR/GUS/Rußland mit sieben Erfolgen vor der DDR mit sechs. Bei den Frauen siegte die DDR neunmal. 1997 gewannen Großbritannien (Männer) und Rußland (Frauen).

Erfolgreichster Athlet im Europacup war Linford Christie (GB), der in 13 Einzelrennen über 100 m (achtmal in Folge Sieger) und 200 m (fünfmal Erster) ungeschlagen blieb und viermal mit der Sprintstaffel gewann.

- Bei den Frauen gewann Marlies Göhr (* 1958, damalige DDR) von 1977 bis 1987 jeweils sechsmal über 100 m und mit der DDR-Sprintstaffel.

Absoluter Geschwindigkeitsrekord: Eine Analyse der Zeiten von Ben Johnson (Kanada) und Carl Lewis (USA) über je 10 m im 100-m-Finale der Olympischen Spiele von Seoul am 24. September 1988 zeigte, daß beide eine Spitzengeschwindigkeit von 0,83 Sek. auf 10 m benötigten, was 43,37 km/h entspricht. Johnson gewann das Rennen in 9,79 Sek., wurde aber später wegen Dopings disqualifiziert.

Der schnellste Mann der Welt ist nicht, wie allgemein angenommen wird, der Sprinter Donovan Bailey (Kanada), der mit 9,84 Sek. auf 100 m (entsprechend 36,58 km/h) den Weltrekord hält. Michael Johnson (USA) lief mit 19,32 Sek. auf der 200-m-Strecke die

Daniel

Komen aus Kenia ist schier unschlagbar über 3000 und 5000 m und Weltrekordhalter dazu.

Jan

Zelezny aus der Slowakei hält den Weltrekord im Speerwerfen mit 98,48 m.

Ingrid

Kristiansen, schnellste Marathonläuferin mit 2:21:06 Std.

höhere Durchschnittsgeschwindigkeit von 37,5 km/h.

Die schnellste Frau der Welt ist über 100 m in 10,49 Sek. Florence Griffith-Joyner (USA), was einer Geschwindigkeit von 34,44 km/h entspricht. Bei ihrem Weltrekord über 200 m in 21,34 Sek. war sie „nur" 33,73 km/h schnell.

Die meisten WM-Goldmedaillen bei den Männern gewannen Carl Lewis (Sprint/Weitsprung) mit 8, Michael Johnson (Sprint/400 m) mit 7, Sergej Bubka (Stabhochsprung) mit 6 und Lars Riedel (Diskus) mit 4.

▮ Bei den Frauen waren Jackie Joyner-Kersee (Mehrkampf/Weitsprung) und Gail Devers (Sprint/Hürden) mit je 4 Titeln am erfolgreichsten.

Die meisten Medaillen bei einer einzigen WM gewannen Marita Koch (DDR) 1983, Katrin Krabbe (D) 1991 und Gwen Torrence (USA) 1993. Pro Person vier Medaillen.

Svetlana

Masterkova holte sich in Atlanta Gold. Sie lief die Meile in 4:12,56 Min.

▮ Je drei Titelgewinne bei einer WM schaffte Carl Lewis (USA) 1983 und 1987.

Die größte Höhe über den eigenen Kopf sprang mit 59 cm Franklin Jacobs (* 1957, USA), der am 27. Januar 1978 in New York auf 2,32 m kam. Er ist nur 1,73 m groß.

▮ Bei den Frauen übersprang Jolanda Henry (* 1964, USA) ihre eigene Körpergröße um 32 cm. Die 1,68 m große Athletin steigerte sich am 30. Mai 1990 in Sevilla auf 2,00 m.

Die älteste Weltrekordbrecherin ist Marina Stepanowa (* 1950, UdSSR), die mit 36 Jahren und 139 Tagen die 400 m Hürden in 52,94 Sek. lief. Sie erreichte diese Zeit am 17. September 1986 in Taschkent (UdSSR).

Die jüngste Weltrekordbrecherin ist Wang Yang (* 1971, China), die mit 14 Jahren und 334 Tagen im 5000-m-Gehen 21:33,8 Min. erreichte. Sie schaffte diese Zeit am 9. März 1986 in Jian (China).

Die Weltbestleistung über 100 km hält bei den Frauen Ann Trason (* 1961, USA) mit 7:00:47 Std. am 17. September 1995 in Winschoten (NL).

▮ Bei den Männern kam Don Ritchie (GB) auf 6:10:20 Std., erreicht am 28. Oktober 1978 in London.

Die älteste Kugelstoßerin der Welt war 1995 die 100jährige Margaret White (USA). Bei einem Seniorensportfest in Oklahoma schaffte sie im Januar 1995 mit 3,46 m eine Weltbestmarke.

Leichtathletik-Weltrekorde

Sportart	Rekord	Name/Land	Jahr
Männer			
100 m	9,84 Sek.	Donovan Bailey (Kanada)	1996
200 m	19,32 Sek.	Michael Johnson (USA)	1996
400 m	43,29 Sek.	Harry Reynolds (USA)	1988
800 m	1:41,11 Min.	Wilson Kipketer (Dänemark)	1997
1000 m	2:12,18 Min	Sebastian Coe (GB)	1981
1500 m	3:27,37 Min.	Noureddine Morceli (Algerien)	1995
1 Meile	3:44,39 Min.	Noureddine Morceli (Algerien)	1993
3000 m	7:20,67 Min.	Daniel Komen (Kenia)	1996
5000 m	12:39,74 Min.	Daniel Komen (Kenia)	1997
10 000 m	26:27,85 Min.	Paul Tergat (Kenia)	1997
Marathon	2:05:50 Std.	Belaine Densimo (Äthiopien)	1988
110-m-Hürden	12,91 Sek.	Colin Jackson (GB)	1993
400-m-Hürden	46,78 Sek.	Kevin Young (USA)	1992
3000-m-Hindernis	7:55,72 Min.	Bernard Barmasei (Kenia)	1997
4 x 100 m	37,40 Sek.	USA-Nationalstaffel	92/93
4 x 400 m	2:54,29 Min.	USA-Nationalstaffel	1993
20-km-Gehen	1:17:25,6 Std.	Bernardo Segura (Mexiko)	1994
50-km-Gehen	3:37:41 Std.	Andrej Perlow (UdSSR)	1989
Hochsprung	2,45 m	Javier Sotomayor (Kuba)	1993
Weitsprung	8,95 m	Mike Powell (USA)	1991
Stabhochsprung	6,14 m	Sergej Bubka (Ukraine)	1994
Dreisprung	18,29 m	Jonathan Edwards (USA)	1995
Kugelstoßen	23,12 m	Randy Barnes (USA)	1990
Diskuswerfen	74,08 m	Jürgen Schult (DDR)	1986
Hammerwerfen	86,74 m	Juri Sedych (UdSSR)	1987
Speerwerfen	98,48 m	Jan Zelezny (Slowakei)	1996
Zehnkampf	8891 Pkt.	Dan O'Brien (USA)	1992
Frauen			
100 m	10,49 Sek.	Florence Griffith-Joyner (USA)	1988
200 m	21,34 Sek.	Florence Griffith-Joyner (USA)	1988
400 m	47,60 Sek.	Marita Koch (DDR)	1985
800 m	1:53,28 Min.	Jarmila Kratochvilova (CSFR)	1983
1000 m	2:28,98 Min	Svetlana Masterkova (Rußland)	1996
1500 m	3:50,46 Min.	Yunxia Qu (China)	1993
1 Meile	4:12,56 Min.	Svetlana Masterkova (Rußland)	1996
3000 m	8:06,11 Min.	Yunxia Wang (China)	1993
5000 m	14:36,45 Min.	Fernanda Ribeiro (Portugal)	1995
10 000 m	29:31,78 Min.	Yunxia Wang (China)	1993
Marathon	2:21:06 Std.	Ingrid Kristiansen (Norwegen)	1985
110-m-Hürden	12,21 Sek.	Jolanka Donkova (Bulgarien)	1988
400-m-Hürden	52,61 Sek.	Kim Batten (USA)	1995
4 x 100 m	41,37 Sek.	DDR-Nationalstaffel	1985
4 x 400 m	3:15,17 Min.	UdSSR-Nationalstaffel	1988
10-km-Gehen	41:29 Min.	Larissa Ramassanowa (Rußland)	1995
Hochsprung	2,09 m	Stefka Kostadinova (Bulgarien)	1987
Weitsprung	7,52 m	Galina Tschistjakova (UdSSR)	1988
Dreisprung	15,50 m	Inessa Kravers (Ukraine)	1995
Stabhochsprung	4,55 m	Emma George (Australien)	1997
Kugelstoßen	22,63 m	Natalia Lissowskaja (UdSSR)	1987
Diskuswerfen	76,80 m	Gabriele Reinsch (DDR)	1988
Speerwerfen	80,00 m	Petra Felke (DDR)	1988
Hammerwerfen	69,58 m	Mihaela Melinte (Rumänien)	1997
Siebenkampf	7291 Pkt.	Jackie Joyner (USA)	1988

Leichtathletik

Dream Team
Staffel mit und zu Ehren von Carl Lewis: Donovan Bailey, Frank Fredericks und Leroy Burrell (von links) am 26. August 1997 beim ISTAF in Berlin.

Siegesserien

Die längste Siegesserie hält die Hochspringerin Jolanda Balas (* 1936, RO), die zwischen 1956 und 1967 in 150 Wettkämpfen ungeschlagen blieb. Der 400-m-Hürdenläufer Edwin Moses (* 1955, USA) kam ihr mit 122 Siegen, darunter 107 Finals, zwischen 1977 und 1987, sehr nahe.

Weltweit ungeschlagen blieb 1996 die Kugelstoßerin Astrid Kumbernuss (* 1970, D), die Mitte September 1996 den 50. Wettkampf in Folge seit Februar 1995 als Siegerin beendete.

Die sensationellste Weltrekordserie gelang Jesse Owens (1913-80, USA), der am 25. Mai 1935 in Ann Arbor, Michigan (USA), innerhalb von nur 100 Min. gleich sechs neue Höchstleistungen aufstellte – über 100 Yards (91,44 m) in 9,4 Sek., im Weitsprung mit 8,13 m, über 220 Yards (201,17 m) in 20,3 und über 220-Yards-Hürden in 22,6 Sek. Die beiden 220-Yards-Weltrekorde hatten gleichzeitig Gültigkeit auf den in Europa üblichen 200-m-Strecken. Ein Jahr später holte sich Owens bei den Olympischen Spielen in Berlin vier Goldmedaillen, über 100 m, 200 m, in der 4-x-100-m-Staffel und im Weitsprung.

Seine erste Niederlage nach 56 Siegen in Folge auf der 400-m-Strecke seit dem 17. Juli 1988 mußte Publikumsliebling Michael Johnson (USA) am 25. Juni 1997 in Paris hinnehmen. Er belegte nur Platz 5. Kleiner Trost: Er hält den Weltrekord auf 200 m.

Marathon

Die meisten Rennen über die Marathonstrecke oder eine längere Distanz bestritt der Deutsche Horst Preisler, der zwischen 1974 und dem 29. Mai 1996 insgesamt 631 Läufe absolvierte.

Die erste Frau, die den Boston-Marathon dreimal in Folge gewann, war die für den SCC Nike Berlin startende Uta Pippig (* 1965), die 1994, 1995 und 1996 siegte. Für den dritten Erfolg kassierte sie eine Prämie von 300 000 Dollar.

Die größte Zahl von Marathonläufern, die nach 42,195 km das Ziel erreichten, wurde am 15. April 1996 mit 38 706 beim 100. Boston-Marathon registriert.

Schnellster
über 10 000 m in Athen 1997 war Haile Gebrselassie..

6. Hallen-WM, März 1997, Paris: Die Champions

Disziplin	Männer	Leistung	Frauen	Leistung
60 m	Haris Papadias (GR)	6,50 Sek.	Gail Devers (USA)	7,06 Sek.
200 m	Kevin Little (USA)	20,40 Sek.	Katerina Koffa (GR)	22,76 Sek.
400 m	Sunday Bada (Nigeria)	45,51 Sek.	Jearl Miles (USA)	50,96 Sek.
800 m	Wilson Kipketer (DK)	1:42,67 Min.	Maria Mutola (MOC)	1:58,96 Min.
1500 m	Hicham El Guerrouj (MA)	3:35,31 Min.	Jekaterina Podkopajewa (RUS)	4:05,19 Min.
3000 m	Haile Gebrselassie (Äthiopien)	7:34,71 Min.	Gabriela Szabo (RO)	8:45,75 Min.
4 x 400 m	USA	3:04,93 Min.	Rußland	3:26,84 Min.
60 m Hürden	Anier Garcia (Kuba)	7,48 Sek.	Michelle Freeman (Jamaika)	7,82 Sek.
Hochsprung	Charles Austin (USA)	2,35 m	Stejka Kostadinowa (BG)	2,02 m
Stabhochsprung	Igor Potapowitsch (Kasachstan)	5,90 m	Stacy Dragila (USA)	4,40 m
Weitsprung	Ivan Pedroso (Kuba)	8,51 m	Fiona May (I)	6,86 m
Dreisprung	Yoel Garcia (Kuba)	17,30 m	Imma Lassowskaja (RUS)	15,01 m
Kugelstoßen	Juri Bilonoch (Ukraine)	21,02 m	Vita Pawlysch (Ukraine)	20,00 m
Siebenkampf	Robert Zmelik (Tschechien)	6228 Punkte	Sabine Braun (D)	4780 Punkte

Die ältesten Teilnehmer, die ein Rennen durchstanden, sind der 98jährige Grieche Dimitrion Yordanis in 7:33 Std., gelaufen am 10. Oktober 1976 in Athen, sowie die 82jährige Neuseeländerin Thelma Pitt-Turner mit 7:58 Std., erreicht im August 1985 in Hastings.

Die höchstgelegene Strecke ist die des Mount-Everest-Rennens. Der Start in Gorak Shep befindet sich bei 5212 m, das Ziel bei 3444 m. Die schnellsten Zeiten erreichten 1989, bei der dritten Austragung dieses Wettbewerbs, Jack Maitland mit 3:59:04 Std. und bei den Frauen Cath Proctor mit 5:32:43 Std.

Staffeln

100 x 100 m: Team von Merksen in der Nähe von Antwerpen (Belgien), 19:14,19 Min., 23. September 1989.

1000 x 100 m: TV 1860 Immenstadt am 13. Juli 1986 in Immenstadt (D), 4:15:50 Std.

100 x 1000 m: SV Bad Düben, 4. Mai 1996 in Bad Düben (D), 6:45:29 Std.

100 x 400 m: 1:29:11,8 Std., Sportinstitut Universität Loewen (Belgien), 19. April 1978.

1000 x 400 m: Kombination Wirtemberg-Gymnasium/Turnerbund Stuttgart Untertürkheim (D), 5. September 1987, 16:22:24 Std.

1000 x 1000 m: Frauen und Männer des Großraums Göttingen, Hannoversch Münden, Duderstadt, Osterode (D), 1. bis 3. Juni 1989 in Duderstadt, 52:48:59 Std.

Hallenbeste

der Welt im Stabhochsprung ist Stacy Dragila (USA) mit 4,40 m, gemeinsam mit Emma George (Australien).

Erster

Deutscher über 6 m im Stabhochsprung: Tim Lobinger.

Längste

Siegesserie der Männer: 122 Läufe, Edwin Moses.

Leichtathletik – Deutsche Rekorde

Sportart	Rekord	Name	Jahr
Männer			
100 m	10,06 Sek.	Frank Emmelmann	1985
200 m	20,23 Sek.	Frank Emmelmann	1985
400 m	44,33 Sek.	Thomas Schönlebe	1987
800 m	1:43,65 Min.	Willi Wülbeck	1983
1000 m	2:14,53 Min.	Willi Wülbeck	1980
1500 m	3:31,58 Min.	Thomas Wessinghage	1980
1 Meile	3:49,22 Min.	Jens-Peter Herold	1988
3000 m	7:31,81 Min.	Dieter Baumann	1997
5000 m	12:54,70 Min.	Dieter Baumann	1997
10 000 m	27:21,53 Min.	Dieter Baumann	1997
Marathon	2:08:47 Std.	Jörg Peter	1988
110-m-Hürden	13,05 Sek.	Florian Schwarthoff	1995
400-m-Hürden	47,48 Sek.	Harald Schmid	1982
3000-m-Hindernis	8:10,32 Min.	Hagen Melzer	1987
4 x 100 m	38,29 Sek.	DDR-Staffel	1982
	38,81 Sek.	Vereine: TV Wattenscheid	1994
4 x 400 m	2:59,86 Min.	DDR-Staffel	1985
	3:03,04 Min.	Vereine: LAC Chemnitz	1995
20-km-Gehen	1:19:12 Std.	Axel Noack	1987
50-km-Gehen	3:38:17 Std.	Ronald Weigel	1986
Hochsprung	2,37 m	Carlo Thränhardt	1987
Weitsprung	8,54 m	Lutz Dombrowski	1980
Stabhochsprung	6,00 m	Tim Lobinger	1997
Dreisprung	17,66 m	Ralf Jaros	1991
Kugelstoßen	23,06 m	Ulf Timmermann	1988
Diskuswerfen	74,08 m	Jürgen Schult	1986
Hammerwerfen	83,40 m	Ralf Haber	1988
Speerwerfen	92,60 m	Raymond Hecht	1995
Zehnkampf	8832 Pkt.	Jürgen Hingsen	1984
Frauen			
100 m	10,81 Sek.	Marlies Göhr	1981
200 m	21,71 Sek.	Marita Koch	1979
		Heike Drechsler	1986
400 m	47,60 Sek.	Marita Koch	1985
800 m	1:55,26 Min.	Sigrun Wodars	1987
1000 m	2:30,67 Min.	Christine Wachtel	1990
1500 m	3:57,71 Min.	Christiane Wartenberg	1980
1 Meile	4:21,59 Min.	Ulrike Bruns	1985
3000 m	8:35,11 Min.	Brigitte Kraus	1983
5000 m	14:58,71 Min.	Kathrin Ullrich	1991
10 000 m	31:03,62 Min.	Kathrin Ullrich	1991
Marathon	2:21:45 Min.	Uta Pippig	1995
100-m-Hürden	12,42 Sek.	Bettine Jahn	1983
400-m-Hürden	53,24 Sek.	Sabine Busch	1987
4 x 100 m	41,37 Sek.	DDR-Staffel	1985
	42,20 Sek.	Vereine: SC Motor Jena	1984
4 x 400 m	3:15,92 Min.	DDR-Staffel	1984
	3:25,84 Min.	Vereine:SC Turbine Erfurt	1985
10-km-Gehen	42:11,5 Min.	Beate Anders	1992
Hochsprung	2,05	Heike Henkel	1991
Weitsprung	7,48 m	Heike Drechsler	1988
Stabhochsprung	4,18 m	Andrea Müller	1995
Dreisprung	14,46 m	Helga Radtke	1994
Kugelstoßen	22,45 m	Ilona Slupianek	1980
Diskuswerfen	76,80 m	Gabriele Reinsch	1988
Speerwerfen	80,00 m	Petra Felke	1988
Hammerwerfen	64,58 m	Simone Mathes	1995
Siebenkampf	6985 Pkt.	Sabine Braun	1992

Fußball-Bundesliga

Bundesliga 1996/97: 457 Spieler kamen zum Einsatz (Vorsaison 427), die meisten beim HSV mit 32, die wenigsten beim FC Bayern München mit 21.

- Die Torhüter Reck (Bremen), Reitmeier (Karlsruhe) und Kamps (Mönchengladbach) waren ständig dabei.
- Es fielen 911 Tore (Vorsaison 831), im Schnitt 2,98 pro Spiel. Nur zehnmal seit Einführung der Bundesliga 1963 waren es weniger. Rekordsaison war 1983/84 mit 1097.
- Die Schiedsrichter verhängten 81 Platzverweise (Vorsaison 69) – 37 Rote und 44 Gelb-Rote Karten. Rekordsaison war 1994/95 mit 98.
- 84mal wurde Elfmeter gegeben, 64 wurden davon verwandelt. Erfolgreichster Elfmeterschütze war mit sechs Treffern Toni Polster (Köln).
- Die Trainer Rolf Fringer (Stuttgart), Jörg Berger (Schalke 04), Aleksandar Ristic (Fortuna Düsseldorf), Bernd Krauss (Borussia Mönchengladbach), Uli Maslo (FC St. Pauli) und Felix Magath (Hamburger SV) wurden vorzeitig entlassen. Seit 1963 mußten 226 Trainer gehen. Rekordjahr war 1990/91 mit 12 Entlassungen.
- Zum 23. Mal wurde der Herbstmeister auch deutscher Champion.

Torjäger der Saison 1996/97: Ulf Kirsten (Bayer Leverkusen) erzielte 22 Tore, gefolgt von Toni Polster (1. FC Köln) mit 21 und Fredi Bobic (VfB Stuttgart) mit 19 Toren.

Die meisten Spieltage als Tabellenführer seit Beginn der Bundesliga: Bayern München mit 380 Tagen. Borussia Mönchengladbach hielt sich 129, Werder Bremen 95, der Hamburger SV 87, der 1. FC Köln 81 und Borussia Dortmund 77 Tage an der Spitze.

Der treffsicherste Ausländer der Bundesliga ist der Südkoreaner Bum-Kun Cha, der in 308 Spielen 98 Tore erzielte. Ihm folgen Willi Lippens (NL) mit 242 Spielen, 92 Toren, Allan Simonsen (DK) mit 178 Spielen, 76 Toren, Anthony Yeboah (Ghana) mit 123 Spielen, 68 Toren, Wilhelm Huberts (NL) mit 213 Spielen, 67 Toren und Jörn Andersen (N) mit 243 Spielen, 67 Toren.

Als Ausländer die meisten Bundesliga-Spiele absolviert hat der Däne Ole Björnmose, der seit seinem Debüt am 22. August 1966 insgesamt 323mal für den HSV, Bremen, Darmstadt, Frankfurt und Leverkusen gespielt hat. Auf den Plätzen folgen Bum-Kun Cha (Südkorea, 308 Spiele), Ronnie Hellström (S, 266), Bruno Pezzey (A, 255) und Heinz van Haaren (N, 243).

Der erfolgreichste Verein ist der FC Bayern München, der von 1092 Spielen 592 gewann, 265 unentschieden spielte und 235 verlor. Er kam dabei auf ein Gesamttorverhältnis von 2361:1363.

Ulf Kirsten

von Bayer Leverkusen ist Torschützenkönig der Saison 1996/97. 22 Treffer ärgerten die Gegner.

Als bisher einziger Verein in der Geschichte der Bundesliga erzielte Bayern München in einer Saison, es war 1971/72, mit 101 Treffern mehr als 100 Tore.

Das schnellste Tor schoß nach nur 12 Sek. Dirk Zander für den FC St. Pauli gegen den Karlsruher SC (Endstand 2:0) am 12. April 1991.
▮ In der zweiten Bundesliga brauchte Lothar Sippel von Hannover 96 gegen den FC Homburg sogar nur 9 Sek. zum 1:0 am 18. November 1994. Endstand 4:3.

Die meisten Tore in einem Spiel erzielte Dieter Müller (1. FC Köln), der in der Saison 1977/78 im Spiel gegen Werder Bremen sechsmal traf.

Den härtesten Elfmeterschuß, der in der Bundesliga gemessen wurde, gab in der Saison 1991/92 der damals für Bayer Leverkusen agierende Martin Kree mit 137 km/h ab.

Den höchsten Sieg in der Bundesliga feierte Borussia Mönchengladbach mit 12:0 gegen Borussia Dortmund am 29. April 1978.

45 Vereine spielten seit dem Startschuß 1963 in der Bundesliga, doch nur zwei Vereinen gelang es, ohne Unterbrechung der höchsten deutschen Spielklasse anzugehören: 1. FC Köln (Meister 1964, 1978) und Hamburger SV (Meister 1979, 1982, 83) mit je 1152 Spielen bis zur Saison 1996/97.

Giovane Elber

ging für 12,5 Mio. DM vom VfB Stuttgart zum FC Bayern München. Teuerster Transfer in der Fußball-Bundesliga.

▮ Aufsteiger VfL Wolfsburg ist 1997/98 der 45. Bundesliga-Neuling.

Bundesliga international: Seit 1963 gewannen Bundesligaklubs 16 internationale Titel (fünfmal den EC der Landesmeister bzw. die Champions League, viermal den EC der Pokalsieger, sechsmal den UEFA-Cup, einmal den Weltpokal). 1974 holte der 1. FC Magdeburg als DDR-Oberliga-Klub den Europapokal der Pokalsieger.
▮ 1997 gewannen Bundesliga-Vereine zwei der drei Europapokale.

Der erste Spieltag fand am 24. August 1963 statt. Folgende acht Begegnungen gab es zwischen den Gründungs-Klubs: Schalke 04 – VfB Stuttgart 2:0, Preußen Münster – Hamburger SV 1:1, Karlsruher SC – Meidericher SV 1:4, Werder Bremen – Borussia Dortmund 3:2, Hertha BSC – 1. FC Nürnberg 1:1, 1. FC Saarbrücken – 1. FC Köln 0:2, TSV 1860 München – Eintracht Braunschweig 1:1, Eintracht Frankfurt – 1. FC Kaiserslautern 1:1.

Das kurioseste Bundesliga-Spiel: am 3. April 1971 zwischen Borussia Mönchengladbach und Werder Bremen. In der 88. Minute fiel Borussias Herbert Laumen so schwungvoll ins

Bremer Tor, daß der Holztorpfosten abbrach und das Spiel mangels Tor abgebrochen werden mußte.

Zuschauer 1996/97: Die meisten Zuschauer hatte mit 992 642 in 17 Spielen der FC Bayern München. Dies entspricht einem Schnitt von 58 391. Danach folgen Borussia Dortmund (841 832/49 520) und der VfB Stuttgart (658 570/38 739). Schlußlicht war der FC Hansa Rostock mit 284 497 Zuschauern, einem Schnitt von 16 735.
▮ Insgesamt kamen 8 776 265 Zuschauer in die Bundesligastadien (Schnitt 28 681).
▮ Die meisten Zuschauer beim Zweitligaspiel Hertha BSC – 1. FC Kaiserslautern im Berliner Olympiastadion: 75 000. Der Gastgeber gewann 2:0.

Schnellschützen-Rekord: Drei Treffer in Serie in einer Halbzeit schaffte am 27. August 1991 der Duisburger Michael Tönnies beim 6:2 gegen den Karlsruher SC.

Torschützenkönige der Bundesliga seit 1980

Jahr	Name	Torzahl
1980	Karl-Heinz Rummenigge (FC Bayern München)	26
1981	Karl-Heinz Rummenigge (FC Bayern München)	29
1982	Horst Hrubesch (Hamburger SV)	27
1983	Rudi Völler (Werder Bremen)	23
1984	Karl-Heinz Rummenigge (FC Bayern München)	26
1985	Klaus Allofs (1. FC Köln)	26
1986	Stefan Kuntz (VfL Bochum)	22
1987	Uwe Rahn (Mönchengladbach)	24
1988	Jürgen Klinsmann (VfB Stuttgart)	19
1989	Thomas Allofs und Roland Wohlfahrt (beide FC Bayern München)	17
1990	Jörn Andersen (Eintracht Frankfurt)	18
1991	Roland Wohlfahrt (FC Bayern München)	21
1992	Fritz Walter (VfB Stuttgart)	22
1993	Ulf Kirsten (Bayer Leverkusen) und Anthony Jeboah (Eintracht Frankfurt)	20
1994	Stefan Kuntz (Kaiserslautern) und Anthony Jeboah (Eintracht Frankfurt)	18
1995	Mario Basler (Werder Bremen) und Heiko Herrlich (Mönchengladbach)	20
1996	Fredi Bobic (VfB Stuttgart)	17
1997	Ulf Kirsten (Bayer Leverkusen)	22

Bayern-Fans

sind absolute Spitzenklasse: 992 642 kamen zu den Heimspielen des Meisters.

Fußball

Deutscher Meister

und Pokalsieger: SV Grün-Weiß Brauweiler. Top-Team.

Torwart-Legende

Peter Leslie Shilton: 1389 Punktspiele in England.

Das schnellste Tor erzielte am 28. April 1993 Mike Smith aus der Amateur-Mannschaft von Windsor United (GB) nach 1,1 Sek. im Punktspiel gegen Meadowbrook Athletic. Endstand 6:2 für Windsor United.

Das schnellste Eigentor fiel nach 4 Sek. durch Richard Nash von Newick (GB) gegen die Reserve von Burgess Hill am 8. Februar 1992 in Newick.

Ein Tor aus 102 m Entfernung, allerdings mit viel Windunterstützung, schoß der Darmstädter Torwart Wilhelm Huxhorn (* 1955) im Zweitligaspiel am 27. April 1985 bei Fortuna Köln. Es bedeutete die 1:0-Führung.

Den weitesten Einwurf schaffte mit 44,54 m im November 1996 der britische Fußballer Andy Legg von Birmingham City (GB).

Die höchste Tordifferenz in einem Länderspiel ist 17, als England 17:0 gegen Australien am 30. Juni 1951 in Sydney (AUS) gewann.

Die meisten Tore in einem Länderspiel schafften mit je zehn Sofus Nielsen (1888-1963) für Dänemark beim 17:1 gegen Frankreich im olympischen Turnier 1908 und Gottfried Fuchs (1889-1972) für Deutschland beim 16:0 gegen Rußland während der Olympischen Spiele 1912.

Ausländische Kicker in Deutschland: 135 ausländische Profis von allen fünf Kontinenten werden in der Saison 1997/98 in den Vereinen der Bundesliga spielen (Stand Ende Juli 1997).

Ein Torwart-Denkmal ist der Brite Peter Leslie Shilton (* 1949). Er bestritt als Senior 1389 Punktspiele in England, darunter 1004 League-Partien, das ist Rekord. In der 1000. Partie blieb Shilton zum 333. Mal ohne Gegentor – auch ein Rekord!

Die meisten Liga-Spiele für einen einzigen Verein machte Torwart Norman John Trollope (* 1943), der von 1960-1980 in 770 Spielen für Swindon Town (GB) im Tor stand.

Erfolgreichster Torschütze ist der Brasilianer Artur Friedenreich (1892-1969). In seiner 43 Jahre dauernden Erst-Liga-Karriere erzielte er 1329 Treffer.

Die meisten Tore in einem Erst-Liga-Spiel erzielte mit 16 Stephan Stanis (Stanikowski, * 1913, PL) für seinen Klub Racing Club de Lens in einem Spiel um den französischen Pokal gegen Aubry-Asturies (F) am 13. Dezember 1942 in Lens.

Die meisten Landesmeisterschaften in ununterbrochener Folge errang mit zehn der Berliner Fußball-Club (BFC) Dynamo (DDR) 1979-1988. Auf neun Titel in Serie kamen Celtic Glasgow (Schottland) 1966-74, ZSKA Sofia (Bulgarien) 1954-62 und MTK Budapest (Ungarn) 1917-1925.

Spitzenverdiener der Schiedsrichter

Name	Einsätze BL/2. BL/Pokal	96/97	97/98	87/88* in DM
Georg Dardenne (Nettesheim)	17/2/3	52 000	82 000	4752
Bernd Heynemann (Magdeburg)	17/1/3	51 500	82 000	4536
Hellmut Krug (Gelsenkirchen)	18/1/2	48 000	76 000	4536
Dr. Markus Merk (Kaiserslautern)	18/1/1	48 000	76 000	4530
Edgar Steinborn (Sinzig)	16/2/2	48 000	76 000	4320
Hartmut Strampe (Handorf)	17/2/1	48 000	76 000	4320
Lutz-M. Fröhlich (Berlin)	16/2/1	45 500	72 000	4104

* 97/98 zeigt den nach den neuen Tarifen möglichen Verdienst, und 87/88 zeigt, was die Schiedsrichter vor 10 Jahren bekommen hätten, wobei drei der üblichen Tagessätze von 72 DM – Freitag/Samstag/Sonntag – berechnet wurden.

Die meisten Landesmeisterschaften seit 1945 hat mit 26 Titeln ZSKA Sofia (Bulgarien) gewonnen, davon zwei unter dem Namen Sredez Sofia.

Die erfolgreichste Serie in einer Spitzenliga: Steaua Bukarest (Rumänien), unbesiegt in 104 Spielen um die rumänische Meisterschaft von Juni 1986 bis September 1989.

Einwurf-As

Andy Legg, Birming ham City. In einem Ligaspiel im November 1996 schaffte er einen Rekord von 44,54 m.

Häufigster Meister einer Nationalliga waren die Glasgow Rangers (Schottland): 47mal zwischen 1891 und 1997. Ein weiterer Rekord waren 76 von 84 möglichen Punkten, die die Rangers in der Spielsaison 1920/21 erzielten. Und in der Saison1898/99 kamen sie auf die Rekordpunktezahl von 36 aus 18 Ligaspielen, was eine Saison ohne Niederlage bedeutete.

Publikumsliebling
Paul Gascoigne feiert seine Glasgow Rangers: Häufigster Meister einer Nationalliga.

Abwehrspieler am Ball: Jürgen Kohler von Borussia Dortmund ist der Fußballer des Jahres 1997.

Deutscher Rekordmeister mit 14 Titeln ist der FC Bayern München, errungen 1932, 1969, 1972-74, 1980-81, 1985-87, 1989-90, 1994 und 1997 vor dem 1. FC Nürnberg (neun) und Schalke 04 (sieben).

Die meisten österreichischen Landesmeistertitel errang Rapid Wien mit 29.

Die meisten Landesmeistertitel der Schweiz: Grasshoppers Zürich, 23. Und die meisten Pokalgewinne:14.

Der schnellste Hattrick (drei Tore nacheinander von einem Spieler in einer Halbzeit): In 1:50 Min. traf Maglioni von Independiente dreimal gegen Gimnasia y Escrima de La Plata in Argentinien am 18. März 1973.

Sieger der Hallen-Masters

1987 Hamburger SV
1988 Bayer Uerdingen
1989 Werder Bremen
1990 Borussia Dortmund
1991 Borussia Dortmund
1992 Borussia Dortmund
1993 1. FC Köln
1994 Bayer Leverkusen
1995 Karlsruher SC
1996 TSV 1860 München
1997 1. FC Kaiserslautern

Am häufigsten den deutschen Vereinspokal gewann der FC Bayern München, und zwar achtmal, 1957, 1965, 66, 1969, 1971, 1982, 1984 und zuletzt im Jahr 1986.

Die häufigsten DDR-Pokalsieger waren Dynamo Dresden 1952, 1971, 1977, 1982, 1984, 1985, 1990 und der 1. FC Magdeburg mit ebenfalls sieben Siegen in den Jahren 1964, 65, 1969, 1973, 1978, 1979 und im Jahr 1983.

Den internationalen Trainer-Rekord hat Rudi Gutendorf (* 1927, D) mit 52 Arbeitsstationen aufzuweisen, unter anderem als Übungsleiter in den USA, in China, Botswana und Trinidad. Er begann seine Laufbahn im Jahr 1955 in Zürich.

Deutscher Fußballer des Jahres wurde viermal Franz Beckenbauer 1966, 1968, 1974, 1976. Uwe Seeler und Sepp Maier erhielten den begehrten Titel je dreimal.
▮ Fußballer des Jahres 1997 wurde bei der 38. Wahl der Fachzeitschrift *Kicker* der 31jährige Jürgen Kohler von Borussia Dortmund. Der Abwehrspieler erhielt 286 Journalisten-Stimmen und verwies Dariusz Wosz (VfL Bochum/100) und Olaf Thon (Schalke 04/90) auf die Plätze.

Jeder Pfiff ist Geld wert: In der Spielzeit 1997/98 erhält ein Unparteiischer pro Erstliga-Spiel 4000 DM (vorher 2500 DM), seine Assistenten 2000 DM (vorher 1250 DM). In der zweiten Liga gibt es 2000 DM (vorher 1500 DM) bzw. 1000 DM (vorher 750 DM).

Frauen-Fußball

Europameisterschaften, eingeführt 1982: Am erfolgreichsten ist mit vier Siegen Deutschland 1989, 1991, 1995 und 1997 vor Norwegen mit zwei Siegen 1987, 1993. Einmal gewann Schweden 1984. Im Finale 1997 besiegte die DFB-Auswahl Italien mit 2:0.

Rekord-Internationale ist Carolina Morace (I), die bisher in 150 Länderspielen 105 Tore erzielte.
▮ In Deutschland: Sylvia Neid (* 1964), 11 Länderspiele.

Deutsche Meisterschaften, eingeführt 1974: Die meisten Titel gewann mit neun die SSG Bergisch-Gladbach 1977, 1979-84, 1988, 89, die darüber hinaus auch noch dreimal den Pokal 1981, 82, 1984 holte.
▮ Deutscher Meister und Pokalsieger 1997 wurde Grün-Weiß Brauweiler. Es ist Brauweilers dritter Cupsieg bei der fünften Finalteilnahme.

Deutscher Pokal: Rekordsieger mit fünf Erfolgen ist der TSV Siegen 1986-89, 1993.

Rekordtorschützin: In einem Meisterschaftsspiel der Fußball-Kreisliga gegen den SuS Wesel-Nord (D) erzielte im September 1996 Ingrid Koopmann für den Verein Grün-Weiß Lankern (D) 23 Treffer. Das Endergebnis lautete 45:0 für Lankern.

Deutsche Fußballerin des Jahres 1997 wurde Bettina Wiegmann vom Deutchen Meister und Pokalsieger Grün-Weiß Brauweiler. Die 25jährige hat bereits 79 Länderspiele bestritten und gehörte zur siegreichen EM-Mannschaft 1997 in Norwegen.

Größte Fußball-Katastrophen

20. Oktober 1982: EC-Spiel Spartak Moskau – FC Harlem: 340 Tote, nachdem auf einer vereisten Stehplatztribüne eine Panik ausbrach.

24. Mai 1964: Olympia-Qualifikation Peru – Argentinien in Lima: 300 Tote nach Ausschreitungen zwischen rivalisierenden Fans.

15. April 1989: Pokalhalbfinale FC Liverpool – Nottingham Forest in Sheffield: 95 Menschen kommen in einem überfüllten Block zu Tode.

12. März 1988: 93 Zuschauer werden in Katmandu (Nepal) zu Tode getrampelt, als ein Hagelsturm eine Panik auslöst.

16. Oktober 1996: WM-Qualifikation Guatemala – Costa Rica in Guatemala-City: 83 Menschen werden in einer Massenpanik vor dem Spiel zu Tode getrampelt.

23. Juni 1968: Punktspiel der argentinischen Mannschaft River Plate – Boca Juniors, Buenos Aires: 74 Menschen sterben nach dem Spiel, als der Ausgang am Ende eines Tunnels versperrt ist.

2. Januar 1971: Lokalderby Celtic – Rangers in Glasgow: 66 Zuschauer sterben, als eine überfüllte Treppe zusammenbricht.

11. Mai 1985: 56 Zuschauer verbrennen im englischen Bradford, als eine Holztribüne Feuer fängt.

17. Februar 1974: 49 Fans sterben bei einem Ligaspiel in Kairo (Ägypten), als ins Stadion drängende Zuschauer Begrenzungszäune niederreißen.

17. September 1967: In Kayeri (Türkei) kommt es zu Ausschreitungen nach einem umstrittenen Tor – 44 Tote.

13. Januar 1991: 40 Zuschauer sterben, als sie bei einem Spiel in Orkney (Südafrika) im Tumult gegen einen Zaun gedrückt werden.

29. Mai 1985: Europapokal-Finale der Landesmeister zwischen FC Liverpool und Juventus Turin im Heyssel-Stadion zu Brüssel: 39 Menschen sterben, als englische Hooligans vor dem Spiel italienische Fans attackieren.

Fußballpokale & WM

Mit 4:1

nach Elfmeterschießen holte Schalke 04 gegen Inter Mailand den UEFA-Pokal 1997. Die Fans tobten.

Pokal-Wettbewerbe

DFB-Pokal 1996/97: Mit Energie Cottbus erreichte zum zweiten Mal seit Einführung der Bundesliga ein Amateurverein (Regionalliga, dritthöchste Spielklasse) das Pokalfinale. Die Amateure unterlagen dem Erstligisten VfB Stuttgart 0:2. 1993 standen die Amateure von Hertha BSC Berlin gegen Bayer Leverkusen im Endspiel: 0:1.

Europapokal der Landesmeister, eingeführt 1955: Real Madrid gewann insgesamt sechsmal, 1956-60, 1966.

Deutsche Gewinner des Europapokals der Landesmeister:
1974: Bayern München – Atletico Madrid n.V. 1:1, Elfmeterschießen 4:0
1975: Bayern München – Leeds United 2:0
1976: Bayern München – AS St. Etienne 1:0
1983: Hamburger SV – Juve. Turin 1:0
1997: Borussia Dortmund – Juventus Turin 3:1

40 Jahre in Europacup-Heimspielen ungeschlagen blieb Manchester United, bis am 30. Oktober 1996 überraschend der türkische Meister Fenerbahce Istanbul mit 1:0 gewann.

Europapokal der Pokalsieger, eingeführt 1960/61: Am erfolgreichsten ist der FC Barcelona mit vier Siegen 1979, 1982, 1989 und 1997.
▮ Folgende deutsche Mannschaften waren erfolgreich: Borussia Dort-

Mit 100

Länderspielen ist Jürgen Klinsmann neu im Klub. Welcome.

Klub der 100er

Fußballer, die mindestens 100 Länderspiele bestritten haben

Majed Abdullah (Saudi-Arabien)	147
Thomas Ravelli (Schweden)	130
Peter Shilton (England)	125
Lothar Matthäus (Deutschland)	122
Pat Jennings (Nordirland)	119
Heinz Herrmann (Schweiz)	117
Björn Nordquist (Schweden)	115
Alain Geiger (Schweiz)	113
Dino Zoff (Italien)	112
Hektor Chumpitaz (Peru)	111
Oleg Blochin (UdSSR)	109
Ladislau Bölöni (Rumänien)	108
Bobby Moore (England)	108
Bobby Charlton (England)	106
Billy Wright (England)	105
Gregorz Lato (Polen)	104
Thorbjörn Svensson (Schweden)	104
Franz Beckenbauer (Deutschland)	103
Soon-Ho Choi (Südkorea)	102
Kenny Dalglish (Schottland)	102
Kazimierz Deyna (Polen)	102
Morten Olsen (Dänemark)	102
Joachim Streich (DDR)	102
Josef Bozsik (Ungarn)	100
Djalma Santos (Brasilien)	100
Hans-Jürgen Dörner (DDR)	100
Gheorghe Hagi (Rumänien)	100
Jürgen Klinsmann (D)	100

Stand Ende August 1997

Europas eifrigste Pokalsammler

Verein	Meister	Pokalsieger	UEFA-Cup	Gesamt
Real Madrid	6	-	2	8
FC Barcelona	1	4	3	8
AC Mailand	5	2	-	7
Ajax Amsterdam	4	1	1	6
FC Liverpool	4	-	2	6
Juventus Turin	2	1	3	6
Bayern München	3	1	1	5
Inter Mailand	2	-	2	4

mund 1966, Bayern München 1967, Hamburger SV 1977 und Werder Bremen 1992.

Deutsche Gewinner des Europapokals der Pokalsieger:
1966: Borussia Dortmund – FC Liverpool n.V. 2:1
1967: Bayern München – Glasgow Rangers n.V. 1:0
1977: Hamburger SV – RSC Anderlecht 2:0
1992: Werder Bremen – Monaco 2:0

Deutsche Gewinner des UEFA-Pokals:
1975: Borussia Mönchengladbach – FC Twente 0:0/H, 5:1/A
1979: Borussia Mönchengladbach – Roter Stern Belgrad 1:1/A, 1:0/H
1980: Eintracht Frankfurt – Borussia Mönchengladbach 2:3/A, 1:0/H
1988: Bayer Leverkusen – Espanol Barcelona 0:3/A, 3:0 n.V., 3:2 nach Elfmeter/H
1996: Bayern München – Girondins Bordeaux 2:0/H, 3:1/A
1997: Schalke 04 – Inter Mailand 1:0/H, 0:1 n.V., 4:1 Elfmeter/A

DFB-Pokalsieger seit 1980

Jahr	Verein
1980	Fortuna Düsseldorf
1981	Eintracht Frankfurt
1982	Bayern München
1983	1. FC Köln
1984	Bayern München
1985	Bayer Uerdingen
1986	Bayern München
1987	Hamburger SV
1988	Eintracht Frankfurt
1989	Borussia Dortmund
1990	1. FC Kaiserslautern
1991	Werder Bremen
1992	Hannover 96
1993	Bayer Leverkusen
1994	Werder Bremen
1995	Borussia Mönchengladbach
1996	1. FC Kaiserslautern
1997	VfB Stuttgart

UEFA-Pokal: Dieser Vereinswettbewerb, aus dem Messestädte-Cup hervorgegangen, begann 1955 und findet seit 1971/72 unter der Oberaufsicht der UEFA statt. Erfolgreichste Mannschaft ist der FC Barcelona mit drei Siegen 1958, 1960, 1966.

Weltmeisterschaften 1998: Die letzte Fußball-WM in diesem Jahrhundert findet vom 10. Juni bis 12. Juli 1998 im neuen Pariser Grand Stadium statt. Mit absolutem Teilnehmerrekord: Für die Qualifikationsspiele auf den fünf Kontinenten hatten sich 172 Länder gemeldet. Co-Präsident des Organisationskomitees ist Fußball-Idol Michel Platini. Das Budget: etwa 450 Mio. DM. 600 000 der 2,5 Mio. Karten gehen ins Ausland.

Weltmeisterschaften

Erfolgreichste Nation ist Brasilien mit vier Titeln, einem zweiten und zwei dritten Plätzen vor Deutschland (3-3-2) und Italien (3-2-1).

Die meisten Tore in einer WM erzielte 1954 Ungarn mit 27 in fünf Spielen. Brasilien führt die Statistik mit 159 Treffern in 73 Begegnungen an.

Den Rekord von 21 WM-Spielen halten gemeinsam Uwe Seeler 1958-1970, der Pole Wladyslaw Zmuda 1974-1986, Diego Armando Maradona (Argentinien) 1982-1994 sowie Lothar Matthäus 1982-1994.

Nur ein Spieler nahm an fünf Weltmeisterschaften teil: Antonio Carbajal (* 1923, Mexiko). Er stand 1950, 1954, 1958, 1962 und 1966 im Tor, kam aber nur zu elf Einsätzen.

In der ewigen WM-Torschützenliste führt Gerd Müller (D) mit 14 Treffern vor dem Franzosen Just Fontaine (13) und dem Brasilianer Pelé (12).

Das schnellste Tor erzielte 1982 Bryan Robson, der bereits 27 Sek. nach dem Anpfiff des Schiedsrichters traf. Er schoß den Treffer im Vorrundenspiel gegen Frankreich (Endstand 3:1) am 16. Juni in Bilbao (E).

Die torreichste WM-Begegnung ist mit 12 Treffern die Partie Österreich – Schweiz (7:5) aus dem Jahr 1954.

Mit 21 Spielen

bei WMs ist Lothar Matthäus Spitze. Unvergeßlich: der Sieg bei der WM 1990.

Mit Energie

Cottbus standen 1997 zum zweiten Mal Amateure gegen Profis im Pokalfinale.

Der älteste WM-Spieler war bisher Roger Milla, der bei der 1:6-Niederlage von Kamerun gegen Rußland 1994 zum letzten Mal im Alter von 42 Jahren und einem Monat das Nationaltrikot trug.

Die meisten Tore in einem Finale schoß mit drei Geoffrey Hurst (* 1941) für England beim 4:2-Sieg nach Verlängerung über Deutschland am 30. Juli 1966 in London.

Drei Spieler trafen in zwei WM-Endspielen: Vava (Brasilien) 1958, 1962, Pelé 1958, 1970 und schließlich Paul Breitner (D) 1974 und 1982, als die deutsche Nationalmannschaft im Endspiel stand.

Das höchste Ergebnis bei einem Qualifikationsspiel erreichte am 15. August 1981 in Auckland die Nationalmannschaft Neuseelands mit 13:0 gegen die Fidschiinseln.

Ballspiele

NBA-Superstar

Michael Jordan spielt auf den Punkt genau: Ende 1996 machte er seinen 25 000. Punkt – und 52,6 Mio. Dollar.

American Football

Super Bowl, eingeführt 1967, ist das größte Sportereignis auf dem amerikanischen Kontinent.

▮ Je fünf Titel erkämpften sich die San Francisco 49ers 1981, 1984, 1988, 1989, 1995 sowie die Dallas Cowboys 1972, 1978, 1993, 1994, 1996.

▮ Im 31. Super Bowl am 26. Januar 1997 besiegten die Green Bay Packers in New Orleans die New England Patriots mit 35:21 und gewannen damit zum dritten Mal nach 1967 und 1968 den Titel.

Der beste Quarterback ist mit 4134 kompletten Pässen von 1983-96 Dan Marino (Miami Dolphins). Erreichter Raumgewinn: 51 636 Yards.

Die meisten Punkte in einer Karriere schaffte mit 2002 George Blanda (* 1927), der von 1949 bis 1975 bei den Chicago Bears, Baltimore Colts, Houston Oilers und Oakland Raiders als Quarterback und Kicker spielte.

Die meisten Touchdowns gelangen (1985-96) mit 165 Wide Receiver Jerry Rice (San Francisco 49ers) vor Jim Brown (Cleveland Boys) 1957-65 mit 126.

Die meisten Field Goals erreichte 1978-96 mit 383 Nick Lowery, der für die New England Patriots, Kansas und die New York Jets spielte.

Der beste Paßfänger (Receiver) der NFL ist mit 1050 gefangenen Pässen 1985-96 Jerry Rice (San Francisco 49ers), der damit einen Rekord-Raumgewinn von 16 377 Yards aufstellte.

Eurobowl: Den Europapokal für Vereine errangen je zweimal die Amsterdam Crusaders (NL) 1991-92, die London Olympians (GB) 1993-94 und die Hamburg Blue Devils (D), die 1996 gegen Aix-en-Provence Argonauts (F) 21:14 und 1997 gegen Phoenix Bologna (I) 35:14 gewannen.

Deutsche Meisterschaften: Die meisten Titel gewannen mit insgesamt sechs die Düsseldorf Panther 1983, 1984, 1986, 1992, 1994, 1995 vor den Berlin Adlern mit vier 1987, 1989-91.

▮ Frauen: Adler Girls (Berlin), dreimal in Folge siegreich, 1993-95.

Baseball

Worldseries der Profis, eingeführt 1903: Die New York Yankees gewannen mit 22 Titeln am häufigsten das inoffizielle Weltmeisterschaftsduell zwischen den Meistern der National League und der American League.

Die meisten Titel in der National League errangen die Dodgers Brooklyn und Los Angeles mit je 19.

▮ In der American League waren die New York Yankees 33mal erfolgreich.

Den höchsten Schlagdurchschnitt in einer Laufbahn erzielte mit 367 Tyrus Ramond Cobb (1886-1961), der für Detroit (1905-26) und Philadelphia (1927-28) spielte.

▮ Ty Cobb absolvierte sensationelle 2244 Läufe bei einem Rekord von insgesamt 4191 Treffern in 3033 Oberligaspielen.

Der längste Wurf: 135,88 m, Glen Edward Gorbous (* 1930, Kanada), 1. August 1957.

▮ Frauen: 90,22 m, Mildred Ella Didrikson (1914-56, USA), 25. Juli 1931.

Die schnellste Zeit beim Umrunden der Bases schaffte mit 13,3 Sek. Ernest Evar Swanson (1902-73, USA) in Columbus, Ohio (USA), 1932.

Basketball

Bundesliga: 24 Siege in Folge erreichte in der Saison 1996/97 Alba Berlin. Erst in der 25. Begegnung unterlag Alba mit 69:72 gegen Bayer Leverkusen.

US-Profiliga: Am häufigsten Sieger der seit 1947 bestehenden National Basketball Association (NBA) wurden mit 16 Titeln die Boston Celtics zwischen 1957 und 1986.

▮ 1997 siegten die Chicago Bulls mit 4:2 Siegen gegen Utah Jazz.

▮ Das höchste Ergebnis gab es am 13. Dezember 1983 in Denver, als die

Detroit Pistons gegen die Seattle Nuggets mit 186:184 nach Verlängerung gewannen.
▮ Das höchste Ergebnis in der normalen Spielzeit lautete 162:158, als am 2. November 1990 in Denver die Golden State Warriors gegen die Denver Nuggets siegten.

Das Rekordergebnis in einer Frauenbegegnung schaffte Wemex Berlin im DBB-Vereinspokal am 8. November 1995 in eigener Halle mit einem 285:0 gegen den Osnabrücker SC.

Die meisten Körbe fielen mit 399 in einem US-College-Spiel (NCAA), als am 12. Januar 1992 Troy State mit 258:141 De Vry Institute Atlanta bezwang.

Die meisten Spiele in der NBA bestritt mit 1560, plus 237 in den Play Offs, Kareem Abdul Jabbar (* 1947, USA).

Einen NBA-Rekord von 44 Heimsiegen in Folge erzielten die Chicago Bulls um Superstar Michael Jordan, ehe sie am 8. April 1996 überraschend mit 97:98 gegen die Charlotte Hornets verloren.

Die meisten Punkte in einer Laufbahn erzielte Kareem Abdul Jabbar mit 38 357 (Schnitt pro Begegnung 24,6).
▮ NBA-Superstar Michael Jordan von den Chicago Bulls erreichte im November 1996 seinen 25 000. Punkt. Er benötigte dafür 782 Spiele, 91 mehr als der legendäre Wilt Chamberlain in den 60er Jahren.

Die meisten Punkte in einem NBA-Spiel erzielte mit 100 Wilt Chamberlain (* 1936, USA), als am 2. März 1962 in Hershey, Pennsylvania, seine Mannschaft Philadelphia 76ers gegen New York Knicks gewann.
▮ Insgesamt kam er auf 31 419 Punkte für seine Klubs, stellte 1961/62 mit 1597 einen Saisonrekord auf und erreichte insgesamt einen Schnitt von 30,1 pro Spiel in seiner Karriere.

Den höchsten Sieg in einem internationalen Männerspiel feierte der Irak. Er schlug in einem Treffen um die Asien-Meisterschaft mit 251:33 Jemen am 11. November 1982 in Neu-Delhi (Indien).

Die meisten Punkte in einer Begegnung, nämlich alle 272 seines Teams, warf Mats Wermelin (* 1961, S) beim 272:0-Sieg seiner Mannschaft in einem Schülerspiel in Stockholm am 5. Februar 1974.

Die meisten Punkte bei den Frauen erzielte mit 156 Marie Boyd-Eichler von der Central High School Lonaconing, Maryland (USA), beim 163:3 gegen Ursaline Academy Cumberland am 25. Februar 1924.

Die erste Niederlage der Harlem Globetrotters gab es nach 25 Jahren oder exakt 8829 Spielen mit 85:91 gegen eine von Altstar Kareem Abdul Jabbar angeführte Auswahl am 14. September 1995 in Wien.

Der größte Spieler aller Zeiten ist Suleiman Ali Nashnush (* 1943), der 1962 für das libysche Team spielte und 2,45 m maß.
▮ Die größte Spielerin ist Juliana Semenowa (* 1952, frühere UdSSR) mit 2,18 m.

Der jüngste NBA-Spieler war Jermaine O'Neal (* 1978), der mit 18 Jahren und 53 Tagen am 5. Dezember 1996 für die Portland Trail Blazers gegen die Denver Nuggets antrat.

Der älteste NBA-Spieler der Saison 1996/97 war Robert Parish (* 30. August 1953), der mit den Chicago Bulls Champion wurde.

Größte Treffsicherheit: Ted St. Martin aus Jacksonville, Florida (USA), verwandelte 2036 Freiwürfe in Folge am 27. Juni 1977.

Den Treffer aus der weitesten Entfernung erzielte der Amerikaner Bruce Morris. Für die Marshall University warf er am 8. Februar 1985 im Spiel gegen die Appalachian State University aus Huntington (USA) den Ball aus 28,17 m Entfernung.

Mister 10 000 Punkte: Diesen Titel verdiente sich der Braunschweiger Mike Jackel (* 1959), als er am 30. November 1996 gegen MTV Gießen seinen 10 000. Bundesliga-Punkt erzielte.

Die meisten Fan-Stimmen für die Nominierung zum jährlichen Allstar-Spiel erhielt mit 2 Mio. Michael Jordan. Insgesamt bekam er bei seinen elf Berufungen 12 Mio. Stimmen.

Die größte Zuschauerzahl: 80 000 am 4. April 1988 im Olympiastadion von Athen, als sich im Europacup-Finale AEK Athen und Slavia Prag (89:82) gegenüberstanden.

Deutsche Meisterschaften: Die erfolgreichste Männermannschaft ist mit 14 Titeln Bayer Leverkusen 1970-72, 1976, 1979, 1985-86, 1990-96. Achtmal gelang das Double, also auch der Pokalsieg.
▮ Bei den Frauen errang Agon Düsseldorf zwölfmal den Titel 1975, 1980-88, 1990-91. Siebenmal wurde auch der deutsche Pokal 1980-81, 1983-86, 1988 erkämpft. Das Superteam blieb vom 1. November 1980 bis zum 15. November 1986 in 136 Meisterschaftsspielen ungeschlagen.

Alba Berlin

im Höhenflug: Meister und 24 Siege in der Saison 1996/97 in Folge. Selbst „Mister 10 000 Punkte" Mike Jackel von der SG Braunschweig (oben, links) ist gegen Albas Marco Pesic chancenlos.

Ballspiele

Gewann

zweimal Olympia: Das Frauen-Handballteam von Südkorea holte sich den Titel 1988 und 92.

Jubeln

über den europäischen City-Cup: die Handball-Frauen von Frankfurt/Oder. Am 9. Mai 1997.

Handball

Das höchste Ergebnis in einer internationalen Begegnung war der 86:2-Sieg der UdSSR über Afghanistan beim Turnier der Militärischen Streitkräfte im August 1981 in Miskolc (H).

Zur Weltliga des Handballs ist die höchste deutsche Spielklasse geworden. In der Saison 1996/97 standen 57 ausländische Akteure aus 14 europäischen Nationen in den Vereinen der 1. Bundesliga. Jeder der 16 Klubs hatte im Schnitt vier Ausländer im Kader – ein Superlativ in der Geschichte des deutschen Handballs. ▮ Der Etat der Klubs schnellte von rund 36 auf über 50 Mio. DM in die Höhe.

Europacup: Die erfolgreichste Mannschaft ist der VfL Gummersbach, der fünfmal den Landesmeister-Wettbewerb 1967, 1970, 71, 1974, 1983, zweimal den Pokal der Cupsieger 1978 und 1979 sowie einmal den IHF-Pokal 1982 errang. Insgesamt bestritt der Klub 139 Spiele. ▮ 13mal wurden die Frauen von Spartak Kiew zwischen 1970 und 1988 Sieger der Landesmeister.

Deutscher Rekordmeister in der Halle ist der VfL Gummersbach, der es auf zwölf Titel 1966, 67, 1969, 1973-76, 1982, 83, 1985, 1988, 1991 brachte. ▮ Bei den Frauen ist Bayer Leverkusen Rekordmeister mit elf Titeln 1965, 66, 1974, 1979, 80, 1982-87. ▮ In der DDR kamen bei den Männern SC Empor Rostock (vormals Motor) und SC Magdeburg zu je zehn Titeln. ▮ Bei den Frauen der SC Leipzig (vormals SC Lok): 14 Meisterschaften.

Das weltweit größte Frauenturnier findet in Neubrandenburg (D) statt. Bisher wurden im Rahmen dieser Veranstaltung, die 1996 zum 27. Mal zur Austragung gelangte, insgesamt 260 Länderspiele bestritten. Es kamen dabei 8661 Spielerinnen zum Einsatz, und es fielen 13 406 Tore.

Rugby

Weltmeisterschaften, eingeführt 1987: Den ersten Titel sicherte sich Neuseeland mit einem 29:9-Sieg über Frankreich in Auckland. 1991 in Twickenham (GB) gewann Australien mit 12:6 gegen England, und 1995 war Südafrika mit 15:12 nach Verlängerung über Neuseeland erfolgreich.

Den höchsten Sieg bei einer WM schafften 1995 in Johannesburg (Südafrika) die All Blacks aus Neuseeland mit 145:17 gegen Japan. Dabei kam Simon Culhane mit 21 Versuchen auf insgesamt 45 Punkte.

Den höchsten Sieg in einem Länderspiel schaffte am 27. Oktober 1994 in Kuala Lumpur (Malaysia) Hongkong mit 164:13 gegen Singapur. Ein noch höheres Ergebnis, allerdings von Vereinsmannschaften, gab es in Dänemark: Comet schlug am 17. November 1973 Lindo mit 194:0.

Die meisten Zuschauer bei einem Länderspiel wurden am 1. März 1975 im schottischen Edinburgh gezählt: 104 000 sahen Schottlands 12:10-Sieg über Wales.

Deutsche Meisterschaften (seit 1909): Am häufigsten gewann mit 20 Victoria Hannover-Linden 1929, 1948, 1951-56, 1958, 1962, 1965, 1969, 1972, 1975, 1987, 1989, 1992-94 und 1996. Den DRV-Pokal (seit 1962) holte sich neunmal der DSV 1878 Hannover.

Den weitesten Kick schaffte Gerald Hamilton Brand (* 1906, Südafrika). Er beförderte am 2. Januar 1932 in Twickenham gegen England den Rugby-Ball aus 82 m Entfernung über das Goal.

Frauen-WM, eingeführt 1991: Den ersten Titel gewannen die USA, den zweiten England 1994.

Volleyball

Olympische Spiele: Die meisten Goldmedaillen gewann die UdSSR mit drei bei den Männern 1964, 1968, 1980 und vier bei den Frauen 1968, 1972, 1980, 1988.

Erfolgreichste Spielerin mit vier Medaillen ist Inna Ryskal (* 1944, UdSSR), die 1964 und 1976 Silber sowie 1968 und 1972 Gold gewann. ▮ Den Rekord bei den Männern halten mit drei Medaillen Jurij Pojarkow (* 1937, UdSSR), der 1964 und 1968 Gold sowie 1972 Bronze erkämpfte, und Katsutoshi Nekoda (* 1944, Japan), der 1972 zu Gold, 1968 zu Silber und 1964 zu Bronze kam.

Weltmeisterschaften, eingeführt 1949: Die meisten Titel gewann mit sechs das Männer-Team der UdSSR 1949,

Springen

von einem Erfolg zum nächsten: die Rekordtruppe der Wasserfreunde Spandau 04 aus Berlin.

1952, 1960, 1962, 1978, 1982. Bei den Frauen siegte die Sowjetunion ebenfalls sechsmal 1949, 1952, 1956, 1960, 1970, 1990.

Ein Zuschauerweltrekord für Volleyballspiele in der Halle wurde bei den WM der Damen 1994 in Brasilien aufgestellt. Zu den Spielen der Gastgebermannschaft kamen jeweils 25 000 Zuschauer in die überfüllte Arena des Ibirapuera-Gymnasiums in Belo Horizonte. Bei den Partien in São Paulo waren es über 17 000.

Europameisterschaften, eingeführt 1948: Die meisten Titel sicherte sich die UdSSR, die bei den Männern zwölfmal, 1950, 51, 1967, 1971, 1975, 1977, 1979, 1981, 1983, 1985, 1987, 1991, und bei den Frauen sogar 13mal, 1949-51, 1958, 1963, 1967, 1971, 1975, 1977, 1979, 1985, 1989, 1991, erfolgreich war.

Europapokal der Landesmeister, eingeführt 1960: Am häufigsten gewannen bei den Männern ZSKA Moskau und bei den Frauen Dynamo Moskau. Beide Klubs waren je elfmal erfolgreich.

Deutsche Meisterschaften: Die meisten Titel errangen bei den Frauen der 1. VC Hannover (18) und bei den Männern USC Münster (8).

Deutsche Rekordnationalspielerin ist Renate Riek, die nach 512 Einsätzen Mitte April 1992 ihre Karriere beendete. In keiner anderen Sportart hat ein Aktiver so viele Länderspiele vorzuweisen. Bei den Männern kam René Hecht bis 1995 auf 358 Berufungen.

Beach-Volleyball: Die ersten Weltmeisterschaften gab es 1987. Fünfmal erfolgreich waren bislang bei den Männern Sinjin Smith und Randy Stoklos (USA). 1996 in Atlanta erstmals olympisch.

Wasserball

Olympische Spiele: Die meisten Turniere gewann Ungarn mit sechs: 1932, 1936, 1952, 1956, 1964 und 1976. Deutschland wurde 1928 Sieger, 1932 und 1936 Zweiter.

Die meisten Goldmedaillen, nämlich drei, errangen fünf Spieler: die drei Briten George Wilkinson (1879-1946) 1900, 1908, 1912; Paulo Radmilovic (1886-1968) und Charles Sidney Smith (1878-1951) 1908, 1912, 1920 sowie die beiden Ungarn Deszo Gyarmati (* 1927) und György Kárpáti (* 1935) 1952, 1956, 1964.

Weltmeisterschaften, eingeführt 1973: Je zweimal gewannen den Titel die UdSSR 1975, 1982, Jugoslawien 1986, 1991 und Italien 1978, 1995. ▮ Erste Frauen-Weltmeisterschaft: 1986 gewann Australien. 1991 siegten die Niederlande, 1994 Ungarn.

Ein Jahrhundertfinale war das WM-Endspiel von Madrid 1986. Nach viermaliger Verlängerung und effektiver Spielzeit von 2:13 Std. gewann Jugoslawien gegen Italien 12:11 (7:7 – 9:9, 9:9, 10:10). Das entscheidende Tor fiel 0,3 Sek. vor Schluß.

Europacup: Am häufigsten den Landesmeister-Wettbewerb gewannen mit je sechs Siegen Partizan Belgrad 1963, 1965, 66, 1970, 1974, 75 und Mladost Zagreb 1967-69, 1971, 1989, 90. Die Wasserfreunde Spandau 04 aus Berlin kamen zu vier Siegen 1982, 1985, 86, 1988.

Deutscher Rekordnationalspieler – und zugleich die Nummer 1 weltweit – ist Frank Otto (Spandau 04 Berlin, Camoglia, Cannstatt): 467 Einsätze.

Erfolgreichster Verein bei den Männern sind die Wasserfreunde Spandau 04 aus Berlin, die sich 18mal zwischen 1979 und 1996 den DM-Titel holten. Sie gewannen 1982 erstmals alle 30 Bundesliga-Spiele und blieben vom 10. September 1980 bis zum 12. Juli 1983 in 101 Spielen ungeschlagen. ▮ Außerdem gewannen sie 17mal 1979-88, 1990-92, 1994-97 den deutschen Pokal, viermal den Europacup der Landesmeister und 1985 und 1986 den europäischen Supercup.

Errangen

die meisten Siege bei Olympischen Spielen: die ungarische Wasserballmannschaft.

Golf & Hockey

„Tiger“

Woods (21) greift an: der jüngste Masters-Sieger aller Zeiten mit 270 Schlägen (70+66+65+69) zum Sieg.

Anlagen

Der längste Platz der Welt befindet sich beim International GC in Bolton, Massachusetts (USA), mit 7612 m. Er hat Par 77.

Der höchste Platz der Welt liegt in Morococha (Peru) mit 4369 m und gehört dem Tuctu-Golf-Club.

Der nördlichste Golfplatz der Welt ist die Anlage des Akureyri Golf Club auf Island. Südlich des Polarkreises steigen jährlich zur Mittsommernacht die Arctic Open. Bei diesem Wettbewerb stellten 1991 vier Briten mit 14 Runden in 24 Stunden einen Rekord auf.

Die längste Bahn ist 867 m lang. Das sechste Loch des Koolan Island Golf Club in Australien gilt als einziges Par 7 überhaupt.

Das größte Grün der Welt ist das auf der sechsten Bahn des International GC Bolton, Massachusetts (USA), mit einem Gebiet von mehr als 2600 m².

Der größte Sandbunker der Welt ist Hell's Half Acre mit 535 m am 7. Loch des Pine-Valley-Platzes in Clementon, New Jersey (USA).

Einzelrekorde

Den absoluten Weitenrekord hält mit 626 m Kerry Murray (* 1957, Kanada), der diese Leistung auf der Flughafenrollbahn im kanadischen Fairmont Hot Springs am 24. September 1990 schaffte.

■ Auf dem ewigen Eis der Antarktis, in der Mawson Basis, kam der australische Meteorologe Nils Lied 1962 sogar auf 2414 m.

Den weitesten Schlag auf einem normalen Golfplatz führte mit 471 m Michael Hoke Austin (* 1910, USA) bei den US National Seniors Open Championships am 25. September 1974 in Las Vegas (USA) aus.

■ Bei den Frauen kam Helen Dobson (GB) auf 469,1 m in Honnington, Suffolk, am 31. Oktober 1987.

Wochenrekord: Der Australier Gary Dawson spielte im Mai 1995 in Sydney (Australien) innerhalb von einer Woche 1180 Löcher und übertraf die bisherige Bestmarke des Amerikaners Steve Hylton um 52 Löcher. Der 33jährige Finanzberater brauchte auf dem 4435 m langen Par-64-Platz insgesamt 5141 Schläge, legte mehr als 300 km zurück, schlief pro Nacht nur 3 Std. und spielte im Dunkeln mit Leuchtbällen.

Den längsten Putt bei einem großen Turnier schafften mit 110 Feet (33,528 m) Jack Nicklaus 1964 und Nick Price 1992.

Das längste geradlinige Loch, das jemals mit einem Schlag geschafft wurde, ist das zehnte (408 m) im Miracle Hills Golf-Club Omaha, Nebraska (USA). Robert Mitera

321 778

Golf-Fans bei den Offenen Amateurmeisterschaften in Großbritannien. Das größte Golfturnier der Welt.

(* 1944) gelang das Kunststück am 7. Oktober 1965.

Den Rekord bei den Frauen hält mit 359 m am ersten Loch im Furnace Brook GC in Wollaston, Massachusetts (USA), Marie Robie, erreicht am 4. September 1949.

Einen Weltrekord im Marathon-Golf stellte im Mai 1997 der Australier Richard Cavander-Cole auf der Sanctuary-Cove-Anlage an der australischen Goldküste auf. Innerhalb einer Woche spielte er komplette 63 Runden mit 1134 Löchern und übertraf damit die bisherige Bestleistung von 1121 für 168stündiges Golfen ohne Pause deutlich.

Erfolgreichster Spieler aller Zeiten ist Jack Nicklaus (* 1940, USA), der als einziger Golfer die vier bedeutendsten Turniere der Welt (US Open, US Masters, US PGA und British Open) mindestens zweimal gewann. Der fünffache Familienvater, der als Golfprofi mehr als 100 Mio. Dollar verdiente, war 18maliger Gewinner der genannten Major-Events: 4mal US-Open, 6mal US-Masters, 5mal PGA Championships und 3mal gewann er die British Open.

Die beste Spielerin aller Zeiten ist Kathy Whitworth (* 1939, USA), die zwischen 1957 und 1986 an insgesamt 717 Turnieren teilnahm und 88 gewann – Weltrekord.

Rekordsieger in der Matchplay-WM der Golfprofis ist mit drei Siegen 1994-96 Ernie Els (Südafrika).

Golf vom anderen Stern: Bei den 61. US-Masters Mitte April 1997 in Augusta, Georgia (USA), dominierte Golfprofi Eldrick „Tiger" Woods (* 1975, USA) das Turnier: Mit 21 Jahren und drei Monaten war er der jüngste Sieger; mit 270 Schlägen (18 unter Par) schaffte er den niedrigsten Score und den größten Vorsprung (12 Schläge vor dem Zweiten Tom Kite (USA) seit den British Open im Jahre 1862; er war der erste farbige Sieger des Turniers.

Jahrhunderttalent: Profi erst seit dem 27. August 1996 und vom US-Magazin *Sports Illustrated* zum Sportler des Jahres 1996 gewählt, hat Tiger Woods bereits eine Superlativ-Karriere hinter sich.

- Mit zwei Jahren spielte er seine ersten neun Löcher in Folge im Navy Golf Club von Los Alamitos. Mutter Eltida: "Er hatte noch Windeln an, und im Bunker mußte er sogar zwischendurch einmal."
- Mit fünf spielte er am 27. August 1980 erstmals ein Birdie, war also um einen Schlag besser als die für dieses Loch vorgesehene Schlagzahl.
- Mit 16 gewann er das erste von drei US-Junioren-Championaten in Folge, mit 19 die erste von drei Amateur-Meisterschaften in Serie.
- Sechs Amateurtitel in sechs Jahren hatte es zuvor in der Geschichte des Golfsports noch nie gegeben.
- Nach dem Wechsel zu den Profis verdiente Woods 1,2 Mio. Dollar Preisgeld in knapp vier Monaten. Ein Ende des ausgelösten Golf-Booms vor allem unter den Farbigen in den USA ist nicht absehbar.
- Bisher sind sechs Biographien über den Jungmillionär erschienen.
- Von Sportartikler Nike erhält Woods in fünf Jahren 43 Mio. Dollar, von Ausrüster Titleist 20 Mio.

Par-72-Kurs: Den Rekord auf einem erstklassigen Platz hält mit 255 (63, 66, 62, 64), das waren 29 unter Par, Leonhard Peter Tupling (* 1950, GB), aufgestellt im Februar 1981 bei den Nigerian Open in Lagos.

Die größte Anzahl von Hole-in-one (Treffer mit einem Schlag) in einer Laufbahn erzielte mit 68 Harry Lee Bonner zwischen 1967 und 1985.

- Die meisten Asse in einem Jahr schaffte mit 28 Scott Palmer zwischen dem 5. Juni 1983 und 31. Mai 1984.

Das längste Hole-in-one wird Shaun Lynch (GB) attestiert, dem am 24. Juli 1995 in Exeter auf einem Par-fünf-Loch mit 453 m ein As gelang.

Deutschlands erfolgreichster Profi ist Bernhard Langer (* 1957), der 1985 und 1993 das US-Masters gewann. Insgesamt wurde er zwölfmal nationaler Deutscher Meister 1975, 1977, 1979, 1984-92, fünfmal German-Open-Sieger 1981, 82, 1985, 86, 1993 sowie zweimal German-Masters-Sieger 1989, 1991. Langer gewann weltweit 46 Turniere und seit 1979 als einziger Spieler alljährlich mindestens ein Event der europäischen Profi-Tour. Außerdem errang er 1990 mit Torsten Giedeon die Mannschafts-WM.

Hockey

Olympische Spiele: Die meisten Goldmedaillen bei den Herren errang mit acht Indien 1928-56, 1964, 1980.

Weltmeisterschaften, eingeführt 1971. Die meisten Titel (Herren): Pakistan mit vier, 1971, 1978, 1982, 1994. Deutschland 1976 und 1981.

- Damen (seit 1974): die Niederlande fünfmal, 1974, 1978, 1983, 1986 und 1990.

Europameisterschaften (Feld): Viermal gewann bei den Herren Deutschland den Titel 1970, 1978, 1991, 1995.

- Bei den Damen: die Niederlande mit drei Siegen 1984, 1987, 1995.

Europameisterschaften (Halle): Alle sieben Titel holten sich Deutschlands Herren von 1974 bis 1994.

- Auch die deutschen Damen kamen zu sieben Titeln von 1975 bis 1993.

Den höchsten Sieg bei den Herren erreichte Indien beim olympischen Turnier 1932 mit 24:1 über die USA.

Den höchsten Sieg bei den Damen feierte England 1923 in Merton (London) mit 23:0 über Frankreich.

Schnellstes Länderspiel-Tor: John French für England am 25. April 1971 in Nottingham gegen Deutschland nach 7 Sek. Endstand: 1:0.

Das längste internationale Spiel: bis zur sechsten Verlängerung spielte Niederlande gegen Spanien 145 Minuten am 25. Oktober 1968 beim Olympiaturnier in Mexico City; Endstand 1:0.

Weltmeister

im Hockey waren die Pakistani viermal. Die Deutschen schafften es zweimal.

Racket-Sport

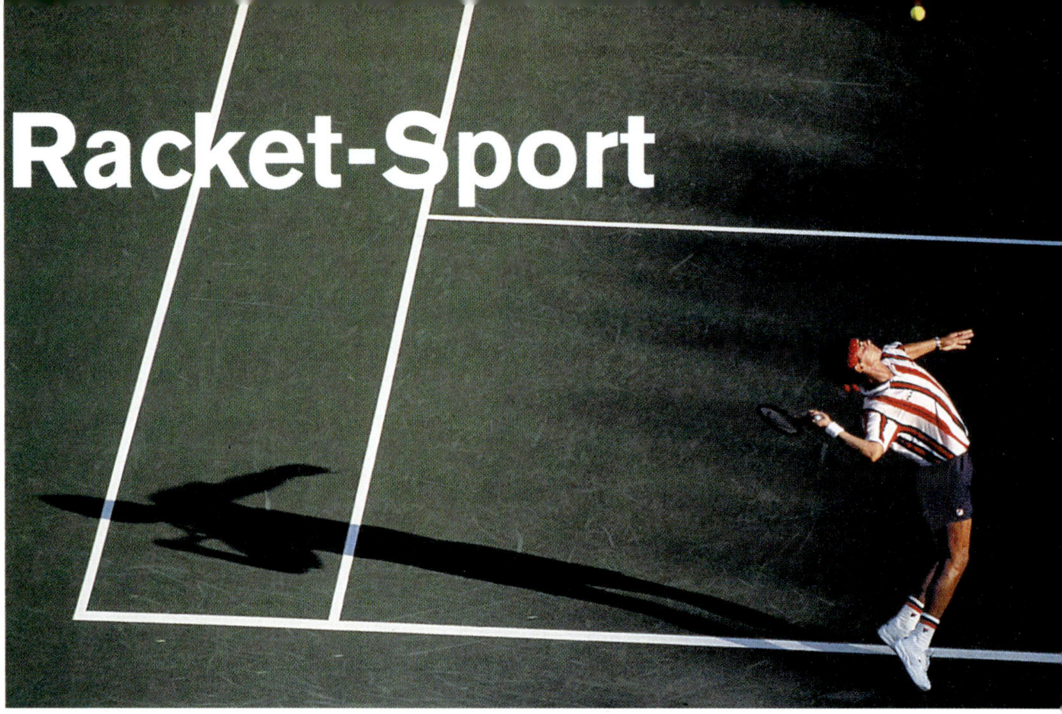

Tennis

Die meisten Grand-Slam-Erfolge erreichte mit 24 die Australierin Margaret Court, die zwischen 1960 und 1973 elfmal Melbourne, je fünfmal die US-Open und Paris sowie dreimal Wimbledon gewann.
▮ Bei den Herren kam Roy Emerson (* 1930, AUS) auf zwölf Erfolge in einem Zeitraum von sieben Jahren 1961-67 – sechsmal in Australien, je zweimal in Frankreich, USA und Wimbledon.

Die meisten Turniere gewann mit 167 Martina Navratilova (USA). Dazu kommen weitere 79 Erfolge im Doppel mit Pam Shriver.
▮ Bei den Herren brachte es Jimmy Connors (USA) auf 109 Erfolge.

Das längste Match dauerte 6:39 Std.: Es war die Davis-Cup-Begegnung am 25. Juli 1987 im amerikanischen Hartford, Connecticut, zwischen John McEnroe (USA) und Boris Becker (D). Das Match endete 4:6, 15:13, 8:10, 6:2, 6:2 für den Deutschen.

Die längste Begegnung bei den Damen dauerte 6:31 Std., als beim Turnier im September 1984 in Richmond (USA) Vicky Nelson mit 6:4, 7:6 (13:11) ihre amerikanische Rivalin Jean Hepner bezwang. Der längste Ballwechsel im Tiebreak dauerte 29 Min. Dabei flog der Ball 643mal über das Netz.

Schnellster

Aufschlag mit 229 km/h: der Australier Mark Philippousis 1997 in Düsseldorf.

Das kürzeste Match bei einem Grand Prix dauerte 30:44 Min. Steffi Graf schlug am 2. Mai 1986 in der dritten Runde des Turniers von Indianapolis die Südafrikanerin Yvonne Vermaak mit 6:0, 6:2.

Punkte-Weltrekord: Nach seinem Triumph bei den Australian Open 1997 wurde Pete Sampras (USA) in der Weltrangliste am 27. Januar 1997 mit der neuen Höchstmarke von 5774 Punkten aus 14 Turnieren innerhalb von 12 Monaten registriert.

Den Regen-Rekord bei Grand-Slam-Turnieren halten unangefochten die All England Championships in Wimbledon. 1997 fiel zum 28. Mal in der 120jährigen Turniergeschichte ein kompletter Spieltag aus.

Die meisten Asse in einem Damen-Match schlug die Niederländerin Brenda Schultz-McCarthy mit 22 im Juni 1994 in Birmingham (GB) im mit 6:4, 5:7, 6:0 gewonnenen Match gegen die Kroatin Iva Majoli.

Die meisten Asse pro Saison schlug 1996 der Kroate Goran Ivanisevic (* 1971) auf: 1511.

Die meisten Asse in einem Spiel schlug mit 46 ebenfalls Goran Ivanisevic in der zweiten Runde des Wimbledon-Turniers 1997. Trotzdem verlor er gegen den Schweden Magnus Norman mit 3:6, 6:2, 6:7, 6:4 und 12:14.

Die meisten Weltmeister-Titel errangen Steffi Graf, die siebenmal erfolgreich war (1987-90, 1993, 1995, 1997), sowie Pete Sampras und Ivan Lendl, die je viermal Weltmeister wurden.

Jüngste

Nummer 1 der Weltrangliste seit 1997: Martina Hingis mit 16 Jahren und 6 Monaten.

Die jüngste Nummer 1 der Weltrangliste der Damen wurde am 31. März 1997 die Schweizerin Martina Hingis (* 1980), die mit 16 Jahren, sechs Monaten und einem Tag die Deutsche Steffi Graf ablöste, die 377 Wochen lang unangefochten an erster Position gestanden hatte.

Am längsten auf Platz 1 der Weltrangliste der Frauen: Steffi Graf (D) mit 377 Wochen, Martina Navratilova (USA) mit 331, Chris Evert (USA) mit 262 und Monica Seles (Yug./USA) mit 113 Wochen.

Die meisten Matches überhaupt hat Martina Navratilova (USA) mit 1438 gewonnen. Dem stehen nur 212 Niederlagen gegenüber.

Die meisten Matches in Folge gewann ebenfalls Martina Navratilova, die zwischen dem 15. Januar und dem

Erster

Tennisspieler, der 1 Mio. Dollar verdiente: Rod Laver, hier in Wimbledon 1969.

6. Dezember 1984 insgesamt 74mal in Folge ungeschlagen blieb.
▮ Im Doppel kam sie mit Pam Shriver vom 24. April 1983 bis zum 6. Juli 1985 sogar auf 109 Siege in Serie.

Die schnellste Aufschlägerin ist Brenda Schultz-McCarthy (NL), die im austra-

Kürzestes

Badmintonspiel aller Zeiten: 6 Minuten. Julia Mann, England (oben), unterlag Ra Kyung-Min, Südkorea (links).

lischen Melbourne 1996 auf Gras 196,0 km/h erreichte.

Die jüngste Nummer 1 der Weltrangliste der Herren war John McEnroe (USA), der am 3. März 1980 mit 21 Jahren und 15 Tagen den Spitzenplatz unter den Racket-Assen einnahm.

Die längste Zeit als Nummer 1 der Weltrangliste der Männer: Spitzenreiter ist Ivan Lendl (270 Wochen) vor Jimmy Connors (268), John McEnroe (170), Pete Sampras (121) und Björn Borg (109 Wochen).

Der schnellste Aufschläger ist Mark Philippousis (AUS), der in Düsseldorf 1997 auf Asche 229,0 km/h erreichte.

Die längste Serie ohne Niederlage bei den Männern erreichte Björn Borg (S) mit 49 Siegen in Folge 1978.

Den größten Sprung in die Weltrangliste schaffte 1995 Scott Draper (AUS), der sich um 339 Plätze von Rang 420 auf Rang 81 verbesserte.

Turniere

Die meisten Wimbledon-Titel erreichte mit insgesamt 20 Billie-Jean King-Moffitt (* 1943, USA), die zwischen 1961 und 1979 sechs Einzel, zehn Doppel und vier Mixed gewann.
▮ Die meisten Titel bei den Herren errang mit 13 Hugh Laurence Doherty (1875-1919, GB): fünf im Einzel 1902-06 und einen Rekord von acht im Doppel zusammen mit seinem Bruder Reginald Frank (1872-1910) 1897-1901, 1903-05.

Die meisten Wimbledon-Titel im Einzel: Martina Navratilova gewann neunmal 1978, 79, 1982-87, 1990.
▮ Bei den Männern: William Charles Renshaw (1861-1904, GB) mit sieben 1881-86 und 1889, als der Titelverteidiger noch automatisch für das nächste Finale qualifiziert war.
▮ Nach Abschaffung der Herausforderungsrunde schaffte der Schwede Björn Borg (* 1956) fünf Triumphe 1976-80.

Der jüngste Spieler in Wimbledon war 1907 der 13jährige Mita Klima aus Österreich.
▮ Die jüngste Spielerin war Jennifer Capriati (USA) am 26. Juni 1990 mit 14 Jahren und 89 Tagen.

Jüngster Wimbledon-Sieger im Einzel ist Boris Becker (* 1967, D), der mit 17 Jahren und 227 Tagen das Turnier gewann und ein Jahr später, als Zweitjüngster, seinen Triumph wiederholte. Außerdem war Becker der erste Deutsche und erste Ungesetzte, der erfolgreich war.
▮ Die jüngste Siegerin ist die Schweizerin Martina Hingis, die mit 15 Jahren und 281 Tagen am 7. Juli 1996 gemeinsam mit der 31jährigen Tschechin Helena Sukova im Doppel siegte.

Der älteste Wimbledon-Sieger im Einzel ist Arthur Gore (1868-1928, GB). Er gewann 1909 im Alter von 41 Jahren und 182 Tagen.
▮ Die älteste Siegerin ist Margaret Evelyn du Pont-Osborne (* 1918, USA), die sich 1962 mit 44 Jahren und 125 Tagen den Mixed-Titel mit dem Australier Neale Fraser holte.

Am häufigsten in Wimbledon dabei war Arthur Gore. Er nahm zwischen 1888 und 1927 insgesamt 36mal teil.

Die meisten Zuschauer in Wimbledon lockte das Turnier 1997 an. Es kamen 436 531 Besucher zu den Spielen.
▮ Den Tagesrekord hält der 26. Juni 1986 mit 39 813 Fans.

Die jüngste Siegerin im Einzel bei einem Grand-Slam-Turnier wurde am 25. Januar 1997 Martina Hingis (CH), die bei ihrem Finalerfolg bei den Australian Open über Mary Pierce (F) 16 Jahre, 3 Monate und 26 Tage alt war.

Die meisten Titel bei Grand-Prix-Turnieren hat Boris Becker (D) gewonnen, der bis zur Saison 1997 mit 49 Siegen vor Pete Sampras (USA) mit 44 in Führung lag.

Badminton

Das kürzeste Match: 6 Min. am 19. Mai 1996 in Hongkong zwischen Ra Kyung-Min (Südkorea) und Julia Mann (GB) beim 11:2, 11:1.

Ballwechsel-Rekord: 730,3 mit zwei Bällen in 10 Min. am 13. November 1994: Berend Wawer und Malte Meiners in Lüneburg (D).

Schmetterschlag-Rekord: Patrik Andreasson (S): 308 km/h, Wien 1992.

Squash

Weltmeisterschaften, eingeführt 1976: Acht Titel gewann Jansher Khan (* 1969, Pakistan) zwischen 1987 und 1996. Jahangir Khan (Pakistan) gewann sechs zwischen 1981 und 1988. Dazu noch drei Amateur-Titel.

Die meisten Damen-Titel der World Open (Profi-WM) gewann mit vier Susan Devoy (* 1964, Neuseeland) 1985, 1987, 1990, 1992.

Das längste Spiel: 2:46 Std.; Jahangir Khan gegen Gamal Awad (Ägypten) am 30. März 1983. Der erste Satz dauerte 1:11 Std.

Das kürzeste Spiel: 6:37 Min. Philip Kenyon (GB) gegen Salah Nadi (Ägypten) am 9. April 1992 (9:0, 9:0, 9:0).

Geschwindigkeitsrekord: 232,7 km/h, Ray Buckland (GB), 1988 in London.

Erfolgreich:

Der Pakistani Jahangir Khan gewann sechsmal den Weltmeistertitel im Squash.

Kampfsport

Budo

Der vielseitigste Kampfkunstsportler ist Bernd Höhle (* 1975) aus Stadthagen, Niedersachsen (D), mit 62 Kampfkunstgraduierungen in 15 verschiedenen Kampfkunstarten.

Ytong-Bruchtest: 500 Gasbetonsteine in 29 Sek. zertrümmerte Mohammed Talbi aus Schlitz (D) am 19. April 1997 in Essen auf der Budo-Gala.

Judo

Weltmeisterschaften, eingeführt 1956: Je vier Titel errangen Shozo Fujii (* 1950, Japan) 1971, 1973, 1975, 1979, Yasuhiro Yamashita (* 1957, Japan) 1979, 1981 (zwei), 1983 und Naoya Ogawa (Japan) 1987, 1989 (zwei), 1991. Darüber hinaus wurde Yamashita 1984 Olympiasieger in der Allkategorie und blieb von Oktober 1977 bis zu seinem Rücktritt 1985 in 203 Kämpfen ungeschlagen.

Die erfolgreichste Frau ist Ingrid Berghmans (* 1961, B) mit zehn WM-Medaillen: sechsmal Gold, in der Offenen Klasse 1980, 1982, 1984, 1986 und in der Klasse bis 72 kg 1984, 1989. Dazu kommen dreimal Silber und einmal Bronze. Außerdem gewann sie 1988 in der 72-kg-Klasse das olympische Demonstrationsturnier.

Europacup: Am häufigsten Mannschaftssieger wurde mit fünf Erfolgen US Orleans 1985-87, 1989, 90. Zu drei Erfolgen in Serie kam auch der VfL Wolfsburg 1979-81. 1996 siegte zum zweiten Mal der TSV Abensberg.

Deutsche Meisterschaften: Zu neun Einzeltiteln kam Günter Neureuther (München-Großhadern) zwischen 1974 und 1984 im Halbschwergewicht.
■ Auch bei den Frauen kam Regina Philips (Abensberg) bis 1992 zu neun Siegen. Außerdem war sie noch fünfmal mit der Mannschaft von Bayer Leverkusen erfolgreich.

DDR-Meisterschaften: Am erfolgreichsten mit je elf Einzeltiteln waren Henry Stöhr (Hoppegarten) und Petra Sonntag (Schmalkalden), jeweils erreicht im Schwergewicht und der Allkategorie.

Karate

Kata: Je drei WM-Titel erkämpften sich Tsuguo Sakumoto (Japan) 1984, 1986, 1988 und Mie Nakayama (Japan) 1982, 1984, 1986.

Erfolgreichste deutsche Kämpferin ist Birgit Schweiberer mit fünf Europa- und vier Deutschen Meisterschaften zwischen 1980 und 1984.
■ Ebenfalls vier Titel holte sich im gleichen Zeitraum Marijan Glad.

Kumite: Die meisten WM-Einzelsiege feierte José Egea (E), der zwischen 1988 und 1992 vier WM-Titel errang, drei in der Einzel- und einen in der Mannschaftswertung. Außerdem wurde er zehnmal Europameister.
■ Bei den Frauen kam Guus van Mourik (NL) zu vier Siegen 1982, 1984, 1986, 1988.

Erfolgreichster Deutscher ist Toni Dietl mit fünf EM-Titeln und zwölf nationa-

Emmanuel Yarborough (oben) ist der schwerste Sumo-Ringer und mit 300 kg schwerster sporttreibender Mensch. „Nur" 227 kg bringt Chad Rowan auf die Waage: gewichtigster Yokozuna (Großmeister).

len Meisterschaften. Außerdem wurde er zweimal WM-Dritter 1988, 1992.

Erfolgreichste deutsche Frau ist Silvia Wiegärtner mit fünf nationalen Titeln, dem Europameisterschaftstitel 1992 und einem dritten Platz bei der WM im gleichen Jahr.

Sumo

Der schwerste Yokozuna ist der auf Hawaii (USA) geborene Chad Rowan, alias *Akebono,* mit 227 kg. Gleichzeitig ist er mit 2,40 m auch der größte.

Der erfolgreichste Kämpfer und Großmeister (Yokozuna) ist Sadji Akiyoishi, genannt *Futabayama.* 69 aufeinanderfolgende Begegnungen und acht Turniere gewann er 1930.

Der jüngste Yokozuna ist Toshimitsu Ogata, genannt *Kitanoumi,* der 1974 im Alter von 21 Jahren und zwei Monaten den Großmeistertitel verliehen bekam.

- 1978 hatte er einen Rekord von 82 Siegen bei 90 Wettkämpfen aufzuweisen.

Der jüngste Turniersieger ist *Takahanada,* der mit 19 Jahren und fünf Monaten das traditionelle Neujahrsturnier in Tokio am 27. Januar 1992 gegen *Misugisato* gewann.

Die meisten Wettkämpfe, nämlich 1045, gewann Yokozuna Mitsugu Akimot, genannt *Chiayonofugi.* Außerdem holte er sich achtmal in Serie 1981-88 das Kyushu-Basho-Turnier.

Yasuhiro

Yamashita war erfolgreichster Judokämpfer: vier Weltmeistertitel, ein Olympiasieg und in 203 Kämpfen ungeschlagen.

Aleksandr

Romankov gewann die meisten Einzeltitel bei Weltmeisterschaften im Florett-Fechten innerhalb eines Jahrzehnts.

Taekwondo

Erstmals im Jahr 2000 wird diese Sportart olympisch.

Die ersten Weltmeisterschaften: 1973 in Seoul (Südkorea), die der Frauen 1987. Taekwondo war 1988 in Seoul und 1992 in Barcelona olympischer Demonstrationswettbewerb.

Die meisten WM-Titel, nämlich vier, gewann Chung Kook-Hyun (Südkorea), der 1982, 83 im Leicht- und 1985, 1987 im Weltergewicht der Beste war.

Fechten

Olympische Spiele: Die meisten Goldmedaillen errang der Säbelfechter Aladar Gerevich (1910-91, H) mit sieben, davon allerdings sechs in den Mannschaftswettbewerben, zwischen 1932 und 1960. Gerevich wurde insgesamt 16mal Weltmeister, Einzel und Mannschaft.

Die meisten Goldmedaillen bei den Frauen gewann mit vier Elena Nowikowa-Belowa (* 1947, UdSSR) 1968-76, drei mit der Mannschaft, eine im Einzelwettbewerb 1968.

Für ein Novum sorgten die Florettkämpferinnen aus Tauberbischofsheim, die mit Anja Fichtel, Sabine Bau und Zita Funkenhauser Gold, Silber und Bronze 1988 in Seoul holten. Es war das erste Mal im olympischen Frauenfechten, daß alle drei Medaillen an ein einziges Land, ja sogar an einen einzigen Verein gingen. Darüber hinaus gewann dieses Terzett auch den Mannschaftswettbewerb.

Weltmeisterschaften: Die meisten Einzeltitel gewann der Florett-Spezialist Aleksandr Romankov (UdSSR): 1974, 1977, 1979, 1982, und 1983.

- Christian d'Oriola (F) gewann vier (1947, 1949, 1953, 54) und zweimal olympisches Gold 1952 und 1956.

Erfolgreichster deutscher Fechter ist Alexander Pusch (* 1955), der dreimal auf Degen Weltmeister wurde – 1975, 76 (Olympia), 1978. Er verhalf der deutschen Mannschaft dreimal zur Goldmedaille 1984-86 sowie siebenmal zur Silbermedaille 1974-76, 1979, 1983, 1987, 88. Der heutige Bundestrainer der Degenfechter wurde 1983 Europameister und Weltcup-Gewinner 1975, 76, 1978, 1986.

Ringen

Weltmeisterschaften: Die meisten Titel gewann mit zehn der Freistilspezialist Alexander Medved (* 1937, UdSSR) im Halbschwergewicht 1962-1964 und 1966, im Schwergewicht 1967, 68 und im Superschwergewicht 1969-71, 1972.

- Alexander Karelin (RUS) gewann in neun aufeinanderfolgenden Jahren (1988-96) den Titel im griechisch-römischen Stil (Klasse bis 130 kg).

Erfolgreichster deutscher Ringer: Wilfried Dietrich (1933-92), der fünfmal 1956-72 an Olympischen Spielen teilnahm. Er gewann Gold im Freistil 1960, Silber im griechisch-römischen Stil 1956 und 1960, Bronze im griechisch-römischen Stil 1964 und Freistil 1968, war Weltmeister 1961 und Europameister 1967 im Schwergewicht. Sieger bei 30 Deutschen Meisterschaften (1955 bis 1973).

Seriensieger mit 16 Titeln bei Deutschen Meisterschaften ist Reiner Heugabel (AC Goldbach), der im Freistil (Papiergewicht) zwischen 1982 und 1996 gewann. Sieg auch 1980.

Die meisten Siege bei internationalen Wettkämpfen errang Osamu Watanabe (* 1940, Japan), der Freistil-Olympiasieger im Federgewicht von 1964. Er blieb 189 Wettkämpfe nacheinander ungeschlagen.

Längster Kampf mit Zeitmessung: 11:40 Std. zwischen Martin Klein (1885-1947, Estland) und Alfred Asikäinen (1888-1942, SF) im Kampf um die Silbermedaille im Mittelgewicht des griechisch-römischen Stils bei den Olympischen Spielen 1912.

Boxen

Profis

Weltmeister in drei Verbänden wurde am 15. Juni 1997 in Oberhausen Halbschwergewichtler Dariusz Michalczewski durch 3:0-Punktsieg über Virgil Hill (USA).

Die einzige Niederlage seiner Profi-Karriere mußte Henry Maske (* 1964) in seinem 31. Kampf, seinem letzten, gegen Virgil Hill (USA) am 23. November 1996 hinnehmen.

Der längste Kampf mit Handschuhen fand am 6./7. April 1893 in New Orleans (USA) zwischen Andy Bowen und Jack Burke statt. Der Kampf dauerte 110 Runden oder (mit Pausen) insgesamt 7:19 Std., und zwar von 21:15 Uhr bis 4:34 Uhr. Beide Männer waren schließlich unfähig weiterzukämpfen, so daß der Wettkampf später als unentschieden erklärt wurde.

Der längste Kampf ohne Handschuhe: 6:15 Std., zwischen James Kelly und Jack Smith in Dalesford (AUS) am 3. Dezember 1855.

Der kürzeste WM-Kampf dauerte 20 Sek., als am 7. August 1993 in Bayamon (Puerto Rico) der US-Amerikaner Gerald McClellan im Mittelgewicht (WBC-Version) seinen Landsmann Jay Bell bezwang.

Der jüngste Weltmeister war mit 17 Jahren und 176 Tagen Wilfredo Benitez (* 1958, Puerto Rico), der am 6. März 1976 in San Juan (Puerto Rico) den WBA-Titel im Junior-Welüber Antonio Cervantes (Kolumbien) erkämpfte.

Der einzige Boxer, der gleichzeitig Weltmeister in drei verschiedenen Gewichtsklassen war, ist Henry „Homicide Hank" Armstrong (1912-88, USA). Vom August bis zum Dezember 1938 besaß er die Titel im Feder-, Leicht- und Weltergewicht.

Die meisten WM-Titel in verschiedenen Klassen erkämpften sich mit je fünf Thomas Hearns (* 1958, USA) im Welter-, Superwelter-, Mittel-, Supermittel- und Halbschwergewicht zwischen 1980 und 1988 sowie Sugar Ray Leonard (* 1956, USA) im Welter-, Superleicht-, Mittel-, Supermittel- und Leichtschwergewicht zwischen 1979 und 1988. Die beiden Amerikaner profitierten dabei aber von der Gewichtsklassen-Inflation und den inzwischen bestehenden und rivalisierenden vier Verbänden.

Die größte Zuschauerkulisse mit 132 274 zahlenden Besuchern gab es am 20. Februar 1993 im Aztekenstadion in Mexico City, wo insgesamt vier WM-Begegnungen auf dem Programm standen. Den Hauptkampf gewann im Superleichtgewicht Julio Cesar Chavez (Mexiko) in der dritten Runde gegen Greg Hougen und feierte seinen 85. Sieg im 85. Kampf.

Die geringste Zuschauerzahl wurde beim WM-Fight am 25. Mai 1965 in Lewiston, Maine (USA), registriert, als Cassius Clay, der spätere Muhammad Ali, vor 2434 Besuchern Sonny Liston bezwang.

Der kleinste Berufsboxer, der je einen Weltmeistertitel gewann, ist Netrnoi Vorasingh (* 1959, Thailand), der von Mai bis September 1978 den WBC-Titel im Halbfliegengewicht innehatte. Er war 1,50 m groß.

Die meisten Kämpfe ohne Niederlage, nämlich 178, bestritt Edward Henry Greb (1894-1926, USA) zwischen 1916 und 1923. 117 Begegnungen endeten unentschieden.
▮ Der Mexikaner Julio Cesar Chavez kam zu 89 Siegen in Serie, ehe er am 29. Januar 1994 den WM-Kampf im Halbschwergewicht (WBC-Version) gegen Frankie Randall nach Punkten verlor.

Der erste Weltmeisterschaftskampf mit Handschuhen und Drei-Minuten-Runden: am 7. September 1892 in New Orleans (Louisiana, USA). James John Corbett (1866-1933, USA) gewann gegen John Lawrence Sullivan (1858-1918, USA) nach 21 Runden.

Die längste Karriere im Ring mit jeweils 31 Jahren haben die Weltmeister Bob Fitzsimmons zwischen 1883 und 1914 sowie Jack Johnson (1878-1946, USA) zwischen 1897 und 1928 aufzuweisen.

Die längste Regentschaft eines Weltmeisters dauerte elf Jahre und 252 Tage durch Joe Louis (1914-81, USA). Am 27. Juni 1937 schlug er James Braddock (K.o. in der 8. Runde) in Chicago (USA), stellte einen Rekord mit 25 erfolgreichen Titelverteidigungen nacheinander auf und erklärte am 1. März 1949 seinen Rücktritt.

Die meisten Knockouts erzielte mit 145 (davon 129 in Profikämpfen) Archie Moore von 1936 bis 1963. Den Rekord mit den meisten aufeinanderfolgenden K.o. hält mit 44 Lamar Clarke (* 1934, USA) zwischen 1958 und dem 11. Januar 1960. Er erzielte am 1. Dezember 1958 sechs vorzeitige Siege an einem Abend (fünf in der ersten Runde) in Bingham, Utah (USA).

Der Weltmeister, der das höchste Lebensalter erreicht, ist der Deutsche Max Siegfried Asolpho Otto Schmeling, der am 12. Juli 1930 nach Disqualifikation (Tiefschlag) seines Gegners Jack Sharkey (USA) in der 4. Runde in New York Weltmeister wurde. Schmeling feierte am 28. September 1997 seinen 92. Geburtstag.

Dreimaliger

Boxweltmeister Muhammad Ali war der Größte: Alles begann, als er am 25. Februar 1964 Sonny Liston schlug.

In 5 Klassen

Weltmeister: Thomas Hearns im Welter-, Superwelter-, Mittel-, Supermittel- und Halbschwergewicht.

Unglücklicher Gewinner ist der Deutsche Axel Schulz (* 1968). Noch nie zuvor hatte ein Boxer innerhalb von 14 Monaten dreimal nach dem WM-Titel aller Klassen greifen dürfen und dabei trotz dreier Niederlagen gegen George Foreman (USA), François Botha (Südafrika) und Michael Moorer (USA) so viel Geld verdient – 5,25 Mio. DM.

Dreimalige Boxweltmeister: Muhammad Ali und Evander Holyfield.

▮ Ali (* 1942, USA), der früher Cassius Clay hieß, gewann den Titel erstmals am 25. Februar 1964, als er Sonny Liston in Miami Beach (USA) durch technischen K.o. in der siebten Runde schlug. Am 30. Oktober 1974 gewann er das Championat von George Foreman zurück, nachdem er zuvor jahrelang von den Boxbehörden gesperrt worden war. Noch einmal, am 15. September 1978 in Las Vegas, holte er sich die WBA-Krone zurück mit einem Punktsieg über Leon Spinks.

▮ Evander Holyfield schlug am 25. Oktober 1990 in Las Vegas James „Buster“ Douglas und war 25 Monate Weltmeister der drei großen Profi-Verbände. Im November 1993 gewann er gegen Riddick Bowe. 1996 besiegte er Mike Tyson durch K.o.

Vier Auszeichnungen erhielt der dreimalige Weltmeister Muhammad Ali im März 1997 anläßlich der Feierlichkeiten zum 75jährigen Jubiläum des US-Fachmagazins *The Ring:* Der legendäre Amerikaner wurde in den Kategorien „Bester Kämpfer“, „Bester Boxer“, „Bester Kampf“ und „Bestes Kinn“ geehrt.

Der einzige unbesiegte Weltmeister, der während seiner Laufbahn (1947 bis 1955) niemals verlor, war Rocky Marciano (1923-69, USA). Er gewann alle 49 Kämpfe, davon 43 durch K.o. oder vorzeitige Aufgabe seines Gegners.

Bester deutscher Schwergewichtler ist der Kroate Zeljko Mavrovic (Universum Promotion Hamburg), der bis Mitte Juni 1997 als Europameister in 26 Profikämpfen ungeschlagen blieb. 21 davon entschied er durch K.o.

Der jüngste Weltmeister aller Zeiten war Mike Tyson (* 1966, USA), der sich mit 20 Jahren und 144 Tagen die Krone (nach WBC-Version) holte; am 22. November 1986 in Las Vegas gegen den kanadischen Titelverteidiger Trevor Berbick durch K.o. in der zweiten Runde.

Die längste Laufbahn: 39 Jahre (1875-1914). Diesen Rekord erreichte Bobby Dobbs (USA), der 1930 starb.

Tyson zu bissig – Selbstdemontage des Iron Mike: Er galt als unbezwingbar und hat sich am Ende selbst besiegt. Mike Tyson (* 1966) geriet am 28. Juni 1997 in Las Vegas (USA) wieder einmal außer sich, verlor im Rückkampf gegen Evander Holyfield (gegen den er überraschend durch technischen K.o. am 9. November 1996 verloren hatte) um den WBA-Schwergewichtstitel durch Disqualifikation in der dritten Runde. Ringrichter Mills Lane brach das Millionen-Gefecht „wegen grober Unsportlichkeit“ ab. Der nach dreijähriger Haftstrafe wegen Vergewaltigung (1992-95) nur auf Bewährung freigelassene Tyson hatte Holyfield zunächst ein zwei Zentimeter langes und einen halben Zentimeter tiefes Stück Gewebe aus dem Ohr gebissen, und dafür einen Punktabzug kassiert. Nach vierminütiger Behandlungspause wurde der Fight fortgesetzt. Beim nächsten Clinch biß Mike Tyson wieder zu, diesmal ins linke Ohr – das Ende. Nevadas Sportkommission entzog Tyson die Lizenz. Dennoch begannen die Planungen für Holyfield-Tyson III für 1998: Für jeden winken etwa 85 Mio. DM.

Amateure

Die einzigen Kämpfer mit drei Goldmedaillen sind Laszlo Papp (* 1926, H), der 1948 (Mittelgewicht), 1952 und 1956 (Halbmittelgewicht) siegte, sowie Teofilo Stevenson (* 1952, Kuba), der 1972, 1976 und 1980 im Schwergewicht erfolgreich war.

Für eine Einmaligkeit sorgte Oliver L. Kirk (USA) 1904 in St. Louis (USA), als er zwei Goldmedaillen bei einer Olympiade erkämpfte, im Bantam- und Federgewicht.

Weltmeisterschaften, eingeführt 1974: Nur einem Kämpfer gelang es bisher, fünf Titel zu gewinnen: Felix Savon (Kuba) im Schwergewicht 1986, 1989, 1991, 1993, 1995.

Deutsche Meisterschaften, eingeführt 1920: Alleiniger Rekordhalter ist Schwer- und Superschwergewichtler Peter Hussing mit16 Titeln.

3 Gürtel für Halbschwergewichtler Dariusz Michalczewski. Virgil Hill blieb in Oberhausen im Juni 1997 auf der Strecke.

In 26 Profikämpfen ungeschlagen: Europameister Zeljko Mavrovic ist bester deutscher Schwergewichtler.

Motorsport

Michael

Schumacher steckt in der Verpackung: PS-Konkurrent für den Marlboro-Mann. Denn der besitzt nur ein Pferd.

Die höchste Rundengeschwindigkeit auf einem geschlossenen Ring, nämlich 403,878 km/h, fuhr Hans Liebold (* 1926, D). Er brauchte am 5. Mai 1979 in seinem *Mercedes Benz C 111-IV Turbo* für die 12,64 km lange Hochgeschwindigkeitsstrecke im italienischen Nardo 1:52,67 Min.

Der schnellste Straßenring war der von Spa-Franchorchamps (B). Auf dem 14,1-km-Kurs fuhr am 6. Mai 1973 Henri Pescarolo (* 1942, F) auf einem 2993-cm^3-V12-*Matra Simca-MS-670* eine Runde in 3:13,4 Min., was einer Durchschnittsgeschwindigkeit von 262,461 km/h entspricht.
▮ Auf der Avus in Berlin hatte Bernd Rosemeyer (1909-38, D) auf einem *Sechs-Liter-V16-Auto-Union* am 30. Mai 1937 sogar eine Rekordrunde mit 276,400 km/h erreicht.

Die längste Rundstrecke: die Nürburgring-Nordschleife (20,832 km). Stefan Bellof (1957-85) fuhr in einem *Porsche 956* mit 6:25,91 Min. und 194,333 km/h die schnellste Zeit.

Die größte Distanz beim 24-Stunden-Rennen in Le Mans (Premiere am 26./27. Mai 1923) mit 5335,724 km auf dem alten Sarthe-Ring schafften Helmut Marko (* 1943, A) und Jonkheer Gijs van Lennep (* 1942, NL). Sie fuhren einen 4907-cm3-12-Zyl.-*Porsche-917-K-Gruppe-5*-Sportwagen am 12./13. Juni 1971.
▮ Den Rekord für den heutigen Ring hält mit 5332 km (221,63 km/h) das Trio Jan Lammers, Johnny Dumfries, Andy Wallace in einem *Jaguar XJR 9*, gefahren am 11./12. Juni 1988.
▮ Rekord für eine Runde (13,535 km): 3:21,27 Min. (242,092 km/h), erreicht von Alain Ferte (F) in einem *Jaguar XRJ 9* am 10. Juni 1989.
▮ Die meisten Siege errangen mit 14 die *Porsche*wagen 1970, 71, 1976, 77, 1979, 1981-87, 1994 und 1996.
▮ Die meisten Siege eines einzelnen Fahrers sind sechs von Jackie Ickx (* 1945): 1969, 1975-77, 1981, 82.

Den Rundenrekord in Indianapolis stellte am 12. Mai 1996 der Niederländer Arie Luyendyk mit 382,216 km/h auf. Zwei Tage zuvor erreichte er bei einer inoffiziellen Messung sogar 385,085 km/h.
▮ Die erfolgreichsten Fahrer mit je vier Siegen waren Anthony Joseph „A.J." Foyt jr. (* 1935, USA) 1961, 1964, 1967, 1977, Al Unser sen. (* 1939, USA), der 1970, 71, 1978, 1987 triumphierte, und Rick Mears (* 1952, USA) 1979, 1984, 1988 und 1991.
▮ Dauerbrenner: A. J. Foyt jr. startete 35mal zwischen 1958 und 1992.
▮ Rick Mears erreichte sechsmal die beste Trainingszeit, 1979, 1982, 1986, 1988, 89, 1991.

Formel 1

Längste Grand-Prix-Strecke: 25,579 km in Pescara/Italien (1957).

Kürzeste Grand-Prix-Strecke: 3,145 km in Monte Carlo (1950-72).

Längster Grand Prix: 602,140 km beim Großen Preis von Frankreich in Reims (1951). 77 Runden à 7,82 km.

Kürzester Grand Prix: 62,920 km beim Großen Preis von Australien in Adelaide (1991). Abbruch nach 14 Runden wegen Regens.

Wenigste Autos im Ziel: Drei, Großer Preis von Italien, Monza 1958.

Höchste Ausfallquote: Acht von 33 Startern erreichten nur das Ziel in Indianapolis/USA (1951).

Geringste Ausfallquote: Alle 15 Wagen im Ziel beim Großen Preis der Niederlande in Zandvoort (1961).

Meiste Boxenstopps: 69mal mußten die Autos zum Reifenwechsel beim Großen Preis von Donington/GB (1993) stoppen. Schuld war das englische Aprilwetter.

Schnellstes Rennen: 242,623 km/h, gefahren von dem Briten Peter Gethin beim Großen Preis von Italien in Monza (1971).

Mille Miglia 1927:

Caracciola am Steuer eines *Merceds-Benz SSK*. Die große Zeit. Das Comeback in der Formel 1 war für Mercedes 1993.

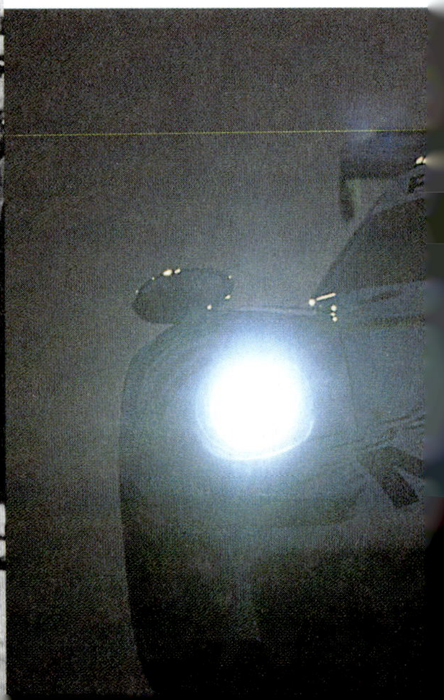

Die schnellste Trainingszeit betrug 259,005 km/h von Keke Rosberg (SF) beim Großen Preis von England in Silverstone (1985).

Die langsamste Trainingszeit wurde mit 103,884 km/h von Juan Manuel Fangio (Argentinien) beim Großen Preis von Monaco (1950) aufgestellt.

Größtes Starterfeld: 34 beim Großen Preis von Deutschland auf dem Nürburgring (1953).

Kleinstes Starterfeld: 10 beim Großen Preis von Argentinien in Buenos Aires (1958).

Meiste Führungswechsel: 29, Großer Preis von Italien, Monza 1970.

Schnellste Runde: 249,835 km/h, Damon Hill (GB) in Monza, 1993.

Der erfolgreichste Fahrer in der Weltmeisterschaft, eingeführt 1950, ist Juan Manuel Fangio y Cia (1911-95, Argentinien), der fünfmal den Titel 1951, 1954-57 gewann. Er trat 1958 mit 24 Grand-Prix-Siegen in 51 Rennen zurück.

Der jüngste Weltmeister war Emerson Fittipaldi (* 1946, Brasilien), der sich seinen ersten Titel 1972 mit 25 Jahren und 273 Tagen holte. Michael Schumacher (* 1969) war bei seinem Erfolg 1994 25 Jahre und 317 Tage alt.

Der älteste Weltmeister war Juan Manuel Fangio (1911-95, Argentinien), der seinen letzten Titel mit 46 Jahren und 41 Tagen errang.

Der früheste Weltmeister: der Brite Nigel Mansell (* 1953) auf *Williams-Renault*. Durch den zweiten Platz auf dem Hungaro-Ring bei Budapest am 16. August 1992 sicherte er sich den Sieg fünf Rennen vor Ende der WM.

Rekord-Trio

Jan Lammers, Johnny Dumfries und Andy Wallace: 5332 km in Le Mans. Ungebrochen.

Der jüngste Grand-Prix-Gewinner war Bruce McLaren (1937-70, Neuseeland), der mit 22 Jahren und 104 Tagen in Sebring, Florida (USA), am 12. Dezember 1959 siegte.

Der älteste Grand-Prix-Gewinner: Tazio Giorgio Nuvolari (1892-1953, I), der mit 53 Jahren und 240 Tagen in Albi (F) am 14. Juli 1946 siegte.

Der jüngste Fahrer war Michael Christopher Thackwell (* 1961, Neuseeland), der beim kanadischen Grand Prix am 28. September 1980 erst 19 Jahre und 182 Tage alt war.

Der älteste Fahrer war der Monegasse Louis Alexandre Chiron (1899-1979), der bei seinem sechsten Platz beim Grand Prix in Monaco am 22. Mai 1955 genau 55 Jahre und 292 Tage alt war.

Die meisten Grand-Prix-Siege errang mit 51 – bei 199 Rennen zwischen 1980 und 1993 – Alain Prost (* 1955, F), der mit 798,5 auch die meisten Grand-Prix-Punkte einfuhr.

Zwei Deutsche belegten am 27. April 1997 zum ersten Mal die Plätze 1 und 2 eines Formel-1-WM-Laufes nach dem Großen Preis von San Marino in Imola. Sieger wurde Heinz-Harald Frentzen, Zweiter Michael Schumacher.

Die größte Dominanz bewies in der Saison 1988 das *McLaren-Honda*-Team, das 15 von 16 Grand-Prix-Rennen gewann. Senna siegte achtmal und wurde dreimal Zweiter; Alain Prost triumphierte siebenmal und wurde siebenmal Zweiter.

Der größte Siegesvorsprung betrug zwei Runden beim Großen Preis von Spanien 1969 in Montjuich, als Jackie Stewart (GB) vor Bruce McLaren (Neuseeland) gewann. Den gleichen Abstand hatte Damon Hill (GB) auch beim Großen Preis von Australien 1995.

Die meisten Pole positions, also den besten Startplatz nach dem Abschlußtraining, nahm mit 65 Ayrton Senna (1960-94) bei 161 Rennen (41 Siege) zwischen 1985 und 1994 ein.

Comeback für Mercedes: Erstmals seit 11. September 1955 siegte am 9. März 1997 im Großen Preis von Australien wieder ein Mercedes-Rennwagen, gesteuert von David Coulthard (GB) vom McLaren-Team. Mercedes hatte sich 1955 nach einem schweren Unglück aus der Formel 1 zurückgezogen und stieg erst 1993 wieder ein, zunächst beim Sauber-Team, seit 1995 bei McLaren.

Das erfolgreichste Markenteam ist der italienische Rennstall *Ferrari* mit acht Weltmeisterschaften 1961, 1964, 1975-77, 1979, 1982, 83, vor Lotus, McLaren und Williams mit je sieben Titeln.

Der schnellste Grand Prix fand am 5. September 1971 in Monza statt. Der Brite Peter Gethin (* 1940) siegte mit einer Durchschnittsgeschwindigkeit von 242,623 km/h. Den Qualifikationsrundenrekord hält der Finne Keke Rosberg mit einer Geschwindigkeit von 258,802 km/h.

Den schnellsten Boxenstopp während eines Rennens mit dem Wechsel aller vier Reifen gab es beim McLaren-Team (Fahrer Ayrton Senna) beim Grand Prix von San Marino am 25. April 1993 mit einer Zeit von 5,75 Sek.

Die meisten Grand-Prix-Einsätze (Stand April 1997)

Fahrer (Land)	Einsätze
Riccardo Patrese (I)	256
Andrea de Cesaris (I)	208
Nelson Piquet (BR)	204
Gerhard Berger (A)	200
Alain Prost (F)	199
Michele Alboreto (I)	194
Nigel Mansell (GB)	187
Graham Hill (GB)	176
Jacques Lafitte (F)	176
Niki Lauda (A)	171

Porsche

auf Erfolgskurs: Die meisten Siege beim 24-Stunden-Rennen in Le Mans. Seit 1970 insgesamt 14, der letzte 1996.

Jaguar

machte den Sprung nach vorn: Alain Ferte mit 242,092 km/h in einem *XRJ 9* in Le Mans.

Motorsport

79 Siege
und sieben WM-Titel: Der Schweizer Rolf Biland ist erfolgreichster Gespannfahrer.

Rallye

Das längste Rennen der Welt war die London-Sydney-Rallye der Singapore Airlines über 31 107 km; sie startete in Covent Garden, London (GB), am 14. August 1977 und führte durch 17 Länder zum Sydney Opera House (AUS). Das Trio Andrew Cowan, Colin Malkin und Michael Broad gewann sie am 28. September 1977 in einem *Mercedes 280 E.*

Die längste jährlich stattfindende Konkurrenz ist Paris–Dakar, die bis zu 15 000 km lang sein kann und die 1986 zum drittenmal von Rene Metge auf *Porsche* gewonnen wurde. Vom 25. Dezember 1991 bis zum 22. Januar 1992 hieß die Strecke Paris–Kapstadt (Südafrika) und führte über die Länge von 12 700 km.

Weltmeisterschaften, eingeführt 1979: Die erfolgreichsten Fahrer sind die Finnen Juha Kankkunen und Juha Piironen, die sich viermal den Titel holten, 1986 auf *Peugeot 205 Turbo,* 1987 auf *Lancia Delta 4 WD,* 1991 auf *Lancia Integrale* und 1993 auf *Toyota Cecilia Turbo 4 WD.*
▮ Der jüngste Sieger ist Colin McRae (* 1968, GB), der mit 27 Jahren und 89 Tagen 1995 gewann.
▮ In der Marken-WM führt *Lancia* mit elf Erfolgen vor *Fiat* (drei), *Audi* und *Peugeot* (je zwei).

Die meisten Siege errang mit 21 Juha Kankkunen. Den Jahresrekord mit sechs hält der Franzose Didier Auriol (* 1958) im Jahr 1992.

Die meisten Monte-Carlo-Siege (erstes Rennen 1911) feierten mit jeweils vier Munari/Manucci (I) 1972, 1975-77 auf *Lancia Fulvia* bzw. *Lancia Stratos* sowie die Deutschen Röhrl/Geistdörfer 1980, 1982-84, allerdings stets auf einem anderen Fabrikat: *Fiat 131 Abarth, Opel Ascona, Lancia Rally* und *Audi Quattro.*

Motorrad

Die höchste Durchschnittsgeschwindigkeit, die je auf einem geschlossenen Kurs erreicht wurde, schaffte mit 257,958 km/h Yvon du Hamel (* 1941, Kanada) im März 1973 beim Dayton International Speedway, Florida (USA), auf einer umgebauten 903-cm³-Vierzylinder-*Kawasaki Z1.* Die Rundenzeit betrug 56,149 Sek. auf der 4,02 km langen Bahn.

Die schnellste Rundenzeit, die je auf einem Straßenkurs gefahren wurde, erreichte Andreas Hofmann (CH), der am 14. September 1986 beim Rennen um die Deutsche Superbike-Meisterschaft auf der Berliner Avus (8,1 km) mit seiner *Jung-Kawasaki* 2:08,56 Min. schaffte, was einem Schnitt von 227,100 km/h entspricht.

Das längste Rennen sind die 24 Stunden von Spa-Franchorchamps.
▮ Die beiden Franzosen Jean Claude Schemarin und Christian Leon schafften am 14./15. August 1976 auf einer 941-cm3-Vierzylinder-*Honda* 4444,8 km, was einem Schnitt von 185,20 km/h entspricht.

Der längste Kurs sind die 60,72 km auf der Insel Man (GB), wo seit 1911 Rennen gefahren werden. Die Strecke verfügt über insgesamt 264 Kurven.

▮ Die schnellste Runde mit 198,92 km/h fuhr Carl George Fogarty (* 1965, GB) am 12. Juni 1992. Am gleichen Tag gewann Steve Hislop (Schottland) das Rennen in der Rekordzeit von 1:51:59,6 Std., (Schnitt von 195,17 km/h).

Rekordgewinner beim traditionellen TT-Race ist mit 21 Siegen der Ire William Joseph Dunlop (* 1952) 1977-96. Der erste Fahrer, der dreimal in Folge in zwei Klassen erfolgreich war, war James A. Redman (* 1931, Rhodesien). 1963-65 gewann er in der 250-cm³- und in der 350-cm³-Klasse.

Weltmeisterschaften, eingeführt 1949. Die meisten Titel gewann mit 15 Gia-

Vier Titel
in vier verschiedenen Auto bei Monte Carlo: Walter Röhrl.

15 000 km
Paris–Dakar: Härtetest durch Regen und Sandsturm. Ausdauer zählt.

como Agostini (*1942, I): sieben in der 350-cm^3-Klasse 1968-74 und acht in der 500-cm^3-Klasse 1966-72, 1975. Er ist der einzige Fahrer, der in fünf aufeinanderfolgenden Jahren 1968-72 zwei verschiedene Klassen gewann.

Der erfolgreichste Fahrer aller Zeiten ist mit 122 Grand-Prix-Siegen Giacomo Agostini, der zwischen dem 24. April 1965 und dem 25. September 1977 insgesamt 68mal in der 500er und 54mal in der 350er-Klasse gewann.

Erfolgreichster Gespannfahrer ist mit sieben Titeln Rolf Biland (* 1951, CH) 1978, 79, 1981, 1983, 1992-94. Mit 79 hält er auch den Rekord an Grand-Prix-Siegen in einer einzigen Klasse (Stand Ende 1995).

Der jüngste Weltmeister ist Loris Capirossi (* 1973, I). Mit 17 Jahren und 165 Tagen holte er sich – ohne offiziellen Führerschein – 1990 den Titel in der 125er-Klasse.

Der älteste Weltmeister war Hermann-Peter Müller (1909-76, D), der 1955 in der 250-cm^3-Klasse mit 46 Jahren gewann.

Moto-Cross

Erfolgreichster Fahrer ist Joël Robert (* 1943, B). Er wurde in der 250-cm^3-Klasse sechsmal Weltmeister 1964, 1968-72, einmalig auch seine 50 Grand-Prix-Siege 1964-72.

Der einzige Fahrer, der in allen drei Kategorien den WM-Titel gewann, ist Eric Geboers (B) – 1982, 83 die 125 cm^3, 1987 die 250 cm^3 und 1988 die 500 cm^3.

Die Zweirad-Weltmeister 1996

Klasse	Name	Marke
125 cm^3	Haruchika Aoki (J)	Honda
250 cm^3	Massimiliano Biaggi (I)	Aprilia
500 cm^3	Michael Doohan (AUS)	Honda
Superbike	Troy Corser (AUS)	Ducati
Seitenwagen	Dixon/Hetheringon (GB)	Windle-ADM

Der jüngste Weltmeister war mit 18 Jahren und 296 Tagen Dave Strijbos (* 1968, NL) am 31. August 1986 in der 125-cm^3-Klasse.

Erfolgreichster deutscher Fahrer ist Paul Friedrichs, der in der Klasse bis 500 cm^3 dreimal Weltmeister 1966-68 und zweimal Vizeweltmeister 1965, 1972 wurde und 19mal den Titel in der DDR gewann.

Endurosport: Zu sieben Deutschen Meisterschaften in Serie kamen von 1988 bis 1994 in der Seitenwagenklasse Alfons Kampelmann und Hans-Werner Bauss.

Speedway

Weltmeisterschaften, eingeführt 1936: Die meisten Einzeltitel errang Ivan Gerald Mauger (* 1939, Neuseeland). Er gewann sechsmal 1968-70, 1972, 1977, 1979.

▮ Barry Briggs (* 1934, Neuseeland), der viermal Weltmeister 1957, 58, 1964, 1966 wurde, hält mit 18 Final-Teilnahmen zwischen 1954 und 1972 einen Sonderrekord.

▮ Erik Gundersen (* 1959, DK) wurde 1985 als erster Fahrer gleichzeitig Weltmeister im Einzel-, Paar- und Teamwettbewerb sowie auf der langen Strecke.

▮ Die größte Zahl an Titeln auf der Langbahn weist der Brite Simon Wigg (* 1960) mit fünf 1985, 1989-90, 1993-94 auf.

Bester deutscher Fahrer ist Egon Müller, der 1974, 1975 und 1978 Weltmeister in der Langbahn und 1983 als bislang einziger Deutscher Speedway-Champion wurde. Müller war außerdem jeweils dreimal WM-Zweiter und -Dritter, achtmal Europameister und 17mal Deutscher Meister.

Erfolgreichster Fahrer ist Hans Hollen Nielsen (* 1959, DK), der 21 WM-Titel errang, 6 im Paar-, 11 im Mannschaftswettbewerb, 4 im Einzel.

Der erfolgreichste Eisspeed-Fahrer der Welt ist Gabtrachman Kadyrow (UdSSR), der sechsmal 1966, 1968, 69, 1971-73 den Titel errang.

▮ Die Team-Weltmeisterschaft (seit 1979) wurde 13mal von der UdSSR/Rußland 1979-82, 1984, 1986-93 gewonnen.

Motorboot

Die erfolgreichsten deutschen Fahrer sind Kurt Mischke (* 1937), der zweimal Weltmeister, siebenmal Europameister und zwölfmal Deutscher Meister in den Klassen von 175-500 cm^3 zwischen 1958 und 1976 wurde, sowie Dieter König (1931-91), zweimal Weltmeister, neunmal Europameister und einmal Deutscher Meister (1955-1969).

Die meisten WM-Titel für Deutschland holte mit vier Jörg Steinwascher.

Goldcup: Rekordgewinner mit neun Siegen ist Chip Hanauer (USA), 1982-88, 1992, 93.

▮ Die Rekordgeschwindigkeit für eine 4-km-Runde erreichte Tom D'Etah (USA) mit 230,413 km/h 1990.

Das längste Rennen führt von London nach Monte Carlo über 4742 km.

▮ Schnellste Zeit: Mike Bellamy, Eddie Chater, Jim Brooker, 71:35:56 Std.

198,92 km/h

auf der schnellsten Runde der Isle of Man; gefahren von Carl George Fogarty (Nr. 2).

21mal

Rallye-Sieger: Juha Kankkunen hebt ab.

Pferdesport

Nimmt jede Hürde:
Deutschlands gewinnreichstes Springpferd *Sprehe Rush On* mit Ludger Beerbaum. 262 420 DM kamen zusammen.

Galopp

Deutscher Galopprennsport 1997: 131 Deckhengste, 2770 Zuchtstuten, 1430 Fohlen, 1450 Jährlinge, 5092 Rennpferde, 2456 Besitzer, 1270 Züchter, 450 Trainer, 600 Rennreiter (Jockeys, Amateure, Auszubildende), 3000 Vollzeitbeschäftigte.

Erfolgreichstes deutsches Hindernispferd ist der zehnjährige Wallach *Registano*. Ende 1996 hatte er von 30 Hindernisrennen 21 gewonnen und für seinen Besitzer Kurt Becker 582 600 DM erlaufen.

Das teuerste Pferd ist der Hengst *Shareef Dancer* (gefohlt 1980), der im August 1983 für 40 Mio. Dollar von dem Syndikat Sheikh Maktoum al Maktoum erworben wurde.

Teuerstes einjähriges Pferd: 13,1 Mio. Dollar zahlte ein Syndikat 1985 für *Seattle Dancer*, Fohlen des Elternpaares *Nijinski II* und *My Charmer* in Keeneland, Lexington (USA).

Das Pferd mit der längsten Siegesserie war *Camarero* (gefohlt 1951): Es blieb vom 19. April 1953 bis 17. August 1955 in 56 Rennen ungeschlagen und starb am 26. August 1956 an einer Kolik – einen Tag nach seinem 73. Sieg in 77 Rennen.

Die meisten Siege: *Chorisbar* mit 197 bei 324 Starts in Puerto Rico zwischen 1937 und 1947.
▪ Den Jahresrekord hält mit 46 Erfolgen bei 56 Rennen *Lenoxbar* (gefohlt 1935), erreicht 1946 in Puerto Rico.

Die höchste Geschwindigkeit erzielte *Big Racket* 1945 mit 69,62 km/h in Mexico City.

Die Rekordsumme für ein Rennen sind 2,6 Mio. Dollar, die *Spend A Buck* als Sieger des Jersey Derbys im Garden State Parc New Jersey (USA) am 27. Mai 1985 gewann.

Die höchste Summe in einem Jahr verdiente *Sunday Silence* (gefohlt 1986) mit 4 578 454 Dollar im Jahr 1989.

Deutschlands gewinnreichstes Pferd ist der Hengst *Lando* (gefohlt 1991), der 5,3 Mio. DM zusammenlief, wobei er allein für seinen Sieg beim Japan Cup am 26. November 1995, das zugleich sein letztes Rennen war, 2,4 Mio. DM erhielt.

Erfolgreichster Jockey aller Zeiten ist William Lee „Bill" Shoemaker (* 1931, USA), der zwischen dem 19. März 1949 und 3. Februar 1990 insgesamt 8833 Rennen bei 40 350 Starts gewann.

Die meisten Siege in einem Jahr schaffte Kent Desormeaux (* 1970, USA), der 1989 bei 2312 Ritten 598mal erfolgreich war.

Den Jahresrekord für Deutschland und Europa hält Peter Schiergen, der 1995 die aus dem Jahre 1947 stammende kontinentale Bestmarke auf 271 Siege steigerte und bei seinem vierten Championat seinen eigenen nationalen Rekord von 1994, der bei 163 Siegen lag, deutlich übertraf. Dabei erritt er insgesamt 4 693 650 DM.

Erfolgreichster Trainer aller Zeiten ist Dale Baird (* 1935, USA), der es zwischen 1962 und Mai 1997 auf 7200 Siege brachte.

Erfolgreichste Besitzerin aller Zeiten ist mit 4775 Siegen Marion H. van Berg (1895-1971, USA) in 35 Jahren.

Den größten Jahresgewinn verbuchte die Sam-Son Farm (Kanada) mit 6 881 902 Dollar im Jahr 1991.

Deutsches Derby: Erstmals seit 42 Jahren gewann am 6. Juli 1997 in Hamburg-Horn wieder eine Stute. Die von Olivier Peslier (F) gerittene dreijährige *Borgia* besiegte 19 Hengste.

Prix de l'Arc de Triomphe: Den Rekord auf der 2400-m-Distanz in Paris-Longchamp hält *Trempolino* mit 2:26,3 Min. aus dem Jahr 1987.

Kentucky Derby: Den Rekord über 1 1/4 Meilen (2012 m) beim Rennen in Churchill Downs, Louisville (USA), stellte *Secretariat* mit 1:59,4 Min. im Jahr 1973 auf.

Das höchste Preisgeld im britischen Turf kassierte am 11. Juni 1995 Derbysieger *Lammantarra* mit 504 500 Pfund (etwa 1 180 530 DM).

Trab

Schnellste Zeit über eine Meile (1609 m) erreichte mit 1:51,8 Min. der Traber *Beat the Wheel*, gefahren

Veni, vidi, vici:
So oft wie Heinz Wewering hat kein deutscher Trabrennfahrer gesiegt.

von J. Manzi am 8. Juli 1994 in The Meadowlands (USA).

Der teuerste Traber war *Mack Lobell*, den 1988 der Schwede John Erik

GUINNESS BUCH DER REKORDE Gewinnspiel

100 x das Guinness Buch der Rekorde 1999 zu gewinnen!

Aufmerksamen Lesern spendiert der Guinness Verlag ein Gratis-Exemplar des Guinness Buches der Rekorde 1999! Die Gewinnfrage lautet:

Wie oft wird das Guinness Buch der Rekorde im Guinness Buch der Rekorde 1998, das Sie gerade in der Hand halten, erwähnt?

Die „richtige" Antwort auf den Coupon unten eintragen und abschicken. Aus den Einsendungen zieht der Guinness Verlag 100 Gewinner und schickt ihnen das Guinness Buch der Rekorde 1999 nach Erscheinen im nächsten Jahr kostenlos zu. Der Rechtsweg ist ausgeschlossen.

Die richtige Lösung lautet: Das Guinness Buch der Rekorde wird in diesem Buch _____ mal erwähnt.

Bitte schicken Sie mir mein Gratis-Exemplar des Guinness Buch der Rekorde 1999 (erscheint im Herbst 1999) an:

Name/Vorname ....

Straße/Hausnr. .... **PLZ/Ort** ....

Geburtsdatum .... **Beruf/Schüler/Student** ....

Guinness Buch der Rekorde-News gratis!

Die *Guinness Buch der Rekorde-News* bringt kostenlos und unverbindlich verrückte neue Rekordversuche, witzige Infos und exklusive Angebote rund um das Guinness Buch der Rekorde. Hier erfahren alle Fans und Sammler als erste von neuen Rekorden und Entwicklungen. Wann kommt die Guinness TV-Show? Was gibt es Neues bei Guinness im Internet? Wie sieht das neue T-Shirt aus? Die *Guinness Buch der Rekorde-News* gibt Antwort auf alle Fragen. Sie erscheint in unregelmäßigen Abständen und ist kostenlos. Einfach den Coupon unten ausfüllen und abschicken, dann kommt die *Guinness Buch der Rekorde-News* automatisch ins Haus.

Ja, ich möchte gerne regelmäßig kostenlos und unverbindlich die Guinness Buch der Rekorde-News erhalten.

Name/Vorname ....

Straße/Hausnr. .... **PLZ/Ort** ....

Schicken Sie meinem Freund/meiner Freundin auch gleich eine Ausgabe zu.

Name/Vorname ....

Straße/Hausnr. .... **PLZ/Ort** ....

GUINNESS BUCH DER REKORDE news

GUINNESS BUCH DER REKORDE T-Shirt

Das exklusive Guinness Buch der Rekorde T-Shirt!

Nur bei uns können Sie das exklusive Guinness Buch der Rekorde T-Shirt bestellen. Für nur DM 35,– finden Sie darauf einen faszinierenden Rekord auf einem T-Shirt bester Qualität. Der einzige Rekord, den Sie sich auch anziehen können!

Bitte schicken Sie mir .... Exemplar/e des Guinness Buch der Rekorde -Shirts (100% Baumwolle, nur in Größe XL lieferbar, Abbildungsmuster ist nicht verbindlich) zum Preis von DM 35,– zzgl. DM 6,90 Porto und Verpackung per Nachnahme (Nachnahmegebühr DM 3,–) an meine Adresse (siehe oben).

Ausfüllen, kopieren oder ausschneiden und ab die Post an:

Guinness Buch der Rekorde
Postfach 130444
20139 Hamburg

http://www.guinness-verlag.de

Rekord-Anmeldung

Einsenden an: Das Guinness Buch der Rekorde-Redaktion
Postfach 13 04 44, 20139 Hamburg, Tel. 040/441 88 488, Fax 040/441 88 301, E-Mail: info@guinness-verlag.de

Der Rekord wurde aufgestellt von

Name, Vorname

Beruf Geburtsdatum

Adresse (PLZ, Bundesland/Kanton, Straße/Nr.)

Telefon/Fax

Der Rekord:

Die Fakten zum Rekord:

Wo wurde der Rekord aufgestellt (PLZ, Ort, Bundesland/Kanton)**?**

Der Zeitpunkt (Datum):

1. Zeuge

Name, Vorname

PLZ, Ort, Bundesland/Kanton

Straße/Nr.

Unterschrift

2. Zeuge

Name, Vorname

PLZ, Ort, Bundesland/Kanton

Straße/Nr.

Unterschrift

3. Zeuge

Name, Vorname

PLZ, Ort, Bundesland/Kanton

Straße/Nr.

Unterschrift

❑ Der Rekord ist neu.

❑ Der Rekord übertrifft den auf Seite ...... im ❑ GBR 1998 ❑ GBR 1997 ❑ GBR 1996 aufgeführten.

Der Rekord ist dokumentiert durch (bitte ankreuzen):

❑ Fotos über den Rekord ❑ Video über den Rekord ❑ Dokumente ❑ Urkunden, Beglaubigungen etc.

Der Rekord wurde unterstützt durch (Institutionen, Unternehmen, Medien, Vereine)**:**

Der Rekordhalter stellt seine Informationen dem Guinness Buch der Rekorde kostenfrei zur Verfügung. Dazu gehören auch den Rekord dokumentierende Fotos, Videos, Tonaufnahmen etc., die die Guinness-Redaktion frei verwenden darf.

Ort, Datum Unterschrift

Merkblatt für Rekordanmeldungen für das **Guinness Buch der Rekorde**

Im Guinness Buch der Rekorde steht alles, was einmalig ist. Einmalig und nicht mehr zu übertreffen ist zum Beispiel der Mt. Everest – der höchste Berg bleibt der höchste Berg der Welt.

Nur vorläufig einmalig sind dagegen alle menschlichen Leistungen – in welchen Bereichen auch immer.

Ein Rekord für das Guinness Buch der Rekorde ist eine Aktion, die entweder vorhandene Leistungen verbessert oder erstmals vollbracht wurde und geeignet ist, Gegenstand eines weitverbreiteten, möglichst internationalen Wettbewerbs zu werden. Ein Rekord für das Guinness Buch der Rekorde kann aber auch eine ganz besondere Einmaligkeit sein, die zu wiederholen ausgeschlossen ist.

Nicht rekordträchtig sind:

- rücksichtslose Anstrengungen (besonders viel zu essen, zu trinken oder sich sonstwie den Magen zu verderben oder die Gesundheit zu gefährden),
- bloße Ausdauerleistungen, die den Einzelnen zu einem ununterbrochenen Einsatz über mehr als 24 Stunden nötigen (Dauerskat, -dart, -fußball gehören dazu),
- Geschmacklosigkeiten und Würdelosigkeit im Umgang zwischen den Menschen.

Wer eine Gefahr im Zusammenhang mit der Aufstellung eines Guinness-Rekordes riskiert, kann nicht mit der Unterstützung der Redaktion rechnen. Häufig versuchen sich gerade professionelle Rekordbrecher in Extremleistungen. Diese können zwar bei Erfolg im Guinness Buch der Rekorde mit einer Dokumentierung rechnen, gleichzeitig warnt jedoch die Redaktion nachdrücklich vor Nachahmung durch unprofessionelle Wagemutige, Laien und bloße Abenteurer. Wir raten dringend von Rekordversuchen ab, die in irgendeiner Weise die Gesundheit des Rekordlers oder anderer Beteiligter gefährden könnte. Der Guinness Verlag übernimmt keine Verantwortung für Unfälle oder Erkrankungen, die im Zusammenhang mit einem Rekordversuch entstehen können. Eine medizinische Versorgung sollte stets gewährleistet sein.

Wer seinen Namen im Guinness Buch der Rekorde oder auf der Guinness-Urkunde gedruckt sehen möchte, sollte folgende Regeln kennen und beherzigen:

1. Sie können einen Rekord brechen, der in der aktuellen Ausgabe des Buches enthalten ist.
2. Wenn Sie einen noch nicht im Buch enthaltenen Rekord aufstellen wollen, dann ist darauf zu achten, daß die Leistung meßbar und geeignet ist, öffentliche Aufmerksamkeit zu erregen und damit weitere Rekordversuche nach sich ziehen kann. Jeder Rekord sollte möglichst präzise benennbar sein.
3. Dokumentieren Sie jede Phase mit Fotos, Videos, Aufzeichnungen oder Protokollen. Die Redaktion kann keine offziellen Beobachter vor Ort schicken.
4. Beschriften/bekleben Sie die Fotos auf der Rückseite mit den wichtigsten Angaben (Name des Rekordhalters/Ort).
5. Anmeldeschluß für Ihren durchgeführten Rekordversuch ist jeweils der 1. April des Jahres.
6. Sollte es bereits Pressemeldungen zu Ihrem Rekord geben, so legen Sie diese Ihrer Rekordanmeldung bei.

Wird ein Rekord in das Guinness Buch der Rekorde aufgenommen, so entstehen dem Rekordhalter hierdurch keine Kosten. Andererseits stellt der Rekordhalter seine Informationen dem Verlag kostenfrei zur Verfügung. Dazu gehören auch Fotos, Videos etc., die der Verlag frei verwenden darf. Dies gilt für alle Verwendungszwecke im Zusammenhang mit dem Guinness Buch der Rekorde, also auch für Presseberichterstattung, Verwendung im Internet, auf einer CD-ROM, einem Kalender etc. Die Verwendung von Informationen, Fotos, Videos etc. durch den Verlag bedürfen keiner besonderen Genehmigung durch den Rekordhalter.

Im übrigen weisen wir darauf hin, daß nicht nur Weltrekorde, sondern auch nationale Rekorde Deutschlands, Österreichs und der Schweiz in das Buch aufgenommen werden.

Auch wenn die Bedingungen für eine Aufnahme in das Guinness Buch der Rekorde erfüllt sind, behält sich die Redaktion in jedem Fall die Entscheidung vor, einen Rekord in die nächste Ausgabe des jährlich erscheinenden Buches aufzunehmen oder nicht. Die Gründe dafür sind immer redaktioneller Art. Jeder anerkannte Rekord wird jedoch durch eine Rekord-Urkunde bestätigt.

Für Rekordanmeldungen ist die Schriftform erforderlich, entweder auf dem Anmeldeformular, das in jedem Guinness Buch der Rekorde enthalten ist, oder mit einem formlosen Schreiben. Telefonisch gemeldete Rekorde werden nicht berücksichtigt.

Jeder Rekordversuch muß von mindestens drei unabhängigen, volljährigen Zeugen bestätigt werden. Die Anschriften der Zeugen müssen uns mitgeteilt werden. Sportrekorde müssen immer unter der Aufsicht von mindestens einem Mitglied eines offiziellen Sport-Verbandes/-Vereins der jeweiligen Sportart aufgestellt werden. Rekordversuche müssen möglichst in der Öffentlichkeit stattfinden. Zutritt muß für jedermann gegeben sein. Unterstützt werden die Zeugenaussagen durch Bestätigungen von Verbänden und Dienststellen, durch ausreichend informative Presseveröffentlichungen, notarielle Beurkundungen oder Rundfunk-/Fernsehberichte.

Auch wer all diese Ratschläge ernst nimmt, kann scheitern. Gründe dafür gibt es viele. Aber jeder Rekordversuch verdient Respekt. Denn das Bemühen zählt mindestens soviel wie das Gelingen. Spaßrekorde sind nicht nur solche, über die man lachen kann, weil sie eben verrückt sind. Spaßrekorde sind zuallererst solche, die einem selbst Spaß machen. Manchmal reicht es dann nicht mehr ganz für einen Rekord. Dann war es eben ein Spaßrekordversuch. Das war dann auch schön und zieht vielleicht den nächsten Rekordversuch nach sich. Vielleicht mit anderen gemeinsam.

Gutes Gelingen wünscht

Die Redaktion
Guinness Buch der Rekorde

Bildnachweis

Allsport: 247/u.l. (O. Greule); 247/u.r. (Al Bello); 263/o; 263/u (S. Munday); 264/u.l. (M. Stockman); 266/o; 267/r; 270/u.l. (G. Mortimore); 270/u.r.; 271/o (S. Bruty); 271/u; 272/u (P. Cole); 273/o.r. (G. Mortimore); 273/u; 276/o.r. (M. Prior); 277/o; 280/l (M. Cooper); 283/u (Al Bello); 284/285/o (C. Jones); 285/u (C. Cole); 286/o (M. Prior); 286/u.l. (O. Brunskill); 287/o; 298/u (J. Gichigi); 290/r (M. Powell); 292/293/u (M. Cooper); 293/o (P. Rondeau); 293/u.r. (D. Inaham); 294/o (M. Hewitt); 295/r (M. Hewitt); 295/u.l. (C. Cole); 297/o; 299/l (P. Rondeau); 299/r (A. Watt); 301/l (Al Bello); 302/o (R. Martin/Vandystadt); 302/M (McDonough); 302/u (G. Newkirk); 303/u (G. Newkirk); 305/r (M. Hewitt); 306/o.r. (S. Botterill); 306/u (C. Cole).
Camera 4: 264/265/o; 267/l/M; 268/M/u; 269; 274/M; 275/l; 277/u; 279/o/M; 280/M/r; 281; 283/o; 298/o.l./u; 292/o; 299/M; 300; 301/r; 305/l; 306/o.l.
Corbis: 10/11 (J. Blair); 15/o (R. H. Smith); 62/o.r. (Bettmann/UPI); 74/o (C. Lowell); 74/u.l. (L. Georgia); 75/o (K. Fleming); 75/M (Hulton Deutsch Collection); 78/u (P. Conway); 80/u (D. G. Houser); 81/o.r. (P. Conway); 81/u (G. Lepp); 84/o/u.l. (W. Kaehler); 87/o.r. (B. May); 89/o (W. Kaehler); 96/u, 98/o, 102/o (Bettmann/UPI); 113/u.r. (Hulton Deutsch Coll.); 116/o.l. (D. Lamont); 116/o.M. (D. Wells); 117/l (M. Beebe S. F.); 117/M (S. Gazin); 117/r (A. Woolfitt); 122/o (K. Kittle); 123/o (Bettmann); 123/u; 126/o; 128/o.l. (W. Blake); 129/o (J. Sohm); 131/u.r. (Library of Congress); 133/u.l. (K. Schafer); 134 (C. Osborne); 138/u (R. Holmes); 144/u (UPI/Bettmann); 146/o.l., 149/u (Bettmann/UPI); 166/u.l. (K. Schafer); 171/o (Museum of Flight); 172/r (M. Beebe S. F.); 177/l (D. Muench); 177/r (R. Estall); 178/M (R. Holmes); 182 (Ecoscene); 183/o (G. Mooney); 183/u (N. Wheeler); 184/o (M. Everton); 195/u (P. Ragazzinil); 199/M (J. Sohm/ChromoSohm Inc); 212/l (Agence France Press/Bettmann); 226/r (NASA); 234/o.r. (T. Bean); 235/M (R. Dowling); 238/o (G. Rowell); 239 (USGS); 250/u.r. (Bettmann); 257/o (Everett); 259/o/M/2.v.u. (Everett); 264/u.r. (J. Sohm/ChromoSohm Inc); 290/l (Bettmann/UPI).
dpa: 107/u; 120/121; 156/l; 260; 268/o; 272/o; 274/l; 274/r; 276/o.l.; 278/o; 282/r; 284/l; 288/o; 291.
Oxford Scientific Films: 73/o (D. Clyne/Mantis Wild); 74/75/u (H. Taylor); 75/u (R. Toms); 81/o.l. (R. Herrmann); 84/u.r. (R. Austing); 89/u (Z. Lescyznski); 230/o, 231/o (W. Faidley); 241/l (R. Packwood).
Rex Features: 24/25/o/o.l. (J. Werner/Incredible Features); 58/u.l.; 72/u (N. Jorgensen); 85/u (P. Brooker); 94; 95/r (Sipa Press); 97/o (The Times); 102/u (G. Williams); 109/o; 112/o.l. (J. Venegez/Sipa Press); 112/113/o (J. Preston); 116/117/u; 119/u; 127/o (T. Rooke); 127/u.r.; 137/o.l.; 145/o; 145/u (Mega Productions Inc); 153/u (Lautterwasser/Sipa Press); 166/167/o; 168/u; 169/o (E. Pendzich); 174/o; 175/u (J. Nicholas/Sipa Press); 180/u (A. Kaiser/Sipa Press); 187/o; 194/o (Lehtikuva Oy); 196/197/u (Sipa Press); 197/o.l. (D. Cameron); 202/203/u (T. Larkin); 203/M (H. T. Kaiser); 210/o.l. (Lert/Sipa Press); 214/u.r. (A. Shinbun/Sipa Press); 215/l (F. Robineau/Sipa Press); 227/u (G. Fleming); 231/u (Sipa Press); 233/o (NASA); 233/M (M. Friedel); 233/u (E. Igor/Sipa Press); 279/u (V. Sichob/Sipa Sport); 288/u (B. Margot/Sipa Press); 298/o.r. (Agence Daimas/Sipa Press); 304 (F. Faugere).
Allgemein: Vorsatz: BIG SHOTS; 0/1: Mike Maloney 6/7: Yves Rossy; 8: Michael Zargarinejad; 9: R. Blackwell (o), G. Hilliger (u); 10: H. Braukmüller (eingeklinkt), S. Heuser; 11: A. Muff (o.l.), R. Müller (o.r.); 12: Patrick Vogel (o.l.), G. Mayr (o.r.), 1. Feistritztaler Oldtimer Traktorclub (u); 13: Patrick Vogel/G. (o), B. Dorbin/Goteborgs-Tidningen (u); 14: J. Salminen/Tietokuva (o), G. Stumpf (u.l.), A. Tappeiner (u.r.); 15: H. Kister (u.l.), H. Becker (u.r.); 16: Desert Tours Expeditions (u), P.-B. Schimkat (u); 17: James T. Fox (o), D. Barr (u); 18: PSV Rostock (o), E. Mulzer (u); 19: Freiwillige Feuerwehr Markt Stallhofen (o), Nieblumer Windsurfingschule (u); 20: R. Bricka; 20/21: J. Mack/United States Canoe Association; 21: Hulton Getty (o), L. Görny (M); 22: V. Schrepfer (o), Waldpark Grünheide (u.l.); 22/23: Tecza Sports Club (u); 23: R. Clifford (o.l.), K.-H. Innerhofer (o.r.); 24: A. Soysal (u); 25: Hubert Fotografías (o.r.), F. Schneider (u); 26: Chu-Tan-Cuong (o), Uta Rojsek-Wiedergut (u); 27: F. Konrad (l), R. Parent (r); 28: Tourismusverband Linz (u.l.), P. Martin (u.r.); 28/29: Mike Maloney; 29: E. Schwarz (u.l.), Tourismusverband Linz (u.r.); 30: Werner Lieberknecht (o.l.), Flughafen München (o.r.), Ali Hassani/Circus Hassani (u); 31: Haus der Kunst (o.l.), Mercedes-Benz (o.r.), H. Plate (u); 32: Werbegem. d. Fleischerinnung (u); 32/33: Maggi/M. Joppen (o), G. Engel (u); 33: Rama (o.r.), T. Wolf (u.r.); 34: Lindt & Sprüngli (o), Penaten (u.l.), Haselau (u.r.); 34/35: Haribo (u); 35: D. Wagner (o.l.), C&A (o.M.), Gewerbeverein Wörlitz (o.r.), Hotel Vier Jahreszeiten (u); 36: Kraft Jacobs Suchard (o), W. Rieth (u); 37: Family Frost (o), RC Ritzenhoff Cristal (u); 38: H. Gubisch (o), S. Breuer (u.l.); 38/39: F. G. Conzen (u); 39: H. P. Hecking (o.l.), M. Czarnecki (o, 2.v.l.), K. Mild (o, 2.v.r.), F.-H. Heydt (o.r.), Sun Newspaper (u); 40: Raumfahrt Service (u); 40/41: R. Hellwig (o/o.l.), W. Steckel (Hintergrund); 41: Antoine Secco (l); 42: R. Sokoll (o), U. P. Bures (u); 43: Dixon (o.l.), Claus Henseling (o.r.), C. Hofer (u.l.), A. Stable (u.r.); 44: B. Krämer (o), R. Clifford (u.l.), Diga (u.r.); 45: F. Schneidewind (o.l.), I. Sumner/Wessex Water (o.r.), J. Sommerfeld (u); 46: M. Fichte (o.l.), I. Bietz (o.r.), Nickelodeon (u); 47: Medic Büro (o), Nikos (M), F. Hintermann (u); 48: Kirmse (o), H. Hornbacher (u.l.), T. Glöß (u.r.); 49: Nicole Hollmann/Focus (o), Berufsschule Mattersburg (u.l.), Stadt Dortmund (u.r.); 50: Primarschule Grindelwald (o), R. Stratton (u); 51: E. Hanke (o.l.), K. Bauer (o.r.), Dübener Heide e.V. (u); 52: W. Janssens (o.l.), W. Graf (u); 52/53: R. Clifford (o); 53: U. Scharnitzki (o), D. Bannier (u); 54: Regena (l), Expo 2000 (o.r.), Mega (u.r.); 55: Dt. Renault (o.l.), Regena (u.l./r); 56/57: CentrO.; 57: Club Meridian (o.l.), Seagaia Group (o.r.), Le Parc des Labyrinthes (u); 58/59: Schweden-Werbung (o), Estrel Hotel (u); 59: McDonald's (u.l.); 60: AKG Pressebild (o), D. J. V. Meenan (u); 61: Tanzschule Stüwe-Weissenberg (o.r.), Tourismusverband Westendorf (M.r.), Macy's East, Inc.1996 (u.r.); 62: Dresdner Bank/Martin Joppen (l), R. Clifford (u.r.); 63: Ravensburger Spieleverlag (o), B. Fairbanks/The Reporter (u); 64: Mini-Bob Chaote (o.l.), Reichel (o.r.), Blasy/Frischauf (u.l.); 64/65: A. Reinhard (u); 65: A. Herr (o.l.), E. Eble (o.M.), Harzer Uhrenfabrik (o.r.), P. Glässer (u); 66: Concarneau (o), A. Scholz (M), Wissenschaftliches Institut für Schiffahrts- und Marinegeschichte/Peter Tamm (u); 67: On Line LED Medien (o), Faulhaber (u); 68: W. Zahn (o.l.), V. Britzmann (o.r.), IMM Mainz (u); 69: R. Kwiatkowski (l), S. Dienlin (r); 70: R. Geiser (o.l.), W. Simon (o.r.); 70/71: R. Clifford (u); 71: H. W. P. Fischer; 72: J. Martens/Stiftung Natur u. Pflanzen (o.l.), Samen Geissler (o.r.); 73: Sammlung O. Reinhart (2.v.o.), Botanischer Garten Berlin (3.v.o.), Hulton Getty (u.l.), Bad Damp (u.r.); 76: P. Sterry Nature Photographers Ltd (l); 76/77: M. Lee/Agence France Press; 77: Nature Focus (o), David Hulse/WWF Photolibrary (u); 78: Guinness Publishing (o); 79: Planet Earth Pictures (o), Silvestris (u); 80: N. Barbutt/Planet Earth Pictures (o); 82: L. Goldyn/Monophoto (o), R. W. Leister (u); 83: Reuter/Popperfoto (o), H. Smylyle (u); 85: B. Hickey (o.l.), S. Binggeli (o.r.); 86: B. Kennedy/Planet Earth Pictures (M/u); 86/87: H. Angel/Biofotos (o); 87: D. Perrine/Planet Earth Pictures (u); 88: Meereszentrum Burg (o), L. Lubkowitz (u); 90, 91: Natural History Museum; 92: C. Pouedras/Science Photo Library (o), Hess. Landesmuseum Darmstadt (u); 92/93: Natural History Museum; 94: Information See (o.l.), G. Benker (u); 95: M. Kuulyk/Science Photo Library (l); 96: S. Basak/Gamma/F. Spooner Pictures (o); 97: Carmontelle (u); 99: Guinness Publishing (o); 100: Berliner Benefiz (l), The Names Project Foundation (M), Johannes Weiß (r); 101: Bayer; 103: D. Alt (o), Bayer (u); 104: R. Dahinden/Fortean Picture Library; 105: P. Mendoza/Fortean Picture Library (o), J. Morris/Fortean Picture Library (u); 106: AKG Pressebild; 107: Foptur, Peru (o); 108: Harro Schweizer; 109/u, 110/o: Guinness Publishing; 110: RekordNet (u); 111: Merillon/Gamma/F. Spooner Pictures (o.l.), Osterholz/D. Klink (o.r.), M. El-Sauaf (u.l.), DRK/Margitta Zimmermann (u.r.); 113: Iris Luchs (u.l.); 114: H. W. Schacht (o), H. Frohn (u); 115: H. Winkler (o), Bergakademie Freiberg/Henning Holschumacher (u); 116: Guinness Publishing (o.r.); 118: M. Ehrismann; 119: G. Poschner (o), R. Geiger (M); 122: Dr. Busso Peus Nachf. (u); 124: P. Souders/Liaison/Gamma/F. Spooner Pictures (o), Swissline (u); 125: H. Strünker (o.l./u), Bosch (o.r.); 126: E. Manthei (u.l.), Siemens (u.r.); 127: BMW (u.l.); 128: Nestlé (o.r.), Thyssen (u.l.), Staatliche Porzellan-Manufaktur Meissen (u.r.); 129: Mercedes-Benz Classic (u); 130: Rewe (o), Dt. Messe AG Hannover (u); 131: Degi; 132: Toys 'R' Us (o), Messe Berlin/Elke Thonke (u.l.); 133: Otto Versand (o), Marriott International (u.r.); 135: D. Graßl (o), Warsteiner (u); 136: Auction Team Breker (o), T. Graham (u); 137: W. Gottlieb/Library/Redferns (o.r.), De Beers (u); 138: T. Graham (o); 139: Christie's Images (o.l.), AKG Pressebild/M. Teller (o.r.), AKG Pressebild/R. Sennecke (u.l.), Sotheby's Picture Library (u.r.); 140: Sotheby's Picture Library/© Estate of W. de Kooning/ARS, NY & DACS, London 1997; 141: Sotheby's Picture Library/© Succession Picasso/DACS 1997 (o), G. Büge (u); 142: R. Kroescher; 143: E. Ross (o/M), Takamatsu Winter Festival (u); 144/145: AKG Pressebild/M. Teller; 146: D. Conway (u.l.); 146/147: Johannes Heesters; 147: Simone Rethel-Heesters (o.r.); 148: Stella AG (l), Friedrichstadtpalast (r); 149: © Disney's/Stella AG (o); 150: Musikforum Bayerwald (u.l.), Cityring Vegesack (u.r.); 150/151: Cool Feet (o); 151: R. Donner (o), Rickmer Rickmers (u); 152: E. Giessler (r); 153: Martin's Studio (o), Horst Winkler/E. Pajonczek (M); 154: Carl Zeiss (o); 154/155: M. Liebscher (u); 155: Nicolai/Heimatmuseum Charlottenburg/Birgit Jochens; 156: Walter Kloos/Hoechst (r); 157: BASF (l), AgrEvo (M), Bayer (r); 158: B. Stieglitz; 159: Geophysical Laboratory/Carnegie Institution Washington (o.l.), Carl Zeiss (o.r.), J. M. Keslinger & Associates/General Magnaplate Corp. (M), Lou Odor/General Magnaplate Corp. (u); 160: Universität Ulm/Ulfried Thewalt/Gerda Dörfner (o), Carl Zeiss (u); 161: Universität Ulm/Ulfried Thewalt/Gerda Dörfner (o.l.), AWI/Richard Crawford (o.r.), Carl Zeiss (u); 162/163: IBM Zürich/Rüschlikon (u); 164: MAN; 165: Thyssen (o), Herrenknecht (u); 166: RWE (o.l.); 166/167: Daimler-Benz (u); 167: M. McKinnon/Planet Earth Pictures (o.r.), Mercedes-Benz (u); 168: O. Nöll (o); 169: HNF/Jan Braun (u); 170: Dywidag (o), Hamburger Hafen- und Lagerhaus-AG (u); 170/171: Hochtief; 171: Hochtief (u); 172: Zeilgalerie (l); 173: Commercial Communications (o), Lurgi/Stelljes (u); 174: Stadt Regensburg (u); 175: A. Wong (o); 176: Hochtief; 178: G. Meier (o); 178/179: Directoraat General Rijkswajerstaat (u); 179: Guinness Publishing (o); 180: Pierre Adenis/G.A.F.F. (o); 181: P. Marlowe/Magnum Photos (o), Robert Aebi AG (u); 183: Museumszentrum Lorsch (M.l.), Domkapitel Speyer/Norbert Lenz (M.r.); 184/185: Harro Schweizer (u); 185: Manfred Schürmann (o.l.), F. Guenet/Gamma/F. Spooner Pictures (o.r.); 186: AKG Pressebild/E. Lessing (o); 186/187: Foptur, Peru (u); 187: Harro Schweizer (u); 188: Hapag-Lloyd; 189: Carnival Cruise Lines (o.l.), Jahre Viking Shipping AS (o.r.), Meyer Werft (u.l.); 190: Beken of Cowes (o), Stena Line (u); 191: H. Lindemann (o), AKG Pressebild (u); 192: R.M.S. Titanic, Inc./VTE (o); 192/193: Voyager Titanic Exhibition/Dorcas Platt Wagenknecht (u); 193: VTE/Dorcas Platt Wagenknecht (o.l.), VTE (o.r.), R.M.S. Titanic, Inc./VTE (Hintergrund); 194: J. Lemberg/Reuter/Popperfoto (u); 195: Hapag-Lloyd (o); 196: Mercedes-Benz Classic Medienarchiv (o.l.), MAN (o.r.); 197: MAN (o, 2.v.l.), Brabus (o, 2.v.r./r); 198: G. Plattner; 199: G. Plattner (o/u); 200: John Deere (o), Heineking (M), Daimler-Benz Classic Archiv (u); 201: O&K (o), Freiwillige Feuerwehr Düvier (u); 202: Zschopauer Motorenwerke/DKW (o.l.), Daimler-Benz (o.r.); 203: E. Farr (o), D. Senft (u); 204: I. Hamberger (o), MVT, Herr Kubisch (u); 205: Fiat (o.l.), VW (o.r.), J. Connor Press Associates (u); 206: Fotoservice SBB; 207: Science & Society Picture (o), Auto und Technik Museum Sinsheim (u); 208: Adam & Partner (o), J.-M. Spannagel (u); 209: Karen Wilks (o), Siemens (u); 210: Daimler-Benz Aerospace Airbus (o.r.), G. Saussier/Gamma/F. Spooner Pictures (u); 211: A. Rainer (o.l.), Daimler-Benz Aerospace Airbus (o.r.), D. Levenson/Colorific! (u); 212: B. Stover/Reuters/Popperfoto (M), Y. S. Bong/Reuter/Popperfoto (r); 213: Zeppelin Luftschifftechnik (o), Boeing (u); 214: BMW Rolls-Royce (o), F. Spooner Pictures (u.l.); 215: NASA/Science Photo Library (r); 216: NASA, Königsleiten (u); 217: ESA (o.l.), Pressedienst Jungfraubahn (o.r.), Psaild/Gig Mag/Gamma/F. Spooner Pictures (M); 218: ESA (l); 218/219: ESA (o); Dornier Satellitensysteme (u); 219: ESA (o.r.), American Embassy (u.r.); 220: NASA (o); 220/221: NASA/JPL/RPIF/DLR (u); 222: NASA/GSFC/Science Photo Library; 223: A. Dressler & M. Dickinson/NASA (o), NASA (u); 224: MPG-Pressebild (o), Königsleiten (u); 225: ESA; 226: NASA (l); 227: LASCO Team/ESA (o); 228: Rayman/JPL (u.l.), Leifert (u.r.); 228/229: NASA/GSFC; 229: NASA (u.l.), JHU APL & NASA (u.r.); 230: Harald/Sund/Image Bank; 232: Winfried Mausolf (o/M.l./u), Cornelia Beisser (M.r.); 234: Salaber/Liaison/F. Spooner Pictures (o.l.), Harro Schweizer (u); 235: T. Fogg (o), Erdmannshöhle (u); 236: G. Somers/C. Bonnington Photo Library; 237: R. Schumann (o), RekordNet (u); 238: RekordNet (u); 240: RekordNet (o); 240/241: INCEDE, University of Tokyo (u); 242: Silvestris (o); 243: Spectrum (M), Bernhard Mackowiak (u); 244: Jahreszeiten-Verlag; 245: Hildesheimer Allgemeine Zeitung (o.l.), Gewerkschaftsjugend Oberösterreich (u.l.), Nordbayerischer Kurier (r); 246: SCHRÖ'WIG; 247: WDR (o.l.), M. Vimenet/Futuroscope (2.v.l.), Auction Team Breker (2.v.r.), H.-J. Bielawny (o.r.); 248: IBM/Disney/Lucasfilm; 249: Kreativ Konzept (o), Bayer (M), K. Howard/F. Spooner Pictures (u); 250: BMG (o), Warsteiner (u.l.); 251: A. Medley/SIN (o), Kim Torelli/SIN (u.l.), K. Saunders/London String Quartet Foundation (u.r.); 252: eastwest (l), RDB/Häfliger (r); 253: D. Lauster (o.l.), Harro Schweizer (o.M.), BMG – Hansa (o.r.), ARTCO (u); 254: M. Vimenet/Futuroscope (u.l.), Buena Vista; 255: Buena Vista (u.l.), Senator Film (u, 2.v.l.), Buena Vista (u, 2.v.r.), Rolf Konow/Constantin Film (u.r.); 256: Babelsberger Studiotour (o), W. Cowen & Associates (u); 257: Wallace & Gromit/Aardman Animations Ltd. 1989 (u); 258: W. Maxwitat (o.l.), Kobal Collection (o.r.), Tobis (u); 259: Babelsberger Studiotour (u); 261: Mode-Center Berlin (o), M. Rosinski (u); 262: Hulton Deutsch Coll. (o), WestHyp (m), Nike (u); 264/265: G. Stumpf/O. Moritz (u); 266: RekordNet (M/u); 270: Puma (o), 273: Reebok (o.l.); 276: M. Egerton/Empics (u); 278: Reebok (u); 282: D. Joiner/Popperfoto (l); 286: P. Richardson (u.r.); 287: P. Richardson (u.l.), Hulton Getty (u.r.); 289: K. Hoskyns (o), 292: Mercedes-Benz Classic Archiv (u.l.); 294: Gamma/F. Spooner Pictures (m), Citroen (u); 296: Bernd König; 297: Bernd König (u); 303: Guinness Publishing (o), H. Trantow (M); 307: Schweiz Tourismus.

Impressum

Guinness Verlag im Internet:
http://www.guinness-verlag.de

Redaktion der deutschsprachigen Ausgabe:
RekordNet GmbH, Berlin (Freia Beisser, Anna-Maria Dahm, Iris Luchs, Harro Schweizer)
Redaktionelle Mitarbeit:
Siglinde Fischer, Gabriele Sachse, Klaus Weise, Louis Genée, Ian Leslie, Helmut Österreicher
Besonderer Dank gilt
BioLinX/Frankfurt a.M., Debra L. Dodds/NASA Johnson Space Center, Robert Fischer, Josef Hoppe, Günther Meier, Yves Rossy und Mike Maloney, Stefan Scholze, Manfred Schürmann, Eberhard Thonfeld/Camera 4, Voyager Titanic Exhibition GmbH sowie Helmut Höge für die besten Fragen.
Redaktionsanschrift:
Das Guinness Buch der Rekorde-Redaktion, Postfach 13 04 44, 20139 Hamburg, Tel. 040 / 441 88 488, Fax 040 / 441 88 301, E-Mail: info@guinness-verlag.de
Redaktionsschluß für die nächste Ausgabe:
1. April 1998

Umschlag:
Agentur Hamburg unter Verwendung von Bildmotiven der Agenturen action press und Focus sowie Meereszentrum Burg/Fehmarn, Ivan Tifonov
Grafische Gestaltung:
Doren + Köster, Britta Harder, Ulla Hase
Herstellung:
Roland Kraft
Reproduktionen:
Alphabeta Druckformdienst GmbH, Hamburg
Druck und Verarbeitung:
Mohndruck Graphische Betriebe GmbH, Gütersloh
Printed in Germany
ISBN: 3-89681-001-4

Magnusson für 6 Mio. Dollar erwarb.
▮ Für Paßgänger *Nihilator* wurden 1984 von einem amerikanischen Syndikat sogar 19,2 Mio. Dollar gezahlt.

Erfolgreichster Sulkyfahrer der Welt: Hervé Filion (* 1940, Kanada) mit 14 783 Siegen (Traber und Pacer).

Nach 5300

Rennen stieg Lester Piggott als Sieger aus dem Sattel. Er gewann schon mit 12 Jahren.

▮ Den Jahresrekord 1996 hält Tony Morgan (USA) mit 853 Siegen.

Erfolgreichster deutscher Trabrennfahrer ist Heinz Wewering (* 1950, D), der bis Ende 1996 auf 11 717 Siege kam. 1996 wurde er mit 579 Siegen zum 20. Mal Deutscher Champion, er errang außerdem eine Weltmeisterschaft 1993 und vier Europameisterschaften 1978/79, 1984, 1988, sowie fünf Derby-Siege.
▮ Weltrekordlerin bei den Amazonen ist Marion Jauß, die bis Ende 1995 insgesamt 1311 Siege herausgefahren hatte und erstmals 1994 die Deutsche Amateurmeisterschaft gewann.

Die größte Gewinnsumme geht auf das Konto von John D. Campbell (* 1955, USA), der bis Ende Februar 1997 auf 147 101 299 Dollar (etwa 250 Mio. DM) kam.

Einen Tagesrekord stellte Heinz Wewering am 10. März 1995 in Recklinghausen auf, als er neun von elf Rennen gewann.

Den Jahresrekord bei den Trabern halten *Prakas* mit 1 610 608 Dollar 1985 und bei den Pacern *Cam's Card Sharn* mit 2 264 714 Dollar 1994.

Gewinnreichstes deutsches Pferd ist der Hengst *Campo Ass* (gefohlt 1989), der bis 1995 auf eine Gewinnsumme von 2 542 198 DM kam.

Den Jahresweltrekord bei den Amateuren hält seit 1984 Edelbert Ohmer (* 1939, D) mit 217 Siegen.

Weltmeisterschaften, eingeführt 1970: Erfolgreichster Fahrer ist Ulf Thoresen (Norwegen) mit vier Titeln, 1973, 1977, 1979 und 1981.

Deutsches Derby: Hans Frömming und Robert Großmann kamen zu je elf Siegen vor Charlie Mills (9), Walter Heitmann und Heinz Wewering (je 5).

Dressur

Olympische Spiele: Erfolgreichster Teilnehmer ist Reiner Klimke (* 1936, D) mit insgesamt sechs Gold- und zwei Bronzemedaillen.

Erfolgreichste Equipe war die deutsche, die neunmal die Goldmedaille gewann, 1928, 1936, 1964, 1968, 1976, 1984, 1988, 1992 und 1996.

Deutschlands gewinnreichstes Dressurpferd 1996 war Isabell Werths *Nobilis Gigolo FRH* mit 95 617 DM.

Weltmeisterschaften, eingeführt 1966: Deutsche Equipen haben ein „Abonnement" auf den Mannschaftstitel, den sie – ausgenommen 1970 – stets gewannen, 1966, 1974, 1978, 1982, 1986, 1990 und 1994.

Verwies

Gegnerin Anky Grunsven auf Platz zwei: Isabel Werth wurde 1997 zum vierten Mal in Folge Europameisterin.

Zum vierten Mal in Folge Europameisterin der Dressurreiter wurde im August 1997 in Verden (D) Isabell Werth (D). Auf ihrem 14 Jahre alten Fuchswallach *Gigolo* verwies sie mit nur 0,22 Punkten Differenz die Niederländerin Anky Grunsven auf Platz zwei.

Die meisten Medaillen bei der Dressur-EM 1997 in Verden (D) gingen an Pferde deutscher Herkunft: 10.

Die höchsten Punktzahlen, die je vergeben wurden: 1946, an Isabell Werth auf *Gigolo* bei den Deutschen Meisterschaften am 7. Juni 1996.

Springen

Erfolgreichste WM-Equipe: siebenmal Gold für Deutschland 1936, 1956, 1960, 1964, 1972, 1988, 1996.

Die meisten Medaillen beim europäischen Championat der Springreiter 1997 gingen mit 10 von 15 zu vergebenden an Pferde deutscher Herkunft.

Weltcup, eingeführt 1979: Der Österreicher Hugo Simon (* 1942) hat als einziger Reiter das Finale dreimal gewonnen: 1979, 1996 und 1997. Als ältester der 42 Teilnehmer triumphierte er im Mai 1997 beim 19. Finale in Göteborg (Schweden).

Den Weltrekord an Grand-Prix-Siegen hält mit 36 der von Hugo Simon (A) gerittene *Gladstone*.

Gewinnreichstes Springpferd der Welt: John Whitakers (GB) Schimmel *Milton* (gefohlt 1978), der es in seiner Laufbahn auf 2,76 Mio. DM brachte.

Deutschlands gewinnreichstes Springpferd 1996: *Sprehe Rush On* von Ludger Beerbaum mit 262 420 DM.

Deutsche Meisterschaften: Paul Schockemöhle ist erfolgreichster Reiter mit sechs Titeln 1974, 1980, 1982, 83, 1986, 87.
▮ Frauen: je fünfmal Lene Nissen 1971, 1973, 1977, 78, 1980 und Iris Bayer 1979, 1981, 82, 1985, 86.

Weitsprungrekord über Wassergraben: 8,40 m, *Something,* André Ferreira (Südafrika), 1975 in Johannesburg.

Radsport

Erster mit fünf Gewinnen bei der Tour de France war der Franzose Jacques Anquetil.

Tour de Telekom:

In vier von sechs Klassements lag das deutsche Team bei der Tour de France 1997 vorn. Das Sportereignis des Jahres.

Tour de France, eingeführt 1903: Die größte Zahl von Gesamtsiegen gelang mit fünf den Franzosen Jacques Anquetil (1934-87) 1957, 1961-64 und Bernard Hinault (* 1954) 1978-79, 1981-82, 1985, dem Belgier Eddy Merckx (* 1945) 1969-72, 1974 und Miguel Indurain (* 1964, E), der zwischen 1991 und 1995 sogar fünfmal in Serie erfolgreich war.

Jüngster Etappen-Gewinner der Tour war 1904 der Franzose Cornet mit 19 Jahren und 11 Monaten.

Die häufigsten deutschen Tour-Etappensiege: Rudi Altig gewann 8 Etappen (1962-69), Erik Zabel 7 (1995-97), Olaf Ludwig (1990-93) und Jan Ullrich (1996-97) jeweils 3.

Eine Tour de Telekom wurde die 84. Tour de France 1997. In vier von sechs Klassements stellte das Team, das 1995 wegen zu schwacher Leistung nicht zugelassen werden sollte, den Sieger:

- Gelbes Trikot für den Gesamtsieger: Jan Ullrich (2,2 Mio. Francs Prämie).
- Grünes Trikot für den Punktbesten: Erik Zabel (150 000 Francs).
- Mannschaftswertung Platz 1: Ullrich, Riis, Zabel, Aldag, Bölts, Henn, Heppner, Totschnig, Lombardi (200 000 Francs).
- Nachwuchs-Bester: Jan Ullrich (100 000 Francs).
- Dazu kommen fünf Etappensiege (drei Zabel, zwei Ullrich, je 50 000 Francs).
- Gesamtgewinn des TelekomTeams: 4 Mio. Francs (1,3 Mio. DM) der 11,97 Mio. Francs Preisgeld.

Jan Ullrichs Karrierestationen:

- 1983: als Neunjähriger erstes Rad-Cross-Rennen für Dynamo Rostock. Ullrich fährt als Ersatzmann in der höheren Altersklasse und gewinnt vor den Älteren.
- 1987: Delegierung zur Kinder- und Jugendsportschule nach Berlin. Trainer wird Peter Becker, der es bis heute geblieben ist.
- 1988: DDR-Jugendmeister Straße.
- 1990: DDR-Jugendmeister Punktefahren.
- 1991: 5. Platz Junioren-Weltmeisterschaft im Cross.
- 1992: Wechsel mit Peter Becker zur RG Hamburg.
- 1993: Amateur-Weltmeister Straßen-Einzel in Oslo, Weltcup-Gewinner der Amateure.
- 1994: Deutscher Vizemeister Einzelzeitfahren und Bergfahren, WM-Dritter Einzelzeitfahren.
- 1995: Profi beim Bonner Team Telekom, Deutscher Meister Einzelzeitfahren.
- 1996: Übersiedlung nach Merdingen (Baden), Deutscher Vizemeister Straße, 2. Platz Tour de France hinter Bjarne Riis, ein Etappensieg Tour de France.
- 1997: Deutscher Meister Straßen-Einzel, Sieger bei der Tour de France, zwei Etappensiege während der Tour de France.

Als erster Deutscher gewann Erik Zabel bei der Tour de France 1997 zum zweitenmal in Folge das Grüne Trikot des punktbesten Sprinters. Vor Zabel hatten Rudi Altig (1962) und Olaf Ludwig (1990) in dieser Wertung gesiegt.

„Tourminator“ Jan Ullrich ist „der neue Gott des Radsports“. Der 23jährige ist einer der jüngsten Tour-de-France-Sieger. Und erster Deutscher, der die Tour gewinnen konnte.

Letzte Etappe

der Tour: vorbei am Eiffelturm zum Arc de Triomphe.

Das Grüne Trikot

für Erik Zabel zum 2. Mal in Folge. Über das Gelbe freut sich Jan Ullrich, Richard Virenque über das Punkte-Trikot.

Das Ziel

erreichte Tony Rominger bei der Spanien-Rundfahrt dreimal als Sieger.

Quäl dich, du Sau! 23 Jahre und 8 Monate alt – der gebürtige Rostocker Jan Ullrich, der über die Stationen Berlin und Hamburg inzwischen zum Schwarzwälder wurde, ist einer der jüngsten Tour-de-France-Sieger der Radsport-Neuzeit. Und der erste Deutsche überhaupt, der die Frankreich-Rundfahrt seit deren Premiere 1903 gewinnen konnte.

▮ Das „Wie" macht den jungen, sommersprossigen Athleten, den sein Trainer Peter Becker als „Jahrhunderttalent" preist, zur Ausnahmeerscheinung im Rennsattel. 9:09 Minuten Vorsprung hat Ullrich am Ende nach exakt 3943,8 km und 100:30:35 Stunden vor dem Franzosen Richard Virenque – soviel wie seit 1984 keiner mehr.

▮ Er holt sich das Gelbe Trikot auf einer schweren Bergetappe (das hat nicht mal Miguel Indurain geschafft), gewinnt das folgende Berg-Einzelzeitfahren über 55 km mit 3:04 Min. wiederum vor Virenque – die größte Zeitdifferenz in der Geschichte der „Tour der Leiden", die je ein Sieger im Kampf gegen die Uhr gegen seine Verfolger herausgefahren hat.

▮ Was danach folgt, ist „kontrollierte Offensive". Das Maillot Jaune, das Trikot des Tour-Leaders, gerät nie ernsthaft in Gefahr. Ullrich fährt alle Attacken seiner Kontrahenten scheinbar spielerisch leicht mit, zeigt seine sportliche Größe sogar darin, daß er ihnen den Etappensieg überläßt, wenn sie unterwegs die Hauptarbeit geleistet haben. „Ich bin kein Kannibale", sagt Jan Ullrich mit jener spröden Spontaneität, die jeden Gedanken an eine PR-Aktion ausschließt.

▮ Nur auf einem Streckenabschnitt hat der Spitzenreiter, leicht erkrankt, Probleme. Seine Mannschaft mit dem 96er Tour-Sieger und Kapitän Bjarne Riis an erster Stelle, bringt ihn über den Berg, und Udo Bölts liefert die später berühmt werdende Motivationshilfe: „Quäl dich, du Sau!"

▮ So euphorisch die Medien in Frankreich und Deutschland auf Ullrich reagieren – „Der neue Merckx", „Der Tourminator", „Der neue Gott des Radsports", „Indurain ist tot, es lebe Ullrich", „Der Gigant" oder „Der einsame Held von einem anderen Stern" sind nur einige Beispiele –, so still verhalten nimmt er seinen Triumph unterm Arc de Triomphe. „Ich bin immer am Limit gefahren. Das bedeutet: immer Schmerzen. Jeder Knochen tut weh. Die Lunge brennt. Die Luftröhre schmerzt."

▮ Experten wie die früheren Tour-Sieger Merckx oder Hinault sagen eine andauernde Herrschaft Ullrichs beim schwersten Etappenrennen der Welt, das von vielen auch für das am meisten fordernde Sportereignis überhaupt gehalten wird, voraus. Jan Ullrich: „Man muß Realist bleiben. Erstmal das eine, dann sehen wir weiter." Und er vergißt nicht hinzuzufügen: „Keiner kann die Tour ohne seine Mannschaft gewinnen."

Auf die meisten Tour-Teilnahmen kam Joop Zoetemelk (NL). 1986 startete er zum 16. Mal und übertraf Lucien van Impe (B), der 15mal dabeigewesen war. Zoetemelks Erfolge: 1980 gewann er, sechsmal war er Zweiter.

Das erste Frauenrennen bei der Tour de France fand 1984 statt. Es siegte nach 1059 km die Amerikanerin Marianne Marten.

▮ Viermal gewann Jeannie Longo 1986-89.

Die knappste Tour-Entscheidung gab es 1989, als nach 3267 km und 87:38:35 Std. Greg Lemond (* 1960, USA) mit 8 Sek. Vorsprung vor dem Franzosen Laurent Fignon gewann.

Die höchste Durchschnittsgeschwindigkeit bei der Tour erreichte Miguel Indurain 1992 mit 39,504 km/h.

Giro d'Italia: Die meisten Siege mit je fünf feierten Alfredo Binda (1902-86, I) 1925, 1927-29, 1933, Fausto Coppi (1916-60, I) 1940, 1947, 1949, 1952, 53 und Eddy Merckx 1968, 1970, 1972-74.

Spanien-Rundfahrt: Die größte Anzahl von Siegen errang mit drei Tony Rominger (CH) 1992-94.

Mailand–San Remo: Als zweiter Deutscher nach Rudi Altig 1968 gewann Erik Zabel (D) am 23. März 1997 den 290 km langen Klassiker.

Der erfolgreichste Fahrer aller Zeiten ist Eddy Merckx, der dreimal Straßenweltmeister 1967, 1971, 1974 war, fünfmal die Tour de France (34 Etappensiege), fünfmal den Giro d'Italia (25 Etappensiege) sowie einmal die Spanienrundfahrt und Tour de Suisse gewann. Viermal war er Weltsportler des Jahres: Von 1969-72.

Klassiker: Das schnellste Eintagesrennen fand am 12. Oktober 1992 bei Paris-Tours statt. Die Prüfung über 268 km, die Hendrik Redant (B) gewann, wurde in einem Schnitt von 46,377 km/h zurückgelegt.

Weltmeisterschaften: Die meisten Titel auf der Bahn bei den Profis, eingeführt 1895, gewann mit zehn der Sprinter Koichi Nakano (* 1955, Japan) zwischen 1977 und 1986.

Zu elf Erfolgen bei den Frauen brachte es Jeannie Longo-Ciprelli (* 1958, F) zwischen 1986 und 1996 auf Bahn und Straße.

Stunden-Weltrekord: Chris Boardman (GB) mit 56,375 km (1996).

Querfeldein

Weltmeisterschaften: Erfolgreichster Teilnehmer ist Eric de Vlaeminck (* 1945, B) mit einem Titel bei den Amateuren 1966 und sechs bei den Profis 1968-73.

▮ Amateure: Fünfmal holte sich der Belgier Robert Vermeire den WM-Titel 1970, 71, 1974, 75, 1977.

Der erfolgreichste deutsche Fahrer ist Rolf Wolfshohl (* 1938): Weltmeister 1960, 61 und 1963, fünfmal Vizeweltmeister, viermal WM-Dritter; 14mal Deutscher Meister bei den Profis und Amateuren.

▮ Klaus-Peter Thaler (* 1949): vier WM-Titel, je zwei bei den Amateuren 1973, 1976 und den Profis 1985, 1987, zwölfmal Deutscher Meister.

Wassersport

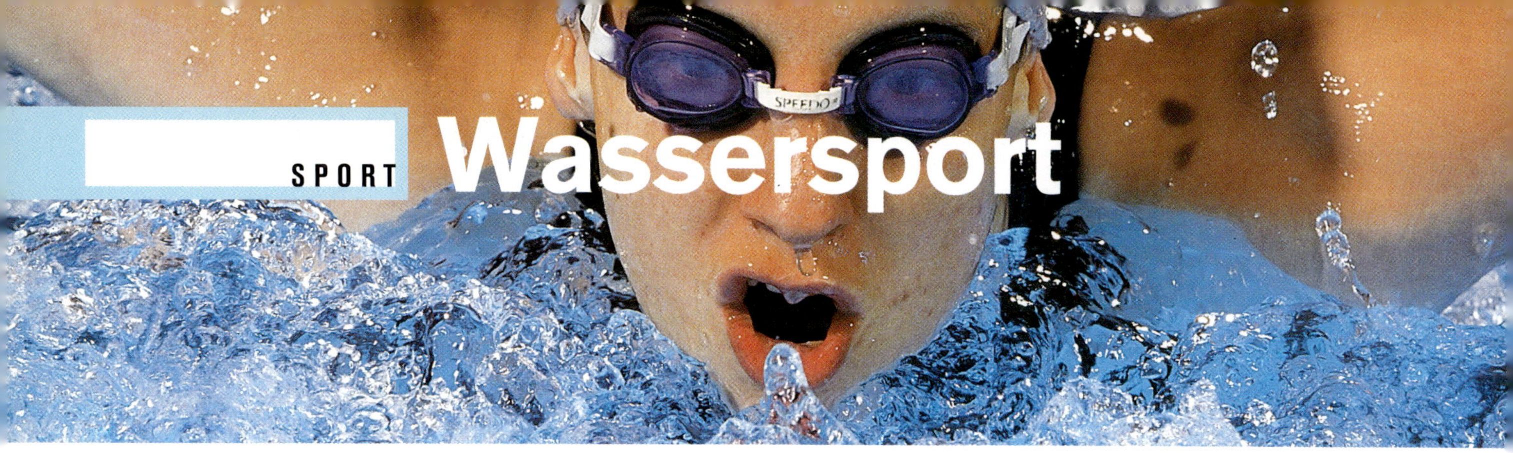

Schwimmen

Olympische Spiele: Die meisten Goldmedaillen gewann mit neun Mark A. Spitz (* 1950, USA) 1968 und 1972. Außerdem holte er sich 1968 noch eine Silber- und eine Bronzemedaille.
▮ Ebenfalls auf insgesamt elf Medaillen (8-2-1) kam Matt Biondi (USA) 1984, 1988, 1992.

Die meisten Goldmedaillen bei den Frauen gewann mit sechs Kristin Otto (* 1966, DDR) 1988 in Seoul.

Die meisten Medaillen bei den Frauen: Jeweils acht errangen Dawn Fraser (* 1937, AUS) 1956, 1960, 1964, und Kornelia Ender-Grummt (* 1958, DDR) 1972, 1976 – jeweils viermal Gold, viermal Silber – sowie Shirley Babashoff (* 1957, USA) 1972, 1976 – zweimal Gold, sechsmal Silber.

Die meisten Goldmedaillen in Einzelwettbewerben holte sich mit fünf Krisztina Egerszegi (* 1974, H) 1988, 1992 und 1996.

Jüngste Medaillengewinnerin: Kornelia Ender, mit 13 Jahren 1972 in München (D) zweimal Silber.

Jüngste Goldmedaillengewinnerin ist Kyoko Iwasaki (* 1978, Japan), die 1992 in Barcelona mit 14 Jahren und sechs Tagen das 200-m-Brustschwimmen in 2:26,65 Min. entschied.

Nur zwei Schwimmerinnen gewannen den gleichen Wettbewerb bei Olympischen Spielen dreimal in Folge: Dawn Fraser (* 1937, AUS) 1956, 1960 und 1964 über 100 m Freistil, Krisztina Egerszegi (* 1974, H) 1988, 1992 und 1996, 200 m Rücken.

Der knappste Sieg: Am 30. August 1972 in München (D) beim 400-m-Lagen-Finale siegte Gunnar Larsson (S) mit zwei Tausendstel Sek. gegen Tim McKee (USA).

Weltmeisterschaften, eingeführt 1973: Die meisten Medaillen mit insgesamt 13 gewann zwischen 1982 und 1990 Michael Groß (* 1964, D), je fünfmal Gold und Silber, dreimal Bronze.
▮ Bei den Frauen kam Kornelia Ender 1973 und 1975 zu insgesamt zehn Medaillen, achtmal Gold und zweimal Silber.

Die meisten Medaillen bei einer WM erkämpfte 1986 Matthew Biondi (* 1965, USA) mit sieben, je drei Gold und Bronze, einmal Silber.

Die meisten Weltrekorde bei den Männern erzielte mit 32 Arne Borg (1901-87, Schweden) zwischen 1921 und 1929.
▮ Frauen: Ragnhild Hveger (* 1920, DK) mit 42 zwischen 1936 und 1942.

Gold-Quartett:

Antje Buschschulte (oben) holte 4mal, Sandra Völker (unten rechts) 3mal Gold in Sevilla. Dagmar Hase (links) und Kerstin Kielgaß (unten links) mit je 2mal Gold.

Weltrekorde 25-m-Bahn

Männer
50 m Freistil: Alexander Popow (RUS), 21,50 Sek., 1994
100 m Freistil: Alexander Popow (RUS), 46,74 Sek., 1994
200 m Freistil: Giorgio Lamberti (I), 1:43,64 Min., 1990
400 m Freistil: Danyon Loader (NZ), 3:40,46 Min., 1995
800 m Freistil: Kieren Perkins (AUS), 7:34,90 Min., 1993
1500 m Freistil: Kieren Perkins (AUS), 14:26,52 Min., 1993
50 m Brust: Mark Warnecke (D), 26,97 Sek., 1997
100 m Brust: Philip Rogers (AUS), 59,07 Sek., 1993
200 m Brust: Ryan Mitchell (AUS), 2:07,66 Min., 1996
50 m Schmetterling: Denis Pankratow (RUS), 23,35 Sek., 1997
100 m Schmetterling: Denis Pankratow (RUS), 51,78 Sek., 1997
200 m Schmetterling: Denis Pankratow (RUS), 1:52,34 Min., 1996
50 m Rücken: Chris Renaud (CDN), 24,25 Sek., 1997
100 m Rücken: Jeff Rouse (USA), 51,43 Sek., 1993
200 m Rücken: Martin Lopez-Zubero (E), 1:52,51 Min., 1991
100 m Lagen: Jani Sievinen (SF), 53,10 Sek., 1996
200 m Lagen: Jani Sievinen (SF), 1:54,65 Min., 1994
400 m Lagen: Marcel Wouda (NL), 4:05,41 Min., 1997

Frauen
50 m Freistil: Jingyi Le (China), 24,23 Sek., 1993
100 m Freistil: Jingyi Le (China), 53,01 Sek., 1993
200 m Freistil: Claudia Poll (Costa Rica), 1:54,17 Min., 1997
400 m Freistil: Claudia Poll (CR), 4:00,03 Min., 1997
800 m Freistil: Astrid Strauß (D), 8:15,34 Min., 1987
1500 m Freistil: Petra Schneider (D), 15:43,31Min., 1982
50 m Brust: Han Xue (China), 30,88 Sek., 1997
100 m Brust: Samantha Riley (AUS), 1:05,70 Min., 1995
200 m Brust: Samantha Riley (AUS), 2:20,85 Min., 1995
50 m Schmetterling: Misty Hyman (USA), 26,55 Sek., 1997
100 m Schmetterling: Jenny Thompson (USA), 57,79 Sek., 1997
200 m Schmetterling: Mary T. Meagher (USA), 2:05,65 Min., 1981
50 m Rücken: Xinyu Bai (China), 27,64 Sek., 1994
100 m Rücken: Angel Martino (USA), 58,50 Sek., 1993
200 m Rücken: Cihong He (China), 2:06,09 Min., 1993
100 m Lagen: Louise Karlsson (S), 1:01,3 Min., 1992
200 m Lagen: Allison Wagner (USA), 2:07,79 Min., 1993
400 m Lagen: Guohong Dai (China), 4:29,00 Min., 1993

Schwimm-Europameisterschaft, 13.-24. August 1997 in Sevilla (E): Die Champions

Disziplin	Männer	Frauen
50 m Freistil	Alexander Popow (RUS), 22,30 Sek.	Natalia Mescheriakowa (RUS), 25,31 Sek.
100 m Freistil	Alexander Popow (RUS), 49,09 Sek.	Sandra Völker (D), 55,38 Sek.
200 m Freistil	Paul Palmer (GB), 1:48,85 Min.	Michelle de Bruin (IRL), 1:59,93 Min.
400 m Freistil	Emiliano Brembilla (I), 3:45,96 Min.	Dagmar Hase (D), 4:09,58 Min.
800 m Freistil		Kerstin Kielgaß (D), 8:34,41 Min.
1500 m Freistil	Emiliano Brembilla (I), 14:58,65 Min.	
100 m Rücken	Martin Lopez-Zubero (E), 55,71 Sek.	Antje Buschschulte (D), 1:01,74 Min.
200 m Rücken	Valdimir Selkov (RUS), 1:59,21 Min.	Cathleen Rund (D) 2:11,46 Min.
100 m Brust	Alexander Goukov (Weißrußland), 1:02,17 Min.	Agnes Kovacs (H), 1:08,08 Min.
200 m Brust	Alexander Goukov (Weißrußland), 2:13,90 Min.	Agnes Kovacs (H), 2:24,90 Min.
100 m Schmetterling	Lars Frolander (S), 52,85 Sek.	Mette Jacobson (DK), 59,64 Sek.
200 m Schmetterling	Franck Esposito (F), 1:57,24 Min.	Maria Pelaez (E), 2:10,25 Min.
200 m Lagen	Marcel Wouda (NL), 2:00,77 Min.	Oxana Verevka (RUS), 2:14,74 Min.
400 m Lagen	Marcel Wouda (NL), 4:15,38 Min.	Michelle de Bruin (IRL), 4:42,08 Min.
4 x 100 m Freistil	Rußland, 3:16,85 Min.	Deutschland (Meißner, Osygus, Buschschulte, Völker), 3:41,49 Min.
4 x 200 m Freistil	Großbritannien, 7:17,56 Min.	Deutschland (Hase, Götz, Buschschulte, Kielgaß), 8:03,59 Min.
4 x 100 m Lagen	Rußland, 3:39,67 Min.	Deutschland (Buschschulte, Gerasch, Meißner, Völker), 4:07,73 Min.

Die meisten Rekorde bei metrischen Distanzen auf einer 50-m-Bahn stellte mit 26 Mark Spitz (USA) zwischen 1967 und 1972 auf, 23 für Kornelia Ender (DDR), von 1973 bis 1976.

Die längste Strecke in einem Stück schwamm Ricardo Hoffmann 1981 im Paraná-Fluß von Corrientes nach Santa Elena 481,5 km in 84:37 Std.

Stundenweltrekord Männer: 5766 m Jörg Hoffmann (D), 6. April 1996 in Potsdam.
▮ Frauen: 5085 m Julia Jung (D), 21. Juli 1993 in Dillenburg.

Als jüngster Schwimmer Deutschlands erhielt André Geest (* 17. Oktober 1992) aus Hamburg im Alter von vier Jahren, zwei Monaten und 10 Tagen am 26. Dezember 1996 das Deutsche Jugendschwimmabzeichen in Gold. Er mußte u.a. 600 m Streckenschwimmen und aus drei Metern Höhe springen.

Senioren-Schwimm-Weltrekord: Sechs Weltrekorde des Welt-Amateur-Schwimmverbandes FINA stellte Richard Reinstädtler (* 1912) aus Düsseldorf am 19. Januar 1997 in der Altersklasse 85 bis 89 Jahre auf: 50 m Freistil (39,96 Sek.), 100 m Freistil (1:37,21 Min.), 50 m Schmetterling (58,08 Sek.), 100 m Schmetterling (2:23,30 Min.), 50 m Rücken (51,31 Sek.) und 100 m Rücken in 2:01,95 Minuten.

Staffeln

100 x 400 m: Universität Hamburg mit 8:18:19,2 Std., 28. April 1990.

100 x 1000 m: Schwimmklub Region Murten (CH) mit 25:11:35 Std., am 24./25. August 1996.

100 x 100 m: Darmstädter Schwimm- und Wassersport-Club. Der letzte war in 1:42:28, 6 Std. am 12. Juli 1991 im Ziel.

1000 x 50 m: SC Einheit Dresden mit 7:31:45 Std., 13. Juli 1988.

1000 x 100 m: Schwimmklub Langenthal (CH) mit 21:09:50 Std., 27./28. August 1994 in Langenthal.

250 x 250 m: Delphine Abensberg, 17:20:25,03 Std., 19./20. Juli. 1996.

Freistil

50 und 100 m: Alexander Popow hält die Weltrekorde.

200 m Freistil

und 400 m Lagen waren ihre Stärken bei der EM 1997: die Irin Michelle de Bruin. In Atlanta gewann sie 3mal Gold.

Brust

über 100 und 200 m: Ungarin Agnes Kovacs mit EM-Gold.

Weltrekorde 50-m-Bahn

Männer

50 m Freistil: 21,81 Sek., Tom Jager (USA), 1990
100 m Freistil: 48,21 Sek., Alexander Popow (RUS), 1994
200 m Freistil: 1:46,69 Min., Giorgio Lamberti (I), 1989
400 m Freistil: 3:43,80, Kieren Perkins (AUS), 1994
800 m Freistil: 7:46,00 Min., Kieren Perkins (AUS), 1994
1500 m Freistil: 14:41,66 Min., Kieren Perkins (AUS), 1994
50 m Brust: 27,61 Sek., Alexander Dshaburija (Ukraine), 1996
100 m Brust: 1:00,60, Frédéric Deburghgraeve (B), 1996
200 m Brust: 2:10,16, Mike Barrowman (USA), 1992
50 m Schmetterling: 23,68, Denis Pankratow (RUS), 1996
100 m Schmetterling: 52,27 Sek., Denis Pankratow (RUS), 1996
200 m Schmetterling: 1:55,22 Min., Denis Pankratow (RUS), 1995
50 m Rücken: 25,13 Sek., Jeff Rouse (USA), 1993
100 m Rücken: 53,86 Sek., Jeff Rouse (USA), 1992
200 m Rücken: 1:56,57 Min., Martin Lopez-Zubero (E), 1991
200 m Lagen: 1:58,16 Min., Jani Sievinen (SF), 1994
400 m Lagen: 4:12,30 Min., Tom Dolan (USA), 1994
4 x 100 m Freistil: 3:15,11 Min., USA-Staffel, 1995
4 x 200 m Freistil: 7:11,95 Min., GUS-Staffel, 1992
4 x 100 m Lagen: 3:34,84, USA-Staffel, 1996

Frauen

50 m Freistil: 24,51 Sek., Le Jingyi (China), 1994
100 m Freistil: 54,01 Sek., Le Jingyi (China), 1994
200 m Freistil: 1:56,78 Sek., Franziska van Almsick (D), 1994
400 m Freistil: 4:03,85 Min., Janet Evans (USA), 1988
800 m Freistil: 8:16,22 Min., Janet Evans (USA), 1989
1500 m Freistil: 15:52,10 Min., Janet Evans (USA), 1988
50 m Brust: 31,58 Sek., Silke Hörner (DDR), 1988
100 m Brust: 1:07,02 Min., Penelope Heyns (Südafrika), 1996
200 m Brust: 2:24,76 Min., Rebecca Brown (USA), 1994
50 m Schmetterling: 27,20 Sek., Ayari Ayoama (Japan), 1996
100 m Schmetterling: 57,93 Sek., Mary T. Meagher (USA), 1981
200 m Schmetterling: 2:05,96 Min., Mary T. Meagher (USA), 1981
50 m Rücken: 29,00 Sek., Sandra Völker (D), 1997
100 m Rücken: 1:00,16 Min., He Cihong (China), 1994
200 m Rücken: 2:06,62 Min., Krisztina Egerszegi (H), 1991
200 m Lagen: 2:11,65 Min., Li Lin (China), 1992
400 m Lagen: 4:36,10 Min., Petra Schneider (DDR), 1982
4 x 100 m Freistil: 3:37,91 Min., China-Staffel, 1994
4 x 200 m Freistil: 7:55,47 Min., DDR-Staffel, 1987
4 x 100 m Lagen: 4:01,67 Min., China-Staffel, 1994

Wassersport

Springen

Die meisten Olympischen Medaillen: Klaus Dibiasi (* 1947, I) mit fünf (drei Gold, zwei Silber) bei vier Olympischen Spielen 1964 bis 1976.

Die meisten WM-Titel gingen an Greg Louganis, der fünfmal siegte, 1978 vom Turm, 1982, 1986 jeweils vom Drei-Meter-Brett und vom Turm.
▮ Erfolgreichste Frau bei WM: Irina Kalinina (* 1959, UdSSR) mit drei Titeln, 1973, 1975 und 1978.

Kajak/Kanu

Weltbestzeit über 1000 m: deutscher Vierer-Kajak der Männer bei der olympischen Regatta 1992 in Barcelona: 2:52,17 Min.

Olympische Spiele: Das meiste Gold gewann Kajakfahrer Gert Fredriksson (* 1919, S) mit sechs 1948, 1952, 1956, 1960. Dazu kommen noch je einmal Silber und Bronze.
▮ Erfolgreichste Frau mit fünfmal Gold ist Birgit Fischer (* 1962, DDR/D): 1980 und 1992 im Einer, 1988 im Zweier und Vierer und 1996 im Vierer; dazu noch drei Silbermedaillen (1988 im Einer, 1992 im Vierer, 1996 im Zweier).

Weltmeisterschaften: Die meisten Titel bei Kajakfahrern gewann Rüdiger Helm (* 1956, DDR) von 1976 bis 1983 mit 13 Titeln, darunter dreimal Olympia-Gold (1976/1980). Genauso erfolgreich: Gert Fredriksson zwischen 1948 und 1960 sowie der Kanadierfahrer Ivan Patzaichin zwischen 1968 und 1984.
▮ Frauen: Birgit Fischer gewann 21 Titel; 1979 einmal, 1981-83, 1985 und 1987 je dreimal, 1993, 94 je zweimal, 1995 einmal.

Rudern

Weltmeisterschaften, eingeführt 1962, ab 1974 jährlich (außer in Olympia-Jahren): Die meisten Titel mit sieben gewannen die italienischen Brüder Giuseppe (* 1959) und Carmine (* 1962) Abbagnale, die den gesteuerten Zweier 1981/82, 1985, 1987, 1989-91 für sich entschieden.

Die längste Regatta findet jährlich auf dem Genfer See (CH) statt. Die schnellste Zeit auf der 160-km-Strecke: 12:15:34 Std., RG Turbo Bonn am 30. September 1995.
▮ Frauen: Kombination Bonn/Köln/Düsseldorf am 2. Oktober 1994: 15:26:56 Std.

Die erfolgreichste Frau: Jelena Terekhina (* 1959), mit dem UdSSR-Achter siebenmal Gold, 1978-86.
▮ Die erfolgreichste deutsche Ruderin ist Roswitha Zobelt (* 1954, DDR) mit siebenmal Gold, drei WM-Titeln im Doppelvierer 1974, 75, 1979, einem WM-Titel im Doppelzweier 1977, zweimal Gold im Doppelvierer 1976, 1980 und einem EM-Titel im Doppelvierer 1973.

Schnellste Zeit über 2000 m: der niederländische Männer-Achter am 19. Mai 1996 in Duisburg: 5:23,90 Min.
▮ Schnellster Frauen-Achter: Rumänien mit 5:58,50 Min. in Duisburg am 18. Mai 1996.
▮ Rekord im Einer: 6:37,03 Min., Juri Jaanson (Estland), am 9. Juli 1995 in Luzern (CH).
▮ Einer der Frauen: Silke Laumann (Kanada), am 17. Juli 1994 auf dem Rotsee bei Luzern: 7:17,09 Min.

Segeln

Die Höchstgeschwindigkeit im Segeln erreichte mit 80,71 km/h die *Longshot,* gesteuert von Russell Long (USA), im Juli 1992 vor Tarifa (E).

Der America's Cup (seit 1851): Bis auf 1983 und 1995, als vor Newport (USA) die *Australier II* mit John Bertrand 4:3 bzw. die neuseeländische *Black Magic* (5:0) gewannen, gab es nur Siege von US-Yachten – 27mal.

Der Admiral's Cup (seit 1957 alle zwei Jahre im Ärmelkanal): Großbritannien siegte neunmal, Deutschland viermal, 1973, 1983, 1985, 1993.

Das längste Nonstop-Rennen ist das Vendee Globe Challenge über 41 652 km von Einhandseglern in 15 bis 18 m langen Booten.
▮ Christophe Aguin (* 1959, F), am 17. Februar 1997 nach 105 Tagen, 20:31 Std. mit seinem Boot *Geodis* im Ziel, war der bisher Schnellste.

Die erfolgreichsten Bootsbauer: Von 115 möglichen Medaillen der Saison 1996 gingen mit 43 über ein Drittel an deutsche Hersteller.

Surfen

Die meisten Amateur-Weltmeistertitel, eingeführt 1973, gewann mit fünf Stephan van den Berg 1979-83.

Die meisten Profi-Weltmeistertitel bei den Funboards errang Robby Naish (* 1961, Hawaii) zwischen 1974 – damals 13 Jahre alt – und 1988.
▮ Viermal erfolgreich bei den Frauen waren Frieda Zamba (USA) 1984-86, 1988 und Wenda Botha (AUS) 1987, 1989, 1991, 92.

Springer
Greg Louganis war ein Siegertyp: fünf Weltmeistertitel.

Das US-Team
bei der Siegesfeier des America's Cup.

Amateur

der Weltklasse: Stephan van den Berg surfte sich fünfmal ganz nach oben.

▮ Seit 1990 dominiert Björn Dunkerbeck (E), der bei Weltcup und WM der Profis bis 1995 19 Titel gewann.

Rekordwerferin:

Helga Trantow angelte sich die meisten Titel bei Turnieren.

Wasserski

Der weiteste Sprung: 63,10 m, Sammy Duvall (USA), und bei den Frauen 47,50 m, Deena Mapple (USA).

Die höchste Geschwindigkeit (Wasserski-Boot): 230,26 km/h, der Australier Christopher Michael Massey auf dem Hawkesbury-Fluß in Neusüdwales (AUS) am 6. März 1983.
▮ Schnellste Frau: Donna Patterson Brice (* 1953) mit 178,81 km/h, am 21. August 1977, Long Beach (USA).

Wasserski-Senioren-Rekord: Robert Christl aus Salzburg (A) hat 1996 zum 30. Mal an der Senioren-EM im Wasserskilauf teilgenommen.

Den weitesten Sprung (Barfuß-Wasserski) schafften mit 27,50 m Richard Mainwaring (USA) und mit 16,60 m Sharon Stekelenberg (AUS).

Die höchste Geschwindigkeit (Barfuß-Wasserski) erreichte Scott Pallton (* 1956, USA) mit 218,444 km/h in Chandler, Arizona, November 1989.
▮ Schnellste Frau mit 118,56 km/h war die Australierin Karen Toms in Windsor, Neusüdwales, März 1984.

Wasserski-Racing-Weltrekorde:
▮ Männer: 1 km, Nico Bertels (B), 167,57 km/h; 10 km, Nico Bertels, 156,06 km/h; 50 km, Alberto Todeschini (I), 137,35 km/h; 100 km, Helmut Winkler (Südafrika), 112,57 km/h.
▮ Frauen: 1 km, Sandra Vandergrift (NL), 146,48 km/h; 10 km, Sandra Vandergrift, 133,32 km/h; 50 km, Liz Hobbs (GB), 82,629 km/h; 100 km, Liz Hobbs, 81,959 km/h.

Triathlon

Kurzdistanz-Weltmeisterschaften (1,5 km Schwimmen, 40 km Radfahren, 10 km Laufen), eingeführt 1989: Zu je zwei Titeln kamen Michelle Jones (AUS) 1992, 93 und Spencer Smith (GB) 1993, 94.

Mitteldistanz-Weltmeisterschaften (3,2 km, seit 1988 4 km Schwimmen, 120 km Radfahren, 32 km Laufen), eingeführt 1982: Zehn Titel gewann der Amerikaner Mark Allen 1982-86, 1989-93.
▮ Vier Titel holte sich Paula Newby-Fraser (* 1962, Zimbabwe) zwischen 1989 und 1992.

Langdistanz-Weltmeisterschaft (seit 1994) über 4 km Schwimmen, 120 km Radfahren, 30 km Laufen: Den ersten WM-Titel für Deutschland gewann Ines Estedt (* 1968) im Juni 1997 in Nizza (F).

Ironman (3,8 km Schwimmen, 180 km Radfahren, 42,195 km Laufen), eingeführt 1978 auf Hawaii: Je sechsmal gewannen Dave Scott (USA) 1980, 1982-84, 1986, 87 und Marc Allen 1989-93, 1995.
▮ Achtmal siegte Paula Newby-Fraser. Und zwar in den Jahren 1986, 1988, 89, 1991-94 und 1996.

Die jüngste Teilnehmerin, die bisher den Ironman erfolgreich beendet hat, ist Lokelani McMichael (* 11. Mai 1977) aus Kailua-Kona, Hawaii (USA), die am 7. Oktober 1996 mit 18 Jahren nach 15:21 Std. durchs Ziel lief.

Ironman-Streckenrekorde halten Luc van Lierde (B) mit 7:50:27 Std., 1997, und Paula Newby-Fraser mit 8:50:53 Std., 1994.

Ultra-Triathlon: Astrid Bennöhr aus Bergisch-Gladbach (D) beendete am 7. September 1997 den fünffachen Ultra-Triathlon in Kerpen (D) nach 74:01:02 Std. Damit unterbot die 39jährige die Weltbestzeit der Männer (Martin Feijin mit 76:16:38 Std.) deutlich. Der Wettkampf bestand aus 19 km Schwimmen, 900 km Radfahren und 211 km Laufen.

Angeln

Weltmeisterschaften: Erfolgreichste Mannschaft ist Frankreich als Europameister 1956 und mit 13 WM-Titeln zwischen 1959 und 1995.

Absolute Rekordhalterin im Turnierangelsport ist Helga Trantow (* 1932) aus Anklam (D). Bei fünf WM zwischen 1960 und 1965 gewann sie 32 Goldmedaillen (29 Einzel, 3 Mannschaft), fünf Silber- und neun Bronzemedaillen, dazu 82 Gold-, 7 Silber- und drei Bronzemedaillen bei DDR- und Deutschen Meisterschaften.

Ironman-Sieger

auf Hawaii war Mark Allen fünfmal. Dazu sammelte er weitere 10 WM-Titel über die Triathlon-Mitteldistanz 1989-93 und 1995.

Auf Kufen

Eishockey

Stanley-Cup, eingeführt 1893. Rekordgewinner sind die Montreal Canadians mit 24 Erfolgen.
▮ Sieger 1997 wurden nach 42 Jahren wieder einmal die Detroit Red Wings.

Als erster Deutscher gewann am 10. Juni 1996 Uwe Krupp den Stanley Cup in der nordamerikanischen Profi-Liga NHL mit den Colorado Avalanche.

Die meisten Spiele bestritt Gordon Howe (* 1928, Kanada) mit 1767 in der NHL (plus 157 in der Play-Off-Runde), und zwar von 1946 bis 1971 für die Detroit Red Wings und 1979/80 für die Hartford Whalers. Außerdem kam er noch auf 419 Begegnungen (plus 78 in der Play-Off-Runde) für die Houston Aeros und New England Whalers zwischen 1973 und 1979 in der World Hockey Association, so daß er insgesamt 2412 Spiele in der obersten Klasse bestritt.

Der erfolgreichste Spieler ist der Kanadier Wayne Gretzky (* 1961), der inzwischen für die New York Rangers spielt. Er hält mit insgesamt 382 Scorer-Punkten (122 Tore, 260 Assits) den Rekord ebenso wie die Saisonbestmarke von 47 (16 Tore, 31 Assits) von 1985 und aus der Saison 1981/82 die Topmarke von 92 Toren.

Der erfolgreichste Torhüter ist Terrance Gordon Sawchuck (1929-70), der einen Rekord von 971 Spielen aufweist und in 103 Begegnungen keinen Treffer zuließ. Er spielte zwischen 1950 und 1967 bei den Detroit Red Wings, Boston Bruins, Toronto Maple Leafs, Los Angeles Kings und New York Rangers.

Das schnellste Tor fiel nach 5 Sek. Es erzielten Doug Smail von den Winnipeg Jets gegen St. Louis Blues am 20. Dezember 1981 in Winnipeg und Bryan John Trottier von den New York Islanders gegen die Boston Bruins am 22. März 1984 in Boston.

Zwei Tore in 2 Sek.: zwischen den Boston Bruins und St. Louis Blues am 19. Dezember 1987 in Boston.

Den kürzesten Hattrick schaffte der Kanadier Bill Mosienko von den Chicago Black Hawks gegen die New York Rangers. Er schoß drei Tore in 21 Sek. am 23. März 1952.

Einen Negativrekord besonderer Art gab es am 14. April 1991. Im ersten Play-Off-Spiel zwischen den Minnesota North Stars und den Chicago Blackhawks (6:0) hagelte es 308 Strafminuten.

39 986

Meter und 59 Zentimeter schaffte Eisschnelläufer Robert Vunderink in einer Stunde. Seit 1988 kam keiner weiter.

DEL-Champion 1997 wurden die Adler Mannheim im Finale gegen die Kassel Huskies. Team-Senior Harold Kreis spielt bereits im 19. Jahr für die Adler und absolvierte mit dem Finale seine 888. Liga-Partie.

Rekord-Torschütze in der Bundesliga ist mit 725 Treffern Erich Kühnhackl (* 1950). Dazu kommen noch 724 sogenannte Beihilfen (Assists) in insgesamt 774 Spielen, die er zwischen 1968 und 1989 bestritt.

Bundesliga-Rekordspieler ist Udo Kießling (SC Rießersee, Rosenheim, Augsburg, Düsseldorf, Köln und Landshut), der am 7. Januar 1996 sein 1000. Match bestritt.

Weltmeisterschaften der Frauen, eingeführt 1990: Kanada hat die bisher ausgetragenen vier Championate 1990, 1992, 1994 und 1997 gewonnen, ohne dabei ein einziges Spiel zu verlieren.

Eiskunstlauf

Weltmeisterschaften, eingeführt 1896: Die meisten Einzeltitel errang mit zehn Ulrich Salchow (1877-1949, S) zwischen 1901 und 1905 sowie zwischen1907-11.
▮ Auf die gleiche Anzahl kam bei den Frauen (eingeführt 1906) Sonja „Häseken" Henie in der Zeit zwischen 1927 und 1936.

Die erste Frau, die an einer WM teilnahm, war 1902 in London die Britin Madge Syers. Da sie die einzige Teilnehmerin war, startete sie in der Herrenkonkurrenz und wurde Zweite.

Die meisten Paarlauf-Titel, eingeführt 1908, gewann mit zehn Irina Rodnina, vier mit Alexej Ulanow (* 1947) 1969-72 und sechs mit ihrem Mann Alexander Saizew (* 1952) 1973-78.

Die meisten Eistanz-Titel, eingeführt erst 1950, gewannen mit sechs Alexander Gorschkow (* 1946, UdSSR) und Ludmilla Pachomowa (1946-1986, UdSSR) 1970-74 und 1976. Sie wurden 1976 auch die ersten Olympiasieger in diesem Wettbewerb.

Jüngste Weltmeisterin aller Zeiten wurde am 22. März 1997 in Lausanne (CH) mit 14 Jahren, 9 Monaten und 12 Tagen Tara Lipinski (USA).

Eisschnellauf

Olympische Spiele: Die meisten Goldmedaillen gewann mit sechs Lydia Skoblikowa (* 1939, UdSSR), zwei 1960 und alle vier möglichen 1964.
▮ Eric Heiden (* 1958, USA) schaffte 1980 in Lake Placid das gleiche Kunststück und erkämpfte sich alle fünf Goldmedaillen von 500 m bis 10 000 m.

Der längste Wettlauf

ist die Elfstädtetour über zugefrorene Grachten in der niederländischen Provinz Friesland.

Erfolgreichste Frau der Welt ist Karin Richter-Enke (* 1961, DDR). Sie errang elf WM-Titel, fünf im Großen Vierkampf 1982, 1984, 1986-88 und sechs im Sprint 1980, 81, 1983, 84, 1986, 87, drei olympische Gold-, vier Silber- und eine Bronzemedaille.

Erfolgreichster Mann: Eric Heiden, fünf olympische Goldmedaillen, drei WM-Titel im Großen Vierkampf 1977-79 und vier Sprint-Weltmeisterschaften 1977-80.

Einen goldenen Hattrick erreichte Gunda Niemann (D) bei der 2. Einzelstrecken-WM im März 1997 in Warschau (PL). Die Erfurterin gewann über 1500, 3000 und 5000 m die Goldmedaille und damit ihre WM-Titel acht bis zehn.

Die meisten Titel im Sprint holte sich mit sechs Igor Schelesowski (UdSSR/Weißrußland) 1985, 86, 1989,1991-93. Zu vier Erfolgen kam Eric Heiden 1977-80.

Ein goldener Hattrick

für Gunda Niemann: bei der 2. Einzelstrecken-WM im März 1997 in Warschau.

Europameisterschaften: Gunda Niemann (D) gewann im Januar 1996 in Heerenveen (NL) ihren siebten Mehrkampftitel. Im Februar 1997 wurde sie in Nagano (J) zum sechsten Mal Weltmeisterin im Mehrkampf und stellte damit eine neue Rekordmarke auf.

Den Stunden-Weltrekord hält Robert Vunderink (* 1961, NL), der am 29. November 1988 in der Heerenveener Halle 39 986,59 m schaffte und dabei 99 Runden auf der 400-m-Bahn zurücklegte. Damit verfehlte er knapp die Traumgrenze von 40 km.

Die deutsche Bestleistung hält Olaf Kotva (Berlin), der am 20. März 1995 in Calgary auf 38 624,85 m kam.

Der längste Wettlauf ist der Elfstedtentocht (Elfstädtetour) über die zugefrorenen Grachten und Kanäle der nordniederländischen Provinz Friesland (1909-63, 1985, 86). Die schnellste Zeit auf der 200 km langen Original-Schleife (Start und Ziel Leeuwarden) erreichte am 21. Februar 1985 mit 6:46:47 Std. Evert van Benthem (* 1959, NL). Die meisten Läufer waren am 26. Februar 1986 am Start: rund 17 000.

Einen Staffelrekord über 1000 x 400 m stellten am 17./18. März 1991 die Läufer des Olympischen Eisschnellauf-Clubs Frankfurt/Main (D) mit 17:07:54 Std. in Frankfurt auf.

Die Schweiz

ist der Renner bei Bob-Weltmeisterschaften: 20 Vierer-Titel.

Bob- und Rodelsport

Bob-Weltmeisterschaften, eingeführt 1924: Die meisten Vierer-Titel gewann mit 20 die Schweiz 1924, 1936, 1939, 1947, 1954-57, 1971-73, 1975, 1982, 83, 1986-90, 1993.

Die meisten Bob-Zweier-Titel holte sich mit 18 die Schweiz 1935, 1947-50, 1953, 1955, 1977-80, 1982-83, 1990, 1992, 1994 und 1997.

Der erfolgreichste Bob-Fahrer aller Zeiten ist Eugenio Monti mit insgesamt zwölf gewonnenen Weltmeisterschaften, neun im Zweierbob 1957-63, 1966 und 1968 sowie drei im Viererbob 1960, 61 und 1968.

Als erster Bob-Pilot gewann Christoph Langen (D) 1996 alle internationalen Titel in einem Winter. Er schaffte sowohl bei der EM in St. Moritz (CH) als auch bei der WM in Calgary (Kanada) das Gold-Double im Zweier- und Viererbob. Außerdem wurde der Unterhachinger Gesamtsieger im Zweier-Weltcup.

Das medaillenträchtigste Rodeldoppel aller Zeiten sind die Oberhofer Stefan Krauße/Jan Behrendt (beide * 1967) mit vier WM-Titeln 1989, 1991, 1993 und 1995, Gold (1992), Silber (1988) und Bronze (1994) bei Olympischen Spielen, EM-Gold (1996) und zweimal Bronze (1990, 1992) sowie drei Weltcup-Gesamtsiegen (1994, 1995, 1996).

Die höchste Rodel-Geschwindigkeit erreichte am 3. Februar 1989 in Winterberg Georg Hackl mit 144,7 km/h.

Rodel-Weltmeisterschaften, eingeführt 1962: Sechs Titel bei den Männern gewann Thomas Köhler, 1962, 1964, 1967 im Einsitzer und 1965, 1967, 1968 im Doppelsitzer. Bei den Frauen kam Margit Schumann (* 1952, DDR) zu fünf Siegen – 1973-1977.
▪ 1997 in Igls (A) gewannen in den Einzeldisziplinen Susi Erdmann (* 1968, D) und Georg Hackl (* 1966, D), die sich damit jeweils ihren dritten Titel sicherten.

Rodel-Weltcup: Norbert Huber (* 1964, I) gewann elfmal (achtmal im Doppelsitzer 1983, 1985-86, 1989-93, 1995, dreimal im Einsitzer 1985-87).

Auf Brettern

Alpin

Siege in allen alpinen Disziplinen des Weltcups (Abfahrt, Super-G, Riesenslalom, Slalom, Kombination) erreichten bislang nur Pirmin Zurbriggen (CH), Marc Girardelli (L) und Günther Mader (A).

Die Weltcup-Gesamtsieger beim Abfahrtslauf 1997: Luc Alphand (F) und Renate Götschl (A).

Weltcup-Gesamtsieger beim Super-G 1997: Luc Alphand (F), Hilde Gerg (D).

Der erste Abfahrer, der den Gesamt-Weltcup gewann, war im Winter 1996/97 Luc Alphand (* 1965, F).

Den größten Vorsprung bei einer Weltcup-Abfahrt hatte 1975 in Wengen (CH) der Österreicher Franz Klammer, der 3,54 Sek. schneller war als der Italiener Herbert Plank.

Weltcup, eingeführt 1967: Die meisten Titel im Gesamtwettbewerb gewann Annemarie Moser-Pröll (* 1953, A) mit sechs Siegen 1971-75, 1979, und bei den Männern siegte Marc Girardelli (* 1963, A/L) fünfmal 1985, 86, 1989, 1991, 1993.

Erfolgreichster Läufer ist Ingemar Stenmark (* 1956, S), der zwischen 1974 und 1989 auf insgesamt 86 Erfolge (46 im Riesenslalom und 40 im Slalom) kam. Franz Klammer hält den Rekord von 25 Abfahrtssiegen.

Schneekönigin

Jelena Välbe holte 5mal Gold bei der Ski-WM 1997.

Erfolgreichste Läuferin ist Annemarie Moser-Pröll mit zwölf Landesmeisterschaften und 62 Weltcupsiegen, darunter waren vom Dezember 1972 bis Januar 1974 elf Abfahrtsrennen in Serie.

Die meisten Siege in einer Saison feierte die Deutsche Vreni Schneider, die 1988/89 insgesamt 14mal erfolgreich war.

Nationen-Cup: Er wird vergeben für die Addition der Weltcup-Ergebnisse von Männern und Frauen. Spitzenreiter ist mit 18 Erfolgen Österreich, das 1969, 1973-80, 1982, 1990-97 gewann.

Skispringer

Andreas Goldberger machte einen 204-m-Satz. Und gewann 3mal den Weltcup-Titel.

Die Geschwindigkeits-Weltrekorde halten mit 241,448 km/h Jeffry Hamilton (USA) und mit 225 km/h die Französin Karine Dobouchet, aufgestellt am 14. April 1995 in Vars in den französischen Alpen. Die offizielle Meßstrecke betrug 100 m bei einem Gefälle von 59 Prozent.

Die höchste Geschwindigkeit bei einem Weltcup-Abfahrtsrennen erreichte mit 107,82 km/h der Österreicher Harti Weirather (* 1958) auf der Streif in Kitzbühel (A) am 15. Januar 1982.

Das heißeste Skirennen im Sommer bei 30 °C fand am 7. Juni 1997 aus Anlaß des 75jährigen Jubiläums des Ski-Klubs Visp im schweizerischen Visp statt. Die 150 m lange Piste wurde mit 90 m³ echtem Schnee aus Nitrogen, Wasser und Druckluft angelegt. Am Start war auch Weltmeister Michael von Grüningen.

Nordisch

Weltrekorde im Skifliegen: Lasse Ottesen (N), 212 m, 1997 in Planica (Slowenien).

Die Nordischen Ski-Weltmeister 1997

Langlauf Männer	
10 km klassisch:	Björn Dählie (N)
15 km Freistil:	Björn Dählie (N)
30 km Freistil:	Alexej Prokurorow (RUS
50 km klassisch:	Mika Myllylä (SF)
4 x 10 km:	Norwegen
Langlauf Frauen	
5 km klassisch:	Jelena Välbe (RUS)
10 km Freistil:	Jelena Välbe (RUS)
15 km Freistil:	Jelena Välbe (RUS)
30 km klassisch:	Jelena Välbe (RUS)
4 x 5 km:	Rußland
Skispringen	
Normalschanze:	Janne Ahonen (SF)
Großschanze:	Masahiko Harada (J)
Mannschaft:	Finnland
Nordische Kombination	
Einzel:	Kenji Ogiwara (J)
Mannschaft:	Norwegen

Die Alpin-Weltmeister von Sestriere (I) 1997

Männer	
Abfahrt:	Bruno Kernen (CH)
Super-G:	Atle Skaardal (N)
Riesenslalom:	Michael von Grüningen (CH)
Slalom:	Tom Stiansen (N)
Kombination:	Kjetil-Andre Aamodt (N)
Frauen	
Abfahrt:	Hilary Lindh (USA)
Super-G:	Isolde Kostner (I)
Riesenslalom:	Deborah Compagnoni (I)
Slalom:	Deborah Compagnoni (I)
Kombination:	Renate Götschl (A)

Saisonrekord

Vreni Schneider raste 14mal an der Konkurrenz vorbei.

Das längste Abfahrtsrennen ist das „Inferno"-Rennen in der Schweiz. Vom Gipfel des Schilthorns geht es 15,8 km hinunter nach Lauterbrunnen. 1986 beteiligten sich 1400 Skiläufer an dem Rennen. Den Streckenrekord hält Urs von Almen (CH) mit 13:53,40 Min. seit 1991.

Jüngster Goldmedaillengewinner: Toni Nieminen, der 1992 in Albertville mit 16 Jahren und 259 Tagen den Finnen zum Sieg in der Mannschaftswertung des Skispringens verhalf.

Weltmeisterschaften: Auf sechs Einzeltitel kam Johan Grottumsbraaten (1899-1942, N), der zwischen 1926 und 1932 zweimal die 18 km und viermal die Nordische Kombination gewann. Auf neun Titel, fünf im Einzel- und vier im Staffelwettbewerb, brachte es Galina Kulakowa (* 1942, UdSSR) zwischen 1970 und 1978.

Die Schneekönigin: Bei den Nordischen Ski-WM Ende Februar 1997 in Trondheim (Norwegen) schaffte die russische Langläuferin Jelena Välbe (* 1968) einen historischen Triumph: Fünfmal ging sie an den Start, fünfmal gewann sie Gold. Über 5, 10, 15 und 30 km verwies das 58 kg leichte Energiebündel jeweils die Italienerin Stefania Belmondo auf Platz zwei und siegte zudem auch mit dem russischen Team in der 4-x-5-km-Staffel.

Erfolgreichster Langläufer der Welt ist Gunde Svan, der zwischen1985 und 1991 elf Titel gewann. Zu den vier Olympiasiegen, je einer über 15 km 1985 und 50 km 1988 sowie zwei mit der 4-x-10-km-Staffel 1984, 1988, kommen noch sieben WM-Erfolge über 15 km 1989, 30 km 1985, 1991 und 50 km 1985, 1989 sowie mit der Staffel 1987, 1989.

Bester Skilangläufer des Winters 1996/97 war der Norweger Björn Dählie (* 1967). Er gewann dreimal Gold und je einmal Silber und Bronze bei der WM in Trondheim (N) und zum 3. Mal in Folge den Gesamt-Weltcup. Insgesamt hat er bei Olympischen Spielen und WM 26 Medaillen, davon 16 goldene erkämpft.

Erfolgreichste Langläuferin der Welt ist Raisa Smetanina (RUS), die zu ihren zehn Olympiamedaillen noch weitere 13 bei Weltmeisterschaften gewann. Insgesamt kam sie aber nur zu sieben Siegen.

Weltcup der Langläufer, eingeführt 1971: Fünfmal gewann der Schwede Gunde Svan 1984-86, 1988, 89.
■ Bei den Frauen siegten je dreimal die Finnin Marjo Matikainen 1986-88 und die Russin Jelena Välbe 1989, 1991, 92.

Das schnellste 50-km-Rennen lief der Russe Alexej Prokurorow mit 1:54:46,3 Std. beim Weltcup-Finale am 20. März 1994 im kanadischen Thunder Bay.
■ Auf der 5-km-Strecke erreichte bei der gleichen Veranstaltung Larissa Lasutina (RUS) mit 13:11,0 Min. die schnellste Zeit auf dieser Distanz.

Der erfolgreichste Athlet in der Nordischen Kombination (Skispringen und 15-km-Langlauf) ist Ulrich Wehling (* 1952, DDR). Zwischen 1972 und 1980 wurde er dreimal in Serie Olympiasieger und viermal Weltmeister.

Jüngster Sieger im Weltcup der Nordischen Kombination (eingeführt 1984) wurde 1996/97 mit 17 Jahren der Finne Samppa Lajunen.

Rekordsieger im Weltcup der Nordischen Kombination: Kenji Ogiwara aus Japan. Drei Titelgewinne 1993-95.

Winterspaß

der Neuzeit: Snowboarding feiert bei den Winterspielen 1998 in Nagano olympische Premiere.

Erfolgreichster Skispringer mit fünf Weltmeisterschaften, vier olympischen Gold- und einer Silbermedaille ist Matti Nykänen (SF).

Weltcup der Skispringer, eingeführt 1979/80: Rekordsiegerr ist der Finne Matti Nykänen (* 1963) mit vier Titelgewinnen 1983, 1985-86, 1988.

Die größte Weite einer Frau erreichte am Kulm in Bad Mitterndorf (A) Eva Ganster (* 1978, A) mit 167 m im Februar 1997.

Snowboard

Olympische Premiere feiert diese Sportart bei den Winterspielen 1998 im japanischen Nagano. Vier Rennen sind vorgesehen, Riesenslalom und Halfpipe für Männer und Frauen.

Die höchste Geschwindigkeit mit 124,137 km/h erreichte Gian Paul Schmidt (* 1970, CH) am 27. März 1988 südlich der Alp Marguns in Celerina, Schlarigna (CH).

Personenregister

Sachregister